大方
sight

穷白垃圾

美国四百年被边缘化的主流

WHITE TRASH

THE 400-YEAR UNTOLD HISTORY OF CLASS IN AMERICA

Nancy Isenberg

[美] 南西·艾森伯格 著

王怡芬 译

中信出版集团 | 北京

图书在版编目（CIP）数据

穷白垃圾 /（美）南西·艾森伯格著；王怡芬译.
北京：中信出版社，2025.6. -- ISBN 978-7-5217-6229-7

I. K712

中国国家版本馆 CIP 数据核字第 2024ZS5560 号

WHITE TRASH: The 400-Year Untold History of Class in America
by Nancy Isenberg
Copyright© 2016 by Nancy Isenberg
Simplified Chinese translation copyright© 2025
by CITIC Press Corporation
Published by arrangement with Writers House, LLC
through Bardon-Chinese Media Agency
ALL RIGHTS RESERVED 本书仅限中国大陆地区发行销售

本简体中文版翻译由台湾远足文化事业股份有限公司（八旗文化）授权

穷白垃圾

著者：　　[美]南西·艾森伯格
译者：　　王怡芬
出版发行：中信出版集团股份有限公司
　　　　　（北京市朝阳区东三环北路 27 号嘉铭中心　邮编 100020）
承印者：　河北鹏润印刷有限公司

开本：660mm×970mm 1/16　　印张：30　　　字数：384 千字
版次：2025 年 6 月第 1 版　　印次：2025 年 6 月第 1 次印刷
京权图字：01-2019-3179　　　书号：ISBN 978-7-5217-6229-7
定价：88.00 元

版权所有·侵权必究
如有印刷、装订问题，本公司负责调换。
服务热线：400-600-8099
投稿邮箱：author@citicpub.com

In memory of Gerda Lerner and Paul Boyer

为了纪念格尔达·勒纳和保罗·博耶

主要人物介绍

詹姆斯·奥格尔索普（James Oglethorpe）于1732年创立了佐治亚州，展开一场利益良善的改革计划。他虽然贵为殖民地董事之一，但从未担任总督，也未购地致富，来去不带仆役，生活简朴。在奥格尔索普治下，佐治亚禁止蓄奴，他说黑奴永远都不该进入佐治亚，否则佐治亚就不再是正直劳动者的避难所，而将造成"数千非洲人的不幸"。但奥格尔索普禁奴不是为了保护黑人，而是为了保护弱势白人。

"西部之狮"戴维·克罗克特(David Crockett)曾任田纳西众议员,可以"像狐狸一样奔跑,像鳗鱼一样游泳,像印第安人一样喊叫"。他自己也曾经是占居者(squatter),因此他投身于捍卫无地穷人的运动,反对大庄园主蚕食吞并大片土地。但很遗憾,他的正当政治话语权被他的喜剧性格掩盖了。

在美国人心中,本杰明·富兰克林(Benjamin Franklin)是白手起家的典范。但他其实并非白手起家。费城无所不在的恩庇侍从网络让白手起家宛如痴人说梦。在富兰克林崛起的过程中,有权有势的资助人为他提供人脉与借贷,让他获得开设印刷行与购入昂贵器材的第一桶金。

约翰·温思罗普(John Winthrop)于1630年担任马萨诸塞湾殖民地的首任总督。他宣称,有些人生来就是要统治别人,而有些人生来就是要服侍比他们更优秀的人:"全能上帝最圣明的意志决定了人类的状态,自古以来,有些人富有,有些人贫穷;有些人位高权重、尊贵不凡,有些人身份低贱、受役于人。"

纳撒尼尔·培根（Nathaniel Bacon）于1676年领导"培根起义"，这一事件背后最突出的矛盾是：最好的土地，从来就不是人人都有机会得到的。身份地位的继承需要借助政治关系或婚嫁带来的财富。皇家土地测量员尽可能确保大种植园主能拔得头筹，率先买下新的未开发土地。18世纪初，契约仆役已不太有机会获得田地。他们得迁往别处讨生活，或者租佃农地。

比尔·克林顿（Bill Clinton）不是乡巴佬，也不是红脖子，但他符合某些刻板印象：高胆固醇的饮食习惯、母亲受家暴的故事、阿肯色州山丘上的贫困棚屋。他还把南方穷苦白人和红脖子变成可以被主流美国人接受的文化。他在接受访问时，开玩笑地唱了猫王的《别对我残酷》来取悦媒体。他甚至能用萨克斯演奏《心碎旅馆》。

塔米·菲（Tammy Faye）的外表投射出阶级身份：白金色头发，浓妆，小麦色皮肤，色彩鲜艳的洋装，还有必备的假睫毛。她是女性暴发户的写照，拒绝所有美国中产阶级礼仪代表的东西：情感内敛，用词得体，衣着低调，彬彬有礼。她的俗艳浮夸让她深受穷苦白人的欢迎。讽刺的是，她不是纯正的穷苦白人，完全是装出来的。

约翰逊（Johnson）总统："如果你能让最低等的白人相信他比最高等的有色人种更好，他就不会注意到你在扒他的口袋。该死！给他一个他可以瞧不起的人，他就会主动把口袋翻出来给你。"

卡特（Carter）总统："嗯，如你所知，生活中很多事都不公平。许多东西只有富人负担得起，穷人却负担不起。但我不认为联邦政府应该采取行动推动机会均等，特别是这还牵涉道德的问题。"

尽管里根（Reagan）总统喜欢援引"山巅之城"的意象，但不是谁都进得去这座光辉之城。纽约州州长马里奥·科莫（Mario Cuomo）在1984年民主党全国代表大会上的一番话说到痛处："里根总统从一开始就告诉我们，他相信一种社会达尔文主义，也就是适者生存……他说我们好好照顾强者就够了，至于中产阶级和那些拼命想挤进中产阶级的人，让他们捡餐桌上掉下来的就行。"

序
"穷白垃圾",正在改写美国历史的"主流"群体

在2024年美国大选的最后关键时刻,时任总统拜登为了回应特朗普竞选阵营抛出的"波多黎各是座'漂浮的垃圾岛'"的说法,脱口而出:"我所看到的唯一垃圾,就是他的那群支持者。"暗示特朗普的支持者皆为不堪的"垃圾人",引发全美轩然大波。共和党阵营不仅疯狂鼓噪,抨击民主党人蔑视和丑化普通民众,而且干脆一不做二不休:特朗普亲自下场换装,化身清洁工,穿上明黄色工作服,乘着垃圾搬运车来到竞选现场,笑容堆满,代言"垃圾人"首席代表,引发媒体围观。最终结果举世皆知:特朗普不仅赢得了本次选举人团票的多数,在普选票数量上也超越哈里斯达数百万票,毫无争议地取得胜利,再次重返白宫。

毋庸置疑,美国正在经历特朗普2.0时代新的不确定时刻。美国政治生活中出现的一系列令人匪夷所思的反智行径,其中面向全世界的疯狂关税战是最为典型的病症。在这其中,特朗普及其支持者总是言之凿凿地宣称,他所做的一切,都是为了美国的弱势贫苦大众,为了所谓"穷白垃圾"群体而奋斗。"穷白垃圾"俨然成为特朗普执政合法性的重要来源。

因此，正确读懂和理解美国的"白色垃圾人"群体，知晓其前世今生，洞悉其来龙去脉，对于理解当今美国政治文化与意识形态，有着十分迫切重要的现实意义。

美国政治文化史学者南西·艾森伯格所著的《穷白垃圾：美国四百年被边缘化的主流》，是一部时间宽度与思想厚度俱佳、人物刻画鲜明、叙事技巧辛辣老练、反思力度一针见血、极具当下议题关怀的文化史研究作品。该书英文版于 2016 年出版，恰逢特朗普开启首届任期，被美国主流媒体列为理解"特朗普现象"的六本必读之作之一，位列《纽约时报》《大西洋月刊》等刊物的年度畅销读物。该书不仅得到美国严肃史学家群体的一致好评，在亚马逊网站也累积获得五千余次点评，其中五分之三的读者打出了五星满分的超好评，最为常见的评语就是让读者"重新发现美国的贫穷白人与隐匿的阶级问题"。"穷白垃圾"这一称谓，也随着该书的畅销广为传播，跻身美国主流的政治话语与社会议题，成为一种重要的社会热点现象。

从修辞角度来讲，所谓的"穷白垃圾"（White Trash）是美式英语中对贫穷白人，特别是美国南方乡村地区白人群体的一般习惯性贬称。20 世纪 80 年代以来，北方地区工业衰败的铁锈地带失业贫困白人也逐渐被共享此类"头衔"。此处的"穷白垃圾"，不仅泛指其低下窘迫的经济境况，更有道德层面的消极意蕴，譬如"懒惰散漫、无道德纪律、忘恩负义、令人作呕"等含义。今天美国的主流社会在使用这个词汇时，往往特指生活在社会边缘和草根阶层、被视作社会动荡与不稳定因素的白人群体，他们有着行事粗鲁、崇尚反智、冲动易怒、蔑视秩序权威、崇拜金钱强人等社会倾向。在政治话语层面，"穷白垃圾"也暗含攻击性强、有着强烈种族歧视倾向、崇尚持有枪支、家暴斗殴、拥抱各类宗教极端思想与阴谋论、酗酒吸毒等负面标签。美国人还根据"穷白垃圾"所处的不同地理区域分出了更为细致的指称，如广为人知的"红脖子"（Redneck）群体，泛指美国南部与中西部农业区的乡村白人，"白人杂碎"（Cracker）则特指南方佐治亚与佛罗里达州的贫苦白人，"乡巴佬"（Hillbilly）特指中部阿巴拉契亚山区的穷白人乡亲，"俄克佬"（Okie）指居住在俄克拉何马州的贫困白人，而"拖车垃圾"（Trailer Trash）特指那些居无定所，只能蜷缩于停泊在公园拖式房车中的无业流浪白人。凡此等等尖酸刻薄、五花八门的昵称绰号，无不凸显主流社会曾经对这个群体的嗤之以鼻与厌恶之情。可以说，"白人蔑视白人，白人憎恶白人"恰恰是美国种族主义、阶级矛盾的首要表现。

针对"穷白垃圾"群体的深刻偏见、刻板印象在历史上是如何形成固化的？美国的统治精英、占据意见主流的中产阶级群体是否认真倾听过他们的诉求，认真解决过他们的贫困问题和流动需求？今日撕裂极化的美国社会中，"穷白垃圾"能否在民粹主义浪潮的裹挟下走出阶级困境，实现再次伟大的梦想，抑或在政客们吹捧讨好下获得文化身份的认同与骄傲，并以此为满足？这些问题穿插着历史演变、理念摇摆、政治伎俩的故事，在《穷白垃圾》一书中得以细致呈现。以笔者的阅读体验与中国视角来看，《穷白垃圾》提供了三个审视美国社会问题的独特感受：

第一，"穷白垃圾"群体的历史形成，折射出美国例外主义的例外。在很长一段时间内，美国人都自诩是一个没有阶级压迫存在、机会平等、崇尚自由的希望国度。外来移民只要踏上这片土地，就能在宪法保障下通过勤奋工作实现向上流动，功成名就。但在《穷白垃圾》中我们清晰地看到，早期殖民地时代的美国，其建设目的并非是打造山巅之城，而是英国政府倾倒低劣过剩人口，解决国内流民安置的荒蛮之地。殖民地的精英群体视他们和黑奴一样都是廉价劳动力，甚至还不如后者恭顺高效。美国建国的国父们，如起草《独立宣言》的托马斯·杰斐逊、《常识》作者潘恩、象征美国人"白手起家"、《穷理查年鉴》的作者富兰克林等，都看到美国存在的严重阶级问题，但都选择了视而不见，转而以道德说教和个人奋斗的言语加以搪塞。19世纪美国的西进扩展和南北内战背后都有严峻的阶级矛盾和穷苦白人问题，但在内战结束后，南北双方都没有对底层白人问题加以重视。特别是战后，为了重建白人种族秩序，南方精英刻意将经济问题伪装成种族矛盾，让穷苦白人敌视获得解放的黑人群体，以此获得优越与慰藉。随着外来移民的不断涌入和美国经济社会的迅猛发展，穷苦白人的生存境遇始终无法得到改善，他们的存在被精英和广大中产阶级所鄙视和唾弃。一旦挣脱贫困，人们会耻于谈及自己的出身，由此也让穷苦白人群体在美国社会中无踪可循，成为不被看见的群体。贫困与阶级问题由此成为美国人的话题禁忌和盲区，其背后精英们的自负与私心，造就了美国例外主义论调中的最大例外。

第二，"穷白垃圾"问题的难以根除，凸显美国梦的梦碎难圆。随着20世纪美国经济与社会的高速发展，解决穷苦白人问题终于进入政治精英思考的领域。但由于偏见歧视和政治私心的存在，穷苦白人问题非但没有得到有效解决，反而滋生一系列荒诞现象。譬如在20世纪优生优育学说盛行一时，以老罗斯福为代表的政客认为，控制乃至消除穷苦白人群体的繁衍是科学与正当的，并由此对其进行大规模的污名化运动，时至今日已难以想象。罗斯福新政与战后林登·约翰逊的"伟大社会"计划，开始把改善贫苦大众生活视作重要的政策目标，伴随着广播电视等大众媒介的普及，穷苦白人的悲惨处境也越来越多地被看见。吊诡的是，帮助穷苦白人摆脱贫困的进步政治随后被视为大政府对美国社会的干涉，是对公共财富的挥霍浪费。白人贫穷问题再度被归为个人道德与品行问题，而非系统性的社会缺陷。因此，尽管后来有多位出生南方的"乡巴佬""红脖子"总统如吉米·卡特、比尔·克林顿等人为其奔走呼号，但底层白人污名化的现状仍未得到社会理解，反而愈加固化，成为美国梦碎难以愈合的冷酷事实。

第三，"穷白垃圾"形象的扭曲呈现，是今日美国社会极化分裂的具象体现。《穷白垃圾》指出，在近数十年的美国政治话语中，穷苦白人的形象正在出现逆污名化的倾向：原本对贫穷身份敏感愤怒的白人群体，已学会接受现实，不以为耻，反而以此为荣。伴随着大众传媒与社交媒体娱乐至死的营销倾向，原本被中产阶级所鄙视的"穷白垃圾"获得了新活力，底层民众的淳朴、善良与他们遭遇的苦难、悲情混杂交织，成为构成美国特质的新生力量。嗅觉灵敏的媒体大亨和政客们开始积极拉拢，通过营造各种人物形象和焦点话题，反向激发他们的身份认同和政治觉醒，并导入相应的政治议题。逆全球化思潮与本土民粹主义的兴起，也让"穷白垃圾"的受害者形象再度强化。然而，那些打着为穷苦白人代言旗号的政客们，其目的真的是为他们捍卫利益，帮助他们走出困境么？或许我们只要了解一下新冠疫情期间美国死亡人数最多的群体是谁，因药物滥用"绝望之死"数量最多是谁，绝对贫困人口数量最庞大的群体是谁，答案就已不证自明。的确，"穷白垃圾"群体正在影响和改变今日的美国政治，但这种改变是否对其自身境遇的改善有益，是否能促进其阶级向上流动并赢得社会尊敬，恐怕依然要打上大大的问号。

总之，《穷白垃圾》为我们展现了一幅幅视角多样、细节饱满、万花筒般的美国穷苦白人群体及其关联者的肖像画。作者对历史人物和细节的深入描写，即使对较为熟悉美国历史与文化的读者而言，也是一次颇有新意的进阶阅读和探索。本书简体中文版的问世，将有助于我们进一步理解躁动不安的美国，加深与美国民众间的交流交往。因为只有读懂美国的昨日与今日，我们才不会对明日的美国有过分的茫然与期待。

贾敏 美国史博士
上海发展研究基金会研究员
中国人民大学重阳金融研究院客座研究员

目录

1 序 "穷白垃圾",正在改写美国历史的"主流"群体
1 前言
9 导论 我们遗忘的寓言

第一部分 打造新世界

003 第一章 丢垃圾:荒地与废人的新世界
031 第二章 洛克的懒汉乐园:卡罗来纳和佐治亚殖民地
053 第三章 富兰克林的美国"品种"理论:中庸人口学
074 第四章 杰斐逊眼中的阶级"垃圾":奇异的阶级地形学
094 第五章 杰克逊的南方穷苦白人国:占居者的心声

第二部分 美国品种的退化

129 第六章 "穷白垃圾"与血统:坏血统、混种与啃土汉
150 第七章 南北战争乃阶级战争:懦夫、胆小鬼与泥巴佬
172 第八章 优生学时代:名门纯种和南方佬
207 第九章 被遗忘之人:社会的向下流动与经济大萧条
235 第十章 穷孩子的偶像:猫王、格里菲斯与约翰逊的伟大社会

第三部分　穷苦白人大改造

277　第十一章　"红脖子"寻根之旅：《激流四勇士》、卡特兄弟和塔米·菲

300　第十二章　"红脖子"粉墨登场：从克林顿到萨拉·佩林

323　**后记　美国异种：穷苦白人的传统**

337　**注释**

前言

《杀死一只知更鸟》（*To Kill a Mockingbird*）是影史最佳作品之一。这部经典之作描绘了美国南方奴隶制度与种族隔离所遗留的问题。这是一部我教了超过20年的电影，也是奥巴马总统最爱的电影之一。但在课堂上看这部电影的时候，我的学生（就算他们高中看过）才第一次发现这部电影的剧情中，隐藏着不止一个令人不安的信息。

电影的主要情节是有勇气、有操守的律师阿提克斯·芬奇（Atticus Finch），如何拒绝种族歧视的双重标准。他无畏反对，为一名非裔美国人辩护。这位青年名叫汤姆·罗宾逊（Tom Robinson），被控强暴出身穷苦白人家庭的迈耶拉·尤厄尔（Mayella Ewell）。虽然法院判罗宾逊有罪，但身为观众的我们却知道他是无辜的。他是个可敬的、勤奋的顾家好男人，社会地位高于卑微的尤厄尔一家，也就是控告他强暴的原告。迈耶拉的父亲鲍伯·尤厄尔（Bob Ewell）骨瘦如柴，身穿工人背带裤，人品卑劣。他强迫自己衣衫褴褛的女儿诬告，并要求全部由白人组成的陪审团站在他这边，而这些陪审团也的确站在了他这边。他坚持要陪审团为他女儿讨回公道。后来罗宾逊因试图越狱而被杀，鲍伯报复的希望落空。万圣节的夜晚他转而攻击阿提克斯·芬奇的两个孩子。

鲍伯·尤厄尔的全名是罗伯特·E. 李·尤厄尔（Robert E. Lee Ewell）。但他并非旧南方的贵族后裔。在原著作家哈珀·李（Harper Lee）的小说设定中，尤厄尔一家极度贫穷。经济大环境是好是坏，都不会让他们的社会阶级上升或下降，就算是20世纪30年代的经济大萧条也对他们毫无影响。他们是人类废料（human waste）。作者这样写道："逃学督导员无法把这些人的孩子留在学校里念书；卫生官员无法使他们免受先天缺陷、各种寄生虫及脏乱环境所滋生疾病的困扰。"他们住在镇上的垃圾堆后面，每天都去翻找可用垃圾。他们破旧的棚屋曾是黑人居住的小屋。家里到处都是垃圾，看起来就像"疯小孩的玩具间"。附近邻居没人知道里面到底住了几个孩子：有些人认为是九个，也有说六个的。对亚拉巴马州的梅冈城市民而言，尤厄尔家的孩子是"路人经过时，窗边冒出的脏脸小鬼"。[1] 尤厄尔家毫无疑问就是南方人（以及许多其他人）所谓的"白垃圾"（white trash，即对底层白人的蔑称）。

今日的美国人对于"白垃圾"的理解相当偏狭。在1957年的报纸和电视新闻里，可见阿肯色州小石城（Little Rock）白人居民抗议"黑白合校"的狰狞脸孔，那是这个不讨喜的族群的落后态度最刺眼、也最为普通美国人所熟悉的画面。2015年，刺青的三K党成员在南卡罗来纳州查尔斯镇（Charleston）市政厅外，抗议原本悬挂的邦联旗遭撤，这一举动也激起类似的愤怒情绪，证明一种令人尴尬的社会现象依旧存在。美食联播网（Food Network）的当家主持人葆拉·迪恩（Paula Deen）出身南方的佐治亚州，以烹煮高胆固醇的料理闻名，但她的声誉却在2013年因种族歧视言论（nigger，意为"黑鬼"，是种族主义者对非裔美国人的歧视性称呼）而暴跌。一夕之间，她那美国南方的纯朴特质消失了，她身上烙上了粗鄙的"红脖子"（redneck）乡巴佬的标签。另一边，电视影集中的杂耍角色经过重新包装与观众再次见面，影集《正义先锋》（*The Dukes of Hazzard*）中的霍格（Hogg）就是一例。这部影集于2015年停播，因为主角阿波（Bo）和卢克（Luke）的爱车"李将军"上漆有邦联旗。这部影集的英文原名"The Dukes of Hazzard"中的"duke"（公爵）一词，是阶级认同的双关语。因为杜克（Duke）一家其实是贫穷的佐治亚山区居民与非法酿酒者，但是他们的姓氏却遥指英国王室。[2]

这些"白垃圾"的画面让我们看到一个相当古老却经常遭到忽视的问题，但这并非该问题的全貌。在上述热门话题的讨论中，对于阶级议题，美国人缺乏更深入的了解。阶级认同史远比白人的愤怒与无知更为复杂，这段历史可以追溯至英国殖民美洲时期及英国人对于贫穷概念的生成。这些被社会遗弃的乡下白人似乎无法成为主流社会的一分子。在许多方面，厌弃或丑化（偶尔废物回收）这群人的政治原理不断演化，成为我们阶级制度的基础。

那么尤厄尔一家就不仅是美国历史的次要演员了。他们的历史可追溯至16世纪而非20世纪，源自英国重新安置贫民的殖民政策，这些政策塑造了美国的阶级意识并留下永恒的印记。这些边缘化的美国人一开始被称作"人类废物"（waste people），后来成了"白垃圾"。因为无法生产、无法拥有资产、无法生育健康且能跻身上层社会——美国梦的"向上"精神——的孩子，这些人遭污名化。美国处理贫穷与落后的方式，令人颇感意外。到了20世纪，还是有人想要减轻"失败者"对整体经济造成的负担。对这些人来说，驱逐或绝育都是合理选项。

美国人对这些无用之人的态度一直在变化。最戏剧性的用语出现在19世纪中期，时人认定贫穷的乡下白人"不白"。他们因其蜡黄的皮肤与体弱多病的子女自成一种奇特的品种。要了解这种历久不衰的语汇，"废物"和"垃圾"是两大关键词。综观历史，美国一直都有阶级制度。这个制度的建立，不只是靠最上层占人口总数1%的精英的领导与安于现状的中产阶级的支持。在解释国族认同时，我们不能继续无视那停滞、可抛弃的社会底层。

穷人、废物、垃圾，他们身上贴着各色标签。在美国历史上最重要的几场政治之争中，这些人首当其冲。从殖民时期开始，一直到占居者大量向西迁徙的时代，这些人一直都是有用的筹码，也是叛乱的麻烦制造者。林肯（Lincoln）领导的共和党能够崛起，南方的穷苦白人功不可没。他们也催生出南北战争中的不信任气氛，并让南方邦联（Confederacy）的下层阶级与上层阶级间的嫌隙日益扩大。在战后重建时期，穷苦白人成了重建联邦（Union）工程中的危险局外人；优生学盛行的20世纪头20年，他们更成了绝育计划锁定的退化阶级。但在另一方面，穷苦白人也是新政（the New Deal）与约翰逊总统"伟大社会"（"Great Society"）复原计划的受益者。

无论何时，穷苦白人都让我们想起一个让人不舒服的真相：穷人与我们同在。一直以来，不利穷苦白人的政策揭露出美国的矛盾与冲突。这个国家要人民相信国家的承诺——向社会上层流动的梦想，但不甚美好的真相却显示阶级障碍让这梦想遥不可及。当然，阶级议题一直掺杂着种族问题，这一点不可否认。

本书将揭露复杂的历史。但笔者不只是质疑特定时期底层族群身上的标签。事实上，这个国家的潜意识一直都在合理化经济上的不平等；国家将贫穷自然化，认为贫穷是人类无法掌控的现象。这样一来，就有必要把穷苦白人归类为不同"品种"（breed，英文里还有"教养""种族""血统"之意，此处亦指阶级群体）。换句话说，阶级不是社交礼仪或技巧的培养，而是更邪恶的一种东西：无法摆脱的遗传性。美国所采用的阶级用语，暴露出英国对于流浪阶级的态度，凸显大西洋两岸对于畜牧、人口统计、纯种的执念。穷人不只被视为废物，甚至连牲畜都不如。

这些年来，除了众所周知的贬抑形象，民粹主题也浮上了台面，却不足以撼动社会对于乡村穷苦白人的敌意。20世纪80年代和90年代"红脖子乡巴佬寻根"这种重寻尊严的运动，让我们看见部落式激情的高涨。这样的演变不仅是因为种族关系有了渐近式改变，更因为其对身份政治愈加迷恋。寻根，意味着阶级根植于种族遗产的特色（与魅力），反映出现代人将阶级视作纯文化现象的渴望。但近年热播的真人秀节目《鸭子王朝》（*Duck Dynasty*）和《甜心波波来啦》（*Here Comes Honey Boo Boo*）恰恰证明，21世纪的"白垃圾"还是甩不掉旧包袱——极度没教养的刻板印象。

这些处境艰难的低贱阶级拥有漫长的历史，有许多家喻户晓或不甚有名的人物参与其中，其中包括本杰明·富兰克林、托马斯·杰斐逊（Thomas Jefferson）、戴维·克罗克特、斯托夫人（Harriet Beecher Stowe）、杰斐逊·戴维斯（Jefferson Davis）、安德鲁·约翰逊（Andrew Johnson）、W. E. B. 杜波依斯（W. E. B. Du Bois）、西奥多·罗斯福（Theodore Roosevelt）、厄斯金·考德威尔（Erskine Caldwell）、詹姆斯·艾吉（James Agee）、"猫王"埃尔维斯·普雷斯利（Elvis Presley）、林登·贝恩斯·约翰逊（Lyndon Baines Johnson）、詹姆斯·迪基（James Dickey）、多莉·帕顿（Dolly Parton）、威廉·杰斐逊·克林顿（William Jefferson Clinton，即比尔·克林顿）和萨拉·佩林（Sarah Palin），此处仅举这些例子。检视他们的想法、不断改变的公众形象和自我形象，有助我们理解奇特复杂的美国阶级认同史。

本书包含许多故事。一些故事讲述了美国农村历史的重要性，而最重要的故事探讨的是美国作为一个民族所无法面对的问题：美国无处不在的阶级问题。土地和财产所有权的概念，既是这个故事的开始也是结束：阶级认同与土地的实质及象征意义密不可分。美国的大半历史都把最底层的阶级视为边缘的最劣质土地：荒芜、贫瘠、沼泽般的荒地。时至今日，房屋所有权依然是社会流动性的衡量标准。

我对这个主题的兴趣始于研究生时期，当时的我有幸与两位杰出学者合作，他们的治史方法深深地影响了我的学术事业。我博士论文的指导教授是格尔达·勒纳，她致力于替意识形态除魅，让我对传统观念心存戒慎。保罗·博耶是位知识分子型史学家，知识渊博。他曾以细腻、优美的笔触探讨过清教徒殖民的新英格兰、19世纪的道德改革者及20世纪的宗教原教旨主义者。得州边城圣贝尼托（San Benito）也是我写这本书的原因之一，那是我母亲的出生地。她的父亲约翰·麦克杜格尔（John MacDougall）是现代殖民开拓者，曾从加拿大引入开拓者帮他耕种。

这本书得以问世，众友人与大学同僚功不可没。我在此要感谢读过此书、给予建议或分享数据的以下各位：克里斯·汤姆林斯（Chris Tomlins）、亚历克西斯·麦克罗森（Alexis McCrossen）、利兹·瓦龙（Liz Varon）、马特·丹尼斯（Matt Dennis）、莉齐·赖斯（Lizzie Reis）、埃米·格林伯格（Amy Greenberg），以及我在路易斯安那州立大学的同仁阿伦·希恩–迪恩（Aaron Sheehan-Dean）。《托马斯·杰斐逊评论集：卸任系列，弗吉尼亚夏洛特维尔镇》（*The Papers of Jefferson: Retirement Series, Charlottesville, Virginia*）的总编莉萨·弗兰卡维拉（Lisa Francavilla）让我注意到某封极其珍贵的信件；查尔斯·罗伯兹（Charles Roberts）与我大方分享关于亚拉巴马州帕尔默戴尔（Palmerdale）移民社区的报纸报道。出身新奥尔良的温蒂·伍尔夫（Wendy Wolf）是我在维京出版社的编辑，多亏她的帮助，使得我的论述逻辑更严谨，行文用字更准确。她花费大量时间，专业、用心地处理我的书稿。她细心的编辑让这段复杂的历史变得更平易近人，证明了严谨的学术作品不一定会让读者望而生畏。最后，我要特别感谢安迪·伯斯坦（Andy Burstein），我的知交和同行，他犀利的批判让本书更加完备。

导论
我们遗忘的寓言

我们都知道，或自以为知道阶级是什么：财富与特权所创造的经济阶层。问题在于，大众熟知的、经过夸大渲染的美国史却甚少谈及社会阶级的存在。仿佛美国在脱离英国的时候，神奇地挣脱了阶级的束缚，意识到更丰富的可能性。毕竟，美国的参议院不是英国的上议院。在教科书里，建国史主要谈的是先人"如何获得土地和自由"或"平民如何抓住翻身机会"。政治人物与选民都抓住神圣化的美国梦，以此作为衡量生活质量的标准。幸福不受出身的限制（你的父母是谁），或身份地位的局限（你在社会阶级中的起点）：每一代的美国人都在这样的基础上，追求各自的幸福。

我们奉为真理的神话自相矛盾。先人成功地把"人人生而平等"变成格言，指出美国辽阔的国土和美国人民卓越的美德足以区隔美国与欧洲那许多没有希望的社会，让美国与众不同。美国理想的宣扬者用优美华丽的文字传达了他们的理念。美国理想是个愿景。在君主制和僵化的贵族阶级主宰一切的时代，美国有可能利用自由的社会流动，来证明现代共和国的革命性。

以上都是正面的说法。然而，无论过去还是现在，真实情况都大相径庭。最直白地说，英国殖民者推动实现的目标有二：一是减少英国本土的贫穷，二是把游手好闲、不事生产的人送去新大陆。英国着手殖民后，殖民地的前哨基地就开始利用这些非自由的劳动者（契约仆役、奴隶与儿童），并且把这一可抛弃的阶级视作人类废物。但这些穷人、废物并没有消失。到了18世纪初，已有人认定这些废物是个绵延不绝的"品种"。这种将劣等人类加以分类的方式，深深烙印在美国的历史中。每个时期，在美国被夸大的历史故事里，都存在废人的分类学——没人要的、无可救药的。各个时期，都有一套区隔穷苦白人与主流大众的方法。

本书将"低下阶级被视作无可救药、无法矫正的'品种'"这一情况纳入考量，借以重构种族与阶级之间的关系。此处先单独谈阶级，因为阶级本身即有独特且强大的动能。美国人替这群底层阶级起了不同的名字，皆带有丰富且强烈的含义。今日这群人被称作"住拖车的废物"（trailer trash）、"红脖子"；以前，他们叫作"懒汉"（lubbers）、"垃圾"（rubbish）、"啃土汉"（clay-eaters）和"南方穷苦白人"（crackers）。这还只是一小部分。

为了不让读者误会本书的研究目的，我要在此说明：我从阶级的角度重新评价美国的历史经验，是要揭露"美国认同"（American identity）所忽略的层面。但我不只是要指出我们在历史理解上的错误，我还想要让读者更了解今日美国依然存在的矛盾。

一个重视机会平等的文化要如何解释，或者说如何接纳，长期遭边缘化的人民？21世纪的美国人需要面对这个阴魂不散的难题。让我们接受下等阶级（underclass）的存在。从第一批欧洲开拓者踏上美洲海岸开始，下等阶级就已存在。他们并非当下美国广大人口中无足轻重的少数人群。这群"白垃圾"如何体现这种冲突，正是本书希望回答的关键问题之一。

英国殖民的遗产

英国殖民强烈影响了美国的阶级相关用语与思想。16、17世纪时，英国出现第一批意图大规模利用美洲自然环境的殖民倡导者。他们所使用的语言混合了充满目的性的描述及大胆狂野的意象，但并没有想把话说得冠冕堂皇。殖民垦殖的概念必须要能打动谨慎的投资者，新大陆的美洲殖民地必须能为旧大陆服务。在殖民政策的倡导者眼中，美洲并非充满机会的伊甸园。他们把美洲想象为巨大的垃圾堆，经过改造就能成为富饶之地。可抛弃的人——废人——将从英国输出，卸货到美洲；他们的劳动将在遥远的荒地上生根发芽。听来残酷，但这些不务正业的穷人、社会的残渣，将被送往远方，只为了当肥料，然后死在空无一物的粪土之中。在美洲成为预言中的"山巅之城"（City upon a Hill）前，16世纪的探险家认为这是片脏乱、杂草丛生的荒野——适合没教养平民的"粪坑"。新大陆的形象有其诱人之处，却也有黑暗面。早期提倡殖民的英国人将美洲描绘为富饶之地，他们夸大其词，而且也许刻意如此。他们描绘的是一块连自己都没见过的土地，却必须说服谨慎的投资者和国家官员，才能让他们投身高风险的海外殖民。最重要的是，英国可以把处于社会边缘地位的人们输出到美洲。

多年以后，美国才变成"全世界的希望"。后来的光荣历史掩盖了这块"自由之地、勇者之乡"的低贱出身。今日的爱国人士认为，美国从过去到现在一直都是个"特殊"的地方，我们都知道他们脑袋里会冒出哪些例证：朴实的朝圣先辈受慷慨的印第安人的教导，学会了耕种之道；弗吉尼亚骑士党（Virginia Cavaliers）在詹姆斯河畔精美的宅邸大宴宾客。因为学校历史课的教法，美国人脑子里的普利茅斯（Plymouth）和詹姆斯敦(Jamestown)和乐融融，不存在阶级分裂。

从那时开始，美国人回望过去时越发地伤感多情、泪眼蒙眬。这是因为混乱和斗争对于树立美国人的自尊并无帮助。阶级虽然经常遭到忽略，却是早期殖民史中最重要的预设条件。就算是现在，美国中产阶级为数众多、奉公守法这一概念仍是强效的安慰剂与烟幕弹。我们满足于中产阶级这个概念带来的安慰，忘了得先有更低的阶级存在，才会有中产阶级。中产阶级的概念偶尔遭逢挑战，像是前几年的占领华尔街运动，让美国人尴尬地发现金融圈的实情，以及 1% 与 99% 之间荒谬的贫富差距。然后几大媒体聚焦新的危机，让美国人恢复了几个世纪以来对阶级的无感，阶级这个主题再度黯然退场。

查尔斯·默里(Charles Murray)在《走向分裂：美国白人的国家》(*Coming Apart: The State of White America, 1960—2010*)一书中所想象的美国历史是没有阶级的（或不受阶级影响）。默里是许多人心中的权威，对他来说，1963 年庞大且急剧变化的美国社会，依靠核心家庭的共同经验才得以维系。当全家人一同收看《奥兹家庭秀》(*The Adventures of Ozzie and Harriet*)时，美国大众都认为电视里演的正是自己的生活。[1]

事实恰恰相反。早在发展之初，电视节目已经开始用阶级类型来夸张滑稽地表现角色。读者只需要想想其他几个早期的热门节目就可以得到证明：1963 年的《衬裙站》(*Petticoat Junction*)演的是绿荫旅店的乡村生活，并将傻里傻气的村民与精明干练的都市亲戚做了对比。同年播出的《农家女》(*The Farmer's Daughter*)的主角是位出身农场的瑞典裔美国女佣，她在美国国会议员的家中为其服务。在 1965 年《绿色的田野》(*Green Acres*)中，名叫亚诺的猪是全胡特村最聪明的居民。还有 1962 年的《贝弗利山人》(*The Beverly Hillbillies*)，在这出反映社会流动性的经典讽刺剧中，都市人认为出身山区的油田百万富翁根本是返祖退化。别忘了《蜜月期》(*The Honeymooners*)这部与《奥兹家庭秀》同时期的作品。《蜜月期》巧妙地嘲弄了公交车司机、下水道维修工与他们贫穷的工人阶级妻子。所有观众都看得出来《蜜月期》中的蜜月伴侣和欧兹与哈利雅特活在两个完全不同的世界里。美国人用滑稽模仿来安全地消化阶级政治。

选择性记忆让我们能够浪漫化某个黄金时期,这段时光是美国认同的永恒护身符。对于忽视美国长远历史的查尔斯·默里来说,1963年正是黄金时期。那一年,盖洛普的民意调查呈现出美国信仰的核心精神。在这份调查中,受访者的自我认同既非贫穷也非富有:约有一半民众表示,他们是劳工阶级,但另一半认为自己是中产阶级。误以为单一数据能够显示完整的故事,这位社会科学家写道:"美国人不认为自己贫穷或富有,反映的是立国之初即有的自信:美国没有阶级,或者因为美国有一定的阶级,所以美国人认为自己应该表现出阶级并不存在的样子。"默里唯有抹去大量历史证据,才能继续说他的寓言故事:美国人拒绝阶级。问题是,过去的学者不曾好好检视这些证据,以致重大误解流传至今。[2]

先去了解殖民脉络,再一步步追溯对阶级的现代定义如何建立,我们将得以看出观念与理念如何在历史中合为一体。承认昔日英国对贫穷与阶级的定义持续影响今日美国,我们将认识到阶级的存在早已清晰可见,远远早于乔治·盖洛普的民调。的确,早在19世纪移民潮带来棘手且剧烈的文化互渗之前,阶级的影响早已深入美国社会。最重要的是,我们必须停止这种显而易见的错误,不能再宣称美国人因为某种罕见的幸运,甩开了母国英国的阶级包袱。我们不愿承认的是,美国根深蒂固的阶级制度是从反复出现的农业概念中演化而来的,涉及土地的特性和潜力、劳动的价值及"育种"的关键概念。长期以来,令人尴尬的低下阶层为数众多,在北美大陆上一直被视作"人类废物"。

美国特殊论的神话

唯有遗忘才能成就历史神话的虚构。我们必须探讨拒认真相的源头：大部分17、18世纪的英属美洲殖民计划建立在特权与屈服之上，而非原始民主。1776年的这代人当然会避重就轻。从那之后，每一代美国人都跟随开国元勋的脚步，避而不谈这段历史。

建立在虚构的朝圣先辈及神圣化的开国元勋上的美国历史，让我们错失了许多应得的真相。我们跳过关键的南北建国论述之争，以及双方弱化阶级重要性的寓言。《独立宣言》(*Declaration of Independence*)《美国宪法》(*Federal Constitution*) 及主要的建国文献证明了美国的父系血统；出身弗吉尼亚、身高一米九的乔治·华盛顿（George Washington），巍巍俯视美国民众，成了美国象征意义上的"国父"。弗吉尼亚被称为源头，另一位开国元勋约翰·亚当斯（John Adams）则赞扬马萨诸塞湾殖民地（Massachusetts Bay Colony）的首任总督约翰·温思罗普，称其为美国高贵族长的早期楷模。背后的逻辑很简单：无论今昔，起源都是充满争议的议题。然而开国元勋的阶级起源却无法否认。[3]

除了开国元勋自己编织的故事，19世纪的神话制造者深深影响了现代美国史观。19世纪的杰出史家几乎来自新英格兰一带，他们塑造历史论述的功力一流，所以主流故事说的都是他们的好话。这就是为什么在原初的论述中，清教徒是个情感澎湃的社群，具备可圈可点的工作伦理。不符合以上崇高典范的早期殖民者，自然就不会在历史中留下宗教自由和辛勤工作的记载。为了便宜行事，无土地的、穷困潦倒的"白垃圾"的祖先，从建国史诗中消失了。

除了标准版的历史，波士顿人士笔下的戏剧与诗歌同样在赞颂建立早期殖民地的分离派信徒。早在 1769 年，新英格兰人士就开始在普利茅斯举办"先人纪念日"活动。1815 年，波士顿艺术家亨利·萨金特（Henry Sargent）展出其画作《先人登陆》（Landing of the Fathers）。但是乔治·班克罗夫特（George Bancroft）广受好评的《美国史》（History of the vnited Stateds）第一卷，更经典地描绘出五月花号（Mayflower）和阿贝拉号（Arbella）如何上岸、撒下自由之爱的种子。在 19 世纪的登陆纪念活动上，丹尼尔·韦伯斯特（Daniel Webster）等人在骄傲的演说中将自由之爱阐述得淋漓尽致。殖民妇女会（Colonial Dames）之类组织的宣传技巧，也对以上历史论述的建构起到了作用。殖民妇女会致力于提升五月花号的朝圣先辈和温思罗普的清教徒的地位，让它们成为国家记忆中最重要的角色。[4]

1889 年，普利茅斯立起朝圣者纪念碑 [Pilgrim Monument，现在名为国家先祖纪念碑（National Monument to the Forefathers）]。波士顿建筑师兼雕塑家哈玛特·比林斯（Hammatt Billings）原本设计的纪念碑高 150 英尺（约 45.72 米），他希望这个纪念碑能成为美国版的罗得岛太阳神铜像，后者是古代的世界七大奇迹之一。虽然最后的雕像比原先设定的要小，却无损他的设计意图，依旧（可想而知）充满寓意：信仰女神手指天堂，紧握《圣经》，颇类似自由女神与其手中的火炬。[5]

众所周知，纪念碑无法完美记录过去。女神的塑像（处处可见）与记录的事件之间，存在着奇怪的断裂。在约翰·加斯特（John Gast）1872 年的名画《美国的进步》（American Progress）中，拓荒者向西跨越美洲大陆，举头则有女神看照。画中的驿站马车、四轮马车、铁轨与电报线，将沿路挡道的印第安人和水牛驱离四散。比林斯的信仰女神像则站在五月花号乘客的顶上：他们的名字刻在雕像的侧边。就这样，宗教自由这单一且巨大的力量，让首批英国拓荒者的个人动机消失无踪。拓荒者始终无声。

导论 我们遗忘的寓言　15

殖民的复杂过程经过浓缩，而后被遗忘，因为所有人类轨迹（名字背后那些活生生的人）已然佚失。无人记得那些失败的、无子无嗣亦无深远影响的人。历史却留给后人空洞的象征：进步前行。[6]

历史的浓缩与删节看似自然中立，却完全不是如此。透过修剪，小学所教的历史变成了成人心中的标准版本。也因此，我们所学习到的伟大美国史诗抹去了这个事实：17世纪30年代，不到一半的人是因为宗教因素来到马萨诸塞州的。小时候不加思考就吸收的被夸大的故事，不知为何，依然与我们同在，产生狭隘的国族认同，滋养"美国特殊论"（American exceptionalism）这个最顽固不化的神话。我们独一无二、与众不同。阶级的不存在正是美国的特色之一。

"美国特殊论"出自一系列关于救赎与善意的早期神话。最初的移民，因在旧世界遭到迫害，鼓起勇气，越过大西洋，去美洲寻找宗教自由；满载希望的拓荒者们，驾着马车举家往西创造新生活。我们接受的教育告诉我们，只有美国才会如此珍惜个人的自由。移民似乎让每个参与其中的角色平起平坐，让他们成为同质、无阶级的社会。团结的故事压抑了我们的不满，掩盖住最敏感的分歧。当阶级一如往常造成分歧，一种选择性的失忆就会发生。美国人不喜欢谈阶级，大家认为阶级在美国史中并不重要，谈阶级有违美国人的自我认同。

但是，我们谈论着在普利茅斯岩（18世纪末才有这个地名）登陆美洲的朝圣先辈（他们是感恩节所纪念的那群人，而感恩节直到南北战争后才出现）。这个很美国的节日会跟火鸡产生关联，是为了振兴南北战争时乏力的家禽业。1794年之前，甚至连"朝圣者"（Pilgrim）这个词汇都尚未普及。然而，"第一个"感恩节却定于1621年，当时来意良善的朝圣先辈与公正的万帕诺亚格（Wampanoag）印第安人共进晚餐。主持人是朝圣先辈的印第安翻译斯匡托（Squanto），他才帮助了这些英国人撑过寒冬。这个故事却漏掉了某些细节（并非不重要的细节），即斯匡托之所以通晓英语，是因为他曾被绑架，后被卖给英国船长当奴隶。（此类强迫性的劳动，让人想到大部分的白人仆役是如何从英国来到美洲的。）而斯匡托与白人的情谊远比这个童话更加复杂。来年，他死于一场离奇的高烧，当时他正与马萨索伊特（Massasoit）进行一场权力斗争，而马萨索伊特正是万帕诺亚格族联盟的"伟大酋长"。[7]

乱涂乱写的北方人用华盛顿、杰斐逊与弗吉尼亚州的垦殖（比朝圣先辈到达美洲还早13年）写下完整的殖民神话，以强调他们在新大陆的文化优势。在这方面，南方各州落后了。直到今日，大众依旧用病态的好奇来窥探"消失的殖民地"——罗阿诺克（Roanoke），就像他们对待阿梅莉亚·埃尔哈特（Amelia Earhart）飞越太平洋失踪一案的态度。对他们来说，这个事件的神话成分大于故事性。每个消失的群体都具有奇特的吸引力——大受欢迎的电视剧《迷失》(Lost) 就是如此，柏拉图的亚特兰蒂斯也是如此。幽灵船和幽灵殖民地让人有种时间停止的神奇感；它们存在于历史的一般规则之外，这解释了为什么罗阿诺克之谜可以帮助人们回避早期拓荒者被迫面对的严酷现实，而人们早就本能地对这一现实有所察觉。[8]

如果说罗阿诺克是失落世界的诱人古玩，后来的詹姆斯敦则成了弗吉尼亚殖民地的起源，其故事振奋人心，不亚于朝圣先辈的故事。詹姆斯敦建于1607年，虽然美国没有法定假日来纪念这个事件，但关于它的寓言故事更为诱人。故事里的"印第安公主"宝嘉康蒂（Pocahontas）戏剧性地拯救了约翰·史密斯（John Smith）。据说，在一场"国王"波哈坦（Powhatan）为年仅11岁的宝贝女儿精心准备的仪式中，公主冲向前去，用她的头护住史密斯，阻止族人用棍棒砸碎史密斯的脑袋。这个骄傲的英国人与年幼无知的小女孩之间产生了神奇的联结，跨越了新旧世界之间的语言文化隔阂。

这个勇敢的小女孩吸引了许多诗人、剧作家、艺术家与电影工作者。人们称她为詹姆斯敦的"守护神"、弗吉尼亚和美国的"母亲"。有作家在1908年时提出了一个让人难以置信的说法,他说宝嘉康蒂其实是罗阿诺克最年幼成员弗吉尼亚·戴尔(Virginia Dare)的女儿。这种说法让这位印第安公主变成遗落荒野的欧洲后裔,就像是埃德加·赖斯·巴勒斯(Edgar Rice Burroughs)三年后出版的《人猿泰山》(*Tarzan of the Apes*)。[9]

在有关宝嘉康蒂的故事中,最知名、最新的版本是1995年的迪士尼动画。迪士尼版的宝嘉康蒂美艳动人、凹凸有致,不像增那寇马卡(Tsenacommacah)的部落少女,反而更像是当代的流行天后。迪士尼动画中的宝嘉康蒂能神奇地与自然沟通:和浣熊交朋友,对树说话。她跟白雪公主、灰姑娘等其他迪士尼的女主角一样,有一大群动物朋友。为何如此?这个情节的灵感来自新大陆强大的浪漫形象:天真无邪的无阶级社会。古老的隐喻天衣无缝地与新的电影形态融为一体:西方文化长久以来都将女人描绘得生机勃勃,繁盛多产,具备伊甸园般的平静与生育力,相比男人更亲近大地之母。在这个关于詹姆斯敦的再创作中,没有腐臭的沼泽、令人厌恶的疾病和饥荒。[10]

多年来,学者们不停地争论史密斯获救的故事是否真正发生过,因为只有他本人的记述,而这个故事最精细的版本,发表在宝嘉康蒂过世多年以后。史密斯是军事冒险家,也是善于自吹自擂的一介平民。他有夸大个人事迹的恼人恶习。他获救的故事完全仿照当时苏格兰的一首流行歌谣,这首歌谣讲的是一位突厥公主拯救了正要被斩首的英国探险家。尽管宝嘉康蒂公主与烟草种植商约翰·罗尔夫(John Rolfe)的婚礼由英国国教的牧师主持,但依然有詹姆斯敦议会的成员轻蔑地称宝嘉康蒂为"可憎后代"的异教徒祸根,并说她是"举止野蛮"的女孩。就连约翰·罗尔夫都把这段婚姻视为便宜的政治结盟，而非真爱的结合。[11]

如果故事的真相会动摇美国没有阶级、只有相亲相爱的共同体这个基本原则，我们就不能期待迪士尼会拍出真相。这部动画建立在老生常谈的另一则神话上：约翰·史密斯（动画中的他一头金发、身强体壮）扮演宝嘉康蒂的爱人，而非罗尔夫。这并非史上第一遭有人夸大宝嘉康蒂的美貌，并强调她拯救了史密斯，成为英国人的盟友。有人在1842年为宝嘉康蒂画了一幅不甚美丽的肖像，画中的她圆胖丑陋，完全不是那个玲珑标致的印第安公主。这幅肖像引发了一场抗议风暴，有人批评这幅画"粗劣、欠缺诗意"。她英国化的美貌毋庸置疑；她原始的优雅让她顺利融入英国。的确，正是必须具备这些条件，英国人才可能接受这个印第安少女。[12]

宝嘉康蒂的故事设定，必定得让公主背离自己的族人与文化。根据历史学家南希·休梅克（Nancy Shoemaker）的观察，这个强大主题延续至今，因为这个主题有助国家合理化印第安人自取灭亡的论述。然而宝嘉康蒂并非自愿在詹姆斯敦生活，她是被俘虏的。故事里的弗吉尼亚是个伊甸园，现实中却从来都不是。为了方便故事的发展，战争与痛苦、贪婪与殖民征服——就这么消失了。阶级与文化冲突神奇地退场，将美国的起源重新定调为乌托邦式的爱情故事。[13]

欢迎光临真实的美国

我们有办法承受真相吗？殖民之初，那些唯利是图、人脉广布、主掌重要股份公司的人，用一连串矛盾的词语来描绘美洲：既是丰饶与机会之地，也是大量废弃物的安置所，更是"臭不堪闻"且杂草丛生的死水和潮湿而无用的沼泽。这里让英国人有机会减轻监狱负担，送走数千囚徒；

这里是可鄙之物的排除管道,让流浪汉和乞丐消失无踪,拔除伦敦的眼中钉。冒险前往美洲并活下来的那些人,对于帝国的投机商人来说只有一种用途:为英国的利益服务,并于此过程中消失。这么说来,早于"朝圣先辈"的"第一批拓荒者"并非受宗教启发的一群人。五月花号的乘客中有几十位初来美洲大陆就死于饥荒与维生素缺乏的相关疾病。坏血病让他们的牙龈溃烂,七窍流血。早在17世纪30年代,新英格兰人已重新发展出一个分层的"阶级"社会,上有统治权贵,下为家仆用人。许多贫穷的男孩注定要被剥削。后来的拓荒者也不乏信仰虔诚之徒,但在温思罗普的阿贝拉号之后的移民浪潮中,他们也只是少数。精英拥有印第安和非洲的奴隶,但是受他们剥削最深的其实是童工。就连教会都反映出阶级关系:座次安排便是阶级身份的确认。[14]

弗吉尼亚也并非希望之地。此地充斥着英国来的不受控的无赖,这些人宁愿赌上性命,也不想为生活好好工作。英国把这些人当作边境的"粪土"。如果不是佣兵约翰·史密斯(John Smith)将用残酷的纪律强行管束他们,这些闲人最不想做的就是开垦荒地。唯一能够维系这个百废待举的殖民地的方法就是军事化管理。英国长期与西班牙、法国、荷兰等计划缜密的政府进行竞争,而这种制度意在保护英国的利益。在殖民的头20年中,只有极少数的殖民者活了下来。对于这一点,英国人一点都不讶异,伦敦的权贵也不太在乎。他们不是在投资"人",他们送去的人本来就粗鄙不文,到了美洲后更是变本加厉。遇到残忍的印第安人后,这些人甚至变得更加粗暴。英国的投资阶级是派开拓者去找黄金的,找到黄金,投资人才能中饱私囊。被送往美洲的这些人,本就可以被抛弃。[15]

现在我们终于知道美洲殖民史发生了什么。这段历史被漂白了。虽然新大陆的开拓者应该要代表社会流动的希望,而朝圣先辈让我们崇信自由,但矛盾的是,19世纪的美国人一手创造了伟大的"民主王室"

(democratic royalty)。这些"王室后代"在19世纪40年代建立起第一批家族协会（genealogical societies），并在20世纪初时建立起一系列爱国团体，强调世袭的血统，如"五月花号后裔协会"（General Society of Mayflower Descendants）和"美国建国者及爱国者会社"（Order of the Founders and Patriots of America）。这些团体在全国都有分会。极难加入的"弗吉尼亚第一代家庭会社"（Order of the First Families of Virginia）于1912年创立，其成员宣称他们的祖先是英国的贵族与丽贝卡·罗尔夫夫人（Lady Rebecca Rolfe）——后者正是那位贵族化并英国化的宝嘉康蒂。[16]

权贵社团宣扬父系血统与新贵族阶级的同时，雕像也一尊尊立起。这些雕像告诉我们某些家庭（与某些阶级）更有权利享受建国的承诺。各市与各州的领导人毫不掩饰地支持这套国家圣徒传，为殖民时期各城市的先人立起一座座大型纪念碑。波士顿后湾（Back Bay）于1880年首度立起的温思罗普的雕像，革命党人约翰·亚当斯决定让温思罗普的雕像穿上莎士比亚式或都铎/斯图亚特时代的服装，脖上套着华丽的轮状衣领，身穿紧身裤。但是费城市政厅塔顶上重达27吨的威廉·佩恩（William Penn）雕像才是最大的纪念雕像。这座雕像于1901年完工，在1987年之前，政府规定费城里的所有建筑都不得高于佩恩雕像头上的贵格派帽子，以确保这位创建者能够至高无上地俯视这座博爱之城，以纪念殖民时期领土的获得。在英国法律中，所拥有的土地是可以通过"圈地"来衡量的——也就是将土地占为己用。土地本身是公民认同的根源。这个原则也能够解释"普利茅斯岩"的象征意涵。这块巨石在最后一位朝圣者登陆美洲多年后才被发现，但在18世纪时它被命名为"普利茅斯岩"，并被当作五月花号殖民开拓者登陆后踏上的第一块土地。[17]

这种纪念回避了以下问题：在殖民征服的大型比赛中，谁是赢家？谁是输家？除了分割土地，土地如何整并？财富如何创造？劳动力如何获得？第一批欧裔美国人到底开启了什么样的社会结构？什么形态的社会关系？找到这些问题的答案，我们就能真正了解拥有者和一无所有者的长久认同，如何在美国人的集体意识中留下永恒的印记。

美国人对于本国殖民初期的粗糙理解反映了他们的文化需求——遗忘或粉饰几个世纪以来的狡猾决策、双重标准与惨痛的失败。罗阿诺克的"失落的殖民地"不过是众多失败的殖民计划之一。有许多人提出雄心勃勃的新大陆殖民计划，却只是即兴的概念或浮夸的宣传。他们招来的兵马并不一定跟铜像上那些领袖——约翰·温思罗普与威廉·佩恩——有着相同的理想。他们因促进了各自所管理殖民地的建设与发展而流芳千古。

17世纪的大部分开拓者没想过，他们的流亡竟会成为"山巅之城"的起点。他们并非全然相信佩恩的"神圣实验"（Holy Experiment）。有些人怀抱梦想，但没有几个开拓者来美洲是为了实现什么神圣的计划。17世纪时，大部分的早期移民不是母国眼中有头有脸的子民，而是被归类为多余人口，可抛弃的"垃圾"。这群人粗鄙不文。英国人深信，有四种方法能够让英国社会消灭这些贫穷的残渣：自然会透过粮食短缺、饥荒与疾病消灭穷人，这群人也可能因犯罪走上断头台。最后，有些人会因被逼迫或受利诱上战场，死在战场上，又或者是被送往殖民地。这些毫无价值的社会寄生虫可以被送往殖民前哨站，因为这些地方缺少四肢健全的劳动者及年轻"多产的"女性。英国人相信，只要把这些人送到美洲，他们就会变成勤劳的工蜂。蜜蜂是英国人最爱的昆虫，他们认为这种生物洁身自好，当然也更因为其产量甚丰。[18]

殖民者龙蛇混杂。最底层的是贫穷、犯过罪的男女。这些不光彩的移居者中包括杀人越货的强盗、低贱的流浪汉、爱尔兰的叛变者、知名娼妓，以及各色各样因为巨额窃盗或涉及财产犯罪而被遣送美洲的罪犯。去美洲是某种缓刑，可以不用上断头台。那些契约仆役原来的社会阶级也好不到哪里去，最低阶的是街头流浪儿，高一点的是负债累累的工匠。这些人在英国受迫服劳役，所以他们选择被流放到殖民地看看能否翻身，而不是被关在拥挤不堪、疾病丛生的英国监狱。因为美洲劳力短缺，有些船长和中介在伦敦街头或其他城镇围捕儿童，将他们贩卖给美洲的烟草种植者——这种行为被称为"诱拐"。有些孩子因为犯了一点小罪，就被送到美洲。伊丽莎白·"小贝丝"·阿姆斯特朗（Elizabeth "Little Bess" Armstrong）就是一个典型的例子。她不过是偷了两把汤匙，就被送往弗吉尼亚了。为数众多的贫穷成人与失去父亲的男孩放弃自由，卖身为契约仆役。他们要用4至9年的劳动来付清前往美洲的费用。他们的卖身契可以被买卖，而且常常是一到美洲就被转手卖了。他们不得结婚，也不能选择自己的主人，主人却可以随意处罚或鞭打他们。因为恶劣的工作环境，有位评论家把这些人的命运比作"在埃及为奴*"。[19]

退伍士兵也是下等人，也被送往殖民地。因为各种原因，单身男女、低阶贵族家庭及工匠与自耕农家庭都加入了这批大迁徙。有人远离家园是为了躲债，不然有可能要坐牢。也有人（很多是从德国或法国来的）把殖民地视为避难所，躲避宗教迫害。有很多人离乡背井，是为了避免政府对他们从事的行业施加经济限制。还有一些冒险前往美洲的人是为了将名誉受损与财务失败抛诸脑后。所有历史系的学生都知道，奴隶后来成为最大的非自由劳动力来源，这些人来自非洲与加勒比海，再从英国被运送到英属美洲殖民地。18世纪末时，奴隶的数量已高达60万。特别是1663年后，每个殖民地都看得到非洲人的身影，因为英国允许"皇家冒险者公司"（Company of Royal Adventurers）垄断黑奴买卖，这等同于全力鼓励

---

* 译注：出自旧约《出埃及记》的典故，犹太人在埃及为奴，受法老的残酷迫害。

黑奴贸易。垄断时期结束后，黑奴贸易却越发蓬勃，当时的美洲开拓者还讨价还价，直接从国外的卖方手中购买黑奴。[20]

要把阶级重新放回它所属的故事里，我们必须要想象一个非常不同的画面。当时的美洲不是机会平等之地，而是一块不甚诱人的土地，等待移民者的是死亡与恶劣的劳动环境。根深蒂固的英国意识形态让美洲的阶级身份僵化，让社会不可能流动。当然，清教徒的宗教信仰也不曾消除阶级——前面几代的新格兰人不曾试图消灭或谴责对于仆役奴隶的依赖。土地是财富最主要的来源，没有土地的人就没有太多机会逃离奴仆的命运。从那时开始，没有土地的污名就在穷苦白人身上留下了印记。

欢迎光临美国真实的过去。要思考美国的状态，1776年是个错误的起点。美国独立并不曾神奇地消除英国的阶级制度，也不曾刨除关于贫穷与随意剥削劳动力的执念。很多人认为他们是废物或"垃圾"，这个遭鄙视的族群，即使到了现代，依然被当成可抛弃之物。

第一部分

打造新世界

第一章
丢垃圾：荒地与废人的新世界

> 殖民地应当成为国家的排泄管或污水池，排去秽物。
> ——约翰·怀特（John White），《种植者的恳求》（The Planters Plea）

16世纪殖民伊始，在受过教育的英国男女的脑中，北美是怪物占据的未知世界，一块金山环抱的无主荒地，因为很少有人能亲眼看见美洲这块奇异的土地，以讹传讹的夸大渲染远比实际的观察更有吸引力。两位在推动美洲探险上最卖力的英国人，终身不曾踏足这块大陆。中殿律师学院（Middle Temple）的律师大理查德·哈克卢特（Richard Hakluyt the elder）是其中之一，这个学院是伦敦大都会的学术与宫廷政治的中心。跟他同名、小他近两轮的堂弟在牛津的基督教会学院（Christ Church）求学，最远只去过法国。[1]

大哈克卢特是个书呆子律师，刚好熟识那些梦想从海外探险中求富贵的人，包括商人、王室官员及沃尔特·雷利爵士（Sir Walter Raleigh）、汉弗里·吉尔伯特爵士（Sir Humphrey Gilbert）和马丁·弗罗比舍（Martin Frobisher）。这些野心勃勃之人试图利用海外探险寻得功名利禄。这些行动家生性以四海为家，他们是一种新型的探险家，因英雄主义和暴躁莽撞而闻名。[2]

小理查德·哈克卢特（Richard Hakluyt the younger）是牛津学生和教士，一生致力编汇探险家的旅行故事。他于1589年出版了他一生最重要的巨作《英格兰民族重要的航海、航行和发现……》（*Principall Navigations*）。本书将作者有办法搜集到的英国海外探险记录一网打尽，包括东方、北方，当然还有美洲。在莎士比亚的年代，只要有点身份地位的都读过小哈克卢特的作品。英勇神武的约翰·史密斯大量地引述小哈克卢特的作品，意在证明自己不只是个粗蠢佣兵。[3]

早在《英格兰民族重要的航海、航行和发现……》出版之前，小哈克卢特就曾试图寻求王室的支持。他把一篇论文献给伊丽莎白一世女王与她的心腹，文中清楚讲述了英国殖民的工作原理。《论西部种植》（*Discourse of Western Planting*）纯粹是宣传，意图说服女王，让她相信殖民美洲能获益。沃尔特·雷利爵士自掏腰包进行殖民探险，同时希望能得到国家资助。他的海外探险队最后在卡罗来纳岸边建立起短命的罗阿诺克殖民地，但自始至终雷利爵士都未曾得到国家赞助。[4]

在小哈克卢特的英国殖民梦中，遥远的美洲是片广阔到无法想象的荒野。法国知识分子蒙田1580年时曾将美洲描述为单纯、未腐化民族的居住地。蒙田突发奇想地说这支民族是"食人族"，暗中挑战只有畜生会吃人肉的概念。如同小哈克卢特，他当然从未见过北美原住民。比起蒙田，哈克卢特对于原住民的看法更加实际（也更英国）。他认为原住民既不危险也不天真，而是空空如也的容器，等着基督教与商业的真理来填满。他幻想中的印第安人是盟友，有助英国人实现其野心，也是可能的贸易伙伴与下属。但印第安人更是一种自然资源，利用这种资源，就可获得更大利益。[5]

用"空"来暗喻一块谜样的土地，对英国来说有法律上的益处。既然没人知道土地所有人是谁，美洲领土就等于无主，等着被人占领。就连书呆子教士小哈克卢特也把美洲比喻为等待英国人追求迎娶的美人。英国人将成为美洲合法的拥有者与监护人。以上种种当然都是一厢情愿的，因为美洲的土地并非真的一片空白、无人居住（inane ac uacuum）。然而，英国人认为，任何土地都必须脱离自然状态，转为商业用途。只有这样土地才算是为人所有。[6]

他们显然认为印第安居民无法拥有美洲的所有权。英国殖民者爬梳古代的法律，试图找到令人信服的类比。他们把原住民归类为未开化之人或野蛮人。印第安人不曾建立英国概念里定居的家或城镇；他们不曾用矮树丛与栅栏围起耕地。印第安人居住的土地，似乎无边无界、原始难驯——约翰·史密斯就曾用"臭不堪闻"与杂草丛生来描述弗吉尼亚与后来的新英格兰。印第安人以消极游牧维生。反过来说，要从土地中致富，也需要追逐利益的种植商和辛勤农夫的耕耘，并在过程中加以严密的控制。[7]

在这块实验性的大陆上，这种土地使用的概念影响深远，决定了种族与阶级的分类方式。早在殖民者建立起蓬勃发展的新社会之前，他们就已区分出两种人：一种是管理可开发土地的企业家，另一种占绝大多数，仅仅是居民。居民不曾对生产力或商业贸易进行有意义的投资。

无论美洲是贫瘠荒芜还是空无一人，是无人耕种还是杂草丛生，英国人都完全以自己的角度来看待这块土地。英国人心心念念要处理的就是废物的问题，这也是为何他们眼中的美洲是片"荒地"。荒地的定义是未开发的土地，无法进行商业贸易，也缺乏农夫的辛勤耕种、灌溉。用《圣经》的话来说，躺在废物中，等于无人闻问、孤苦无依。以农业的用语来说，是休耕、未开垦。

荒地是闲置的土地。优良的可耕地让人想到的是犁过的田、成排的庄稼与果树、随风波动的金色谷物，还有牛羊的牧场。约翰·史密斯拥有相同的意识形态，这种意识形态有个很精确（未加修饰）的暗示：一个英国人对一块土地的所有权建立在他承诺对其施肥之上。英国人把动物粪便当成神药，让弗吉尼亚荒野神奇变身，让未开垦的荒地变为有价值的英国领土。废物会在那里被处理、使用。在他们眼中，废物是还没有变现的财富。[8]

小哈克卢特在《论西部种植》中，信心满满地将整个美洲大陆描绘为"荒地"——不是陆地，而是荒地。在他眼中，天然资源就是原物料，可转化为值钱的商品。跟与他同时代的英国人一样，小哈克卢特心中的荒地等于公共草地、森林、沼泽地——16世纪开垦者对其很有兴趣，因为这些土地具有潜在利益。荒地尤其迎合了商业市场上民营企业主的利益：牛羊放牧于被围起来的公共草地，森林被砍伐以提供木材，并被清空植被以进行垦殖，沼泽湿地的水可以排净，建立富饶的可耕农田。[9]

不只土地是废弃的荒地，人也可以是废人。废人正是本书最重要的出发点：小哈克卢特的美国需要的是被他列为"废人"的人，需要这些劳动者的身体来砍树、打麻绳、采蜜、腌渍风干渔获、加工生兽皮、掘土寻矿、种橄榄、养蚕、整理并包装羽毛。[10]

根据他的规划，乞丐、流浪汉、罪犯、负债者与精力充沛的无业年轻人应该负责上述工作。"流浪乞丐的孩子游手好闲，未受良好教育，他们会成为英国的负担。我们也许可以卸下这些担子，让他们获得更好的教养。"商人被派去与印第安人做生意，买卖小玩意儿、布料，搜集大陆内部的信息。这个计划需要工匠：处理木材的水车木工、建设殖民地的木匠、制砖师傅、泥水匠、为美洲殖民地提供服务的厨师、洗衣工、面包师傅、裁缝及补鞋匠。[11]

要去哪里找这些劳动者呢？小哈克卢特认为就算英国没了这些工匠，经济也不会受到影响，而大部分的劳动力却来自与日俱增的穷人和流浪汉。小哈克卢特用了惊人的比喻，他说这些人"马上就会把彼此给吃光"，且正在吃垮英国的经济。这些无所事事之人等着被移植到美洲，以发挥更大的用途（虽然是同样的不人道）。[12]

当时很多人对贫穷都持有这种观点。早从1580年开始，就不断有人提出一个计划，提议打造一支由百吨渔船组成的船队，每艘船上载有1万人，其中的5 000人都是身无分文的流浪汉。虽然从未实践过，但这个帆船劳动计划是被设计来击败在渔业上以勤奋闻名的荷兰人的。[13]大数学家、地理学家约翰·迪伊（John Dee）也曾想象过用海事途径处理掉贫穷的问题。1577年英国海军扩编，迪伊提议将穷人聘为水手。还有些人则希望铲除街上的穷人，无论是强迫他们去修公路或盖碉堡，还是通通关进监狱或劳动济贫所都好。伦敦的布莱德威尔城（Bridewell）监狱建于1553年，这是第一间致力于辅导、矫正流浪汉的监狱。到了16世纪70年代，英国设立了更多此类矫正所。几位创办人为穷人的孩子提供训练课程，让他们"在劳动工作中成长"，这样他们才不会重蹈父母的覆辙，变成"无所事事的流氓"。[14]

这样看来，小哈克卢特预告的美洲殖民地，就是一个特大号的劳动济贫所。这一点至关重要。建立起"美洲废物公司"，过剩的穷人、英国的废人就能够变成经济上的资产，英国可以同时收割土地与穷人的成果，增加——而非持续耗损——国家的财富。第一批劳工里有些是囚犯，这些人被指派从事最耗体力的工作，像是砍树、把木材烧成沥青、焦油与制肥皂用的灰，还有一些被派去挖矿，找寻金、银、铜、铁。这些囚犯没有薪水可拿。身为债务奴隶，他们不得不生产出口商品，来向英国偿还自己犯下的罪。作为回报，这些人不必再过犯罪的生活，用小哈克卢特的话来说，他们可避免"被悲惨地吊死"或塞进监狱"可悲地熬过一天又一天"，直到死去。[15]

就他看来，要回收更大的利益，得再等一代。借由从新大陆进口原

第一章　丢垃圾：荒地与废人的新世界　007

物料，并出口布料与其他商品，英国的穷人得到了工作，"没有穷人"会被迫"像现在这样，偷窃、挨饿、行乞"。他们跟着殖民贸易的成长一起发达致富。"流浪乞丐"的孩子"不会游手好闲，能够靠自己实实在在的劳动获得一技之长"。成长过程中，这些孩子将学会负责，"不致成为他人额外的负担"。脱离贫困的孩子不再是国家的累赘，也许能够以可靠劳动者的身份重回职场。被送往海外的穷人子弟将"被更好地培育"。英国人整体上将更富裕，有工作的穷人将更加刻苦耐劳。这听起来非常有逻辑，且能被实现。[16]

这种把穷人看成废物、社会残渣的观点其来有自。几代以来，英国人都在扫荡穷人，特别是游民流浪汉。14世纪颁布的一连串法律都致力于根除"万恶渊薮"的贫穷。到了16世纪，严刑峻法已是常态。每个镇上都设有颈手枷，用来公开处罚逃跑的仆役，伦敦各地也有鞭刑柱和牢笼。下层阶级的身上通常有铁烙印和耳洞，这种标记让他们跟一般大众有所区别，自成罪犯团体。1547年有条法案，提议在流浪汉胸前烙印下V字，然后再奴役这些人。虽然这不寻常的法案从未通过，但是歧视污蔑穷人的必然结果。[17]

小哈克卢特于1584年起草《论西部种植》。当时，穷人常被批评为"一无价值""闲居终日"，这群人贫病交迫、居无定所，也无家室。他们"四处乱窜"，造成威胁。他们就像成群的昆虫，被称作"溢流的大众"。穷人被想象为一股恶臭之流，污染、拖垮英国健康的经济。[18]

伦敦外围被贫民窟包围。有位观察家曾于1608年评论，贫民大量聚集催生出了一个地下社会，而丑陋畸形的"怪物"住在"洞穴"里。时人指责贫民是"瘟疫"，在伦敦快速滋生并散播贫穷。这种暗喻把无业者比喻成传染病。这位观察家认为，向远方的美洲殖民就是解药，有助于清除穷人。知名诗人、牧师约翰·邓恩（John Donne）在1622年时也是如此描绘弗吉尼亚的。在他笔下，这块新殖民地是英国的脾与肝，有助于排除"身体中的坏体液……产生好血液"。其他人笔下的意象就没那么雅致了。美洲殖民地是"排泄管"，能把国家的人类废物给排泄出去。大哈克卢特毫不避讳，将这些可流放的穷人称为"英国人中的杂碎"。[19]

穷人就是人类废物、垃圾。穷人身强体壮、四肢健全却无所事事，这令人愤怒。但是这些平均每月移动 20 到 80 英里（约 32 到 129 千米）的流浪汉，怎么会"无所事事"呢？威廉·哈里森（William Harrison）在其畅销作品《英格兰之描述》（Description of England）中解释，无所事事指的是虚耗掉的精力。这些流浪汉不停在移动，但没有目的地。在移动的过程中，他们（跟印第安人一样）无法扎下健康的根，无法成为仆役、佃农、工匠等稳定的劳动力。哈里森对于无所事事的定义，就像我们对汽车马达空转的看法一样。马达原地打转，一如无所事事的穷人在经济上停滞不前。废人就像荒地般毫无发展。废人的精力生产不出任何有价值的东西，如同破坏闲置花园的可憎杂草。[20]

那么荒地就是眼中钉了，又或是英国人口中的"粪坑"。废人好比杂草或是吃粪肥的病牛，但与精心培育、栅栏圈养的温顺牲畜不同，他们可能三不五时就聚众闹事，不守秩序、扰乱社会。社会精英无法免受其害，因为这些穷人似乎无处不在，他们会出现在葬礼、教堂礼拜上，大路、小径、酒馆中，还会跑到国会周遭，甚至是英王宫殿外徘徊。看到流浪汉在纽马基特（Newmarket）的皇宫外闲晃，詹姆斯一世（James I）十分恼怒，因此他在 1619 年写信给弗吉尼亚公司（Virginia Company）的伦敦总部，要求该公司协助清除这些惹人厌的人口，也就是把他们运到海外，眼不见为净。[21]

流浪的穷人与社会脱节，不事生产，没有服侍的主人。但他们去了殖民地就会得到主人。对于小哈克卢特与其他人来说，半军事模式是合理选项，而同样的模式在爱尔兰已施行多年。英国需要建设要塞、挖壕沟、制作火药、训练弓箭手，这样才能征服原住民，或是与野心勃勃、也想殖民新大陆的其他欧陆国家一较高下。军事化管理还有其他重要功能。有许多英国流浪汉是退伍军人，而水手是海上的流浪汉，常常沦落为海盗。16世纪最常见的战争形态就是对固若金汤的要塞发动攻击，这需要漫长的围攻与大量的步兵。每当战争爆发，就会再度征召穷人，让他们成为学者口中的"无业储备军"。[22]

近现代士兵的生活相当艰苦，朝不保夕。军队解散后，这些人常常在回乡的路上沿途抢劫。在当时的通俗文学中，士兵变盗贼的主题出现在许多传奇故事中。约翰·奥德雷（John Awdeley）的《流浪汉之会》(*The Fraternity of Vagabonds*)与类似的作品都把流浪的穷人描绘为一群庞大的盗匪集团。退伍士兵在盗匪集团中替补上位，当起了"大当家"或强盗头子。骗子（cony-catchers）搜刮大量战利品。有些老道的小偷用钩子当工具，伸进窗户就可以偷取财物。小哈克卢特提议把"我国无所事事的士兵"送往海外，就是希望这些骗子可以真正去抓兔子（cony古义为兔子）、射兔子，才有炖肉可以果腹。换句话说，把老兵和囚犯送往美洲，将同时降低犯罪率和贫穷问题。[23]

无论他们的生活会受到怎样的影响，人们相信把流浪汉、乞儿、退伍士兵送到新大陆，转移到新土地上，他们的劳力就会成为荒地的肥料。他们不被当人看，未曾受到人性的对待，只是被当作没有面孔的商业力量。也许你会觉得这种观点听来太过冷血算计，但事实正是如此。这些人如果死了，就会变成现代情报用语中的"附带伤害"。他们死在美洲殖民地，也比在英国当个无所事事的废物来得有价值。在小哈克卢特的伟大计划中，英国乞丐之子将会前往殖民地接受规训，顺利平安长大的话，就是未来的士兵与水手。[24]

把不要的人口移植到美洲大地，能减少这些人的犯罪概率。他们还有可能在美洲的广阔土地上有番作为——他们在母国人口过剩的劳动市场上当然毫无胜算。但是我们还是无法否认，英国人当时的确把穷人的孩子看作可回收的废物。这些人如果被当作士兵与水手"培育长大"，他们的命运就已经注定：成为殖民地废人后备军的一员，为英国牺牲，战死沙场。16 世纪末，美国还没成立殖民地之前，英国人就已经构想出一套残酷剥削的殖民系统。[25]

詹姆斯敦的困境

1607 年，英国人在切萨皮克湾（Chesapeake Bay）岸边建立詹姆斯敦作为据点。小哈克卢特为殖民画下蓝图，第一批殖民开拓者面临的艰辛却证明该蓝图不切实际。有些人试图帮伦敦弗吉尼亚公司辩护，发表许多短文、长篇大论与第一手记录，想方设法为詹姆斯敦的几桩离奇事件开脱。詹姆斯敦毫无法纪可言，士兵在驻扎地的公共区域公然排便，到处都看得见无所事事、饿得要死的人。官方施行酷法：偷菜和亵渎都可判处死刑。劳动者和其子女都是货物，即实质上的奴隶。还有人先谋杀妻子再吃她的肉。[26]

沃尔特·雷利爵士的罗阿诺克垦殖计划宣告失败。詹姆斯敦成为英国官方的第一个美洲殖民地。满怀英式耐心，教士、诗人邓恩于 1622 年的布道中提到，"伟大产物需慢慢孕育"。詹姆斯敦的诞生既缓慢又痛苦，没几个人对它的未来有信心。建镇的第一年，印第安人就发动攻击并大获全胜，几乎杀光了整个詹姆斯敦的人。[27]

詹姆斯敦早年的历史满是伤痕，而这些伤痕后来成了传说。1625 年之前，开拓者大量死亡，在第一批的 6 000 名移民中，约有八成亡殁。几位军队指挥官强迫移民劳役，把这个新生的殖民地变成了战俘集中营。大家梦想找到黄金，所以前往詹姆斯敦，但这个梦想却没有让他们变得更勤劳。就算发生饥荒，他们也不放弃黄金梦。1611年来到詹姆斯敦的开拓者说道，他们的前人沉溺于"懒惰的无所事事"与"禽兽般的散漫"中，但他们自己也没好到哪里去。[28]

小哈克卢特说弗吉尼亚少有"精力充沛"的男人，没几个人愿意出门砍树、造屋、整地、捕鱼、打猎。詹姆斯敦早期的居民大多爱赌博、跟卑鄙的水手做生意、强暴印第安妇女。英国曾经把玻璃吹制工送到美洲，请他们制造彩色玻璃珠这种小玩意来卖给印第安人。这是小哈克卢特的想法，但是生产食物的农夫又在哪里呢？[29]

不切实际、错误的决策与失败的招募策略让美洲殖民地极度缺乏农夫，因此无法耕作和喂养英国运来的牛。托马斯·莫尔（Thomas More）的《乌托邦》（*Utopia*）认为，每个具有生产力的社会都应该奖励耕作土地的人。他说，如果无法鼓励农耕，"世上的共和国都撑不过一年"。但詹姆斯敦已将这个理念抛诸脑后。[30]

宝嘉康蒂的丈夫约翰·罗尔夫将莫尔的建议谨记于心。他在1609年时引进百慕大的烟草品种，让弗吉尼亚的开拓者因此大发其财，也让烟草镀金，成为致富的入场券。烟草的发现促进了经济繁荣，更让这种"脏草"的身价水涨船高。烟草既是蜜糖也是毒药。虽然烟草让殖民地得以为继，但是阻碍了经济的正常发展，并扭曲了阶级制度。殖民地议会小心地保护劳动者，劳动者后来也成了弗吉尼亚最珍贵的资源。小哈克卢特只教会他们一课，他们是以报复心态来滥用的：剥削脆弱无助的劳动力。[31]

殖民地总督与殖民地议会成员请求弗吉尼亚公司派遣更多的契约仆役与劳动者，这些人就像奴隶，价高者得。主人大量囤积、滥用契约仆役，还用不正当的手段延长契约。土地分配也极为不公，加速了阶级分化。1616 年以前自费前往美洲的开拓者，每人可分得 100 亩*赠地。1616 年之后，同样自费前来的人，却只能得 50 亩赠地。更重要的是，从 1618 年开始，那些开拓者每多带一名契约仆役前往美洲，就能多得 50 亩赠地。这就是所谓的"人头权利制"（headright system），即按人头数划分土地。烟草商能往种植园里塞越多的人，就能得到越多的土地。值得一提的是，哪怕有一个奴隶死在了航行途中，他的主人依然可以获得约定分得的所有土地。无论是死是活，把劳动者运往美洲都有利可图。[32]

美洲仆役的契约期限比英国的长，前者 4 到 9 年，而后者仅 1 到 2 年。根据一条颁布于 1662 年时的弗吉尼亚法律，孩童做仆役要做到 24 岁。仆役契约与工资契约不同：仆役等同奴隶，是可移动的商品与资产。这种契约可以转手买卖。无论何时何地，主人去哪，仆役也只能跟着去哪。主人的继承人可接手契约仆役，他们就像家具或牲畜。[33]

詹姆斯敦的大烟草种植商知道自己建立的社会并非没有阶级。从 1618 年到 1623 年，大量孤儿从伦敦被送往弗吉尼亚——后来的契约仆役大多是青少年。只有极少数拥有特权的烟草商获得土地、劳动者与财富，金字塔顶端下的人只能苟延残喘。那些去了美洲后变成穷佃农的仆人，发现自己的情况跟在英国时比并没有太大改变，常常被迫做以前当仆人时就在做的工作。不少人等不到契约到期就先亡故了。或者如同约翰·史密斯在《弗吉尼亚通史》（Generall Historie of Virginia）中的感叹："耗尽血泪、所费不赀，赖此地致富者，凤毛麟角，余者徒劳。"[34]

殖民地的阴险不只如此。妻子与子女有责任替丈夫或父亲完成尚

---

* 编注：此处指英亩，1 英亩约合 4 047 平方米。全书提及"亩"处，均为英亩。

未到期的仆役契约。1622年的詹姆斯敦之战后，名为简·迪肯森（Jane Dickenson）的开拓者遭原住民俘虏10个月。她一回到詹姆斯敦就有人告诉她，她欠丈夫生前的主人150磅（约68千克）烟草。如果她付不出来，就只能以劳役来完成她丈夫生前未完成的契约。她写信向总督上诉，信中提及她在詹姆斯敦的遭遇如同被印第安"残酷野蛮人""奴役"。英国文明在这片殖民荒地上是否还被尊重呢？这是迪肯森信中隐含的信息。她的遭遇也非个案。约翰·史密斯在《弗吉尼亚通史》中坦承"孤儿比起奴隶也没好到哪里去。如果他们的父母死时留有债务，其子女就会成为无工资的包身工，直到清偿债务为止"[35]。

詹姆斯敦的上层统治者直接承袭了罗马人的奴隶制度：让弃儿与债务人当奴隶。如果成年人拿契约劳动来交换前往美洲的旅费，这些人就成了债务人，而他们身后的子女就成了抵押资产。那个世界就像莎翁的《威尼斯商人》一样，主角夏洛克要求债务人割肉还债，而弗吉尼亚的烟草种植商认为自己有权索取血肉：已故仆役的无辜配偶与子女。[36]

如果文明要扎根，詹姆斯敦就必须要有英国村庄的样子，也必须提升人民素质。这个殖民地必须脱下罪犯流放地的形象，做长远之图。除了烟草，它还需要牛、田地、更好的主仆关系。最重要的是，殖民地还需要更多温顺的女人。弗吉尼亚公司1620年送了57名"年轻貌美、教养良好的女子"到殖民地，在接下来三年里，又陆续送了157位到美洲。她们被视作新道德秩序的使者。但从弗吉尼亚公司的记录中可看出当权者真正的目的："崇高任务的最大障碍"在于"缺乏抚慰"，应该要让男人"心满意足"。把女性当作货物运到美洲，"利用妻小把烟草种植者的心牢牢绑在弗吉尼亚"。女人提供性满足且生儿育女，让懒惰的男人变成更有生产力的开拓者。

要去美洲，女人只需要结婚就可以了。她们未来的丈夫会把她们买下来，支付相关旅费。每个女人的价格是150磅（约68千克）的烟草，这也是简·迪肯森赎回自由的价格。弗吉尼亚女人的身价既然是用烟草来衡量，她们自然也会被当成多产的商品来看待。这些女人挂着道德无虞的保证书，让"辛勤的种植者"相信自己买到的不是劣质货。一位种植者曾写道，前期送来的女人"质量低下"，他期待新到的货健康、宜于生育。另外还有200头牛跟这些女性一起被运到美洲，提醒我们弗吉尼亚农夫需要女人与牛以繁殖配种。如此一来，他们才能重续自己英国的血脉。[37]

经过相当的努力，詹姆斯敦仍未能建立稳定的农耕社会。17世纪上半叶，弗吉尼亚的种植园莫名贫瘠。首先，该地区的收成并不如预期的多。各行各业（技能型劳动者与体力劳动者间的比例）也没有照预定计划成形。直到1663年，威廉·伯克利总督（William Berkeley）还在推广小哈克卢特提倡的作物和商品：亚麻与大麻、船用的木材与焦油，以及蚕丝、橄榄油等珍稀商品。伯克利曾谴责"烟草是邪恶且毁灭性的作物"，这让弗吉尼亚的经济无法多元化。[38]

仆役契约是詹姆斯敦运作的核心，这种契约让劳动者成为可被抛弃的资产。在如此恶劣的环境下，生存不易。这些英国当局欲除之而后快的废人可说是"做到死为止"。孤身前往美洲的青年与男孩最容易遭到剥削。许多人无法安家立业、孕育子嗣，无法与土地产生深层的联系，而这种联系正是英国人的理想。

阶级划分无所不在。土地持有的落差越来越大，大种植园主成为少数特权分子。与此同时，劳动制度中的仆役降级为债务奴隶。离乡千里，这些人无力索求更好的待遇。因为孤立无援，他们更有可能遭受虐待。殖民地仆役唯一拥有的自由就是逃跑。詹姆斯敦的创立者并未成功复制英国的农村，而是创造了残酷的阶级制度。

清教徒的等级世界

虽然詹姆斯敦有其难以解决的问题,但英国投资者与宗教分离分子还是从弗吉尼亚公司手上拿到特许状,选定哈德逊河口建立据点。不知是出于意外,还是有秘密计划(有些人这样猜测),这群人于1620年搭上五月花号,却是在弗吉尼亚公司辖外的科德角(Cape Cod)登陆。这一小批人登陆后可谓九死一生,第一年就有一半的人死于饥荒与疾病。五月花号的领导者威廉·布拉德福德(William Bradford)的妻子更是离奇地从五月花号上跌落。英国殖民者花费10年才在马萨诸塞州取得重大进展,成功吸引到新的开拓者前往美洲。[39]

英国人从1630年开始大量移居美洲。约翰·温思罗普安排缜密,率领由11艘船只组成的船队,将700名乘客与牲口载往美洲,此举很明显是为了长期定居。相较于早期前往弗吉尼亚的开拓者,从这个时期开始,越来越多的英国人举家前往殖民地。这批人中的核心群体是清教徒。当地政府不需要用死刑来威胁这些人在安息日上教堂——这是詹姆斯敦早期的严刑峻法之一。

新英格兰最吸引人之处在于土地所有权。头10年里,马萨诸塞湾殖民地一共吸收了2.1万人,仅有四成来自清教徒众多的东英吉利(East Anglia)或沿海地带。17世纪30年代,流亡美洲的宗教异议分子,与为了商业利益从伦敦或英国其他地区前往美洲的人数量相当。这段时期的开拓者多半是全家族连同仆役一起带去。六成以上开拓者的年龄低于24岁——三分之一是未婚男性。[40]

温思罗普为殖民地辩护,是因为他想要创造一个不受牛津、剑桥等"腐败"学术堡垒影响的宗教社会。然而在打击腐败与天主教反基督者之外，这位新任总督却展现出务实的一面。为了吸引移民，他夸口说同样的钱在英国只能买到几亩的地，在马萨诸塞州却能买到几百亩。他说，在人口过剩的英国，土地"在居民脚下痛苦呻吟"。然而，温思罗普无意拯救所有穷人。穷人是他口中的"大地残渣"。他对于可鄙废人的看法，与英国国教牧师小理查德·哈克卢特不分轩轾。[41]

"山巅之城"变得不平等，服从被认为是人类的自然状态。温思罗普在"基督爱的楷模"（A Model of Christian Charity）中宣称，有些人生来就是要统治别人，而有些人生来就是要服侍比他们更优秀的人："全能上帝最圣明的意志决定了人类的状态，自古以来，有些人富有，有些人贫穷；有些人位高权重、尊贵不凡，有些人身份低贱、受役于人。"温斯罗普总督毫无疑问鄙视民主制度，他直言民主是"最低劣、最糟糕的政府形态"。对于清教徒来说，教会与国家密不可分。地方法官利用强制手段维护公共秩序与阶级差异。[42]

在清教徒社会中，"绅士"（gentleman）的称谓通常用在具有贵族血统的人身上，但在教会中位居高位的富商也可获得此头衔。受过教育的专业人士、牧师与其妻子则被称为"少爷"（Master）、"先生"（Mister）或"夫人"（Mistress）。品德高尚的农夫被称作"君"（Goodman，又译"户主"），这种人拥有土地，但是并不像地方法官或牧师一般位居要职。新英格兰人不常使用这些头衔，但是他们知道这些身份的存在，毕竟殖民地政府模仿的是英国各郡的寡头政治。在这样的制度下，拥有土地的精英垄断了政府公职。[43]

清教徒精英底下有群干粗活的劳动者。依照等级顺序，最上层是学徒和雇工。下一层是因欠债或犯罪而被迫当仆役的人，也就是弗吉尼亚的契约仆役。下例可供证明：1633年时温思罗普主审一桩强盗案。判决有罪后，该男子的土地遭到拍卖以补偿受害者。此人被判处3年劳役，其女因为是抵押资产,则被判处 14 年劳役。这是很寻常的案例。1648 年的《马萨诸塞州法律与自由》(*Laws and Liberties*)制订出两种更低的阶级,其自由可被剥夺:"正义之战"中掳获的印第安人,或是"自愿卖身或被卖来的外来者"。这个例子中的"外来者"指的正是殖民地外的契约仆役及非洲输入的黑奴。[44]

就仆役来说,17 世纪的新英格兰极度依赖可供剥削的年轻人。这些男女的年龄介于 10 到 21 岁之间。法律要求单身男女与家人同住,受家庭管辖。小孩经常"被送去"邻居与亲戚家干活。1642 年马萨诸塞州一般法庭(Massachusetts General Court)颁布命令要求让孩童适当受教育,但这条命令似乎把学徒、仆役与孩童当作同义词。家长与主人同样都有责任去"培育、扶养小孩和诚实守法行业的学徒"。如果没有家庭监督管控,这些年轻人可能会变得"粗鲁、冥顽不灵、不堪教化"。[45]

子女被当作劳工使唤也是常态。在拥有土地的富裕人家,男性成员成年后也摆脱不了控制。年轻男子无法离开家,也无法逃脱父亲的管控,不然就会危及继承权。因此,家庭成员如同仆役,工时极长。虽然和弗吉尼亚烟草业蓬勃发展的年代相比,清教徒大家族较不残忍,但是法律惯例与文化习俗模糊了儿子与仆役间的界线。[46]

因此,清教徒家庭从来就不同于当代美国的核心家庭。清教徒家庭里经常可见不同父母生的子女,因为亲生父母可能很年轻就去世了,再婚成为普遍现象。温思罗普跟前后四任妻子养育了 16 个孩子。他娶第四任妻子时已经 59 岁,两年后就与世长辞。许多家庭里也有童仆,这些童仆跟一家之主没有任何血缘关系。收获季时,这些家庭会雇用仆役来做短工,也会买进穷人家的孩子,让他学习怎么当个仆人,为日后做家务或农活做准备。第一批奴隶于 1638 年抵达波士顿。温思罗普自己就拥有几名印第安奴隶。他的儿子则买进了一名黑奴。[47]

虽然主人认为仆人应该顺从乖巧，但没有几个符合期待。许多法庭案件均可见主人抱怨仆人不够服从，指控仆人懒散、偷窃、粗鲁、反叛、傲慢及逃跑成性。极富影响力的牧师科顿·马瑟（Cotton Mather）在1696年时出版《好生服侍好主子》（A Good Master Well Served），书中他明白地指出马萨诸塞湾殖民地的仆役不服管教，是该好好管束一番。马瑟在书中与仆役对话，他强调，"你们是其他人有生命的、独立的、活动的工具"。他用毫无疑义的文字再度强调，"仆役，你们的舌头，你们的手，你们的脚，都属于你的主子。主子要它们怎么动，就得怎么动"。出生不良的人将会从尖酸刻薄与鞭打中学会主人期待的顺从。[48]

清教徒的戒心不止如此。仆役与"低下之人"中间有些野心分子，而焦虑的寡头统治者认为这些人不配往上爬。清教徒从未反对商业活动或获取财富，但是一旦面临社会流动性时，显然就会有冲突。殖民地政府颁布了"禁奢法"，那些穿着昂贵丝绸、缝上黄金纽扣并因此僭越原阶级的人，都会受到处罚。炫富的人遭人妒忌，而清教徒正统信仰禁止骄傲、自满与傲慢的炫耀。1592年，英国清教徒牧师威廉·珀金斯（William Perkins）在《论服装的正当、合法与神圣使用》（On the Right, Lawful, and Holy Use of Apparel）这本小册子中谈到，上帝制定了阶级，在"万事万物的等级秩序"之中，人用衣着差异以表区隔。珀金斯认为未经批准的华服扰乱了阶级，其罪不亚于主人对仆人过分宽大。两者都被认为是社会堕落的前兆。[49]

人人都得搞清楚自己在清教徒治下的马萨诸塞州的位阶。阶级已然成形，但如果加入教会，在法庭上就更享特权，反之，一旦被逐出教会就无法做人。异端将遭到驱逐、孤立、流放，一如安妮·哈钦森（Anne Hutchinson）与玛丽·戴尔（Mary Dyer）之辈。唯有乞求原谅，在法院与教会的双重权威前认罪，才能重返社会。戴尔心无悔过之意地回来了，决心挑战统治秩序。1659年到1661年间，戴尔与其他三名贵格派教徒被控"傲慢放肆、无可救药地蔑视"公权力。审判一结束，就仓促地上了绞刑台。[50]

1638年，波士顿教会将安妮·哈钦森逐出教会与马萨诸塞湾殖民地，因为她不愿屈服于市镇官员的权威。她被严厉警告："你扮演了丈夫而非妻子，讲道者而非听众，地方法官而非子民。"哈钦森过去一直在家中开设宗教课程，吸引了大批崇拜者。她颠覆了社会阶级，削弱了清教徒教会精心维持的道德地位。没人质疑男性的宰制。阶级如此分明，教会座次已清楚描绘出权力位阶。教友与非教友分坐；夫妻分开，男人坐一边，女人在另一边。位高权重的男人坐前两排，其中第一排只保留给地方法官坐，第二排则留给牧师和总督家庭及富商。儿子越多，位子也就越好。教会在安排座位前，已将每个人的年龄、名望、婚姻状况与财产详加计算。[51]

清教徒非常在意社会位阶，这让他们有安全感。一想到阶级会被扰乱或瓦解，他们的焦虑便油然而生，坐立不安。在1675年血流成河的菲利浦国王之战后，玛丽·罗兰森（Mary Rowlandson）的警世故事《上帝的至高无上与仁慈》（The Sovereignty and Goodness of God）广为流传，在这个重建的脆弱时刻，她的书是阶级的有力例证。战争开打时，纳拉甘西特族（Narragansett）的印第安人先放火烧了罗兰森位于马萨诸塞州兰卡斯特的家，再将她俘虏了11周。她在1682年出版的书中，详细描述了她是如何被迫成为印第安人的仆人，并试图保存英国士绅认同的内心挣扎。罗兰森是牧师之妻、大地主之女，这使她的故事具有双重意义。这是趟灵魂救赎之旅，但在另一个层面上，这也是个丧失教养的故事，结局是俘虏获释，重回原本的社会地位。[52]

罗兰森的印第安女主人是故事里的坏人。伟塔木（Weetamoo）是波卡赛特（Pocasset）与万帕诺亚格族的酋长（女王），她能得到这个位置，是因为她精明狡猾，接连嫁给三名著名酋长。伟塔木身穿厚重衬裙，披上贝珠串，戴了好几个手镯，每天都要花上数小时梳妆打扮。罗兰森说她是个"严苛骄傲的妇人"。她命令罗兰森随侍在旁，还打她耳光。在罗兰森眼中，这个女主人令人厌恶。就像是印第安版的英国贵族妇人，她是个炫耀权力的新世界皇族。清教徒要求自己的仆役服从，罗兰森却做不到，尽管这个曾经骄傲的牧师夫人变成了被使唤的婢女。不同于从弗吉尼亚被掳走的简·迪肯森，罗兰森不认为原住民是原始的野蛮人。罗兰森把他们描绘为僭越者与装腔作势者，严重违反了上帝制定的阶级。[53]

清教徒用法律来强化家庭权威，再用家庭权威来管控仆役。清教徒不相信外来者与教会外的人，他们让"上帝的选民"或教会核心的世俗人员享有特权。上帝的选民的子女继承父母的宗教特权，可以更轻易地成为教友。确实，1662年的"妥协契约"（halfway covenant）建立起宗教界的血统体系。科顿·马瑟长寿的父亲英克里斯·马瑟牧师（Increase Mather）就曾说过：上帝"铸造选民之血统"，这样才能确保选民的父母虔敬上帝。但只要被逐出教会，这种特权就终止了，如此才能保障教徒的血统不受污染。托马斯·谢泼德牧师（Thomas Shepard）也持相同观点。他认为选民的子女将受修剪、栽培、灌溉，于上帝的恩典中茁壮。如此一来，宗教地位巩固了阶级地位。强调血统让圣人成了清晰可辨的品种。[54]

育种与多产的美洲

所有殖民计划都用到了育种的语言。无论是在实际生活中还是在象征意义上，一家之主与地方官都必须对生育进行监控。举凡管教顽劣孩童、捕捉仆役、废除下一代的宗教特权（虔敬之人的子孙）皆出于此逻辑。良好的培育有助驯化原先难以管控的废物，无论这废物是荒地还是废人；育种延续了伊丽莎白时代已有的田园传统。许多赞扬乡村之美与宇宙和谐的颂歌，都是这一传统的最佳文字证明。

富人与穷人间最大的差异在于，没土地的人没有可以传承之物，他们也没有继承人。詹姆斯敦的情况正是如此，仆役死后，遗孤遭到变卖，就像被没收的抵押品一样。作为"贫穷的产物"，穷人与土地是脱节的。唯有富饶土地的正规管理者才享有权力。

宝嘉康蒂被描绘为迷人的印第安公主、美洲之母、嫁进英国社会的大地之女，不仅仅是修辞而已。当时有许多人用"娶"（married）来形容英国探险家与新发现土地的关系。婚姻暗含监护权的概念及对一地的主权。1587年，小哈克卢特将一本书题献给沃尔特·雷利爵士。他笔下的弗吉尼亚是"最美的少女"。他要雷利爵士别忘了弗吉尼亚的"甜蜜怀抱"，而弗吉尼亚正是女王赐给他的新娘，土地特许权证就是他们的结婚证书。[55]

视觉影像也同样歌颂土地的多产。在法兰德斯艺术家史特莱特（J. Straet）的经典画作《美洲大发现》（*The Discovery of America*）中，探险被暗喻为性接触。在描绘亚美利哥·韦斯普奇（Amerigo Vespucci）登陆新世界的画面时，史特莱特笔下的探险家直挺挺地站着，周遭围绕着船只与航行工具，同时有名丰满赤裸的印第安妇女，慵懒地躺在他面前的吊床上，向他伸出手来。英国作家也采用同一个独特主题，他们笔下的北美洲以女性形象出现——她有很多追求者，但她只把手（与土地）奉献给"英国而已"，因为英国是她唯一心仪的对象。[56]

在众多关于新世界之多产的描述中，托马斯·莫顿（Thomas Morton）的作品最为丰富精彩。他的《英国新迦南》（*New English Canaan, or New Canaan, containing an abstract of New England*）充满幽默的双关语，以及关于美洲的细节描述。对于这位充满争议的莫顿，历史学界评价呈两极分化。有些历史学者认为他是个无赖浪子，而另一派人则认为他代表平民，对总督约翰·温思罗普与清教徒殖民地提出了批评。[57]

莫顿于1624年抵达美洲,带了30名仆役。他在田园般的庄园安顿下来,把这里当作据点,与原住民部落进行毛皮交易。有些非清教徒的投资者宣称拥有新英格兰北部的皇家特许状,莫顿曾为其辩护。但是他也跟温思罗普治下的清教徒水火不容,因此被捕三次,商品充公,房屋被烧毁,两度遭到驱逐。他写《英国新迦南》时,人正在英国流亡。他当时正想办法让当局撤销马萨诸塞湾殖民地的特许状,但没有成功。[58]

他曾观察清教徒如何使用土地。在这段文字中,他对清教徒的厌恶可以说是一览无遗。他写道,清教徒跟"鼹鼠"一样,盲目地挖地洞,不知欣赏自然美景。看到清教徒除了传教,对于原住民毫无兴趣,他觉得心烦。他对温思罗普之辈语带轻蔑,说他们"女性化"——不是这块土地的好丈夫。在《英国新迦南》中,他语带挖苦,说清教徒是大地寡妇性无能的第二任丈夫,而莫顿自己(他还真的娶了个寡妇)与其生意伙伴能够拯救这块土地。他们随时准备取而代之——更雄赳赳气昂昂的英俊男人正翘首以待。

莫顿笔下的新英格兰景观包括"苍翠树木"上的"成熟葡萄""小圆山丘",以及"潺潺流水悦耳、引人安然入梦"的香甜溪流。根据当时流行的医学知识,他把多产与性欢愉联系在一起:据说性满足的女人会比较容易受孕。莫顿对于自然的多产如此着迷,让他不禁赞叹印第安妇女是多么容易怀孕。这个地区的动物也同样多产,野生母鹿一胎可生两或三只小鹿。新英格兰的女人较少、历史较短,但比起弗吉尼亚,新英格兰的出生率却更高,至少莫顿是这么认为。他忍不住在《英国新迦南》中谈到"不孕母鹿"的奇特故事。故事里的弗吉尼亚单身女性本来怀不上孩子,一到北边的新英格兰就怀孕了。[59]

莫顿的故事相当吸引人,却不是他原创的,而是从更早的故事里剽窃来的。拉尔夫·哈默（Ralph Hamor）1614年时曾杜撰了一个故事，他说弗吉尼亚的狮子、熊、鹿一胎通常能生下三四只幼崽。呼应小哈克卢特所说：雷利爵士的新娘弗吉尼亚会"生下新的、最多的子女"。其他人也说过类似的话。在《前往卡罗来纳的新旅程》(*A New Voyage to Carolina*)中，约翰·劳森（John Lawson）认为"各地不孕妇女搬到卡罗来纳后都成为快乐的母亲了"。她们"生产阵痛轻微，过程愉悦，甚少小产"。这样的论述传达的信息是，快乐健康的欧洲妇女到了美洲后会更接近自然，就像野外的鹿，新大陆的女性自会成为本能的、温驯的育种者。[60]

生育在许多市场都有卖点。在17世纪早期的弗吉尼亚与切萨皮克地区，契约仆役的男女比是六比一，性别失衡让英国女人在婚姻市场上相当抢手。乔治·艾尔索普（George Alsop）曾是名契约仆役，他的文字记录了1660年的马里兰，一群男人如何为了初来乍到的女人争风吃醋。女性可以精挑细选婚姻对象，就算是仆役也有可能嫁给富有的种植园主。艾尔索普称这样的结合为"交配式婚姻"：女人将自己的生育力卖给富有的丈夫。艾尔索普毫不掩饰，说女人是"拿着童贞去赶集"。另有一名支持殖民者，他笔下的卡罗来纳，无论一个女人长什么样，都能让自己在美洲出嫁。初来乍到的她如果看起来"有教养""低于50岁"，那么就会有男人愿意掏钱买她当老婆。[61]

"交配式婚姻"是种选项，再婚也是。詹姆斯敦上的男人发现，娶了继承先夫土地的寡妇，就能扩大自己的种植面积，拥有更多的劳动者。在烟草种植蓬勃发展的年代，所有人都在争夺土地与劳动者。议会成员更是无所不用其极地掠夺土地。有个人娶了寡妇，只因为她的第一任丈夫跟某个已故的有钱人同姓。他故意鱼目混珠，诓骗当局，只为了用相同的姓氏来继承更多的财产。寡妇显然是通往财富与土地的快捷方式。17世纪死亡率甚高，能从肆虐的疾病中活下来的女人，很有可能会结两到三次婚。[62]

不令人意外，弗吉尼亚人开始争夺阶级利益、土地、寡妇，有时争得你死我活。1676 年的培根起义（Bacon's Rebellion）就是此地最严重的冲突之一。这起事件让顽固的总督威廉·伯克利与纳撒尼尔·培根势不两立。培根是个小有财富的新移民，发展却不太顺利。关于这起叛乱的原因与意义，历史学者尚未有定论，但目前已有足够证据显示这是场阶级战争。培根要伯克利攻击某个印第安部落，因为这个部落明显威胁到弗吉尼亚边境那些弱势民众。培根成了愤怒群众的领袖，一场斗争随之展开。

对于詹姆斯敦的总督来说，只有最下等的、刚刚"爬"离仆役契约的人，才会跟叛乱分子臭味相投。伯克利轻蔑地说培根是暴发户、煽动者。总督的重要拥护者则称叛乱分子是"一国之残渣"——更鲜活的说法则是社会"排泄之残渣"（人类粪便）。当时的人经常用"排泄之残渣"来挖苦契约仆役与英国的流浪汉。与此同时，选择与培根站在同一阵线的地主立刻被贴上"无所事事"的标签，说他们是因为"沉迷酒色"与"经营无方"才会负债累累。叛乱分子更直接被比喻为猪，在粪肥中觅食。[63]

奴隶与仆役也加入培根的行列。培根承诺，在与伯克利决一死战后，这些人能够重获自由。弗吉尼亚殖民地从未有过叛乱事件。当时奴隶人口增长缓慢；1640 年只有约 150 名奴隶。1670 年总人口已达 2.6 万人，但奴隶只有 1 000 人。马萨诸塞州与英国的加勒比海殖民地（而非弗吉尼亚）率先编纂奴隶法。到了培根起义的年代，南边的殖民地共有约 6 000 名仆役，三分之一的自由人为债务和不公平的税制所迫，勉强度日，其中许多人也曾是契约仆役。早在培根起义发生前，伯克利总督就想过，外国军队入侵或印第安人发动大规模攻击，有可能会恶化为阶级战争。他写道，那些"穷苦、负债、不满、持有武装"的人，将借此良机"大肆掠夺"，把精英种植园主的产业据为己有。[64]

第一章　丢垃圾：荒地与废人的新世界　　025

这场冲突也与殖民地境内的友好印第安人有关。培根说伯克利与他的心腹一直都在保护自己与特定部落的贸易利益，而不是在保护边境的开拓者不受印第安人袭击与报复。叛乱分子认为，他们缴税兴建的泥巴碉堡毫无用处，这不过是伯克利底下"欺下瞒上的寄生虫"在议会调税的手段，从未给开拓者提供实质的保护。离首都（与海岸）很远的弗吉尼亚的居民认为，富有的种植园主从土地所获的利益与自己不同，而这些既得利益者多半住在殖民地较早开发的地区。从权力中心一路往西，阶级认同也随之松动。[65]

培根的追随者中，有些人有可能想要将印第安人驱离优质的土地，或是因为近期在边境遭印第安人攻击，忍不住想要报复回去。毋庸置疑的是，为数不少的叛乱分子因为经济不佳、烟草价格下滑，所以更难买到好地。良田都被"土地突袭者"（Landlopers）囤积在手中。时人口中的"土地突袭者"会收购（或分售）大片田地，却未真正从事耕作。这些人跟总督私人关系良好。群众不满是一定的，他们无法靠着稀少的田地来养家活口。[66]

1676年的问题不是新问题，而这些问题也不会从美国英语中的阶级相关词汇中消失。远离权力核心更加加深叛乱分子弱势与失落感。培根起义的第一年，培根就死于痢疾。伯克利心满意足地发现敌人的尸体覆满虱子——伯克利的评论很残酷，因为他把污秽与疾病当作标签贴在统治阶层的敌人身上。值得一提的是，虽然培根出身精英家庭，但他与社会底层为伍；他的尸身爬满虱子，证明他已经成为底层的一分子了。追随他的人，有些被处死，有些则死在了监狱。伯克利也并未全身而退。军队送他回英国接受官方调查。他最后死在伦敦，只比培根多活了8个月。[67]

权力斗争不限于顽固的男人，叛乱者的妻子也在培根起义中扮演重要的角色。伊丽莎白·培根（Elizabeth Bacon）写信给她在英国的姐妹为自己丈夫辩护，也试图帮丈夫寻求伦敦方面的支持。因为出身显赫，她说的话有一定分量。其他公开支持叛变的女人，也让时人听见了她们的声音。这些"情报妻子"告诉所有亲朋好友，如果他们拒绝多付一轮税，政府就准备夺走他们拥有的一切（连牛或猪都一只不留）。除了散播上面这种煽动性的谣言，女人也在冲突中扮演象征性的角色。培根曾一度把伯克利支持者的妻子包围起来，要她们当"白围裙"方阵来保护培根的手下，让他们可以在詹姆斯敦的要塞外挖壕沟。这些女人被当作中立区（白围裙代表白旗，是停战的象征）。女人是非常珍贵的资源，两方都极为珍惜。[68]

在审判叛乱者的过程中，对莉迪亚·契斯曼（Lydia Chisman）的审判最为戏剧化。如同宝嘉康蒂戏剧性地拯救了约翰·史密斯（无论故事真假），契斯曼愿意代替丈夫受死，并坦言是她煽动丈夫叛变。无人听取她的恳求，她的丈夫死在牢里，有可能是因为受到刑讯。虽然伯克利用"淫妇"一词咒骂契斯曼，但大部分女性叛乱者逃过了最严厉的惩罚。在英国法律中，叛国贼的妻小将会失去血统赋予他们的公民权与财产——失去所有财产和头衔，培根与契斯曼这两名寡妇却被允许拿回自己的财产。两位后来都再婚了，培根两次，契斯曼一次。[69]

面对这样的灾难，女人是如何逃过一劫，不受惩罚的呢？虽然伯克利总督曾经希望尽可能没收叛乱者留下的财产，但他鲁莽的报复最后反而让自己垮台。英国派出船队与军队护送特使到美洲平乱。这些特使是王室权威的代表，一到美洲马上就开始对付伯克利。特使坚持英王的特赦一视同仁，归还了许多被伯克利没收的财产，他们还要求将伯克利罢职。为了维持殖民地的长治久安，就必须恢复和平与正义。恢复秩序的方法之一，就是对叛乱者的妻子展现仁慈。[70]

如此处置事关重大。对皇家特使来说，比起惩罚不知悔改的女人并让她们一贫如洗，维持土地与寡妇的流动性反而更加重要。1690年，英国剧作家阿芙拉·贝恩（Aphra Behn）以培根起义为题写了一部喜剧，剧名《寡妇兰特氏》(*The Widow Ranter*) 非常巧妙。剧中主角是个出身低贱、性好淫乱、女扮男装还会抽烟的寡妇（她误以为抽烟是良好出身的象征）。这名寡妇结过两次婚，都是嫁给身份地位比她高的男人。虽然她粗鄙不文，却深知自己的优势为何。她告诉一个殖民地的新移民，"我们有钱寡妇是这个国家的最佳商品"[71]。

美洲殖民地高度重视生育力。时人认为只有良好的男性管理者才能妥善管理土地资产，因此大众期待寡妇早日改嫁，这样她们手上的土地才不会变成荒地。有些女人利用这一点来谋取自身利益。弗朗西斯·卡尔佩珀·史蒂文斯·伯克利·勒德韦尔女士（Lady Frances Culpeper Stevens Berkeley Ludwell）嫁过三任殖民地总督，其中包括威廉·伯克利。她未育有任何子女，所以能够一手掌握她继承的财富。她细心管理土地，而非让她的三任丈夫来管控她。不过，伯克利夫人在培根起义中的角色极具争议。有人怪她利用性魅力来操控自己的年迈丈夫，像《圣经》里恶毒奸诈的耶洗别（Jezebel），怂恿丈夫走上邪魔外道。[72]

在殖民地关于阶级与财产的概念中，妥善管理具有生育力的女性是关键。弗吉尼亚人控管女奴的子嗣，让这种支配变得更加固定。1662年通过的一条法律中，不仅用出生地在何、异教徒与否来界定奴隶，还定下若母亲是奴隶下一代也得是奴隶的规定。法令明定"母亲的身份"将决定孩子是奴隶还是自由人——英国法律无此种先例，这种把奴隶子女当作主人财产的概念来自罗马法。英国法律中关于私生子的规定是提供了子以母贱的模型，但其实早从圣托马斯·阿奎那（Saint Thomas Aquinas）开始，就有母为奴，子亦为奴的概念。阿奎那把子宫模拟为土地：如果有人去别人的岛上拜访，并把自己的种子撒在别人的土地上，那么生长出来的作物仍然归土地持有人所有。弗吉尼亚在1662年制订的这条法律也是建立在种畜的概念上：母牛生的小牛是牧场主人的财产，就算配种的公牛是别人家的。[73]

对于一个女性或男性来说,生产力同样决定了他们的社会地位。女人的生育力是项可计算、可利用的自然资产,也是婚姻交易中的商品。对于女奴来说,生育力让子宫成为一件商品,让其子女变成动产——像牛一样的可移动财产〔动产(chattel)跟牛(cattle)的拉丁语词根相同〕。种植园主甚至把奴隶的子女当作"繁殖物"列入遗嘱,而女奴若是有可能生育则会被标注"未来增值",这个词汇也同样用在牲口上。[74]

殖民世纪之初,英国哲学家弗朗西斯·培根(Francis Bacon)于1605年观察到,妻子可用于"生产、结果、抚慰"。培根把女人的身体比作可耕种、可结果的土地,而他的读者完全可以理解这种比喻。描述繁殖、生产的行为时,孩童和小牛都被包含在内。就繁殖优良品种来说,两者同等重要。女人与田地都是为了被男人使用和使男人获益而存在。[75]

土地因可供居住与农耕而有价值。真正的阶级权力知道如何利用土地。培根起义背后最突出的矛盾是:最好的土地,从来就不是人人都有机会得到的。围绕在伯克利总督身边的"寄生虫"显然占尽优势。身份地位的继承需要借助政治关系或婚嫁带来的财富。到了1700年,契约仆役已不太有机会获得田地。他们得迁往别处讨生活,或者租佃农场。皇家土地测量员尽可能确保大种植园主能拔得头筹,率先买下新的未开发土地。大面积的土地因此掌握在越来越少的人手中。然后,越来越多奴隶被运来殖民地,这些奴隶也被少数几个地主家族垄断。[76]

虽然看起来很爱土地,但弗吉尼亚人的耕种能力比不上母国同胞。17世纪的弗吉尼亚殖民地很少用到犁。种植烟草的主要工具是简单的锄头,这种工具却相当耗费人力。大部分登陆美洲的开拓者没能活到拥有土地的那天,更别说精通耕种之道。哈克卢特凭空想象出一套殖民阶级制度,而奴隶制正是逻辑上必然的结果。它的源头有三,彼此相关:恶劣的劳动条件、契约仆役被当作商品,以及最重要的,有计划地繁殖孩童,让他们成为可被剥削的工人。

垃圾男、垃圾女（尤其还有垃圾青少年，后者在契约仆役中占大多数）都是可抛弃的劳动阶级，是这些人让殖民地得以落地生根。美洲殖民地所谓的荒地也许具备成为新迦南的条件，然而，废人在此虚度岁月，用劳力肥沃大地，却发现这里根本没有任何社会流动之可能，自己也永远无法翻身。

第二章
洛克的懒汉乐园：卡罗来纳和佐治亚殖民地

> 毫无疑问，世上没有哪个地方有着比北卡罗来纳更少的劳动力。
> 这里气候宜人、谋生容易、人民懒散，
> 是世界上最接近懒汉乐园的地方。
> ——威廉·伯德二世（William Byrd Ⅱ），
> 《分界线的历史》（History of the Dividing Line）

讲到英国启蒙时代知名的思想家约翰·洛克（John Locke），美国人马上就会想到托马斯·杰斐逊的"独立宣言"借用了他的文字和想法。洛克的名言"生命、自由和财产"被弗吉尼亚殖民地的杰斐逊改成"生命、自由与对幸福的追求"。洛克在英属美洲殖民地中是受过教育的男女老少必读之作者，被称为"人类自然权利与自由的伟大辉煌的维护者"。美国独立战争的革命者把他的《政府论二篇》（Two Treatises of Government）当成作战教学手册，然而他的重要性却不止于此。与本书主题更相关是他的《卡罗来纳基本宪章》（Fundamental Constitutions of Carolina），其中规定"卡罗来纳所有自由民，皆对其黑奴拥有绝对权力与权威"。1776年，洛克的批评者惊呼："这竟是人道主义的洛克所说！"不需惊讶，因为洛克是皇家非洲公司（Royal African Company）的创始会员和第三大股东，这所公司一手垄断英国的奴隶交易，因此洛克与卡罗来纳奴隶制度间的千丝万缕绝非偶然。[1]

1663年，英王查理二世（Charles Ⅱ）颁发殖民特许状给八名贵族，并将他们任命为卡罗来纳"至高无上的统治者与领主"。他们被赋予防御、开垦与统治殖民地的大权。两年后，第一位测量员测出殖民地东北地区的面积，将此地命名为阿尔伯马尔郡（Albemarle County）——以阿尔伯马尔公爵乔治·蒙克（George Monck）的封地为名，这位阿尔伯马尔公爵乃八位领主之一。但卡罗来纳的政治架构却是由沙夫茨伯里伯爵安东尼·阿什利·库珀（Lord Anthony Ashley Cooper, Earl of Shaftesbury）一手打造。[2]

沙夫茨伯里伯爵在伦敦地位崇高，他是英国贸易与海外种植委员会（Council of Tradeand Foreign Plantations）的头儿，并鼓励洛克跟他一起投入殖民事业。通过沙夫茨伯里伯爵，洛克得以担任英国贸易与海外种植委员会秘书一职，也成为几位领主大人的私人秘书，这让他有机会可以跟卡罗来纳的代理人保持联系，对他们传达指示。虽然洛克终身不曾踏上美洲，他却被赐予"伯爵领主"（Landgrave）这个虚构的头衔，并因其劳苦功高，最后获得4.8万亩卡罗来纳的土地。因为他对殖民地的深入了解，以及他对新大陆的广泛认识，洛克毫无疑问地主导了本质上并不开明的《卡罗来纳基本宪章》的起草。[3]

《卡罗来纳基本宪章》不只是赞同奴隶制度而已。它其实是份提倡半封建、全贵族制的宣言。宪章用相当大的篇幅建构了一个殖民帝国，独厚有爵位的精英或是有庄园的贵族。珍贵商品与土地依照固定的阶级来分配。所有新成立的郡都会划分成几等份：五分之一的土地自动留给领主，五分之一留给殖民地的贵族，而剩下的五分之三则由无爵位的庄园主和自由人来瓜分。[4]

最高裁决机构"特权法院"（Palatine Court）由八位领主组成，对任何法案都拥有绝对否决权。"大议会"（Grand Council）的成员则包含地方贵族和领主。大议会掌握了治理权，因为只有大议会有权提交法案。头重脚轻的殖民地议会则包括领主或其副手、殖民地的世袭贵族，以及自由人（每个选区只有一名）。《卡罗来纳基本宪章》清楚地表明，上层阶级才有权力，而这部宪章将尽一切可能"防止民主的泛滥"。[5]

阶级结构是洛克这位制宪者心心念念的要务。他赋予新大陆贵族奇特的称谓，像是"伯爵领主"与"巨头"（caciques）。前者是从德文的"王子"衍生而来，后者则源自西班牙文，意思是印第安酋长。两者都不同于英国传统的世袭贵族制度，构成另一套帝国体系的精英集团，其权力来自殖民地土地或商业交易。洛克的奇异宪章中，更加入了纹章法院（在英国，它依据血统系谱来管辖纹章的授予和佩戴），该机构负责监督婚姻、维持纯种，由此巩固阶级身份的意图昭然若揭。这些冠冕堂皇的机构与荒凉的卡罗来纳格格不入，但为了管理化外之地，所有细节都很重要——即便是在大英帝国最偏僻的前哨，也要给予野心分子浮夸的头衔。[6]

假贵族已经很诡异，但还比不上洛克《基本宪章》的另一特色产物：服侍贵族与庄园主的特殊仆役阶级的"头衔"。这些人的地位高于奴隶，低于自由人，被称为"庄园主之人"（Leet-men）。这些人可结婚生子，但不得离开庄园与领主。他们可以出租外借，但不能脱离主人。他们的身份地位同样世代相传：宪法规定"庄园主之人，其子女仍为庄园主之人，后代皆如此"。财产继承人不只继承土地、建物与所有物，也继承了不幸的庄园主之人的身份。[7]

庄园主之人不是时代错置的封建余孽，而是洛克对于农村贫穷问题的笨拙解决方法。洛克不称他们为"乡野粗人"（villains），虽然他们的确带有许多农奴的特色。他称这些人为"庄园主之人"。在当时的英国，这个词有着相当不同的含义，意思是可领贫穷救济的无业者。一如众多成功的英国人，洛克看不起英国的这些流浪穷人，谴责他们"懒散随便的放养方式",鄙视他们缺乏道德和勤奋。洛克知道,卡罗来纳的贫困家庭阻碍了殖民地的发展和整体富裕的实现。换句话说,无论出于同情还是鄙视,洛克的庄园主之人都不是慈善救济的对象,而是一个恒久的、具生产力的农民阶级——但绝对是下等阶级。[8]

但是庄园主之人真的存在过吗?沙夫茨伯里伯爵委托代理人经营他的卡罗来纳种植园,那里有奴隶、契约仆役与勉强称得上是庄园主之人的佃农。1674年,沙夫茨伯里伯爵命代理人雇用"庄园主之人",强调只要他们同意受聘,他们的"后代"就也属于庄园主。跟先前弗吉尼亚与马萨诸塞的殖民者一样,沙夫茨伯里伯爵视孩童为世袭阶级系统的关键。[9]

《基本宪章》其实是对殖民地的穷人宣战。17世纪50年代,早在英王查理颁布卡罗来纳特许状之前,弗吉尼亚的专横总督威廉·伯克利就已经在贩卖土地许可了。第一位测量官发现,那些从弗吉尼亚移居卡罗来纳的居民,大部分没有合法的特许状。他们是贫穷的占居者。测量官发出警告,如果政府无法吸引更多的"有钱人"——那些会盖房子、经营种植园的人——刚刚起步的卡罗来纳殖民地将会崩解。没有土地的侵入者(并非仆役)只会让"平等"(leveling)遍地开花。测量官想说的是,社会将失去可贵的阶级划分。[10]

洛克同意以上看法。贫穷的弗吉尼亚人有可能拖累整个殖民地。沙夫茨伯里伯爵也持相同观点,他认为要尽可能阻止"懒散堕落"分子与其家庭在卡罗来纳落地生根。领主当然不希望看到前契约仆役占据卡罗来纳,也不想要弗吉尼亚的垃圾。在领主的宏伟计划中,庄园主之人可以用来取代那些靠土地过活,却对统治精英的财富累积一无贡献之人。简单来说,农奴比那些"懒汉"(lazy lubbers)来得好。时人用"懒汉"来形容卡罗来纳的流浪穷人。[11]

洛克的庄园主之人可以用来解释很多现象。这个概念有助我们拼凑北卡罗来纳的奇特历史，让我们了解卡罗来纳殖民地为何是穷苦白人故事的核心。这块接壤弗吉尼亚的土地地形复杂，贫穷的占居者为数众多，而政府内部极不稳定，最后导致卡罗来纳在1712年一分为二。南卡罗来纳人继承了传统的阶级，完全支持奴隶制度，就像洛克在《基本宪章》中标榜的那样。南卡罗来纳的种植园主与商人阶级一手打造狭隘排外的社会，财富、奴隶与土地都被少数统治小团体垄断。这些洋洋自得的寡头政治家是"伯爵领主"的最佳继承人，他们都向往王朝，就跟那些创造出假贵族身份的权贵一样。[12]

值得留意的是，到18世纪初，奴隶已占南卡罗来纳殖民地人口的一半。到1740年，奴隶甚至高达总人口的72%。从1714年开始，官方制定了一系列的法律，规定每买六名奴隶，就需要再聘一名白人仆役。南卡罗来纳的立法者抱怨"白人人口不成比例地增加"。这也是立法者需要庄园主之人的原因。官方鼓励庄园主之人结婚生子、落地生根，因为他们或许能够提供种族与阶级的屏障，区隔奴隶与有土地的精英。[13]

大众口中的"穷卡罗来纳"——北卡罗来纳——采取了一条跟南卡罗来纳相当不同的路线。北卡罗来纳无力支持精英的种植园主阶级。从阿尔伯马尔郡成立之初起，北卡罗来纳就是帝国的叛乱之地，穷人与无地之人的沼泽避难所。北卡罗来纳卡在骄傲的弗吉尼亚人和南卡罗来纳新贵之间，是早期许多评论者口中的"美洲粪坑"。它是（或看起来是）一片抗拒商业与文明的边境荒地。北卡的居民大多是"无用懒汉"（让人联想到四处闲晃、无所事事、懒洋洋的蠢货）。北卡罗来纳创造了影响深远的传统。我们或许可称北卡罗来纳为"第一个穷苦白人殖民地"。虽然是英国人、虽然享有英国自由人的权利，穷卡罗来纳却成了废人的危险避难地、退化血统的温床。[14]

北卡与南卡的恩怨情仇只是一小部分的故事而已。随着佐治亚于

第二章　洛克的懒汉乐园：卡罗来纳和佐治亚殖民地　035

1732年获得特许状，并从卡罗来纳切割出来，原本的卡罗来纳领地也一分为三。佐治亚是最后的南方殖民地。在英国所有的殖民地中，佐治亚是最独特的案例。肩负佐治亚重任的詹姆斯·奥格尔索普曾是英国的将军，他认为这是重建阶级的难得机会。他的立意良善，试图矫正债务人、救助穷人。他采取的方法比洛克更人道。有支持者认为，佐治亚为殖民地"处理穷人"的绝佳地点，有助"繁衍并保存我国同胞"。佐治亚拒绝奴隶制度，誓言用"自由劳动"取代对于契约仆役与黑奴的倚重。[15]

但佐治亚的意义不止于此。虽然南卡罗来纳人对佐治亚觊觎不已，期待能对其贩卖奴隶并控制佐治亚的土地，但这个自由劳动者的殖民地提供了现成的缓冲带（也是禁奴区）来保护弱势的种植园主，令其不受佛罗里达州印第安人与西班牙殖民者的攻击，否则，这些人可能会为逃跑的奴隶提供避难所。佐治亚是一个惊人的实验，下文将会谈及。

北卡罗来纳：威廉·伯德的探险

北卡罗来纳的地形影响了"北卡人民"的性格。弗吉尼亚和卡罗来纳的交界处有片"迪斯默尔沼泽"（Dismal Swamp）。"swamp"源自低地德语与荷兰语，却是弗吉尼亚和新英格兰地区的英国人首先把这个词用在美洲。另外，"dismal"意指灾难、不吉，让人联想到中世纪的迷信传说：诅咒之日、埃及十灾、邪恶阴谋与不祥之兆。对莎士比亚来说，这个字让他想到的是阴间，也就是他笔下的"黑暗的、构成梦境的夜晚"[16]。

在弗吉尼亚人的心中，这片2.2万平方英里（约5.7万平方千米）的沼泽地是充满危险的过渡区，看似无边无际的泥沼横跨了两个殖民地。沼泽中的柏树林蚊虫繁多，却没有道路可以走。在许多地方，旅人双膝都会陷入潮湿的、泥炭似的土壤里，必须费尽力气才能穿过布满盘虬般树根的炭黑泥水。[17]

阳光无法穿透迪斯默尔沼泽的树林与灌木。此地瘴疠之气甚重，有人称之为"毒害之气"，来自"大片泥沼和秽物"。这句话出自威廉·伯德二世的游记。伯德是位富有的弗吉尼亚人，他于1728年艰辛跋涉，穿越弗吉尼亚和卡罗来纳交界沼泽最深处。伯德是位幽默风趣、受过英式教育的种植园主，他笔下的黑色故事发生于穷山恶水中，他更是常常在文中评论卡罗来纳的愚蠢居民。穷苦白人的乡间生活源自沼泽地，伯德是首批留下记录的作家。[18]

这块不毛之地成了北卡罗来纳殖民地的象征。迪斯默尔沼泽将文明的弗吉尼亚种植园主与粗鄙的卡罗来纳野蛮人区隔开来。沼泽缺乏固定的疆界，因此在卡罗来纳的头65年历史中，沼泽北边的界线在哪儿常常是争论的核心。弗吉尼亚不断质疑1663年卡罗来纳特许状所确定的疆界。管辖权之争造成法律的不确定性与社会的不稳定。[19]

伯德认为，要解决迪斯默尔沼泽的问题，必须将沼泽中的水抽干，再将其改造为具有生产力的农田。诸如乔治·华盛顿等后世规划者也支持他的想法。华盛顿与投资者合作建立公司，用奴隶来抽干沼泽的水、种麻、劈制木瓦。1790年时，他们已经在修建运河了（或者说是"沟渠"，这个叫法在当时更准确）。如此一来居民们才能穿越沼泽地的柏木林、多刺的灌木和泥泞水道。[20]

卡罗来纳海岸线的条件也同样恶劣，大型帆船无法停靠在卡罗来纳北边的海岸。北卡外滩是片水浅多暗礁的小湾，只有新英格兰人的平底船才能驶得进来。因为卡罗来纳没有大型港湾，但经由弗吉尼亚运货得付出庞大税金，所以许多卡罗来纳人转而从事走私。北卡的隐蔽小湾吸引许多海盗前往。17世纪末、18世纪初，西印度群岛至北美大陆一带海盗猖獗。阿尔伯马尔的几任总督被控包庇这些外海窃贼，从非法贸易中捞取不少油水。恶名昭彰的"黑胡子"[也就是爱德华·蒂奇（Edward Teach 或 Edward Thatch）]把北卡当作大本营。斯特德·博内少校（Major Stede Bonnet）出身于巴巴多斯的一个绅士家庭，后来自愿变成海盗，也落脚此地。据称，北卡居民相当欢迎海盗来访，至少乖戾的"黑胡子"是这么说的。1718年，海盗与弗吉尼亚人起了血腥冲突，"黑胡子"后遭斩首。[21]

北卡的阿尔伯马尔一带跟弗吉尼亚最贫困的区域差不多。此地的垦殖地四散——再次不如领主所愿。这里的开拓者拒缴免役税（土地税），而领主却想靠收税来累积财富。[22]1729年，领主把他们的特许状卖还英国政府。当时北卡罗来纳一共有3 281张土地特许状，但一半的土地掌握在309名权状所有人手中。这代表在北卡的3.6万人里，绝大多数人没拿到几张土地特许状，有的甚至连一块地都没有。大部分的穷人家更没有奴隶、契约仆役或是从事农活的儿子。1709年，阿尔伯马尔的占居者向领主请求免税。他们来自阿尔伯马尔最穷困的地区，形容自己的农地不过是黄沙一片。几个月后，有名英国国教的牧师不屑地谈起这些人，说他们"随便、脏乱"，还说"他们餐桌上的面包，看起来跟马槽里的玉米差不多"。"懒惰和贫穷"肆虐整个北卡罗来纳殖民地。[23]

因为有这些一文不值的土地，以及同样一文不值的开拓者，早在1672年，弗吉尼亚官员就想要重新界定弗吉尼亚与卡罗来纳的边界。当时，伯克利总督与卡罗来纳的领主展开谈判，希望把阿尔伯马尔并入弗吉尼亚。计划虽然失败，但20多年后再度有人提起。多年来，殖民地官员很少成功收取关税，领主也面临农民拒缴免役税的情况。殖民地一片混乱，英国只是在名义上拥有阿尔伯马尔郡，但事实上该郡经常脱离帝国的统治。[24]

在最初的50年里，北卡罗来纳发生过两起内乱，并与塔斯卡洛拉印第安人（Tuscarora Indians）发生战争。卡尔佩珀起义（Culpeper's Rebellion）

这个名称虽有误导之嫌，但该事件特别发人深省。托马斯·米勒（Thomas Miller）是当时一位雄心壮志的贸易家与烟草种植商，他支持打击走私、收取关税、为领主谋利。与其对立的则是托马斯·卡尔佩珀（Thomas Culpeper）。卡尔佩珀是名测量官，选择站在穷苦的开拓者那边。米勒与卡尔佩珀两人的对抗影响广泛。米勒利用领导权的真空期，成功控制了政府。他就像是个小暴君，让武装守卫团团围在自己身旁。卡尔佩珀则凝聚民众的支持，组织了非正式的兵团。米勒最后被迫逃离殖民地。回到伦敦后，米勒指控卡尔佩珀发起暴动。1680年，卡尔佩珀被判犯叛国罪。[25]

然而故事的发展出乎意料。领主沙夫茨伯里伯爵居然选择帮卡尔佩珀辩护。他在王座法庭前雄辩滔滔，并在演说中谈到北卡从来就没有合法存在的稳定政府。早于洛克的《政府论》（*Two Treatises of Government*），沙夫茨伯里伯爵的结论是卡罗来纳一直都处于原始状态。没有真的政府，就不算造反。他的评论也再次强化了北卡的边缘性。[26]

卡尔佩珀起义并非奴仆起义。虽然贫穷的开拓者群起高呼"不要伯爵领主、不要巨头"，但这并不是穷人对富人的战争。米勒的目标是断绝走私，强迫英国同胞一起进入英国殖民的贸易体系。他打击的目标是那些依靠走私维生的人，其中也包括朴实的农夫。这个例子中的阶级权力，围绕着皇家影响力打转并以此获利。但是米勒对于总督一职的主张却是违宪的，而他的严厉手段也无法博得政治圈的敬重。事实上，史书记载米勒满嘴脏话，还在喝醉后咒骂英王，因此被控煽动罪与亵渎罪。好听一点的说法是米勒傲慢自大，讲难听一点，就是粗鲁恶霸。结果北卡的贵族领导，就跟伯爵领主、巨头这种虚构的头衔一样不可靠。[27]

北卡罗来纳的历史由一连串的暴政组成。塞思·索思尔（Seth Sothell）是1681年至1689年的总督，任期内侵吞4.4万亩的土地自肥，最后遭到放逐。这并非特例。1662年到1736年间,北卡换了41任总督,但南卡只换过25任。1691年后,为了稳定社会,南卡政府开始替北卡指派副总督。反对总督爱德华·海德(Edward Hyde)的叛乱活动于1708年爆发。弗吉尼亚总督亚历山大·斯波茨伍德(Alexander Spotswood)加入混战,攻打北卡。两者的战争唤起塔斯卡洛拉印第安人的新仇旧恨,印第安人痛恨英国不断蚕食鲸吞他们的土地。[28]

1711年时,南卡罗来纳选择插手,派遣约翰·巴恩韦尔上尉(John Barnwell)镇压塔斯卡洛拉人。巴恩韦尔战功彪炳,理当获得大量的土地。但是期待落空后,他反过头来煽动印第安人攻击一些北卡的小村落。巴恩韦尔在叛变之前对开拓者就并无好感,他曾说北卡罗来纳人是"上帝创造过最孬的蠢货,如果你期待这些人能有什么贡献,就得把他们当作黑奴来用"[29]。

弗吉尼亚总督斯波茨伍德痛批阿尔伯马尔郡是"我们潜逃奴役的避难所",并且谴责该郡"信仰沦丧"。他说该地是"美洲的粪坑、背教者的避难地",他的批评与弗吉尼亚前总督的说法遥相呼应。斯波茨伍德口中的粪坑,是商业的粪坑,而"背教者"的严厉指控,则是在说一群无法无天的无信仰分子,他们根本上就放弃了效忠国族,也放弃了基督教信仰。虽说北卡罗来纳也没几个牧师好好给予人们教导,但这群人的背叛本质上是拒绝当个乖乖缴税的英国人。[30]

弗吉尼亚人想方设法逼其邻居不要越界,并于1710年派出一支测量队,但无功而返。1728年,威廉·伯德二世受托率领一支联合考察队,他率队进逼北卡。穿越沼泽的几个月极其艰辛,但他撑过去了,也见到了北卡的居民。他无情地耻笑这群人,色眯眯地觊觎他们的女人,一如他觊觎沼泽之后的肥沃土地。为了测量沼泽的大小,他命令手下击鼓开枪,并粗俗地把枪声比喻为"唠叨的婆娘,回声女神"。他的无礼反映出他的心态：黑暗神秘的卡罗来纳地区，永远也不会供出自己的秘密。但伯德不准备罢手。伯德既是文人，也是业余的博物学家。他为此番探险留下了两种版本的记录：第一版尺度较大，写的是"秘史"；第二版是字数较多、文字经过修饰美化，主要为短文，题为"分界线的历史"。[31]

对于伯德来说，弗吉尼亚是个伊甸园般的殖民地，与隔壁的化外之地完全不同。1726年，在还没前往北卡的两年前，伯德在信中谈到自己在"无花果树"下休息，身旁环绕"家禽家畜、男奴女奴"。他既是封建时代的绅士，也是现代亚伯拉罕。伯德把弗吉尼亚描绘为田园般的避难所，远离"乞丐之岛"上闲晃的"流浪乞丐"——"乞丐之岛"说的是英国。他假装弗吉尼亚没有贫穷问题，假装他的奴隶又顺从又勤于生产。这个社会建立在奴隶制度上，阶级分明。这样的社会不仅让他得以沉醉田园梦中，还能将穷苦白人拒之门外。[32]

但是卡罗来纳并非如此。跨过不清晰的边界，就是陌生的世界，那里的阶级权威被大幅削弱。伯德手下的土地专员如同中世纪随十字军东征的"游侠骑士"。卡罗来纳居民从小屋中探出头来，像鸟一样盯着这帮弗吉尼亚来的陌生人，"我们就像是摩洛哥大使一样"。这群人带着牧师随行，以便让孩子受洗，或者为男男女女主持结婚仪式。伯德与这些高级基督徒的所作所为，无疑是在异教的卡罗来纳人身上洒圣水。[33]

但这只是伯德的幻想。事实上，卡罗来纳人反对宗教与改革。伯德注意到，卡罗来纳人对劳动的厌恶可以说是积习难改。他们整个早上都在睡觉或打盹，醒来后就坐着抽烟斗，很少关注门外发生什么事。在寒冷的季节，就算有人出门，也是很快就跑回家，"在炉火旁发抖"。天气好一点的时候，他们也会想到要耕田，但也仅限于空想，空想之后便是拖延的借口，最后还是一事无成。伯德说，缺乏动力的卡罗来纳人宁愿"像所罗门王箴言中的懒惰人一样虚度岁月"。只有贫穷的女性会做点工作。[34]

卡罗来纳的状态逼得威廉·伯德不得不调整他对美国前途的整体看法。他在"这世上最快乐的地方"看到"穷得最悲惨的场景"。他以一名叫作科尼利厄斯·基思（Cornelius Keith）的农村男子为例。基思和妻子育有六名子女，但全家人却住在没有屋顶的房子里。伯德说，基思家活脱脱就是个牛棚，一点都不像人类的住所。这家人晚上就睡在粮草堆上。伯德无法理解，基思这个一家之主居然认为保护牲畜的饲料比保护家人的安全更重要。最让伯德惊讶的是，基思自己选择了这种生活。基思身怀技能，拥有良田，四肢健全，却宁愿活得比"住沼泽地的爱尔兰人"（bogtrotting Irish）更糟。伯德的遣词造句一如往常地直白。英国人鄙视爱尔兰人不是什么新鲜事，但加上"住在沼泽地"（bogtrotting）这个定语却使这个短语变成了沼泽流浪汉的精妙同义词。35

伯德引用一个家喻户晓的故事，把卡罗来纳人比为"懒汉乐园"（Lubber land）的居民。懒汉乐园的主角名叫"劳伦斯·懒"（Lawrence Lazy），他出生在"永不工作镇"（Neverwork）旁的"懒惰郡"（Sloth）。劳伦斯是个"懒汉"，总是坐在烟囱旁做白日梦。他的狗懒到要"把头靠在墙上才吠"。在懒汉乐园里，怠惰是有感染力的，而劳伦斯有办法对主人下咒，让他们全都昏睡入梦。在自我封闭的乡下人身上，这个睡眠的暗喻代表大众对殖民统治的反抗。伯德发现卡罗来纳人反抗所有政府形态："做好自己决定的事就好。"36

伯德继续探讨卡罗来纳人的懒惰之源。他相信原因就在懒汉的血液中。懒汉临沼泽而居，感染了"懒惰的犬瘟热"，让他们"除了生小孩，什么都懒得做"。他们"面色如尸""懒散迟缓"。环境与不健康的饮食决定了他们的命运。他们食用猪肉，因此染上"雅司病"（yaws）。雅司病的症状类似梅毒：鼻子与上颚塌陷消失，留下一张奇形怪状的丑恶脸孔。他们变成"扁鼻子"后，不只长得像野猪，连行为也像："很多人像

《懒汉乐园地图》或《懒汉档案》(约 1670 年)描绘的一个假想的地域,在这个地域里,懒惰是可以传染的,在这里正常人缺乏工作的意愿。

不列颠出版社,#1953.0411.69AN48846001,英国伦敦大英博物馆

猪一样呼噜叫,不会好好说话。"在"食猪"的村子,人人忙于觅食和私通。偶有不称心之事,他们就会大喊:"活活剥了他。"伯德说这是他们"最爱使用的感叹语"。这种古怪的表达方式让人想到了食人风俗,或是围着刚死之猎物抢食的鬣狗。这些肉食性沼泽怪物如何能被当作英国人看待? [37]

去了北卡罗来纳这块不毛之地后,伯德并没有产生太多实际的改革想法。他认为,唯有釜底抽薪才会有用:用瑞士德语区的开拓者来取代这些懒汉,并把沼泽的臭泥水抽干。他思考,如果鼓励男性开拓者和印第安妇女通婚,殖民的结果会不会比较好?经过两个世代,印第安的血统应该会改良,就像花或树的品种一样。深肤色可以漂白,异教行径可以淡化。

第二章　洛克的懒汉乐园:卡罗来纳和佐治亚殖民地　043

伯德这里借用的是约翰·劳森的想法。劳森在《前往卡罗来纳的新旅程》中谈到，下等阶层的男人要是娶了有土地当嫁妆的原住民妇女，就能得到经济上的利益。虽然伯德自己娶的也是英国女人，他却谴责下层白人男性去娶刚刚来到美国的放荡英国女子。他甚至讽刺地建议穷人像熊一样每年冬眠6个月，这样一来社会问题就会消失了。他说，"可惜乞丐或扒手不愿意这么做"。[38]

有些人也和伯德持类似观点，只是遣词更为丰富。英国国教牧师约翰·厄姆斯顿（John Urmston）说过，他教区内的穷苦白人爱自家的猪胜过爱牧师。他们把猪牵进教堂避暑，把"粪便和脏污"留在教堂地板上。北卡总督加布里埃尔·约翰逊（Gabriel Johnson）1737年时称自己的子民为"最低贱、粗野、肮脏的物种"。18世纪70年代，有位途经北卡的旅客认为，此地居民是他见过最"无知可悲"的一群人，他们甚至说不出自己住的地方叫什么名字，也不知道要如何指路，教人怎么走到下一户人家。与世隔绝的村民遇到旅客会疑神疑鬼地盯着他们看，把他们看作"奇特古怪的人"。这些农村穷人与现实是脱节的。[39]

让人惊讶的是，绝大多数的美国早期开拓者，一生都生活在如此肮脏恶劣的环境中。这幅污秽不堪的画面，正是美国历史不可回避的一部分。但不止于此。这些人身上的伤口清晰可见，他们不以为意，照常走动；他们因营养不良而面色如土，许多人的四肢、鼻子、上颌与牙齿都不见了。有位名为史密斯（Smyth）的旅人曾说，他遇到的无知贱民身披"碎棉布""浑身泥泞脏污"。[40]

美洲殖民地的穷人不完全是英国旧有的废人。时人观察到，穷人在自我创造的过程中，生产出异常的全新人种。17世纪末、18世纪初，有群途经卡罗来纳的旅客认为，阶级结构深受地理环境影响，与土地密不可分。有许多像威廉·伯德这样的探险家、业余科学家与早期的民族学者不加掩饰地表示，劣质的、管理不善的土地，将孕育出下等的、无法管理的人类。

佐治亚：奥格尔索普的改革计划

约翰·洛克对卡罗来纳产生智性上的影响，而下一个南方殖民地，却并非出自雄心壮志的规划者之手。佐治亚并非宪法所创，而是慈善冒险事业的产物。其目标在于提升穷困家庭的生活质量，并让欠债者改过自新。詹姆斯·奥格尔索普是这项计划背后的推手。奥格尔索普是名军事冒险家，他得到国会与殖民地董事会的许可，前往美洲殖民地帮助开拓者落地生根。相较于众多垦殖地，佐治亚相当特别，因为经营佐治亚不是为了谋取利益。佐治亚于1732年获得特许状，成为美国革命前最后一个英国殖民地。经营这块最南边的殖民地具有双重目的：在南北卡罗来纳的巨大贫富差距下开辟一块中间地带，使之成为阻挡佛罗里达的西班牙人的屏障。正因如此，佐治亚成了独特的实验地点。

佐治亚的土地政策保守，不让开拓者拥有500亩以上的土地，因而抑制了大规模种植园经济及奴隶主寡头政治的出现，避免佐治亚落入南卡罗来纳的发展模式。佐治亚也不会有北卡罗来纳的占居者，因为从英国、苏格兰及欧洲各地来的穷苦白人，每人可得50亩土地，完全免费，外加住房和花园。佐治亚跟北边的邻居相当不同，它所实验的社会秩序不会剥削较低阶层，也不会为有钱人谋利。很明显，佐治亚的推手意图将此地变为勤奋家庭的避风港。他的目标前所未见：兴建"自由劳力"的殖民地。

弗朗西斯·摩尔（Francis Moore）在佐治亚殖民地成立后的第二年造访此地。他观察到两个"独特的"风俗：佐治亚禁止饮酒与黑奴。"佐治亚禁止奴隶制度与黑奴",摩尔写道。佐治亚是"自由白人"的避难所,"不允许奴隶制度,因为这会让穷苦劳动者饿死"。自由劳动鼓励穷苦白人滴酒不沾地清醒耕作,这样一旦外敌入侵,他们才能守护家园。佐治亚也计划要治愈开拓者身上最致命的英国疾病:无所事事病。[41]

虽然佐治亚得到国会的支持,也有20名董事监督,但理论上它依然是慈善事业。董事试图传达仁爱的精神,如同佐治亚殖民地的箴言"为人不为己"(Non sibi sed aliis)所示。1732年至1733年间,奥格尔索普像摩西一样,带领首批114名英国人来到佐治亚。而奥格尔索普除了担任佐治亚殖民地的董事,也规划了佐治亚的日常运作。[42]

奥格尔索普是殖民地董事之一,但他从未担任总督一职,也未曾购地致富。他虽然是国会中的高知识分子,来去却不带仆役,生活简朴。在1716年至1718年的奥土战争中,奥格尔索普曾效力于萨伏伊的欧根亲王(Prince Eugene of Savoy)。奥格尔索普深知军纪的作用,他相信仿效的效果。奥格尔索普相信,如果有好的领袖可以观察,人人都能学会正确的行为。他将食物分给贫病之人。奥格尔索普曾造访萨凡纳(Savannah)北部的苏格兰社群。他当时拒绝睡软床,而选择跟当地人一样睡在外面的硬地板上。在所有殖民地的建立者中,奥格尔索普是最亲民的一位,这使得众人与他齐心协力。[43]

佐治亚处境特殊:它位于英国与西班牙的领土之间,是自由劳动者的缓冲带。1742年,奥格尔索普曾率领一支军事远征队,攻打西班牙人占据的圣奥古斯丁(St. Augustine),南卡罗来纳却拒绝资助这场行动。他很难相信该地民众居然能够自我欺骗,以为自己安全无虞,而南卡庞大的奴隶人口明明造成了负担。奥格尔索普称之为"愚蠢的安全"。萨凡纳的地形具备所有军营应该具备的要素。招兵买马找来的新血,更是在尚未登陆美洲前就开始接受军事训练——孤儿只要身高够,就会开始学习拿火枪。[44]

16岁的菲利普·希克尼斯（Philip Thicknesse）对这项殖民计划寄予厚望，他在1735年一封给母亲的家书中提到"只要勤奋，任何人都能在此地蒸蒸日上"。根据奥格尔索普的宏伟计划，佐治亚的人民应当是井然有序的市民兼士兵。他服膺古典的农耕理想，相信耕耘土地、自给自足就是美德。多产的、稳定的、健康的农夫家庭将使佐治亚殖民地稳定发展。他在1732年时写道，女人有助于维持整洁，提供"有益健康的食物"，还能长期照顾病患。跟以前的殖民推手不同，奥格尔索普认为如果下等阶层拥有公平的机会，他们是可以被回收再利用的。[45]

他还有个更激进的想法：如果妻子与长子参与劳动，就能替代契约仆役与奴隶。他宣称，一个妻子加上一个儿子，等同一名成年男性的劳动价值。他显然不赞同契约仆役的制度，认为这就像是"多年奴隶"。虽然佐治亚的殖民董事并不禁止白人仆役的使用，奥格尔索普却保障了奴隶合约的年限。奇怪的是，最适合佐治亚的开拓者并非英格兰人，而是瑞士人、德国人、法国的胡格诺教徒（Huguenot）及苏格兰高地人。这些人似乎准备好要过苦日子，都是整家整户、整群的农夫一同前往佐治亚。

但佐治亚后来还是有了奴隶。奥格尔索普准许南卡罗来纳派遣奴隶来砍树清地，以建立萨凡纳镇，但他后来后悔了。他曾短暂造访查尔斯顿，却在回到萨凡纳后发现在他不在的这段时间里，白人变得"不耐劳动与纪律"。有些人还拿好好的食物去换朗姆水果酒。烂醉之后就是疾病。奥格尔索普因而要求遣返那些"帮我们伐木、导致白人无所事事的黑奴"。[46]

当时有许多人认为正是奴隶制度造成英国人无所事事。威廉·伯德也曾去信佐治亚董事会，支持佐治亚禁奴。他认为奴隶制度让弗吉尼亚的穷苦白人心生不满。一直以来，这些人拒绝"为任何劳动而弄脏双手"，宁可偷窃或挨饿，也不下地干活。他坦言，奴隶制度毁了"我国穷苦白人的勤奋之心"，因为穷苦白人认为自己底下还有一群"可怜生物"；这些穷苦白人因为荒谬的骄傲而厌恶工作，他们不想让自己"看起来像奴隶"。北卡罗来纳的领主约翰·柯雷顿（John Colleton）观察到，巴巴多斯的黑奴把穷苦白人称作"白奴"。他因此才发现北美的几个南方殖民地同样鄙视白人农场工人。[47]

许多佐治亚人的情操却非如此高尚，很多人相当羡慕南卡罗来纳。佐治亚才刚宣布禁奴（这不在原先的特许状中），许多民众就向董事会请求购买奴隶。奥格尔索普与支持蓄奴的人展开一场激烈的论战，他将后者称为"不满者"。双方的交锋于 1739 年达到高潮。奥格尔索普说黑奴永远都不该进入佐治亚，因为奴隶制度违背了董事会的核心原则，即"帮助不幸者"。一旦允许买卖"自由人""永久为奴"，佐治亚就不再是正直劳动者的避难所，而是压迫的政权，将造成"数千非洲人的不幸"。[48]

早在 1728 年时，奥格尔索普就曾针对英国水手发表过类似的评论。读者也许会觉得奇怪，但奥格尔索普后来的反奴隶论述，其实源自他对于水手阶级惨遭虐待的看法。18 世纪时，水手被幻想为"天生"适合海上生活，人们认为这种人的身体有办法承受英国海军的艰苦生活。思想进步的奥格尔索普写过一篇反对虐待水兵的短文，反对"有些人天生要被剥削"的论调。对他来说，水手其实就是在扮演"奴隶"的角色，被剥夺了英国自由人的自由。他们多半是穷人。征兵队把他们从街上拖走，丢进海上监狱，再被卖入海军。他们吃得很差、薪水微薄、被当成"俘虏"，他们是遭到残酷压榨的劳动者，无论从哪个角度看都是被强迫的。[49]

有些佐治亚人请求董事会让他们蓄奴。根据这些人的看法，黑奴跟水手一样，"生来"就是要做苦工的。非洲人能够在潮湿、有毒的沼泽与酷热中生存下来，吃穿都花不了多少钱，只要给他们一点水、玉米、马铃薯，他们就能活蹦乱跳；给他们一套衣服和一双鞋，就够穿一年。白人契约仆役就相当不同了，他们每一季会要求一套新的英式服装，桌上要有肉、面包与啤酒；要是没吃到他们要的食物，他们就会装病、怠工。如果要他们跟黑奴一样在酷暑季节努力工作，白人奴隶将会逃离佐治亚，就像逃离"藏尸所"一样。支持蓄奴的佐治亚人偶尔指责奥格尔索普，说他把佐治亚弄得像监狱一样。[50]

奥格尔索普始终不为所动。他曾形容强逼穷人做水手的征兵队为拿着"大棍棒"的"小暴君"。而他斥责逃往南卡罗来纳的佐治亚人，说他们宁愿"鞭打黑奴"也不愿做固定工作。然而还是有些开拓者不怕劳动的艰辛、能够"自给自足"、不会吵着要开放蓄奴，譬如苏格兰高地人与德国开拓者，他们还向董事会请愿，希望可以禁止佐治亚州蓄奴。他们成为奥格尔索普论辩时有力的证据。奥格尔索普认为这些人更吃苦耐劳，比英国人更愿意工作。但最重要的其实是能够集体劳动，有意理解自给农业的需要——在人口四散的殖民地上，一定要有自给的农业，才能确保长期生存无虞。许多英国开拓者不愿意努力工作，因为他们很多人其实是药师、干酪店老板、补锅匠、假发制造师或织布工，缺乏农耕的背景。能够耕田的人口极其匮乏。有个叫作帕特里克·泰菲尔（Patrick Tailfer）的英国移民也曾参与请愿，要求开放蓄奴。他就是拒绝耕种任何自己的土地的英国人的一例。[51]

为免读者混淆，在这里必须要说明：奥格尔索普并非现代的平等主义者。他不曾幻想让佐治亚成为多种族的社会，他对非洲人也抱持着常见的偏见。他计划的核心正是阶级：他严格禁奴，是因为他认为奴隶制度会让佐治亚的阶级权力失衡，并且让"穷白工人"饿肚子。从更宏观的角度来看，奥格尔索普的改革哲学指出，软弱绝望的人会选择危害自身利益的道路。某人可能会把土地卖掉，只为了朗姆酒。债务与无所事事一直都是诱因。[52]

虽然他立意良善，但佐治亚殖民地无法消灭阶级之别。慈善救济的对象可以获得 50 亩地，但是自己付费前来佐治亚的人，却能获得高达 500 亩的土地。他们一般需要 4 到 10 名仆役。但是 500 亩其实是上限，因为董事会希望开拓者在此定居，而非投机炒地。他们不鼓励持有土地却不在佐治亚定居的行为。佐治亚还定下长子继承的土地政策。这种封建秩序让男人跟家族密不可分，而长子继承制也让贫穷的父亲不会因为经济压力就出售土地。[53]

许多人不喜欢这样的制度。努力工作的家庭会担心未婚女儿的命运，因为她们有可能什么都分不到。带领法国新教徒移民佐治亚的迪蒙牧师（Reverend Dumont）就曾发出类似的抱怨。他质疑，在这种制度下"老到无法结婚或生子"的寡妇要怎么办？而且女儿要怎么生活？特别是那些"因为疾病或生理缺陷而不适合结婚的"。[54]

迪蒙的质疑直捣奥格尔索普与董事会哲学的核心。年轻的寡妇和女儿被视为下一代自由白人劳动者的繁殖者。奥格尔索普曾在一篇倡议性的短文中提到，佐治亚的政策是创造"繁衍"的自然过程。他希望让英国与其他新教徒在人数上快速超越在北美的法国人与西班牙人。这场与天主教殖民强权的战争，最终还是人数之战。佐治亚必须依靠生殖先在人口上取得优势，这样才会有足够多的自由白人，进而从军作战。[55]

但奥格尔索普必败无疑。南卡的贸易商承诺，需要奴隶的人可以用贷款的方式购买。奴隶像是诱饵，在穷人面前晃呀晃，诱使他们抵押土地。正因如此，奥格尔索普相信奴隶制度将会夺走弱势者的土地。禁止蓄奴与维持更平等的土地分配其实相辅相成。如果佐治亚殖民地准许开拓者拥有对其产权的"绝对处理权"（这样他们就能自由贩卖土地），就会出现大种植园主独霸的现象。奥格尔索普于 1739 年曾预测，如果继续放任不管，"黑奴商人"将掌握"所有殖民地的土地"，让"劳动阶级的穷苦白人"一无所有。[56]

德国路德教派的信徒 1734 年时在佐治亚建立起自己的社区。他们也发现佐治亚有重蹈南卡覆辙的危险。牧师波奇厄斯（Reverend Bolzius）是奥格尔索普支持者之一，他观察到"查尔斯顿的一般白人劳动者"，赚得比"黑奴"还要少。非洲人被鼓励"像动物一样繁衍后代"，而奴隶主为了增加牲口数量，无所不用其极。商人与其他士绅囤积土地，囤的都是商业发达、河岸两旁的黄金地段。穷一点的白人不得不买偏远、无利可图的土地。南卡是穷苦白人家庭最可怕的噩梦。[57]

奥格尔索普 1743 年时离开了佐治亚，再也没有回来。三年前，有名士兵曾试图谋杀他，火枪子弹划破了他的假发。他活了下来，但他的佐治亚梦却死了。在接下来的 10 年中，土地使用政策废止了，想在大庭广众下喝多少朗姆酒都可以，而奴隶也有了秘密的购买渠道。1750 年，佐治亚正式开放蓄奴。[58]

种植园主的精英阶层迅速成形，主要由西印度群岛和南卡的移民所组成。1788 年时，卡罗来纳人乔纳森·布莱恩（Jonathan Bryan）成了佐治亚殖民地最有权势的人。他拥有 3.2 万亩的土地与 250 名仆役。1750 年，也就是蓄奴合法化的那一年，布莱恩在佐治亚开办商店。他手下奴隶众多，让他有资格获得大片土地。但如果要打造帝国，布莱恩还需要操控主管土地分配的佐治亚行政议会（Georgia's Executive Council）。布莱恩投身议会多年，这让他得以获取最肥沃的土地——都在贸易干道旁。1760 年时，只有 5% 的佐治亚白人家庭拥有一名奴隶，而少数几个家庭却有几百个奴隶。奥格尔索普曾经发出警告，"黑奴商人"将独霸佐治亚殖民地。乔纳森·布莱恩正是最典型的代表。[59]

奥格尔索普的理想也并未完全消失。本杰明·富兰克林和托马斯·杰斐逊同样认为蓄奴将腐化白人。《西北领地条例》（Northwest Ordinance）是杰斐逊写来把领地变成新联邦州的蓝图，其草案中就加入了奥格尔索普的想法——把自由白人劳动者当作缓冲带。富兰克林和杰斐逊都在追求繁殖力的提升。他们把人口成长看作国家力量的象征。就像波奇厄斯牧师所观察到的,如果奴隶被鼓励"像动物一样繁殖",那么穷苦白人不可能用同等速率生殖,也无法保有他们的土地或自由。

佐治亚的历史已让我们清楚看出奴隶制度与阶级认同两者间的盘根错节。奥格尔索普认为自由劳动力能够创造出有活力、安全、有生产力与生殖力的社会。虽然自由白人劳动者能够增添殖民地的军事力量,但是无法与并吞土地的奴隶主阶级在经济上竞争。19世纪时,奴隶制度成了美国南方的"特殊制度",让佐治亚曾经的"特殊"——禁奴——有了相反的讽刺意义。

英国人对于无所事事的厌恶始终根深蒂固。乡村的白人虽被认为是负担,却成为美洲经验中无法否认的一部分。自由劳动者与非洲来的黑奴或无用的白人懒汉相当不同。土地是财富的主要来源,也一直都是自由与公民价值的衡量标准。世袭的头衔也许会渐渐消失,但是大块土地的特许状与地契一直都是美洲特权体制的核心。新大陆一点也不新,它承袭了旧世界对下等阶级的压迫。

第三章
富兰克林的美国"品种"理论：中庸人口学

> 在这个极缺人民的新国家，为国王增添子民，何罪之有？
> ——本杰明·富兰克林，《波利·贝克尔小姐的演说词》
> （ The Speech of Miss Polly Baker ）

本杰明·富兰克林与所有受过良好教育的英国人一样，相当介意无所事事这件事。他在 1741 年的《穷理查年鉴》（Poor Richard's Almanack）中提出的建议，呼应了小哈克卢特、温思罗普和伯德的言论："起来吧，懒虫。不要浪费生命。要睡，进了坟墓就可以睡个够。"他的努力致富论已是老生常谈。[1]

阶级与美洲殖民是个多年来争论不休的议题，富兰克林也曾在 18 世纪 40 年代与 50 年代发表他的看法。富兰克林出身在一个普通的工匠家庭，白手起家成为一名成功的印刷商，并于 1729 年发行《宾夕法尼亚报》（Pennsylvania Gazette）。三年后，他出版第一本年鉴，该系列年鉴后来极为畅销，让富兰克林荷包满满。富兰克林是知名的风趣才子。他精通纸上腹语术，巧妙模仿殖民地的各种角色。十几岁的富兰克林就曾用笔名"赛伦斯·杜古德"（Silence Dogood）假扮波士顿寡妇写了好几封信投给报社。他也曾使用笔名"顶哥"（Dingo）假冒黑奴。还有穷理查·桑德斯（Poor Richard Saunders），畅销书《穷理查年鉴》的主角。穷理查是个工匠，他的老婆红杏出墙，他还入不敷出，因此怨天尤人，然而他口中的格言却异常俏皮有趣。富兰克林在拓展印刷事业、合伙经营与文学伪装术上，都获得相当大的成功，让他得以在1748年退休，不需再为日常商业管理烦心。[2]

退休后，富兰克林于1751年当选宾夕法尼亚议会议员，此后一直积极从事市政工作。他推动费城建立医院与青年学院。同一时期，他的电学实验轰动欧洲。伦敦皇家学会（Royal Society of London）授予他科普利奖章（Copley Medal）。他后来还获颁哈佛（Havard）、耶鲁（Yale）、威廉玛丽学院（College of William and Mary）的荣誉学位。在担任费城邮局副局长期间，他更促进各殖民地间的通信。在1754年的奥尔巴尼会议（Albany Congress）上，富兰克林提出联合政府的方案。这个联合政府能够分担各殖民地的军事防御，并且向西部扩张。虽然奥尔巴尼会议同意他的提案，殖民地却从未实施这项联合计划。[3]

富兰克林是美洲殖民地首屈一指的科学家，成功推广了最新理论。本书主要探讨的是他如何运用科学知识，来解释最令人困惑的现象：阶级的形成。18世纪的英国人相信，文明社会之所以形成，是因为人类需要保障生存。奢华所导致的堕落却渐渐腐化文明社会，罗马帝国的兴衰就是这个理论的最佳证明。而富兰克林试图从人体生物学的角度来解释。在富兰克林看来，人类的一切努力之下是动物性的本能反应，特别是痛苦的推力与快乐的拉力。太快乐会造成社会堕落，太痛苦会导致暴君专政与压迫，介于两者之间则是快乐的社会，这样的社会能够让人展现出较好的动物本能。[4]

北美洲的环境是否能够成就这种快乐社会？富兰克林的答案是肯定的。北美特殊的环境能够消灭旧世界的不自然状态。广袤的美洲大陆让美国人拥有人口上的优势，能够比欧洲人繁衍得更快更多。美国人不需要生活在拥挤的城市,不需要面对越来越多的无业与贫穷人口。美国人可以避免巨富与赤贫的两种极端状态。美国大众不需要疯狂争夺资源,只要身处"中间地带"就能心满意足,实现富兰克林口中的"快乐的中庸"。

除了蜜蜂以外,英国人还欣赏勤劳的蚂蚁。富兰克林用蚂蚁来证明他的理论。1748年的某一天,富兰克林观察到有只蚂蚁带领一队同伴,沿着绳子,找到悬挂的糖浆。富兰克林因此发现,蚂蚁会跟同伴沟通。富兰克林对动物的行为越来越好奇。两年后,他用鸽子做了实验。他把一对又一对的鸽子放到箱子里,发现它们的繁殖速度很快,却不会生到住不下。这些鸽子进行天择,"年长强壮的会把年幼虚弱的赶出去,逼它们寻找新的栖息地"。如果富兰克林再多放几个箱子,鸽子就会依照可得空间与食物多寡继续生,生到把箱子都填满了为止。[5]

蚂蚁和鸽子——群居生物和人类很像。富兰克林相信,追求快乐、避免痛苦就是人类所有行为背后的最大动力,信奉功利主义的富兰克林相信,社会发展的动力与宗教道德没有太大关系。如果男人和女人本质上都是动物,他们的本能就是填饱肚子、繁殖、迁徙。富兰克林称迁徙为"不安于停歇",他认为这种感受来自人类和动物迁徙的类似性。人类展现出走动、向前、进步的欲望。荒地激发人类迁移的本性,就像有限的资源也会鼓励人类迁徙——跟实验中被迫离开箱子,寻找新栖息地的小鸽子没有太大的不同。富兰克林"不安于停歇"的概念与小哈克卢特的理论有着异曲同工之妙,后者曾说所有英国人都"奔走海外",寻找新的土地与新的致富渠道。[6]

富兰克林在他最著名的《关于人类增长的观察报告》(*Observations Concerning the Increase of Mankind*) 中预测,20年内美国人口将翻倍,下一代身上不会再有英国性格中的无所事事,因为父母需要辛勤工作,才养得活一大家子的人。受求生欲驱使,小孩也会模仿父母,跟父母一起做事,阶级将会形成。但在美国人往外扩散并占领土地的过程中，阶级会不断地变动，不停地调整。[7]

要有鼓励，人类才会多生。富兰克林在《关于人类增长的观察报告》中提醒读者，罗马帝国的多产妇女会因为增产报国而得到奖赏，奴隶妇女将会得到自由；而儿女成群的寡妇自由人则会获得财产权与男性自由人独有的自主权。富兰克林的论点是，伟大的帝国需要大量人口（人多便是强），因为要有足够的人口才能开疆辟土。美国提供的鼓励有所不同：广大的土地及早婚的自由。[8]

富兰克林在1747年的讽刺作品"波利·贝克尔小姐的演说词"中，清楚说明了他的生殖哲学。波利出庭是因为她五度产下私生子，被判有罪。波利·贝克尔小姐为自己辩护，说自己是个勤奋的女人："我冒生命危险，把五个好孩子生下来；我自己努力工作养大他们，不给镇民增添任何负担。"她认为生孩子乃爱国服务，让她更加理直气壮。她说自己"在这个极缺人民的新国家，为国王增添子民"。这句话背后的信息是：她应领赏而非受罚。

贝克尔的故事并非特例。她想结婚，想表现"好妻子应有的勤奋、节俭、多产、理财技巧"。她问，单身汉那么多是她的错吗？看到她可爱的孩子们，谁会认为她生出这些上帝的"杰作"是有罪的？难道她不是完成了自己崇高的责任，因为"自然与上帝的旨意，就是要人类生养众多"。就富兰克林看来，上帝与自然都站在贝克尔小姐那边，而愚蠢的法律与过时的宗教法令则站在对立面。富兰克林最后用幽默的结局解释他的观点：她说服了法官，法官隔天就娶了她。[9]

富兰克林在《观察》中用人口统计及逐点推理，试图证明自己的论点。这些论点全都反映在贝克尔小姐的古怪故事里。因此，这两篇作品应该要一起读。女主角叫"贝克尔"并非偶然，"Baker"这个词把子宫影射为烤箱,这是当时英国作家流行的戏谑说法。对于富兰克林这个科学家兼商人来说,生殖劳动就是工作,应该好好重视。生殖劳动"为国王增添子民",是帝国的资产。

富兰克林在故事中对单身汉的批评,也是其来有自。在美洲殖民地与英国,没结婚的有钱男子往往引人非议,会被嘲笑是阴阳人,不男不女。纽约的报纸甚至建议刮掉一半胡子作为处罚,因为不见的胡子,可以象征他消失的男子气概。另一些人认为这种人不该享有继承权。就跟土地休耕一样,人类生育力有可能被浪费。单身汉没有孩子相当于浪费自己的种子。就生殖而言,单身汉沉溺于一种最糟糕的无所事事。[10]

另一方面,私生子有助于人口增长,为帝国增添财富。富兰克林自己的情况让他对此更深信不疑。他的儿子威廉(后来的新泽西皇家总督)就是私生子。威廉也有私生子,他的私生子是威廉·坦普尔·富兰克林(William Tempie Franklin),人称坦普尔。坦普尔也有两个知名的私生子。私生子是富兰克林的家族传统。[11]

跟洛克一样,富兰克林深信健康的孩子是"每个国家的财富"。但他之所以在18世纪50年代提倡人口自然增长,不完全因为科学上的好奇,更是出于殖民政治的目的。他直截了当地说,健康、有生产力的孩子,是英属北美的特殊资产。在《观察》一文中,他试图让英国的政策制订者相信,加勒比诸岛并非殖民模范。富兰克林谴责西印度群岛的种族不平衡,认为这就是造成白人劳动人口稀少的人为因素。四体不勤的奴隶主身体状况不佳,他们"萎靡不振,生不出孩子"。简而言之,他的结论是奴隶制度让英国人又懒又性无能。[12]

富兰克林也相信奴隶制度会教坏小孩:"白人的孩子变得骄傲,厌恶劳动。他们在好逸恶劳的教育中长大,无法勤奋工作、养活自己。"他的这段话恰好呼应了伯德对弗吉尼亚穷苦白人的评论。伯德1726年时向佐治亚董事会坦承,穷白劳动者学会鄙视劳动,宁愿偷窃也不下田耕种。富兰克林调整了伯德的公式:奴隶制度污染所有白人,无论贫富。

富兰克林试图把北方殖民地改造为自由劳动区,比奥格尔索普的规划更宏大。要实现他理想中的英属美洲殖民地,繁殖乃是神奇的万灵丹。在富兰克林的想象中,如果广大大陆的居民都是多产的开拓者,社会就会更稳定,小孩将取代契约仆役和奴隶,成为劳动力来源。他对劳动制度的规划与奥格尔索普不谋而合,只不过奥格尔索普的佐治亚计划最终夭折。

全球性的战争与北美大陆的疆界变动使富兰克林扩大了他的理论。1760年,英国在七年战争中击败法国,富兰克林撰文支持英国将加拿大纳为领土。富兰克林预计,加拿大将会处处可见英国开拓者,大多是开心务农的"中层人口"。有些群岛殖民地以制糖业为主,其人口结构相当失衡。北美与它们不同,理想的"财富中庸"让持续成长的人口大量消费英国生产的商品。这对英国商人与美洲殖民者来说将是双赢,因为人口增长将同时促进商业发展与母国的制造业。富兰克林不怕夸大,一旦国会限制殖民地人口增长,他就会发出严厉的警告。他认为,拒绝将加拿大纳入领土,这个最高立法机构将沦为残忍的助产士,杀害北美三分之一到四分之一的新生命。[13]

在接下来的几个世纪里,富兰克林的生殖理论一直都是"美国特殊论"的核心基础。他提出三点论述。首先,他认为向西迁徙能确保阶级稳定。其次,他认为人口扩散能够降低阶级冲突,并避免财富聚集在少数人手中。最后,他所谓的"财富中庸"(mediocrity of fortunes)代表他对中层阶级的成长有信心。他认为务农家庭既不穷,也不仅止于自给自足。他们从事商业型农业,生产量足以维生,另有余裕购买英国制造的商品。[14]

这套理论中最让人惊讶的论点是"阶级满足感"。富兰克林认为阶级满足感能够透过自然的方法达成,或者更直接地说,就是让它自然发展。

大英帝国凭借其训练有素的陆军和强大的海军，成功保卫领土。从那时开始，开拓者看到未被占领的土地，就像蚂蚁看到糖罐一般，深受诱惑。在机会之地上，生殖更轻松自然，而家庭更快乐也更安全，比较能够避免僵化的阶级与资源的囤积。只要人们获得可以往外发展并开垦定居的新土地，阶级差异就会持续缩小。勤劳、节俭、多产就是快乐中庸的自然发展结果。

白手起家的真相

富兰克林的理论有多贴近现实？他的论述又有多少是建立在一厢情愿上，而非合理解释人类的行为？首先，18世纪的美洲殖民者就像21世纪的美国人一样，一点都不像蚂蚁或鸽子。人性的运作不像机械，所以人类对痛苦和快乐的反应很难预测。富兰克林笔下的自然无所不能，引导历史的走向。但自然一直是通过政治力与文化力的媒介才能发挥影响的，这三者其实同等重要。人类真的是迷宫里的老鼠吗？或者说，殖民、迁徙、居住远比富兰克林所以为的更加混乱且捉摸不定？

富兰克林因其个人经验，误以为殖民者能够轻松地迁徙。青少年时期，他曾从波士顿逃跑到费城，提前终止了他和兄长订下的学徒合约。可以说他曾是个逃犯、流浪汉。当时的确有非常多在逃仆役，富兰克林也是其中一员。他的移动路线跟许多人一样，毫无计划、杂乱无章，不像他研究的蚂蚁一般有条不紊。威廉·莫雷（William Moraley）跟年轻的富兰克林一样，在差不多的时期抵达费城。他在回忆录中写下自己的经验，说自己是颗"幸运的网球"，从一个新主人跳到下一个主人处。莫雷受过法官助理与钟表匠的训练，虽也有文采，其人生却很不"富兰克林"。无论他怎么移动，都在原阶级打转，从未更上一层楼。四处迁徙并不一定能带来阶级流动。[15]

随着18世纪的发展，贫穷越来越普遍。费城经济衰退，冬季严寒但木材短缺，穷人几乎要活活冻死。1784年曾有费城的贫穷工人向地方报社投稿，说他有六个孩子，但"用尽一切努力"，他还是养不起自己的孩子。勤劳本身并非自给自足的万灵丹，家庭人口繁多也非富兰克林所以为的恩赐。富兰克林对于美国出生率的统计也有误。费城的婴儿夭折率出奇地高，与英国的死亡率差不多。由此可见，富兰克林对于健康快乐人口的预测只是浮夸的修辞，而非人口统计的事实。[16]

在美国人心中，富兰克林是白手起家的典范。但他其实并非白手起家。费城无所不在的恩庇侍从网络，让白手起家宛如痴人说梦。在富兰克林崛起的过程中，有权有势的资助人为他提供人脉与借贷，让他获得开设印刷行与购入昂贵器材的第一桶金。

对富兰克林来说，争取赞助、在派系斗争中站对边都是赌注。宾夕法尼亚的阶级结构有其古怪之处。最上层是领主，也就是威廉·佩恩家族，这些人拥有大片土地并有资格收取免役税。往下一层则是富有的贵格派地主与商人，这些人的关系建立在家族和宗教之上。18世纪时，如果有人娶了其他教派的人，"教友会"（Society of Friends）就会将他逐出教会，用剥夺商业资源、贷款、土地买卖的手段，让他难以维生。[17]

富兰克林不是贵格派也非类贵格派（觉得其宗教原则有特殊的吸引力），但他的确是许多费城和英国教友会成员的好友。这些人见多识广，受教育程度相当高。富兰克林十分仰赖贵格派的资助者，特别是在他创业之初。律师亚历山大·汉密尔顿（Alexander Hamilton，与后来的汉密尔顿无血缘关系）也是他的赞助者。汉密尔顿是贵格党（Quaker Party）中的非贵格派领袖。跟汉密尔顿一样，富兰克林在地方与帝国政治的立场上，原本与教友会一致，后来却在绥靖主义的议题上与正统派分道扬镳。

富兰克林的朋友都是自由派的教友会成员，这些人并不排他，谁都有机会在贵格党内发号施令。因此，汉密尔顿能够从宾夕法尼亚崛起，并提携富兰克林，任命富兰克林为议会秘书，让他正式进入地方的政治舞台。[18]

教友会的统治并非没有受到挑战。非贵格派的精英派系渐渐崛起，这些人与领主和英国国教派的关系良好。通过与英格兰及苏格兰密切的商业往来，他们获得政治上的影响力。势力庞大的领主负责监管地政局。因为地政局的缘故，他们才有机会购入数千亩的地产，获取暴利，也让他们的势力更加壮大。时人称之为"领主党"——富有贵格派的竞争对手。虽然富兰克林是以小生意人与印刷商的身份崛起的，但他也无法轻视两党的殖民地富商。富商面对的是全球市场，他们是大盘商，与富兰克林这种店主小贩属于完全不同的档次，而且富可敌国。健全的纸币系统有助于海外贸易，议会与富兰克林签约合作，委托他印制纸币，让他离商业精英的圈子越来越近。[19]

在宾夕法尼亚，阶级地位依然由世家背景所决定。最上层是佩恩、彭伯顿（Pemberton）与洛根（Logan）这些领主与贵格精英。他们的下面是日益增长的欧洲商人阶级，这些人因为铺张炫富而鹤立鸡群。商人家庭拥有奴隶仆役和银制茶具，他们身穿昂贵的服装、住豪宅、驾马车。富兰克林于1748年从印刷事业上退了下来，他累积的财富已经达到美洲社会的前10%了。他拥有马匹与马车，投资了大量土地。贵格教徒以简朴穿着闻名，对朴实的他们来说，马车是身份的象征。1774年，在1.5万人的费城中，只有84人拥有马车。[20]

阶级不仅仅关乎财富与名门背景；外表与名声也对阶级产生影响。富兰克林了解这一点。他的第一幅肖像画作于1746年。画中的他并没有穿着皮围裙站在印刷板前，也不是那个沿街推着独轮车的尽责匠人——他在《自传》中所描绘的自我。画中的他头戴令人敬重的假发，身穿精致的荷叶领衬衫，浑身散发出"较好品种"（Better Sort）的气质。[21]

如果物质的表象能将领主与富裕阶级定义为"较好品种"，那么相同原则也适用于光谱另一端的"较差品种"（Meaner Sort）。法律区分了自由人和非自由人，后者不只包括奴隶，也包括契约仆役、罪犯劳力与学徒。这些人依赖他人而生，时人认为他们低下、卑微、没教养。数千名非自由劳动者涌入费城，让富兰克林从1730年起就抱怨"流浪汉和懒汉"的涌入。写下这段文字时，其实他也刚刚逃离赤贫的环境没几年。他在1723年抵达费城时，还是个衣衫褴褛、又脏又湿的逃跑学徒。[22]

不论好坏，"品种"一词都意味深长。"品种"让人隐约想到商品的等级差异。纽扣与烟草都有"等级"之分。1733年纽约报纸上有则广告介绍商家兼卖"好、坏等级的风扇"。良种家畜的价值则是通过家族血统来衡量。跟种畜不同，商品的"等级"更关乎外观，这让人很容易就能区分上等货和便宜货。英国人是商业民族，倾向于从商业的角度来思考社会阶级。报纸用"最低等"来形容人，而"最低等"这三个字也可能用来评价布料材质，意思是这块布很粗糙、未经过加工、用料不佳、粗制滥造。[23]

一般说来，"低下"意味着贫穷和"寄人篱下"，无论是依赖慈善机构还是被劳动济贫所的强迫劳动。费城、波士顿和纽约都有救济院，但"低下"之人普遍活在奴役状态中，乖巧顺从。"低下品种"被污名化，因为他们让自己被人看不起、鄙视、虐待。时人认为"低下品种"外表粗鄙、脑袋迟钝、举止无礼、用语粗俗。低下就是肮脏与低贱，是废人阶级的又一变种。[24]

富兰克林并不同情穷人的困境。他在1751年创立宾夕法尼亚医院的目的是帮助勤奋的穷人，特别是那些身体受伤的穷人。他不欢迎长期赤贫的阶级，这些人会被送去救济院。他觉得英国人太仁慈了：他观察到宾夕法尼亚州的德国开拓者比英国人更加勤奋，因为他们来自不太会提供救济的国家。谈到穷人时，富兰克林就像威廉·伯德。他曾于 1766 年抱怨英国的穷暴民袭击装满玉米的马车，他认为英国正在变成"懒汉乐园"。[25]

富兰克林的结论是，大多数人想要"轻松生活"与"脱离烦恼及劳动"。懒惰本身就是一种快乐。正因如此，他认为要解决贫穷，唯一的办法就是强迫这些懒人劳动："我认为对穷人最好的帮助，不是让他们在贫穷中轻松度日，而是带领和强迫他们脱贫。""穷人不安于停歇"的本能受损，所以他们需要刺激才能让他们重拾工作。[26]

我们可以看出富兰克林强迫迁徙论的双重意义。在他设定好的迁徙模型中，多产的开拓者居住在广袤大陆上。因为地广人稀，开拓者不用为他人工作。家长与孩子为自己工作，摆脱"较差品种"惯有的奉承和谄媚。但得到自由后，最冷酷的力量将主宰他们的命运：适者生存。边境严酷的环境，强迫开拓者努力工作，不然就是等死。只有较为节俭、多产与勤奋的人才能成功，而懒惰与无能的人，只能选择持续迁徙或坐以待毙。

与其说富兰克林重视边境的"中间品种"（middling sort），不如说他早在发表《观察》一文前，就已经表达了他对中间品种的支持。他说宾夕法尼亚的"中间民众"是"工匠、小店主与农夫"。他当然无意消灭"较好品种"。他抗拒的是如果有品种"较好"，剩下就自动归类为"较差品种，也就是暴民或贱民"这个概念。

在 1747 年"平凡的真理"（Plain Truth）这篇短文中，富兰克林指出中间阶级对殖民地的关键作用。那年，法国和西班牙的游击队突袭特拉华。富兰克林写这篇文章是要警告费城人民，特别是贵格派，如果不组织义勇军，他们将面临相同的命运。他呼吁成立"自由人义勇军"，而他所谓的自由人，是较好品种或中间的那些人，他们应该一同努力，保卫自己的财产与殖民地。[27]

为了让他的义勇军计划得到支持，他利用阶级战争的语言，来描绘外国入侵的危险。他问，谁会对文明人发动攻击？答案是"无法无天的私掠者"和社会的残渣："黑奴、黑白混血与最卑鄙、最惹人厌的人类。"他坚持不让契约仆役加入自由人组成的义勇军。富兰克林除了呼吁民众捍卫殖民地，还想做什么？答案很简单，他为阶级重新画下界线。他允许勤奋的中间人士往上流动，并强化中间之人与较差品种间的分界，不可越雷池一步。[28]

富兰克林不太相信人性。富兰克林从一开始就认为宾夕法尼亚的穷人难以管教，并对此多有批评。他1731年曾在《宾夕法尼亚报》刊文批评奴隶、酒鬼与下等白人仆役"可耻地聚集"于露天市集。看着费城人民，富兰克林不得不怀疑人性，并接受了"美德罕见且易朽"的观点。在他的《自传》中，他谈到自己年轻时因为看见大鱼肚子剖开里面都是小鱼，而放弃素食。这个故事是个阶级寓言，故事的启示是同类相残：有权有势的精英大鱼吞噬弱小的同类难以避免。富兰克林并非《登山宝训》的信徒，他相信穷人与富人同样贪心或是谦虚。如果他世界中的小鱼能够出头，它们会变得和大鱼一样贪婪。[29]

尽管有如此多的开拓性观点，富兰克林仍有其时代局限性：看到阶级流动如此自由，富兰克林自然会感到不安。对于大多数18世纪的美国人来说，仆役是不可能摆脱低贱的出身的。有份报纸断言，较差品种永远无法"洗掉奴性的污点"。有些人害怕较差品种的人会很快跟上中上阶级的脚步。[30]

尽管富兰克林本身就是阶级流动的成功案例，他却从未支持我们今日理解的阶级流动。更准确地说，他幻想美洲大陆会让阶级差异缩小。但很明显地，只有让穷人不断迁徙，阶级才会消失。富兰克林提出义勇军计划的动机相当保守：如果中间民众得到大众的尊重和公民的责任，他们就将拥有快乐中庸的知足感，而知足可能会降低野心分子的欲望——过于迅速或不顾后果地往上爬。

富兰克林深知维持阶级差异有其吸引力。1741年，在他编辑的《宾夕法尼亚报》中，有篇文章揭露为何人们宁可保有阶级高低，而不愿全盘废除它。大多数人觉得如果自己脚下还踩着别的阶级，阶级就能够轻易维持。作者问："有多少人，即使是较好品种，会愿意当上层阶级的奴隶？——如果他们能肆意、专横地统治下层阶级？"套用富兰克林的功利逻辑，统治下层阶级令人向往，甚至可以说是令人心旷神怡。要改变这种心态，就需要彻底改造18世纪的思维。对富兰克林来说，关键还是在于最根本的迁徙问题——要如何把人民分得够散、分到居住密度够稀疏的地区，他们才会忘记谁曾经在他们之上或之下？但是，富人怎么可能会牺牲自己的阶级优势，不雇劳动者，不带奴隶去西部？或者富兰克林的前提是只有穷人才会出发寻找新居住地？[31]

富兰克林知道他理论中的边境只存在于想象之中，但这种想象能支持他的理论。在富兰克林的政治论述中，他相当支持英属北美成为帝国的人口中心。大英帝国的子民会成为北美的育种者，以及新兴制造业产品的消费者。富兰克林的人口学暗藏了他对穷人的极度鄙视。他认为比起劳动济贫所或救济院，穷人更容易接受自然的强制力。1780年时他曾警告孙子，他说社会把人分为"两种人"：第一种人"舒舒服服地住在好房子里"；第二种人"贫穷、肮脏、破烂、堕落，住在可悲的小木屋和阁楼小房间中"，"如果他们无所事事，必定会一贫如洗或者饿死"。虽然富兰克林的言论直白且有些尖锐，但这段话却让我们得以了解当时的普遍观点：穷人是可抛弃的。在边境"可悲的小木屋"中，贫困和绝望处处可见。[32]

富兰克林对于白印第安人的存在略知一二。所谓的白印第安人，指的是小时候被印第安人俘虏，回到英国殖民地后再也无法适应的英国人。富兰克林说他认识一个富有的年轻人，曾被印第安人俘虏过。这个年轻人放弃了自己的财产，只带了一把枪、一件外套就回归荒野。在这个寓言故事中，富兰克林承认无忧无虑和懒惰对于某些人来说一直都是种诱惑。然而，如果从平均人口来看，纵然偶然出现异类也无须担忧。[33]

富兰克林不是不知道北美的边境垦殖者不会只由英国最好的品种所组成。他很快就把那些住在宾夕法尼亚州偏乡的人称为美国"垃圾"。但与此同时，他希望自然的力量会凌驾一切，希望生存所需将懒惰的人淘汰，而更好的育种者将取代废人。至少他如此希望。[34]

维持阶级秩序的《常识》

富兰克林的理论建立在兴盛一时的英国观点上，因而富有吸引力。与其说富兰克林是创新者，倒不如说他是个聪明的推广者。他声名远播，所以他的人口扩张论可以在美国大革命爆发后，找到开花结果的沃土。知名的革命鼓吹者托马斯·潘恩（Thomas Paine）将富兰克林的美国品种论加以改造，推广给乐于接受的听众。一如富兰克林，在潘恩的想象中，独特的土地和资源塑造出独特的民族。美国品种具备与生俱来的、年轻的、积极迈进的精神。

潘恩的小册子《常识》（Common Sense）记录了美国大革命的精神，因而广受好评。他用自然权利和经济理论来论证独立之必要。在潘恩看来，美国之特质赋予白人的力量，辅之以美洲大陆的广袤，实在证明了自然法则不可抗拒的影响。他强调自由贸易和美国作为商业帝国的潜力。他赞扬新兴大陆的潜力，认为旧世界的君王已鞭长莫及。他将君主制喻为一种不自然的育种方式，用以切断与君主制度的关联。他预测美国独立将终结殖民时期盛行的浪费和怠惰安逸的风气。

现代美国人视潘恩为革命代表人物其实有些奇怪。他是一个土生土长的英国人。更准确的说法是:他是被放逐的英国人。1776年1月,《常识》出版。那时他已在费城待了一年多。他当初带着富兰克林的推荐信来到费城,并因为这封信,找到《宾夕法尼亚杂志;或美国博物馆月刊》(Pennsylvania Magazine; or American Monthly Museum)的编辑工作。虽然该刊物的重点是美洲事务,但它的设计出自伦敦,编辑也是英国人。更讽刺的是,潘恩曾任英国的税务官。革命前夕,抗议活动不断,税务官那段日子可不好过。虽然《常识》的销量不及他宣称的15万本,却说服了乔治·华盛顿,而且的确引起新英格兰、纽约、巴尔的摩和查尔斯顿的读者的注意。如同他的赞助者富兰克林,潘恩着迷于事实和数字,也就是政治统计和有用知识,但他也不避讳引用伊索寓言。《常识》用的是大众熟悉的语言——英国特有的商业语言。他采用简单且直接的风格,除了受过良好教育的精英,一般读者也能接受。[35]

潘恩的作品,无论谈到了阶级还是没谈到阶级,同样具有启发性。1797年后,因为看到法国大革命的发展,他才开始处理土地和财富垄断的议题。他在《土地正义论》(Agrarian Justice)中宣称,人人有权拥有土地,这是平等且神圣的权利。在《常识》中,他避而不谈阶级、贫困和其他社会分化的问题。虽然他承认"富人和穷人有别",但他直接跳过那些加剧阶级冲突的"刺耳字眼"。在两段轻松愉快的段落中,他将阶级和性别差异排除在当前需要关注的政治问题之外。它们是源于自然的差异,是偶然产生的。自然就是如此安排。阶级差异并没有上升到证明革命是正当的程度。[36]

潘恩在掩盖阶级问题上耍的花招,可以看出他宁可讨论品种。他的主要论点是,欧洲裔的美国人是一个正在成形的新品种。这个品种并非为了四处进行征服的帝国而培育,而是为自由贸易。他对英国政治经济的批判主要集中在昂贵的军事冒险所带来的巨额债务上,他认为罪魁祸首就是英国王室的无聊野心。经年累月，英王变成了挥霍的国家元首，本身就是社会的累赘。[37]

他指控君主制"侵占了下议院"，即破坏了下议院的代表性，而下议院代表的是英格兰新兴商人阶层的意志。与此同时，美国殖民地的整体人力和财富正被"榨干"，只为了负担新的海外战争的费用。潘恩夸张性地宣称，独立将使美洲"改变全世界"。这个新国家将带来新的世界秩序。它不需背负长期债务和庞大军队。自由贸易和全球贸易理想将会带领它成为活力四射的陆权强国。[38]

潘恩和哈克卢特类似，都扮演鼓吹者的角色。潘恩把美洲的发展想成社会实验，通过这个实验，人们能够调整或矫正帝国的意义。和过去的评论家一样，他赞扬美洲的自然资源，譬如木材、焦油、铁和大麻，认为玉米和其他农产品将使美国成为欧洲的最大谷仓。他完全没提到北美最主要的经济作物——烟草，因为他的理论模型是生产谷物的宾夕法尼亚，而非弗吉尼亚。[39]

最重要的是，他坚持独立对美国和英国都有利。他想象中的自由贸易不会厚此薄彼，没有界限。他甚至向美国读者保证，希望保护和促进对美贸易的英国商人会站在他们那一边，不会让英国政府陷入另一场代价惨重的战争。他对某些商人的看法是对的，但对战争的看法却是大错特错。[40]

潘恩的人性理论使他强调商业联盟而非阶级差异。他的座右铭是：商业是自然的，君主制是不自然的。他在许多著作中谈到，商业源于相互的情感和共同的生存本能，而君主制则是靠掠夺和威吓"粗俗"的大众而存在。最后所有人都没有好处，只有君王自己受益。在另一篇文章中，他这样对读者说："对英国人而言，你对王室的依赖不是优点，而是伤害，因为这样一来，反而增加了国王的权力和影响力。唯有贸易让他们受益，但要等你脱离王室独立之后，他们才能享受贸易之利。"通过这种方式，潘恩将商业视为缓和阶级差异、结合英美商人利益之良方。[41]

潘恩感受到不同阶级间的紧张。他明白革命激起怨恨。他在《常识》一文中，用不祥的语气来讨论关键论点，并提醒读者宣布独立、建立稳定政府的时机已到。他写道，不然的话，在目前的情况下，一旦错失机会就会"人心浮动，没有人的财产是安全的"。因此，如果领导阶级没抓住这股脉动，那么追求社会平等的危险呼声，将会取代政治独立的广泛要求。如果殖民地的领导阶级不采取行动，没有土地的暴民就会开始蠢蠢欲动。对于潘恩来说，"常识"意味着保持阶级秩序的基本结构，防止整个社会陷入暴民心理和最终的无政府状态。[42]

一个有效的商业系统需要一个稳定的阶级体系，但它不需要的是愚蠢的君王来掌控全局，"把一个人捧得高高在上，远超过其他人"的做法有违常识和自然法则。"无知和不适任"的人常常荣登君王宝座，甚至连那些尚未拥有理性能力的高贵婴儿也可以。大众不能合法地罢黜"年事已高、体弱多病的君王"，这是自然法则的失控、畸形与堕落。潘恩嘲讽英国王室的这个概念，说它是"新物种"，理当拥有绝对地位的"人种"。历史不曾证明"现在的君王一族"拥有高贵的出身，遑论神圣性。潘恩嘲笑征服者威廉是"法国杂种"，是带领着一群"武装强盗"的入侵者，"篡位者""恶棍"。[43]

潘恩将英国君王贬低为无能甚至是失能的品种。在此过程中，潘恩重复其他启蒙评论家曾说过的话。别忘了1776年1月第一版《常识》出版时，潘恩才在美国待了13个月，还没有出过费城。他对美国的认知主要来自报纸和书籍，以及他从英美两地流传的公共知识中收集到的只言片语。潘恩请富兰克林（战争打开前，他还在英格兰）帮他带一本奥利弗·戈德史密斯（Oliver Goldsmith）的《地球和动物史》（*History of Earth and Animated Nature*）。戈德史密斯、富兰克林、潘恩都支持自然史的通俗观点，将各大洲的人分成不同的品种或人种。[44]

在此基础上，潘恩提出了两个关于育种的有力论点。其中之一聚焦于英国君主制如何植根于过时思想和政治迷信。另一个论点试图证明美国人是一个不同的民族，他们的血脉靠科学而非迷信流传。林奈乌斯（Linnaeus）及布丰伯爵（Georges-Louis Leclerc, Comtede Buffon）的理论影响了戈德史密斯的论述，促使他把世界划分为不同的物种和种族，这些物种是由各大洲特有的环境塑造的。瑞典植物学家林奈（Carlvon Linne，更广为人知的名字是林奈乌斯），统一整理所有的动植物，并把智人（Homosapiens）——他创造来形容人类的新词——分为四种。他认为欧洲人乐观、强壮、敏锐、有创造力；美洲的印第安人性情暴躁、固执，却自由自在；亚洲人忧郁而贪婪；非洲人狡猾、懒惰、粗心。这种大型的（种族中心主义的）分类法有助潘恩合理化美国大革命。为了"改变全世界"，在宣称自己拥有北美的同时，英国和欧洲裔的美洲人民必须成为一个新种族——也许是更好的种族。[45]

在潘恩的简化理论中，育种不是受到自然条件的限制，就是受到迷信的腐化。自然条件的限制会释放一支民族的最大潜能，而迷信的腐化只会阻碍它的成长和进步。他也不是唯一一个将君主制与坏种画上等号的人。潘恩与富兰克林的朋友约瑟夫·普里斯特利（Joseph Priestley）的观点相近，他是位一神普救派教士和科学家。他于1774年时提出，英国子民等同于"农场的牲畜"，"被动地"从一个破败的王室世系，转移到另一个王室的手中。1774年发表于伦敦和费城的一篇报纸文章写得更清楚。作者指出，崇拜国王是"荒谬和不自然的"，违背了"常识"。这位不具名的作家讽刺地说，英国的"傻笑贵族"会去崇拜受赐整套皇家佩饰的鹅。引起潘恩注意的句子是：国王是"生来繁殖的，为国家提供世袭的品种"。[46]

但是王室血统一点都不神圣。启蒙批评家将盲目忠诚贬为粗俗浅陋的习俗，这盲目的忠诚暴露出一支聪明、文明的民族是如何与现实脱节。自然秩序已然崩解，英国国王的地位毫无道理地高于其他人，而美国人得到独特的机会，可以摆脱历史的灰烬，为更美好的未来设定正确方向，不受君王的拖累。

潘恩的小册子之所以激进，正是因为这种反权威的思想。如果可以把国王看成是"无知和不适任"的，为什么不可以把王室统治者们、贵格派的领主或者马车上的"较好品种"也看作"无知和不适任"呢？如果君主制无法代表它应该代表的东西，那么其他传统的权力的形式也值得质疑。阶级的外观表象也可被视作假象。这就是为什么潘恩要谨慎地淡化富人和穷人之间的区别。他希望他的美国读者关注远方的国王，而不是地方显贵。他要他们脱离王室，但不要扰乱阶级的秩序。

出于同样的原因，他对奴隶制度视而不见。潘恩的美国主要是望向未来的欧洲人的"避难所"，但不向他人敞开。他否定了美国是低等人类的垃圾场的固有观念。这个避难所只开放给四肢健全、勤劳的人。在这幅过分乐观的画面中，阶级被抹去了，看了会让人不愉快的东西直接被忽略。革命爆发前，契约仆役和罪犯劳力仍然不在少数，奴隶制度是活生生的现实。费城在伦敦咖啡馆外举行了一场奴隶拍卖，就在"门前市场街"的市中心，潘恩家的正对面。在《常识》一书中，他提到了"黑人"和"印第安人"，说他们被煽动骚扰和杀害美国白人是为了破坏独立的远大目标。但他提到黑人和印第安人，只是为了将他们贬为英国人的无知棋子。英国军队"煽动了印第安人和黑人来摧毁我们"，我们不得不对抗他们。伦敦的"地狱"之力用野蛮部落来对付美国，双方势不两立。[47]

从视觉上来看，美国与统治它的英伦岛国在面积上天差地别，潘恩以此提醒读者美国之伟大。他扩大引用牛顿的理论说："在任何情况下，自然界都不曾使卫星比它的行星还要大。"既有的结构就是"颠覆自然的一般秩序"。他的结论是,英国属于欧洲,而美国只属于她自己。加拿大人也会要自由,因为根据潘恩的分类,他们更像美国人而不是英国人。他们是北美大陆的后代,就像他们前卫的南方同胞一样,具有同样的特质和抱负。[48]

潘恩一边描绘一支萌芽中的种族,一边考虑影响研究阶级的因素。他深信独立能消除懒惰。和富兰克林一样,他预测贫穷将消失在新大陆上。他写道:"我们目前的人口数与人力需求的比例十分合适,因此,没有人会无所事事。"人口足够组织起军队和贸易,换句话说,就是足以自给自足。如果"国王大手笔赏赐对他毫无用处的家眷",土地就只能继续被浪费。(在这里,潘恩抨击了宾夕法尼亚的老领主。)美洲有空间可让人口成长,这个新生的国家将展现出史上最高的男子气概、青春洋溢的商业精神,这是伦敦人曾经拥有,后来却失去的精神。革命将结束殖民地之间因为依赖帝国而产生的小吵小闹。只有通过独立,美国才能实现其商业增长的自然潜力。[49]

潘恩解释说,很长一段时间以来,英国"迷住了我们",但他为第二故乡,美国避难所而自豪。伦敦的政府和王室为了自私的目的控制北美大陆的土地和资源。但现在,联合殖民地如梦初醒:英国的垄断已到尽头。任何不完全的独立都"像在法律诉讼中,规范租约即将到期的租客的侵权行为,这是在浪费财产"。英国的租赁马上就要到期了。[50]

潘恩宣扬美国人的生产力和扩张精神,他对废物、懒惰、育种和吞并土地的描述活灵活现,满足了浮躁的读者。他知道他的听众都很买单,他把山雨欲来的革命比成挪亚和大洪水:这将产生一个"人类种族",可能"和全欧洲的人加起来一样",他们的"自由成分"将传承下来。只要美国人遍布全美洲大陆并把所获产品销往海外,人口就会增长和繁盛。潘恩的经济英雄是海外商人、商业农场主、造船商、发明家、拥有房产和受房产保护的美国人——绝不会是没土地的穷人。[51]

潘恩1776年宣称,"英国和美国现在是截然不同的帝国"。六年后,战争接近尾声,他仍然捍卫其独特的美国品种。他写道:"我们用别的眼睛看,用别的耳朵听,用别的思维思考。全都不是从前用过的。"[52]

潘恩之功,在于肆无忌惮地戳破了世袭君主制的教条。但他对王室的猛烈抨击掩盖了其他形式的不公义。他用美洲大陆的种族和商业本能,草草掩盖了阶级语言。他新世界秩序的愿景把印第安人和奴隶边缘化了。他的《常识》中也没有低贱的废人;在他的文章里,为数众多的罪犯劳力、仆役、学徒、工作的穷人和住在悲惨荒野小屋的家庭全都消失无踪。

潘恩认为,对1776年的美国人来说,最关键的问题不在于这个新的独立政权是否有走向世界第一的命运,而是它多快会变成世界第一。他认为,商业和大陆扩张的强大力量将消除怠惰,纠正失衡。培养盎格鲁-美国人的商业动力,维持美英的和平跨国贸易联盟并没有错。但在其他部分,潘恩希望英国人的视听方式能从美国消失。他认为,阶级会自己照顾自己,但后来的事实证明,这一看法有误。

第四章
杰斐逊眼中的阶级"垃圾":奇异的阶级地形学

> 通过这种方式每年从垃圾中挖掘 20 个最优秀的天才,
> 国家出钱让他们受教育,念到文法学校毕业为止……
> 繁殖马匹、犬只、其他家畜时,一般人看重的是优越条件,
> 人的繁殖难道就不是吗?
>
> ——托马斯·杰斐逊,《弗吉尼亚州笔记》(*Notes on the State of Virginia*)

如同潘恩和富兰克林,托马斯·杰斐逊以美洲大陆的角度来思考阶级问题。他在总统任内的最大成就是在 1803 年购入路易斯安那,这是一块面积超过当时美国两倍的土地。他称这块新的西部领土为"自由帝国",但他口中的"自由帝国"并非自由市场经济或社会流动的保障。在他的计划中,路易斯安那将促进农业发展,遏止制造业的成长和都市的贫困——这才是他的自由之道。不同于富兰克林的"快乐中庸"(在无尽的未开垦土地上,压缩阶级差异),这个"自由帝国"是由大小农夫组成的国家。二者的差异不只是名称不同。富兰克林与潘恩均用宾夕法尼亚作为理论模型,而托马斯·杰斐逊则透过弗吉尼亚的棱镜,看到美国的未来,以及其阶级制度的轮廓。[1]

18 世纪的弗吉尼亚是农业社会,也是阶级社会。1770 年时,弗吉尼亚一半以上的土地掌握在不到 10% 的白人手中;大种植园主是为数不多的上层阶级,每人都有几百名奴隶。超过半数的白人男性根本没有土地,不是当佃农,就是当雇用劳动者或契约仆役。在托马斯·杰斐逊的世界

里，土地、奴隶和烟草依然是财富的主要来源，但大多数白人并不蓄奴。这正是让托马斯·杰斐逊的地位远高于普通农民的原因。他的知名豪宅位于山顶，普通农夫散居于沿途的乡间。美洲革命前，他至少拥有 187 名奴隶，在约克镇战役（Battle of Yorktown）前，他已拥有弗吉尼亚六郡共 1.37 万亩土地。[2]

托马斯·杰斐逊行文的魅力模糊了他的阶级观。他的作品有力，甚至很诗意，充满含糊的修辞。他称赞"大地栽培者"是最有价值的公民，是"上帝的选民"，通过特别"有用的职业"，"保持了共和国的活力"。然而没有一个真实的弗吉尼亚农夫符合托马斯·杰斐逊的田园式美德典范，甚至他本人都达不到这么高的要求。虽然他努力提高农场的效率，但是无法转亏为盈，只能看债台继续高筑。在 1796 年的信中，他悲伤地承认他的农场处于"蛮荒状态"，而他自己是"拙劣不堪的农夫"。后来更是每况愈下。[3]

虽然我们常常把托马斯·杰斐逊与农业民主和自耕农阶级（yeoman class）联想在一起，他走的其实是乡绅路线。作为上层阶级的一员，他雇人或用奴隶来耕种自己的土地。1795 年后他才真正开始下田，而且是因为他对农业科学的兴趣日益浓厚。他试验了书中读到的新技术，并在农场和花园的书中留下巨细靡遗的记录。他藏有最新的耕种指南——他的蒙蒂塞洛（Monticello）图书馆中共有 50 本。他可能跳过了他没兴趣的部分，比如他相当厌恶的烟草，但出于经济因素，他得不断地种植烟草。他不得不在 1801 年时承认，他"这辈子从没看过自家烟草的包装过程"。他有兴趣的其实是农业改良。他在 1794 年时用阻力最小的推板设计了一种新型的犁，希望能让美国的农业全面现代化。[4]

讽刺的是，托马斯·杰斐逊是用英国的方法来改善美国农业的，这种方法一点都不美国。他读的书、他欣赏的耕种方式，都来自英国的农业传统和当时英国的农业改良者。他决定种小麦以分散对烟草的依赖，他还计划在弗吉尼亚各县市引入美利奴羊以生产更好的羊毛。以上尝试都是要改正弗吉尼亚农民的"懒散"——乔治·华盛顿所痛批的习性。在肥料使用、作物轮作、收获和耕作方法上，弗吉尼亚农民远远落后于英国农民。对于大种植园主和小农来说，开发大片土地，耗尽地力后再荒弃是很常见的做法。托马斯·杰斐逊将这种心态谨慎地总结为："想浪费就浪费。"[5]

托马斯·杰斐逊知道，那些吹捧美国农业潜力的豪语，其前景并没有那么光明。每个有远见的乡绅手下，都有许多管理不善的种植园和缺乏技能的小农（和佃农）在挣扎求生。奴隶负责弗吉尼亚种植园里大部分的耕种工作，但奴隶怎么可能担任"大地栽培者"这一角色呢？就托马斯·杰斐逊看来，他们只是"犁田的人"。租下不属于自己的土地的佃农、没有土地的劳动者、占居者，全都缺乏栽培者的商业智慧和真正的美德。杰斐逊脑中的完美世界里，下层阶级的农民可以被改善，就像他们的土地一样。如果给他们不动产的永久所有权和基本的教育，他们就会采用更好的耕种方法，并且把良好的习惯和特质传给下一代。然而，我们将发现，统治阶级的乡绅无意帮扶弗吉尼亚的穷人，这些人甚至暗中阻挠托马斯·杰斐逊的各种改革计划。更戏剧性的是，杰斐逊根深蒂固的阶级偏见恰恰危害了农业上的社会流动性。对此，他却毫无意识。[6]

历史将杰斐逊归类为民主党人，他却从未跳脱他的阶级背景。他优越的成长环境不可避免地影响了他的思想。如果他不是弗吉尼亚士绅，他就不可能写出"独立宣言"或成为大陆会议（Continental Congress）的一员。他受过古希腊罗马的古典教育，曾在顶尖的威廉与玛丽学院接受法律和文学训练。他的藏书多达 6 487 册。他精通拉丁文和希腊文，喜欢意大利文，能读古法文和一点西班牙文，甚至还精通晦涩的盎格鲁-撒克逊文。他购入大量欧洲奢侈品；就品位而言，他是享乐主义者，从他对法国白葡萄酒的热爱就可见一斑。或许有些人把托马斯·杰斐逊看作对低下阶层的贫苦生活抱持特殊洞见的人，或是以为他真的理解佃农的灰暗前途，但这些看法都没有考虑到弗吉尼亚的贫富鸿沟。[7]

如果说富兰克林认为阶级主要受人口影响——人类寻求快乐、避免痛苦的本能，那么托马斯·杰斐逊信奉的是另一套哲学。虽然他同样为数字和政治统计所吸引，但他认为人类的行为是有条件的、可塑的、可改变的；人类的行为会在几代之间，随物质和社会环境的变化而改变。如果自然之手赋予某些人长处，地方环境和择偶也会。但最重要的还是土地和劳动间的密切关系，这种关系把人划分为不同的阶级。杰斐逊于 1813 年时写道，大地的自生能量是大自然的礼物，但是人类必须"耕地劳动"，才能收获最大的利益。在托马斯·杰斐逊的宏伟计划中，阶级是一个地形的产物，由生产者和土地间的联结所塑造。当然，他所指的生产者是农夫和地主——并非佃农，也不是奴隶。[8]

杰斐逊喜欢的职业——也是最令他高兴的描述就是栽培者。这个词指的不只是靠种地为生的人，它更借用了 18 世纪所流行的自然史研究用语。培育意味更新，变得肥沃，意指从土壤萃取出真正的粮食，也蕴含良好特质、优越质量和稳定的思维习惯。培育总让人联想到动物育种及肥沃土壤培养出又健康又健壮的（动物或人）的想法。知道如何挖掘土地的生产潜能，还有改进道德观的额外优点就是托马斯·杰斐逊所描述的"真正的、重要的美德，独存于"每个栽培者的胸怀。这样一来，土壤可以再生，就像富含钙的泥灰沉积物一样，有知识的农民过去都会拿这种土来帮土地重新补充养分。[9]

在杰斐逊的分类法中，阶级并非富兰克林用商业用语来评价人与商品的"品种"。相反，杰斐逊的阶级其实是模拟不同土层中不同养分的分层方式。杰斐逊是个学究，他把乡村社会给理想化了，他还把阶级看作富饶之地的自然延伸，是地形的真实呈现。

有限的改革

革命的弗吉尼亚并不是和谐、平等或团结的地方。精英爱国者和中下阶级间原本就关系紧张，战争更是让他们的关系剑拔弩张。美洲的精英依循英国传统，期待下层阶级帮他们打仗。例如在七年战争中，弗吉尼亚人就曾强行征兵，用流浪汉来凑人数。在革命期间，华盛顿将军说过，只有"下层人民"才应该当步兵。托马斯·杰斐逊相信阶级性是可感的真实。作为众议院的一员，他计划为庄园主的儿子打造弗吉尼亚骑兵团，因为这些年轻人的"懒惰或受教育程度低"让他们不适合当步兵。[10]

早在1775年时，弗吉尼亚的劳登郡（Loudoun County）那些没有土地的佃农就曾抱怨"因为他一无所有，所以也无可捍卫"。不断扩张的殖民地上经常可闻类似的抱怨。许多贫穷的白人男性奋起反抗征兵，抗议富种植园主的工头不用从军，他们对微薄的军饷也相当失望。这种反抗演变到最后，使当局不得不祭出非常手段。1780年，弗吉尼亚州的议员同意，如果白人士兵愿意从军直到战争结束，每人将获得一名奴隶作为报酬。这是个能让阶级瞬间爬高的机会，财富和地位从上层阶级转移到下层阶级。但即便是这样慷慨的提议，也不够诱人，因为没多少人上当。两年后，约克镇战役决定了战争的胜负，但情况也没有改变。为美国独立而战的士兵里，只有少数来自弗吉尼亚。[11]

当局还做了其他尝试以安抚贫穷的白人农民。在1776年起草新宪法时，弗吉尼亚的革命军提倡让土地所有权人拥有投票权：21岁的成年白人男子只要拥有25亩耕地，就能拥有投票权。然而，这批革命分子却对无地的穷人十分吝啬。杰斐逊提出的版本提升底层人民的阶级，给予无地之人50亩地与投票权，但宪法的最终版本却删去了这一条。[12]

杰斐逊经任命担任弗吉尼亚法律修条的委员，他为了调整弗吉尼亚的阶级势力，尝试了另一种策略。他成功地废止长子继承和限嗣继承，因为这两种法律惯例让大量土地掌握在少数几个有权势的家族手中。他想要让土地平等地分给家庭中的每个孩子，而不仅仅是分给长子。限嗣继承限制了土地的买卖，杰斐逊希望用私有土地的所有权转让取而代之。委员会也考虑要给每个自由人的孩子75亩土地，以鼓励贫穷男性结婚生子。杰斐逊的自耕农需要有孩子，才能让他们与土地紧密联系，让他们不再无所事事。[13]

但改革没那么容易。弗吉尼亚的自耕农共和国未能遵从杰斐逊的幻想，因为不是每个农民都有美德。大部分的小地主把土地卖给了种植园主，抵押了地产，继续肆意压榨地力。他们认为土地不过是商品，不是什么崇高的使命。杰斐逊不知道前人詹姆斯·奥格尔索普所见：土地的永久业权制（包括可任意转让土地所有权）有利于富有的土地投机者。务农是艰苦的工作，成功的机会不大，对缺乏杰斐逊手中资源的家庭来说更是如此：杰斐逊有奴隶、监工、拉重物的牲畜、犁，附近有磨坊，还有水路可以把农产品运到市场。对一般农夫来说，很容易就会负债、失败。单有土地也无法保证他们能够自给自足。[14]

如果说弗吉尼亚制宪会议上的统治精英不愿意给穷人50亩土地，让他们成为享有投票权的自耕农，这些精英倒是很乐意把穷人扔到鸟不生蛋的地方。1776年土地管理局设立以后，推出一项新的政策：任何人只要占领了西弗吉尼亚或肯塔基的无人土地，就享有该地的优先购买权。一如英国长期以来殖民穷人的做法，这些人试图遏制异己、提高税收并诱使穷人向西发展。这项政策并没有改变阶级结构。最后，它反而危害到贫困的家庭。由于没有现金购买土地,他们只能够租,再次成了佃农而非独立的土地所有者。[15]

公共教育改革与土地改革同时发生。在第七十九号法案中,杰斐逊在"一般知识的传播"中提出不同程度的准备教育:所有男孩和女孩都要念小学,更优秀的男学生则由公费赞助就读初级中学;再往上一层,他呼吁从每个郡的下层阶级中挑选20名年轻的"天才"。在美国,教育是富裕家庭的特权。为了奖励那些有才能的人,杰斐逊设计了一套社会流动的方法。[16]

他把自己的计划写在《弗吉尼亚州笔记》中,这是本关于美国的博大精深的自然史著作。他对改革的描述令人不太舒服:一小撮幸运的学者将被"从垃圾中挖掘出来",而大多数人却只能身陷无知与贫困。"垃圾"是他对一直存在的废人主题做的头韵变化体。他用"挖"这个字,并不是在影射约翰·班扬(Bunyanesque)小说里的揭丑人,一如泰迪·罗斯福(Teddy Roosevelt,即西奥多·罗斯福)所用。他的"挖",指向更早期的伊丽莎白时代的说法:把歉收的粪土挖掉。"垃圾"二字显示出他对穷人的蔑视,这悲哀地提醒人们,没有几个人能够脱离垃圾堆。但该法案未能通过:弗吉尼亚乡绅不想买单。他们无意帮扶遗落在贫困农村荒地的天才。[17]

教育改革法案通过的机会不大,但是资助济贫院的法案却过关了。如同英国的恶法,该法案惩罚那些"把时间浪费在无所事事和放荡的行径上"、闲逛、游荡或抛妻弃子的人;这些人被判定是"流浪汉"。解决贫困儿童问题的方法不是教育,而是雇用他们做学徒。杰斐逊微调现有法律,这条法律可追溯至1755年:穷人不再需要佩戴识别章。但是流浪汉仍将受到惩罚,而其子女将为他们的无所事事付出代价,这种模式让人想起詹姆斯敦已故仆役的遗孤是如何遭到剥削的。不戴识别章,这个阶级可能就不好辨认，但他们依然是堕落与懒惰的有力象征。[18]

杰斐逊的早期改革，都不是为了促进平等或民主，而是为了缓和极端状态。就像农夫使用泥灰土或泥炭一样，他的方法比较像是打破成团或集中的富裕和贫困。上层过多的种植园主阶级和越来越无法向上流动的无土家庭，使弗吉尼亚的社会阶级停止流动。"从垃圾中挖掘出来"这种直白的语言，精准地、有画面感地浓缩了他的哲学。挖与犁类似，都是在翻耕贫瘠的表土，从下面挖掘新生命。虽然推广缓慢，但这些进步会在未来生出更多的公民。

伪装的朴素

杰斐逊深具影响力的阶级研究（作为地形的产物）收录在《弗吉尼亚笔记》中。这本书大半写于他 1780 年至 1781 年担任弗吉尼亚州长期间，但要等到几年后他担任美国驻法国大使时才出版。当时的法国驻费城使馆秘书弗朗索瓦·巴尔贝-马尔布瓦（Francois Barbe-Marbois）问了他一连串的问题，正因如此，他才有出版的动力。他的书变成了一种外交工具，让他能够在欧洲读者面前，为弗吉尼亚与美国辩护。

《笔记》是本种族和阶级的自然史，充满杰斐逊从事实和数字中统整出的实证观察。此书有一部分是哈克卢特式的传统旅行故事，另有一部分是诉讼摘要。他把反方想象成广受赞誉的法国博物学家布丰伯爵，这位曾负面地把美洲大陆描绘成堕落的落后之地。杰斐逊一生只写过《笔记》这本书，他笔下的弗吉尼亚不见丑陋，取而代之的是美景和富饶。在杰斐逊版的《英国新迦南》（*New English Canaan*）中，美国提供无穷商业财富资源。阶级很重要。丰富的地形让他的"大地栽培者"有了安居之所，而栽培者正是"全世界的希望"。

布丰的作品之所以令人不安有很多原因。在1749年首次出版的《自然通史》一书中，他把新大陆描绘成巨大而又邪恶的迪斯默尔沼泽。他笔下的整个美洲都像是北卡罗来纳。潮湿及炎热让人无法呼吸，产生死水、"巨树"和瘴疠之气，阻碍物种的数量和多样性增加。布丰有时候读起来很像是更生动的威廉·伯德，他抱怨美国的"有害气体"阻碍阳光穿透，使阳光无法"净化"土壤和空气，沼泽生物在此繁殖："潮湿的植物、爬行动物、昆虫及所有在沼泽里的动物。"与欧洲同类动物相比，美洲的家畜体型较小，它们的肉也没那么美味。只有卡罗来纳人珍视的猪，能够在这样的不毛之地存活下来。[19]

对布丰来说，印第安人不仅野蛮，而且体质虚弱，缺乏自由意志和"心智活动"。他们是大地之母遗忘的继子，缺乏"令人振奋的爱和繁衍后代的强烈欲望"。他们"冷漠懒惰"，整天"愚蠢地休息"。他们欠缺让人类组成文明社会的强烈情感联结。布丰把印第安人塑造成了类爬虫沼泽怪物：他们潜伏在沼泽中，猎杀猎物，对于子孙的命运一无所知，只关心下一餐或下一战。布丰认为，繁殖的欲望是生命的"火花"和天才之火。他们先天缺乏这一重要素质是因为他们在令人虚弱的环境中松懈、怠惰。[20]

杰斐逊为了反驳布丰，必须把画面中的沼泽怪物抹去，画上另一幅非常不同的、与自然和平共存的景象。他幻想出另一个美国，一个有着无尽物种多样性的雄伟之地。他笔下的蓝山山脉壮丽磅礴；密西西比河的鸟类和鱼类繁多，堪比西方文明的诞生地——尼罗河。他承认印第安人的确未经开化，但他们天生具有男子气概并展现出高贵的心灵。美国并没有太多劣等动物和人种。相反，年轻的大陆迎来了该时代最伟大的科学发现之一：长毛猛犸象的骨骸。长毛猛犸象是时人所知最大的物种，根据杰斐逊的说法，它们仍漫步于森林中。英国和欧洲殖民开拓者在美国发展顺利，并无坎坷。在他看来，华盛顿、富兰克林和费城天文学家戴维·里滕豪斯

(David Rittenhouse）身上孕育出来的罕见的天才火花，是在证明美国那令人自强不息的自然景观。"[21]

杰斐逊基本上同意布丰的科学论述。他接受布丰的大前提，亦即具体环境对培育种族和阶级至关重要，而土地可以新生或退化。布丰的理论并没有错，但他的观察不够完整。杰斐逊于1785年写了封信给三年前造访过蒙蒂塞洛的沙特吕侯爵（Marquis de Chastellux）。杰斐逊说，印第安人并不虚弱，他们渐渐长出肌肉，在战场上健步如飞。欧洲裔美国人依靠务农先祖代代相传的天生好体力，同样适应了美国宜人的环境。杰斐逊说，培育的观念存在于他们的血液之中，他们已经开始改变土地，使土地变成自己的。[22]

杰斐逊的地形概念已经超出自然环境的范畴。他同样关注人类的地方志——人类适应土地、利用土地生产力，建立社会制度的方式。畜牧业是个关键阶段，让人类社会得以脱离原始野蛮的初期阶段。美国栽培者需要一些保障。杰斐逊承认退化必然存在，但不是布丰以为的规模。离荒野太近的美国人，或是太迷恋旧世界的奢侈品的人，均有危险。1785年，他曾幻想希望美国能像中国一样，完全切断与欧洲商业、制造业和其他方面的纠葛："这样，我们应该就能避免战争，我们的全体国民就会是农夫。"他希望在两个极端之间建立一个中间地带。[23]

杰斐逊并不排斥社会工程，他相信礼仪是可以培养的。他对西北领地的计划，建立在他对弗吉尼亚的改革基础上。杰斐逊主持两个国会的委员会，主导了土地的分配和管理。他在"1784年土地法令"（Land Ordinance of 1784）中，设计出网格图以将土地切割成完美的长方形，一块就是一个家庭农场的基本单位。杰斐逊想把这一地区划分为10个州，并想好了这10个州的州名：西尔瓦尼亚（Sylvania）、谢罗苏斯（Cherronesus）、阿森尼西亚（Assenisipia）、米特波塔米亚（Metropotamia）、派里希比（Pelispia）等，各个都有来头。他选择这些别出心裁的名字，带有伪古典或农业的内涵，暗示在建州的行动中，国会也在复兴西方文明。他坚持不让西北领地拥有世袭头衔的制度；1800年后，奴隶制和非自愿奴役将被永被禁止。杰斐逊继承奥格尔索普的理念，他们都希望能打造出自由劳动的特区。[24]

杰斐逊要做什么？他的目标是阻止制造业的成长，在他的《笔记》中，他把制造业描述为国家政体败坏的祸源。他的网格图类似于一块块花圃，对他的博物学家同行 J. 赫克托·圣约翰·克雷夫科尔（J. Hector St. John de Crevecoeur）来说，这种设计很有道理。克雷夫科尔出生于法国，移民美国后在纽约的哈德逊河谷生活多年。他是布丰的信徒，支持能够创造"独立而独特的阶级"的"居中空间"。他认为，"人就像植物"，阶级的种子是可以种植和培育的。他设想中的典型的栽培者阶级，拥有中间地带的371亩农地；他们不是佃农，也不是非法占居者，更不是进口英国制成品的海外商人。克雷夫科尔心中的完美农夫，会把田地变成教室，教儿子犁田，让他感受翻土过程中上下起伏的节奏。[25]

杰斐逊也希望美国人能与土地、子女、后代产生密不可分的联结。完美的农业于此诞生：对土地的爱，不亚于对子女的爱，能让人民进而产生对国家的爱。杰斐逊并不是在推动建立一个随心所欲或从商业行为中快速积累财富的社会；他并不提倡社会完全自由流动的阶级制度。杰斐逊心中的农夫是一种新的与生俱来的身份，由父母传给孩子。这些农夫不会变成急功近利、野心勃勃的阶级。[26]

杰斐逊理想化的农夫也并非乡巴佬。他们在市场上小规模贩卖农产品。这里有足够的空间发展贵族阶级，以及他这样的乡绅阶级。采用最新的农作方法并改良土壤，较为富裕的农民可以指导其他技术没那么先进的农民。要向他们灌输美德的观念，教育和模仿必不可少。美国的农民需要某种学徒制，这种制度只有在设计得当的环境下才有可能存在。西北领地就起到了这样的作用。西北领地这个自由劳动区，孕育了中层阶级的梦想并安全地消除了有害的影响。贵族头衔的遗迹消失无踪，奴隶制度被禁止，商业本能被压制。

杰斐逊1789年拟出他最宏大的改革计划，他提议引入德国移民——众所周知的优质劳动者。他计划把德国移民安顿在奴隶对面的邻近50亩地上，以远见与财富将"奴隶像其他人那样培养长大"。不过，他纯粹是为了提高弗吉尼亚穷苦白人农民的能力，才考虑招募德国人的。根据他的计划，盎格鲁-弗吉尼亚人会与周围的德国农民交往，向他们学习。[27]

当然，杰斐逊有时无法诚实面对他周遭的阶级制度。他宁愿把美国想象成"宁静、永恒的幸福之地"，也不愿正视长期存在的丑恶现实。面对批评时，他经常回以最极端的言论，把美国描绘为提供无与伦比的机遇的国家。正如他在《笔记》中的自述，他视自己为社会哨兵，捍卫这个蓄势待发的年轻国家声誉的知识分子。

在美国独立后，他还有很多东西要捍卫。连年战争让国家深受其害，战后萧条给人民带来痛苦。各州债台高筑，迫使立法机构大幅提高税收，有时比战前还要高三到四倍。收来的税款，大部分落入州政府债券的投机者手中，这些证券被用来支付战争费用。许多士兵被迫把手上的债券和土地奖励金以极低的价格卖给投机者。财富正往上层转移：从贫穷的农民和士兵的破烂口袋，转移到发战争财的投机者和债权人等暴发户赚得饱饱的金柜中——一个新的"有钱人"阶级诞生了。[28]

1783年，大陆军的军官在纽约纽堡市（Newburgh）发动叛变，威胁说如果国会不给他们全额退休金，军队就会解散。同年，陆军军官创立"辛辛那提协会"（Society of Cincinnati）这一兄弟会组织，被指控奠定了世袭贵族的基础。该社最初授予退役军官的儿子世袭特权，并授予奖章作为社员的勋章，而入社极为不易。杰斐逊在西北领地禁止世袭头衔，正是在谴责该社赤裸裸的世袭要求。这也解释了为何他会撤销弗吉尼亚过去要求流浪者佩戴徽章的法令。[29]

虽然杰斐逊十分愿意攻击伪贵族阶级，但面对下层阶级动乱时，他却戴着有色眼镜。英国报纸刊登美国兵变动乱的报道，然而杰斐逊却认为这些事件无关紧要。1784年，他写了篇文章响应，他说"美国从北到南都看不见一个乞丐"，贫穷和阶级斗争根本不存在。这句话写下才一年，弗吉尼亚就通过了围捕流浪汉的法案。[30]

对于1786年马萨诸塞州西部爆发的谢司起义（Shays' Rebellion），杰斐逊抱持不同观点。中产阶级和贫困农民身上不断增加的税务和债务引发了一场阶级战争。丹尼尔·谢司（Daniel Shays）上尉曾投身大陆军。不论是否准确，他被称为起义的"总司令"。谢司原本拥有超过200亩的土地，却在战后大萧条时期眼睁睁看着自己失去一半土地。他的支持者关闭审理农场和房屋拍卖的法院，并组成一支临时军，试图接管斯普林菲尔德的军火库。南至弗吉尼亚，都可见类似的抗争活动。杰斐逊当时人在法国，他不否认起义事件的存在，却把它视作自然循环，甚至是有疗效的现象。奇怪的是，他居然有办法算出这种政治风暴很可能每13年就会发生一次。在他的理论中，"小反叛"可比"自然环境中的风暴"，动荡只是暂时性的，很快就会平息，而社会的核心原则将得到重振。[31]

但杰斐逊的用语暴露出了他真实的想法。他把反叛看作重生的过程，与人为因素无关，最重要的是，也无涉阶级的愤怒。艾比盖尔·亚当斯（Abigail Adams）并不支持谢司之辈。在写给杰斐逊的信中，她简略地提到"骚动和动乱"催生"大量的垃圾"。有些人跟她持相同意见。报纸把谢司上尉描写为无知的领袖、生活在"猪圈"里的可怜人，而他的叛军同伴不过是"野兽"。批评家把他们比作"土地上的叫花子"，他们说这群低贱的流浪汉所欠的钱，把自己卖了都还不清。对于博物学家杰斐逊来说，他们属于沉积的碎屑，挖掘自土地，再散布于人类的土地上。[32]

同年，杰斐逊在《美国》(Etats Unis)这篇文章中发表长篇大论，此文原本计划刊载于法国著名的《方法论百科全书》(Encyclopédie Méthodique)中。杰斐逊总结了辛辛那提社会的历史，针对该地的动乱给出他荒唐的解释。他坚称："在美国，人与人之间从来就没什么区别。"在民间，"最穷的工人和最富有的百万富翁平起平坐"，当穷人和有钱人发生冲突，法庭都是偏袒穷人的。无论是"鞋匠还是工匠"被选任公职，他"立即就得到众人的尊重和服从"。杰斐逊最后还夸赞，美国人不会去思考"出身或身份的差异"，"就像他们不会去思考月球或行星上有什么东西一样"。[33]

虽然杰斐逊让欧洲人以为美国是没有阶级的社会，但弗吉尼亚或美国其他地方的实情完全不是如此。他出身的弗吉尼亚，贫穷的工人或鞋匠没有机会当选公职。杰斐逊写下这篇文章时，也知道半文盲下层阶级的成员甚至不曾受过基本教育。弗吉尼亚法院毕恭毕敬地为富有庄园主的利益服务。而且，奴隶制度难道不是"人与人之间的区别"吗？此外，杰斐逊提出土地所有权人才能拥有投票权，这导致了土地所有人与贫穷商人、工匠之间出现"可憎的区别"，使得商人工匠阶级无法享有投票权。[34]

杰斐逊明目张胆地扭曲事实，意图为"辛辛那提协会"粉饰太平，甚至连美国人都觉得这些说法已经脱离现实，只有外国人才会买账。这点让人不得不惊讶。杰斐逊没有意识到许多美国精英都喜欢贵族的排场。

在乔治·华盛顿总统任期内，联邦党人建立了一个"共和宫廷"，这个宫廷有其礼仪规范、上流社会的繁文缛节及每周一次的总统接见时间——只有精英才会获邀与总统会面。马莎·华盛顿（Martha Washington）举办客厅沙龙，让总统周遭兴起阿谀之风，模仿的是皇家排场。费城有权有势的家族与欧洲的贵族联姻。伊丽莎白·帕特森（Elizabeth Patterson）是巴尔的摩富商的女儿，于1803年嫁给了拿破仑·波拿巴的弟弟，成为国际名人。当时，杰斐逊总统写了封信给驻法大使，要他通知拿破仑，他的弟弟成了"美国社会地位最高"的家族成员。[35]

1789年，副总统约翰·亚当斯（John Adams）在美国参议院提出，总统需要更令人敬畏的头衔，比如"陛下"，他承认政治上的阶级差异需要用装腔作势加以装饰。与富兰克林不同，亚当斯认为"追求差异的热情"是人类最强大的动力，超越饥饿和恐惧。美国人不仅争先恐后地想要出人头地，他们还需要脚下有人可以看不起。亚当斯总结道："一定会有这样的人，他是人类最落后和最低等的物种。"但就算是这样的人，也需要有条爱他的狗。他还讽刺地承认，虽然杰斐逊和他的共和党同伴或许鄙视头衔和地位，但他们无意打扰私领域的权威；妻子、孩子、仆役和奴隶的从属地位全都纹风不动。[36]

杰斐逊不吝展现他特有的政治表演能力。华盛顿和亚当斯乘坐豪华马车赴就职典礼。与他们不同，杰斐逊发表完就职演说后，却是骑自家的马回总统府的。他不搞总统接见这套，身穿旧背心和旧拖鞋在白宫迎接外交官和宾客。他以衣着随便闻名——不是在法国，而是在他回美国的时候。[37]

他展现出的共和党人式的朴实反映了他在弗吉尼亚的经历，弗吉尼亚乡绅住在像蒙蒂塞洛那样的豪宅里，却在选举期间穿着朴素，与广大的小农混在一起。他有个特别鄙视的联邦党人：弗吉尼亚人，最高法院首席法官约翰·马歇尔（John Marshall），此人以其邋遢的外表而闻名。两个人的政治立场南辕北辙，但他们的穿着却是同一种风格。弗吉尼亚精英非常厌恶暴发户，并相信那些拥有财富、土地、名门背景、名誉的人不需炫耀。一些观察家发现杰斐逊似乎在"假装衣着朴素"。在这种氛围下，消除阶级的外在标志不一定要消除对于顺从的期待。衣着朴素轻易掩盖住社会差异。见贤思齐的保守艺术,假定国家元首有什么东西可以教导国民,这正是杰斐逊哲学的一大要点。的确,杰斐逊允许他的羊群子民在总统府的草坪上吃草,让每个人都知道,现在国家最高的职位是由一位乡绅担任。[38]

育种的本能

杰斐逊可能讨厌人为的阶级差异和头衔,但他谈到"自然"的差异,却丝毫不以为怪。他奉自然为圭臬,认为没有理由不把人类按动物的品种一分高下。在《笔记》中,他平静地写下:"繁殖马匹、犬只、其他家畜时,一般人看重的是优越的条件,"他强调,"人的繁殖难道就不是吗?"[39]

小心培养是解决奴隶制度的一种方法。在他的"法律修正"(Revisal of the Laws)中,杰斐逊计算过黑奴要怎么变白:一旦奴隶有了八分之七的"白"血统,过去的非洲"污点"就可以当作不存在。他在1813年对一位年轻的马萨诸塞州律师解释这套公式:"在自然史中,拿一种动物进行混种,第四代就会展现与原初血统相同的所有显性结果。"杰斐逊就是用这个公式培育出美利奴绵羊的原初血统的。威廉·伯德早前谈过通过与欧洲人通婚漂白美国原住民。正如布丰所言,回归"原初"血统意味着将黑人重塑为白人。[40]

杰斐逊的朋友威廉·肖特(William Short)相当重视布丰的概念。他于1798年写给杰斐逊的信中提到,美国黑人的肤色越来越浅。他承认,这在一定程度上是由于与白人混种,但他认为气候也有关系。他可以说是赞同布丰的新生概念,并提出了以下的可能:"假设有个黑人家庭移民到瑞典,我们可不可以假定……在很多代之后,肤色只因为气候就得以改变？"[41]

这不只是理论。杰斐逊在自己的屋檐下实践混种，他与有四分之一黑人血统的奴隶萨莉·海明斯（Sally Hemings）生下了好几个孩子。这段关系中最引人注目的是海明斯的血统：她的母亲伊丽莎白有一半白人血统；她的父亲，杰斐逊的岳父，是英国出生的约翰·韦尔斯（John Wayles）。杰斐逊的孩子与萨莉就是第四代混种，完美体现了解放和变白的机制。他的两个孩子——贝弗利和哈莉叶特——均逃离蒙蒂塞洛，后来以自由白人的身份安顿下来。杰斐逊给了另外两个孩子麦迪逊和埃斯顿自由，他们后来搬到俄亥俄州。埃斯顿的后代也与白人通婚。[42]

在他的庄园里，杰斐逊要把奴隶当作动产来繁殖毫不费力。他冷酷地称奴隶生子为"增加"，并认为他的女奴比男奴更有价值。人类可能会种植食物，但食物很快就会吃光，妇女生的孩子却可以作为牲畜出售。他直言不讳："要求处于生育年龄的女人劳动不够聪明，比起最优秀的男性劳动者所产出的庄稼，每两年就生养个孩子更有价值。"他认为女人生来就是要生育的，因为"神意使男人的利益和责任不谋而合"。[43]

育种的本能在杰斐逊构思的农业共和国中同等重要。他对人民的信任，建立在他认为美国必将出现新的领导阶层这个想法上。他在1813年时与约翰·亚当斯频繁通信，并在这些信件中阐述了此理论。这次友好的辩论是亚当斯开启的，他谈到人类长期支持"血统高贵"的历史。为了证明自己的观点，他引用古希腊诗人哲学家忒奥格尼斯（Theognis）的话："我们买马、驴或公羊时，会找血统优良的。每个人都希望好品种能生出好的后代。一个好人不愿意娶泼妇或是泼妇的女儿，除非给他一大笔嫁妆。"他的论点是，比起生个健康的后代，男人更愿意为钱结婚。

亚当斯又谈起他最爱的理论：人由虚荣心和野心驱使。他推测，如果把100个人关在同个房间里，里面很快就会有25个人利用自己的才能、狡诈来掌控这个空间。这种本能将不可避免地把各种人分成不同的阶级。他确信，美国目前尚未脱离这种追求阶级差异的影响。18世纪时，"血统高贵"这四个字等同于地主贵族。亚当斯提醒杰斐逊，要他别忘了马萨诸塞州和弗吉尼亚州还有一些被血缘和财产绑在一起的权贵家族。他发现，他和杰斐逊都是良好婚配的产物。杰斐逊母亲那边的血统，来自弗吉尼亚最早期的权贵家族伦道夫家族（Randolph），而艾比盖尔·亚当斯身上则流着昆西家族（Quincy）的血统。[44]

杰斐逊不服气。他对忒奥格尼斯的解读有所不同。他认为诗人的本意是道德论证。诗人其实是在谴责世人为了财富和野心而去嫁娶"老、丑、邪恶的"对象，而这些人在培养家畜以"改良品种"时反而更明智。就杰斐逊看来，人类是由（布丰说的）性欲冲动所主导的动物。大自然为了确保人类繁衍，通过"发情期"，注入了肉欲和爱的混合物。发情期是雌性动物的发情状态，提供了性冲动的潜力。他在《笔记》中提道："爱情是诗人特有的发情期。"这种性欲会产生杰斐逊所说的"育种者的偶遇"。他的意思是，欲望是繁殖的真正动力，而根据常规，人类无意识的肉欲可超越无尽的贪念。[45]

杰斐逊繁殖模型的产物是人才中的"随机贵族"。阶级划分将通过天择形成。男人娶女人不只为了钱，他们会有意或无意地选择具有其他优点的伴侣。一切都是概率的问题：有些人出于纯粹的肉欲而结婚，有些人为了财产而结婚，但"善良聪明"的人选择结婚的对象必须具备美丽、健康、美德和才能。如果在挑选政治领导人时，美国人具备天资来区分天生的贵族和伪贵族，那么也将具有选择配偶的合理本能。"育种者的偶遇"将催生领导阶层——能够区分出真正有才之人和野心分子。[46]

杰斐逊从未回答的问题是：那些既非人才也不是精英的人会怎么样？要如何描述生活在社会底层的"育种者的幸运偶遇"？不论如何巧妙处

理,垃圾会生出更多垃圾——即使其中少数可能会被选中并得到拯救,让废物得以再利用。如果幸运的育种者自然而然爬上社会阶梯,那么不幸的、退化的物种将继续深陷较差品种的泥沼之中。

在他所有关于阶级的书写中,杰斐逊甚少使用"自耕农"(yeoman)一词。他更喜欢用"栽培者"或"农夫"。直到1815年,他才在写给威廉·沃特(William Wirt)的信中提到"自耕农"。沃特的父亲是马里兰的小酒馆老板。他后来成为杰斐逊的学徒,受他庇护,并成为一位著名的律师。他凭借异禀天赋而成为贵族,是受杰斐逊赞助的受益者。1815年,沃特即将完成帕特里克·亨利(Patrick Henry)的传记,他请教杰斐逊18世纪的弗吉尼亚社会是什么模样。杰斐逊使用强而有力的地层暗喻,认为殖民地的阶级流动停滞,社会秩序就像考古挖掘中的一层土。这些阶级被分成"地层","不知不觉,上层掩盖住下层,没有任何东西能够扰乱他们静止的秩序"。

杰斐逊把社会的最上层阶级分为"贵族、半贵族、冒牌货"。在他们之下则是"坚实的独立自耕农阶级,斜视上面那些人,却不敢顶撞他们"。他把"最底层糟粕中那些被称为监工的最卑贱、低级、无道德的种族"放在最下一层。监工的任务是让奴隶在南方的庄园里从事劳动。将诚实的自耕农与监工糟粕两相对比,杰斐逊刺耳地借用了英国传统里谈及人类废料的污蔑词汇。不仅如此,他还把监工描绘成皮条客,他们"把帽子拿在手里伸到绅士面前";他们是邪恶的人,没有那种令人向往的美德,他们假装屈服,只为了满足"支配的精神"。杰斐逊描绘的弗吉尼亚监工之恶,正如他笔下的制造业,只不过是把工作台的旋转传动装置换成奴隶监工的鞭子。[47]

在这种巧妙的笔法下,杰斐逊笔下的奴隶就从他的三重社会秩序中消失不见,成为局外的劳动者。杰斐逊把他们变成了监工手下的受害者,而非奴隶主的受害者。自耕农阶级可能是他高贵栽培者阶级的祖先,但是他们的血统仍然不清晰。杰斐逊认知中的小农既不高贵也不特别自立。但他把上层阶级描绘成一组奇怪的品种:伟大的庄园主(纯血统的贵族)在最上,但他们的孩子可能会下嫁,产生"半贵族"的阶级。冒牌货是外来者,大言不惭地自称是名门望族,虽然他们从未真正受当地人欢迎。尽管他两年前与约翰·亚当斯交换过那些论点,杰斐逊的弗吉尼亚阶级自然史却证明精英和暴发户都与"名门之后"婚配。为了金钱、名门和地位而结婚,这就是弗吉尼亚的上层阶级背后的催生因素。其中,血缘和血统是最重要的。

最后,虽然杰斐逊希望这个旧弗吉尼亚已经消失,但真相比他所想的更为复杂。废人就像监工一样,继续繁衍下去。贵族的孩子、半贵族的孩子及被杰斐逊称为"伪贵族"的新阶级,社会地位渐渐提高,取代了过去的统治阶级。他用不同土层来模拟不同阶级,其组成可能会改变,但区分最上层沃土和贫瘠下层的程序依然有效。

阶级在美国恒定不变。如果自耕农对他之上的阶级不以为意,那么西进的贫穷农民将会面对一群新贵族:精明的土地投机者和大型的棉花及蔗糖庄园主。更犬儒的亚当斯1813年时曾提醒过杰斐逊,美洲大陆将被"炒土地的投机者"和新的种植园主阶级统治。栽培者这个光荣的称号,对于偏远地区的多数开拓者来说依然遥不可及。[48]

第五章
杰克逊的南方穷苦白人国：占居者的心声

> 溜走、离去，或潜逃。
>
> ——《南方穷苦白人字典》(Cracker Dictionary)，《塞勒姆公报》(Salem Gazette)

1800年时，五分之一的美国人移居至阿巴拉契亚山脉和密西西比河之间的"边境"。联邦政府无法有效监管大规模的移民，这远远超出政府的有限权力。即便如此，官员深知国家的未来取决于对这片广袤领土的掌控。财政问题也牵涉其中。为了清偿国家的战争债务，政府必须出售这些土地。此外，这些土地几乎都有原住民，白人移民要定居在别人的土地上，时时刻刻都有可能与美国原住民发生暴力冲突。美国能变得多伟大取决于殖民开拓者阶级，这些人正往新领土挺进。西部会成为废人的垃圾堆吗？又或者美国能从西边的自然资源中获利，并以更公平的方式发展成一个大陆帝国？有太多不确定的变量。[1]

西部领土从各方面看来都是美国的殖民地。尽管从1777年开始，每年的7月4日都可见庆祝的氛围，但英国殖民时期遗留下来的许多焦虑仍未散去。除了欢呼美国的伟大，没人知道美国独立是否真的提高了一般国民的地位。革命成功后，大多数美国人的经济状况实际上是恶化的。那些脱离土地束缚的人，跨越阿巴拉契亚山脉向西前进，变成数量庞大的无地占居者，人们对此情绪复杂。在许多人看来，这些移居的穷人象征的是美国正在重造英国最受鄙视和最贫困的阶层：流浪汉。在革命期间，根据"邦联条例"（Articles of Confederation，宪法通过前的第一份建国文件），国会在享有公民特权的人和国家社会外的"乞丐、流浪汉和逃犯"之间，画出了清楚的界线。[2]

居住在边境地区的典型穷苦白人的形象让人感到悲哀和震惊，但这也不是什么新鲜事。他们是新型的伯德式"懒汉"——那些游荡乡间的英国流浪汉。如果他们有什么新鲜之处，恐怕就是观察家发现的率真直爽：虽然这群人举止粗俗、衣衫褴褛，但有时观察家会把这种革命后出现的"山野粗人"描绘得好客、慷慨，因为他们会邀请疲惫的旅人到简陋的小木屋里一坐。但是，森林被砍伐、城镇和农场出现后，他们很难保有这些良好的特质。随着文明的到来，社会期望这些"山野粗人"能够安定下来、购买土地并改变自己野蛮的生活方式，以适应文明社会——不然就继续迁移。

尽管富兰克林、潘恩、杰斐逊都认为美国人是适合广阔大陆的一支商业民族，但19世纪的美国品种的评论家却构思出一种不同的边境性格。新一代的社会评论家特别关注的阶级，生活在森林茂密的西北地区（俄亥俄州、伊利诺伊州、印第安纳州、密歇根州和威斯康星州）、密西西比河沼泽沿岸、南部偏远地区的山区和沙质荒漠（西弗吉尼亚州、南北卡罗来纳、佐治亚及新纳入的肯塔基州、田纳西州、亚拉巴马州北部），以及后来的佛罗里达州、阿肯色州和密苏里州地区。詹姆斯·费尼莫尔·库珀（James Fenimore Cooper）曾创造过大胆无畏的"皮袜子"（Leatherstocking）一角，小说中的"皮袜子"曾为早期的美国人提供森林向导。然而壮年库珀在描绘乡间的奇人奇事时，却从启蒙的抽象制图学，急转直下地改从地方特色切入。美国人正在为自己建构神秘的认同。相较于坐标网和人口统计数字,广大的读者更能接受旅人的故事。在向西看,从东岸的城市和庄园移居到边疆地区的同时,美国人发现了人烟稀少的荒地。他们看到的不是杰斐逊笔下日出而作、日落而息的勤俭自耕农,而是小木屋中衣衫褴褛的占居者。³

移居边疆的"新人种"占居者体现了美国人性格中最好和最坏的一面。这些美国荒野的"亚当"有着分裂的双重性格:既是热情的乡下人,也是身藏短刀、拦路打劫的强盗。"山野粗人"呈现出最好的那一面时,他们是朴素的哲学家,是拥有独立精神、淡泊名利的勇者。但是在一体之两面的另一面里,他们变成了白人野蛮人、丧尽天良的盗匪和挖人眼珠的人。这种不健康的人种在肮脏的小木屋里过着野兽般的生活,狗在他的脚边狂吠、妻子饥肠辘辘,肤色棕黄的混血儿更增添了这场面的悲惨。

早期的共和党美国已经成为一个"南方穷苦白人"(cracker)国家。只有少数人过的是城市生活,而农村的多数人口则向外扩展到文明的边缘。虽然不列颠人曾试图用"1763年公告"(Proclamation of 1763)来禁止他们往西移居,但独立战争消除了这些障碍,默许贫穷移居者大量涌入。照理来说,南方穷苦白人和占居者——这两者成了无立锥之地的移民的简称——应该领先"真正的"农民一步,后者正是杰斐逊理想化的有商业头脑的生产者。南方穷苦白人和占居者离群索居,很少去学校或教堂,是无法摆脱贫穷的残酷象征。没有土地,就会成为美国农村的下层阶级。他们的身影没入尚未开垦的领土中,随意、随处占居(没有土地所有权就占据一块土地)。如果这里还用得上土地的比喻,那么他们不是杰斐逊构思下的不同等级的土壤,而是灌木的树叶,或像肮脏的害虫一般大量滋生于这片土地上。⁴

占居者的悲剧来自他既停滞,又不稳定的状态。没有社会流动性的保证,占居者唯一从国家得到的礼物就是继续前进的自由。克里斯托佛森(Kris Kristofferson)的经典歌词与占居者的处境遥相呼应:对于穷苦白人或占居者来说,自由不过是无可失去的另一种说法。

"占居者"或"南方穷苦白人"都是美国特有的用语,是建立在英语既有的就懒散和流浪的观念之上的新词汇。在1815年的一本字典里,"占居者"被定义为新英格兰人用的"暗语",指的是非法占用自己并不拥有的土地的人。1788年马萨诸塞州州联邦党人戈勒姆(Nathaniel Gorham)写了封信给詹姆斯·麦迪逊(James Madison)讨论马萨诸塞州批准新宪法的制宪大会,这封信中提到的"占居者"属于该词的早期用法。戈勒姆把反对新联邦宪法的人分成三类,其中包含西部几个郡的谢司起义支持者、犹豫不决、可能会被固执己见的人引入歧途之人及缅因选民。最后这群人正是"住在别人的土地上""担心遭受审问"的"占居者"。当时缅因尚未独立成为一州,还是马萨诸塞州里偏僻的森林地区,而戈勒姆即将成为纽约州西部荒土上最有权有势的投机者。1790年时,"占居者"一词出现在宾夕法尼亚的一家报纸上,但不是拼成 squatter,而是 squatlers。"占居者"指的是居住在该州西部边境、萨斯奎哈纳河(Susquehanna River)岸边的人。他们是那种"坐在河床上",假装拥有头衔并赶走任何胆敢夺去他们权利的人。[5]

闯入者和非法侵入者、未受监督的占居者和穷苦白人种植庄稼、砍伐木材、在不属于自己的土地上狩猎和捕鱼。他们住在法律和社会教化力量之外的临时小屋里,常与美国原住民比邻而居。在马萨诸塞州和缅因州,占居者认为如果他们改良土地——清除树木、建造围栏、房屋和谷仓,并为土壤施肥——那么他们就有土地权(或应该获得金钱回报)。他们实际上的土地权经常遭受挑战,常常有家庭被赶走、房子被烧毁。占居者经常铤而反抗,拿起武器,进行报复:1807年宾夕法尼亚州一名男子枪杀了试图驱逐他的警长。1800年,来自东岸的丹尼尔·希尔德雷思(Daniel Hildreth)因谋杀未遂经审判有罪,后来又对地主施加报复。[6]

俚语往往是其所描述的状态出现之后才出现的。所以占居者的出现早于这个词的出现。早在18世纪40年代，宾夕法尼亚州的殖民地官员就发布了严厉的公告，勒令占居在富裕地主的西部土地的非法居民离开。然而遏止占居者的行动不太成功，20年后，法院认定恶劣的非法入侵可处死刑。但即使搬出绞刑架威胁，也无法阻止移居者穿过萨斯奎哈纳河，下俄亥俄，往南至北卡罗来纳和佐治亚。[7]

英国军官是首次记录下这个无法控制的阶级的人。早在18世纪50年代，他们就被称为"自然的渣滓"和"害虫"；除了偷窃和特许状，他们没有任何谋生的方法。军方谴责这些人，却也利用了他们。这群龙蛇混杂的殖民开拓者移居大队聚集在军营旁，成为大西洋沿岸殖民地和内陆原住民部落之间的缓冲区。诸如皮特堡（Fort Pitt，后来的匹兹堡），以及俄亥俄河（Ohio River）、阿勒格尼河（Allegheny River）和莫农加希拉河（Monongahela River）交会处，都可见这些人的身影。占居者是准罪犯阶级，士兵把这一阶级的女人当作妓女。这些人跟在军队后随军谋生，有时假扮商人，有时假扮为家庭。[8]

殖民地的指挥官，如瑞士出生的宾夕法尼亚上校亨利·布凯特（Henry Bouquet），把他们当作呼之则来，挥之则去的麻烦制造者，但偶尔也会雇用他们来攻击、杀害所谓的野蛮人。就像英国围捕流浪汉再把他们送去抵御外敌一样，这些殖民地的边缘人没有长久的社会价值。1759年，布凯特曾说改善殖民地边境地区的唯一方法是定期修剪。对他来说，战争是件好事，有助于消灭害虫，消除垃圾。他写道，他们"跟野蛮人半斤八两""他们的孩子像野兽一样在森林里长大，对宗教或政府一无所知"。要"改良此一品种"非人力所及。[9]

"占居者"（squatter）与"蹲坐"（squat）一般不是什么高雅的词汇。这个词涵盖压扁、变平或压毁的意思，让人联想到四散、挥洒、人多到溢满大地的意象。那些借用这个词汇的人，重新唤起了人们对人类废料更古老的、粗俗的污蔑，就像"蹲着拉稀"这种用语。到了18世纪晚期，在布丰的影响下，"蹲"这个字与较低等的民族联系在一起，像是霍屯督人（Hottentots），据说他们是蹲着开政治会议的。在七年战争中，英国军队与印第安人作战时采用蹲下和躲藏的战术——本质上是模仿敌人的伏击。别忘了这个显而易见的事实，蹲与坐和站（standing）完全相反。"standing"作名词时，传达是英国保护领土权的法律原则。"权"（right）一词源于"挺直站立"。人的合法"身份"（standing）代表的是文明社会的一切。[10]

"南方穷苦白人"最早于18世纪60年代出现在英国官员的纪录中，用来描绘一群特质几乎完全相同的人。在一封给达特茅斯勋爵（Lord Dartmouth）的信件中，殖民地的英国军官解释，被称为"南方穷苦白人"的这群人，是"大吹牛家""弗吉尼亚、马里兰和南北卡罗来纳河佐治亚边境地带的，时常改变住所、无法无天的流氓"。身为化外之地的"土匪""恶棍"和"偷马贼"，他们被斥为"游手好闲的散兵游勇"和"一群比印第安人还坏的流浪汉"。到了独立革命时，他们的犯罪行径把他们变成了残忍的印第安人杀手。曾有卡罗来纳边境的目击者描述，有个穷苦白人"彪形大汉"将一位切罗基（Cherokee）印第安人对手摔到地上，挖掉他的眼睛，活生生剥掉他的头皮，然后再用枪柄把他的头骨打碎。残忍杀戮是他们的正义准则。[11]

他们的祖先可以追溯到北卡罗来纳，或是更早之前弗吉尼亚的贱民和叛徒。18世纪60年代，英国国教派牧师查尔斯·伍德梅森（Charles Woodmason）曾花了六年时间游走于卡罗来纳的荒野。他为懒惰、放荡、醉酒、淫乱的男女留下了最具谴责意味的记录。他认为这些人是他所见过的英国殖民开拓者里，最最劣等的一种。他遇到的"弗吉尼亚穷苦白人"蠢到会为了一坨"屎"而争吵。这些女性天生"淫荡"，经常把胸臀两处的衣物拉紧，以凸显自己的身材。不信教的男女宁愿醉醺醺地狂欢，也不愿听牧师枯燥的讲道。总而言之，南方穷苦白人跟北边的占居者一样懒惰、不道德。[12]

"南方穷苦白人"一词的起源和"占居者"一样耐人寻味。18世纪60年代的"噼啪响商人"（cracking traders）一词用来描述喧闹的吹牛家，他们常撒谎、说粗话。一个人也可以开个玩笑（"crack" a jest），而粗鲁的英国人"放"屁（"cracked" wind）。鞭炮噼啪响、爆裂、炸开时吵闹不堪，还会散发臭味。"虱子穷苦白人"（"louse cracker"）指的是满身虱子、邋遢、恶心的人。[13]

还有一个词与这一流行词有重要的语言学关联，那就是形容词"crack brained"。它的意思是疯狂的人，在英语俚语中意指傻子或疯子。精神和身体上的懒惰都是重要的特质。托马斯·塔瑟（Thomas Tusser）写了一本关于农牧业的小册子，这是16世纪最流行的相关著作。他在文中这样描述："两个优秀的干草晒制工，胜过20个蠢蛋。""南方穷苦白人"是废人的化身，他们虚度光阴，只会说大话和胡言乱语。[14]

美国南方穷苦白人相当爱挑衅。他们以"残忍为乐"，意味着他们不仅脾气暴躁，而且很危险。他们是边疆"无法无天的恶棍"，体格瘦弱，像劣等动物。荒山野岭里的商人很像是一群"无赖的鹿"（"无赖"是垃圾的另一个同义词）。南方穷苦白人靠捡垃圾维生，精力充沛、反复无常。他们也可以扮演傻瓜，就像伯德的"愚蠢懒汉"一样。[15]

1798年，"独立宣言"的签署人本杰明·拉什（Benjamin Rush）博士写道，宾夕法尼亚的占居者感染上印第安人的"风格"，尤其是他们"暴力的"劳动，"之后是长时间的休息"。也许他们的南方双胞胎遵循着同样的本能节奏，但是越往南，就有越多没有土地的穷人沉迷于长时间的怠惰。拉什把宾夕法尼亚州描述成"筛子"，筛去了往南边去的占居者。宾夕法尼亚州留下的是较健壮的穷人，那些愿意在坚硬土壤上耕耘的人；懒惰的人最后去了弗吉尼亚、北卡罗来纳和佐治亚。在拉什对该地的描绘中，来自北方各州的占居者进入南方偏远地区后，似乎都会变成穷苦白人。[16]

来自田纳西的第一位西部总统

"占居者"和"南方穷苦白人"的持续存在，让我们了解到边境的社会流动性到底有多低，打破了传说的迷思。在西北地区（俄亥俄、印第安纳、伊利诺伊、密歇根和威斯康星领地）、绵延的上南方地区（肯塔基、田纳西、密苏里和阿肯色领地）及佛罗里达（东和西），阶级都按固有的方式的形成。投机者和大地主——包括不住在本地的土地投资者和拥有土地的乡绅——拥有最大的权力和政治影响力，在决定土地如何分配的问题上常常占有明显的优势。中等的地主与大地主有私人或政治上的关系。在阿巴拉契亚山脉西侧的新兴城镇，如肯塔基州的列克星敦被称为"西边的雅典"，随着道路的增加，商业也在1815年至1827年之间出现增长，于是新兴商人，即中产阶级开始扎根此地。列克星敦这样的小镇也给予小农一定支持，因为小农受市场的波动影响，比较不易保有耕地。而镇上也看得到较低阶级的工匠在游荡。[17]

随着大量新殖民开拓者的涌入，占居者也开始登上历史的舞台。占居者有时是一家人，有时则是单身男性，被视为一个独特且麻烦的阶级。西北领地的人把他们看作毫无生产力的老兵，以及建立健康的商业经济之前需要清理干净的垃圾。杰斐逊总统称之为公共土地的"入侵者"。有些占居者靠做临时工维生，他们全都生活在商业市集的边缘。[18]

受过教育的观察家们害怕社会失序。尤其在1819年的金融恐慌之后，这种担忧达到了高峰，当时的政治作家预言西部会有"大量人口生活在水深火热中"。越来越多的穷人殖民开拓者和未受过教育的占居者"准备好要叛国和抢劫"——这种老套的说法让人想起1786年谢司起义时流传的说法。恐慌过后,联邦政府制订了一项土地买卖管制计划,将土地价格维持在一定水准,价格高到可以铲除下等的穷人。[19]

到了1850年时,新西南各州至少有35%的人口没有自有住房,这成为一种普遍现象。下层阶级找不到通往土地和财富的脱贫之路,佃农则一不小心就会沦为无尺寸之地的占居者。在西北地区,土地中介四处兜售,并极力阻止佃农租地。联邦政府的购地法对有钱的投机者较为有利。阿巴拉契亚山脉西侧的无地之人更有可能选择冒险搬到其他地方,而非留在同一个地方继续努力往上爬。[20]

遍布美国各地的占居者使他们成为强大的政治隐喻。大众后来想到占居者,就会想到下面五种特质:一、恶劣的居住环境;二、口无遮拦、大放厥词的习性;三、对文明和都市人的不信任;四、天生热爱自由(也就是放荡);五、退化的育种模式。然而,即使有如此多的缺点,占居者也有些美德:心思单纯的山野粗人会欢迎陌生人进入他的小木屋,这位一流的说书人能整晚娱乐他的访客们。这样一来,占居者就不仅仅是占据他人土地的粗鲁流氓,他们的双重身份带来了一点点正面意义。到了19世纪30年代至40年代时,占居者成了党派政治的象征,被誉为杰克逊式民主的典范。

美国人常常忘记安德鲁·杰克逊(Andrew Jackson)是第一位当选总统的西部人。他身材高大瘦削,活脱脱就是个骨瘦嶙峋的山野粗人。他的脸上刻满边疆生活带来的风霜,他的心脏旁还真的卡着一颗子弹。他发起怒来十分可怖,会对敌人进行报复,但他却常常不经三思就贸然行动,用自己那一套法则来合理化种种行为。这使他饱受争议,成为被攻击的目标;他的攻击者把他塑造成来自田纳西的南方穷苦白人。他的妻子瑞秋·杰克逊(Rachel Jackson)的乡下离婚案,以及她雪茄和玉米芯烟斗不离手的习惯,确切地证实了这对夫妇是纳什维尔(Nashville)来的乡巴佬,至少在东部批评者眼中就是这样。[21]

杰克逊和他的支持者塑造出了另一种形象。连续三次总统竞选期间(1824年、1828年、1832年),杰克逊将军被誉为"老山胡桃"(Old Hickory),考虑到克雷夫科尔把美国人称作精心培育的植物的比喻,两者对比鲜明。出身旧北卡罗来纳州西部的穷乡僻壤,杰克逊这位田纳西人具备坚定的意志及强硬的领袖气息。他非常像制作印第安弓与胡桃木杖所用的坚硬、密实的木材,这也是他昵称的由来。[22]

杰克逊的性格让人既爱又恨——既能吸引选民,也为人痛恨。他是第一位利用传记来竞选的总统候选人。选民喜欢他,不是因为他的政治家风范,因为他比不上约翰·昆西·亚当斯(John Quincy Adams,第二任总统约翰·亚当斯之子)和亨利·克莱(Henry Clay)这两位受过高等教育的对手。他的支持者喜欢的是他的不拘小节,他对土地的热爱及他对田纳西荒野的认同。作为美国"南方穷苦白人之国"的代表人物,杰克逊无疑在民主的意义上增添了新的阶级面向。

但杰克逊就任总统的历史意义并非宣扬平等,而是引导了新型的侵略扩张。1818年,安德鲁·杰克逊将军未经总统批准就入侵佛罗里达;当上总统后,他支持强行驱逐东南各州的切罗基人,并故意无视最高法院的意见。杰克逊夺取并清理土地,必要时使用暴力,并且在没有法律授权的情况下行动,他可说是"南方穷苦白人"和"占居者"的政治代言人。

密西西比尖叫者、肯塔基玉米穷苦白人、印第安纳胡希尔

在安德鲁·杰克逊当选总统之前的20年里,"南方穷苦白人"和"占居者"逐渐成为美国边境贫穷乡巴佬的最大族群。毫不奇怪,正是他们所处的自然环境让他们与众不同。1810年，鸟类学家和诗人亚历山大·威尔逊（Alexander Wilson）沿着俄亥俄河和密西西比河从匹兹堡旅行到新奥尔良，途中他不仅记录了天上的飞鸟，还记录了盘踞于土地的占居者。他发现这种人跟飞鸟一样都是奇特的物种。在为费城一家杂志撰写文章时，威尔逊指出，本应风景如画的荒野，现在散布着占居者丑陋的"古怪木屋"。

自然学家偶然发现的小屋和茅屋周围长满杂草，土地上没有任何耕种的迹象。威尔逊讽刺地把这些随时可能倒塌的房子描述成"洞穴般的废墟""里面是更肮脏的洞穴"。全家人睡在一张单人床上，或者像威尔逊说的"晚上都睡在狗窝里"。小猫爬进破柜子里，猪躲进盆子里，雨水灌入漏雨的屋子。占居者的男性家长戴着一顶破烂的帽子，穿着一件"又脏又破的"衬衫，"他的脸沾满了尘土和煤灰"。[23]

对于移居美国的苏格兰人威尔逊来说，居住地是衡量人的标准，标志着此人进步的能力或衰退的可能性。如果每个人的家都是他的城堡，那么美国边境的占居者住得比农民糟。威尔逊残酷地讽刺他们，将占居者的小木屋形容为"美国一流建筑的样本"。他不相信这群一贫如洗的人找得到什么值得夸耀的东西，但是他们自豪地说美国是机会之地。[24]

有许多像威尔逊这样的人，他们把占居者放在比赤裸的野蛮人更低的社会等级上。至少美国印第安人住在森林里，而这些穷占居者居住的偏远地区让人想到垃圾堆。在西部地区并没有真正的社会阶梯，也没有让社会流动的坚实基础，更没有几个人能从无尽的深渊往上爬，而废人正是从深渊中渗出的。从阿巴拉契亚山麓到俄亥俄河和密西西比河的河岸，这个国家是倒退、堕落的。占居者被时间冻结了，永远无法翻身。他原始的小屋是他下层阶级的牢笼。

城镇和边远地区之间的距离不足数英里，但距离是会变长的，最终变为阶级之间不可逾越的鸿沟，当时有些人正抱持这样的观点。受过教育的人出于习惯，很难相信自己的国家会有这样的人。例如1817年，托马斯·杰斐逊的孙女科妮莉亚·伦道夫（Cornelia Randolph）写信给她的妹妹，信中谈及这趟旅程和祖父的自然桥，这是杰斐逊在蒙蒂塞洛西边90英里（约145米）处的财产。她说，在这里，她遇到了"生活在山脊西部的半文明人种"。她遇到的孩子几乎都衣不蔽体，还有个男人在他们面前昂首阔步，"露出毛茸茸的胸膛"。她不以为意地指出，在这个乱七八糟的大家庭里，只有"两三双鞋"。他们讲话粗俗放肆，她为此感到特别惊讶。他们目无礼法和尊卑，与前总统交谈时，就好像在跟失散多年的家庭成员说话一样。科妮莉亚相当自傲于自己弗吉尼亚贵族的身份，她相信自己比那些下层占居者的地位高出许多。更令她不悦的是，她惊讶地发现，这个贫穷的家庭对他们自己的可悲处境丝毫不以为耻。[25]

在科妮莉亚·伦道夫的信里，阶级一览无遗。当受过教育的旁观者在审视那些游荡于偏远地区的粗野角色时，我们能看出他们的轻蔑。然而，要使这些粗野角色成为一个新的品种，要注意的不仅仅是粗糙的生活条件。这些山野粗人与南方穷苦白人都有着与众不同的外貌特征及特定的走路姿态。1830年，一名城市来的冒险家前往阿巴拉契亚西侧地区游历。对同床的旅伴，他做出以下幽默的观察："下巴像灯笼一般突出，身体似乎像有双重关节般有弹性，这个山野粗人不穿鞋就有七英尺一英寸（约2.15米）高。"在伊利诺伊州南部，一个典型的鳄鱼猎人也有着相似的体型："枯瘦、四肢修长、长下巴的乔纳森。"（"乔纳森"在这里的意思是"家伙"，用来作为一般美国人的常用称谓。）南方穷苦白人女人同样下巴突出、皮肤黝黑，而且往往没有牙齿。[26]

妇女和儿童是拥有或缺乏文明的重要指标。19世纪30年代，驻扎在佛罗里达的军官认为"南方穷苦白人女孩"跟野兽差不多，举止跟水手没什么两样，经常可看到她们抽烟斗、嚼烂烟草再吐出来、满嘴脏话。一名来自东北地区的中尉看到她们的破烂服装、脏脚、蓬乱的头发和没洗的脸，认为她们跟妓女一样。用他的话来说，南方穷苦白人阶级全都是"口出秽言、懒惰、无所事事的荡妇"！[27]

北至缅因州，南至佛罗里达，一直到西北至西南领地都能找到这种"粗野人格"。他们有了地方化的名字，如"密西西比尖叫者"（Mississippi screamers），他们跟南方穷苦白人一样学会了印第安人的战斗呼声，还很喜欢尖叫；再如"肯塔基玉米穷苦白人"（Kentucky corn cracker），因为碎玉米是这些穷人的主食；还有"印第安纳胡希尔"（Hoosiers），可惜没有语言学家能精确定义"Hoosier"这个词。即使如此，此一阶级的特色都差不多。胡希尔男人经常信口开河、撒谎、吹嘘，并且随时准备攻击任何侮辱了他丑陋的妻子的人。就跟所有南方穷苦白人一样，他们经常在街头殊死搏斗。与佛罗里达的女孩比起来，胡希尔女孩的粗鲁也不遑多让，据说，胡希尔女孩的求爱仪式，包括又踢又踹和扯头发。[28]

性行为是阶级地位的另一项重要标志。在一首当时著名的诗《胡希尔之窝》（*The Hoosier's Nest*）中，作者退而使用苏格兰自然主义者威尔逊的语汇。在这里，小木屋也是野外的巢穴、半兽人的隐居处、任意繁殖的绝佳场所。这位诗人使用种族歧视的污蔑用语，将孩子们称为"Hoosieroons"——带有四分之一黑人血统的混血儿变种。在漏雨的屋顶下，没有人流着健壮拓荒者的血。相反，贫穷的印第安纳占居者生出的是一打基因退化的肮脏的黄皮肤顽童。[29]

脏乱的小木屋、不知礼仪及大量生育，使得"南方穷苦白人"和"占居者"成了一种不同的阶级，从他们说话的方式上也可得到验证。英国伦敦东区的下层方言经过美国乡村地区的转化，就成了偏远地区的土话。1830年甚至出了本"南方穷苦白人字典"，里面保存着古老的俚语。例如

"突下巴"（Jimber jawed），这个词用来形容嘴巴动个不停的话匣子；南方穷苦白人的突下巴也影响了说话风格。"环尾咆哮者"（ringtailed roarer）是指行为暴力的那类人；"咀嚼"（chewed up）描述的是某人的耳朵、鼻子或嘴唇被咬掉。[30]

但是下面这个多音节词是这些人的最佳体现。南方穷苦白人把"蹲下"（squat）这个字做了动词变化，改成了"obsquatulate"，用来表达潜行或潜逃的意思。对于不会在同个地点定居下来的南方穷苦白人来说，"obsquatulate"形容的是英国流浪者的美国后裔的某种活动。他们可能会像一个潜逃的仆役一样逃跑，或者漫无目的地以缓慢的步伐漫步。无论是哪种情况，肮脏的双脚和邋遢的生活方式都是用以定义这群人的特质。[31]

捍卫占居者的"西部之狮"克罗克特

杰克逊并不是唯一一个全国知名的田纳西人。戴维·克罗克特到了19世纪30年代时以"猎熊者"和"西部之狮"而闻名，他担任过民兵侦察兵和中尉、治安官、镇长、州代表，最后成为美国国会议员。他于1827年首次当选众议院议员。历史上著名的戴维·克罗克特之所以值得探讨，是因为他自学成才，靠土地谋生，而且（本书最关注的是）热心捍卫占居者的权利——因为他自己也曾经是占居者。作为一名政治家，他投身于捍卫无地穷人的运动。[32]

克罗克特出生在"富兰克林州"（state of Franklin），一个不合法的州。它在1784年时已宣布从北卡罗来纳州独立。但一直没被承认。富兰克林州后来被并入田纳西州，成为一个战场，因为投机商和占居者争先恐后地想控制最肥沃的耕地。他们的活动引发了与切罗基人之间无止境的冲突，而他们明目张胆违反条约的举动又使冲突变得更严重。威廉·布朗特

（William Blount）是田纳西的第一任州长，他是拥有大量土地的投机者。切罗基人给他取的绰号是"下流队长"（Dirt Captain）。从1797年到1811年，联邦政府定期派兵至田纳西州清除占居者，这只会增加这些下等人对华盛顿的敌意。对于出身卑微、愿意坚守立场的克罗克特来说，他的人生哲学很简单："毅力造就个人"。但重要的不仅仅是毅力；强健体魄和多子多孙被认为是最具代表性的美国特质。1830年，克罗克特史无前例地向国会请愿，希望能给田纳西州的一名居民大片公共土地——不是因为他工作努力，而是因为他的妻子生了三胞胎。[33]

克罗克特是个很特别的美国人，是可爱的弃儿孽子，因编造夸张的故事而声名大噪。据说他在国会发表了一次演讲（但是否是他的原话值得怀疑），他称自己为"各位见过的最野蛮的动物"。他拥有超人的力量，可以"像狐狸一样奔跑，像鳗鱼一样游泳，像印第安人一样喊叫"，还可以"一口吞下一个黑鬼"——这样荒谬的种族主义言论，可能是为了表达他对拥有奴隶的庄园主的敌意。克罗克特私下也有奴隶，但在国会，他反对大庄园主蚕食吞并大片土地。他支持建议联邦政府把土地直接低价卖给占居者的法案。他还反对让法院雇用破产债务人，让他们无偿工作——这造就了新型的契约奴役。克罗克特的"南方穷苦白人方言"说得很流利，1830年的字典就是证明：字典记载，是他创造了"环尾咆哮者"这个词来形容暴力的人。[34]

克罗克特的自夸带有明显的阶级特色。1828年时，他声称可以"背着蒸汽船穿越密西西比河"，"打死大山猫"。他说他唯一做不了的事就是在国会发表标准的演讲——很奇怪，因为他相信他能击败众议院里的所有人。他不像那些受过良好教育的阶级学过雄辩术，也缺乏他们具备的辩论能力。他幽默的演讲让他"威名远播"，但对许多观察家来说，他仍然是个"小丑"，引人发笑。根据报纸报道，克罗克特的奇特故事和古怪谚语把他变成了一只跳舞的熊，穿着"大衣和马裤"，表演粗俗的杂耍。[35]

克罗克特山野粗人式的夸大言论，往往掩盖了真正的他。虽然克罗克特从未授权，但许多山寨出版社出版了他的故事。《1837年克罗克特年鉴》（*Davy Crockett's Almanack of 1837*）中有一幅粗糙的版画，画中主角是南方玉米穷苦白人，没有刮胡子，身披鹿皮，手里拿着一把来复枪。他头上还戴了一顶吓人的浣熊皮帽子，浣熊的头还连在皮上。在另一幅版画中，克罗克特的女儿骑在一只37英尺（约11米）的巨大鳄鱼背上，像牛仔竞技秀里的明星一样。无论他是与现代的恶龙作战，还是在超现实的穷乡僻壤完成神奇的壮举，克罗克特的野蛮本性似乎都很适合出现在嘲讽骑士精神的史诗里。他雇用的代笔作家和代笔传记作者把他塑造成了野人、没受过好教育的吹牛大王。然而，他们同样欣赏他智取汽船、熊和圆滑镇民时的自吹自擂。[36]

他自吹自擂，却从来不曾被当作英雄看待。他可能比"阿勒格尼山两侧的所有伐木工人"跳得更高、"蹲得更低"，但很遗憾地，他的正当政治话语权被他的喜剧性格掩盖了。克罗克特议员1824年或许曾在田纳西众议院说过，投机者就像是鬼鬼祟祟的浣熊，但他从未忽略有哪些法律手法被用来诱导贫穷的殖民开拓者放弃自己的土地权证。跟传说中不一样，这个人揭露了偏远地区的阶级冲突，在那里，真正的投机者与真正的占居者经常发生冲突。[37]

在1828年的大选中，戴维·克罗克特是安德鲁·杰克逊的热情支持者，但他很快就抛弃了这位专横的将军。克罗克特的土地法案让他在田纳西州树敌不少；他还反对印第安人迁离法案，该法案允许政府强制驱逐东南各州的切罗基族和其他"文明部落"。印第安人被驱逐的同时，占居者也面临不公平的对待，他们被驱逐出公共领域，并被禁止获得他们已经定居和开垦的土地。杰克逊的盟友对克罗克特的叛变做出回应，说他令人讨厌、没有受过教育。

克罗克特指责杰克逊背叛了自己的原则，并拒绝盲从党派政治的走狗。1831年时，他写道，他"不会套上写着'安德鲁·杰克逊的狗'的项圈"。三年后，谈到屈从党意时，他以带有侮辱性的话说道，他宁愿"变成黑鬼、狸猫，也不要做任何人的党羽"。在克罗克特的边境阶级分级中，自上而下分别是自由的白人男性地主、占居者、黑人男性、狗，然后才是党员。[38]

杰克逊与南方穷苦白人的粗鲁本能

民主党人安德鲁·杰克逊与克罗克特的关系紧张，是因为杰克逊把自己的政治生涯建立在纯粹的意志和全然的冲动之上，许多同时代的人也和克罗克特一样，纷纷起而反之。他大部分的忠实支持者最终分裂了，站在反对派那一边，并加入辉格党。杰克逊引发了大大小小的争议。由于杰克逊的政治经历相对较少，因此他竞选总统时，大众特别关注他的个性。为了竞选总统，他请人写了传记，填补了他赫赫战功外的空白。支持者把他当作凯旋英雄，反对者称他为"安德鲁一世"国王。两派人马都特别关注他反复无常的情绪。他显然缺乏过去历任总统具备的教育和教养。[39]

杰克逊曾短暂进入过国会，却无甚成就。除此以外，他是华盛顿的圈外人。他的参选资格来自战争，但他过去的历史却引发激烈的批评。他的热情支持者说他在精神上继承了伟人华盛顿将军，但杰克逊的出生地距离波多马克甚远，在阿巴拉契亚山脉的另一边。"老山胡桃"生活过的地方人口稀少、法律徒为空文。他是一个在民间享有盛誉，却未能跻身权力殿堂的奴隶主。比起东岸，很晚才有人去田纳西定居，在田纳西州的偏远地区中，拥有土地似乎与阶级地位没什么关联。杰克逊1824年第一次竞选总统时，有位新英格兰地区的记者就此表达过内心的疑惑："强健的西部之子"指的到底是哪些人？[40]

在大众的想象中，想到杰克逊就会想到野蛮、暴力的场景。他在1815年的新奥尔良战役中取得辉煌的胜利，他被认为是"初出茅庐的山野粗人"，击败了"无敌"的英国敌人。对英国人来说，他是"森林里的拿破仑"。他通过血腥暴力在政坛崭露头角。1813年至1814年，他在亚拉巴马的沼泽地里屠杀了红棍帕克里克（Creek Nation）印第安人。1815年1月，他让数百名英国士兵在新奥尔良沼泽里等死。杰克逊和美国诗人一起夸大英军的死亡人数。有位诗人如此赞颂："血流成河的平原上，尸横遍野。"这倒并无夸大，尸体漂浮在河川和溪流中，数十年后的旅人都还能发现当年战败者的尸骨。[41]

杰克逊的外表和行为都不像传统的政治人物，这是他的主要魅力。1796年，杰克逊从田纳西来费城就任美国参议员，宾夕法尼亚的国会议员阿尔伯特·加勒廷（Albert Gallatin）对他的描述是"高大、瘦长、粗野的人，额前垂着长长的发丝，背后拖着鳗鱼皮扎起来的辫子"。后来的观察家对这位枯瘦将军的印象是举止僵硬、历经沧桑。他患有落后地区的疾病。托马斯·杰斐逊不曾评论过他的外表，而是在杰克逊身上看到了野蛮的本能。曾有一次，杰斐逊目睹他气到说不出话来，而口不能言是原始人和未驯化的野兽的典型特征。[42]

终其一生，他都摆脱不掉脾气暴躁和缺乏学养的印记。他的某个死敌说的最贴切："他在日常谈话中十分粗鲁，用咒骂来弥补自己论理能力的不足。"杰克逊的论述能力有限，他表达观点的方式很笨拙，只要有人意见与他相左，他马上就暴跳如雷。破口大骂这种行为，让他脱离不了普通士兵和粗野南方穷苦白人的形象。在《山野粗人与占居者》（*A Backwoodsman and A Squatter*）一书中，一位讽刺作家捕捉到了这种人的神韵，说这些人以"破口大骂，血口喷人"著称。[43]

有个支持杰克逊精神的法国人曾说过，西部人有种"男性自由的粗鲁本能"。杰克逊好战的风格，时不时参与决斗和巷战的习惯，私人间和政治上的愤怒报复行为，似乎很符合上面的说法。在这样的精神下，独立来自铲除土地上的潜在威胁。威胁可能来自印第安人、敌对的占居者、政敌或《1837年克罗克特年鉴》中所描述的"鳗鱼皮"东部人，这些人通过花言巧语得到想要的东西。南方穷苦白人始终认为生存至上，这远比法律细节或礼貌礼仪更重要。正是以上特质，把杰克逊的公众形象困在南方穷苦白人的框架中。[44]

新奥尔良战役之后，杰克逊于1818年率领军队进入西班牙掌控的佛罗里达。不经田纳西州长批准，他就开始招兵买马，然后假装要逮捕攻击美国开拓者的塞米诺尔（Seminole）印第安人，实则是要入侵东佛罗里达。当他进攻彭萨科拉（Pensacola）戒备森严的西班牙人时，原先为了逮捕印第安人的袭击很快演变成了全面的战争和占领。[45]

杰克逊不只占领了西班牙的土地，他还违背自己的命令，无视国际法。在占领佛罗里达的几个城镇并逮捕了西班牙总督后，他无缘无故处决了两名英国公民。英国媒体大力嘲讽杰克逊，称这位美国少将为"手上沾满鲜血、凶猛的北方佬海盗"。在一幅辛辣的讽刺漫画中，杰克逊被画成皮肤黝黑、耀武扬威的土匪，身边站着两排衣衫褴褛、没有鞋穿的暴徒，用骨头打鼓，戴着骷髅头而不是帽子。[46]

杰克逊既是海盗，也是偏远地区的穷苦白人恶棍。他不受约束，也无法被约束。据说，在入侵佛罗里达的过程中，他得到扮成"白人野蛮人"的占居者的帮助，这些人可能催生了杰克逊的争议性行动。佛罗里达之役其实是场占居者的战争，迹象处处可见。士兵报告说，塞米诺尔族的战士只攻击了"南方穷苦白人的房子"，未动英国人或北部的殖民开拓者一根寒毛。[47]

在截取自《1837年克罗克特年鉴》中的"玉米穷白鬼遇见鳗鱼皮人"(*Encounter Between a Corncral and an Eelskin*)图中,乡下占居人为了自己的姑娘和镇里来的油嘴滑舌、不怀好意的贸易商据理力争。

《1837年克罗克特年鉴》,马萨诸塞州,沃切斯特,美国古文物收藏家协会

知名评论家坚持要国会进行调查。深具影响力的众议院发言人亨利·克莱(Henry Clay)要求国会谴责这名流氓将军。杰克逊去了华府,谴责执法部门,并告诉国务卿约翰·昆西·亚当斯,他只会跟门罗总统(Monroe)谈佛罗里达事件,其他人无权置喙。有传言称,杰克逊威胁要砍掉一些参议员的耳朵,因为他们敢于在国家舞台上调查并羞辱他。[48]

杰克逊曾用粗鄙的词汇解释,领土争端应该通过暴力手段解决,不能只靠言语。他曾解释他对印第安人的政策是对"不人道的血腥野蛮人"进行"报复性复仇"的权利。1818年,一本颂扬式的传记将他奉为"偏远地区的摩西"(backcountry Moses),说他用《圣经》般的上帝之怒来执法。对于认为他不重视国际法或宪法细节的指责和抗议,杰克逊的辩护

人称他为"战争中的爱国者,太过爱国,所以无法顾虑到法治"。然而,即使是这位将军最忠实的粉丝也不得不承认他脾气暴躁。1825年,亨利·克莱高调宣称杰克逊只是一个"军事酋长"(military chieftain),这种说法暗示了他身上带有部落、原始、完全反共和的特质。当他在1824年和1828年两度问鼎总统宝座时,塞米诺尔战争仍然是政敌攻击他的重点。[49]

在杰克逊的辩护者口中,他代表了骑士精神,但他的批评者却不甚认同这个看法。他并不是为了保护妇女和儿童,而是为了让占居者、暴徒和野蛮的白人长驱直入,才去攻下佛罗里达的土地的。但与克罗克特不同的是,杰克逊从来不曾支持占居者的权利。当上级命令杰克逊驱离占居者时,他动用了军队。然而,他赞成白人占有土地的理由,就跟占居者一直以来的主张一样:凡是开垦和改良一块土地的人,就算得上是居住者。杰克逊的想法塑造了他任期内的印第安人驱离政策。他认为,印第安人不应该被视为拥有公共领域特殊权利的主权人,而应该被视为从属的阶级。就像占居者一样,如果印第安人没有被同化,或者没有能力改良土地并获得土地所有权,他们就可以被强行驱离。作为总统,他很愿意用武力来赶走贫穷的非法侵入者。只有占居者拒绝被赶走——像是1833年亚拉巴马的事件——而政府官员也表达支持,杰克逊总统才会愿意让步,为白人开拓者争取更有利的条件。[50]

对于杰克逊的批评者来说,要找到能反驳他的官方版竞选宣传的论述易如反掌。1806年,他在一场决斗中开枪打死了一个名叫查尔斯·迪金森(Charles Dickinson)的年轻律师,这场决斗在杰克逊的心脏边嵌入了一颗子弹。迪金森尸骨未寒,他却毫无绅士风度地反对迪金森的遗孀获得经济援助;在他看来,这个恶棍身边的一切必须永远消失。1824年有人对这起事件进行重述,根据这个说法,杰克逊并没有让他一枪毙命,而是站在那里看着冒犯过他的律师全身颤抖，骂他是"该死的懦夫"，然后再冷静地瞄准，近距离开枪打死了他。另一起事件发生在1813年，杰克逊在纳什维尔酒店与他的前助手托马斯·哈特·本顿（Thomas Hart Benton）和其兄弟杰西（Jesse）之间突然进行了一场枪战。杰克逊1828年竞选总统时，死里逃生的托马斯·本顿公开回忆了这场枪战，成为新闻。[51]

但在杰克逊的所有前科中，所谓的"棺材传单"（Coffin Handbill）才是最糟糕的一个。他被指控在1813年的克里克战争中杀害了六名手下的士兵；1828年的夹报传单上画了六具黑色棺材来讽刺此事。因此，他手上不只沾了印第安人和英国人的血，死在他手中的也不只有纨绔子弟迪金森律师。同一张传单上还有另一幅插图，图中杰克逊正在进行一场手段卑鄙的巷战，他拿着一把藏着剑的手杖，把它刺进一名男子的背部。就像会咬人、踢人、不分青红皂白攻击别人，并把武器藏在外套下的南方穷苦白人好战分子一样，杰克逊的形象残忍无情——这与深思熟虑的共和党士绅风范正好相反，而后者才是稳重政治家的特质。[52]

早在"棺材传单"广为流传前，杰克逊就已因为讽刺漫画而心烦意乱。1824年，杰克逊写信给朋友说，"有人用尽全力要把我抹黑成野蛮人：一手拿着剥皮刀，一手拿着战斧；随时准备把和我意见相左的敌人撂倒，把他的头皮剥掉。"他虽然否认了讽刺漫画的呈现方式，却无法否认自己的暴力倾向。[53]

杰克逊的形象在19世纪20年代初开始扭转，变得更有吸引力、更受美化。这个时期杰克逊的形象是个局外人、出身"原始森林"的天赋奇才，他能够将华盛顿的腐败一扫而空。一位杰克逊的狂热支持者提到，杰克逊参选总统引发"华盛顿权贵家仆的嘲笑和奚落"，这位支持者谴责说"华盛顿的美国情怀已经堕落"。杰克逊不是政府中的奴才或宠臣，因此，他缺乏教养、缺乏政治家风范的风格反而是一大优势。[54]

1819年，肯塔基州的议员戴维·沃克（David Walker）在国会发表演讲，他利用上述形象，指责众议院议员对塞米诺尔之役中杰克逊行为的调查有失公正。沃克强调了阶级及文化差异，将首都的议员代表与居住在遥远的佛罗里达边境的美国人区分开来。杰克逊是"吃苦耐劳、饱经风霜的将军"，长年征战沙场让他能够更准确地判断边境战争的情势。他亲身体验过被围攻的痛苦和艰辛，而调查委员会成员每天只是坐在家里，他们的家人吃得饱穿得暖。这些人真的能够了解边境家庭遭受的磨难吗？沃克嘲笑杰克逊批评者是"镇上散发脂粉味的花花公子"，他们与山野粗人完全不是同一种人。沃克的巧妙措辞把杰克逊的政敌重新塑造成花花公子和纨绔子弟：南方穷苦白人和占居者的典型敌人。[55]

沃克挖掘出南方穷苦白人民主的阶级主题，这个主题至少可以追溯至1790年，当时南方穷苦白人对抗纨绔子弟的局面刚刚成形。在最早期的相关文学作品中，南方穷苦白人被引诱进城市，遭人灌酒、欺骗，事后才学到痛苦的教训：他森林里的俭朴小屋其实是"安稳和富足之所在"。1812年也有个类似的故事，故事讲的是山野粗人如何无礼地打发傲慢律师和自家门口图谋不轨的窃贼。约瑟夫·多德里奇（Joseph Doddridge）是位来自西弗吉尼亚州的牧师与偏远地区的历史学家。1821年，多德里奇在剧本《山野粗人与纨绔子弟对话》（*Dialogue of the Backwoodsman and the Dandy*）中，帮这些典型角色增添细节。他归纳出莽夫特有的美德：

> 山野粗人是古怪的人……虽然他没受过良好教育，但显然很有判断力。虽然他的衣着并不光鲜，但他的内在良好、心智健全。虽然他不富有也不伟大，但他知道国家的奠基者……你们这些纨绔子弟和大人物任意享受我们饱受艰辛才得到的果实；你们可以大

吃大喝，而我们却要挨饿；你们可以嬉戏，而我们却必须上战场。但是，如果你们敢对山野粗人言辞无礼，你们大家都会有麻烦。[56]

以上台词解释了为何国会议员沃克会用针锋相对的语言，将杰克逊将军与国会调查委员区分开来。花花公子是缺乏男子气概的势利小人，他的挖苦是不公正的辱骂。真正的美国人是杰克逊这种人，田纳西州和肯塔基州土生土长的壮汉。他们上战场打过仗，他们的牺牲与血泪让边境得以扩张。他们的子孙将成为下一代勇敢的开拓者。守护西部的美国人因此在杰克逊身上看见自己的梦想，这使他成为有胜算的总统候选人。[57]

另一种宣传南方穷苦白人总统的方式是幽默夸张的。1828年，当不同版本的棺材传单广为流传时，杰克逊阵营的人用克罗克特式的幽默为他辩护，他们说这位将军真的吃了六个民兵，"把他们都吞了，连棺材都吞了"。当约翰·昆西·亚当斯的支持者正在散布杰克逊一封充满拼写错误和语法错误的信时，杰克逊的支持者称赞他"自学成才"。如果说他因为缺乏外交经验而"土气、不懂世故"，这就意味着他不像前外交官亚当斯那样受到外国思想的腐化，也不像他那样沉溺于贵族排场。这种阶级对比是强烈的：亚当斯曾是哈佛大学的修辞学教授，而这位田纳西的竞争者则"出身普通家庭"，也没有写过什么值得夸耀的东西，本能的行动胜过徒劳的空想。[58]

因为他1824年总统大选的票仓是亚拉巴马州、密西西比州、北卡罗来纳州和田纳西州，有人嘲讽杰克逊垄断了南方穷苦白人的支持。一篇刊登于南方报纸上的幽默文章用克罗克特式大话，描述了"半人半鳄"的佐治亚南方穷苦白人对杰克逊的大力支持。到1828年时，支持他的印第安纳州选区被称为"老山胡桃之乡"（The Backwoods Alive with Old Hickory）。[59]

杰克逊的追随者经常因为缺乏品位和教养而受到指责。1828年，在费城的一场聚会上，喝酒的人举起酒杯，发表以下暴力的祝酒词："愿山胡桃这支通枪条能把平等的火药粉推进我们的民族之枪中，混着人民之声，一枪轰了克莱。"另一位祝酒人则说："以亚当斯党人之头颅为鼓，我会敲它敲到破。"杰克逊支持者的威胁言论，更强调威猛体魄，而非头脑敏捷。杰克逊的粉丝说，如果有人胆敢侮辱"疆军"[*]，他会"剥了他的皮"。打斗和自夸，对杰克逊的下等阶级支持者来说是最重要的事。听到反亚当斯群众的求战之声，一位南方穷苦白人候选人曾发誓，"如果我当选了，疆军政府将戴上这五个指关节的印记"。[60]

到了1828年，托马斯·杰斐逊已过世两年，但他却在竞选战中被搬了出来，只为了证明杰克逊是错误的人选。伊利诺伊州州长爱德华·科尔斯（Edward Coles）是杰斐逊的邻居、詹姆斯·麦迪逊多年的秘书，他回忆杰斐逊曾于1824年大选中发表的挖苦人的刻薄言论："水手可以变成鸡，士兵可以变成鹅，就像安德鲁·杰克逊总统一样。"白宫宝座非杰克逊之能力所及，他饱受非议的出身显然使他不能胜任。[61]

杰克逊的私生活同样受到检视。他不正常的婚姻状态成为1828年总统大选的丑闻题材。杰克逊的田纳西密友争先恐后地想要合理化这对夫妇的通奸行为。杰克逊在纳什维尔的多年挚友约翰·奥弗顿（John Overton）提出了"意外重婚"的故事版本，他说这对夫妇结婚时的确名正言顺，因为他们以为法院已经通过了瑞秋与第一任丈夫的离婚申请。但事实并非如此。瑞秋·罗伯兹与杰克逊确实属于通奸。两人于1790年私奔到西班牙殖民的纳奇兹（Natchez）不是出于无知，也不是随便玩玩，

---

[*] 编注："疆军"为将军的误拼。

而是为了让瑞秋成功与丈夫离婚，因为遗弃配偶是法院少数认可的离婚原因。[62]

在敌对阵营的操作下，杰克逊的罪行罄竹难书，通奸仅是他无法控制自己激情的又一力证。"窃妻"行为印证了来自穷乡僻壤的侵略者的标准形象——他们往往还无视法律约束。因为不遵守国际法，他征服了西属佛罗里达；因为无视妻子的第一份婚约，他拿到了自己想要的东西。正如俄亥俄州记者查尔斯·哈蒙德（Charles Hammond）所言，杰克逊侵犯了"邻居婚床的神圣性"。[63]

对手用各种恶毒的称呼来贬低瑞秋·杰克逊。她被称为"美国的耶洗别"，是"意志不坚、下流淫荡""肮脏的黑人村姑"。以上种种说法都在针对她饱受非议的背景。肯塔基州一名支持亚当斯的编辑詹姆斯·G. 达纳（James G. Dana）用夸张的文字把她描述成妓女。他的侮辱带有种族主义的意味，说她跟绅士的黑人情妇一样，就算戴上白色的面具，也不能出席正式的社交活动。华盛顿的上等人永远不会容忍她的不洁污点。另外一位口无遮拦的批评者也提出类似的论点，说"山那头的每间小木屋"里，都看得到她人尽可夫的行为，这种行为却不会出现在总统府里。[64]

即便不是因为这桩重婚丑闻，瑞秋·杰克逊看上去的确就像下层女性。有位去过杰克逊田纳西住家的访客认为她看起来很像老洗衣妇。还有人说她胖、肤色黝黑，而后者可以解释为何有人要用"黑人村姑"来诽谤她。皮肤白是阶级特权的象征，而那些在阳光下工作的南方穷苦白人女孩则被剥夺了这种特权。批评家们嘲笑杰克逊夫人的偏乡发音，他们取笑她最喜欢的歌曲居然是《爬上桉树的负鼠》（*Possum Up a Gum Tree*）。她还抽烟斗。唉，就在瑞秋陪同丈夫前往华盛顿履行第一夫人职责的前夕，她死于心脏病。她的死加剧了新任总统对政敌的仇恨。[65]

平等的假象

当然，在阶级议题外，杰克逊的参选也改变了民主政治的本质。一位政治评论员指出，杰克逊的当选带来了"吹牛比赛"。杰克逊的手下经常夸大杰克逊的资历，说他不仅是"新奥尔良骑士"、国家的"拯救者"，还是人类历史上最伟大的将军。另一位观察家认为，一种新式的"口若悬河的乡村政治家"出现了，他可以滔滔不绝地讲上几个小时，直到"他灵感枯竭，想不出别的话来赞美杰克逊将军"。[66]

19世纪20年代和30年代间，吹牛有其独特的阶级面向。在一篇发表于田纳西的讽刺作品中，一位作家注意到了骑士精神在捍卫荣誉时的奇特改变。故事的主角是肯塔基州的"红布骑士"和田纳西州的"伟大威武的胡桃钳"（Walnut cracker）。胡桃钳自封为"山猫湾、大小偷猪溪、短山、大孔洞和库维尔桥公爵"。这些装腔作势的崇高头衔代表什么？就像21世纪某些黑帮饶舌大师一样，南方穷苦白人必须用滔滔不绝的语言武装来掩盖自己的卑微出身。他们用克罗克特式的撒谎和自夸来弥补阶级血统的不足。安德鲁·杰克逊也是如此。他以决斗、争执和咒骂来提升自己在新成立的田纳西州的政治地位。[67]

虽然杰克逊对占居者的权利不感兴趣，但他的政党确实把风向带往对占居者有利的方向上。民主党人支持优先购买权，让那些缺乏资金的人能够更轻易且更便宜地购买土地。优先购买权让占居者得以定居、开垦，再用"最低价格"购买他们所占居的土地。在优先购买权之争中，占居者渐渐取得有利的位置。对某些人来说，占居者变成了勤劳的人，用自己的双手建造了自己的小木屋，帮忙开垦土地，使所有阶级都受益。辉格党领袖亨利·克莱发现自己处于劣势。1838年，克莱在参议院开玩笑说"小个子"占领了宽敞的白宫,优先购买者可能会利用优先购买权,赖在白宫不走——他口中的"小个子"是马丁·范·布伦(Martin Van Buren),杰克逊钦点的继任者。[68]

离开田纳西州搬到密苏里州后,托马斯·哈特·本顿和杰克逊尽弃前嫌。他是杰克逊两届任期内及卸任后的杰出参议员,推动过优先购买权相关法律,最终在1841年推动通过了"木屋法案"(Log Cabin Bill)。但是本顿的想法是把双刃剑:没错,他希望借此让占居者有机会购买不动产,但是他显然把他们看成了可抛弃的人口。1839年时,他提议为占居者提供武器、土地和口粮,以占居者代替联邦军队,延续对抗佛州塞米诺尔人的军事行动。本顿这样做纯粹只是复制了英国的军事策略,把占居者拿来当作征服荒野的廉价工具。[69]

在1840年的总统大选中,占居者似乎变成了民主论述中的一般普通老百姓。两党现在都拥抱占居者的形象。辉格党总统候选人威廉·亨利·哈里森(William Henry Harrison)的追随者说他拥有山野粗人的血统。这不是事实。哈里森出身弗吉尼亚的庄园主精英家庭,虽然他曾短暂住过旧西北领地的小木屋,但当他出来竞选时,那间小木屋早已被拆除,取而代之的是一座豪宅。肯塔基州的亨利·克莱与哈里森争夺辉格党的党内提名,前者盛赞他那在比赛中获奖的大猪——竟然还将其取名为"南方玉米穷苦白人"。这种新的阶级政治的戏码,建立在小木屋、大众昵称、苹果酒和浣熊皮帽子的虚构描述中。这些意象让我们了解到为何西部人和贫穷的选民从来没有完全接受杰克逊钦点的马丁·范·布伦。他们眼中的范·布伦,是一个纨绔子弟式的东海岸单身汉。辉格党有首竞选歌曲抨击范·布伦这位荷兰裔的纽约客,说他是"古怪的小个子……骑在强壮的安迪·杰克的背上"。[70]

在流行文化中,占居者突然成了浪漫的角色。圣路易的新闻记者约翰·罗伯（John Robb）的《占居者生活轨迹》(*Streaks of Squatter Life*)就是一例，其中写到一名叫作休格（sugar）的密苏里穷苦白人占居者。尽管他衣衫褴褛，但在地方选举中，他个人的影响力却极为强大。休格会带着一小桶加了红糖的威士忌到投票站，当大家排队等着喝他的特调饮料时，他会根据自己听过的演讲，认真地告诉他们应该投票给谁。休格失去了他的女人和农场，然而他虽是没有土地的占居者，却获得了尊重。他代表了新的普通人，一种不会被花言巧语误导的单纯人。[71]

休格不只是追求平等。实际上，在关于阶级和尊重的大争论中，他代表的是改良版的中产阶级答案。从种种特质中可看出他是个理性的人，他请大家喝一点威士忌，提供有意义的建议。他没有要竞选公职，没有吵吵闹闹或拿威士忌来换选票。他没有因为土地纠纷进而威胁杀掉抢标者。休格知道自己扮演的角色：他负责给村民提供通情达理的判断。[72]

在某些人心目中，占居者或许已经被驯化了，但杰克逊时代的美国尚未看见政治平等的曙光。弗吉尼亚州到1851年后才开放让没有土地的男人也享有投票权；路易斯安那和康涅狄格早一些，在1845年；北卡罗来纳则要等到1857年。杰克逊都二度当选总统了，田纳西也要等到1834年才让没有土地的男人也拥有投票权。这个时期中，八个州立法剥夺乞丐——城市中的贫民——的投票权。与此同时，许多乡镇和城市则采用了比州议会更严格的投票原则。芝加哥、克罗克特所在的田纳西和支持杰克逊的大本营的亚拉巴马都是如此。在书中休格可以投票选国会议员，但在约翰·罗伯所在的圣路易市，这个虚构的角色却没有市政选举的投票权。[73]

民主党人安德鲁·杰克逊其实促成了1796年田纳西宪法草案中对选举权的限制（1828年的竞选战点出了这个事实）。他从未试图让更多田纳

《占居者生活轨迹》(1847)中的"老休格"是一个滑稽的角色,他一穷二白,却无伤大雅。真实的乡下占居者,过往都是寻衅斗殴,嗜酒如命并会在政治集会上骂骂咧咧的形象;而休格却被塑造得温和得多。

约翰·罗伯《占居者生活轨迹》(1847),马萨诸塞州,沃切斯特,美国古文物收藏家协会

西州人拥有投票权。1822年，杰克逊担任佛罗里达州的执政官时，并未对佛州规定只有有产阶级才能获得投票权这件事表达异议。因此，作为总统候选人，杰克逊的吸引力并不在于真正的民主，而在于他吸引了某些强占土地的白人，以及他体现了"男性自由的粗鲁本能"。他并不支持男性普选。的确，世上第一个允许全国成年男子享有普选权的国家不是美国，而是1839年的利比里亚，一个由英国和前美国奴隶建立的国家。[74]

到最后，美国南方穷苦白人或占居者也未曾化解他的矛盾性格。他可以一走了之，启程流浪，重新开始。他可以自吹自擂，遇见任何胆敢侮辱他心爱候选人的家伙时，他还可以剥了他的皮。许多人观察到，在投票站前，喝威士忌往往比聆听冗长演讲更重要。因此，虽然有些记者认为"乡下的穷苦白人"是"国家的骨干"，另一些人则继续把南方穷苦白人看作醉醺醺的傻瓜。就像在某位作家笔下，穷苦白人居然把最爱的政治演说家当成"乞丐之神"一样崇拜。直到1842年，"占居者"仍被认为是一个"名词，表达生活或地位的恶名"，其地位低于阶级中立的"拓荒者"[75]。

因此，南方穷苦白人或占居者从来都不是政治平等的典型代表。他们是流行讽刺漫画的主角，这种角色说明了阶级差异，而非社会对下层阶级的尊重。没有人认为休格可以和约翰·昆西·亚当斯、威廉·亨利·哈里森，甚至是他所在地的地方议员平起平坐。偏远地区的公民最多也不过有机会见到亚当斯总统，但是握手（现在那种鞠躬后的握手）也不会提升他的社会地位。1828年，詹姆斯·费尼莫尔·库珀观察到，自吹自擂的民主是一种必须付出的"低廉代价"，以此确保真正的社会平等化不会侵蚀根深蒂固的阶级划分。[76]

没办法落地生根的占居者背后有不少故事。他们必须想办法争取投票权。他们对讲话文绉绉的候选人没有耐心。这些正是《阿肯色州旅行者》（*The Arkansas Traveller*）的寓意，这是1840年一则著名的占居者故事。在这个故事中,一位前往乡下拉票的精英政客向占居者要茶点吃。故事中的占居者坐在破屋前的威士忌酒桶上,无视此人的要求。在一段短暂的时间后(因为现在是选举季节),这位政客不得不屈尊降贵,跟普通人混在一起。为了有东西可以喝,为了得到占居者的选票,这位政客不得不下马,抓住占居者的小提琴,让他知道自己也能拉出对方熟悉的音乐。然而,当这位政客回到他的豪宅时,这个占居者的生活没有任何改变,他的妻子和一群肮脏、光着脚的孩子们仍然一贫如洗。[77]

第二部分

美国品种的退化

第六章
"穷白垃圾"与血统：坏血统、混种与啃土汉

> 他们在哪儿都一样，有着差不多的特点和习惯，说着相同的土话，举止同样粗野……他们在哪都是穷苦白人。
>
> ——丹尼尔·亨德利（Daniel Hundley），《穷白垃圾》（Poor White Trash），《南方各州的社会关系》（Social Relations in Our Southern States）

导致美国内战的地区性危机，剧烈地改变了阶级认同的大众用语。低贱的占居者仍是焦点，但其栖息地已有所变化：奇怪的是，他们成了蓄奴州的产物。用来指称南方贫穷苦白人的术语也发生了变化，人们不再提"占居者"或"南方穷苦白人"这种说法了。生活在种植园社会边缘的赤贫南方人成了大众口中的"土包子"（sandhillers），以及可悲的、自甘堕落的"啃土汉"（clay-eaters），这些词汇反映出大众对穷苦白人的厌恶日渐加深。就是在这个时期，"穷白垃圾"（poor white trash）的说法出现了，成为日后流传最久的贱称。南方的穷人不再只是懒惰的流浪者，如今他们成了收藏家珍奇柜中的奇异标本、畸形的品种、"恶名昭彰的种族"的退化产物。新的命名法让底层的人成为现代社会中人们熟悉的嘲弄对象。

尽管早在1821年就有关于"白垃圾"一词的文字记录，直到19世纪50年代，这个称呼才开始广为流行。1845年，有则新闻报道了为安德鲁·杰克逊送葬的华盛顿民众队伍。从这则新闻就可以看出个中改变。新闻报道穷人在街上挤来挤去，争相目送"老山胡桃"的最后一程。然而记

者不是用"南方穷苦白人"或"占居者"来称呼这些人。这群一把推开贫穷有色人种，只为一窥已故总统的群众，在报道中被称作"穷白垃圾"。[1]

天生的生理缺陷是这种人的独特标志。在 19 世纪中的描述中，衣衫褴褛、瘦弱的"土包子"和"啃土汉"是临床试验的研究对象，他们的孩子早衰，腹部肿大且畸形。除了他们肮脏的脸和脚，观察家们更观察到这些穷苦白人的肤色苍白带黄——一种他们称之为"动物油脂"的颜色。这些发色棉白、面色如蜡的怪种勉强被承认是人类，并被归类为白化病人。由于高度近亲繁殖，他们对饮酒和食土双重上瘾，这毁了他们自己。在瑞典作家布莱梅（Fredrika Bremer）于 1853 年出版的南方游记中，她说啃土汉吃"油腻泥土"的行为，会把自己给吃死。[2]

南方人的"白垃圾"被归类为会把可怕特征传给下一代的"种族"，因而被排除了任何进步或社会流动的可能。除了这些《活死人之夜》（Night of the Living Dead）的特性，批评家还指责穷苦白人在人种上已比非洲奴隶还下等。他们标志着进化上的衰退，预示着旧南方的灰暗未来。如果自由白人生的孩子如此虚弱，民主国家要如何才能强健繁荣得起来？如果"白"不如杰斐逊的想象，不是优越的必然象征，也未必指向一群独立、可教化的自由民的同质整体，那么理想的生活、自由、追求幸福的权利皆不可得。

南北战争前的南方，看不见杰斐逊所说的社会向上流动性，也不见杰克逊大力赞扬的无畏的山野粗人。到了 19 世纪 50 年代，在关于奴隶制度及其向西扩张的激烈辩论中，穷苦白人在地区论述中扮演了象征性的角色。北方人，尤其是那些加入"自由之土党"（Free Soil Party）和后继的共和党的人，宣称穷苦白人恰恰证明了奴隶制度对自由劳动的弱化作用。奴隶经济垄断了土地，同时截断了非奴隶主的白人男性养家糊口的可能和在自由市场经济中发挥的机会。奴隶制度粉碎了个人的上进心，导致腐败和死亡，耗尽了土地及其脆弱居民的活力。穷苦白人是阶级暴政和失败的民主传统的不幸受害者。正如乔治·韦斯顿（George Weston）在他著名的小册子《南方的穷苦白人》（*The Poor White of The South*）中所述，他们"一代一代越来越深、越来越无望地陷入野蛮状态"。[3]

拥护奴隶制度的南方人在意识形态上发生转变，他们认为阶级地位是自然的产物。保守的南方知识分子逐渐接受了生物特质决定阶级的观念。出身亚拉巴马的丹尼尔·亨德利于1860年时出版了《南方各州的社会关系》一书。他在书中否认了奴隶制度会造成贫穷现象，他坚称穷苦白人的苦难来自其劣等的品种和受诅咒的家世。他相信阶级是先天的，他用"发育不良的祖先"和"患肺结核的父母"的巧妙比喻来解释贫穷的农村白人的困境。对于亨德利和其他许多人来说，是血统使穷苦白人成为"恶名昭彰的种族"，坏血统和教育失败才是"白垃圾"不幸生活背后的真相。[4]

亨德利的意识形态获得了广泛支持。许多北方人，甚至是那些反对奴隶制度的人，都把南方的"白垃圾"看作危险的品种。斯托夫人（Harriet Beecher Stowe）也是反奴隶制的象征人物，但她却赞同哈佛大学毕业的未来邦联领袖亨德利的描述。虽然她因畅销的反奴隶制小说《汤姆叔叔的小屋》（*Uncle Tom's Cabin*）而名声大振（兼有恶名），斯托夫人的第二部作品却讲述了一个截然不同的故事。在《德雷德，阴暗的大沼泽地的故事》（*Dred: A Tale of the Great Dismal Swamp*）*中，她把穷苦白人描述成堕落的阶级，经常犯罪、不道德且无知。出身北卡罗来纳的欣顿·罗恩·黑耳珀（Hinton Rowan Helper）出版了《迫在眉睫的南部危机》（*The Impending Crisis of the South*），许多人认为这是关于19世纪相关

---

* 编注：此处"阴暗的大沼泽地"即前文所述的"迪斯默尔沼泽"，"迪斯默尔"为音译。

历史最重要的作品。这本书卖出了 14 万册，成为揭露奴隶制度对穷苦白人压迫的作品中最受欢迎的一部。黑耳珀笔下的南方是个"退化和无知的粪坑"，而穷苦白人则是矮小、愚蠢和不孕的一群人，注定要灭种。就各方面看来，这种关于阶级的直言不讳跨越了区分自由州（北）与蓄奴州（南）的"梅森-狄克森线"（Mason-Dixon Line），令人惊讶地连接了政治光谱的两端。历史教科书告诉我们，南北战争主要的争论点在于，一个建立在奴役黑人之上的世界是否具备可延续性。我们并没有被告知完整的故事，因为当时分裂的美国人最关注的是社会的动荡和持续的阶级冲突，这种紧张在这空前血腥的四年之前、之间、之后，都对这个分裂国家产生了真实、明显的影响。[5]

建立帝国的血统

穷苦白人不仅仅威胁到旧南方的完整，这个不受喜爱的阶级也唤起了其他阶级特殊的恐惧，让人害怕他们会将其特有的病菌传染到西部的广大地区。在极短的时间内，美国国土增加了 8 亿亩。单单是 1845 年吞并得州就让美国赢得 2.5 亿亩的土地。同年，"黑马"民主党总统参选人詹姆斯·波尔克（James Polk）坐上了总统宝座，主要是因为他支持侵略的扩张路线。除了欣然接受得州成为美国国土，波尔克还承诺，如果英国不将俄勒冈领地的主权让予美国，他将发动战争。波尔克不情不愿地接受了保存至今的北纬四十九度并行线划分后的俄勒冈领地，从而避开了与英国的战争。

"小山核桃"似乎觉得有了这块土地还不够，这个第二位来自田纳西州的总统重新采用了他导师的成功策略：安德鲁·杰克逊曾以发生在西班牙属佛罗里达的边境冲突为借口，发动了一场征服战争。波尔克也用同样的方法入侵墨西哥。1848年签下"瓜达卢佩-伊达尔戈条约"（Treaty of Guadalupe Hidalgo）时，波尔克获得了后来的加利福尼亚州、内华达州、犹他州、亚利桑那州和新墨西哥州，以及科罗拉多州和怀俄明州的部分地区。1854年，民主党总统富兰克林·皮尔斯追随波尔克的脚步，通过加兹登购地，为新墨西哥州南边添上一长条土地。修建一条横贯美洲大陆的铁路以促进南方的棉花经济是场诱人的豪赌，这就是加兹登购地案背后的强大动力。[6]

横跨美洲大陆的运动影响了知识界的潮流，新的用语引人遐想。这已不只是杰斐逊心目中没有继承贵族制的国家了，美国人信奉了建立在生物决定论之上的帝国命运。这个新秩序认为，美国人的盎格鲁-撒克逊族血统具有优越的特征，美国人只需要生得比其他种族多就好了。根据1851年的政治分析，美国的重要性将在1870年时超越欧洲，"拥有我们种族和血统的，自由且精力充沛的国民，其人数将达到一亿"。那些"盎格鲁-撒克逊的子孙，充满强健的心灵和头脑"，将使英国和美国成为全球霸主，"作为这支进步血统的代表"。[7]

新思潮的第二个统治前提强化了绝对的人口优势：一国之伟大在于血缘和遗传的法则。当时的人认为，诸如热爱自由和种族主义等后天文化是一代一代遗传的。在《血统教育》一文中，作者声称一代人的知识会在空气中保存下来，学习能力会进入血液，成为"我们身体的一部分，并传递给我们的后代"。把野蛮人从森林里的母亲身边带走，再把他带到文明社会中，并不能使他变得文明；他的"血统必须经过训练和教育，他的子孙后代必须像盎格鲁-撒克逊人那样积累、接受知识"。这位作者将上述现象与精神疾病遗传进行比较，他说精神疾病是由父亲传给下一代，并"从我们母亲的乳汁中吸收"。血统揭示了一切：血统伟大，一个民族才会伟大。美国的命运建立在大规模的土地收购及人民的血统之上。[8]

这种对血统的迷恋在战前文学作品中相当普遍。《美国跑马场注册及体育杂志》(American Turf Register and Sporting Magazine) 上记录了南方人对育马的痴迷。1834 年，该杂志写下"美国血统"（意即"美国纯种马"）已经与世界上最优良的血统不相上下。忠实读者熟知最著名的美国马血统，认识一长串的父系种马的清单，而育种者记录并出版了"美国种马名册"，以避免出现血统造假的问题。[9]

马和人在这方面是相同的。苏格兰生理学家亚历山大·沃克（Alexander Walker）重弹约翰·亚当斯和托马斯·杰斐逊的旧调：是否应该对人类育种以"改善种族"。在《通婚》(Intermarriage) 一书中，他强烈鼓励人们按照马也适用的自然法规来择偶。美国的健康改革家如奥森·福勒（Orson Fowler）就曾在 1848 年的《遗传血统》(Hereditary Descent) 中建议培育具有理想特质的孩子。他强调动物育种者的金科玉律：关注血统。他不再以财富或门第来衡量人的优劣，而认为血统中最重要的是长寿的祖先，以及不受遗传疾病或"坏血统"污染的强健体魄。这批新的建议文献的战斗口号延伸到了"卫生的"婚姻：选择皮肤健康、一口好牙、身强体健的性伴侣。人们必须避开那些"出身不佳"的人，他们只会生出"瘦弱的品种"。美国的未来会不会因为坏血统而夭折？一位未来的机智才子这样说过："我们天真地认为，高贵的父辈只会被我们——他们高贵的儿子——超越。我们怀抱何等崇敬之心追溯父母之血统！我们怀抱何等自豪谈论血统！我们怀抱何等戒慎之心以防血统遭受污染！"[10]

种族和健康的遗传互为表里。1843 年亚拉巴马州的外科医生约西亚·诺特（Josiah Nott）宣称，黑白混血儿是"两种截然不同的物种的后代——就像马和驴生的骡子"。黑白混血儿是"有缺陷的人种""退化的、违反自然的后代"，注定自取灭亡，因为他们跟骡子一样，不能生育。（当然，这是荒谬的理论。）他把黑白混血儿比作患肺结核的父母，认为他们继承了有缺陷的内部组织。诺特的评论不限于盎格鲁-撒克逊人和黑人的混血，他还附和混血议题的英国权威威廉·劳伦斯爵士（Sir William Lawrence）的说法："欧洲人的智力和道德因混合了黑血或红血而退化。"[11]

关于美洲印第安人的讨论中，也用到了类似的遗传灭绝论。19世纪40年代的多数美国人不再支持杰斐逊同化原住民的家长式计划，主流论述是更严酷和教条主义的意识形态：傲慢的民族主义。美洲的印第安部族是生物退化的种族，无法再和优越的撒克逊族共存。1844年，一位作家曾用事不关己的冷漠态度写下这种情绪："他们在斧与犁之前退下，就像他们住过的森林一样消失不见。充满白人的空气是他们的毒药。印第安人无法在白人世界里生存下来。""红人注定彻底灭绝"这种想法并不新鲜，只是更为大众所接受。20年前，亨利·克莱在担任国务卿时，也曾私下发表过相同的推论。[12]

得州与加州的种族问题

得州和加州是盎格鲁-撒克逊幻想背后相当重要的两大支柱。杰克逊的部下山姆·休斯敦（Sam Houston）是得克萨斯共和国第一任总统，他极富魅力，大力提倡得州的自由战士精神。用他的话来说，得州白人是"盎格鲁-撒克逊骑士精神"的化身。虽然得克萨斯独立背后真正的推手是掠夺兵——对土地的贪婪驱使年轻人组成一支民兵——但休斯敦却以种族的角度来解读这场胜利。每个得州人都"吸取了祖先的信条"，这些祖先是他的"血亲"，深受"卓越的智慧和不屈不挠的勇气"的驱策。对许多跟休斯敦有类似想法的人来说，得克萨斯的独立是一个划时代的成就；它象征"令牌"从旧世界被转移到了新世界，代表盎格鲁-撒克逊族的开枝散叶。[13]

休斯敦居然扛起了种族优越感的大旗，这有些奇怪。1829年至1833

年，他和切罗基人住在一起，娶了两名印第安妻子，还身穿印第安服装让人画了一幅肖像。那时的他还不是得克萨斯共和国总统。而他的继任者心安理得地消灭了得州印第安人。1839年，人如其名，以其华丽的诗作而闻名的米拉波·波拿巴·拉马尔（Mirabeau Buonaparte Lamar），对切罗基和科曼奇（Comanches）部落发动了一场他所谓的"灭绝战争"。得克萨斯共和国宪法明文拒绝给予非洲裔或印第安裔公民权。得州立法机关在1837年通过了第一部反异族通婚法，类似南方州禁止欧洲裔和非洲裔通婚的现行法律。[14]

得克萨斯可能还有另一项"第一"。1849年，吉迪恩·林斯肯（Gideon Lincecum）博士向得克萨斯议会递交了一份请愿书，希望保障"优秀的育种者"。他的解决办法是用阉割公牛的方式阉割罪犯，这样就能实质上切断血脉，以防止低等人种繁衍后代。"龙生龙，凤生凤"是动物繁殖的基本规则，动物血统的退化与人类没有不同。林斯肯用了平易近人的模拟来说明他的观点："公马和母马都会小步跑，它们生的小马就不会只慢慢走。"他的请愿虽然被拒绝了，但他不过是走得太快。他试图把美国良种中的不良种子过滤掉，未来的优生政策正是建立在他的蓝图上。[15]

但如同杰斐逊和亚当斯几十年前所下的结论，人类选择伴侣时一直都不太小心。因此，混种在得克萨斯非常普遍。墨西哥政府鼓励那些美国独立前就来到美洲的开拓者与当地的特哈诺（Tejano）女性通婚，与特哈诺女性通婚的男人则可以得到额外的土地作为奖励。白人男性开拓者常常让印第安与特哈诺妇女做情人，混种的孩子遍布这个后来成为得州的国家。虽然墨西哥人支持种族等级和阶级制度，对于混种却见怪不怪。在墨西哥社会的阶级中，最上层的是西班牙古老家族的后裔，他们声称自己的血管里流着纯正的卡斯蒂利亚血统；接下来是克里奥尔人（criollos），他们是在本地出生的西班牙裔开拓者，可能拥有多达八分之一的印第安血统；

下层阶级由梅斯蒂索人（mestizos）（西班牙人与美洲印第安人所生的混血儿）、印第安人和非洲裔组成。墨西哥社会大力支持美洲男性与出身名门的女性结婚。因此，1836年独立后，得克萨斯人依然保有旧墨西哥时代的阶级之别，在高贵的卡斯蒂利亚人与低等种族的混血儿间画下一道界线。[16]

得克萨斯遭美国吞并时，盎格鲁-得克萨斯人已习惯嘲笑肤色深、低阶级的特哈诺人是原住民人口退化的象征。这种大众用语再次强调了血统的退化。越来越多美国人把墨西哥人扔到黑人和印第安人的阶级中，轻蔑地将其贬为"杂种"。"杂种"其实是"混种"或"黑白混血儿"的另一种说法，都是"被污染的"血统。1844年，宾夕法尼亚参议员、后来当选总统的詹姆斯·布坎南（James Buchanan）不加掩饰地谈及"弱智而懒惰的墨西哥种族"，坚称任何盎格鲁-撒克逊人都不应该忍受低等种族的政治控制。新罕布什尔州参议员、财政部前部长利瓦伊·伍德伯里（Levi Woodbury）将得克萨斯革命提升到种族解放战争的高度："撒克逊血脉遭到羞辱，沦为摩尔人、印第安人和杂种的奴隶。"这种言论的吸引力远远超过政客冗长的高谈阔论。一位得州妇女自信地写信给她的母亲说："你感到了一个种族必须征服另一个种族的不可抗拒的必要性"，而"较高等的种族无疑会知道自己就是天选之子"。[17]

支持并吞得克萨斯的人士，夸大了在整个美洲大陆维护盎格鲁-撒克逊社会的迫切需要。盎格鲁化的得克萨斯将保护所有的美国人不受"半野蛮部落"的污染，这些部落的"血统和肤色的有毒混合物"流动在墨西哥混血儿的动脉中。这正是密西西比州参议员罗伯特·沃克（Robert Walker）在国会上提出的主张，他1844年的《一封关于并吞得克萨斯的信》（*Letter on the Annexation of Texas*）极富影响力，进一步加强了他的论点。虽然沃克身形枯槁，不到5英尺（约1.5米）高，只有100磅（约45

千克）重，但他已成为华盛顿最有权势的民主党人。他的言论现在听来相当可笑，他宣称得克萨斯会像变魔术一般，把美国的黑人、黑白混血儿和其他非洲"杂种"给排放掉，将奴隶史上的危险渣滓挪往南美。这是一种似曾相识的种族主义理论：本杰明·拉什在1798年提过的迁徙模型。在该模型中，宾夕法尼亚将筛除较弱的占居者，把他们派往懒散的、到处都是南方穷苦白人的南方。沃克不过是在此基础上添加了伪科学的证据来证明他的观点：北部各州大量的自由黑人罹患精神疾病。这又是一起政治统计遭到扭曲的案例，因为这位南方参议员故意使用美国人口普查中北部精神病院黑人住院病人的数据（就像亚拉巴马州的约西亚·诺特做过的那样）。他的主要观点是，自由黑人在思想和身体上先天就较为羸弱，不适合拥有自由；他们与南方那些据称健康又满足的奴隶形成鲜明的对比，而南方的奴隶并不需要追求自由。[18]

这样夸张的主张却是双刃剑。一方面，得克萨斯将得到拯救以巩固美国的血统；另一方面，让过多的墨西哥人加入扩大的联邦却会破坏美国的种族血统。南部邦联未来的副总统、佐治亚州众议员亚历山大·斯蒂芬斯（Alexander Stephens）断言，得克萨斯人大多数血统良好，是值得培育、能与其他美国人通婚的恰当人选。他引用了《圣经·创世记》中耳熟能详的婚姻隐喻来说明他的观点：作为"美国-盎格鲁-撒克逊人"的后代，"得克萨斯人""来自我们也属于我们，是我们骨中的骨，肉中的肉"。反对美墨战争的人也使用了同样深具种族内涵的语言，试图限制美国吞并的领土面积。[19]

在这场一边倒的战争中，育种被认为是美国的帝国军火库中日益重要的武器。北方佬士兵被要求定居在被占领的领土上，娶"美丽的墨西哥姑娘"，并实现一种新的"吞并"。这就是加利福尼亚的历史。波尔克总统的密友、年轻的田纳西州军官凯夫·约翰逊·库茨（Cave Johnson

Couts）就是一例。他娶了一个富有的墨西哥牧场主的女儿为妻，从他妻舅那里得到了一大片土地，并建造了一座豪宅，在里面生养了10个孩子。他到19世纪60年代时已拥有了超过2.3万亩的土地，并成为统治这个新州的族长之一。[20]

然而，加州的早期历史和得州一样可怕。这两个广阔地区都充斥着欠债逃跑的人、被逐出社会的罪犯、流氓赌徒和冷酷的冒险家，这些人都在西部扩张的混乱气氛下蓬勃发展、壮大。加州淘金热不仅吸引了头发花白的淘金者，也吸引了娼妓、专找有钱人结婚的人，以及卖假地契的骗子。得州和加州这些凶残之人中，最让美国人着迷的就是"墨西哥和白人混种"。这种人以"杂种纨绔子弟作风"、穿戴招摇的珠宝和浮夸的服装而闻名。[21]

在某种意义上，加州恢复了从前的英国殖民模式。虽然它加入联邦时是禁止奴隶制度的自由州，但是立法机关很快通过了一系列繁复的法律，认可了印第安人为奴的契约仆役制度。在1850年到1854年间，将近2万名印第安男人、女人和孩子被当作契约仆役剥削。这是在重演约翰·史密斯的詹姆斯敦历史，甚至连失衡的男女比例也雷同。东海岸的舆论呼吁白人女性搬到西部去。其中一些是真诚的请求，而另一些则讽刺了加利福尼亚人对优良育种者的迫切需要。1850年，一幅颇受欢迎的法国漫画上画了一群妇女，她们被装在木箱里，像日用品一样，准备出口给极缺女人的"加利福尼"（Californie）。《美国杂志与民主评论》（*The United States Magazine and Democratic Review*）预言，如果能够把这些美国单身汉的未来妻子运往加州，缺多少就马上运多少，那么美国人的独身状态将会消失。[22]

淘金热吸引的不仅仅是不知满足、寻找致富的快捷方式的白人。更有远从澳洲、智利、夏威夷和法国来的探险家。为数众多的中国人从1852年开始移居加州。旧金山很快成为北美最国际化的中心。有许多知识分子曾造访加州，记录下种族的"珍奇异兽"及白人的彻底退化。北卡罗来纳州的黑耳珀正是其中之一，在《黄金之地》(Land of Gold)一书的基础上，黑耳珀在《迫在眉睫的南部危机》对穷苦白人的探讨引发更多争论。[23]

黑耳珀身材高瘦，在龙蛇杂处的移民中必定鹤立鸡群。他在加利福尼亚待了3年，直到他离开时都还是很厌恶加州。虽然他严词批评了他在加州见过的每个人，但他不得不承认，如果想要在旧金山这个无法无天的小镇生存下去，从海外移居此地的大多数妇女除了卖淫之外没什么选择。[24]

对黑耳珀来说，印第安人是"肮脏可恶的"，活得像"肉食性动物"，远比"黑鬼"或"狗"还低等。金州（The Golden State，即加州）的白人杀光了印第安人，就像赶松鼠一样。黑耳珀在回北卡罗来纳途中遇见的尼加拉瓜人，既"虚弱"又"矮小"——因此，一个肯塔基人抵得上四五个尼加拉瓜的"热带混血居民"。自由黑人同样生活在"肮脏和堕落"中。黑耳珀重复了沃克的种族主义迁徙理论：总有一天黑人会往赤道移动，像废物一样沉淀在南美国家的"容器"中。[25]

黑耳珀大肆抱怨了加州人，并大量地使用了动物进行比喻。美国人、英国人、法国人、印第安人、黑人和"混种"的人永远不会在挖掘金矿上取得共识，就像在刚被杀死的鹿旁边徘徊的豹、狮子、老虎或熊一样。这些"半野蛮人"和南方黑人的命运相同："太平洋的铜"和"大西洋的乌木"注定永被奴役。[26]

黑耳珀是种族纯粹的狂热支持者，也自认是社会学和人类学家。他比较了淘金热和南方棉花的单一作物经济，他研究加州得出的结论重新出现在1857年的南方社会批判中。在他对加州精英（西班牙后裔）的描述中，他认为这些人根本就是西部版的残酷、自满的南方贵族种植园主。黑耳珀还从西班牙人沉迷于斗牛这种恐怖表演一事中看出，这与南方种植园主挥舞鞭子相当类似。野蛮的斗牛士与"奥古斯都骑士"种植园主相当相似,后者统治奴隶和穷苦白人。对于穷苦白人的描述,在1857年就已经带有待宰的牛的特征,他们是被征服的动物,处在"文盲和堕落"的状态下,而这种状态,却是由冷酷无情的种植园主"刻意且邪恶地维系"的。[27]

黑耳珀很自然地就把他对加州矿工的看法转移到南方穷人身上。淘金者是新版的占居者:他们住在肮脏的帐篷里,头发从不梳剪,胡子凌乱不堪。大多数涌入加州的白人男性成了"极度贫困之人"。这样看来,他们与南方的穷苦白人没什么不同,如此卑鄙愚蠢,如此巧妙地实施诈骗,如此可恶地践踏法律。对于黑耳珀来说,单一财富来源的经济体创造了极端的阶级。人们对加州淘金的崇拜,正如对棉花和奴隶制度的崇拜一样——这两者是南方的虚假神明。[28]

穷苦白人成为永久阶级

其实在《黄金之地》中,黑耳珀是支持奴隶制度的。不到两年之后,在《迫在眉睫的南部危机》中,他却呼吁废除此一制度——与亚伯拉罕·林肯和一群号称"自由"的政客立场相同,主张解放和殖民。被释放的奴隶将被驱逐出美国。1848年自由之土党和1854年共和党的崛起,并不意味着反奴隶制者就不会对血统、不自然混种和退化的品种感到焦虑。共和党的第一位总统候选人是约翰·弗里蒙特(John Frémont)上校,他在南方出生、成长,名声跨越落基山脉。像黑耳珀一样,他转向支持废奴是为了保护白人种族的利益。[29]

自由之土党的论述让越来越多人相信自由人不能与奴隶共存——就像盎格鲁–撒克逊人不能与印第安人比邻生活一样。奴隶制是一种危险的传染病,传播死亡和衰退,并且因为"减少"国家的白人居民而引发阶级与人口战争。早在1843年，一位聪明的散文家就曾指出，贫穷的南方白人被迫离开家园，像难民一样被放逐，因为他们无法与黑耳珀口中蓄奴的"土地鲨鱼"竞争。剥夺他们的土地、剥夺后代的合法继承权是不公平的。南方贫穷家庭的成员"形同枯槁""身体孱弱"；向西发展的南方穷苦白人代表了新的贫困阶层，比以往的都要严重。这位散文家的结论是，通过"驱逐她的儿子"，奴隶主正与"南方所有非奴隶主的人民的重大利益"对抗。[30]

自由之土党人设想出三种消灭奴隶制度的可能方案。首先，如果要维持西部不受污染，所有新领地都不能允许奴隶制度存在。其次，就某些人看来，禁止奴隶制度向西部领地和各州扩散，似乎能让这个制度在旧南方逐渐消亡。最后，如黑耳珀所论，要终结奴隶制度需要把奴隶出口到其他地方，如非洲、加勒比海群岛或南美，然后在这些地方对他们进行二次殖民。

1846年，自由之土的旗帜登上了国家政治的中心。那年，宾夕法尼亚民主党人戴维·威尔莫特（David Wilmot）在国会提出了一条限制性条款，规定从墨西哥战争中获得的所有领地都必须是自由之地——禁止奴隶制度。这条限制性条款逐字逐句引用杰斐逊1784年倡议禁奴的西北领地草案。它与让所有男性拥有160亩自由农庄的"宅地法案"（Homestead Bill）相辅相成。自由——当然这意味着所有白人的自由——只能通过土地所有权和从土壤中收割的能力来保证。以前的土地政策赋予占居者优先购买权（购买他们已经立下界桩并耕种过的土地的权利），与之不同的是，新的运动将占居者变成了拥有权利的自由人。要成为土地主人，就必须是美国人民——他们共同拥有领地上所有的公共土地，这是他们不可剥夺的"与生俱来的权利"。不幸的是，国会中的南方代表投票反对，"不可剥夺的宅地"法案直到1862年南北分裂后才通过。[31]

自由之土的政治主张凸显出阶级问题的严重性：南方的种植园主散

布奴隶制,是在损害自由人的利益。前肯塔基州国会议员本杰明·哈丁(Benjamin Hardin)1841年时声称奴隶制度正使肯塔基流失早期拓荒者后代的人口,这句话充分体现了阶级斗争的精神。哈丁回忆起拓荒者——占居者中最富代表性的丹尼尔·布恩(Daniel Boone),他说这位和善的伟人从未想过他的后代会落入"放逐和贫穷"之中。在整个肯塔基州,自由人自豪的家园被种植园和牲畜取代。在"自由人孩童曾经玩耍过的草地上",现在遍布着"丑陋的"家畜和奴隶。自由之土重新点燃占居者和投机者之间的斗争,并让占居者摇身一变成了"土地民主"的诚实自由人,他们因反对奴隶主的寡头统治而自豪。[32]

自由之土的政见是拯救白人。弗里蒙特(Frémont)是共和党1856年提名的总统候选人,他把诚实自由人的危机当作他的核心政见。若是禁止奴隶主进入这些领地,弗里蒙特就能阻止北方的白人劳动者沦为西部奴隶。他向南方的非奴隶主提供解放之道,承诺让他们真正独立,而这正是他们从1776年来就被剥夺的权利。不过,自由之土的政见引发质疑:穷苦白人真的能够获救吗?某位马萨诸塞州的演说家曾说过:"我是自由人,我的父亲也是自由人,在自由土壤出生长大。"贫穷的南方白人出生在奴隶州,在不自由的土地上长大,因此,有越来越多的知识分子认定他们的血统堕落了。他们行为举止不像自由人。在黑耳珀的观点中,他们的无知和顺从使他们比俄罗斯的农奴更糟糕,因为他们服从地把票投给"奴隶统治者",让这些人一次一次顺利当选。[33]

新的共和党成员重拾华盛顿和杰斐逊过去的批判:南方农业耗尽了地力,让良田变成废土。黑耳珀公布的图表证明了北方的生产力比南方高。乔治·韦斯顿在其颇具影响力的小册子《南方的穷苦白人》中引用了南方名人的话,来解释南方经济为何注定落后。[34]

众所周知穷苦白人之所以如此悲惨,是因为他们经常被发配到最糟的土地上：充满沙土和矮松的泥泞土地。这就是他们在19世纪中会被叫作"土包子"和"松林地人"（Pineys）的原因。他们被迫前往边缘地带，常常占居自己并不拥有的土地，被看作腐烂的土壤。有人曾说，"白手起家"的穷苦白人，就像"他们赖以生存的土地一样，像是石头、树桩、灌木"。黑耳珀援引布丰的论点，坚称"退化的种群"生出的人类与动物"发育不全，长成了低劣的东西"。亨利·戴维·梭罗1854年也触及这个主题，却发挥最黑暗的想象力：他笔下的奴隶南方是一具腐烂的尸体，最好拿来当作开拓中的西部的"肥料"。他把穷苦白人和人体残渣画上等号。在他的描述中，这种人唯一的用处就是充当领地的肥料。[35]

斯托夫人在她的小说《德雷德，阴暗的大沼泽地的故事》中，对于穷苦白人的描述同样毫不留情。她笔下的种植园主对穷苦白人的"整个种族"——"这种生物的部落"——不屑一顾；或者就像某个角色令人发指地宣称的那样，"应该举办一场狩猎聚会来追捕他们，消灭他们，就像我们消灭老鼠一样"。作者笔下的穷苦白人妇女和她的孩子就像是躲在森林里的受伤动物：

> 一堆肮脏的稻草上，坐着一个悲惨憔悴的女人，双眼大而狂野、脸颊凹陷、头发蓬乱、又长又瘦的手像鸟的爪子。在她没有肉的胸脯上，有一个瘦弱不堪的婴儿，正用她小小的枯骨般的手推来推去，仿佛要挤出更多营养，但大自然却不给她；两个神色惊恐的孩子，瘦骨嶙峋，饿到皮肤发紫，抓紧她的衣角。他们挤在一起，尽可能地远离新来的人，用惊恐的大眼睛抬起头看，像是被狩猎的野兽。[36]

斯托夫人的观点是，贫穷的南方白人已经坠入底层，他们唯一的希望就是有人可以伸出援手。但这会发生吗？她笔下南方种植园主对穷苦白人的鄙视评论，不只是她的想象。许多农场主因为穷苦白人的犯罪活动，特别是他们与奴隶一起贩卖赃物而憎恨这群人。19 世纪 50 年代，随着穷苦白人人口的激增，查尔斯顿地区的大陪审团建议剥夺穷苦白人男子的选举权，因为他们"堕落"到与黑人买卖私酒。[37]

由种植园主所控制的法庭可以剥夺任何自由人的选举权。在 19 世纪 40 年代和 50 年代，南北卡罗来纳州、路易斯安那州和弗吉尼亚州都把财产定为竞选公职门槛，让穷苦白人无法担任公职。社会排斥是一种更大的耻辱，因为种植园主强迫穷苦白人从后门进入主人家。当穷苦白人乞讨食物或其他补给时，奴隶称他们为"流浪羊"。南方的改革者也同样瞧不起穷苦白人。工业化的支持者和纺织厂主威廉·格雷格（William Gregg）1851 年时曾至南卡罗来纳学院发表演说。他说"我们的穷苦白人……穷困潦倒，只比森林里的印第安人好一点"，这段话反映出进化论的逻辑。格雷格的工厂只雇穷苦白人，希望把他们提升到更文明，尽管仍然卑微的层次，给他们提供稳定的工作，并让他们可以进学校念书。[38]

没有几个穷苦白人占居者有机会得到能自由支配的土地和宅地。根据富裕的南方人的说法，他们活得像拾荒者、流浪汉和小偷。但事实要复杂得多。许多人是佃农，白天和奴隶一起劳动。在收获的季节里，贫穷的男人和女人夜以继日地为微薄的工资工作。在巴尔的摩和新奥尔良等城市，一些最艰苦的工作——修铁路、铺路、长途驾驶、挖沟——主要是由薪资极低的白人来完成。[39]

到了 19 世纪 50 年代，穷苦白人成了永久的阶级。穷苦白人不仅没有奴隶，更是"没有农地的农民"。小规模的奴隶主往往与大种植园主有血缘关系，这提醒人们血统和血缘关系是多么重要。奴隶主与众不同的金融工具，使他们凌驾于非奴隶主之上；他们把抚养奴隶儿童当作投资，申请贷款的时候，这些儿童就是能够用于抵押和获取信贷的可贵资源。

无论他们是留在原地，还是向西迁移，贫穷的白人都住在贫穷的土地上。将近一半的人离开了大西洋南部，前往得克萨斯、阿肯色、密西西比和其他地方，然而穷苦白人在奴隶州的占比维持不变。安全阀理论行不通。[40]

通往分裂的道路

"南方穷白垃圾"的标签并不如某些人所说，完全是北方一手塑造的。虽然"穷白垃圾"（po' white trash）的"穷"（po'）可能来自奴隶词汇，但显然在南部精英中引起了共鸣，他们对这些穷人弃如敝屣。视其为"垃圾"（就像杰斐逊所做的那样）。斯托夫人和丹尼尔·亨德利这两位南辕北辙的人物，居然同样都支持用"好血统"来描述遗传的阶级美德——"血脉交织"是类科学的描述，强调代代相同的力量。[41]

亚拉巴马州的亨德利不像康涅狄格出生的斯托夫人那么出名，但他也不是一个典型的南方人。1853年在哈佛大学获得法学学士学位后，他依照南方的习惯，娶了弗吉尼亚的表妹，并被他的岳父送到芝加哥管理家族的房地产。在他着手撰写有关穷苦白人的文章前，他亲眼见证了1857年的大恐慌，当时芝加哥到处都是失业者。林肯当选后，他回到亚拉巴马州，重新成为南北分裂与南方生活方式的忠实捍卫者。[42]

亨德利声称真正的南方绅士具有骑士血统，这是一种虚构的、比普通盎格鲁-撒克逊人优越的王室血统。他甚至让杰斐逊也成了混种：杰斐逊的母系流着皇家骑士的血统，但父系则是健壮的盎格鲁-撒克逊血统。亨德利虚构的典型南方绅士就像一匹阿拉伯马：6英尺（约1.8米）高、健壮、灵敏，在田园狩猎，在乡野跋涉。在他的分类法下，白人的阶级被分成了递减的血统：骑士贵族高高在上，盎格鲁-撒克逊人在中间的自耕农阶层，而那些被他称为"南方恶霸"和"穷苦白人"的人，则落居最下层。这些最低层人种的祖先是詹姆斯敦的罪犯和契约仆役，他们是贫穷流浪者或旧伦敦后巷居民的肮脏后裔。[43]

在《德雷德》中，斯托夫人把南方贫穷的白人分为三个阶级。恶毒（卑鄙）的白人，就像亨德利的南方恶霸一样，为所欲为，整日烂醉，幻想能有个奴隶让他发号施令。往下一层是穷苦白人，这些人像是惊弓之鸟，是众人厌恶的对象。但是在斯托夫人的书中最有趣的阶级是她笔下的混种。她笔下的苏小姐（Miss Sue）来自弗吉尼亚的佩顿家族（好血统），她的家族因为失去了财富而"堕落"。冲动之下，苏嫁给了穷苦白人约翰·克里普斯（John Cripps），但多亏她的血统救了他们的孩子：他们很"漂亮"，脸上带有佩顿家的生理遗传特征，"没有白人野孩子的发音和举止"。苏死后，新英格兰让他们更加文雅，还让他们上了最好的学校。健康的环境优势使他们能够重新确立他们母亲的优越阶级血统。[44]

在大众描述中，穷苦白人是"不寻常的"人，他们的习惯"很古怪"和"印第安人一样"。或者，就如一位新罕布什尔教师在佐治亚州观察到的啃土汉一样，这些孩子未老先衰。10岁开始，"他们的面容就变得又笨又重，常常变得浮肿难看"。这些满脸皱纹、干枯萎缩的孩童的衰老，就是垂死品种的最佳象征。[45]

评论家反复强调这种奇怪的肤色："可怕蜡黄"的"不自然肤色"，或如亨德利所观察到的"褐色羊皮纸"的肤色。有些"头发如棉花或亚麻一般杂乱干枯"的孩子，他们不健康的苍白就像白化病人一般。有些会吃泥土的衣衫褴褛的穷苦白人顽童，一脸"死灰、毫无血色"，他们的头发就像"杂草"，就像耗尽周遭地力的棉花。穷苦白人女性是"可怜的母性样

第六章 "穷白垃圾"与血统：坏血统、混种与啃土汉　　147

本"，而不是理想的育种者。她们也没有好好照顾下一代。堪萨斯的一家报纸负面地称她们为"面黄肌瘦的家伙"。这些母亲常常把黏土塞进婴儿嘴里。17世纪后，对穷苦白人的文字描述从来没有这么直接过。[46]

这些谴责式的描绘背后，依然是"龙生龙，凤生凤"的逻辑。日记作者玛丽·切斯纳特（Mary Chesnut）出身富裕的南卡罗来纳家庭，提供了21世纪中叶最令人不悦的快照。她的邻居，一个叫崔米灵（Milly Trimilin）的女人，被穷苦白人认定是女巫。"迷信的游牧民族"三度把她的尸骨从神圣之地挖出来，然后散布到其他地方。切斯纳特说，她被自己的同类鄙视，靠救济维生，是"沙丘劣马的完美典范"[沙丘劣马（Taky）是栖息在卡罗来纳沼泽地的退化马种]。崔米灵外表就是个穷苦白人："她皮肤蜡黄且皮糙肉厚，就连眼白也有胆汁的颜色。她又矮又壮，精瘦，面目可憎，手上长满了茧。"[47]

很少有人关心，更不用说提供什么方案来解决穷苦白人的赤贫状态。"垃圾"、土包子和啃土汉被看作为生物标本，而非有意识的人。他们怪模怪样，是"恶名昭彰的种族"，代代相传，无法通过社会改革而矫治。只有少数的南方人像威廉·格雷格一样，考虑要训练穷苦白人成为工厂劳工。奴隶制度的支持者认为，无偿劳动制度是自然和必要的，实际上优于自由劳动。南卡罗来纳前州长詹姆斯·亨利·哈蒙德（James Henry Hammond）1845年时坚称，奴隶制度应该是成为一切关系的基石，并说阶级奴役同等自然。哈蒙德毫不羞愧地说，杰斐逊的"人皆生而平等"是个"荒谬可笑"的概念。如今，一群有影响力的南方知识分子公开坚称，只有当人不逾越自己的身份时才能真正拥有自由。[48]

"知识分子白人"诞生了。1850年，威廉玛丽学院的纳撒尼尔·塔克（Nathaniel Tucker）教授认为，这类人具有"最完美"的特征，将自然而然地统治黑人和低等白人。6年后，《里士满时讯报》（*Richmond Enquirer*）

重申了这个越来越流行的观点，即奴隶制不应该是肤色的问题，而应该是血统和习惯的问题。因此，斯托夫人笔下的奴隶主会期待新的穷苦白人阶级——白人奴隶阶级出现，也就不足为奇了。亨德利说，"和其他游牧民族一样"，"白垃圾"应该"一步一步向西方和南方迁移，直到他们被墨西哥平原上半文明的杂种吸收，最终消失"。向外迁徙是新精英心中的上帝恩典。[49]

血统是最高法院大法官罗杰·B. 托尼（Roger B. Taney）在"德雷德·斯科特"（Dred Scott）一案众多意见中主要考察的核心观点。虽然此案评估了是否释放移居自由州或联邦领地的奴隶的问题，但它的结论造成的影响更为广泛。托尼在判决中谈到领地上的奴隶制度问题，这位支持蓄奴的马里兰人认为杰斐逊在"西北条例"（Northwest Ordinance）中的禁奴令没有宪法地位。他在独立革命、"独立宣言"和制宪会议上构建了自己版本的社会契约：只有建国一代的自由白人儿童才是原契约的继承者；只有血统才能决定谁继承了美国公民身份，谁的种族血统保障应有权利和"自由人"的称号。托尼的观点很重要，因为它将血统变成了宪法原则。在这个有争议的决定中，托尼明确地拒绝任何关于民主的概念，并将公民权建立在血统和种族的基础上。首席大法官裁定，建国先辈最初的目的是将社会成员按可辨认的品种进行分类。[50]

流浪汉、占居者的形象有所改变，但他或她的本质不变：农业社会边缘地带的"白垃圾"。观察家们认识到，不断扩张的西部社会中那些不受欢迎的人是如何挑战民主的核心原则的。加利福尼亚唤起我们的注意。焦虑的南方人不仅把注意力集中在他们的奴隶社会和奴隶经济上，而且还把注意力集中在与日俱增的穷苦白人身上，而这些穷苦白人凸显出永远不平等的由上而下的社会秩序。谁还会再谈论白人之间的平等？没人知道。直言之，在通往分裂的道路上，路旁遍布"白垃圾"。

第七章
南北战争乃阶级战争：懦夫、胆小鬼与泥巴佬

> 你们已经证明了虎父无犬子……你们因有着同一个目标而团结，比你们的先人还要团结。他们打仗是为了摆脱英国王室的侵害，但他们的敌人是男子汉。而你们的敌人却是地上的污秽残渣。
>
> ——杰斐逊·戴维斯总统

新任美利坚邦联总统杰斐逊·戴维斯于1861年2月前往亚拉巴马州的蒙哥马利参加就职典礼。他受到兴奋的男男女女的热烈欢迎，在交易所酒店外发表了简短的演说。他称人民为"美利坚邦联州的同胞和兄弟"，引用历久弥新的谚语来形容他的新选民："拥有相同利益、相同目标，以及相同国家制度的骨肉手足。"恰巧他出身佐治亚州的副总统亚历山大·斯蒂芬斯也曾在1845年担任国会议员时引用过同一段《圣经》典故。斯蒂芬斯当时是为了支持吞并得克萨斯及其盎格鲁-撒克逊人。[1]

肉中肉的婚姻比喻兼有种族及性两个面向，呈现出独特品种的理想形象。戴维斯遥相呼应托马斯·杰斐逊，他说他的新国家是"同构型"的体现。在《弗吉尼亚州笔记》中，杰斐逊把"出身于美国"和拥有共同文化价值观视为国家统一和安全的基础。"美国品种"的概念根深蒂固。[2]

"美国品种"模型的阐述者都倾向使用"我们对他者"的逻辑。随着领土的扩张和文化的碰撞，这种逻辑变得相当有用。南方脱离联邦，让细分彼此有其必要。因此，当南方邦联总统再次提到他最喜欢的对句"堕落

之子"时，他同时诉诸"1776年旧日"，以确保他的听众了解1861年的革命旨在恢复开国先辈的高尚血统。他向群众保证，南方人民是"我们神圣权利"的继承人。如果必要，他们会在战场上展示"南方的英勇"。这个新国家将向世界证明，我们不是乔治·华盛顿及其贵族同伴的"堕落之子"，而是美利坚第一共和国真正的后代和合法的后裔。[3]

与南方的光荣相比，北方何其悲哀！戴维斯1862年底重回总统的讲台上，对密西西比州议会发表演说，公开指责联邦军队的组成。他说他们不过是"烂到骨子里"的政府所部署的"恶棍无赖"。这场战争证明了北方人和南方人是两种截然不同的品种。南方人可以称赞自己的血统，而他们的敌人却不能。北方人是"无家可归的种族"的后裔，可以追溯到英国内战的社会矫正者。更重要的是，北方人这劣等的血统来自爱尔兰和英国的"沼泽泥泞地"，是流浪者和沼泽人的后代。戴维斯宣称，误以为这两个种族可以重新统一是种错觉。没有任何忠诚的南方邦联成员会愿意降低自己的身份，重新加入劣等的北方联邦。[4]

戴维斯在1863年1月初回到南方邦联首府里士满市，再度发表类似的演说。他说"你们不是先祖的堕落之子"。然而，在某个重要层面上，南方的目标是全新的。革命先辈的"敌人是男子汉"。南方邦联面对的敌人却不同，"你们的敌人却是地上的污秽残渣"，总统抱怨。北方佬（Yankees）是一个堕落的种族，比"鬣狗"还要糟糕。戴维斯把联邦军队非人化了，在这过程中，把他们比作自然界中贪婪怯懦的物种。这些物种成群结队、鬼鬼祟祟，欺侮弱小的猎物。[5]

北方联邦的泥巴佬

战场上比拼的不仅是子弹，还有言论攻势。1861年起，南部邦联的任务就是妖魔化其敌人，使之看似腐败、荒谬、卑鄙。南方人必须使自己发自内心地感到优越，并让自己相信必须建立一个排除北方佬的独立国家，如此南方人才能存活。南部邦联为了保护自己不受叛国罪的指控，必须努力保护美国认同的核心要素，而这正是19世纪北方佬所日益丧失的。[6]

为了做到这一点，南方邦联必须创造一种革命的意识形态，掩盖各州之间的深刻分歧。在生产棉花的海湾各州与经济更多样化的边境州之间，紧张关系真实存在。我们经常忘记，据估计有30万南方人为联邦而战，其中许多人来自边境州，而共有四个边境州从未脱离联邦[*]。南北战争期间，佐治亚州有许多人对戴维斯的政策持不同意见。邦联的任务是平息奴隶和非奴隶之间不断扩大的分歧，该现象的起因是征兵和食物短缺。声称南方人拥有同构型的主张并非事实。[7]

南方邦联建立在战前南方对北方佬特质的批评之上。北方佬乡绅据说是群暴发户，缺乏南方的教养。他们的"自由"其实是下层阶级的狂热。某位亚拉巴马州的编辑1856年曾明确指出：

> 自由社会！我们一听到这个词就恶心。它是什么？不过是一群一身油污的修理工、肮脏的技工、小拳头的农民，还是神经错乱的空想家？整个北方社会，尤其是新英格兰各州，都不适合有教养的绅士。在那里，人们最常遇到的阶级是努力成为上流人士的修理工人，还有自己做苦工却很难与南方绅士的贴身仆人打上交道的小农。[8]

---

[*] 译注：边境州指的是蓄奴但没有离开联邦的四个州，包括特拉华州、肯塔基州、马里兰州与密苏里州。后来脱离弗吉尼亚州而成立的西弗吉尼亚州也是其中之一。

那年，在波士顿的一次游行中，支持第一位共和党总统候选人约翰·弗雷蒙（John Fremont）的群众勇于接受"一身油污的修理工"的污名，并且把这称号当作荣誉勋章，展示于他们的一条横幅旗帜上。[9]

所有过分渲染的称呼都是有特定目的。南方支持奴隶制的人提出了一个论点，反转了解放奴隶的争论：北方最大的错误就是对底层白人仆工的依赖。戴维斯10年前尚未成为南方邦联总统时，是密西西比州的参议员。当时他说过，蓄奴州享有更大的稳定性。他发现"阶级间的区别在任何地方、任何国家都存在"，他注意到美国存在着两种截然不同的劳动制度。在南方，阶级之间的界线是基于"肤色"，而在北方，阶级之间的界线是"财产，这是富人和穷人之间的差异"。他坚称，"在一个蓄奴的社区里，任何白人都不是任何人的卑贱奴仆"。和许多支持奴隶制的人一样，戴维斯坚信，奴隶制确保穷苦白人比黑人更优越，从而提升了穷苦白人的地位。然而他错了。在南北战争前，阶级等级制度比过去任何时期都更为极端。[10]

詹姆斯·亨利·哈蒙德是南卡罗来纳州支持奴隶制度的主要知识分子。他创造了"泥巴佬"（mudsill）一词来描述北方社会经济体本质上的劣等。南部邦联所攻讦的正是北方的"泥巴佬"民主。到1861年，"泥巴佬"民主已经渗入"泥巴佬"联邦军的形象中——他们必须是群肮脏的城市暴徒、草原上的自耕农、一身油污的修理工、没洗澡的移民。到了1862年，联邦军征召美国黑人入伍，南方人口中的"泥巴佬"联邦军则纳入了不知羞耻的自由黑人。总之，他们是戴维斯口中的废物，"地上的污秽残渣"。[11]

1858年，哈蒙德于美国参议院发表演说，其内容广受好评。他最有影响力的批评针对阶级认同的某些固定的特色。他说，在所有社会中，"必须要有个阶级去做不体面的工作，去做生活中的苦工"。劳动阶级的技

第七章 南北战争乃阶级战争：懦夫、胆小鬼与泥巴佬 153

能较少,"智力水平也较低",他们构成了文明国家的根基。每个先进社会都必须剥削佣工;正是那些在泥巴中打滚的工人阶级让更优等的阶级得以稳坐其上。公认的精英阶层、精英中的精英,是所有"文明、进步和教养"的社群和来源。哈蒙德认为,佣工就是"泥巴佬",他们陷在泥里、隐喻的流沙里,难以自拔。[12]

哈蒙德接着说,如果所有的社会都有泥巴佬的话,那么南方让非洲奴隶的后代继续位居底层是正确的抉择。他说,深肤色的人本来就是不同的种族,天生就较为低等温顺。北方犯下的错更严重:贬低了自己的同类。北方的白人泥巴佬是"同种、同源的兄弟"。哈蒙德认为,错误的劳动制度腐化了北方各州的民主政治。不满的白人获得了选举权,"他们占多数,是你们所有政治权力之所系"。他发出不祥的警告,说北方那些穷泥巴佬早晚会策划一场阶级革命,摧毁联邦残存的价值。[13]

杰斐逊·戴维斯和詹姆斯·哈蒙德的论述相同。邦联意识形态把这场内战视为一场阶级战争。南方正在与堕落的泥巴佬及他们所象征的一切战斗:阶级融合、混种和财富再分配。亚伯拉罕·林肯当选总统时,主张脱离联邦的人声称"黑人共和党人"已经接管了国家政府,这加剧大众对种族退化的担忧。但更大的危险还在后头。正如某位愤怒的南方作家所宣称的,这个北方党不该被称为"黑人共和党人",而应该被称为"红色共和党人",因为他们不仅致力于废除奴隶制,而且还在南方煽动阶级革命。[14]

邦联支持者转而谈论阶级和育种,原因显而易见。这些论点有望支持建立在拥奴制度上的阶级。杰斐逊·戴维斯1861年谈及"国内制度"时,他指的正是奴隶制度;而美利坚邦联的新宪法的核心精神就是要保护这项制度,让"骨肉手足"可以与新国家团结一致。副总统亚历山大·斯蒂芬斯从制宪会议回来后,在萨凡纳发表了演说,他煞费苦心地把哈蒙德的泥巴佬理论转化为邦联的基石。他说议员代表建立了一个更加完美的政府：首先，确保白人永远不会压迫同种族的阶级；其次，确定"我们社会下层"的非洲奴隶"天生具备下层的素质"。斯蒂芬斯反驳了林肯1858年提出的"分裂之家"（House Divided speech，演说重点在于一国不能容忍一半蓄奴、一半自由）这一前提，他将南部邦联模拟为一栋建造完善的大厦，而奴隶是这栋大厦的泥巴佬，白人则是"砖和大理石"装饰。砖应该代表强健的自耕农，而精雕细琢的大理石则代表种植园主精英。[15]

南北战争中，阶级问题从未淡化。1864年，邦联节节败退，南方领导人打算征募奴隶来扩充军队。但有些人担心，如果南方失去了社会的最底层，这个国家将会垮台。黑人男性将通过服兵役提升地位，这将破坏以肤色为基准的社会等级制度。早在1861年，各州政府就曾强征奴隶修筑防御工事，这一政策后来被南方邦联的最高指挥官和戴维斯政府采用。但是，让奴隶穿上制服的举措更为激进，因为这将提升他们（正如哈蒙德和斯蒂芬斯所论）作为泥巴佬的卑微地位。得克萨斯主张脱离联邦的分离主义者路易斯·威法尔（Louis Wigfall）在南方邦联的参议院大发雷霆，他说让奴隶拥有武装是完全不可想象的，就像英国人推翻他们的地主贵族，以"市井暴民"取而代之一样不可思议。（"市井暴民"是阶级革命的另一种说法，推翻贵族阶层会把南方邦联变成泥巴佬的民主国家，就像北方拥有选举权的垃圾一样。）他补充说，他不想生活在一个"和擦鞋养马之人平起平坐"的国家。威法尔听起来活脱脱一个势利的英国贵族。在他看来，奴隶生来就是仆人，让他们成为士兵会提高他们的地位，打乱整个阶级结构。保护种族和阶级制度是南方人脱离联邦的原因，阶级的焦虑因此弥漫在南方邦联的思想中，并将南方精英团结在一起。[16]

阶级议题之所以重要还有另一个原因。南方邦联的领导人知道，他们必须将南方下层阶级的敌意导向他处。这些下层阶级由未蓄奴的穷苦白人组成，许多都身着军服。南北战争自始至终都流传着"富人的战争要穷人去打"的指控，但在南方邦联国会1862年通过征兵法案，强制征求所有18至35岁的男性入伍后，批评的声浪达到巅峰。受过教育的精英、奴隶主、官员和从事有价值职业的人都可以获得豁免——这使得贫穷的农民和佣工变成了征兵的主要对象。后来征兵范围扩大到45岁。到1864年，17到50岁的所有男性都必须从军。[17]

联邦军队和共和党的政客们提出一项策略，旨在进一步利用南方种植园主和穷苦白人间的阶级分化。尤里西斯·格兰特（Ulysses Grant）将军、威廉·谢尔曼（William Sherman）将军及许多联邦官员，都相信他们的敌人是蓄奴的贵族，赢得这场战争不仅将结束奴隶制、解放奴隶，还可以解放穷苦白人。格兰特在回忆录中对联邦进行阶级批评。他说，如果煽动者没有让非奴隶主的选民和天真的年轻士兵相信北方到处都是"懦夫、政客和黑人崇拜者"，南北就不会分裂。南方邦联的士兵深信"一个南方人抵得过五个北方人"，认为自己优人一等。（北卡的黑耳珀曾在《黄金之地》中为盎格鲁-撒克逊族说话，他声称一个肯塔基人抵得上五个又矮又虚弱的尼加拉瓜人，当时他也提到过同样的以一当五。）格兰特认为，这场战争是为了解放那些被驱赶到贫瘠土地上的非奴隶主，他们几乎没有机会改善自己或者教育自己的孩子。"他们也需要解放"，他坚称。在"旧制度"下的战前南方，对于大种植园主贵族来说，他们只是"穷苦白人"。他们按吩咐做事，并被授予选举权，但前提是他们顺从权贵的意愿。[18]

南方邦联的内部危机

1861年时，南北双方都将对方视为注定要灭绝的异端。在1858年的一次演讲中（跟哈蒙德著名的"泥巴佬"演说同年），纽约共和党领袖、将在林肯内阁任职的威廉·苏厄德（William Seward）创造了"不可抑制之冲突"一词。对苏厄德来说，自由劳动是一种更高等的文明形式，是"高加索人和欧洲人"的制度。他将奴隶制度归咎于西班牙和葡萄牙，并认为所有南美国家都是野蛮、愚蠢和经济落后的国家。在苏厄德宏伟的历史计划中，推翻美国南部的奴隶制，只不过是盎格鲁-撒克逊文明在大陆的延伸。这两个阶级体系——奴隶和自由——深陷一场水火不容的统治之战中。[19]

当然，南方理论家的观点恰恰相反。他们坚称，奴隶制是种健全有活力的制度，比自由劳动更有效率。南方因为拥有温顺的劳动力，得以消除劳动力和资本之间的冲突。南方知识分子声称，北方各州的劳动阶级庞大、爱搞破坏、仇富，并被赋予了危险的政治权利。正如哈蒙德和其他人所见，平等的概念已经成为这个时代最荒谬的谎言。查尔斯顿的《南方季刊》(*Southern Quarterly Review*) 中有篇文章警告说，"思考、感觉和行动"的自由孕育出激情，激发"邪恶的欲望"。"邪恶的欲望"是对社会流动的渴望。许多人相信，奴隶对卑微的生活心满意足。在这个被推翻的美国梦中，南方的优越感出现了。而最讽刺的是，这种优越感出自阶级流动的缺乏。[20]

分裂主义者沿着"梅森-迪克森线"描绘出阶级动荡的可怕画面。1861年，北方某位作家在弗吉尼亚的杂志上评论道："人出生、受栽培、受教育就是要了解人生而平等的观点。"这有可能会"反转富人与穷人的身份"。教育和阶级平等本身被视为具有颠覆性，有人批评黑耳珀的《迫在眉睫的南部危机》一书过于煽动。还有人因为兜售他的书而被捕或被绞死。忧心忡忡的精英敦促南方邦联领导人"监视和控制"穷苦白人，"让他们尽可能少地享有政治自由，同时又不贬低他们"。[21]

证据显示南方白人的识字率远远落后于北方白人，约莫是1∶6，这并不令人意外。南方权贵试图为教育上的不平等辩护。南卡罗来纳首席法官威廉·哈珀（William Harper）在他1837年的《奴隶制回忆录》（Memoir on Slavery）的最后谈道："良好的社会里有些人受过高等教育，而其余的人完全无知。"教育不平等要比北方各州的制度更可取，北方各州的教育"应该要不完善、肤浅、不完整"。南北战争到来，编辑和知识分子呼吁南方邦联应该建立独立的出版产业，以保护其人民不受联邦出版物的污染。[22]

邦联支持者公然捍卫种植园主阶级生来就是统治者这一观念。"南方血统的代表人物"、权贵和具有高贵血统的人，注定要统治低等的白人和黑人。尽管许多分裂主义者对南方富人和穷人之间的和谐关系充满信心，但他们把非奴隶主视为同床异梦的内部敌人。在查尔斯顿这样的地方，白人工人被称为"标准懒汉"，他们的不满情绪可以导向奴隶主。反民主的分裂主义者鄙视穷人，认为他们只是愚蠢政客的可怜棋子，自愿出卖自己的选票来换取宅地或救济。1860年，佐治亚州州长约瑟夫·布朗（Joseph Brown）预言，新的共和党政府将用官位贿赂一部分国民，而其他人则预测林肯会端出丰厚赏金与廉价土地，用以奉承和诱惑"南方社会的下层阶级"。正是因为有这样的预测，南卡罗来纳的小奴隶主们组织了治安维持会和"义勇军"，主要是为了恫吓那些可能会试图阻止分裂的非奴隶主。[23]

有些分裂主义者竭力弭平非奴隶主的忠诚问题。1860年，极具影响力的《德波评论》（De Bow's Review）的编辑詹姆斯·德波（James De Bow）出版了一本广为流传的小册子，详述穷苦白人必定支持南方邦联的理由。他宣告奴隶制度使所有阶级受益。他强力支持"泥巴佬"理论，并宣称"南方不会有白人去当另一个白人的贴身仆人，替他擦靴子，伺候他用餐，在他家里当佣工"！此外，他写道，南方白人工人的工资比北方的更高，土地所有更分散。这显然是弥天大谎。他继续写道，对非奴隶主来说，阶级流动是可能的，这些人缩衣节食，只为存钱购买奴隶，特别是女奴，因为她们能够繁殖后代，这些后代可以被当成是"传家宝"传给下一代奴隶主。他的下渗经济学毫无说服力，德波默认奴隶地位的提升意味着非奴隶主的彻底降格。他说，出于这些原因，最穷的非奴隶主愿意"挖战壕，以保护他较喜欢的邻居的奴隶财产"。对沦为跟奴隶相同阶级的恐惧促使穷苦白人参战。[24]

脱离北方联邦并未减轻这种恐惧。例如，在南方的南部，除了得克萨斯州，其他州并不曾诉诸全民公投。南方的北部并不急于分裂。四个脱离联邦的州（弗吉尼亚州、北卡罗来纳、阿肯色州、田纳西州）是在林肯征兵后才选择脱离的，这几个州都有大量的亲联邦居民。西弗吉尼亚人选择脱离弗吉尼亚州，重新加入联邦。杰斐逊·戴维斯在没有反对党的情况下当选总统，让这场选举变成了象征性的投票，而戴维斯则成了少数精英在邦联临时国会中的橡皮图章。[25]

除了把人民与政府隔绝，南方邦联制宪会议的代表们还呼吁废除"五分之三妥协"*，改为把奴隶当成完整的人头来计算，并应用于南方邦联立法机构中的席位分配。这种代表制有利于拥有最多奴隶的州。南卡罗来纳州的小说家威廉·西姆斯（William Simms）就是一例。他认为边境州里没有蓄奴的人口更多，可能会"超越"（overslough）棉花州。超越的词根"slough"意为泥沼或沼泽，西姆斯用此词暗指上南方那些泥巴佬般的非奴隶主人多势众，让他们可以得到比下南方的蓄奴州更多的席位。在最后一版邦联宪法中，废除"五分之三妥协"的提案没有通过，但只有四州

---

* 译注：1787年美国南方与东北方在美国制宪会议中达成的协议。妥协将奴隶的实际人口乘以五分之三，应用于税收与美国众议院议席分配。

对三州的些微差距。[26]

1861年，有个焦虑的佐治亚人担心奴隶主成为少数，提议新的州政府应该建立仅由奴隶主组成的上院，就像英国上议院一样。保守的佐治亚州和弗吉尼亚州议员在各自的州代表大会上提出遏制"粗野大众"的想法，但最终他们拒绝干涉投票权。在弗吉尼亚，有些精英意识到征兵所带来的问题，并试图解决这个问题。非奴隶主可能拒绝为这场捍卫富人手上奴隶的战争从军。弗吉尼亚州的埃德蒙·拉芬（Edmund Ruffin）私下提出了一个解决方案：双重征兵制。在他双轨的阶级体系中，一种征兵方式是征召非精英的白人男子从军，另一种则是国家强征农场主的奴隶，而这些奴隶会被送进军队工作。拉芬太大胆、太诚实了，他的激进计划让人一眼看穿这个社会的不平等，因此从未被采纳。[27]

南方贵族前景堪忧。如果他们留在联邦内，或者被北方佬打败，他们就会面临灭绝。北方的泥巴佬和解放奴隶的洪流将把贵族阶级冲走，本地的穷苦白人也是个问题。假如南方没有取得完全的胜利，无土地的劳动者和穷苦农民的人数可能会超过精英阶层，如果他们被北方的民主思想腐化，还有可能用选票制伏种植园主。[28]

不公平的兵役政策

在整个战争期间，不公平的兵役政策引发了严重的不满。佛罗里达州州长约翰·弥尔顿（John Milton）早前曾经指出，法律已无法执行，穷苦白人不会支持方便富人花钱请别人替他们上战场的替代制度。豁免权保护受过教育的人，譬如教师、牧师、教士、政治家，以及重要产业的工作者。低下之人从入伍的第一天开始，就被军官看不起，被视为"炮灰"，或者被比作"鞑靼人"和野蛮人。这些污蔑都是南方精英曾用来诋毁林肯麾下野蛮军队的词汇。有个来自亚拉巴马的士兵受够了这种待遇，他说出了尴尬的事实："他们认为你唯一的用处就是为他们挡子弹，这些人比你优越，叫你穷苦白人。"[29]

替代草案中有个令人作呕的"二十奴隶法"，此法让拥有 20 名以上奴隶的种植园主免服兵役。这一条款保护了娇生惯养的富人和其宝贵的财产。一些非奴隶主拒绝为保护奴隶制而战，而另一些人则认为富人应该支付更高的税来补助一场对他们最有利的战争。下层阶级的男人想要保护他们的物质利益。有钱的军官可以轻易休假，而一般士兵则必须忍受长期服役，危及家中老弱妇孺的生计。正如某位历史学家的结论，贫穷的士兵认为自己是"有条件的邦联支持者"，意味着贫穷的农民把家人的福祉放在对南方邦联的忠诚之前。[30]

南方绅士可能会在没有稳定薪水的情况下入伍，但他们对骑士精神的定义对于下层阶级来说是个不切实际的标准。阶级认同在整个南北战争中都是分裂的。被称为"捕狗人"的警卫会去围捕拒绝主动从军或受征召入伍的逃兵。代人入伍者来自最贫穷的阶层，通常遭其他士兵鄙视。[31]

贫穷的新兵经常逃跑。因此，罗伯特·李将军（Robert Lee）于 1863 年 8 月恳求戴维斯总统采取行动遏止逃兵。同年稍晚，戴维斯对所有回归的逃兵发出大赦。但另一方面，有些士兵被处决，而大多数连队则会羞辱性地惩罚逃兵。他们被锁上镣铐或套上木桶。治安维持官会追捕逃兵，尤其是在北卡罗来纳，因为那里的逃兵最多。密西西比州的一个小区脱离了邦联，在一片沼泽中建立了"琼斯的自由国度"（Free State of Jones）。那是戴维斯总统的家乡一个"白垃圾联邦"避难所。[32]

逃兵偷食物、袭击农场、骚扰忠诚的士兵和国民。一群群穷人和他们的家人变成了南方上层阶级长期以来所害怕的无政府主义者。佐治亚的逃兵在战争后期已经猖獗到威胁要绑架奴隶，或者更糟：与逃跑的奴隶串通一气。1865年，奥克弗诺基沼泽（Okefenokee）叛变者的妻子嘲弄当局，声称她们的丈夫将昂首走出沼泽，全副武装、准备就绪，他们能偷多少奴隶就尽量偷，然后再把他们卖给联邦海军。[33]

很难评估贫穷的文盲士兵是怎么看待那些逃兵的，因为他们没有留下任何文字记录。但从民间的口述文化中却可看出，穷人拿逃兵开玩笑。逃兵对他们来说是对上层阶级统治的日常反抗。在某个广为流传的故事中，有个佐治亚的"土包子"对上了北卡罗来纳焦油脚人（Tar-heel，是北卡人的昵称）。佐治亚人问他要那么多沥青做什么，北卡人说他把焦油都卖给了杰夫·戴维斯。猝不及防，佐治亚人问："老戴维斯要这些东西做什么？"北卡人嘲弄地说："哟，你们佐治亚跑了这么多人，他得多买些焦油才能黏住你们。"[34]

我们没办法确切知道有多少逃兵。美国宪兵司令部的官方统计数字是103 400人。南北战争结束时，计有75万至85万名士兵。但这些数字只是故事的一小部分而已。阶级在其他方面划分了士兵。南方邦联军队至少强征了12万名士兵入伍。还有7万至15万名代人入伍者，大部分是底层弱势群体，只有10%向军营报到。另有8万人自愿再入伍以避免征兵。最后，多达18万人充其量是"不情愿的反叛者"，这些人一直反抗从军，直到战争后期。这种反抗显示，没有证据可以证明普通士兵对南方邦联的忠诚。[35]

食物的短缺引发了更多的不满。当局早在1861年就催促农夫种植更多的玉米和谷物，但当时很少有人愿意放弃种植棉花这种白色黄金。结果，食品短缺和不断上升的通货膨胀导致贫穷的农民、城市工人、妇女和儿童遭受巨大的痛苦。一名佐治亚人承认，"贪婪和棉花国王的卑贱臣民"甚至会在大军入侵前，就把南方邦联搞垮。[36]

更让人愤怒的是，富人甚至囤积稀缺物资和食物。1862年，一群愤怒的妇女开始抢商店，洗劫仓库和库房。佐治亚到处可见这些意想不到的暴动事件，类似的抗议也开始出现在南北卡罗来纳。在亚拉巴马州，40名搜刮食物的妇女把沿路所见的棉花都烧光了。1863年，南方邦联首都里士满爆发了一场食品暴动。当戴维斯总统试图安抚妇女时，有名愤怒的女抗议者朝他扔了一块面包。[37]

在这种情况下，女性暴民相当于男性逃兵。他们粉碎了邦联团结一致的幻想和共同的牺牲。1863年里士满暴乱结束后，《名利场》（Vanity Fair）揭露了南方人中根深蒂固的阶级分化。这家支持北方联邦的杂志在刊登"怜悯可怜的叛军"（"Pity the Poor Rebels"）一文时，搭配了一张十分具有煽动性的插图。文章内容谈到穷人是如何遭围捕入伍的，而南方邦联极度贫穷的"白垃圾"在分隔南北的"死墙"上写下"我们快饿死了"。插画不同寻常地讽刺了杰斐逊·戴维斯，让人想起《格列佛游记》（Gulliver's Travels）中的反英雄人物。画中南方的利立浦特（小人国）的小人——渺小的奴隶——把穿着礼服、戴着帽子的南方邦联总统给绑在地上。从两方面看来，他都受贪婪的农场主或女性暴徒的阉割。他的手腕被锁住了，衣着凌乱——明显表示南方邦联已经被扯下了文雅的面具。[38]

南方的富有妇女通常对饥民漠不关心。1863年，当一群逃兵和贫穷的山区妇女洗劫了田纳西州的一处度假胜地时，一位叫作弗吉尼亚·法兰奇（Virginia French）的客人描述道，这些"邋遢、粗野、赤脚的女人"跑来跑去，"像饥饿的狼一样慌张地寻找猎物"。她既感震惊又觉好笑，她写道："有两个女人不停向对方拳打脚踢，持续了一小时——互相抓来抓去，因为其中一个抢得比另一个更多！"她也觉得奇怪，为什么有个女人会去偷拉丁文神学和法文书籍。有人直接问了那名女子，她说她偷这些东西是为了当个好母亲——"她有几个刚开始读书的孩子……她想鼓励他们！"一个目不识丁的女人让她抢来的文字珍宝拥有了价值，这或许会引起一些人的同情，但对法兰奇来说，这只是赤裸裸的"民主——雅各宾主义——激进主义"。这些女人"饿极了"，她们的面孔"油黄"，男人"枯瘦""丑陋"，但南方种植园主的妻子对此却无动于衷。穷苦白人污染了所有他们接触过的东西，他们应该被蔑视，而非被同情。[39]

里士满的富裕女性也普遍抱持着阶级的偏见。1865年初，一位与她丈夫关系密切的教士在日记中提到，第一夫人瓦里娜·戴维斯（Varina Davis）已不受"世家妇女的欢迎"。那些"出身高贵"的人决定躲着她，在她背后议论她父亲的低阶级出身。有许多流传甚广的故事都指出，达官显贵和他们的妻子在民众挨饿时享用山珍海味。[40]

其他作家对于南方邦联的末日表现出更大的忧虑。阶级重组将使尊贵的母亲们沦落为"北方佬主妇的厨师"，把心爱的妻子变成"北方佬屠夫和浪荡子"的洗衣妇，把挚爱的姐妹变成"北方佬妓女"的女仆。不管情况如何发展，贫穷的农村妇女已经失去了一切，但这一点都不重要，因为与统治阶级的名媛贵妇相比，她们的苦难微不足道。[41]

北方的胜利

亚伯拉罕·林肯带有一种不同的象征意义；很多人贬称他为泥巴佬总统。虽然他出生在肯塔基州，离杰斐逊·戴维斯的出生地不远，但"诚实的埃布尔"的边境出身，却让他的敌人有了许多攻击的素材。区隔林肯和戴维斯的是阶级出身。南方报纸称戴维斯"生来就是要当领导者的人"。他毕业于西点军校，文采翩翩、举止有礼。相比之下，林肯简直是个粗鲁的乡巴佬、"伊利诺猿猴""醉鬼"。林肯传说中的美德，他的诚实（或者他诚实的父母），令人对其阶级背景产生遐想。他的亲密盟友、联邦将军戴维·亨特（David Hunter）1862年时告诉财政部部长萨蒙·蔡斯（Salmon Chase）：林肯是"奴隶州的穷苦白人"出身。他认为林肯对边境各州的奴隶主过于关心，"渴望获得认同，尤其是那些他习于仰望的奴隶主"。他的肯塔基老家让他成了穷苦白人，他选择住在伊利诺伊州使他成为了草原泥巴佬。南方邦联的人常常把中西部人和庄稼汉画上等号。对弗吉尼亚州的某个炮兵来说，他们都是"无赖，这种人渣繁衍于大草原的泥沼中"。[42]

然而，这场肮脏的抹黑战最终有利于联邦政府。共和党人和联邦官员把泥巴佬当作骄傲的标志，并将其作为北方民主的战斗口号。这种策略甚至在林肯当选之前就出现了。在纽约市的某次大型集会上，艾奥瓦州副州长发表了慷慨激昂的演讲，他称赞"伐木工"（林肯绰号）是从事这项工作的最佳农民——一个愿意保护"泥巴佬和修理工"的人。他还开玩笑说，艾奥瓦州的每个共和党人都"下定决心去培养泥巴佬思想"。[43]

纽约出版的《名利场》杂志用讽刺手法反转了南方邦联阶级的嘲笑。《名利场》的作家不仅戳破了南方人自我标榜的英勇形象，而且还用"游说团体的耳朵"（Lobb years）——"泥巴佬"，来为"卑躬屈膝"的敌人大肆辩护（Lob是乡村无赖的另一种称呼）。该杂志模仿南方的演说者和被买通的记者，将林肯描述为"野蛮北方黑手修理工和泥巴佬"的总统。

杰斐逊·戴维斯浮夸的演讲也同样遭到《名利场》的挖苦讽刺。杂志模仿戴维斯的语气，虚构了一份第一次牛奔河之役（Battle of Bull Run）后的宣言，其中戴维斯说，他的军队将让华盛顿化为尘土，把林肯这个"脑袋不清的智障"吊死在最近的一棵树上，并横扫纽约市，把第七军团当作南方邦联军官的奴仆。在这篇自吹自擂的幻想中，模仿戴维斯的讽刺演说提到"泥巴佬士兵"不会抵抗，因为"他们会像羊一样从我们面前逃跑"。《名利场》善加利用了南方人夸张的声明，尽管泥巴佬一开始被用来侮辱北方人，但这个词却嘲笑了邦联的狂妄自大。到了1863年时，《弗兰克·莱斯利新闻画报》欣然接受了泥巴佬这一称号，在某幅讽刺漫画中，林肯身陷齐腰深的泥沼中，摸不到里士满巢中的"坏鸟"戴维斯。[44]

在1863年的一期《弗兰克·莱斯利新闻画报》（ *Frank Leslie's Illustrated Newspaper* ）（当时流行的插图新闻）中，正如这幅漫画所讽刺的一般，林肯就像是一个真的"泥巴佬"，身陷泥泞，且无法抓到在里士满的杰斐逊·戴维斯。

《弗兰克·莱斯利新闻画报》，1863年2月21日

未来的总统詹姆斯·加菲尔德（James Garfield）将军1863年11月从前线回来时，在巴尔的摩的会议上发表了演说，为手下的"泥巴佬"辩护。他称赞了那些来自田纳西州和佐治亚州的忠实士兵，感谢他们从"洞穴和岩石"中出来支持联邦军队。加菲尔德坚称，南方邦联建立在错误的概念上，"不是共同的政府，而是绅士、富有男性、奴隶主和受过教育的人的政府"。这是一个类似于贵族旧世界的政府。当他用"吹牛伯爵"和"花花公子大人"称呼南方邦联的两名大将时，底下的百姓欢声雷动。加菲尔德受到鼓舞，便称友善的群众为"你们这些泥巴佬"，因为他们是政府和社会的恩人，这样政府和社会保障了阶级流动并对工人有真正的尊重。对加菲尔德和许多人来说，"泥巴佬"是联邦的支柱。他们"庆幸上帝赐给你们强壮的手和无畏的心，不是出生就含着金汤匙"。但他们永远也只能是骄傲的"泥巴佬"。[45]

由于南方邦联的阶级制度，以及种植园主精英对穷苦白人的剥削，打从战争初始，共和党国会议员和军事领导人就主张对种植园主采取充公政策。边境各州对南北阵营的支持相当分裂，正是因此，才催生出惩罚富有的南方邦联支持者的政策。在密苏里州，零星的叛军游击队拆除铁路，恐吓支持北方联邦的平民，亨利·哈勒克（Henry Halleck）将军决定以针锋相对的方式进行报复。他没有惩罚全体市民，而只命令密苏里州的富人支付赔款。[46]

在哈勒克看来，最上层的人必须感受到战争的代价。随着大批难民——穷苦白人妇女和儿童——涌入圣路易市，哈勒克和战友一致认为，精英阶层应该承担这些代价。街头表演配合了军队的行动，联邦军官试图让惩罚公开化。在哈勒克严厉但有区别的评估下，密苏里拒绝支付费用的邦联支持者最宝贵的财产被没收并拍卖，这是对他们的公然羞辱。军警进入他们家中，带走钢琴、地毯、家具和珍贵的书籍。富人和穷人泾渭分明。来自阿肯色州欧扎克（Ozark）的流离失所的家庭出现在罗拉附近——距离密西西比以西100英里（约161千米）的地方。他们由一位前州长候选人带领，是支由牛车、牲畜和狗所组成的奇怪队伍，总共有2 000多人。评论者将男人归类为穷苦白人，他们"高、蜡黄、病恹恹的且皮糙肉厚"。他们加入了饥饿、满身泥土的妇女和赤脚的儿童的行列，而这些人正是被南方遗忘的贫困白人流亡者。[47]

公开羞辱是联邦军采用的另一种策略。在新奥尔良，本杰明·巴特勒（Benjamin Butler）将军那臭名昭著的第二十八号命令宣布，任何对联邦士兵不尊重的女性都将被视为妓女，这是一种惩罚措施，否认了上层女性道德纯洁的假设。更可怕的是第七十六号命令：巴特勒要求所有男人和女人宣誓效忠；那些没有照做的，财产将被没收。对女性一视同仁的政治处理方式，透露出隐藏在"女性衬裙宽阔褶皱"后的东西——男人把资产藏在妻子名下。一名凯旋的军官观察到，在1862年攻下弗雷德里克斯堡时，联邦军士兵摧毁了富人的家园，他们"沾满泥巴的双足"留下遍地泥土。故意破坏是另一种羞辱的方式：抓住财富和地位的象征，粉碎它们，把它当作垃圾弃如敝屣。"泥巴佬"步兵的泥脚印正是阶级愤怒的刻意讽刺的象征。[48]

田纳西的安德鲁·约翰逊将这条信息铭记于心。作为战时州长，约翰逊成为邦联的眼中钉，因为他是脱离联邦的几州中，唯一一位效忠联邦的参议员。他的忠诚使他能够在1864年大选中作为林肯的副手参选。约翰逊从前是支持杰克逊的保守派民主党人，他毫无保留地表达了对自命不凡的种植园主精英的厌恶。担任战时州长时，他已因挑衅的风格而闻名，渴望与那些被他称为"叛国贵族"的人一决胜负。他千方百计要求富人付赔偿金给贫困的难民妇女和儿童。他声称，由于南方"邪恶不法的叛乱"，这些人才会陷入贫困。毫不奇怪，约翰逊的批评者把这位出身低下的裁缝看作毫无价值的"白垃圾"。他的政治演说中常常蹦出粗俗用语。他战前的政敌甚至称他为"活跳跳一坨污物"。在南方绅士眼中，如果林肯是"白垃圾"，那么约翰逊还要更糟。[49]

1864年，威廉·谢尔曼将军指挥了他著名的"向海洋进军"战役（March to the Sea），当时，联邦领导人认为，只有全面的羞辱和苦难才能结束战争。谢尔曼把他的军队变成了大型的掠夺远征队，确认他手下士兵了解这场战争中的阶级面向。最奢华的破坏发生在南卡罗来纳的哥伦比亚，"吞火者"（Fire-Eaters，指南北战争时期，南部支持蓄奴制的极端政客群体）的首都——最著名的种植园主控制此地，形成寡头统治。在哥伦比亚南部60英里（约97千米）处的巴恩韦尔（Barnwell），新泽西州的少将休·贾德森·基尔帕特里克（Hugh Judson Kilpatrick）策划了他口中所谓的"尼罗舞会"，强迫南方的名媛参加舞会，与联邦军官共舞，而整个城镇正被烧成灰烬。[50]

为了合理化暴力行动，谢尔曼重提托马斯·杰斐逊在处理阶级权力时最爱用的理论。这个词是"用益物权"（usufruct）。谢尔曼认为人没有绝对的私有财产权，骄傲的种植园主只不过拥有名下地产的用益物权，也就是说，还要有联邦政府的同意。理论上讲，南方人是佃农，作为叛乱的佃农，他们可以被联邦地主驱逐。杰斐逊使用了同样的罗马概念来发展他的政治理论，以削弱继承地位的控制，并保护后代免于承受前人留下之债务。谢尔曼进一步主张，没有联邦政府的批准，财产是不存在的。他的哲学不仅否认了州政府的权利，还将叛国视为回归自然状态。南方寡头统治者将被剥夺土地和阶级特权。邦联权贵保护财富的唯一途径就是服从联邦法律。[51]

联邦的高级将领期望棉花业的寡头会随着戴维斯政权一起垮台。他们深信，阶级关系在战后将会发生根本的变化。这种思想的背后有着传教士般的热情。弗吉尼亚的彼得斯堡在1865年被包围后，牧师哈洛克·阿姆斯特朗（Hallock Armstrong）评估了他口中的"对贵族的战争"，并在给妻子的信中预言，古老的南方将发生巨大的变化。他说，将改变我们的社会的不仅是奴隶制的消亡，还有"'穷白垃圾'得到的更多机会"。他向她保证，这场战争将"解除数百万穷苦白人的枷锁，他们曾比非洲人还受奴役"。他目睹了他们的悲惨处境，震惊于许多家族世世代代从未踏入过教室一步。[52]

许多人发现协助穷人翻身是一项难如登天的任务。一位名叫威廉·惠勒（William Wheeler）的纽约炮兵军官在亚拉巴马州遇到了衣衫褴褛的难民，他认为很难把这种人归类为"高加索人"，或把他们看作我们的"骨肉同胞"。有些北方邦联士兵以为会在南方的穷乡僻壤遇到脸色死白的穷苦白人，但他们惊讶地发现南方邦联的军队里就有这些人。他们眼中的逃兵、囚犯和南方邦联狱警下流、懒散、无知且衣着古怪。西部战区的士兵被密西西比河一带的泥巴小屋吓了一跳。与南方浑身污泥的"沼泽人"相比，北方的"泥巴佬"似乎像王室成员一样。[53]

在评估这场战争给联邦和邦联双方造成的损失时，泥巴很可能是最传神的象征。战争里没有热血沸腾的冲锋陷阵，只有泥泞中长途行军的单调乏味、饥肠辘辘、四处觅食（通常需要从平民那里偷东西），以及潮湿又难闻的军营里的不人道环境。北方邦联和南方邦联的死者都被匆匆葬在烂泥巴中挖出的无名冢里。[54]

但正是战时宣传中的"肮脏的泥巴佬"吸引了双方的政治想象力。"泥巴佬"为南方邦联对北方人的羞辱更添一笔，此前则是流浪汉、穿靴子的黑人和北方人渣。而我们不能忘记杰斐逊·戴维斯精选的侮辱用语"地上的污秽残渣"。采用这样的词汇，南方叛军可以把北方士兵想象成林肯的契约仆役、低阶层的雇佣兵。为了让自己相信他们可以轻松赢得胜利,邦联军坚称,联邦军里到处都是欧洲的"垃圾",这些北部城市监狱和后巷里冲刷出来的垃圾,都是来自联邦内部地区的乡巴佬和庄稼汉。在北方人看来,面包暴动、逃兵、穷白难民和逃跑奴隶是南方邦联分裂的铁证。以这种方式,南北双方都视阶级为敌人的致命伤,也是军事政治弱点的根源。[55]

双方都对了部分。一般来说,战争和更大程度上的内战都会加剧阶级紧张,因为战争的牺牲总是不公平的,穷人受到的打击最大。北方和南方在他们的阶级基础上对国家地位的定义下了如此大的赌注,所以我们可以毫不夸张地说,在各自的国家蓝图中,联邦和邦联的领导人将战争视为阶级制度的冲突,而优越的文明将获胜。

联邦的男人认为"穷苦白人"是南方的贫穷和虚伪的精英这两个弊端的产物。他们认为脱离联邦是对弱势白人的欺诈行为。有关南方邦联自吹自擂的社会制度,一位来自费城的记者说得最精辟,至少最富创意。他建议戴维斯政府在五分钱邮票上印上奴隶,他认为只有这样,"穷苦白人"才有办法"买便宜的动产"。但他也没有让他的北方同胞完全摆脱困境。北方的泥巴佬和南方的垃圾几乎没有太大差异。沦为炮灰时,这两个阶级都没得到什么好处。[56]

第八章
优生学时代：名门纯种和南方佬

> 如果社会能够阻止那些明显不适合继续繁衍后代的人（延续生命），而不是要等到犯罪了才处死其退化的后代，或者让他们因自己的弱智而饿死，那对全世界都是好事……三代弱智就够了。
> ——首席大法官奥利弗·温德尔·霍尔姆斯（Oliver Wendell Holmes），
> 《巴克·贝尔》（*Buck v. Bell*）

1909 年在纽约市举行的全国黑人代表大会上，W.E.B. 杜波依斯就美国对达尔文主义的接受，发表了挑衅的讲话。在后来出版的讲稿"种族问题的进化"（"The Evo-lution of the Race Problem"）中，杜波依斯宣称社会达尔文主义在美国得到了如此大的反响，是因为"适者生存"的理念本身认可了盛行多年的反动种族政治。这位在哈佛受教的学者以讽刺的语气强调，达尔文的"杰出科学工作"如何支持了"人类和人类种族之间不可避免的不平等，而这种不平等是任何慈善事业都不应该消除的"。杜波依斯的观点是这样的：如果有人接受了种族主义的假设，认为黑人是"次等的"，那么"立法反对自然"就毫无必要；白人至高无上的地位不需要政客的证明，因为任何形式的慈善都"无力对抗大脑发育的缺陷"。[1]

对于社会批评家杜波依斯来说，美国化的达尔文天择说包含的种族主义，与白人统治对正常进化过程的破坏，仅有一步之遥。种族主义没有让最优秀的人（无论是黑人还是白人）崛起，反而破坏了达尔文主义的论点。它不仅没有改善白人种族，虚假的霸权还导致"人类某些最低劣的血统的延续"。正如下层白人的状态始终不变，美国南部也可见到"能干的黑人"，能力出众，富有产能，却被民选官员踩在脚底，这些官员支持白人治安维持会的正义和令人发指的私刑——为了迎合战后南方顽固守旧的穷苦白人的利益。[2]

根据杜波依斯的论述，白人政治霸权拒绝同意跨种族的平等教育，阻止进化的法则在南方自由运作，由此重新实现了"阶级不公的罪恶"。白人至上的理论缺乏科学上的基础，反而对变态的、建立于恐惧和仇恨之上的阶级体系造成了更大的破坏。尽管人们普遍相信白人注定会成为全球霸主，杜波依斯却深信，白人种族正在衰退。在"许多退化的迹象"中，有一项是出生率的整体下降。因此，白人退化的威胁全都"来自内部"。然而，当民主党在1877年掌控了南方各州，在经历了10年的黑人赋权运动后，他们总是指责共和党的平等主义者造成社会混乱，并引发了白人的向下流动。杜波依斯认为，南方的白人无法检视自身，看不到自己的退化。[3]

以更宏观的角度来看，杜波依斯正在重述美国南北战争后重建时期的历史及其后续效应。但要等到1935年，他才将自己的观点扩大为完整的研究。然而他已经在1909年的演讲中揭露了几个重要的关联。最重要的是，他理解了南方政治如何奠定达尔文主义和优生学运动的基础。达尔文最著名的著作《物种起源》（*On the Origin of Species*）和《人类起源》（*The Descent of Man*）在美国大获成功，他的表弟、优生学创始人弗朗西斯·高尔顿（Francis Galton）的著作也是。

进化有赖自然法则，而优生学则发现了自然欠缺之处。高尔顿的追随者强调，必须进行人为的干预来培育更好的品种，以此改善种族。达尔文本人也支持优生学，他利用人们熟悉的畜牧学的比喻来证明这一点："人类在帮动物配种前，会小心翼翼地检查马、牛和狗的血统；但是当谈到自己的婚姻时，他很少或从来没有这样小心过。"他的措辞与托马斯·杰斐逊几乎相同："繁殖马匹、犬只、其他家畜时，一般人看重的是优越条件；人的繁殖难道就不是吗？"这几乎已是优生学家的准则：他们将优良的人类血统比作纯种，认为优生之人必然拥有优越的能力和天生的适应性。[4]

伪科学伪装成遗传科学，让美国人得以轻易地将阶级和种族的差异归诸自然。这种语言在20世纪初达到顶峰，但最初是在战后重建时期开始流行的。共和党人希望以北方的形象重建南方，而民主党人则希望恢复白人精英的统治。两者都在国家统一的背后，看到更大的演化斗争。因此，达尔文的"适者生存"成为政治家和记者的口号。他们使用的语言中，强调了非自然的繁殖、不适合的管理及最坏种的退化本质，核心论述则是穷苦白人与解放奴隶之间的斗争。

穷苦白人之梦

穷苦白人不可避免地在重建的辩论中占据重要地位。许多北方的思想家从来都不认同南方充满优越感的保皇党神话。某位北方思想家于1864年时提到，多数南方人的祖先都是"欧洲人渣"，"妓院和感化院"的低贱后代，因此他们最多只能称自己为"庶民贵族"。当显贵领导的邦联瓦解时，有关南方文雅的优越幻觉也随之破灭。[5]

对大多数共和党人来说，重建南方意味着引入自由劳动经济和确保选民忠诚度。他们认为南方的联邦主义者和自由人是最忠诚的。对共和党人来说，问题很简单：穷苦白人是会一起把南方变成高教育程度的社会和自由市场经济？还是会拒绝改变，把南方拖下水？[6]

美国总统安德鲁·约翰逊也加入了这场辩论，并公布了恢复联邦的计划。根据《纽约先驱报》(*New York Herald*) 1865年的报道，他的计划中包括剥夺富有奴隶主的选举权，这样南方的寡头统治集团才会"失去力量"。《纽约先驱报》此处针对阶级做了文章，文中提到，"穷苦白人"虽然长期以来一直被迫跟在奴隶主身后、任其差遣，现在却成了局势的掌控者。没错，掌控者。约翰逊曾在接见南卡代表团时，表达了相同的想法。他说："虽然这叛乱解放了许多黑人，被解放的白人却更多。"他将提拔那些努力耕耘贫瘠沙土以求自给的人，而这些"穷苦白人"则被黑人和种植园主精英所蔑视。[7]

总统幻想在重建州实行三层阶级制度。失去选举权的种植园主将保留他们的土地和一定的社会力量，但是在他们重获联邦的信任前，将丧失任何直接的政治影响力。中层阶级充满了新崛起的穷苦白人阶层。在行使投票权和担任公职时，穷苦白人将抑制旧的寡头政治，同时预防以下局面出现：不得不与解放黑奴在经济上（或政治上）竞争。约翰逊脑中的最底层，则由自由的黑人和自由的奴隶组成——后者实际上获得了解放，却被当作居住在美国的外国人对待：享有权利——但仍然没有选举权。这位不受欢迎的林肯继任者并非计划要"恢复"旧秩序，也并非要建立民主政治。相反，约翰逊提出了美国前所未有的东西。如果约翰逊的计划当初真的实现了，其实可以被称为"'白垃圾'共和国"。

约翰逊坚持认为黑人选举权是次要议题。然而，他仍然致力于重新定义旧时代的种植园主精英。尽管被剥夺了选举权，贵族们仍然保留了一些财富及游说能力。他们会把以前的奴隶、现在的员工变成政治上的棋子，而这正是约翰逊总统不甚认同的未来发展。然而，他还是允许某些前统治精英参选众议员，他网开一面，可能是觉得自己需要这些人才能赢得连任，但这却破坏了自己的三层阶级制度。[8]

如果黑人获得了政治平等，就会发生更危险的事。两种最低阶层间（约翰逊架构下的黑人和穷苦白人）长期存在的仇恨，将重新浮上台面，引发一场"种族战争"。然而，安德鲁·约翰逊的种族战争并非托马斯·杰斐逊的种族战争。美国第三任总统杰斐逊曾预言，一旦被解放的奴隶和他们以前的主人并肩作战，全面解放将会带来灭顶之灾；第十七任总统约翰逊谈论的则是种族边缘人的战争。正如他所看到的，以前没有财产的黑人和白人阶级，将为生存而进行一场恶战，原因是联邦在南方各州推动普选。[9]

虽然约翰逊很快就放弃了穷苦白人共和国的构想，他的思考却让我们更能够想象南方重建议题上的各路思想光谱。新成立的自由民局不把贫困的白人和解放的黑奴设定为彼此的死敌，而是把他们都视为有价值的穷人，这一点也很有意义。该局在1865年林肯遇刺不久前成立，一直以来，该局就被授权向"所有难民，所有自由民"——黑人和白人——提供救济。在辩论自由民局的优点时，许多参议员认为，现在成为"乞丐、寄生者、无房者和无家可归者"的白人难民的赤贫，并不亚于自由人的穷困。自由民局在亚拉巴马州、阿肯色州、密苏里州和田纳西州给白人的救济是黑人2倍，有时甚至是4倍；在佐治亚，近18万白人难民获得了食物和必需品。1866年议员们曾经讨论是否要扩张自由民局，肯塔基州的共和党议员格林·克莱·史密斯指出："大量的白人从未拥有一平方英尺（约0.09平方米）的土地，从未拥有任何财产，甚至连一头牛或一匹马没有，然而他们却一直像其他支持者一样忠贞。"史密斯承认，南方的问题比战争本身更严重。白人中一直可见贫穷和流浪这两大祸害。[10]

然而，没有几个自由民局的官员认同史密斯这些关于忠诚可敬穷苦白人的幻想。那些参观过难民营的人，或者看过《纽约时报》（*New York Times*）记者所说的南部城镇"游手好闲的白人"的人，对穷苦白人几乎都没有什么好感。新奥尔良某位怀疑者提供了以下滑稽的观察记录：虽然战前"穷白垃圾"就已证明自己一无是处，但这些人却突然在"难民业"

中找到一片天——意指他们领政府救济过活。后来任职国会的佛罗里达的自由民局员工查尔斯·汉密尔顿（Charles Hamilton）向上级承认，自由人的智力只略低于"南方的白人贱民"。自由民局流传广泛的报告中提到，数以万计的贫困白人靠"山姆大叔的配给"过活。这些靠领取物资维生的人里面，最典型的就是"穿着破烂、蓬头垢面的女人，背后跟着十几个一身油污、脏兮兮的'天真的唠叨鬼'"。最负面的评价或许来自马库斯·斯特林（Marcus Sterling），他本来是位联邦官员，后来成为民政管理官。他于1868年交了一份最终报告，当时他已在弗吉尼亚乡间当了4年的自由民局官员。虽然他相信黑人奴隶已经取得了很大的进步；因为联邦的介入，黑人变得"更加安定、勤劳、雄心勃勃"，并渴望用"诚实的自豪和男子气概"获得文化。但"可怜的穷苦白人"阶层却不见相同的进步，成了"唯一不受自由民局大规模善行和大胆改革影响的阶级"。许多自由民局官员认为在这场自力更生的竞赛中，穷苦白人似乎从来没有跨过起跑线。[11]

认为穷苦白人未来黯淡的，不只是自由民局的官员而已。来自各大报纸的记者前往南方，并为好奇的北方读者定期传回报道，发表专文。著名的文章出现在《大西洋月刊》（Atlantic Monthly）《普特南月刊》（Putnam's Magazine）和《哈泼斯新月刊杂志》（Harper's New Monthly Magazine）上。《纽约时报》发表了一系列关于这一主题的文章：1866年，《纽约时报》的匿名记者发表了一篇尖锐的文章，揭露了白人的贫困，题了个无伤大雅的篇名"来自南方：南方之旅和草记"。在为《芝加哥论坛报》（Chicago Tribune）和《波士顿广告报》（Boston Advertiser）撰稿时，伊利诺伊州的记者西德尼·安德鲁斯（Sidney Andrews）不加掩饰地表达了他对悲惨的白人的看法，这些文章后来结集成书，书名为《战后南方》（The South Since the War）。担任过《辛辛那提公报》（Cincinnati Gazette）的记者后，惠特劳·里德（Whitelaw Reid）出版了一本不带同情心的观察，这本游记名为

《战后：南方州之旅》(*A Tour of the Southern States*)。最后，约翰·特罗布里奇（John Trowbridge）创作了《南方：战场与荒废城市之旅》(*The South: A Tour of Its Battlefields and Ruined Cities*)，以犀利的镜头聚焦农村白人。[12]

以上这些文章都发表在1866年。然而，在动荡不安的那些年里，被讨论最多的一本书却是在战争正式结束前就出版了。《下田纳西》(*Doun in Tennessee*)也是一本游记，作者是纽约棉花商人、小说家詹姆斯·吉尔摩（James R. Gilmore）。他的论点独特，因为他将"卑鄙的白人"和"普通的白人"一分为二，他认为后者是积极进取、奉公守法、富生产力的公民。他们和那些懒散、惯于偷窃、粗野的卑鄙白人形成鲜明的对比：那些人的家让他想到"猪圈或狗窝"。他说，尽管他把这个群体定义为少数，但由于他们的个性极具传染性，这些人仍然是危险的群体；他们是衰竭的南方的病灶，是社会身上的"真菌"，"吸取其他部位的力量和生命力"。[13]

所有这些作家都有一个共同的愿望：揭开南方种族和阶级制度的神秘面纱，以便预测它不确定的未来。如果说他们有任何共同点，应该就是西德尼·安德鲁斯（Sidney Andrew）的模仿者所问的："当下的问题，不是南方的穷苦黑人在过什么样的生活，而是南方的穷苦白人在过什么样的生活。"[14]

支持共和党的记者坚称穷苦白人在解放黑奴的统治下逐渐萎靡不振，无法成为未来的公民。这种说法表面上让人吃惊，却并不让人意外。这些记者对于前南方邦联的精英和"卑躬屈膝"的穷人都不甚信任，对他们来说，这些人就像"待宰之羊"，被拖往战场。惠特劳·里德认为黑人孩子渴望学习，而西德尼·安德鲁斯认为，黑人展现出"白垃圾"似乎缺乏的"精明的保存本能"。一篇又一篇的记录将解放黑奴描述为能干、节俭、忠于联邦的人。《大西洋月刊》的某位作家问：为什么政府要"剥夺谦逊、安静、努力工作的黑人的公民权"，让"毫无价值的野蛮人"——"无知、

178

文盲、邪恶"的穷苦白人——的选票影响北方的未来？[15]

因此，"白垃圾"这个流行的词汇变得更加不祥。"白垃圾"不仅仅是社会边缘的畸形怪物；他们现在被认定为天生的罪犯、美国族谱上枯萎的一支。这是种"生长的真菌"，穷苦白人有可能会弱化南方社会的整体血统。穷苦白人不只有蜡黄的皮肤，代代相传的还有"停滞"的智力、"迟钝"的头脑、"笨拙"的口条、他们"愚蠢空洞、智障一般地瞪着人"。还有人说他们"为人属，却非智人"。勤劳的黑人突然得到救赎，而"白垃圾"却依然是未经发展、进化停滞的生物。[16]

重建期间，共和党人将穷苦白人归类为"危险阶级"，这个阶级产生了大量的私生子、妓女、流浪汉和罪犯。他们违反了所有的性规范——父亲与女儿同居；丈夫卖妻子；母亲放任女儿的不正当关系。这个阶级危险，是因为人口不断增长，未曾消失于荒野。里德对住在火车车厢里的肮脏难民感到震惊，这些人预示着20世纪的拖车垃圾。自由民局官员、小说家约翰·伍德（John Wood）的结论是：只要达尔文天择的"严厉法则"除掉多数穷苦白人，穷苦白人的问题就还堪忍受。[17]

1868年，《普特南月刊》上有篇文章记录了某个"家族的历史"，追溯其堕落血统的家族起源。这个简单的故事早于包括《朱克斯家族》（The Jukes）在内的一系列的研究。《朱克斯家族》是关于堕落血统最历久弥新的纪录，并影响了20世纪初期的美国优生学家查尔斯·达文波特（Charles Davenport）。《普特南月刊》1868年的这篇文章宣称找到一对有名有姓的夫妻。这一点上胜过丹尼尔·亨德利，他把南方垃圾通通视作倒往美国殖民地的契约仆役的后代。

比尔·西敏斯（Bill Simmins）是这个腐败家族的始祖。西敏斯在英国是苦役犯，到弗吉尼亚州后成了占居者，他娶了个变成"野女人"的伦敦妓女，她生下了一窝低贱的、无谋生能力的孩子。文章作者认为，要解决穷苦白人的问题，唯一的方法就是釜底抽薪——干预。必须把孩子从脏乱的棚屋中带出来，让他们住进收容所，让他们至少可以在那里学会工作，避免继续近亲繁殖。垃圾的系谱必须切断。正如我们所看到的，违法犯罪与优生绝育之间的距离越来越短。[18]

许多19世纪的学者把"白垃圾"当成进化（或无进化）的衡量标准，这种想法影响了大众对于第一份联邦士兵研究的看法。美国卫生委员会对大约1.6万名曾在联邦和南方邦联军队服役的男人进行大型统计研究。研究对象只有一小部分是非白人（大约有3 000名黑人和519名印第安人）。当这项研究于1869年发表时，一位曾在联邦军队服役的外科医生在著名的《伦敦人类学评论》（London Anthropological Review）上质疑，除非研究者就黑人和穷苦白人进行比较，不然可能无法得出种族差异的结论。"低贱的人"可能流着盎格鲁-撒克逊的血统，但他们已经"堕落成懒散、无知、身心堕落的民族了"。是时候该研究智力是否是特定种族特有的遗传特征了。[19]

"南方无赖"与"红脖子"

共和党记者、自由民局官员和工会官员著述甚多，在战后的党派政治中，民主党人也同样煞费苦心地重建其反对党的角色，弱化共和党的政策，并且开始着手解决眼前的种族问题。他们不曾赞扬辛勤工作的黑人和社会流动性，而是担心失去"白人政府"。他们担心的不是近亲繁殖，而是杂交繁殖，也就是不同种族的不健康融合。

"杂种"成为那些年民主党人最喜欢的侮辱性词汇。这个词唤起许多有力的暗喻。失败的南方邦联人士和北方的民主党记者都预测共和党的政策将会带来"杂种共和国"。他们偏执地将美国与19世纪的墨西哥共和国做比较，在他们看来，后者是种族融合失控的例子。[20]

"杂种"并不是民主党人唯一感受到的威胁。这个反对党谈到了另外两个具有象征意义的敌人："外来政客"（carpet bagger）和"南方无赖"（scalawag）。新的论述浮上台面：出身可疑、教养不良的人掌权之时，就是政府德行衰落之日。北方佬外来政客取代了南北战争时受人鄙视的"泥巴佬"。"外来政客"通常拿着廉价的黑色旅行袋，是贪婪的冒险家，依靠一蹶不振的南方维生。然而，比外来政客更糟糕的是背信弃义的"南方无赖"。他是南方的白人共和党人，为了不义之财出卖了自己的灵魂（出卖了自己的种族）。[21]

尽管约翰逊总统并未使用"杂种"一词，但他却相当熟稔"杂种公民权"的危险——约翰逊否决"1866年民权法案"（the Civil Right Act of 1866）时，某家报纸曾用这个词汇来指称其核心原因。小弗朗西斯·布莱尔（Francis Blair Jr.）曾是密苏里州的共和党人，后来转入民主党。他也是狂热的达尔文主义者。布莱尔几天前才写了封强烈反对该法案的信给总统。他坚称，不该允许国会让美国变成"杂种国家"。约翰逊表示同意。他的否决从一开始就是在针对突然受到法律保护的所有新混种："太平洋沿岸各州的中国人、要缴税的印第安人、所谓的吉卜赛人，以及所谓的黑人、有色人种、黑鬼、黑白混血人和具有非洲血统的种族。"这条法案在给予公民权利方面，消除了种族歧视，并打开了平等选举权的大门。约翰逊的否决说明了一件事：解放黑奴缺乏天然的正当性。约翰逊最后明确表示，他不支持任何批准跨种族通婚的法律。[22]

1866年，约翰逊总统实际上抛弃了共和党。他以杰克逊式民主党人的身份开启自己的政治生涯。约翰逊以杰克逊支持者的方式否决了自由民局的扩编和"民权法案"，并利用他的行政权破坏了联邦政府在南方的计划。这一系列行动让国会中的共和党人不得不想办法找到比推翻他的否决

第八章 优生学时代：名门纯种和南方佬　181

更有效的做法,于是他们一边寻求一个更长久的宪法解决方案,一边推进弹劾进程。约翰逊的背叛推动了1867年的宪法第十四条修正案和1869年的第十五条修正案。第十四条修正案保证所有的美国公民都得到平等的法律保护,第十五条修正案禁止基于"种族、肤色和曾为奴隶的经历"而产生的投票歧视。值得一提的是,除了那些联邦官员认定已释出善意、宣誓效忠的人,宪法第十四条修正案也否定了其他前南方邦联盟成员的投票权。前邦联官员被禁止担任公职。[23]

在焦虑的社会评论者看来,"种姓的骄傲"和"种族的骄傲"遭受了攻击,共和党的一系列胡乱立法侵蚀了这两个维系"血统纯正"和"社会排他性"的旧屏障。焦点转向白人女性。秘密社团早在1867年就已出现,就像路易斯安那州组织的"白山茶花骑士团"一样,社团成员发誓会娶白人妇女,同意尽其所能来阻止"杂种、退化的后代"出生。[24]

民主党副总统候选人小弗朗西斯·布莱尔于1868年在美国发表巡回演讲,并把杂种的威胁当作竞选活动的关键议题之一。佐治亚州最高法院首席大法官约瑟夫·布朗来年做出了一个重大判决。这位前反叛州的州长裁定,法院有权解除任何跨种族的婚姻关系。布朗将"混种婚"、近亲通婚和智障通婚归为一类,而佐治亚州早已禁止后两者了。布朗坚称,这种令人憎恶的婚姻会产生"体弱多病"的孩子,有可能"把优等种族的人拉低到低等种族的水平"。他引用了动物育种者的既定定义来理解杂种。而布朗的优生学逻辑更是明显:为了防止盎格鲁-撒克逊血统受到污染,政府现在有权管理生育。[25]

尽管如此,对于民主党人和共和党人来说有一点是相同的:种族与阶级永远无法脱钩。这就是为什么南方无赖会遭受到恶毒的语言以及实际的暴力攻击。南方无赖被视为黏着剂,团结了脆弱共和党联盟下的解放黑奴、外来的北方人、南方的联邦主义者和前邦联主义者。相较于北方的外来政客，许多南方民主党人认为南方无赖是更大的阻碍，因为这种白人叛徒生长于南方，他熟知通往州议会大厦的方法。要终止共和党对南方的控制，就必须象征性地（有时是实际上地）杀掉南方无赖。[26]

在1868年的总统大选中，有名南方无赖被控煽动黑人，并向黑人灌输他们应享社会平等的观念。某位愤怒的记者抨击，所谓的解放黑奴现在成了"南方无赖'白垃圾'的奴隶"。他违反了社会准则在公共与私人场所与黑人随意往来。他邀请黑人回家吃饭，伤了他尊重体统的妻子的感情。然而，这个毫无价值、没有教养的生物突然获得了力量。他们鄙视他的特点——阶级低贱、愿意与黑人打成一片，这让他成为完美的政工。在动荡的选举年，该名南方无赖的种族和阶级血统都成了问题。[27]

《一名南方无赖的自传》是篇精彩的民主党政治宣传文。主人公约翰·斯塔布斯（John Stubbs）出生在弗吉尼亚州希弗莱特角（Shifflet's Corner）的一个贫困家庭，家里有14个孩子，该地充斥着下层阶级和罪犯。他加入南方邦联军，当过炮兵、司机，还清扫过杰斐逊·戴维斯的马厩。他并没有追求荣誉和荣耀的野心；可以预见，他的从军之路只会每况愈下。

他后来当了逃兵，并对北方佬撒谎说他是联邦军。他于1866年回到弗吉尼亚后成为南方无赖，并发现自己有讲"黑鬼话"的天赋。他捍卫黑人的投票权不是基于任何高尚的原则立场，而是基于他卑鄙的座右铭："人皆为己"。斯塔布斯知道那些北方的外来政客对他并无尊重，但他并不在意，怠慢之间，只要有大量威士忌可以喝就好。不需自我提升，他就得到了郡书记的职位。他在共和党内往上爬的过程中，没有过多情感的拖泥带水，他学到：随着他在世上的地位越升越高，会有更多人能够容忍他的"卑鄙"。[28]

北方人白手起家的艰苦奋斗、提升道德的传统，都在《一名南方无赖的自传》遭到翻转，巧妙地变成了滑稽故事。斯塔布斯与旧南方的世袭领袖相去甚远，后者的教育、教养和高贵举止即便战败，也是传奇。斯塔布斯则是粗俗的唯物主义者，他缺乏远见，靠着说谎欺骗来出人头地。他有力地提醒我们，南方的精英阶层仍然鄙视下层阶级。就像某个北卡罗来纳保守派人士于1868年所称，共和党无非是群"出身低贱的浮渣和前奴隶"，而这群人现在却骑在拥有财产和品位的人头上。当南方民主党人士呼吁建立"白人政府"时，他们口中的白人并不包括所有白人。[29]

"南方无赖"是民主党版的"白垃圾"。前邦联的韦德·汉普顿上校（Wade Hampton）于1868年对此发表了他的看法，八年后他当选上南卡罗来纳州州长。汉普顿是"救赎者"的英雄，他的运动最终推翻了南方州的共和党统治。他说过的话是最令人难忘的侮辱，还一路传到了英国。汉普顿具备农牧的知识，他援引"南方无赖"最著名的定义，也就是流浪血统："牲畜商用以形容那些屠夫或狗都不想要的卑鄙、恶心、肮脏的母牛。""南方无赖"是人类废料，却带有不自然的野心。这种人的生理不甚健全，却是娴熟的党工，翻搅浮渣，于淤泥中茁壮。[30]

托马斯·杰斐逊·斯皮尔（Thomas Jefferson Speer）是位真正的"南方无赖"，他于同年发表演讲，骄傲地捍卫他的"母牛"。与汉普顿大相径庭，他曾加入南方邦联盟，后转为共和党人。他曾在佐治亚州制宪大会任职，后来又进入美国国会。斯皮尔并不避讳他普通学校的教育背景，并承认自己"不会说话"。然而，他反对南方脱离联邦，并认为联邦对南方提出的战败条款相当宽宏大量。他是一个土生土长的佐治亚人，其"先人的遗骨躺在这片土壤下"，他声称自己是"有色人种之友"。[31]

正如他名为托马斯·杰斐逊，斯皮尔知道，"南方无赖"也不过是个名字。但是南方的政治是建立在这样的象征之上发展的：对于真实和想象的社会残渣的厌恶根深蒂固，代代相传，无论残渣或黑或白。看到低贱之人胆敢为自己说话，跨过肤色的界线，南方的世袭领导阶级实在无法忍受这种僭越。

杂种和"南方无赖"是连体双胞胎，同时威胁着种族和阶级的稳定。南北战争结束、宪法第十三条修正案通过后，顽固的南方白人的脑中浮现一幅哥特式的景象：失德领导人治下的性偏差剧场。第十四条修正案更让他们心生畏惧，因为第十四条修正案让黑人男性选民获得法律的平等保护，同时剥夺了前南方邦联成员的执政权甚至投票权。这世界反了，小丑现在统治着共和国。当然，没有几个南方白人共和党人真的符合时人创造的南方无赖形象，但这个标签却撕不下来。不论积累了多少财富（或政治经验的财富），世人都认为"南方无赖"的内在就是"白垃圾"。[32]

所谓的价值继承人在重建时代后重新获得南方的政治力量。19世纪80年代，南北白人重新联结。"洗心革面的"南方穷苦白人成了勤劳的农民，而其他人则称赞纯洁的山地白人，说他们可堪教化，也已向上提升，不再是南方经济的负担。一时间，处处可见大和解的故事，之前交战的双方对国内和谐抱持着光明的愿景。[33]

《南方穷苦白人乔》(*Cracker Joe*) 是部新英格兰人所写的作品。主角乔（Joe）的故事发生在佛罗里达，他用爱和宽恕来超越过去的冤错和怨恨。乔是个"天生的穷苦白人"，他成功地经营了一间农场，表现出过人的野心，以此来反抗自己的背景。他是一个"勇往直前"的人，热爱阅读，记忆力非凡。他说妻子卢斯是"我所见过的最白的女人，灵魂和身体都是"，这暗示他不是那么白，而是"你知道，就是个南方穷苦白人"。（正如斯托夫人《德雷德》中的家族一般，乔是混血，他的母亲"血统好"。）乔10多年前曾试图谋杀某位富有种植园主的儿子，他现在不得不做出补偿。种植园主的儿子一定要收回他父亲的破旧庄园和荒废的土地，而拯救他的遗产的唯一方式，就是去娶某个纽约来的外来政客的女儿。如果这些听来还不够离奇，乔另外还有个黑白混血女儿，乔把她带回家抚养，妻子不仅没有反对，还给予了支持。[34]

时人做了一些简易的划分。第三代废奴主义者、肯塔基黑白混校的伯利尔学院（Berea College）校长威廉·古德尔·弗罗斯特（William Goodell Frost）于19世纪90年代重新定义了他的山区邻居："'穷苦白人'是堕落的，山地白人则尚未升级。"后者几个世纪以来一直维持着独特的血统，正因如此，山地白人才没有输掉适者生存的战斗。弗罗斯特将山地人视为现代的撒克逊人，这种人说的话带有"乔叟的味道"和"撒克逊人的脾气"。弗罗斯特说，山地人是"活在当代的祖先"！这个与世隔绝的白人族群之所以成为美国历史上最好的人种，是因为他"精力充沛、不屈不挠、多产、爱国——1776年精神之血脉"。弗罗斯特竭力论述山地人构成了美国族谱的主干。然而，在许多不买账的人看来，山地白人依然是种外表奇异、走私私酒的乡巴佬，经常身陷与敌对家族的世仇中。[35]

大约同时，"红脖子"（redneck）一词开始流行。19世纪末、20世纪初的新南方出现了一票知名的民主党煽动家：南卡罗来纳州的班·蒂尔曼（Ben Tillman）、阿肯色州的杰夫·戴维斯（Jeff Davis），以及密西西比州的詹姆斯·瓦尔达曼（James Vardaman），而瓦尔达曼是这里面最有趣的人物。红脖子这个词清楚定义了这些吵闹粗暴的种族歧视支持者。"红脖子"可能出现在沼泽区、也有可能来自磨坊镇。他身穿工装裤，在政治集会上出言不逊，经常当选州议会议员。瓦尔达曼的同党盖伊·伦彻（Guy Rencher）就是"红脖子"。他在密西西比的众议会上，自称拥有"长长的红脖子"。还有一种解释也值得一提："红脖子"一词于19世纪90年代开始流行，当时在南非的布尔战争中，南非白人称英国士兵为"红脖子"，凸显英国人晒伤的皮肤和原本苍白肤色的反差。这个词汇也出现在佃农流行的歌曲中（约是 1917 年）："我宁做个黑奴，犁田的老黑人，也不要当白人乡巴佬，脖子又长又红。"[36]

老罗斯福与优生狂热

这就是 W. E. B. 杜波依斯的世界。这也是西奥多·罗斯福的世界。此二人几乎没有什么共识——特别是在进化论或优生学上，而罗斯福对此深信不疑。当然，杜波依斯对罗斯福总统的军国主义及歌颂白人垦殖者在旧西部的野蛮行径毫无好感。但他们在一件事上达成了一致——"红脖子政治"的威胁。

1901 年威廉·麦金利（William McKinley）遇刺，罗斯福意外成为总统。当时他年仅 42 岁，因其在美西战争中大胆的军事行动闻名，而这也让他成为共和党的候选人。虽然他的母亲出生在佐治亚州，他可以说是拥有南方邦联的血统，但这位纽约政客却证明自己无法避开南方政治的暗礁。他在就任总统不久后邀请塔斯克基学院（Tuskegee Institute）的布克·T. 华盛顿（Booker T. Washington）参加晚宴，这激怒了许多南方白人。民主党人士重弹重建时期的老调，指控新上任的总统推动种族平等。对愤怒的南方人来说，以如此公开和具有高度象征意义的方式与黑人共餐，距离支持跨种族婚姻仅一步之遥。瓦尔达曼尖锐地称罗斯福为"散发黑人味的异族通婚者"，形容白宫"充满黑鬼的臭气，臭到老鼠都只好躲进马厩里"。南方讽刺作家比尔·阿尔普（Bill Arp）还预言白宫早晚会举办杂种婚礼。阿尔普思忖，白宫也会邀请布克·华盛顿就读韦尔斯利学院（Wellesley College）的女儿波西亚（Portia）。然后，他冷笑道，她就成了罗斯福的儿媳人选。[37]

在罗斯福看来，瓦尔达曼之流乃是最低等级的煽动者。在写给公理会牧师兼编辑莱曼·阿博特（Lyman Abbott）的信中，罗斯福写道，瓦尔达曼这个密西西比人的"脏话"和"胡扯"比在纽约市排水沟里打滚的最低级无赖的用语还糟。这种"言语无法形容的低贱"让这个南方人跨过了美国价值的红线。罗斯福虽在信中指责瓦尔达曼，却拒绝重复他的可恨言辞，但让他最感侮辱的其实是对于他出身的粗俗影射："老罗斯福夫人"怀孕期间受狗惊吓，所以"泰迪（罗斯福总统的昵称）身上才会具备如此明显的小公狗特质"。瓦尔达曼不觉羞愧，还开玩笑说他想向狗道歉，而非跟总统道歉。[38]

所以，这个以白色西装、白色牛仔帽和黑色长发而闻名的密西西比狂欢节揽客员是谁呢？他自称"红脖子"和"乡巴佬"的代言人。詹姆斯·瓦尔达曼曾是新闻记者，他懂得谩骂的力量。从安德鲁·约翰逊到韦德·汉普顿，南方人习惯用过去所受的粗俗羞辱来咒骂自己的敌人。瓦尔达曼认为，无论民主多么肮脏，都属于"人民"，人民有权说出他们的感受。他的朋友和敌人都称他为"白人酋长"，部分是因为他一身白色装扮，部分是因为他的白人至上言论。但对他的敌人来说，瓦尔达曼比较像是"巫师"，一个知道如何激怒低下白人野蛮人的巫医。[39]

他认为自己是穷苦白人的捍卫者。在1903年的州长竞选中，瓦尔达曼将穷苦白人放在所有黑人的对立面。他认为，教育黑人毫无意义，也相当危险，国家应该确保白人公民缴的税全部用在白人学校上。这位炉火纯青的表演者在1912年可以说是骑牛骑进了参议院。瓦尔达曼的民主党初选对手嘲笑他的支持者是无知的一群牛，瓦尔达曼却利用了这一事件。在密西西比巡回演讲时，他喜欢把"南方穷苦白人的自驾马车"停在一长排牛中间。某次集会，他甚至骑着一头牛进城。这头牛身上还披挂着印有"红脖子""牛""低下"等词汇的旗帜布条。瓦尔达曼戏剧性地拥抱了"白垃圾"的身份认同。[40]

密西西比幸存的种植园主精英和中产阶级鄙视瓦尔达曼，因为他故意挑起阶级仇恨。其民主党对手勒罗伊·珀西（LeRoy Percy）的儿子威廉·珀西（William Percy）在回忆中清楚表达了阶级的愤怒。威廉·珀西当年一边担心瓦尔达曼的支持者会向他的父亲丢掷"臭蛋"，一边对那群粗暴之人进行观察。珀西想起：

> 他们是会对黑人动私刑的人，误把流氓用语当作机智，把狡诈当作智慧。他们会出席奋兴布道会，却在会后打架闹事、躲进灌木丛里私通。他们是 100% 的盎格鲁-撒克逊人。他们是至高无上的选民。这事实可怕到不真实。

尽管珀西对宣扬政治仇恨的活动没兴趣，但他承认瓦尔达曼是个精明的政治家，他给了"至高无上的选民"他们想要的东西——红肉。[41]

身为贵族的罗斯福别无选择，只能和他的红脖子对手竞争。在 1905 年的南方之旅中，他指责阿肯色州州长杰夫·戴维斯为滥用私刑的暴民辩护。某家报纸开玩笑说，罗斯福总统的随行人员选择在晚上移动是明智的，这样瓦尔达曼就不用对他开枪了。罗斯福也惹怒了骄傲的南方白人女性，因为他竟敢把杰斐逊·戴维斯（南方邦联总统）和本尼迪克特·阿诺德（Benedict Arnold）比作同类。因此，有名愤怒的佐治亚妇女宣告罗斯福总统玷污了他母亲的血统。[42]

罗斯福认为血浓于水，但脾气暴躁的佐治亚妇女可不这么想。他对种族和阶级的理解仍植根于进化论的思想，他认为黑人天生就比盎格鲁-撒克逊人下等。但他也觉得进步是可能的，这也是为什么他支持布克·华盛顿在塔斯克基学院开设工业教育课程。如果黑人能证明自己在经济上有自给自足的能力，那么他们就有资格获得更大的政治权利。但这位曾在哈佛接受教育的总统从未放弃一个前提,即种族特征流淌在血液之中,由祖先的经历决定。作为"美国特殊论"的狂热拥护者,罗斯福认为19世纪的拓荒经历已经把美国白人变成了上等血统。[43]

可以用三个词来概括罗斯福的座右铭:工作、战斗、繁殖。证据显示他深受山地人神话的影响,在神话中,优秀的撒克逊血统与堕落的南方穷苦白人一刀两断。历史由血液、汗水和"种质"书写——我们现在把最后这个世纪之交出现的术语称为基因。罗斯福认为,每一个美国中产阶级男性都必须与自己内心的占居者保持联系;他绝不能失去与"艰苦生活"相关的男性特质。罗斯福说过,国内的过度和平、奢侈和故意节育只会让美国人变得软弱、萎靡、放纵。[44]

现代性的弊病可以通过三种方式加以矫正。人可以回归荒野,一如罗斯福在非洲追捕大型猎物,或他55岁时那痛苦的亚马孙河之旅。战争——为生存而进行的原始斗争——是第二种唤起撒克逊祖先特征的手段。然而,繁殖仍然是最原始的本能。在罗斯福看来,分娩是自然给予女性的训练营,是一场强化整个种族的生死之战。[45]

至于战争,它不只是塑造性格,它实际上重新激发了美国血统中的最佳特质。在达科他州经营了几年牧场后,老罗斯福发表了他的大部头著作《征服西部》(Winning of the West)。这部作品部分是美国史,部分是关于进化论的论文。罗斯福回到纽约,投身政治,并在帝国主义扩张的十字军东征中找到新的斗争发泄出口。他在1898年的美西战争中号召群众,组建了自己的军团——"莽骑兵",成员包括西部牛仔和山地人,还有像他这样来自常春藤名校的运动员。再加上几个印第安人(另成一连)、一些爱尔兰人和拉美裔人士,以及一名犹太新兵和一位意大利人。以上所有安排,都是为了重现他认知中的恰当的种族混合比例,这些人将住在古巴的新美国边境。值得注意的是,在这场肌肉版的物种实验中,他的军团里没有半个黑人，也没有真正的南方穷苦白人。"[46]

著名的艺术家弗雷德里克·雷明顿（Frederic Remington）生动捕捉到了罗斯福攻克圣胡安山（其实是壶山）的著名一役。在去古巴前，雷明顿曾为佛罗里达一家杂志社工作。他在佛罗里达看见"南方穷苦白人牛仔"，这些人与他认识的血统纯正的美国西部人刚好是对照组。佛罗里达的这些人"又湿又脏"，头发没洗、胡子沾染烟草、衣着邋遢，使他想起了在沼泽地里从橡树上垂落的西班牙苔藓。雷明顿发现他们缺乏"凶猛特质"（相较于拓荒者），他认为两者之间的差异，类似"猎狐小猩犬"和"黄色山地土狗"之别。老罗斯福用动物作为比喻，继续说这些人的判断力连"灰人猿"都不如。这些如同土狗人猿的未来征服者偷了牛，听到自己被控有罪时会露出惊讶的表情。他们无知到没办法在地图上找到得克萨斯，着实令人震惊。老罗斯福也会同意：西部特有的文化并没有南方化。[47]

尽管如此，老罗斯福并未试图解决他在南方问题上的矛盾措施。他也许是捍卫了种族的纯洁，反对种族通婚，但他也向《弗吉尼亚人》（*The Virginian*）的作者欧文·威斯特（Owen Wister）承认，他相信南方白人男性虽然对种族通婚感到愤怒，却身先士卒垂涎黑白混血女人并包养黑人情妇。老罗斯福对南方白人不以为然，对努力工作的黑人给予高度评价，但他不曾采取任何措施来保护后者的投票权。华盛顿、林肯和格兰特是他的英雄，他们过着积极、高尚的生活，拒绝安逸和自满。他们不像"瓦尔达曼大哥"一样是政治骗子（借用某位记者用来形容密西西比疯狗的巧妙称呼）。他们也不是战前的南方贵族。他们喝酒、决斗、发表"有悖常理"的谈话。老罗斯福告诉威斯特：南方白人在进化的阶梯上走错了方向，他们用空谈阔论来掩盖"不健康的特征"。老罗斯福的结论是，就美国人现在引以为豪的一切观之，邦联世代和其后继者都"非常、非常没贡献"。对他来说，瓦尔达曼之流也许讨厌，但他们时日无多。[48]

老罗斯福对未来会这么有信心，是因为他对优生学的支持不遗余力。他利用总统的影响力发表言论，坚称女性肩负着关键的公民责任，必须养育健康、自律的孩子。他1903年首次公开支持优生学，两年后，他在母亲大会上发表演讲，阐述了自己的信仰。因为担心"种族自杀"，他建议每位盎格鲁-美国血统的女性要生四到六名孩子，"才足以让种族增加而非减少"。女人的职责是忍受"分娩之痛"甚至面对死亡，这让有生育能力的女性肩负相当于职业军人的职责。逃避生育责任的妇女比逃兵更糟糕。正因如此，他于1906年推动通过了一项宪法修正案，让联邦法律有权控制婚姻和离婚。[49]

将婚姻法和离婚法从各州的专制控制中独立出来，还有更大的优生目的。每个顽固的优生学家都认为，公民没有结婚或生育的个人权利。某个知名的优生组织曾在1914年报告，"社会必须把种质视为社会所有，而不仅属于携带种质的个人"。因为不健康的父母所生的孩子如果成为罪犯，会让纳税人付出代价，所以社会有权保护自己。更危险的是，如果允许退化人种恣意繁殖，那么这个国家的血统将深受其害。老罗斯福于1913年写信支持知名优生学者查尔斯·达文波特（Charles Davenport），信中写道：所有上等血统的公民都有爱国义务把自己的"血统留存身后"。他同时发出警告，绝不能允许退化人种"继续繁殖"。[50]

在优生热潮中，改革家呼吁政府采取鼓励措施，以确保繁衍出更好的品种。那时出现生儿育女免税的想法，但老罗斯福批评新的个人所得税法的免税额度上限只含两名子女，这会让父母不愿生第三个或第四个孩子。他想以金钱奖励生育，就像澳洲于1912年所设立的婴儿奖金一样。他还推动确立为寡妇设立的母亲退休金——这想法后来大受欢迎。一位母亲退休金的支持者认为，丧偶的母亲"跟法官或将军一样，都是国家公仆"，因为养儿育女也是种公职，她的辛苦不亚于战场上的辛劳。如同义务兵役会淘汰次等的士兵，养老金也只分配给"适当的母亲"。[51]

老罗斯福并不孤单。学者、科学家、医生、记者和立法者都加入了这股"优生狂热"，这个名词是某位加州医生发明的。支持者认为鼓励健康男女生育的方式，需要通过教育中产阶级有正确的婚姻选择。优生思维出现在大量的书籍、流行的公开演讲，以及州立博览会上的"更好的婴儿"和"更健康的家庭"等竞赛中。优生学进入大学课表中。优生学支持者的努力成果是一系列的立法，针对婚姻进行限制，对有缺陷的人实行制度上的性隔离，最引人注目的是，国家强制对"不适者"进行绝育。[52]

"优生落后"的南方

查尔斯·达文波特1904年在长岛的冷泉港建立了研究中心，后逐渐发展成为优生学记录室。达文波特是哈佛大学所培养的生物学家和教授，他和他的团队致力收集遗传资料。他是美国育种者协会优生学部的一员，深具影响力。美国育种者协会由农业育种家和生物学家组成。这群人中有许多杰出人物，包括著名的发明家亚历山大·格雷厄姆·贝尔（Alexander Graham Bell）。达文波特的左右手哈里·H. 劳克林（Harry H. Laughlin）后来成为众议院移民与归化委员会（House Committeeon Immigration and Naturalization）的优生学专家，对于1924年的移民法有关键的影响，而该法正是美国历史上最全面、最具限制的法案之一。[53]

优生学家谈及退化，自然而然地就会想到南方。达文波特直截了当地表示，如果联邦不制订政策来控管移民，纽约将变成密西西比。在《遗传与优生学》（*Heredity in Relation to Eugenics*）一书中，他指出了产生病态和退化的美国人的两大温床室：茅屋和济贫院。大众对茅屋并不陌生，不管他们由此联想到的是南方穷苦白人的小屋、下等南方人的住所、还是穷苦白人的猪圈。达文波特的作品呼应了詹姆斯·吉尔摩的《来到田纳西》(Down in Tennessee),他非常担心棚屋中的无差别交配行为。兄弟姐妹睡在一起,父亲和女儿睡在一起。对于近亲繁殖的恐惧是真实存在的。他对济贫院的攻击也针对南方。密西西比州直到1928年才为收容所中的男女提供独立的设施。他相信,救济院默许罪犯和妓女生下各种各样的低能罪犯和杂种。最后,达文波特的反农村偏见尤其强烈。他所信仰的"适者生存"模型,强调从农村到城市的迁移:更适者迁移,把不适者抛在后头。[54]

几乎所有的优生学家都将人类的繁殖与动物的做了对比。达文波特认为大屁股的女性是最优秀的母种畜,他用的是动物饲养者几个世纪以来用来描述奶牛的思维。对优生学记录室捐助最多的是玛丽·哈里曼夫人(Mrs. Mary Harriman),她是铁路巨子艾维尔·哈里曼(Averell Harriman)的遗孀,来自热爱替马配种的家庭。亚历山大·格雷厄姆·贝尔曾设想培育"纯种人",他说,四代优秀的父母将培育出纯种人。1917年,富有的纽约育马者威廉·斯托克斯(William Stokes)出版了一本有关优生学的书,此书甚至主张美国人可以被培养成上流社会的一员,以保证智力与地位相符。他普遍主张"未出生的人有健康出生的权利"。为什么一代人要因为父母的不良繁殖选择而受惩罚?[55]

为了"精挑细选"美国的血统,三种解决办法诞生了。就像为动物育种一样,倡导人士推动立法,允许医生和其他专业人士将不适者与一般人群隔离开来并进行检疫,同时呼吁对罪犯进行阉割,对患病和退化的阶级进行绝育。这些呼吁放在任何年代来看,都是严重侵犯人权,但密歇根州的立法者却在1903年更进一步提议国家应该杀光不适者。另一位优生学的支持者则想到一个特别可笑的计划来处理被判有罪的杀人犯:处决他的祖父。这样的提议并不是边缘的想法。1931年时已有27个州通过绝育法，还列出 34 种分类法来界定可能要接受外科手术的人的种类。优生学家大笔一划，就把不适者打入了下层阶级，并提倡要"消灭"不能就业的人，一如哈佛大学教授弗兰克·威廉·陶西格（Frank William Taussig）在《经济学原理》（*Principles of Economics*）中所述。教授愤怒地说，如果社会拒绝让遗传上的不适者（"无可救药的罪犯和流浪汉"）"一劳永逸吸饱麻醉剂"，那么至少可以阻止他们"繁衍出同类"。[56]

优生学家对妇女在全国运动中的角色认定存在分歧。有些人坚称她们应该继续当家庭的守护者。这一理想与南方传统信条不谋而合，即主张种植园主和中产阶级的妇女"天生厌恶"与黑人男子交往。纽约的育马者斯托克斯呼吁妇女们仔细检查可能的追求者，要求他们提供家庭血统证明，并要求男人做身体检查。（很容易看出，他的观念来自育马的血统证明书，以及众所周知的"礼物马"的口腔检查。）越来越多的年轻女性发誓追求优生婚姻，不接受任何不符合她高科学标准的男人。1908 年，路易斯安那州某位相当关心优生学的女教师发起了一项名为"更好的婴儿"的比赛，在比赛中，母亲让孩子接受检查和评分。这项比赛后来变成州立博览会上的"更健康的家庭"的竞赛。比赛在牲畜饲养场上举行，人们用评判牛的方式来评判各个家庭。获胜者获得了奖牌，就像获奖的公牛。[57]

受过良好教育的女性是优生婚姻的守门人和守护者，虽然多产的贫穷女性诞下的子女数量超越更优质的女性。所谓的专家认为，那些过度沉迷于性行为、缺乏理智约束的人更有可能生下孱弱的孩子。（他们想象穷苦白人在灌木丛中私通。）达文波特这样的专家把淫荡和贫穷视为遗传特征，连带把下层阶级的性活跃妇女视为退化种质的携带者。亨利·戈达德（Henry Goddard）1910 年在新泽西州瓦恩兰（Vineland）的一所学校设立实验室，拿心智发展不健全的男孩和女孩做实验。戈达德创造出了新的分类：低能（moron）。低能比智障（idiot）和弱智

> UNFIT HUMAN TRAITS SUCH AS FEEBLEMINDEDNESS EPILEPSY, CRIMINALITY, INSANITY, ALCOHOLISM, PAUPERISM AND MANY OTHERS, RUN IN FAMILIES AND ARE INHERITED IN EXACTLY THE SAME WAY AS COLOR IN GUINEA-PIGS. IF ALL MARRIAGES WERE EUGENIC WE COULD BREED OUT MOST OF THIS UNFITNESS IN THREE GENERATIONS.
>
> THE TRIANGLE OF LIFE
> (ENVIRONMENT — HAVE / EDUCATION — DO / HERITAGE — ARE / WHAT YOU)
> YOU CAN IMPROVE YOUR EDUCATION, AND EVEN CHANGE YOUR ENVIRONMENT; BUT WHAT YOU REALLY ARE WAS ALL SETTLED WHEN YOUR PARENTS WERE BORN. SELECTED PARENTS WILL HAVE BETTER CHILDREN THIS IS THE GREAT AIM OF EUGENICS

这张1929年出自堪萨斯的图表毫不含糊地指出遗传会决定一个人的命运。它传达的信息非常明确：国家必须将不适人种"清除出去"。

美国优生学协会论文剪贴簿，宾夕法尼亚，费城，美国哲学学会

（imbecile）聪明，他们很麻烦，因为他们可以混入正常人中间。低能女性可以以仆人的身份进入有礼的家庭，勾引年轻男性，或者受其勾引。他认为这是个大问题。[58]

对滥交的贫穷妇女的恐惧促使优生学改革家推动建立更多的收容所，来收容心智发展不健全的白人妇女。在此过程中，他们用到"隔离"一词，就像南方人所实施的黑白人种种族隔离。"混入正常人之中"的女性也不是新的比喻：这种说法借自南方人对黑白混血儿的恐惧，这些黑白混血儿可能会嫁入显赫的家族。这种说法也让人联想到旧时英国人对阶级闯入者和不受控的社会流动的恐惧——家仆色诱庄园领主。[59]

即便有种族的言外之意，优生学家的主要目标仍然是贫穷的白人妇女。戈达德所描述的低能女性缺乏远见、活力或任何羞耻心，完全复制

了重建时期作品中的穷苦白人。达文波特认为最好的政策是隔离所有处于生育年龄的危险妇女。这项政策之所以演进为绝育手术，其实经过了更深一层的计算：兴致勃勃的政客和热心的改革家的结论是，让女性动手术比让她们在收容所待上几十年要划算。南方优生学家尤其认为，绝育让贫穷妇女安全地成为结扎人口，但仍然能够从事卑微的工作，所以对经济有益。[60]

第一次世界大战助长了优生学运动。首先，军队拒绝给士兵发放避孕用品。高阶将领坚称，性控制需要一定程度的内部纪律，任何军队计划都不会有效地灌输这种纪律。军队和当地的反卖淫组织一起，围捕了大约3万名妓女，并尽量把她们全部安置在拘留中心和监狱里，关在士兵无法接近的地方。联邦政府借此实施不洁妇女的性隔离政策。与此同时，提议征兵的人认为，志愿部队既不公平，也不优生。密西西比州的参议员约翰·夏普坚称，若没有征兵制度，进入前线的都是"最优秀的人才"，而那些"低人一等的"则待在后方，"繁衍下一代"。[61]

战争提高了智力测验的重要性。戈达德利用"比内-西蒙智力量表"（Binet-Simontest）来区分"低能"，随后斯坦福大学（Stanford University）的教授刘易斯·特曼（Lewis Terman）也开始推广IQ（智商）量表，后来被美国陆军采用。军方的测量结果相当负面，肯定了长期以来对南方人的观点，因为南部各州的穷苦白人和黑人新兵的智商得分最低。总体来说，研究发现这些士兵的平均智商接近低能——相当于"正常"的13岁男孩。考虑到这些结果，观察家怀疑，贫穷的白人男性是否会拖累整个国家。[62]

因为南方缺乏公共教育的经费，军队会得出这样的智力测验结果也是在所难免。南北战争前，南北教育水平的差距就已是如此。许多参加智力测验的人以前从来没有用过铅笔。南方白人男性展现的是发育不良的身体——军医检查人员发现他们更矮小、虚弱、不健康。国家对抗钩虫和糙皮病（皆与食土有关，被认定是穷苦白人特有的疾病）的运动只能更强化这种印象。从1909年开始，总部位于纽约的洛克菲勒研究所（Rockefeller Institute）投入大量资金，推动消除钩虫的慈善计划，而美国公共卫生署（U.S. Public Health Service）则着手解决糙皮病。洛克菲勒基金会（Rockefeller Foundation）公布了令人震惊的钩虫寄生者的真实照片，照片中可见一对对同龄男孩，一个正常，另一个则因钩虫寄生而身材矮小、畸形。这对改善南方的形象没有帮助，因为钩虫因缺乏卫生设备而传播。南方穷人没几个有屋外厕所，更别说室内厕所了。[63]

整体来说，南方的乡间以前代表着社会落后，现在则是优生落后的地方。佃农与停蹄不前的骡子在尘土飞扬的路上游荡，仿佛是18世纪的流

来自亚拉巴马州的1万个钩虫家庭（1913）被描述为摆脱了"懒惰病"的穷苦白人，由此成为名人。作为不健康美国家庭的完美例子，他们与"更健康的家庭"形成了鲜明对比。

1107号，1044号文件夹，42号箱，钩虫，1913年，亚拉巴马291号，存于睡谷洛克菲勒档案中心，纽约

这张 1913 年摄于北卡罗来纳的照片显示了钩虫的破坏作用。一个 23 岁的小个子年轻人和一个比他小两岁的正常男孩站在一起,男孩比他高得多,形成鲜明对比。

236 号,1269 号文件夹,53 号箱,1913 年 5 月 29 日北卡罗来纳州,瓦实提亚历山大县 236 号,存于睡谷洛克菲勒档案中心,纽约

第八章 优生学时代:名门纯种和南方佬

浪汉再现。钩虫和糙皮病等"懒惰病"创造出"蠢懒人"一族，文盲是普遍状态。对无差别繁殖的恐惧越来越深。南方出产的贫穷的白人男子被认为不适合入伍从军，而贫穷的白人妇女则不适合做母亲。在一战前的20年中，改革者揭露了许多贫穷的白人妇女和儿童在南方的纺织厂长时间筋疲力尽地工作。有人问，这是否是"种族自杀"的又一迹象？这些人能不能生产出一代又一代健康、勇敢、聪明、有生产力的美国人呢？对20世纪初的许多人来说，"新种族问题"并不是"黑人问题"，反而是由"无价值的反社会白人阶层"所造成的另一种危机。[64]

绝育的义务

艾伯特·普里迪（Albert Priddy）称贫穷的弗吉尼亚白人为"南方那些懒惰、无知、毫无价值的反社会白人"。他是弗吉尼亚州林奇堡癫痫暨心智发展不健全收留所（State Colony for Epileptics and Feebleminded）的负责人。他所提出强制绝育的法案，也就是1927年送交最高法院审理的巴克诉贝尔案（Buck v. Bell），此案成为日后最经典的判例。普里迪从1916年开始着手绝育计划，目标为妓女。他招募了顶尖的优生学专家，包括达文波特的两位同事，他们来自优生学记录室和华盛顿的卡内基研究所（the Carnegie Institution）。[65]

普里迪也得到了弗吉尼亚大学医学院（the University of Virginia School of Medicine）的支持，该学院是优生科学和公共政策方面的顶尖院校。哈维·欧内斯特·乔丹院长（Harvey Ernest Jordan）认为弗吉尼亚是"完美的实验室"，可用来比较最好的（弗吉尼亚著名的"一流家族"）血统和最差的穷苦白人血统。他于1912年提出对白人、黑人和黑白混血儿童进行智力测验。他扭曲了该校创校人托马斯·杰斐逊的经典名言，将之转为优生学的谬论："人类没有个人或生育上不可剥夺的自由权利，假如这样的自由对社会造成威胁。"不可剥夺的权利现在是上等阶级所遗传的特权，乔丹将这群上等阶级称为美国的"纯种人"。[66]

优生学家把弗吉尼亚州当作国家清除不良血统的测试案例。普里迪征求到卡内基研究所的阿瑟·埃斯塔布鲁克（Arthur Estabrook）与他并肩作战，并请他在弗吉尼亚法庭上就智力测验提供专家的意见。但是这位达文波特的同事却以另一种方式传播了优生学的信息。埃斯塔布鲁克于1926年出版了《弗吉尼亚杂种》（Mongrel Virginians）一书，他研究的对象是弗吉尼亚州一个叫作温部落（Wintribe）的山区与世隔绝的社群。温部落里的人提供了近亲繁殖和异种繁殖的奇特案例：他们是"混种，不是黑人也不是白人"——大部分是印第安人。埃斯塔布鲁克对这些人的描述相当负面：温部落中的许多人天生无知，一切都出于混血儿的淫荡。用他的话来说，他们繁殖的习惯无拘无束，"近乎禽兽"。[67]

《弗吉尼亚杂种》中呈现的证据，让1924年的《种族完整法案》有了充分理由通过。该法案禁止黑人和白人通婚，并对印第安人血统和黑人血统一视同仁。弗吉尼亚州的法律将白人定义为除了高加索以外"没有"混入其他任何血统的人。为了延续优生学家的目标，法案的第一版草案要求建立种族记录，这样才能追踪血统，以确保流着印第安人血统的肤白黑人不会和白人结婚。法案的最终版已去掉这条规定，但是法律仍然将人口分为白人和黑人，适者和不适者，纯洁的和受污染的血统。弗吉尼亚州的立法者最终相信，这样做是在保护婚姻圣坛前的民众不受杂种污染。它阻止了黑人和印第安人对穷苦白人的感染，这种感染甚至会蔓延至毫无戒心的白人中产阶级和精英阶层中。[68]

最高法院首席法官奥利弗·温德尔·霍姆斯1927年在巴克诉贝尔一案中做出革命性的判决，赋予国家监管公民生育的权力。如同最高法院大法官罗杰·B.托尼对德雷德·斯科特一案的判决,霍姆斯相信可以用血统来区分有价值的公民和废人。他裁定,绝育是防止"弱智世代"繁衍后代的适当手段。霍姆斯认为,绝育是公民义务,使国家不致充斥"无行为能力者"。他遥相呼应17世纪英国人的观点:不适者要么饿死,要么因犯罪而被处死,因此把他们送去绝育是人道的选择,就像几世纪前把这些人送到殖民地一样人道。[69]

普里迪下令为巴克诉贝尔一案中的嘉莉·巴克(Carrie Buck)进行绝育手术,因为她是"这些人"——南方白人的"无价值阶级"——中的一员。一言以蔽之,她是穷苦白人的完美典范。虽然嘉莉·巴克是原告,但她的母亲和女儿也卷入此案。根据心存偏见的专家的说法,经过测验,嘉莉是"低能者",而她母亲的智商还要略低一些。她的私生女在7个月大

嘉莉·巴克和她的母亲艾玛(1924)。嘉莉、她的母亲和嘉莉的私生女都在巴克诉贝尔一案中受审。他们的罪行是血统——一个有缺陷的品种延续了三代。
纽约奥尔巴尼大学图书馆M.E.格雷南德特别收藏与档案部,阿瑟·埃斯塔布鲁克收藏

时经检查被认定心智发展不健全——出自某位红十字会工作人员的观察和埃斯塔布鲁克所做的测验。家谱指出嘉莉一族不只退化，还有性偏差的问题。嘉莉的母亲是妓女，而嘉莉遭养父母的侄子强奸。强奸她的人逍遥法外，而她却被迫动了绝育手术。[70]

优生学在20世纪20年代蔚为风行。社会阶层按照遗传的潜力排序。最顶端的是全新的、专业的"大师阶级"。许多人相信智力来自遗传，对学生的测验也证明，最聪明的学生的父母多是受过高等教育的专业人士，这些精英必须身心都健全。1921年于纽约举行的第二届国际优生学大会，在自然历史博物馆的达尔文厅对面展出了两尊雕像。一尊是结合哈佛大学50名最健壮的男人的生物统计学测量的综合体，另一尊则是第一次世界大战中10万名步兵的混合体——换句话说，就是"普通的美国男性"。哈佛的样本无疑更不同凡响。"基因贵族"这一新词，就是拿来形容这些认知精英——或可称为基因领导阶级的。就像传统意义上的贵族一样，人的阶级在出生时就决定了。但这不是因为嘉莉·巴克和她的母亲埃玛。嘉莉、她的母亲和嘉莉的私生女都在巴克诉贝尔案中受审。她们的罪行是一种血统上的缺陷，但基因贵族之为贵，并不在于门第或财富。他们之所以被归类为优等阶级，是因为其拥有与生俱来的特质。[71]

虽然优生学家中满是赞扬遗传统治阶级之声，但他们倾向依照繁殖能力组织社会阶级。最受欢迎的优生学讲师萨利比（C. W. Saleeby）公开支持"优生女性主义"。他认为最聪明的女性不仅应该参与争取妇女投票权的运动，也应该承担爱国义务繁衍后代。他把女性社会想象成蜜蜂群落：上等种群的女王蜂在生育期间不停繁殖，而受过教育的不育女性（或更年期女性）最适宜从事改革运动。哈佛大学的威廉·麦克杜格尔（William McDougall）教授则提出同样激进的解决方案。他呼吁建立一个"优生邦"（Eugenia）作为繁殖中心，让它成为美国境内的独立的保护国，在这个保护国内，最优秀、最聪明的人会繁殖出优等的后代。"优生邦"既是大学也是种马场。"优生邦"将依循"位高且任重"的方式教养这些"贵族"，让他们以高度专业的公务员身份进入外面的世界。[72]

20世纪20年代的美国人对穷苦白人依然念念不忘。改革家和立法者推动一系列活动，而记者则在报纸上发表耸人听闻的报道和令人震惊的照片。最高法院对巴克诉贝尔一案的有利裁决，激励密西西比州、北卡罗来纳州、南卡罗来纳州和佐治亚州通过类似弗吉尼亚州的绝育法案。如果无法同等关注"坏血统"的移除，保护和促进"好血统"的延续也没什么用。[73]

这10年也见证了新一代小说家的出现，他们尝试在作品中实验优生思想。在这些小说家中，极受欢迎的舍伍德·安德森（Sherwood Anderson）是个中翘楚。他用半自传的笔法写了些小镇生活的故事，并于1920年出版了标题直白的《穷苦白人》（*Poor White*）一书。书中角色修·麦克维（Hugh Mclvey）是"白垃圾"之子，出生在密苏里州密西西比泥泞河岸的小镇"洞"里。他的天性懒散，喜欢做梦，他困倦的头脑无法专注思考任何重要的事。穿越小镇的铁路工程将他从"动物般的麻木"中拯救出来，还带来了一位新英格兰出生的密歇根人，其血管里"流着拓荒者的血液"，她后来成为他的学校老师，以近似卢梭的方式，激发出麦克维新的智能活力。[74]

修想要摆脱过去，在社会阶梯上出人头地，所以他离开了南方。他在一个又一个城镇中流浪了3年，最终落脚俄亥俄州的布拉德韦尔，在电报局找到一份工作。科技决定了他的命运，而他爱做梦的天性开花结果，变成了读者相当熟悉的美式机智。他发明了一系列机器，其中最成功的就是麦克维玉米切割机。修在布拉德韦尔这个工业城里变身为英雄，还遇到了叛逆的克拉拉·巴特菲尔德（Clara Butterfield），一个受过大学教育、支持女权主义的女人。她选择他当丈夫是出于优生学的目的，因为她喜欢"善良的马"甚过"狼或猎狼犬"。[75]

繁衍的力量最终拯救这对夫妇于现代生活的浪潮之中。面临各式危险后，修开始把机器时代看作是虚无的、无用的。他变得阴暗而忧郁，幸好他的妻子提醒他还有她肚子里的儿子存在，把他从精神错乱的边缘拉了回来。原始的、动物式的繁殖动力让他有办法继续活下去。[76]

安德森的小说没有19世纪的极端爱国的乐观，但它带有优生思想，也就是穷苦白人深受"幼稚无能"或"发育迟缓"的折磨，需要重振较好的撒克逊特质。修面对挑战却从未像厄斯金·考德威尔的第一部小说《私生子》(The Bastard) 那般绝望。考德威尔是佐治亚州一位牧师的儿子，他的父亲也支持优生学。《私生子》试图证明，没有人能隐藏他"天生"的特质、祖先的印记。[77]

《私生子》的主角是金·摩根（Gene Morgan）。["尤金"（Eugene）与"优生学"（eugenic）的词根相同，都意指出身优越。]但金·摩根却是私生子，让这个名字变得相当讽刺。他发现自己的妓女母亲在路易斯安那州遭人谋杀，剖开的肚子就像"沼泽"——暗指她身体里脏污的荒地，但那里却是金的出生之地。金是个邪恶的白人、流浪者，唯一的快乐来自暴力。他由黑人老妇抚养长大，深受黑白混血儿吸引，于是便不加思索地越过肤色的界线了。[78]

在遇见迈拉·摩根（Myra Morgan）这个"干净……有女人味的女性"之前，他已迷失自我。后来他们结了婚，搬去费城，他在此努力工作来养活他的新婚妻子和即将来到人世的孩子。让这对父母惊恐的是，他们的孩子成了怪物。他的身上覆盖着黑色的毛发，就像野兽的皮毛，这证明了虽然迈拉很纯洁，但沼泽的污染仍然存于他的血液中。医生告诉她，她以后生的孩子也都会面临基因退化。很明显，私生子金生下来就受到了诅咒。

作者暗示他们有可能是近亲繁殖，因为金和迈拉同姓。他打算杀了自己的儿子，但没得逞。金最后离开心爱的妻子，希望她能嫁个正常的男人。[79]

现代世纪的新一代在镀金时代的家族王朝身上，看不到什么历久弥新的实质重要性。这些人开口闭口就是自己的财产。为了取代美国不完美的贵族阶级，进步的改革家渴望建立新的认知精英阶级，建立有办法处理现代科技和官僚系统的精英阶级。阶级保有巨大的影响力，但他们不会是决定现代性的衰老旧世界里的奢华贵族；取而代之的是身穿白色实验袍的干部，以及西装笔挺的官僚。专业知识足以证明天生的优点。[80]

"咆哮的 20 世纪 20 年代"深具传奇魅力：林德伯格（Lindbergh）的飞越大西洋、无忧无虑的时髦女子，以及不受监管的非法酒吧。但 20 世纪 20 年代居然是优生学的高峰，这可能会让许多人感到奇怪。然而，即便是时髦女子也遭警告，其大胆的舞蹈风格与那些"吉卜赛人"（即黑人）的跳舞方式太过相似，她们最好找个基因合适的伴侣安顿下来。这正是历史上阶级意识深深扎根的年代。20 世纪 20 年代的社会排他性以科学为伪装，比起从前更加鄙视乡间的落后和杂种的污染。文化面临围攻，而"白垃圾"意味着不洁净、不太白。就像那个不知何故混入中产阶级的低能儿一样，这个没教养的杂种让警戒之人多了一波社会风险要提防，此时他们正听着股票行情，随着 1929 年的股市崩盘走向了悬崖。[81]

第九章
被遗忘之人：社会的向下流动与经济大萧条

> 这个人应该挨饿吗？在这块彰其荣耀、胼手胝足之地？为他做点事，
> 永远别忘了他，让他每天有饭可吃：让我们喂养曾经喂养我们的人。
> 让我们记得他悲惨的命运——记得，不然我们也将遭遗忘。
> ——埃德温·马卡姆（Edwin Markham），《被遗忘之人》（The Forgotten Man）

股市崩盘引发经济大萧条的3年后，华纳兄弟公司于1932年发行了《逃命》（I Am a Fugitive from a Chain Gang）。这部扣人心弦的电影讲述了一名"一战"老兵在南方沦落成了一只在戴镣囚犯队*里工作的驮兽。这是一部后劲意外强大的电影，颂扬了劳动的救赎力量。1932年有两成的美国劳工失业，而这并非他们自己的错。市井小民一早醒来，发现自己遭社会抛弃，失去了美国男性的身份象征：工作、住房、养家糊口的路子。片中逃犯詹姆斯·艾伦（James Allen）成为了国家衰退的残酷象征。他原本是个爱国、雄心壮志、有创造力的北方人，突然失去工作后，变成了流浪汉、苦役犯和逃犯。他是大萧条时期中的"被遗忘的人"，被逐出劳动市场。从他踏上南行之路的那天起，命运就已注定。电影的最后一幕中，艾伦回归黑暗，完全放弃了重拾他的前半生，现实逼他承认，他赖以为生

---

* 编注："chain gang"为美国俚语，指被铁链拴在一起，劳动或行走的囚犯队，这类囚犯多为黑人，因此"chain gang"也指黑人奴隶。

的唯一方法只剩偷窃。这一幕太过冲击，勉强逃过被删减的命运。[1]

《逃命》残酷地揭露了南方的坠落。这个故事证实了新政的结论，即南方经济不幸地与美国梦脱节。这部电影上映 6 年后，富兰克林·罗斯福总统于 1938 年宣布："南方现在是美国的头号经济问题。"领导农场安全管理局（Farm Security Administration）的田纳西人威尔·亚历山大（Will Alexander）认为，南方的土地租佃制度摧毁了南方人自力更生的可能。农场安全管理局着手从事"乡村复原"——复原（rehabilitation）二字也可用在伤残士兵或荒芜土地上。贫困家庭必须重新接受训练，再受安置（但不是被迫的）。对于亚历山大来说，问题赤裸而简单：必须消除大众对穷苦白人的偏见，计划才能实现。换句话说，心理调整和教育改革同样必要。[2]

南方长久以来都无法自立。自 19 世纪 70 年代开始，无论是白人还是黑人，贫穷的佃农和苦役犯在社会的最底层唇齿相依。人们可能很难想象，但苦役犯的处境并不比南方奴隶好。一名监狱官员说："死一个，来一个。"穷苦白人廉价、可以牺牲。在司法制度下，穷苦白人受的折磨与非裔美国人差不多。黑白苦役犯都被称为"黑鬼"，这恰恰证明了这个论点。[3]

此一阶级犯下轻罪，却往往遭到重判。好莱坞把新泽西人罗伯特·伯恩斯（Robert Burns）的回忆录翻拍成电影，他当年只因为抢了 5.8 美元就面临 6 到 10 年的苦役。戴镣囚犯正是南方交通和工业基础建设的幕后苦工。各州把囚犯出租给私人企业使用，由此迅速获得惊人财富。在过去的历史中，这些劳动者大多是黑人，但大萧条时期可见越来越多穷苦白人堕入苦役犯的制度中。[4]

华纳兄弟被认为是好莱坞最"支持罗斯福总统"的电影公司。华纳的高层心心念念的是利润，但他们也不避讳社会正义的议题。《逃命》描述了人类灵魂的毁灭，以及艾伦进监狱的那刻，命运如何注定。没有过劳死的囚犯必须面对千篇一律的单调。没有警卫的允许，他们什么事都不能做，连擦掉眉上的汗珠都不行。有一幕，摄影机镜头掠过坐上卡车的戴镣囚犯，而下一个镜头拍的却是一群骡子，这段影像完美表达了精神凌迟的过程。这两个群体都是没有心灵、遭到奴役的驮兽。骡子同时让观众想到落后的佃农。[5]

艾伦是北方佬，他感觉自己进入了陌生的国度。他不愿意让外在环境摧毁他的意志。囚犯中只有他还存有逃跑的欲望；他后来运用自己的智慧骗过守卫。为了成功逃跑，他违背了南方白人的基本原则，向一个黑人苦役犯寻求帮助。多亏塞巴斯蒂安（Sebastian）高超的锤打技巧，艾伦的脚镣才被打弯。与宪法第十三条修正案刚好相反，现在是南方的黑人解放了北方的白人。这是个沉痛的场景，背后明显还有更重要的信息：南方之所以落后，是因未把黑人纳入自由市场经济中。

然而，穷苦白人的才华和劳动也遭耗费。詹姆斯·艾伦的狱友死在狱中。狱中流传着一段话："要么找到生路，要么死在这里。"这是唯一的出路。只有看到艾伦逃狱成功的那一刻，他们才学到自由的真正意义。艾伦敢越狱，靠的不是暴力，而是理性规划。就电影的结局看来，越狱成功只是短暂的胜利，但至少他成功地让狱中同志看到了另一种身而为人的可能性。

艾伦梦想成为工程师。他的愿望体现了美国人对"帝国大厦"（Empire State Building）的自豪，因为帝国大厦是 10 年来的最高成就。1932 年，也就是电影上映的同一年，摄影师刘易斯·海因（Lewis Hine）出版了一本书，讲述了他与"天空男孩"（sky boys）共度的时光，所谓天空男孩，指的是那些能在梁上行走时保持平衡，并建造出了这座举世闻名的地标大厦的技工。在《工作的男人》（*Men at Work*）一书中，海因生动地描绘了那些在城市景观中留下印记的工人的勇气和想象力。他说，"城市不盖城市"，"机器不造机器，机器背后，是人类的脑力和劳动"。当年60岁的海因以支持改革著称，他相信劳动赋予生命意义。人类与野兽的差异，在于人类有解决问题、重新创造、认知劳动过程的能力。海因引用已故哲学家威廉·詹姆斯（William James）的"生命的意义"（What Makes a Life Significant）作为题词："英雄主义不只存于大动干戈的兵戎相见和九死一生的翻山越岭。我们眼前正在兴建的所有桥梁和建筑、货运列车、船舶和木筏、矿山，以及我们的消防员和警察，都需要源源不绝的勇气，也的确不虞匮乏。"体力劳动者和战场上的英雄一样值得尊敬。如果在劳动过程中赋予更大的社会意义有助新一类人向上提升，那么断然拒绝工作价值的南方人则继续停留在原始的思想状态中。[6]

如果说1931年落成的帝国大厦是道德勇气的最佳证明，那么1932年春夏于华盛顿上演的悲剧则透露出美国正处于低谷。第一次世界大战的退伍军人组成了一支"补贴大军"（Bonus Army）：大约2万名失业人士带着他们伤心的家人走上街头，并在国会山庄对面的河边建起了一处棚屋区，要求国会发放补助金。"补贴大军"的发言人向众议院请愿，他说："我们1917年时是英雄，但现在是流浪汉。"众议院通过了帕特曼法案（Pateman Bill），允许发放补贴，参议院却挡下了该法案。总统赫伯特·胡佛把游行者当成罪犯，并出动军队，用刺刀、催泪弹和坦克驱散那些法案失败后还在坚守阵地的人。前新罕布什尔州州长约翰·亨利·巴特利特（John Henry Bartlett）见证了这起令人不安的事件，并留下以下描述："世界上最强大的政府把饥饿的退伍军人从残破的帐篷里轰了出来。"[7]

所以《逃命》一上映，就让"被遗忘的人"在大众心中留下不可磨灭的印象。电影中的艾伦是个游荡的老兵，他的处境跟"补贴大军"十分类似。电影中，他发现他没办法典当自己的勋章。当铺老板拿出装满了勋章的盒子——1932年时，这些奖章就如同废弃的垃圾，跟老兵一样。事实不容否认——尊严所定义的阶级正摇摇欲坠。

"为了保护个人主义"

经济大萧条与浪费息息相关。美国充斥着荒废的生命、荒废的土地、人类废料。股市的崩盘揭露出美国梦黑暗的另一面，即无法预测也无法避免的向下流动。贫穷的典型标志处处可见。不仅是华盛顿，纽约的贫民窟也出现了胡佛村（美国20世纪30年代初所设立的失业工人及流浪汉的收容所）。最大型的棚屋区出现在密苏里的圣路易市，里面一共住了1 200人；而芝加哥的临时小区则在市长的命令下被烧毁。穷人不再是社会抛弃之人，"贱民"、无业游民。[8]

工人、中产阶级与穷人之间的界线似乎正在松动。穷人是没有工作的男女，那些仍然有收入的人意识到自己也有可能面临着同样的失业命运。爱德华·纽豪斯（Edward Newhouse）的小说《你不能睡在这里》（*You Can't Sleep Here*）记录下这种恐惧。故事背景是个纽约市的胡佛村。纽豪斯描述道：成百上千的人周末来棚屋区看看里面住了哪些人，好像他们全都是"笼子里的猴子"。"周末游客"看着这些人并不觉得鄙夷，反而担心自己之后也有可能住进去。[9]

陈词滥调只是空谈。向上的社会流动性是一个无法达到的目标，也不再是可以借由勤奋和努力攀登的阶梯。汤姆·克罗默（Tom Kromer）在他的自传体小说《无所期待》（*Waiting for Nothing*）中完美表达了上述观点。谈及他停滞不前的人生旅途，克罗默说："眼前的与过去的没什么不同，我的生命在开始之前就结束了。"曾经人们赞赏"坚毅的个人主义者"的竞争精神，但在20世纪30年代的文学作品中，这种人显得冷酷而贪婪。商业世界的巨人现在都成了"伟大的小人物"。一位纽约的银行家如此嘲讽："美国的生活水平——历来政府最自豪的政绩，如今成为国际笑柄。""山巅之城"成了一片废墟。[10]

玛格丽特·伯克-怀特（Margaret Bourke-White）的摄影作品传达了新的批判观点。她为《生活》（Life）杂志拍摄了一群等待领取救济品的阴郁黑人男女。他们站在一块炫目的广告牌前，广告牌上画着气色红润、面带微笑的一家四口，开着漂亮的汽车——这就是悬挂在俄亥俄河谷水灾灾民眼前的广告看板。对杂志读者来说，这样的讽刺触目惊心，就像"当今世上最高生活水平""没有比美式生活更好的生活"这些标语一样刺眼，而标语底下的卡通式广告牌描绘的是理想化的白人中产阶级家庭。这张令人愤怒的照片刊登于1937年，当时大多数美国人已经开始接受关于国家现况的丑陋事实：机会均等其实是个大幻觉。同一期的《生活》杂志上还有一组黑人戴镣囚犯的照片，他们正在进行田纳西的防洪堤的加固工程。[11]

伯克-怀特那年又完成了一篇类似的摄影散文（附文字说明的系列照片）。她这篇摄影散文旨在驳斥无阶级社会的神话。伯克-怀特造访印第安纳州的曼西市（Muncie），这个城市因1929年出版的《米德尔敦：当代美国文化研究》（Middletown）而闻名。伯克-怀特质疑曼西市乃"典型美国人"之缩影城市的既定概念。她拍摄了一系列的屋内特写，将"棚屋镇"穷苦白人的残破小屋与最富有家庭的豪华客厅两相对照，也因此激怒了当地居民。批评者指责她只关注"社区派"最上层的派皮与湿烂的底层，忽略了"中间的内馅"。但这正是她的论点——美式生活并不能由单一典型代表。[12]

股市的"崩盘"（crash）和随之而来的"大萧条"（Depression）在命名上很明显有崩塌的隐喻。某位极度愤世嫉俗的观察家把华尔街的低迷比作埃及的地下坟墓，"充满了妄想和错误希望的碎片"。城镇和乡村处处可见废墟的画面：鬼城里大门深锁的商店与银行，以及城市里排队领救济品的人龙长列——这些都是人们无事可做的象征。在农村地区，过去欣欣向荣的农场要么干涸，要么被尘土掩埋；肥沃田地伤痕累累，满是深沟大渠。18世纪弗吉尼亚总督曾经称邻近赤贫的北卡罗来纳为"粪坑"，而"大萧条"其实是粪坑的另一种说法。[13]

20世纪30年代的诸多期刊及政府报告经常将经济失败与荒地的旧观念联系在一起。罗伊·斯特赖克（Roy Stryker）于1935年接掌重置管理局下的历史科（the Historical Section of the Resettlement Administration），他聘用一组才华横溢的摄影师用影像记录荒地，这些荒地上遍布废弃农场，以及被沙尘暴、洪水、沟渠破坏的大片土地——以上种种，皆肇因于有害的农耕行为、不负责任的伐木方式及传统的矿业技术。在文字和视觉建构现实的过程中，阶级认同不只是滑坡，本质上来说，它更接近于凌乱无章的人造沟渠。在农场安全管理局记录的无数影像中，民众分散四方、无名无姓，他们蹲坐路旁、精疲力竭、流离失所、看不见希望。照片中没有半个人忙于工作，这正说明了一切——《生活》有篇文章指出，是因为没人做生意了，所以很难"看到"经济大萧条。纪实摄影师阿瑟·罗特斯滕（Arthur Rothstein）为俄亥俄州的一个农业社区拍了一张令人难忘的照片。影像中只见几栋建筑物，渺无人烟。他的镜头对焦插在冰冻泥地上的一块告示牌，上面写着这个没有自治权的、未获官方承认的小镇的名字："乌托邦"。[14]

小罗斯福总统的农业部部长亨利·华莱士（Henry Wallace）认为，美国之独特在于不断"压榨社会资源"与"土地取之不尽、用之不竭"的普遍信念。但是土地资源并非无穷无尽，美国政府也于1934年正式宣布不会再开拓新的边境。除了农业专家，诸多作家纷纷对冲刷至河中的宝

阿瑟·罗特斯滕拍摄的有关土地侵蚀和废弃之地的触目惊心的照片（1937）。照片里，亚拉巴马的土地被严重地冲沟侵蚀，一个无助的农民站在谷仓旁，绝望地看着这一切。

农场被侵蚀的土地，亚拉巴马州，沃尔克郡（阿瑟·罗特斯滕，1937），LC-USF34-025121，存于美国国会图书馆影印和图片中心，华盛顿特区

贵表土表达痛惜之意，而筑堤却让水土保持更加不利。在大萧条的剧变中，土壤侵蚀的动荡影像如同阶级的夷平。大水冲走的表土和岩屑，就像被冲散的阶级差异。经济灾难导致大量灾民迁徙，搅乱并释放了阶级。多罗西娅·兰格（Dorothea Lange）的摄影散文书《美国出埃及记》（An American Exodus）里的照片，记录下自然景观如何转为荒地。美国中部的尘暴区吹起卷卷尘土，流离失所的难民"像尘埃一样"踏上流离之路。[15]

穷苦白人仍然是在20世纪30年代美国所关注的重点。"补贴大军"的胡佛村是都市版的占居者棚屋。南方各州的佃农一直住在破旧小屋里，

这是一种高度流动、四处迁徙的劳动力，完全无法自力更生。20世纪30年代中期肆虐的干旱和尘暴结束之后，从"俄克拉何马州及阿肯色州来的流动农民"（Okies and Arkies）成为媒体关注的焦点。这些家庭开着塞满所有家当的旧车，向加州西进；他们沿途在主要公路旁搭起帐篷。金州（加州）道路旁经常可见这些流动农民的身影，他们是收割农作物的季节工。作为移工，他们自称"移仔"（Migs），时人则称他们为"橡胶流浪汉"或"装了车轮的棚屋区"。传奇民谣歌手伍迪·格思里（Woody Guthrie）在《谈论沙尘暴*布鲁斯》（Talking Dust Bowl Blues）中提及棚屋。歌词写道："我拿我的农场换了福特机器。"就像南北战争期间涌入密苏里州的阿肯色州的难民，移仔就像是现代的骆驼商队，由流浪者和游牧民族所组成。约翰·斯坦贝克用1939年出版的畅销小说《愤怒的葡萄》（The Grapes Wrath），以及约翰·福特（John Ford）1941年上映的同名黑色电影，描绘了约德（Joad）一家的朝圣之旅，让这段跨越美国的跋涉历史广为人知。[16]

动荡的"回归土地"迁徙活动造就无数的农村公社。某些公社还有直言不讳的领导人。拉尔夫·博尔索迪（Ralph Borsodi）在纽约市郊区建立了一个自给自足的农场公地，并协助建立俄亥俄州代顿（Dayton）附近的一个协力村庄。其他州也出现类似的组织。南方记者查尔斯·莫罗·威尔逊（Charles Morrow Wilson）称这些人为"美国农民"，但这些人继承的其实是詹姆斯·奥格尔索普的18世纪佐治亚开拓者的精神。来自塔尔萨（Tulsa）的某个公社在欧扎克山区建立起社区。他们创立了一间有限公司，类似旧式的股份公司，并通过了一套章程，让每个成员都成为股东，并享有投票权。他们卖木材、养猪养鸡，修理公社里的木棚屋，还兴

---

* 编注："Dust Bowl"指黑色风暴事件，即1930—1936年期间发生在北美的一系列沙尘侵袭事件。黑色风暴影响了近40万平方米的地域，上千受灾家庭被迫迁往加州或其他州。

建了一所学校。[17]

塔尔萨来的开拓者和阿肯色州来的佃农或收割零工不同，因为塔尔萨来的开拓者拥有土地，虽然土地没多大价值。他们的生活也因此跟自给农民差不多，同样仅够温饱。阿肯色州的状况却不相同，约有63%的农民是佃农。不同于塔尔萨人，阿肯色州来的流动农民有许多人受过教育，愿意一起工作，并为未来制订了计划。他们可能与穷苦白人一样穷，还住在棚屋里，但经济一旦改善，这些都市佬都将回归从前的生活。对他们而言，土地只是"避难之地"，并非阶级认同的不变来源。[18]

"回归土地"运动对罗斯福新政产生显而易见的影响。所以米尔本·林肯·威尔逊（Milburn Lincoln Wilson）在1933年成为自给公地司（Subsistence Homesteads Division）的第一任司长也就合情合理，因为威尔逊是位训练有素的社会学家和农业专家。政府希望提供给佃农和收割零工资源和技术，让他们能够在农业之路上向上提升，同时也可帮助失业的都市佬。就像土壤一样，这些流离失所的人需要恢复原状。威尔逊坚持认为土地不仅是利润的来源，也是"和谐民主社区"的一部分，这个社区因为关注家庭生计的恢复力，进而使人民紧密结合在一起。在威尔逊的宏伟计划中，公地社区是个实验室，展示出政府如何减轻经济衰退的影响，并使农村或城市的低收入家庭成为自力更生的有房者。低收入的家庭可以申请长期贷款，这样他们才有能力买房子。该计划让失业者有更好的栖身之所，让穷苦白人活得像个人。[19]

在威尔逊的终极理想中，复原是个过程：让废弃城镇的煤矿工人、失业的工厂工人、贫瘠土地上的佃农拥有新的生活方式。他设计的现代公地是真正的民主活水，培养出"健全而不卑躬屈膝的公民"。如果托马斯·杰斐逊曾幻想过建立自耕农共和国的前瞻政策，公地能让这幻想成真。

南方穷人不可避免地成为自给公地司最关心的问题。威尔逊将注意力集中在南方的单一作物制度和乡下的"农村贫民窟"上。因为这些因素，穷苦白人和黑人收割零工的贫穷代代相传，成了恶性循环。全国三分之二的佃农都在南方，其中三分之二是白人。这些事实绝无夸大。大萧条时期的农业灾难揭露出南方长期以来有多么依赖次边际地和次边际农民[*]。[20]

联邦政府因而让全国关注到南方的阶级压迫环境。公地成了阶级保障、自给和正常的象征。自给公地司于1935年制作了一本小册子，将西弗吉尼亚州煤矿工人阴暗凄凉的棚屋与明亮的公地（体现为一张儿童在户外草地上玩耍的照片）两相对照。一年后，总统的租佃委员会更直接地强化这种对比，这次对照的是农业阶级与监狱栏杆。租佃是牢笼，阶级是监狱。脚镣把穷苦白人拴在败坏的土地上，将他们锁在环境恶劣的棚屋里，而这些棚屋根本算不上是真正的家。南方的戴镣囚犯不是只有一种。[21]

阿瑟·雷珀（Arthur Raper）是研究南方租佃制度的权威之一，他曾在1936年出版的《农民前言》（*Preface to Peasantry*）中针对相关情况进行解析。大多数南方佃农拖欠地主租金，他们手上没什么现金，也没受过教育，身上还带有钩虫寄生和糙皮病。他们不同于脱逃的詹姆斯·艾伦，南方佃农无处可逃。穷苦白人很少会在同一个种植园里待两三年以上，冬季降临，他们就得把孩子和破烂家当塞进自驾马车里，然后向下一站前进。这个现象早在俄克拉何马州及阿肯色州流动农民大规模向西迁徙之前就已存在，东南一带的佃农年年都得迁徙。[22]

整个租佃系统的运作方式是强迫和依赖。地主并不希望佃农能够向

---

[*] 译注：根据由张芝生主编，2003年鼎文书局出版的《测绘学辞典》的解释，土地利用时，收益与成本相等，并无超额利润可得之土地谓之边际土地。在开垦土地时，必须考虑边际土地之问题。边际土地在经济上成为耕作地与非耕作地之界线，低于此界线者，称为边际以下土地或次边际土地（submarginal land）。

上提升，因为如此一来，他们就会失去对佃农的掌控。许多南方棉花种植者相信，挨饿的工人就是最好的工人。佃农或地主都不觉得让妇孺下田干活有何不妥。基于上述原因，自给公地计划的成败关键在于教育。公地计划的服务对象不仅需要有人教他们现代农耕方法，也需要学校、教堂和栽种自给食物的方法和训练。传统慈善所忽略的心理层面，威尔逊也注意到了。穷苦白人必须先说服自己并非是"垃圾罢了"。他们不是不能做出改变的人种。公地计划有必要证明穷苦白人是完全正常的人。[23]

跟威尔逊一样出身艾奥瓦州的亨利·华莱士抱持着类似的看法。农村之所以贫困，与劣等遗传无关。农业部部长华莱士预测，如果10万名穷苦白人的子女一出生就脱离他们"摇摇欲坠的小屋"，与10万名来自富有的家庭的孩子享有相同的食物、教育、住房和文化经验，成年后这两群人的精神和道德特质并不会有任何差异。他认为"优越的能力"不是"任何一个种族或阶级的专属财产"。他反对希特勒的雅利安人幻想，华莱士预测，即使一个"育种大师"可以花费几世代的时间里培养出一群有着相同肤色、头发或眼睛颜色的人，但他依旧很可能培养出一群"金发低能儿"。[24]

威尔逊和华莱士都驳斥了阶级（甚至种族）是天生的观念。华莱士强调理解阶级不安全感的重要性。他警告说，随着时间的推移，社会上较强大精明的人会获得更多经济利益，如果政府不加以约束，情势将往"经济独裁"和"政治专制"的方向发展。听起来很像我们目前批评社会财富集中在顶层1%的美国人手中。华莱士在1936年指出："如果3.6万个经济金字塔顶层的家庭所得等同于1 200万个金字塔底层的家庭的收入，自由是不可能实现的。"[25]

大萧条揭露了这个事实：某些人拥有自由并不代表所有人都拥有自由，而这"某些人"仅包括上层社会或特权阶级。1933年，在"新政与宪法"（The New Deal and The Constitution）这篇文章中，针对美国人享有自由特权的这个概念，通俗作家约翰·科尔宾（John Corbin）提出质疑。他反问："如果某个国家拥有美好生活的所有物质，却发现自己周期性地处于破产和饥饿的边缘，还能说自己自由吗？"他的意思是，如果国家坐视人民忍受毁灭性贫困和长期的经济不稳定之苦，自由就会受到损害。为了纠正市场操控、控制自然资源开发、调整阶级不平衡，国家必须进行管控、区域规划及调整（"调整"正是新政最爱用的词汇）。用罗斯福总统的话来说，政府这么做"不是要消灭个人主义，而是要保护个人主义"。威尔逊、华莱士和科尔宾都认为，旧的自由放任主义教条已无以为继，而向西移居即可减缓贫困的边疆理论也不再适用。对威尔逊来说，"大萧条的巨大破坏力"是只"神奇的黑手"。不同于亚当·斯密的自由市场的无形之手，威尔逊的黑手代表了不受控经济的危险：向下流动和无数生命的毁灭。[26]

对贫穷的佃农和收割零工来说，阶级是无法逃脱的牢笼或监狱。在亨利·华莱士看来，阶级也是"人力流失"的根源。他认为，人力流失造成土壤流失，而非相反。租佃制度就是这种过程的最佳案例：佃农靠耕种为生，却没有理由去保护土壤，而地主也不愿意花钱在水土保持上。美国人对浪费的容忍，正是人力流失的起因。它反映了更大的社会问题，即人类劳动和人类价值的贬值。[27]

华莱士对美国乡下人多有称赞，因为这些人比都市人生育了更多的孩子，在建设社会中发挥了关键作用。华莱士解释："土地创造了这个国家的生命之流。"他说的生命之流，指的是"生于农场的年轻人"。华莱士直白地敦促整个国家"好好照顾她的种畜，确保美国民族不致在血脉之源就恶化"。这正是约翰·福特在影片《愤怒的葡萄》中借乔德妈（Ma Joad）之口发出的警告："有钱人……他们的孩子不健康，死光光，但我们一直都在……乔德爸，我们永远都会在，因为我们就是人民。"都市人需要"人民"，需要他们的繁殖力。这听起来就好像是托马斯·杰斐逊和富兰克林在跟华莱士、斯坦贝克和福特说话一样，还在提倡旧时代英国人的想法：国力与人口增长，两者密不可分。[28]

特格韦尔主义

不幸的是，自给公地司遭逢重大挑战。首先，它获得的资金相当少；其次，要等上一段时间，官僚体系才会批准建造社区的申请；自给公地司还面临着法律上的问题，有可能被迫终止整个计划。因此，罗斯福总统于1935年颁布了一项行政命令，成立了一个全新的机构——重置管理局（Resettlement Administration），并委任哥伦比亚大学（Columbia University）经济学教授雷克斯福德·特格韦尔（Rexford Tugwell）为负责人。特格韦尔极富魅力、头脑灵活，对新政时期解决贫困问题的总体方针有相当大的影响。[29]

不同于过往的计划，重置管理局得到明确授权，获得帮助农村穷人的权力。该局建树颇多：购入次边际土地、安置佃农、将为干旱所苦的农民纳入救济范围、与当地医生合作为农民提供医疗服务、修复受损土地、监督移工营，特别是加州的移工营的建造。它的中心目标包括提供农场改善贷款及帮助佃农获得更好的生活条件，并教导其学习如何成为农场所有者——这些服务项目大大扩展了实施中的建设实验社区计划。重置管理局及其前身的农场安全管理局设立了区域总部；到1941年，该局在各州都已有专案主持人。特格韦尔于1935年开创的计划，后来由继任者威尔·亚历山大接手。威尔·亚历山大的父亲就是出身欧扎克的农民，他是新政下首位接掌农村贫困计划的南方人。重置管理局和农场安全管理局都很有政治头脑，两者皆精心安排了公关宣传。罗伊·斯塔赖克的摄影作品是其中最重要的宣传，也是最佳的图像，被用来发送给各大新闻媒体。[30]

特格韦尔进行巡回演讲、录广播节目、写文章。他投书《纽约时报》概述重置管理局的计划。其内涵包括四项"R"：恶地休耕（retirement）保育、迁移（relocation）农村贫困人口、在郊区社区安置（resettlement）失业者、农民家庭的复原（rehabilitation）。然而，特格韦尔的积极行动不代表他是托马斯·杰斐逊的信徒。在他的世界观里，农场不是培养美德的神圣空间，农民往往在与"险恶的土地"进行徒劳无功的斗争，下场却是过劳、居住环境恶劣和"丑陋、忧心的日复一日"。托马斯·杰斐逊的理论并没有生产出健康的自耕农，而是一代代的"废人"，住者有其屋只不过是愚蠢的梦想。[31]

特格韦尔极富争议。他知道佃农因缴不出人头税，大多不能投票。他因此把取消人头税纳入各州获得公地贷款的条件之一。要改变南方，就需要改变权力的平衡——重置管理局让穷苦白人得以挑战现状。虽然犬儒政客继续用"懒惰、不求上进、没用"来贬低穷苦白人，特格韦尔却试图让他们成为具备政治能见度的选民。重置管理局是个相当前瞻的联邦机构。[32]

他所遇到的阻力来自既得利益者，特别是大规模的农业综合企业，还有那些不愿关注阶级秩序（或反对颠覆阶级秩序）的南方人。这群人之中的代表人物是弗吉尼亚州参议员哈里·伯德（Harry Byrd）。他说出了传统的看法："头脑简单的山地人"不配享受电力、冰箱或室内厕所。他口中的"头脑简单"等同原始，意思是山地人没有能力追求高品质的生活方式。[33]

在众多的评论家看来，特格韦尔是个"parlor pink"——只会空谈的温和激进派（带有共产主义倾向的自由主义者）。共和党人用1933年一首流行歌曲的歌词嘲笑他："你见过梦会走路吗？"特格韦尔是"走路的梦"，满嘴空泛的哲思。这位政府的自由主义宠儿一边"跟马克思眉来眼去"，一边"亲吻麦迪逊的脚"*，因为麦迪逊让他看见宪法极大的灵活性。特格韦尔融合了两个截然不同的历史人物，"头戴开国元勋帽，帽子底下是俄罗斯假发"。另有记者指出，"特格韦尔主义"的重点不是特格韦尔这个人，而是这个时代——当时的阶级政治之争，以及谁可宣称自己代表穷苦白人。从表面上看，这位43岁的常春藤校友外表冷静、带有"精心研究过的轻松随意"。他散发出傲慢的气息，好像认为人类可以用来做"实验"。对于特格韦尔的批评者来说，与这个人有关的一切，都让人无法相信特格韦尔真的有办法理解美国农村。[34]

然而，特格韦尔拒绝加入关于"亲民"的戏剧性辩论。长期以来，美国诸多政客假装认同农夫。在南方，这不仅是消遣，而是一切。这位博学的智囊虽然在纽约州北部的奶牛场长大，却没办法说自己的祖先是乡巴佬，也不能像罗斯福新政最严厉的批评者之一、佐治亚州州长尤金·塔尔梅奇（Eugene Talmadge）那样穿戴农民常用的红色吊带裤。他不是休伊·朗（Huey Long）那样的乡村小丑，有办法吸引许多观众。他无法像南卡罗来纳参议员"棉花艾德"·史密斯（"Cotton Ed" Smith）那样，拥有平易近人的昵称。罗斯福任命特格韦尔主管重置管理局之前，特格韦尔曾担任农业部副部长，"棉花艾德"曾大力反对特格韦尔担任农业部副部长一职。特格韦尔赴就职确认听证会前，他的朋友们还曾建议他"装出朴实、民主的态度，让人看到你就想起旧时美好的农场"。但他拒绝这么做。[35]

名叫布莱尔·博尔斯（Blair Bolles）的年轻华盛顿记者，于1936年时撰文指控特格韦尔对美国犯下的罪行。在这篇刊登于门肯（H. L. Mencken）主编的《美国信使》（*American Mercury*）的文章中，博尔斯感

---

* 译注：麦迪逊（James Madison）为美国第四任总统，又称"美国宪法之父"。

染了门肯的暴躁易怒，对于那些思虑不周的救助者表达出强烈的愤怒。博尔斯声称，在该重置管理局监管下的穷人愿意"爬"去抱政府的"大腿"。他们轻易上当、不值一救——博尔斯的用词听来耳熟："乡下来的啃土汉""拿锄头的人"（寻求施舍的落后佃农）、"在绿色牧场上看到成功契机的都市穷人""住在沙漠中的印第安人"。这些人都被视作无处可去之人。[36]

反对新政的政敌一次又一次地抨击"雷克斯"特格韦尔这位保皇派官员。特格韦尔对政敌的逻辑嗤之以鼻，并用"对这些人来说永远都不够"这句话来为政府的援助计划辩护，因此持续激怒新政的反对者。特格韦尔无法容忍民主错觉、伪装亲民及平等机会的空洞修辞。他是温文尔雅却曲高和寡的"旷野之声"，他大胆地挑战了古老的、虚幻的信念：美国的阶级界限并非牢不可破，只要努力工作就能成功越界。[37]

特格韦尔的阶级论述很简单。他1934年在堪萨斯城的演讲中总结了自己的观点，他说，"顽强的个人主义"这句廉价的老生常谈，实际上指的是"为了少数人的利益，使多数人受到严格控制"。新政的使命是让那些平常遭剥夺个人主义的人，也可享有个人主义，使多数人摆脱少数人施加的实质禁锢。像托马斯·杰斐逊和亨利·华莱士之辈一样，特格韦尔认为集中在最上层的权力摧毁了民主。但就像他最欣赏的建国开国元勋詹姆斯·麦迪逊一样，他仍然相信，各方利益发生冲突时，国家可以扮演中立的仲裁者角色——在这种紧急情况下，为了防止阶级差异的加剧，国家有义务去居中调解。[38]

特格韦尔认为，向农民发放贷款是重置管理局最大的成就，而大多数美国人也同意这一点：1936年的盖洛普民意调查发现，83%的受访者衷心支持该计划。但是实验社区做得一点都不好，约有三分之二的实验社区都被设置在南方。尽管阿瑟代尔（Arthurdale）不归重置管理局管理，这个位于西弗吉尼亚州里兹维尔废弃采煤区的实验社区却变成了众矢之的，因为这是爱莲娜·罗斯福（Eleanor Roosevelt）主导的宠物计划。媒体经常批评阿瑟代尔浪费金钱和公共事业振兴署的人力。《周六晚间邮报》（Saturday Evening Post）的一名记者认为，这个社区甚至没有起到救济机构的作用，因为筛选过程只限定那些似乎会成功的申请者，而不是帮助那些最需要政府援助的人。国会拒绝支持一家原本要为美国邮政署生产家具的工厂——这间工厂可以为社区提供稳定的就业来源——导致该实验社区终告失败。[39]

阿瑟代尔影响深远。正如农场安全管理局局长1943年在国会接受质询时所说，阿瑟代尔的负面新闻影响了社会大众对其他计划社区的观感。但阿瑟代尔更根本的问题在于对居者有其屋的强调。即便是亚拉巴马州的伯明翰（Birmingham）和贾斯珀（Jasper）外围的成功社区，也未能完成帮助最贫困人口的使命，最终只能留住中产阶级居民。如果没有政府补助，银行根本不考虑承担贫困家庭的信用风险。任职于《伯明翰新闻时代先驱报》（Birmingham News-Age Herald）的帕尔默戴尔居民解释说，他实际上有两份工作，而非一份：他从晚上九点一直工作到清晨，然后回家耕田。的确，他让家人免受债务所苦，让四个孩子有罐头食品可吃，但公地的理论只是让他这样的家庭加倍劳苦，而非减轻他们的负担。[40]

重置管理局和农场安全管理局的宣传，使得人们产生了不切实际的期望，并导致时间错乱的景象出现。拍摄于帕尔默戴尔和北卡的潘德利亚（Penderlea）的一些照片中，可见亮丽的房屋，点缀着孩子的自行车；另一张照片中，一个穿着工装裤的男人推着一辆过时的犁——这场景要是出现在19世纪40年代达盖尔银版照片（daguerreo type）中很正常，但在描绘现代家庭时却显得不合时宜。这位自耕农勉勉强强抓住他的象征性存在，变成了古怪过时的（并人为做作的）文物，用以宣传曾经纯朴纯洁的美式生活。[41]

一幅展现潘德利亚宅地形象的图片（1936），照片中很有意思地把一栋现代式样的房子和一头骡子牵着的犁具并置在了一起。

北卡罗来纳州，潘德利亚，宅地（1936）：LC-USF33-000717-M2，存于美国国会图书馆影印和图片中心，华盛顿特区

政府把北卡的潘德利亚公地拿来宣传，借以展现政府解决租佃制度的绩效。潘德利亚居民并不富裕，但他们在"舒适、惬意和美丽的环境"中快乐地生活。但完美的家并不能造就完美的社区。破坏从内部发生。潘德利亚居民搞起了小团体，结果是某些人拒绝参与社区活动，并嘲笑那些"一板一眼"做事的人。居民未能适应或拒绝适应中产阶级的环境，冲突因此爆发：必须做详细的记录，必须在会议上遵守议会规定，妻子从未见过的现代家用设备被加进住宅中。某些问题源于官僚主义的差错，但真正引起纷扰的是人为强加的阶级结构。很难要求居民学会中产阶级的行为模式。[42]

要做到这点，所需的不仅仅是一个村庄。合作耕作并不是南方的农

业方式，小农（或佃农）尤其没有这样的传统。特格韦尔明白这一点。大部分的美国人并不反对计划社区，这也是为什么特格韦尔的得意之作如此受到欢迎。然而，联邦政府在制订公共农村住房标准时，却无法弥合南北差异；南方的计划由南方人管理，他们不愿意把钱花在诸如室内排水管道等设施上。特格韦尔遭密苏里人威尔·亚历山大取而代之，亚历山大先是掌管重置管理局，后接管了农场安全管理局。针对南方多年不变的落后状态，他说："如果可以用丹麦人盖猪圈的标准来建设低收入农业家庭的住宅，那将是我们的一大进步。"南方政客在另一关键政策上欺骗了美国农民：政客将农场工人排除在新政特有的社会保障计划之外。[43]

特格韦尔在重置管理局的任期很短，只有一年，但他的影响仍然存在。《农场租佃：总统委员会报告》（Farm Tenancy: Report of the President's Committee）是政府在处理贫困农民的相关问题上最重要的一份声明，里面充斥着特格韦尔、威尔逊和华莱士式的论述。不可忽略的是，这份报告也反映出"南方地方主义者"阿瑟·雷珀和霍华德·奥德姆（Howard Odum）的观点。[44]

奥德姆的研究

根据新政中重要政府官员的理解，霍华德·奥德姆比其他任何人都更努力想改变南方的意涵，改变"穷人"的性格。他是社会学家，也是心理学家。他于1920年获聘任教北卡罗来纳大学（the University of North Carolina），他同时担任社会学系的系主任与公共福利学院的首任院长。他出生在佐治亚，于埃默里大学（Emory）学习古典文学，后在克拉克大学（Clark University）取得心理学博士学位（该校因弗洛伊德的造访而出名）；他后来又在哥伦比亚大学取得社会学博士学位。奥德姆精力充沛，一生共出版 25 本书，发表近 200 篇文章，创办了《社会力量》(Social Forces) 这本探讨南方新研究方法的期刊。闲暇之余，他的兴趣是研究牛只育种。45

在胡佛总统任命他为社会趋势研究委员会的委员后，他开始与联邦政府密切合作。但奥德姆教授直到 1936 年才发表了他最全面的研究——《美国南部地区》(Southern Regions of the United States)，这本厚 600 多页的专著成为新政地区规划的主要参考资料。记者杰拉德·W. 约翰逊 (Gerald W. Johnson) 是他的学生，将这一庞大的研究成果转换成可读性强、通俗易懂的书，书名为《荒原》(The Wasted Land)。另一位明星学生阿瑟·雷珀撰写了关于南方农场租佃制度的权威著作，并担任农业经济局 (Bureau of Agricultural Economics) 的农业人口与农村福利处的首席研究员。奥德姆与农场安全管理局负责摄影计划的罗伊·斯特赖克合作，监督在北卡罗来纳和弗吉尼亚 13 个郡执行的三年性社会学计划。46

奥德姆著作的价值在于他所收集的大量资料。他的书证明了南方坐视 9 700 万亩的土壤流失（面积比南、北卡罗来纳和佐治亚州加起来还大），无视贫穷和文盲，浪费了千百万人的机遇，同时还无视人类的潜力，拒绝给人民提供技术培训，甚至拒绝提供基本服务。奥德姆所收集的资料具有压倒性的说服力，削弱了《乱世佳人》(Gone with the Wind) 的怀旧之情（奥德姆自己说的）——南方精英培养出来的集体自我形象。这位南方人希望看到的是"真诚、勇敢的南方真相"。他说，他"厌倦了辩护情结"，以及无止境的嘲笑、自满、无知，还有尤其突出的——贫穷。《美国南部地区》的最大价值，来自庞大的数据与客观的观点。正如南方历史学家布洛德努斯·米切尔 (Broadus Mitchell) 同一时期所论："南方需要的不是辩护，而是详细的解释。"47

奥德姆主要的研究主题是地方主义的破坏性遗产。米切尔认为奥德姆的著作揭示出，南方不能再继续用"北方佬压迫"来合理化南方拒绝改变的行为。对奥德姆来说，有"好几个南方"，但区域愿景才是当下所需。奥德姆的兴趣是牛只育种，他把南方地方主义的"文化近亲繁殖"与抗拒"异体思想交流"导致的停滞，与拒绝与别州居民往来做比较。他认为罗斯福在大萧条时间创立的田纳西河谷管理局（Tennessee Valley Authority）是最成功的区域规划项目；田纳西河谷管理局已经利用了七座大型水坝的力量，协调七州，并雇用近1万人，这些人来自极端贫困的几个州。奥德姆说，他希望田纳西河谷管理局"会变成第四十九州"。各州权利的束缚阻碍南方进步的时间已经够长了。[48]

奥德姆对田纳西河谷管理局的评价无误，它可以说是政府主导规划的耀眼典范。它监造的大坝本身就是工程奇迹，是优雅而现代的建筑奇观。智慧化的管理让水土保持良好，控制了洪水、疟疾和污染；田纳西河谷管理局还植树造林，增进土壤肥力——以上都是合理的土地利用策略。田纳西河谷管理局修建了精心设计的社区，里面有图书馆、健身休闲设施，这些正是威尔逊原先为公地农村规划的内容。社区内还有农业、营销、汽车和维修、机械和金属加工的培训中心，附近的大学还提供工程和数学的课程及前所未有的成人教育的机会，汽车图书馆让工人家庭有书可读。[49]

奥德姆知道要消除文化偏见是极其困难的。他1938年时向全国杰出的学者发放了调查问卷，要求他们定义各人心中的"穷苦白人"。他想知道他们第一次听到这个词是在何时何地，各州或各地区对于"穷苦白人"一词的使用是否有所不同，他们认为这个词汇源自何地，它的特点是什么，还有什么其他的词汇带有相似的意义。[50]

这些回答揭示了"穷苦白人"这个标签是多么不固定。虽然有几位社会学家直言不讳地说这个词是"模糊的"，是个含糊的命名，但在奥德姆的46位受访者中，大多数人列出了许多会让他们联想到穷苦白人的负面特质。最多人提到的形容词是"不求上进"。它后面还跟着一连串的同义词：漫无目的、勉强糊口、懒惰、无野心、不中用、无意提升自我、不思进取。以上所有描述都把不愿工作与某种天生的性格缺陷混为一谈。[51]

"不求上进"并不是一个新词。奥姆斯特德（Olmsted）在记录其19世纪50年代的南方之旅时，就把懒散的奴隶主和奴隶一起归类到"不求上进"底下。新英格兰人经常使用"不求上进"来形容坏农夫。跟低贱劳工一起聚集在非法场所的酒馆老板和其他不道德之人，也常常背负着"不求上进"的骂名。西奥多·罗斯福的时代，为了惩罚抛家弃子的丈夫，国家制订了相关法律，而"不求上进"正是法条中的用词。优生学家认定"不求上进"是退化的主要症状。"不求上进"当然更是流浪者和无业游民的第二天性。卡什（Cash）在《南方的精神》（*The South of The Mind*）一书中描绘了某个不求上进的白人，他坐在树下，手里拿着一个罐子，周围围着他的猎犬，而他在田地里干活的妻小，则是"挖得有气无力"。[52]

在"不求上进"以外，想到穷苦白人，排名第二的联想则是与黑人相关。非裔美国演员斯捷平·费奇特（Stepin Fetchit）1929年出现在电影《红心》（*Hearts in Dixie*）之中，费奇特的电影生涯就此展开，他的银幕形象在整整一代人的心中，刻下了懒惰的粗糙刻板印象。亚特兰大大学（Atlanta University）的黑人学者埃拉·A. 里德（Irade A. Reid）在问卷中回忆道，在他成长的过程中，"种族礼仪"要求他永远不能用穷苦白人这个名词来称呼"穷苦白人"，除非他希望自己被称为"黑鬼"。对里德来说，"白垃圾""穷苦白人"和"黑鬼"都表达出相同的社会污名化。[53]

奥德姆的许多受访者称，"穷白垃圾"一词源自黑人方言。据一位密西西比人说，当上层或中产阶级的白人使用"穷白垃圾"一词时，他们用的"就是黑人的说法"。奥德姆的受访者指出，穷苦白人住在穷黑人社区附近，他们已经混在一起，几乎无法分辨。一些中产阶级白人认为，穷苦白人比穷黑人地位稍稍高一些，这只是空洞的好意。来自南方之外的辛辛那提的社会学家的回答写道，山地白人被称为"乡野村夫"（briar hoppers），这种人和城市中的黑人一样，实际上都被隔离了。["briar hoppers"一词从古英语的中的"bogtrotters"（住在沼泽中的人）转化而来，此贬义词原本特指爱尔兰人。][54]

对奥德姆的受访者来说，20世纪并没有带来什么改变。大众仍然认为穷苦白人是一个不同的种族，一个介于黑白之间的不明确阶级。他们没有机会与体面的白人往来，更不用说通婚了。还有位受访者表示，穷苦白人之于体面白人，就像骡子之于马，或者是小猎犬之于大狗；狗是"受人尊敬的"，而猎犬是"乖戾的"。如同顽固的种族主义者对黑人的看法，该名受访者认为穷苦白人就像豹，无法改变自己天生的斑纹。[55]

根深蒂固的偏见扭曲了南方阶级制度。受过良好教育的美国人怎么会拒绝承认偏见的影响呢？答案其实很明显：为了避免引发真正的阶级动荡，许多人选择把穷人的失败归咎为穷人自己的问题（即便是自由派精英也不愿见到这般动荡）。奥德姆的看法有所不同，有助世人重新定义农村贫困的意义。他认为穷苦白人有种文化——他称之为"民俗"。他不认为穷苦白人永远只会是不幸的马前卒，他们向上提升靠的也不只是模仿中产阶级；他们可以利用自己的民俗价值观找到可行的生存方式，而不是努力成为次级的白领阶层。贫困问题的解决之道在于教育，让穷人接受教育后自给自足。这就需要重新调整南方的资源管理。该区域必须发展更加多样化和技术先进的经济和农业系统，这需要更多的高技能工人。当然，要提升这么多男男女女将是场漫长而艰苦的战斗。奥德姆的某名受访者直言不讳："没人知道该怎么处理他们。"穷苦白人一天不消失，停滞南方就一天摆脱不了穷苦白人、沟渠和骡子这三大特色。[56]

"他是我们的一分子"

田纳西州的詹姆斯·艾吉从真正有意义的层面上来探讨"穷苦白人"的含义。在他引人入胜、发人深省的《现在，让我们赞美伟大的人》（*Let Us Now Praise Famous Men*）一书中，艾吉试图把中产阶级当作"白垃圾"迷恋的源头。这本不同寻常的书收录了沃克·埃文斯（Walker Evans）朴实的静物风照片，并探讨了奥德姆之辈拒绝探讨的问题：有权有势者如何把自己的价值观强加在他的研究对象上？客观的新闻报道并不存在。

艾吉在书的开头就在思考，身为哈佛毕业的中产阶级，他怎么能避免把笔下的穷苦白人变成同情或厌恶的对象。他不愿只是旁观者。他怎么能"以科学、'诚实报道'的名义，窥探无知无助的农村家庭，描绘一群无力抵抗、破烂不堪的人类的生活，只为了在另一群人类面前展示这种生活的赤裸、缺点和屈辱"？有可能挖掘出"刺眼的真相"吗？可能不会。[57]

因此，艾吉尝试了不同的策略，详细描述实物：鞋子、工装裤、在佃农家里的零星家具。他一丝不苟地关注细节，试图用语言模仿相机的"冰冷"影像。这本书还有一点与传统报道有所不同：艾吉想象出穷佃农的内心话，穿插在地主毫不掩饰的侮辱中。佃农心里满是不可置信：他怎么会被"困住"，他是如何落到这"帮不了，没指望"的境地？艾吉的主角具备真实的感情、观察入微的感叹。艾吉说自己喜欢佃农的"家常菜"，地主听了大笑，其残忍可见一斑。地主骂某个穷佃农是"肮脏的狗娘养的"，因为他吹嘘说他已经有5年没给家人买过一块肥皂了。用地主的话来说，佃农家庭中的女人是这个国家的"最坏的婊子"——仅次于她的母亲。对地主来说，这票人全是"最低等的垃圾"。[58]

艾吉的做法不合常理，但有其理由。在艾吉高度自省、让人震撼的叙述中，作者试图强迫读者不要再用传统的眼光来观看穷人。艾吉并非责怪，而是要求读者承认他们自己的共犯角色。他坚称，穷人不呆也不笨，他们只不过是内化了一种"麻木"，让自己对"困苦、不安、自卑的耻辱和侮辱"无感。在艾吉看来，南方的中产阶级才更可耻，尤其那些冷漠无情，用"他们已经'习惯'了"为自己开脱的中产民众。[59]

虽然后来得到文坛的认可，但1941年时却没有多少人读过艾吉那令人心酸的作品。奥德姆的作品因为高高在上（而非与穷佃农对话）而受人诟病。范德堡大学（Vanderbilt University）的英语教授兼诗人唐纳德·戴维森（Donald Davidson）是最直言不讳的批评者之一，而他也对田纳西河谷管理局抱持敌意，因为他认为田纳西河谷管理局是北方干预南方的证据。《我的立场》（*I'll Take My Stand*）这本宣言集旨在宣扬南方价值，作为其中一位撰稿人，戴维森于文中捍卫了南方传统的土地理想。他勇于赞美三K党打败了"可憎的"自由民局的北方传教士。唯一的遗憾是三K党无法阻止新南方"更狡猾的乌托邦主义者"的出现（也就是奥德姆和他北卡罗来纳大学的党羽）。戴维森宣告：有着学者脑袋的"南方地区主义者"永远无法统一南方。奥德姆书中的"索引"无法翻译成"无知之人的语言"。戴维森认为，眼前只剩下明显的矛盾：难道只有地区性的民粹煽动家才能与南方的穷人合作吗？即使艾吉或奥德姆曾短暂捕捉到了"刺眼的真相"，但他们想要解放的穷苦白人根本没在听，难道这还不够明显吗？戴维森的答案是肯定的。[60]

乔纳森·丹尼尔斯（Jonathan Daniels）的写作风格介于艾吉和奥德姆之间，是另一种南方作家。他的《南方人发现南方》（*A Southerner Discovers the South*）不仅登上了畅销书排行榜，而且还赢得了老罗斯福夫妇的赞赏。这位北卡记者笔法讽刺，他刻意避开奥德姆百科全书式的高浓缩写作方式，也不写南方农民那种昏昏欲睡的田园生活。他敞开心房，向南走了几千英里,让他遇到的人民说自己想说的话。[61]

丹尼尔斯于途中遇到了一位小镇律师,他拥有奥德姆的所有作品,并视若珍宝。这点恰可证明戴维森对霍华德·奥德姆的批评有误。他参观了著名的普罗维登斯峡谷,这峡谷位于佐治亚州,本来是个150英尺(约46米)深的沟渠,后来成了土壤流失和自然奇观的奇特纪念碑。他还抨击了南方的监狱心态,这种心态告诉一代又一代的体力劳动者,他们应该接受被剥削的命运。在北卡罗来纳州的加农·米尔斯纺织品公司(Cannon Mills),丹尼尔斯看见道道铁网把工厂变成了实质的监狱。大型工厂对街是一座游乐场。他无意中学到的教训是:"告诉孩子,资产防着人民——它们的人民。"[62]

他笔下的穷苦白人有各种各样的面貌,他为穷苦白人的"移动性"辩护,并拒绝称之为"不上进"。丹尼尔斯相当欣赏田纳西州诺里斯(Norris)的一个小镇,该镇是田纳西河谷管理局计划的一部分。"山区穷人大家庭的孩子"和工程师的孩子一起念书。学校"孩子的碰撞"让他留下了深刻的印象。这明显是场废除阶级隔离的实验。要是美国都能这样就好了,他想。[63]

如同《愤怒的葡萄》的乔德妈所说,丹尼尔斯为南方听众重申:穷人一直都在。他相当赞赏田纳西河谷管理局,因为他们发现如果给予公平的机会,普通的南方白人也愿意接受训练。他承认,有些人"吃不饱",有些人"心智发展不健全、变态、精神失常",但这些人不能代表全体贫困人口,也不能代表未来。阻碍他们向上流动的不仅有糙皮病或不识字,还有对富有阶级的恐惧,他们害怕穷苦白人和黑人一样,可能会想脱离原本的阶级。受过良好教育的阶级长期散播一些"诽谤",丹尼尔斯对此予以驳斥,并让他的读者知道:"南方黑人并不是无可救药的无知人猿。南方白人的生理并无退化。"[64]

丹尼尔斯坚信杰斐逊式的民主早已消失，被休伊·朗之类的民粹煽动家取而代之。休伊·朗依循前几代南方贵族的脚步，任意掠夺人民。丹尼尔斯听取了奥德姆的忠告，他认为如果要实现真正的改革，南方复兴计划就必须从最底层着手。丹尼尔斯写道："也许一个南方叛军依然抵得过10个北方佬。"但"这无关紧要"。叛军的骄傲蒙蔽了各个阶级，"暴君、富豪和穷人都需要教育。一样多的教育"。奥德姆、艾吉和丹尼尔斯都希望南方能跳脱意识形态的陷阱。他们并不犬儒，他们抱持希望。他们发现，建设为数不多的公地其实是太过简化的解决方式，无法解决真正的问题。唯有更大规模的田纳西河谷管理局，才是改变既有共识并重整阶级结构的唯一机会。[65]

在20世纪30年代，被遗忘的男女成了全美经济困境的有力象征。许多人特别关注南方挥之不去的穷苦白人问题，但问题不在于"没人知道该拿他怎么办"，而是"没有人愿意透过他的本质看待他：他是我们的一分子，是一个美国人"。

第十章
穷孩子的偶像：猫王、格里菲斯与约翰逊的伟大社会

> 我承认我是乡下小孩，弹吉他的傻子。
> ——猫王埃尔维斯·普雷斯利

> 约翰逊根本不属于上层阶级。他是乡下小孩，在山区长大。
> ——弗吉尼亚·福斯特·杜尔（Virginia Foster Durr），亚拉巴马民权运动者

大多数人记得猫王和尼克松总统站在椭圆形办公室里的那张著名照片。但是为什么人们会忘记猫王和约翰逊总统之间的友谊呢？猫王模仿约翰逊的椭圆形办公室，在雅园（Graceland）里摆设一个可以放三台电视机的柜子。1964年总统大选期间，猫王也在家中挂了一张"永远支持约翰逊总统"的保险杆贴纸，并与总统的女儿琳达·伯德·约翰逊（Lynda Bird Johnson）合影留念，琳达当时还在和演员乔治·汉密尔顿（George Hamilton）交往。猫王和约翰逊这两人似乎八竿子打不着——然而他们一个在娱乐界，另一个在政治圈，其共同之处实在不少。两人都成为家喻户晓的人物，用自己的生命松动并挑战了穷苦白人长久以来背负的污名。[1]

猫王从1956年开始风靡全美。当时的他似乎用尽一切努力，想方设法让自己看起来不像白人。他公开拥抱黑人音乐风格，顶着黑色飞机头，身穿黑人味的俗艳服饰。因为他的扭胯舞步狂野性感，批评者将之比作"色情"滑稽脱衣舞，或是"胡奇库奇舞"——一种性感的肚皮舞。

猫王声名鹊起，吸引大批粉丝崇拜。他成功登上了《小城名流》(*The Ed Sullivan Show*)，随后又跃上大银幕。他的车库很快就停满了一辆辆的凯迪拉克。猫王的成就超乎"白垃圾"工人男性的想象：他是个又酷又性感悖德的"乡下小孩"。猫王不是刻板印象中畸形的乡下弃儿，而是青少年争相模仿的"来自南方乡下的猫"(Hillbilly Cat，中文世界称其猫王，即是从 Hillbilly Cat 翻译而来)。[2]

1963 年 11 月 22 日，林登·约翰逊突然继任总统，让全美为之震惊。一个世纪前的事件重演，让人毛骨悚然：又一次令人震惊的暗杀事件，又一个未经选举的约翰逊继任总统。但这一次，美国失去的不是悲伤、厌战的林肯，而是年轻有为、风度翩翩的东岸精英约翰·肯尼迪。悲剧发生后，这位经验老到的南方政客推动激进的立法议程，支持民权和社会改革，这是自小罗斯福后，最戏剧性的尝试。时人称约翰逊的计划为"伟大社会"，这些计划呼吁取消人头税和投票歧视，促进教育和医疗保健基金，并大胆推出新计划以消除贫穷。然而，约翰逊与民主党的肯尼迪的不同在于，他必须重塑自己的形象，摆脱大众对于南方穷苦白人的刻板印象——他成功了，就算没有改掉那著名的得州口音。这位意外当选的总统也必须改变大众在电视上看到他的反应，改变华盛顿记者对他的评价，以及作为国家领导人的形象。虽然约翰逊过去支持新政，也是现代的进步派，但在国家舞台上他仍被认为只是地方政客。他拒绝让南方实行白人统治。在他 1965 年的就职演说中，他说进步改革攸关国家存亡，他想利用总统职权推动社会平等。[3]

约翰逊对改革的坚持，在许多方面与社会学家霍华德·奥德姆早年的观点不谋而合：南方人对旧邦联怀抱错误的怀念，但他们必须从这种怀念中解脱出来。他不害怕现代化。约翰逊在 1965 年的就职典礼上直言："我不认为伟大社会是井然有序、一成不变、无菌的蚁营。无论是苏联式的盲目还是南方式的盲目,盲目都令人窒息、压抑。"[4]

他心中的英雄不是安德鲁·约翰逊或詹姆斯·瓦尔达曼;他最钦佩的政治家是小罗斯福。在大萧条时期,约翰逊大力支持农村电气化。他还在得州推行全国青年总署(National Youth Administration)的就业工作团计划。他无法忍受乡巴佬的古怪滑稽。约翰逊热爱现代科技。"二战"前他曾搭螺旋桨飞机跑得州的竞选行程。1948年竞选参议员时,他成了首位使用直升机的政治人物。他选择世故圆滑的形象,而非竞争对手的草根风格,约翰逊的幕僚形容后者为"老土、老招,全是老一套"。那年,约翰逊险胜。约翰逊成为参议院的多数党领袖,在担任国家航空和航天委员会(National Aeronauticsand Space Council)副主席期间,他率先推动"进入太空竞赛",把登陆月球当作国家的首要任务。[5]

这个南方男孩不穿红色吊带裤,也不曾有煽动种族歧视的言论。约翰逊的总统就职演说充满崇高的道德原则。他鄙视因认同种族隔离政策而从民主党分裂出来的狄西党(Dixiecrats)的虚言假语,那些人假装跟穷苦白人站在一起,用愤怒的言论提倡白人至上主义。约翰逊总统提倡民权,谈的是兄弟之爱和包容性。尽管如此,他身上的乡巴佬形象仍然挥之不去。[6]

电视剧中的乡巴佬

也许是巧合:约翰逊总统成为全国瞩目的焦点时,电视台高层开始打造以乡巴佬为主题的情境喜剧。20世纪60年代最受欢迎的三个节目分别是《安迪·格里菲斯秀》(*The Andy Griffith Show*)、《傻子派尔》(*Gomer Pyle, U.S.M.C.*)和《贝弗利山人》。以上几部作品都让人回想起朴实无华却难以同化的乡巴佬特质,就像19世纪40年代的"休格"。约翰逊深情地回忆起小罗斯福,说他"就像我爸爸一样"。小镇警长安迪·格里菲斯(Andy Griffith)则像家长一样守护着北卡罗来纳的梅伯里镇(Mayberry)。《安迪·格里菲斯秀》散发出20世纪30年代而非60年代的氛围。该节目用怀旧的方式,以不合时宜的小镇居民为主角,重新诠释大萧条。格里菲斯谈到自己的角色时,坚称他不是在扮演"乡巴佬"。他认为安迪警长是个聪明人,具备"反讽的幽默感",就像已故的俄克拉何马州幽默大师、知名影人威尔·罗杰斯(Will Rogers)一样。梅伯里的问题多在警长家的餐桌旁得到解决——这让人想起小罗斯福的"炉边谈话",美国家庭从前都会围在收音机旁收听。在警长的世界里,外来的人不会遭到排斥,小镇散发着民主的美德之光。[7]

虽然安迪·格里菲斯不承认,但警长身边围绕的确实都是乡巴佬,因为电视台刻意利用这种刻板印象。其他角色包括好骗的加油站服务员戈默·派尔(Gomer Pyle)——后来他也有了自己的节目,他的表弟古柏(Goober),以及声音尖锐、火暴脾气的欧内斯特·巴斯(Ernest T. Bass)。《时代》杂志某篇文章曾如此评论吉姆·纳伯斯(Jim Nabors)扮演的戈默·派尔:天真的海军陆战队士兵"从歪嘴中吐出训诫,像耕童般无目的地走跳,穿过一片牛粪田"。他是场"行走的灾难"。在派尔独挑大梁的节目中,他一人就能够破坏掉整个海军陆战队的官僚制度。[8]

喜剧演员鲍勃·霍普(Bob Hope)曾开玩笑说,《贝弗利山人》中的克莱彼特家(Clampetts),就是美国人心中电视"荒地"的化身——有户外厕所的荒地。一集接着一集,门铃和复杂的厨房电器都让奶奶和亲戚深感困扰。这让观众想起了农场安全管理局重新安置的佃农,他们也曾经历类似的文化冲击。巴迪·艾布森(Buddy Ebsen)扮演杰德·克莱彼特(Jed Clampett)一角,以他为首的乡巴佬一家不只出现在电视黄金时段,也出现在《星期六晚报》(*Saturday Evening Past*)的封面上,化身1930

《贝弗利山人》改编自格兰特·伍德1930年的著名画作《美国哥特式》,《星期六晚报》,1963年2月2日。

年格兰特·伍德(Grant Wood)经典画作《美国哥特式》(American Gothic)的人物。长期以来,很多人把"白垃圾"视为一种演化返祖现象。这个封面再度透露这样的看法。⁹

《贝弗利山人》有其辩护者。该剧投资者认为,"我们的乡巴佬"是干净、有益身心的,电视台其实提升了美国农村居民的形象。"乡巴佬这个词,"他坚称,"最后会因为我们的节目而产生新的意义。"事实证明,他过分乐观了。¹⁰

杰德·克莱彼特并不是戴维·克罗克特这样的山野粗人,虽然巴

第十章 穷孩子的偶像:猫王、格里菲斯与约翰逊的伟大社会　239

迪·艾布森20世纪50年代曾在迪士尼的电视剧*中，扮演过克罗克特的助手，而克罗克特由费斯·帕克（Fess Parker）饰演。杰德和戴维的差异很明显。好莱坞的乡巴佬只是观众嘲笑的对象——讥笑，而非钦佩。看到这些乡巴佬，观众脑中浮现的不是边境幻想中粗犷的克罗克特（或是费斯·帕克饰演的丹尼尔·布恩）。既定印象无法扭转。克莱彼特一家开着1920年的福特老爷车，奶奶坐在摇椅上——这是露营版的《愤怒的葡萄》。[11]

费斯·帕克扮演的克罗克特是个活力十足的乡下小孩，加里·库珀（Gary Cooper）式的和蔼郊区爸爸。观众都知道帕克版的克罗克特代表的是美国早期的理想形象。1955年的克罗克特热潮让帕克被崇拜他的粉丝团团包围，从某方面来说这跟猫王现象很像。迪士尼进行巡回宣传时，克罗克特剧中所戴的浣熊皮帽被抢购一空。帕克来自得州，身材高大，他的足迹甚至延伸到了国会大厦。时任参议员的约翰逊和众议院议长萨姆·雷伯尔尼（Sam Rayburn）与"戴维"和他的步枪"老贝齐"（Ol' Betsy）一起拍了照，事后还将照片发布在媒体上。[12]

撇开罐头笑声不谈，20世纪60年代的喜剧不只是逃避现实的娱乐。这些喜剧反映了当时社会上弥漫的焦虑：大量穷苦白人向北迁徙，并在巴尔的摩、圣路易斯、底特律、芝加哥和辛辛那提等城市建立起乡巴佬贫民窟，加深了大众对"荆棘劳碌人"的既有偏见（借用奥德姆受访者的用语）。1968年，专栏作家保罗·哈维（Paul Harvey）撰文探讨了芝加哥的穷苦白人。他让读者更具体地想象："假设真实世界里的贝弗利乡巴佬没有那几百万的存款，然后搬去大城市生活。"[13]

这三部情境喜剧都源于一种怀疑：现代美国未能创造出真正的大熔

---

* 编注：1954年，迪士尼发行了由费斯·帕克主演的戴维·克罗克特电视剧。该系列电视剧共有五部，并与1956年的同名电影一齐取得了空前的成功，引发了新的"克罗克特热潮"。

炉，城乡之间或贫富之间的文化距离极为巨大。唐·诺茨（Don Knotts）饰演警长安迪的表弟巴尼·费夫（Barney Fife），这个搞笑的角色笨手笨脚，不属于大城市，就像19世纪30年代的《1837年克罗克特年鉴》中的肯塔基南方玉米穷苦白人一样。虽然戈默·派尔的军中教官对他严格训练，但这位倒霉的士兵却无法适应军中文化。他不适合海军陆战队，更别说美国的白领公司了。克莱彼特一家也许能在好莱坞的上佳地段买豪宅，但他们在社会阶梯上连一阶都升不了。他们甚至没想过要效仿中产阶级。

1963年，《洛杉矶时报》（Los Angeles Times）的哈尔·汉弗莱（Hal Humphrey）评论，《贝弗利山人》之所以好笑是因为"大多数美国人非常有阶级意识"。不管情节怎么发展，每一集的重点都是唯利是图的银行家米尔本·戴思德（Milburn Drysdale）、他"攀权附贵的妻子"和"蠢"儿子（缺乏男子气概），如何与次等阶层的克兰佩特一家斗法。在汉弗莱看来，普通观众看到的是群"衣衫褴褛的山民"，"显然……低人一等"，却同样智取"大人物"。简而言之，这是场"势利鬼"和"笨蛋"间的较量。汉弗莱认为，该剧的制作人创造出用笑声掩盖阶级冲突的套路。最后，他开玩笑地问，这部电视剧实现了喜剧演员格鲁乔·马克思（Groucho Marx）的阶级斗争理论——还是卡尔·马克思的理论？[14]

郊区住宅

许多旧的界线和偏见开始改变，社会一片动荡。当时的美国民众普遍选择否认他们还留有阶级意识。20世纪五六十年代交织的民权运动和文化战争，皆以社会分层为重点。时人把买得起郊区的房子视为美国梦的象征，而最有异议的住房选择显然是拖车公园。因此，隔离不仅是种族问题。分区法（zoning laws）使得住房不可避免地在地理上遵循阶级划分的规律。工人阶级的保龄球馆和快餐店，以及"穷苦白人"的拖车停车场贫民窟，与全白人小区后院的烧烤派对形成强烈对比——全白人社区位于郊外的好地段，是划给中产阶级的区域。我们忘了约翰逊总统的"伟大社会"要处理的不只是都市贫民窟，还有阿巴拉契亚的贫困白人区。越战被称为客厅战争，然而在1957年的黑白电视机上，美国人已经看见一场种族和阶级的战争：彬彬有礼的黑人学生试图走进小石城中央高中上课，愤怒的穷苦白人对他们大声咒骂。

正因如此，贫穷的乡下小孩猫王，才会对20世纪50年代的年轻人具有如此丰富的象征意义。他将黑人音乐白人化，挑战保守的性道德观，同时却保有《贝弗利山人》的社会认同。猫王是白人佃农之子，突然名利双收；他买下了孟菲斯城外的豪宅雅园，与父母同住。猫王为他深爱的母亲买了辆粉红色的凯迪拉克。为了让母亲有家的感觉，他还在后院为她建了鸡舍。[15]

猫王成了雅园"乡绅"的同时，美国中产阶级更加大力宣传郊区的优点。副总统时期的尼克松就是一例。他把不断扩张的住房市场视为冷战外交的有力工具。1959年，两大强权同意进行文化交流：苏联准备了一场关于人造卫星和太空探索的展览，在纽约展出；而为了教化俄罗斯民众，美国则选择在索科利尼基公园（Sokolniki Park）展出典型牧场风格的住宅——美国自豪的世俗象征。[16]

在莫斯科举行的开幕式上，尼克松盘点美国共有3 100万家庭有房；4 400万民众有车，全美共有5 600万辆汽车，还有5 000万美国人拥有电视机。副总统借此良机，努力分饰多角。他像是麦迪逊大道上搞推销的广告商，又像预言新中产阶级的先知。无论是何角色，他都明确否认自己代表肤浅的唯物主义。他自认，美国成就令人惊叹之处在于，这个"世上最大的资本主义国家"，"最接近无阶级社会的均富理想"。这段话正中问题核心。对尼克松来说，美国不仅是一片富饶之地。美国的集体灵魂是民主的，几乎实现了一种乌托邦。史上第一次，资本主义并不是贪婪的引擎，目标不再是垄断财富和资源。20世纪50年代的自由企业是神奇的万能药，成功地消除了阶级界线——尤其是通过拥有住房。这是尼克松的解读方式。[17]

尼克松一家标榜自己是完美的郊区家庭。前往莫斯科前，这位副总统和家人一起去了迪士尼乐园，登上了头版。尼克松与约翰·肯尼迪竞争1960年的总统大位。当年尼克松的太太帕特·尼克松（Pat Nixon）称赞他与她自己是美国梦的化身。在尼克松即将得到党内提名时，帕特告诉记者，他们的成功体现了战后一代得到的承诺："出身卑微的人，光靠努力工作就可以往上爬，并实现他们的目标。"她说，如果她能够成为第一夫人，她将成为入主白宫的第一位"劳动阶级女性"。共和党的竞选战操盘手积极利用帕特的形象，制造了大量的宣传材料，包括徽章、旗帜、小册子、梳子、珠宝和各种各样的纽扣，样样都将帕特打造成理想的郊区家庭主妇形象。党工用"帕特动员"和"帕特游行"等活动横扫郊区的购物中心。帕特·尼克松不像年轻的杰奎琳·肯尼迪那样盛装打扮，穿着"法国定制的时装"。帕特自己从架上挑衣服，挑的都是她可以轻松打包的款式。[18]

尼克松一家来自加州南部的惠蒂尔（Whittier）。这个加州的阳光带从1946年到1970年经历了戏剧性的变化。随着数以百万计的美国人购买新房，洛杉矶、凤凰城、休斯敦、迈阿密等大城市周边便出现了一圈圈的郊区社区。当时最著名的住宅开发项目之一，是纽约郊区的莱维顿（Levittown）。莱维特父子（Levitts）野心勃勃，盖了1.74万间房子，吸引了8.2万名居民。因为长岛开发项目的成功，他们又在宾夕法尼亚州的巴克斯县（Bucks County）和新泽西州的威灵伯勒镇（Willingboro）进行大规模开发。莱维特父子是纯熟的推销者，他们不只会盖房子而已。就像始祖——英国伊丽莎白时代的小理查德·哈克卢特一样，莱维特父子希望在穷乡僻壤打造一块自给自足的殖民地。莱维特父子把郊区想象成中产阶级的偏远消费基地，专门用于休闲：购物中心的商业区加上棒球场、自行车道和游泳池。[19]

莱维特父子住宅的关键不只是廉价的住房，更重要的是同构型的人口——用他们的话来说，就是"稳定的"社区。他们指的是种族和阶级的同构型，所以他们支持"限制性条款"，禁止房主把房子卖给黑人家庭。莱维特父子了解南方，因为他们第一个大规模计划位于弗吉尼亚州的诺福克（Norfolk），那是为战时工人打造的全白人建筑物。莱维特父子在类农村地区打造郊区建造项目，因此了解土地的价值不是由工业或商业来决定。作为孤立的偏远基地，土地价值由居住者的阶级地位决定。一家之主必须有稳定的收入，才买得起这里的房子——这是20世纪50年代新中产阶级的标志。[20]

莱维顿被称为"花园社区"。但这片建筑物的新风格让人不甚自在。20世纪50年代的纯住宅区采用了郊区的田园形象。大众杂志上经常可见妻子照料花园、丈夫在后院烧烤的画面。这是托马斯·杰斐逊理想的升级版：郊区居民可说是新的"后院自耕农"。由于年轻家庭的高出生率，郊区新社区被称为"良田"，响应了杰斐逊所呼吁的远郊生殖力。然而，许多人士批评，统一的房屋和整洁的草坪是空洞的象征——与真正的民主美德相去甚远。[21]

郊区不仅没有消除阶级差异，还成为巩固阶级意识的堡垒。分区条例规定了地块大小并限制公寓的数量，大量独栋住宅将不受欢迎的下层家庭拒之门外。新泽西州的莫瓦（Mahwah）就是一例。当地政府吸引福特到该镇设厂，接着通过了一项法令，规定建造项目面积一亩价格2万美元。

这条法令明显就是不欢迎工厂的低收入工人住在该地。纽约的韦斯特切斯特郡（Westchester County）教育局决定要在富人区盖豪华的学校，而意大利和黑人家庭生活的低收入区学校却什么补助都拿不到。洛杉矶的联邦住房管理局（Federal Housing Authority）用阶级来评估郊区房价：爱好园艺的区域分数高，而在后院种菜的区域则分数低。用这样的逻辑来看，管理局对猫王母亲的鸡舍应该颇不以为然。[22]

联邦政府用各种方法资助郊区新边疆的发展。国家税法让贷款买房者享有优惠减免。在当时的政策下，银行若提供给正直的退伍军人和在职男性贷款，也有利可图。退伍军人管理局（Veterans Administration）促成"1944年军人复员法"（Servicemen's Readjustment Act of 1944），即"退伍军人法"（GI Bill），以监督退伍军人的贷款方案。联邦住房管理局和退伍军人管理局携手提供慷慨的条件：就一般退伍军人而言，高达90%的贷款由美国政府担保，让放贷者愿意提供低利率和低月付。同样，在莱维顿住宅的抢购潮中，开发商一开始也让退伍军人优先购买。有了以上补贴，对"可取的"白人来说，买房要比租房便宜。这样的制度并没有将所有阶级向上提升，而是独厚那些原本就是中产阶级的人，或那些收入稳定的工人家庭。[23]

郊区住宅区鼓励购房者和"同类"生活在一起，不停利用宗教、族群、种族和阶级将人分类。受人尊敬的建筑评论家刘易斯·芒福德（Lewis Mumford）口中的莱维顿是个"阶级社区"。1959年，畅销书作者兼记者万斯·帕卡德（Vance Packard）将郊区的过滤过程定位为"物以类聚"。这种说法并不罕见。美国人要描述阶级之别，脱口而出的依然是种畜和"品种"的概念。[24]

1951年，莱维特父子在宾夕法尼亚州的巴克斯郡进行第二波的开发。在那之前，美国钢铁公司才决定在该地建造费尔利斯钢铁厂（Fairless

第十章　穷孩子的偶像：猫王、格里菲斯与约翰逊的伟大社会　245

Works)。莱维特父子的建造项目吸引许多钢铁工人入住。但也招来住在拖车营地上的建筑工人。虽然钢铁工人和建筑工人没有太大区别（家庭稳定，孩子数量差不多），但莱维特项目的居民认为该社区是"中产阶级成就的象征"，而建筑工人则被贴上"拖车垃圾"的标签。为了驱逐拖车家庭，当地官员迅速通过法令。深感被冒犯的居民认为，拖车家庭是"路过的"，应该"尽快摆脱"这些人。反对拖车营地的理由听来令人耳熟能详：维持房价。建筑工人被认为是垃圾，并不是因为他们的阶级背景本身，而是因为他们住在拖车里。被污名化的，是他们的车轮上的家。[25]

拖车文化

拖车在美国文化想象中占据了一个重要但难以说清楚的位置。一方面，它象征着不受束缚的自由，但同时又被称为"易拉罐"，因为其狭小、廉价、封闭的生活方式而得名。住在拖车里，就是无根，无隐私。邻居看得到也听得到。在最坏的情况下，拖车代表的是自由的阴暗面：都市边缘那离经叛道、反乌托邦的荒地。

自 20 世纪 30 年代以来，拖车文化一直备受争议。撇开公路上奔驰的流线胶囊型拖车不谈，传统拖车就像是摇摇晃晃的盒子，惹人嫌弃。拖车转变成永久住房后，许多人看到拖车就想到垃圾堆旁的贫民窟。拖车这个物体既现代又反现代、时髦又笨拙、自由解放又令人窒息。拖车营不同于沉闷但安全的美国中产郊区，里面住的都是即将被淘汰的人，而不是向上层阶级攀升的人：退休人士、农民工和不幸的穷人。今日依然如此。

第二次世界大战前，第一代拖车是后院草草搭建的设备，专门用于狩猎和钓鱼之旅。当拖车于 20 世纪 30 年代上路时，俄克拉何马州来的农民工们开着老爷车上了 66 号公路，有名记者称之为"可怕的怪兽"——

根本就是装了车轮的棚屋。战争改变了人们的观感。因为住房严重短缺，联邦政府为士兵、水手和国防人员购入拖车。政府启用 3.5 万辆拖车。因为到处都是军事和国防设施，拖车镇一夕间遍地开花。从缅因州、密歇根州再到得州，拖车镇出现在许多意想不到的地方。在这些地区，比如康涅狄格州的哈特福德（Hartford），那些住在"拖车村"的国防人员经常被比作开拓者和吉卜赛人。[26]

当时有许多关于拖车营的报道，最杰出的一则出自《华盛顿邮报》（*Washington Post*）的记者艾格尼丝·迈耶（Agnes Meyer）之手。才华横溢的迈耶以"大后方战地记者"自居，她的报道后来结集成书，名为《穿越混乱》（*Journey Through Chaos*）。有教养的美国妇女都不该近距离接触"混乱"。的确，尽管迈耶的家人认为年轻女孩不该接受高等教育，但迈耶还是从纽约巴纳德学院（Barnard College）毕业，并前往巴黎索邦大学（Sorbonne）深造，还出了一本关于中国绘画的学术著作，并成为《纽约太阳报》（*New York Sun*）聘用的首位女性。后来，她又嫁给了一名千万富翁，而这位富翁买下了摇摇欲坠的《华盛顿邮报》。他们的女儿凯瑟琳·迈耶·格雷厄姆（Katharine Meyer Graham）长大后成了《华盛顿邮报》最具影响力的编辑。[27]

1943 年，艾格尼丝·迈耶前往 27 个战事中心进行实地调查。从布法罗到底特律，她一路调查到华盛顿的皮吉特海湾（Puget Sound），再南下前往加州，东转至得州、路易斯安那、密西西比和佛罗里达。她巨细无遗地记录一路看到的人。其中，最令人震撼的几幕都出现在深南方（Deep South）。她笔下的密西西比州的帕斯卡古拉市（Pascagoula）和亚拉巴马州的莫比尔市（Mobile）有着一排排帐篷、拖车和破烂棚屋。她为"弃置的农村"发出感叹。就她的观察，从农村搬出的"白垃圾"，可怜、衣衫褴褛、不认字、营养不良。他们因为害怕法律而拒绝搬进体面的住房——

但迈耶认为,他们真正害怕的是"住进体面社区后会受到约束"。他们的生活状况、身心健康和渺茫前途让迈耶深感震惊。她难以相信,问道:"这是美国吗?"[28]

造船厂把工人带进帕斯卡古拉市。近5 000名新工人及其家庭涌入这个墨西哥湾的小镇,迅速引发了当地居民的恐慌。许多工人都是山野粗人,拖车很不卫生。迈耶遇到了一个51岁的老人,看上去有80岁——未老先衰的样子就像19世纪40年代的啃土汉。市民骂他们是"害虫"。造船厂的经理对疲惫的迈耶说,除非这些人向上提升,"否则他们会把整个国家一起拖下水"。迈耶抵达莫比尔市时发现,当地私生子很多,而且越来越多,当地还有买卖婴儿的黑市。她到佛罗里达的时候,发现穷苦白人

亚利桑那州被称为"占居者"之人的拖车垃圾(1950)。

被称为"占居者"之人的移动住宅的照片,摄于亚利桑那州温克尔曼(1950),#02-4537,州立图书馆历史和档案部的照片收藏,菲尼克斯档案馆和公共档案馆,亚利桑那

乍看英俊，但是他们一笑，露出烂牙，看起来就很奇怪了。尽管如此，比起她在密西西比州和亚拉巴马州遇到的"不正常的沼泽和山区居民"，他们还没那么令她反感。[29]

南方军营立下拖车文化的基础。但战后，"拖车垃圾"成了通用名称，不再限于特定地区。匹兹堡郊区、密歇根、北卡罗来纳和上南方都可见他们的身影。在遥远的亚利桑那州，拖车垃圾同时也是"占居者"。照片中的占居者身旁杂草一片，前院还有户外厕所。流离失所又贫穷就等于"白垃圾"。[30]

面对如此恶名，拖车制造商发动宣传活动，试图扭转形象。1947年时，拖车成了"拖车屋"，制造商改造拖车内部，使其更有吸引力、更方便，以"吸引女性消费者"。拖车制造商协会要求改善拖车"公园"，以让人想到精心修剪、合家观赏的花园，意在摆脱"二战"时期临时的、满是难民的拖车"营地"。简而言之，为了提高移动房屋的接受度，制造商必须将其驯化。这些精明的、善于与社会现实相协调的广告商努力在宣传上将拖车改造为微型的郊区——"车轮上的平房"。他们竭尽所能移除"拖车垃圾"这一美国式词汇。[31]

事实证明，拖车敌不过大规模建筑项目。因为政策，有意购买拖车的人处于经济弱势。1971年后，联邦住房管理局才为移动房屋贷款提供担保。所以1971年前，就算拖车较便宜，买方也会面临其他隐性成本和罚款。拖车公园被流放到最差的地段，与较好的、更受保护的住宅区保持距离。许多拖车公园的管理者禁止住户带孩子和宠物进入，但这是年轻夫妇选择住在郊区的两大动力。越来越多公园面积变小、草坪也变少——或者根本没有草坪。在许多城市和郡，连退休人士也发觉自己越来越不受欢迎了。退休人士遭人厌恶，因为他们预算很紧，对商业增长无所贡献，并且没钱缴纳财产税。[32]

1954年的滑稽电影《蜜月花车》(The Long, Long Trailer) 捕捉到郊区理想与现实生活间的落差。这部电影由露西尔·鲍尔（Lucille Ball）和戴斯·阿纳兹（Desi Arnaz）主演。这对夫妇小灾小难不断，证明了移动房屋的确有害隐私，对性生活的影响尤甚。更别说拖车装不下丈夫心爱的高尔夫球杆。10英尺（约3米）宽的拖车轧平了亲戚的玫瑰花丛，成为电影里最尴尬的一幕。拖车毁了亲戚的院子，掀了古雅社区可爱的家。电影里的拖车造成危险、令人讨厌——在郊区的梦幻风景中，拖车格格不入。[33]

随着拖车越来越受欢迎，反对声浪也越来越高。20世纪50年代后期，活动屋的数量已经超过组合屋了，然而市政当局依然鄙视拖车文化。1962年，在新泽西州一个重要的案件中，陪审团多数判决认定，乡镇可以禁止拖车公园。尽管如此，法官写下的反对意见却揭露出此一判决的危险。他解释说，"拖车居民"已经变成了一个阶级。在保护"公共福利"的模糊语言下，歧视是可以被容忍的。至少对这位法官来说，代代相传的社会偏见把活动屋主归类为"不受拘束的游牧民族"，一群"迁徙的乞丐"。[34]

零售商和地产商再度试图改变公众观感。因为他们无法有效地管控活动屋公园的质量，他们决定推出升级版，转而宣传更高级的活动屋社区。为了区隔脏乱的拖车贫民窟与五星级住宅区，他们将这些高档住宅重新命名为"度假村"。"拖车营"成了脏话。费斯·帕克脱下剧中的浣熊皮帽，换上地产经纪人的夹克，成为高级拖车游乐场的投资人和宣传员。帕克口中"无忧无虑的生活"成为新阶级的新座右铭。阳光地带的投机商人致力于吸引富有的客户，他们设定的拖车生活堪比豪华酒店。费斯·帕克在圣塔芭芭拉的拖车度假村拥有海景、高尔夫球场并提供股票行情盘。[35]

戴维·克罗克特的荒野呼唤余音犹存。由于不用负担30年的贷款，拖车生活重新点燃了美国人对公路的向往。1957年，《拖车话题》(Trailer

Topics）杂志作者承诺，美国人民将在"风尘仆仆的郊区生活"中，得到应得的喘息机会。（文章还附了张照片，照片中性感金发女郎搔首弄姿，坐在活动屋上。）还有些活动屋经销商承诺，居民们可以从郊区的一成不变和单调乏味中解脱出来，不用再当"草坪、露台和水管"的奴隶。[36]

理查德·尼克松出生于加州的约巴林达（YorbaLinda），此地被称为"尼克松原始王国"（primordial Nixon country），意指共和党人、保守派、阶级意识根深蒂固者所在的地区。约巴林达建起一片与众不同的拖车社区。约巴林达湖公园提供的是"乡村俱乐部"式的生活方式，公园遍布人工湖、游泳池、园林绿化和蜿蜒街道。就《纽约时报》的记者看来，这是"迷你版的郊区"。两名来自洛杉矶的开发商，花了3年的时间试图在奥兰治县建造新型的拖车社区，但遭到多个城市拒绝。为了让约巴林达的官员相信他们无意伤害现有居民的阶级意识，他们将社区打造成"私人俱乐部"，强调环境优美，并要求居民支付额外的费用来维护社区。开发商为了增加说服力，最后画龙点睛地补上一句：社区周围会立起5英尺（约1.5米）高的高墙。正如一位市政官员所说，"我们甚至不知道哪些居民住在里面"。另一名当地居民毫不羞愧地承认："我们称他们为'墙内人'，而我们则是'墙外人'。"还有什么比高墙更能体现阶级分层的信仰？[37]

但约巴林达的拖车社区并不是典型的拖车社区。在其之下，美国各地还有许多下等的拖车营。1968年，只有13%的活动屋屋主从事白领工作，而更贫穷的拖车营居民许多来自农村，特别是南部地区。买不起新拖车的家庭选择购买或租用折旧的拖车。换句话说，就是二手的、甚至三手的拖车。新的二手市场应运而生，并催生出了社会学家口中的"乡巴佬避难所"。在阳光带、中西部和其他地区的城市外围，这些"避难所"一个接着一个出现。破败的拖车公园散落公路沿线、邻近铁轨，与垃圾场没两样。拖车垃圾已经成了美国的贱民。[38]

更糟糕的是，穷人和工人阶级居住的拖车社区被认为是罪恶渊薮。这项指控其实可追溯到第二次世界大战期间，当时许多活动妓院将妓女载往"军事中心"。20世纪50年代的《拖车流浪汉》(Trailer Tramp)和《拖车营女孩》(The Trailer Park Girls)等低俗小说，就讲述了与之相关的性艳遇和偷窥癖的故事。用当时的说法来讲，女性拖车流浪汉"从一个城镇移动到另一个城镇——从一个男人身边换到另一个男人身边"。除此之外，还有《南方穷苦白人女孩》(Cracker Girl)。这本低俗色情小说挑逗读者，并把越轨的刺激和底层阶级的性爱当作卖点。流浪汉和拖车游牧民族，就像毒品和赌博，是城市边缘的混乱标志。[39]

活动屋里住的大多是穷人。1969年，全美的活动屋有40%是送到阿巴拉契亚周边的十三州去。最便宜的型号（低于5 000美元）自然是运往山区。1971年，纽约市批准了该市第一个拖车营，市长约翰·林赛(John Lindsay)试图用拖车安置无家可归者，他的政策得到了支持。林赛要安顿的对象，不是纽约包厘街(Bowery)的流浪汉，而是因为城市更新而背井离乡的人。然而，不知何故，他的解决办法却是把他们藏进最不城市的住所里。那些从阿巴拉契亚来到纽约城（the Big Apple）[*]的人，没有经济保障和政治影响力，成为最有可能住进拖车营的人选。[40]

廉价土地、一块混凝土和泥巴、垃圾场拖车，成为判断穷苦白人的标准。到了20世纪60年代，分区规划、住房和学校经费，多在住宅景观上留下深深的印记。南方乡下人为了找工作而迁居大城市，一种新的阶级部落主义应运而生。穷苦白人不满其领土变小，在住宅区上演了一场阶级斗争。哈泽尔·布莱恩(Hazel Bryan)与现代媒体闹剧，由此诞生。[41]

---

[*] 编注："the Big Apple"为纽约市的别称。这一说法源自20世纪初美国爵士乐中的一句歌词："成功树上苹果何其多，但是如果你挑中了纽约市，你就挑到了最大的苹果。"

小石城风暴

1957年是社会实验和意识觉醒的关键一年。阿肯色州州长奥维尔·福布斯（Orval Faubus）从中阻挠了中央高中废除种族隔离的政策，让小石城成为国内外的关注焦点。9月4日，15岁的伊丽莎白·埃克福德（Elizabeth Eckford）试图进入学校大楼，却遭到阿肯色州国民警卫队的阻拦。记者聚在教学大楼外。《阿肯色州民主党人公报》（*Arkansas Democrat Gazette*）的威尔·康茨（Will Counts）和《阿肯色州公报》（*Arkansas Gazette*）的约翰尼·詹金斯（Johnny Jenkins）拍下了经典的一刻。他们拍下的画面几乎一模一样：一名女学生坦然走在愤怒的人群前。这两张照片捕捉到了这场冲突中的阶级和种族面向。两位摄影记者都把镜头对准埃克福德和她身后那个口吐恶言的白人女孩。白人女孩的脸部扭曲。但埃克福德看上去很平静，穿着朴素，显得很正经。白人女孩穿着过紧的连衣裙，她上身前倾，散发着威胁性，张大着嘴。这个白人女孩表现出的麻木不仁，正是穷苦白人的特质。这种对比正是摄影师想要拍下的画面。[42]

照片中的白人女孩名叫哈泽尔·布莱恩。一年后，16岁的她从高中辍学，结婚，住在拖车里。但15岁的她的样子才是重点——"白垃圾"之脸：无知，不知羞耻，天性残忍，唯一的能力是复制其父母的悲剧。

"二战"后，穷苦白人大量涌入小石城，哈泽尔和其家人也在其中。她的父亲是残疾老兵，不能工作，她的母亲在西屋（Westing house）工厂工作。1951年，哈泽尔10岁时，他们离开了雷德菲尔德（Redfield）小镇。她母亲14岁时嫁给了年纪是她两倍的男人。哈泽尔的父母都没拿到高中学历，她的父亲还曾加入过马戏团。他们在雷德菲尔德的家没有现代的管线设施，也没有室外厕所。布莱恩一家搬到城市后，享受到了前所

在这张由威尔·康茨拍摄的著名照片中，那位拥有"白垃圾""标志性"丑陋面孔的女士就是哈泽尔·布莱恩。

摄于 1957 年 9 月 4 日
印第安纳大学档案馆，威尔·康茨收藏

未有的基础生活设施。他们在小石城买的房子位于该州首府东南方，那是个全白人、工人阶级的社区。[43]

照片曝光的第二天，哈泽尔·布莱恩再度出现在公众视野中。她告诉站在校外的记者，"白人也应该拥有权利"。她挑衅地宣布，如果黑人学生进入中央高中，她将出走。她对小石城的社会等级非常了解，因此她明白，工人阶级白人的名望，取决于种族隔离制度。种族界线的消退会让她这种人的地位更低。中央高中的校长说，哈泽尔被她的父亲殴打，情绪不稳定，以任何角度看来都不是"优秀学生"。哈泽尔是麻烦人物——坏种，她出身的阶级造成她的古怪，使她有问题。[44]

《纽约时报》的本杰明·法恩（Benjamin Fine）将哈泽尔·布莱恩比

254

作猫王演唱会上的狂热女孩（中央高中的某些记者甚至怂恿高中生在街上随着摇滚乐起舞）。第一批黑人学生走进学校的那天，有个白人学生跑过走廊，就像独立战争时通报英军来袭的保罗·里维尔（Paul Revere）那般，大声喊道："黑人来了！"站在外面的父母开始尖叫，要他们的孩子逃跑。一群女孩站在窗前尖叫。在老师的引导下，学生鱼贯而出，不过有些学生说自己是从二楼的窗户跳出去的，包括哈泽尔最好的朋友萨姆米·迪恩·帕克（Sammie Dean Parker）。[45]

小石城新建的两所学校，一所是为黑人学生开设的霍勒斯曼高中（Horace Mann High）；另一所位于城西，是为富裕家庭开设的霍尔高中（R. C. Hall High），又名"凯迪拉克高中"。然而，当局却挑中20世纪20年代建校的中央高中来推动废除种族隔离的政策。中央高中的学生大多来自工人阶层的家庭。首都公民委员会（Capital Citizens' Council）的埃米斯·葛瑟瑞（Amis Guthridge）是反废除种族隔离的代表人物。葛瑟瑞煽风点火般的举动让穷苦白人们的不满更甚。葛瑟瑞说有钱人会确保"种族混合只发生在'红脖子'区"。"红脖子"一词有许多意义，葛瑟瑞心里清楚。他说这话是为了提醒小石城的白人工人阶级：学校董事会的精英看不起他们。[46]

阿肯色州州长奥维尔·福布斯也在阶级议题上见缝插针。他跟"凯迪拉克人"保持距离，把自己塑造成上层阶级傲慢的受害者。美国媒体把他描绘成欧扎克山区的"乡巴佬"。《时代》拍到他招待着客人，"牛奶从他的下巴流下"。他"突然大声打嗝"，就像边境粗人一般。《生活》刊登了一张巨大的照片，照片的主角泰勒·索恩伯里（Taylor Thornberry）是州长的"亲戚"，他眼睛斜视、神情疯狂、穿着工人吊带裤。在远离风暴的罗得岛新港（Newport）的一次非公开会议上，艾森豪威尔（Eisenhower）总统试图说服福布斯接受法院废除种族隔离的决议。会议结束时，这位南方州长倍感愤怒和羞辱。他后来坦承，他非常清楚地知道，艾森豪威尔的

泰勒·索恩伯里，奥维尔·福布斯的斜眼亲戚。如《生活》杂志（1957）所描述的那样，他的特征突出了福布斯乡巴佬和堕落的根源。

《生活》杂志，1957年9月23日
弗朗西斯·米勒/《生活》图片
收藏/盖蒂图片社

顾问认为他不过是"乡下小孩"。[47]

  打从危机之初，福布斯就利用了种族和阶级暴力的双重恐惧，合理化他命令阿肯色州国民警卫队进入中央高中的行为。开学前一天，他宣布接到情报，偏远地区的白人"拖车队"正从各地赶来，准备在小石城集结。无论这起冲突是否会引爆一场种族战争，他都要让世人知道，白人暴徒、煽动者和"红脖子"正争夺历史中的一席之地。[48]

福布斯喜欢打"红脖子"牌。他继续反对废除种族隔离的政策，此举激怒了艾森豪威尔，所以他派遣了第101空降师，并将阿肯色州国民警卫队联邦化。军方护送九名中央高中的黑人学生顺利进入校园。在国家的舞台上，站在摄影机前，阿肯色州州长体现了南方的刻板印象。他是愚蠢和落后的讽刺化身。《时代》杂志的一名记者指责他"制造暴力神话"，然后"煽动"暴徒，使暴力成为现实。[49]

小石城是1957年美国最重要的新闻。它把中央高中社区变成了新闻编辑室，吸引了各大报纸、杂志和电视台的记者前往采访。当年9月底，当地的新闻工作者从屈指可数，增加到225位。法院和州长之间的对峙——以校园为中心的"危机"风暴——引发全世界关注。9月24日，艾森豪威尔总统在电视演讲中宣布，他将派兵进入阿肯色州首府时，该演讲的收视率高达62%。暴民出现后，记者成为暴力攻击的目标。暴民对一名黑人记者亚力克斯·威尔逊（Alex Wilson）又打又踢，镜头都记录下来了。一名《生活》的摄影师脸上给人打了一拳，还被警车带走，被控妨碍治安。新闻记者约翰·钱塞勒（John Chancellor）说，"人群中的暴徒"推打他的同事，口中满是恶毒的侮辱性语言。一位记者采取了预防性伪装的措施。他租了辆小货车，穿着旧夹克，不打领带。为了能够平安卧底，他不得不改变自己的阶级形象，扮成穷苦白人工人。[50]

媒体报道很快就落入南方刻板印象的陷阱中。报道中提到"许多穿着工人吊带裤的人""嚼烟草的白人男子"，或如《纽约时报》所述，有个"骨瘦如柴的红脖子男人"在辱骂士兵。阿肯色当地记者同样也对示威者语带不屑，称之为"许多乡下人"。一旁的不受控女性成了"邋遢的家庭主妇"和"泼妇"。有位南方记者直白地说："见鬼，看看这些人。他们就是'穷白垃圾'，大部分是。"当月，纳什维尔一所小学也执行了种族混合政策，因而引发暴民的攻击事件。纳什维尔的《时代》记者批评了暴民中的女性:"一脸茫然的女人,戴着发卷、穿着松垮的上衣。"有个手臂刺青的女服务生丢石头攻击他人,还有个丑恶的女人对着非裔的孩子大喊:"拔了他们的黑色卷毛!"[51]

这些都可预见。一则则的报道都将阿肯色州和田纳西州的"正常"好人与暴民区隔开来。就连艾森豪威尔总统的电视演讲也将暴力归咎于"煽动民粹的极端分子",并认为小石城的核心市民遵纪守法、乖乖缴税、定期上教堂,不会支持这种行为。如果说戴着发卷的女人和炫耀文身的女服务生会让读者想起拖车垃圾,那么暴民中的红脖子女人更像是《安迪·格里菲斯秀》里的半疯半傻的欧内斯特·拜斯。1959年,《泰晤士报文学增刊》(*Times Literary Supplement*)承认,世人将永远记得中央高中事件中,那些"红脖子、穷苦白人、油脚人和其他'穷白垃圾'"的"丑陋脸孔"。[52]

尽管难堪,奥维尔·福布斯并没有消失。美国媒体不再报道他的相关新闻后,他于1958年成功连任,连续当了三届州长。作为拒绝投降的州长,福布斯把自己塑造成白人民主权利的捍卫者,坚决反对"强迫融合"。有名南方记者赞扬福布斯的"顽强",将这优点归功于欧扎克山区对他的训练:他当年穿着工人吊带裤,走五英里(约8千米)路去破旧的学校上学——一个乡巴佬居然能有今天。因此,福布斯在战略上放弃了中上阶级的支持,因为这些人憎恨任何形式的"红脖子"势力。就像密西西比州的瓦尔达曼和杰夫·戴维斯一样,奥维尔·福布斯用穷苦白人暴徒的威胁,获取连任,还真的有用。[53]

小石城事件发生的同年,好莱坞制作了一部以"红脖子"为主题的电影。伊利亚·卡赞(Elia Kazan)执导的《登龙一梦》(*A Face in the Crowd*)中,安迪·格里菲斯饰演了与警长截然不同的角色。这部黑暗电影的主角是"孑然一身的罗兹"(Lonesome Rhodes)。电影开场时,罗兹穷困潦倒,在阿肯色州的监狱里弹吉他。接着才开始回溯他的过往,描绘他如何爆红,成为深具影响力而冷酷无情的电视明星。评论家认为,格里菲斯的角色是休伊·朗和猫王的结合——大叫大唱、"得到权力后发疯的红脖子"。[54]

《登龙一梦》的情节只是故事的一部分。相关宣传聚焦在卡赞的指导技巧上。卡赞为了帮格里菲斯入戏,要格里菲斯回想遭人嘲笑为"白垃圾"的童年记忆。就这方面而言,这是一部不寻常的电影。电影释放出的阶级信息可以分为两个部分。首先,电影提醒观众,若是提拔下层阶级的"红脖子",让他脱离原本的位阶并给他权力,是件危险的事——因为银幕上的"红脖子"是愤怒、狡猾和自大狂的混合体。其次,卡赞要格里菲斯想起童年故事,等同对南方文化进行了批判,因为南方把穷人视作粪土。[55]

卡赞还有一部电影也和南方有关,故事发生在大萧条时期。《狂澜春醒》(*Wild River*)的故事与田纳西河谷管理局有关。电影中有家人住在田纳西河上的小岛上,但因为兴建大坝,不得不迁往别处。这家儿子懒惰、蠢笨,他们既不愿工作,也不愿离开小岛,靠黑人佃农帮他们耕田。这家女儿有点像荡妇,十分乐意和田纳西河谷管理局的专员上床,因为这是离开这个岛的唯一方法。一群粗暴的白人殴打这名专员,而当地的警长和副警长则袖手旁观。卡赞找现实生活中的穷苦白人来担任临时演员。如同《登龙一梦》,这件事上了新闻。电影中的"'白垃圾'占居者"来自"胶谷"(Gum Hollow)这个地方,该地坐落于田纳西州克利夫兰的垃圾堆旁。知道这些不得体的男人拍了电影,社区领导人十分愤怒。卡赞屈服于压力,重拍了那些令人不快的场景。重拍的时候,卡赞改找"体面"的无业者。在这起奇怪的事件中,自豪的小镇卫道人士甚至拒绝承认极端贫穷的存在。[56]

卡赞的电影的观众多为中上阶级，而同时期的另一部电影则是专为露天汽车电影院而作，并在1961年大获成功。1957年时这部电影以《海湾》(Bayou)之名首次上映，票房惨淡无比。1961年改名《穷白垃圾》(Poor White Trash)二度上映，煽动性的巧妙宣传让票房反败为胜。制片公司用新片名大做文章，在报纸上刊登挑衅的广告："今日仍在！……'穷白垃圾'。"为了吸引好色的成年观众，狡猾的宣传人员警告当地社区，儿童不得观看此片。但这部电影其实只是有些偷窥狂元素罢了，称不上骇人听闻。最引人入胜的一幕，由出身布鲁克林的演员蒂莫西·凯瑞（Timothy Carey）上演。他扮演身材魁梧的穷苦卡津人（Cajun，是法裔加拿大人的后代，多住在路易斯安那州），跳了一场狂野的、几乎是自淫的舞蹈。他的动作类似猫王，这个满身是汗、不断抖动的巨人，变成了沼泽地带挥着斧头的可怕恶霸。穷苦白人是种原始品种，性欲过剩和暴力都是他们的特质。[57]

反映当时文化氛围的电影中，《杀死一只知更鸟》是最受好评的一部，也是对穷苦白人做出最多批判的一部。这部电影根据哈珀·李的畅销小说改编，讲述的是20世纪30年代南方小镇发生的故事。南方的荣誉准则已经失灵，却取代了法律和秩序。本片在这样的背景下探讨正义的局限性。一名叫汤姆·罗宾逊的黑人男子被诬告强奸一名穷白女孩——迈耶拉·尤厄尔。看着庭审，观众就像加入了陪审团，被迫要在努力工作的爱家好男人和可悲的、没受过教育的女孩间做出选择。到底是种族认同大于阶级认同，还是阶级认同大于种族认同？这是观众必须做出的选择。罗宾逊代表的是社区中可敬、守法的黑人，他诚实而体面，尤厄尔一家则是穷苦白人。[58]

电影没拍尤厄尔一家栖身的破旧小木屋。小说中，哈珀·李把该处形容为"疯小孩的玩具间"。电影也没拍到穷苦白人家庭在垃圾堆中拾荒的画面。李在小说中隐隐带有优生学的意味，但电影将此淡化，转而强调迈耶拉的父亲鲍勃有多恶毒。格利高里·派克（Gregory Peck）扮演的阿迪克斯·芬奇是罗宾逊人格高尚的辩护律师。鲍勃对芬奇吐口水，还试图杀害芬奇的两个孩子。没有比谋杀儿童更阴险的了，鲍勃·尤厄尔的结局已定。阿迪克斯·芬奇枪杀街上的"疯狗"，而鲍勃的命运和疯狗雷同。然而，动手的却不是阿迪克斯，而是他幽灵般的邻居布尔·拉德利（Boo Radley）。拉德利是社会边缘人，有着黑暗的过去。他扮演着守护天使的角色，在万圣节之夜拯救了阿提克斯的孩子。[59]

《纽约时报》影评人一语道破：电影对尤厄尔一家的呈现可能有些夸大，但这样的人在真实世界中并不罕见。好莱坞不曾挖掘穷苦白人的经济状况，却放大他们内心的黑暗。20世纪50年代，"红脖子"一词等于疯狂的偏执。饰演鲍勃·尤厄尔的演员骨瘦如柴，有位评论家甚至说他是"退化的"，在他身上可以看见干瘪身体和萎缩大脑间的遗传关联。然而，不只是电影会渲染"红脖子"的行为。在1957年的纳什维尔，种族主义的闹事者（带着装出来的南方口音）其实来自新泽西州的卡姆登（Camden），有人付钱请他来闹场。[60]

对于电影人来说，红脖子角色的魅力是把双刃剑。一方面，他们是现成的恶棍；另一方面，他们百无禁忌。他们不受拘束、不驯服，与被圈养的郊区居民形成鲜明的对比。"红脖子"偶尔也会因为朴实的男子气概而受赞赏。电影《一袭灰衣万缕情》（*The Man in The Gray Flannel Suit*）由斯隆·威尔逊（Sloan Wilson）的原著小说改编，格利高里·派克主演。跟《穷白垃圾》中随鼓声狂舞的原始卡津男性相比，《一袭灰衣万缕情》模仿得不算成功。詹姆斯·迪恩（James Dean）、猫王、马龙·白兰度（Marlon Brando），甚至蒂莫西·凯瑞都是"穷白垃圾"，都是未经改造的美国人，尚未驯化、违背传统。他们种下了野生的种子，嘲弄那些循规蹈矩却想尝试解放滋味的男性观众。[61]

"红脖子"和"白垃圾"经常被互换使用，但并不是人人都认为这两者是同义词。在《南方人发现南方》一书中，乔纳森·丹尼尔斯坚持认为，并非所有出身卑微的南方男性都是"穷苦白人"。他以安德鲁·杰克逊和亚伯拉罕·林肯为例，这两位都是南方人，"太阳把他们的脖子烤得焦红"。他把穷人分成两种：可敬的、努力工作的穷人，他们努力爬向更高的阶层；而那些卡在最底层的穷人，则粗鲁下流、无可救药。可敬的穷人"顽强、具有红脖子的乡土特质"。此类人可以追溯至从前的自耕农阶级，虽然自耕农的定义也已经改变。即便如此，丹尼尔斯的观察并不准确：正如我们所知，杰克逊的政敌污蔑他为暴力的、无法无天的南方穷苦白人。而林肯则被轻蔑地称为穷苦白人"泥巴佬"。但就连丹尼尔斯也不得不承认，还有许多南方人把"红脖子"定义为"受仇恨教育长大的人"。"红脖子"鄙视黑人，侮辱"黑鬼爱好者"。一如鲍勃·尤厄尔，"红脖子"随时准备在敌人背后捅一刀。红脖子一直无法撕下这样的标签。[62]

山里的乡巴佬

那么乡巴佬呢？虽然"红脖子"和"乡巴佬"都被美国方言学会（American Dialect Society）在1904年定义为"粗俗的乡下人"，但还是有以下区域差异："乡巴佬来自丘陵，红脖子来自沼泽"。和红脖子一样，乡巴佬被认为是残忍和暴力的，但是他们的愤怒大多针对邻居、家庭成员和不受欢迎的陌生人。19世纪80年代传奇的哈特菲尔德家族（Hatfields）和麦科伊家族（McCoys），也是因宿怨世仇和突然暴怒而闻名。不打架的时候，他们就喝喝私酿的威士忌，把自己年仅7岁的女儿嫁出去。就像从前的占居者，世人眼中的乡巴佬长期不事生产。他们奉子成婚、孕妇赤脚的故事流传甚广。1933年，研究者造访弗吉尼亚州蓝山山脉的闭塞社区，有名女性接受访谈时说道，婚姻就是"要生一些孩子"。"我有孩子，"她解释道，"15个。9个活了下来，死了6个。"[63]

好莱坞电影《正义之山》（Mountain Justice）于1938年上映。这部电影根据真实事件"乡巴佬女孩"鲁思·马克斯韦尔（Ruth Maxwell）弑父案改编而成。鲁思的父亲酒后暴怒，她出于自卫杀了自己的父亲。在审判期间，媒体把鲁思位于弗吉尼亚州怀斯郡（Wise County）的家乡描绘为"懒惰荡妇和流氓男性过着枯燥生活的地方"。华纳兄弟公司制作的这部电影既做作又暴力。电影的技术顾问要求电影公司运送"6只浣熊猎犬、30支玉米芯烟斗、43锭口嚼烟草"和超过1千码（约914米）的印花棉布到拍摄现场——都是为了大致呈现出山区生活的样貌。电影宣传说《正义之山》是部"充斥着欲望与鞭笞的家庭伦理剧，扣人心弦"。电影最惊心动魄的片段，莫过于鲁思的父亲拿着巨大的牛皮鞭子向她走来的那幕。[64]

20世纪三四十年代，《莱尔·阿布纳》（Li'l Abner）及保罗·韦伯（Paul Webb）的《山区男孩》（The Mountain Boys）等漫画大受欢迎。韦伯的作品被改编成闹剧电影《肯塔基私酿酒》（Kentucky Moonshine），主角是广受欢迎的利兹兄弟（Ritz Brothers）喜剧团——乡巴佬版的《三个臭皮匠》（The Three Stooges）。*这三个纽约人把自己伪装成乡巴佬，留着蓬乱的长胡子，戴着圆锥形的高帽子，穿着破裤子（用绳子绑着），露出肮脏的赤脚。大奥普里（Grand Ole Opry）剧院于同一年代开播，也开始有叫"贝弗利乡巴佬"的乐团出现。米妮·珀尔（Minnie Pearl）以乡巴佬问候语"Howdee"而闻名于世，她的演员生涯始于20世纪40年代的大

---

* 译注：经典美国杂耍喜剧短片，20世纪50年代后多于电视上播出。

奥普里剧院，后来还成为乡村音乐电视节目《嘻嚎》(Hee Haw)的一员。米妮与乡巴佬女孩根本沾不上边。她出身富裕的家庭，受过良好的教育。她精心设计出的天真角色，让她的歌舞演出深受观众欢迎。乡巴佬米妮与美国主流社会严重脱节，所以她永远都戴着尚未剪标签的帽子。[65]

到了20世纪40年代，乡巴佬既是一种舞台表演，也是乡下人的统称。政治人物也开始扮演乡巴佬——密西西比"白人酋长"詹姆斯·瓦尔达曼和休伊·朗的温和版本。佃农之子吉米·戴维斯（Jimmy Davis）于1944年时成为路易斯安那州的州长。虽然他勇于承认自己是"贫穷的乡下小孩"，但戴维斯成功地跨越了阶级。他既是乡村歌手、好莱坞演员（当然是西部片），也是历史学教授。正如某份报纸所言，"继承休伊·朗的乡巴佬"是种新的政治品种。戴维斯不喊不叫，没有长篇大论或振臂疾呼，也不做空洞的承诺。精准说法是：戴维斯是个有格调的乡巴佬。当然，他不可免俗地还是得配合演出，骑着马登上州议会大厦的台阶。[66]

吉米·戴维斯与众不同，却非独一无二。追随路易斯安那的脚步，艾奥瓦州于1944年选出"歌唱牛仔"格伦·泰勒（Glen Taylor）担任美国参议院议员。更早之前，得州选民们就被威尔伯特·李·帕比·奥丹尼尔（Wilbert Lee "Pappy" O'Daniel）的乡巴佬民谣和电台中的陈腔滥调迷住了。奥丹尼尔原本是面粉商，先选上了州长，后来成了参议员。他还在1941年的参议院竞选中击败了林登·约翰逊。密苏里州选出杜威·肖特（Dewey Short）任众议员，这是当时唯一的共和党乡巴佬政治人物。他并非舌灿莲花，但仍然赢得了"乡巴佬德摩斯梯尼"*之美名。身为哲学教授、牧师和议员，他扮演多重角色。他并没有借用古希腊的雄辩传统，

---

* 译注：德摩斯梯尼（Demosthenes）为古希腊雄辩家。

而是大量使用刻薄的、押头韵的形容词。他很有创意地称国会为"懒散昏庸、卑躬屈膝、昏昏欲睡、目空一切、优柔寡断的一群蠢蛋",并攻击小罗斯福自负的智囊团是"专业蠢货"。媒体把肖特的支持者描绘为"吃玉米饼的乡下人",他们一直投票给他,因为他用各种粗鲁的辞藻为自己增色。[67]

为什么美国会对乡巴佬如此着迷?1949 年,一位澳大利亚观察家写下了最好的解答。他认为美国人喜欢"礼仪的民主",而这与真正的民主不同。他的意思是,选民可以接受候选人与自己存在巨大的贫富差距,却希望当选的政治领袖能"树立与我们这些人相同的形象"。[68]

乡巴佬的正面神话反映出"纯正"这个概念对美国人的吸引力。除了宿怨世仇和浪费时间钓鱼的形象,乡巴佬还符合黄金时代的信念:他们外表闭塞、原始、粗野,却实践真正的民主。他们是威廉·古德尔·弗罗斯特概念中盎格鲁-撒克逊纯血统的乡下美国人。这一幻想在 20 世纪四五十年代重新流行了起来。当时"朴实、诚实的山地人"出现在许多故事中,他们"不在乎金钱、名声或阶级"。但杂耍闹剧式滑稽动作也还是很受欢迎。一些乡巴佬乐队变得很有魅力。一位名叫多萝西·谢伊(Dorothy Shay)的女演员从 1950 年开始了她的职业生涯,扮演"公园大道乡巴佬"*的角色。她的穿着一如城市女子般高级,却唱着乡村音乐。[69]

20 世纪 50 年代最经典的流行偶像是猫王。有些人认为他身上有部分乡巴佬的特质。他早期有场演出,以"乡巴佬狂欢聚会"之名宣传,1955 年时在新奥尔良附近的庞恰特雷恩湖滩(Pontchartrain Beach)举办。当时,"乡巴佬小姐"比赛也在那里举行。他还和安迪·格里菲斯一起巡

---

* 译注:公园大道(Park Avenue)为纽约的精品豪宅区。

回演出。猫王早期的乐风被认为是乡巴佬歌曲和节奏与蓝调的综合产物。1956年，新奥尔良的《时代花絮报》（Times-Picayune）松了口气，发现那个"自认是乡下小孩"的猫王在赞颂蓝色麂皮鞋时，并没有使用"夸张的乡巴佬方言"。同年，好莱坞的八卦专栏作家赫达·霍珀（Hedda Hopper）也如释重负，因为他发现猫王没有得到《莱尔·阿布纳》电影版的角色。[70]

真正的猫王根本不是乡巴佬。他是密西西比州图珀洛（Tupelo）的穷苦白人男孩。他是佃农的儿子，出身贫寒，住在简陋的小屋中，成长于贫民区。然而，当他拿起吉他，几百万人含情脉脉地看着他疯狂的（或暴力的）舞蹈动作时，他立刻被认为是在挑战中产阶级的规范，像个乡巴佬。1956年，他的朋友在采访中谈到，猫王只需要"表现自我，女孩就会开始左摇右摆，跟山中的骡子一样喘气"。[71]

乡村音乐、流行文化和阶级政治1956年时一起走上国家的舞台。那年，田纳西州州长弗兰克·克莱门特（Frank Clement）成了民主党的（乡下）金童。他获选在芝加哥举行的民主党全国代表大会上发表专题演讲，这让他后来获得党内副总统初选的资格。《国家》（Nation）杂志称这位33岁、6英尺（约1.83米）高、深色头发的州长为"美国政坛最英俊的人之一"。他在田纳西山区发表的竞选演说相当知名，百姓相当欣赏他那"赤脚男孩的真诚"——这明显反映出"诚实的乡巴佬"的神话。甚至连他的非定制西装都表现出他是普通人："这是成功山地人去纳什维尔旅行时穿的服装。"[72]

他乡村化的雄辩音域甚广：忽而洪亮，然后低至耳语。或者，如某位记者所言，他"像是山区小提琴般歌唱，然后音调渐弱"。他在演说中用地狱之火来恐吓，却常以祈祷祝福作结。就像杜威·肖特，他以押头韵来画龙点睛。更重要的是，首屈一指的乡巴佬"大吉姆"·福尔瑟姆（"Big Jim" Folsom）支持他。福尔瑟姆是亚拉巴马州的州长，身高超过6英尺

8 英寸（约 2 米）。他在台上脱鞋子，还带"采草莓乐团"上台。1954 年，在大型的民主党初选活动上，他告诉克莱门特，上了台就得使出浑身解数，要"讲重点、切入正题、昂首阔步。""亲吻吉姆"喜欢威士忌和女人，他祝福耀眼的克莱门特胜选。[73]

《愤怒的葡萄》的作者约翰·斯坦贝克撰文评论克莱门特的演讲，他的评价相当具有启发性。他认为克莱门特州长前途无量，无论是"在政治圈，还是音乐喜剧界"；他认为这位民主党人身上有"乡下小孩"和猫王的影子，同时夹杂有知名牧师比利·格雷厄姆（Billy Graham）和华丽艺人利伯雷斯（Liberace）的成分。正如斯坦贝克所说，克莱门特的声音有一种"方块舞小提琴的揪心痛苦"，"在他最激动和最熟练的时刻……会跑出精致的抖音"。虽然斯坦贝克认为克莱门特会好好重组整个政党，但同时他也暗示，只有某些地区喜欢"玉米乡巴佬"（corn-shucker），其他地方可不是如此。[74]

斯坦贝克点出了南方政客的问题的症结：州长是煽动民意的艺人？还是真的为全国发声？克莱门特说，他知道有人为他的演讲喝彩，但他也相信听众中有人在嘲笑他。那年，约翰逊总统那来自得州的特助贺拉斯·巴斯比（Horace Busby）对比尔·莫耶斯（Bill Moyers）说，约翰逊在发表提名感言时，实际上应该是反克莱门特的。巴斯比说："辩证应该要现代化，不留过时的痕迹。""头韵应该尽量少用。"[75]

这位动作像猫王的田纳西州州长并没有成为 1956 年民主党的副总统候选人。参议员埃斯蒂斯·基福弗（Estes Kefauver）打败他获得提名。基福弗也是田纳西人，但他却展现出温和版的乡巴佬人格——毕竟，他是从耶鲁大学毕业的。早在 1948 年，他就在选战中戴过浣熊皮帽，因为他的对手说他是狡猾的"宠物浣熊"，与共产主义眉来眼去。曾有记者于 1956 年指出，基福弗会出线，是因为民主党想要搭配"刻意大众化的"

第十章 穷孩子的偶像：猫王、格里菲斯与约翰逊的伟大社会　267

副手——意思是说基福弗的乡巴佬姿态从来都不真实。他是"骗人的乡巴佬",因为总统候选人阿德莱·史蒂文森(Adlai Stevenson)无法吸引大众,所以民主党利用基福弗来补足总统候选人的不足。史蒂文森被称为"蛋头学者",令人讨厌。毫不意外,史蒂文森和基福弗落败。[76]

与此同时,克莱门特在州长官邸接待了猫王。1958 年,克莱门特在参议院通信委员会上,为乡巴佬音乐和摇滚乐辩护,拉了猫王一把。畅销书《隐藏的说服者》(*Hidden Persuaders*)的作者万斯·帕卡德(Vance Packard)在委员会面前作证,坚称山地音乐污染了美国的品位。义愤填膺的克莱门特帮乡巴佬说话,他说乡巴佬的祖先都是伊丽莎白一世的子民,他们的"鼻腔和声"正是美国梦的真诚表现。某位尖酸的芝加哥记者相当惊讶,搞笑地说州长"居然没有自愿与手风琴手来场十步决斗"。[77]

田纳西的基福弗是传统的自由主义者,亚拉巴马的福尔瑟姆是民粹主义者,而田纳西的克莱门特在种族问题上立场较为温和。然而,他们都必须精通夸张的表演,才能在政治圈出人头地。克莱门特曾瞄准副总统之位,但这个梦想在他发表主题演讲的当晚就结束了。20 世纪五六十年代,出身南方的政治人物最多只能当到副总统。唯有出身得州的约翰逊能够凭借一己之力赢得总统宝座。

得州总统约翰逊

多数党领袖约翰逊是参议院背后的操盘手和协调人。一般认为,约翰逊是全美权力仅次于总统的人。他崇拜出身肯塔基的众议院发言人亨利·克莱——"伟大的妥协者"。(当上总统后,约翰逊更是把克莱的肖像挂在椭圆形办公室里。)约翰逊在参议院的民主党同仁中有时扮演家长的角色,他密切关注同仁的品位和兴趣。他说:"一个无法嗅到参议院气氛的人,无法担任领袖。"他似乎是老师(他曾当过老师)和警长的综合体,他比安迪·格里菲斯饰演的警长更强硬,令人心生畏惧。他与警长一角的共同之处在于他从乡下学来的说服力:讲故事、口头暗示和肢体接触。他能如此精通说服之道,是因为他极为了解他来往过的每位参议员,包括他们的心理和个人癖好。约翰逊总统就像是现代版的警长,参议院就是他控制的"小镇"。[78]

约翰逊于1960年接下吃力不讨好的副总统一职,成为肯尼迪的忠实助手。一直到他在1963年11月22日意外继任总统后,大众眼中的他才不再是朴实土气的南方人。有段时间,党内的自由派知识分子也前所未有地支持约翰逊。约翰逊既不像肯尼迪那样时髦,也不像肯尼迪那样有品位,而肯尼迪的外在风格恰好反映出他优越的成长环境及洋洋得意的自信。某些媒体继续挖苦约翰逊的南方乡土气息,但他的伙伴却反

1963年,伯德·约翰逊夫人与总统在肯塔基州与阿巴拉契亚贫困家庭交谈的照片。
肯塔基州伊内兹,伯德·约翰逊夫人图书馆,塞西尔·斯托顿摄影
奥斯汀林登·贝恩斯·约翰逊图书馆,得克萨斯

第十章 穷孩子的偶像:猫王、格里菲斯与约翰逊的伟大社会 269

驳说，约翰逊"不是那种乡巴佬"。然而，就像其他乡巴佬南方政客一样，约翰逊喜欢张扬。在竞选过程中，他利用得州方言与民众拉近关系。有位专栏作家称赞他"深入挖掘普通人的基本欲望"。1963年前，乡下小孩是种负面的特质。1963年后，举国哀痛肯尼迪之死，乡巴佬形象反而是加分。[79]

约翰逊的"伟大社会"系列政策，建立在不同的、正面的新南方角色上。1965年"中小学教育法"（Elementary and Secondary Education Act）通过后，约翰逊飞往得州的斯通沃尔（Stonewall）——大萧条期间他曾在此地任教——他在只有一间教室的校舍里签署了该法案。当时，他称自己为"收割零工之子"，因为他早就接受了现代南方，所以他愿意着手解决贫困问题。1960年，当他第一次竞选总统时，他呼应霍华德·奥德姆的信条，后者的目标是防止"浪费资源、生命或机会"。当他推动"伟大社会"系列政策的时候，他瞄准的是两个截然不同的阶级：贫穷的城市黑人和阿巴拉契亚的山区居民。约翰逊视"伟大社会"为新版"新政"，让"伟大社会"与乡巴佬缅怀的罗斯福夫人产生联系。伯德·约翰逊夫人去了肯塔基山区，她分发午餐，还盖了新的学校体育馆。约翰逊总统则是坐下来和当地家庭聊天。[80]

摄影记者跟着约翰逊跑遍五州，拍下许多照片。照片中约翰逊站在破旧棚屋门口亲切地聆听着山民的声音，就像20世纪30年代的詹姆斯·艾吉或沃克·埃文斯。阿巴拉契亚面临的问题非常严重：与全国其他地区相比，失业率很高（有些地方的失业率是全国平均的三到四倍）；住房供给持续恶化；劳动者没受过教育；露天采矿破坏环境；地方法院助纣为虐，允许煤矿公司拥有摧毁田地、破坏森林、任意修建道路和污染水源的特权，剥夺了山区农民家庭的合法权利。最后，约翰逊政府通过了"阿巴拉契亚地区发展法"（Appalachian Regional Development Act），提供给农民基础设施、学校和医院。约翰逊后来谈到,亲眼见证那里的贫困,让他相信"医疗保险法"(Medicare Act)的必要性。因此,打击农村贫困仍是约翰逊"反贫困战争"的核心政见。但事实证明,即便是这些大胆的政策,也不足以扭转此地严重受损的经济。[81]

约翰逊在塑造自己的公众形象时,不放过每个小细节。他所戴的帽子不是宽边牛仔帽,而是帽檐较窄的改良版。这正是约翰逊:改良的、现代化的南方人。在他想办法帮助阿巴拉契亚山民时,他把自己想象成善良的恩人,使"冷漠"的政府开始关心"小家伙"。他用简单的逻辑来捍卫人类基本的尊严:"每个美国家庭每天都应有温暖的三餐可吃,有温暖的房子可住,让孩子接受良好的教育……有时不过是单纯地享受生活。"罗斯福在1944年推动"第二权利法案"(Second Bill of Rights)时希望能让百姓"有权在我国各产业、商店、农场、矿场,找到有用的、有钱赚的工作""有权赚到足够多钱,拥有足够的食物、服装和娱乐""有权住好房子""有权受到良好的教育"。约翰逊遥相呼应罗斯福的号召。[82]

不过,私底下,约翰逊对贫穷的农村白人并不总是那么宽容。约翰逊某次开车经过田纳西,看到一群"相貌平平的"妇女举着种族主义的标语牌。他如此评论穷苦白人:"如果你能让最低等的白人相信他比最高等的有色人种更好,他就不会注意到你在扒他的口袋。该死!给他一个他可以瞧不起的人,他就会主动把口袋翻出来给你。"如同诺贝尔文学奖得主威廉·福克纳(William Faulkner),约翰逊也知道穷苦白人的骄傲有多么虚假、脆弱。身为总统,约翰逊从未忘记在南方的分裂文化中,阶级和种族扮演的关键角色。[83]

约翰逊并没有说服他左派和右派的批评者。麦尔坎·X(Malcolm X)称他为"南方穷苦白人党主席"。1964年,巴里·戈德华特(Barry Goldwater)的竞选团队制作了一部散布恐惧的电影,展示了城市暴力、色情、裸女

第十章 穷孩子的偶像:猫王、格里菲斯与约翰逊的伟大社会　271

和脱衣舞吧等令人不安的场景。影片并未提及约翰逊，但连续30分钟的"美国堕落"影像之后，林肯大陆的总统座驾内，有人从半开的窗户中丢出啤酒罐，加速穿越尘土飞扬的乡村。这个场景对约翰逊的讽刺相当直接，影射他在得州农场周围漫无目的的冒险，把这个高大的得州人变成了普通的乡巴佬。[吉米·卡特（Jimmy Carter）一无所成的弟弟比利（Billy）后来说道：红脖子把啤酒罐丢出窗外，乡下小孩却没有这样做。]戈德华特的竞选宣传重新聚焦道德堕落的优生学主题，因为它将现任总统变成穷苦白人的象征。约翰逊总统的总统座驾也可见端倪。当这位伟大的总统一边用纸杯喝啤酒，一边在自己的农场高速兜风时，显然是在纵容自己的挑衅的冲动。有次《时代》记者来访，约翰逊坐在方向盘后面摆了个姿势，举起一只吱吱叫的小猪给记者拍。逗弄记者是他乡巴佬幽默的表现方式。[84]

20世纪五六十年代的私家汽车以非常特殊的方式表现阶级，区分界限和归属。猫王有几辆凯迪拉克、一辆林肯和一辆劳斯莱斯。但若是豪华车的车主来自错误的阶级时，美国人对于向上流动的不适之感就会升高。看到猫王为了宠物黑猩猩，特地在他最爱的凯迪拉克上定制了软垫座椅，美国人十分焦虑，因为他们认为漂亮汽车的车主应该表现出精美杂志广告上的教养，而下层阶级的人不该利用自由的幻想，把他身上的阶级约束抛诸脑后。猫王和他的黑猩猩就是如此。约翰逊也一样，至少对那些顽固的批评家而言。他们坚持认为约翰逊是得州乡巴佬，而不是华盛顿人。[85]

就连约翰逊的盟友、自由主义的阿肯色州参议员威廉·富布赖特（William Fulbright），也抱怨说猫王现象代表的是阶级制度的颠倒错乱："王"赚得比总统还多。让南达科他州的乔治·麦戈文（George McGovern）感到焦虑的是，猫王的收入超过了普通大学全体教员的年薪。凭什么？《纽约时报》影评人博斯利·克劳瑟（Bosley Crowther）批评猫王："歌声怪诞",双腿"放荡"乱抖。[86]

在大众媒体文化中,流行偶像会将不良行为传染给下等阶级。"道德的美国母亲"正是如此认为。她们赞助戈德华特制作负面的竞选影片攻击约翰逊,让观众从约翰逊的"红脖子"行为,联想到阶级混乱的危险。正如戈德华特的电影制片人所解释,上层领导人应该树立典范以兹效法。如果总统的行为太普通、太粗俗,他就会纵容不道德的下等阶级的欲望。不是靠努力工作得来的财富、婚姻之外的性生活、没有教养的成功都是危险的信号,社会深受其害。[87]

戈德华特的支持者也许把约翰逊看作失败的"白垃圾"父亲形象,但自由派改革者认为贫穷引发的行为其实与品种有关。新的词汇强化了纯种的观念:"贫穷文化""贫困循环""先天不足"。在 20 世纪 60 年代的重大转变中,阶级仍然强烈暗示着血统和遗传。[88]

阶级是身份认同之源,但阶级还是脱离不了土地。哈佛大学的约翰·肯尼斯·加尔布雷思（John Kenneth Galbraith）是 20 世纪最有影响力的知识分子之一。他认为富裕社会中存在着贫穷之"岛"。社会主义者迈克尔·哈灵顿（Michael Harrington）的著作《另一个美国》(The Other America) 在政策辩论中发挥了重要作用。哈灵顿注意到,穷人住在"看不见的土地"上。住在有着安全隔离的郊区的中产阶级,是不会发现这些人的存在的。哈灵顿讨论了经济上的"被拒者",他认为这些人越来越多,被赶出美国劳动力（具有生产力、向上流动的劳动力）市场。把穷人扔到遥远殖民地前哨的古老英国思想尚未入土为安。眼不见,心不烦。[89]

在思考下层社会的问题时,约翰逊也从土壤的概念出发。用他的话说,穷人是"生活在小土地上的小民,他们想要我们已经拥有的东西"。他想到的是历史上的佃农,他们梦想着获得一片有意义的土地。约翰逊依然对得州山区的"严酷的钙质土"保有深厚的情感。他承认这片"贫瘠的、顽强的黏土"让他拥有今天的力量。伯德·约翰逊夫人认为，正是这片土地使他在政治上不屈不挠。以前的人认为荒地消磨人的志气，约翰逊逆转了这种看法。约翰逊并没有被困在泥沼中，相反，他认为自己已超越原本的阶级出身，背后的动力一如他当年战胜这片残酷的土地。[90]

1965年的就职典礼那天，《纽约时报》的詹姆斯·莱斯顿（James Reston）如此描绘约翰逊：这个人说的是"旧边界的信仰"和"科学的新边界"。这个人"说的每句话，都像是他的最后一句话""近距离观察他的人都不会怀疑他的真诚"。在约翰逊身上，莱斯顿发现"美国梦戏剧性地"绽放，这个"穷小子、乡下小孩，站在世界之巅"。[91]

两周后，约翰逊在参议院青年计划中对学生发表了讲话。他自信地向他们保证，无论他们的祖先是谁、皮肤是什么颜色、是否为佃农所生、是否住在只有三个房间的房子里，都不重要。事实上，他知道这些都很重要。这个乡下小孩也许正享受眼前的荣耀，但他心里明白，他在权力精英中的地位并没有真正的保障，权贵并没有完全接纳他。乡下小孩随时可能露馅，让人看出他的"白垃圾"特征。他可能说出不恰当的话，永远也掩盖不了他土气的南方口音，也擦不去粘在他身上的红土。无论离开出生的荒凉之地多远，他身上永远印着不可磨灭的阶级印记。[92]

第三部分

穷苦白人大改造

第十一章
"红脖子"寻根之旅：《激流四勇士》、卡特兄弟和塔米·菲

> 第一任南方穷苦白人总统应该是吉米·卡特和他弟弟比利·卡特的混合体：
> 在吉米的谨慎行事、刚正不阿之中，加入比利的大呼小叫、有话直说。
> 或者在比利对人性并不完美的观点下，融入吉米的理想主义。
> ——小罗伊·布朗特（Roy Blount Jr.），《南方穷苦白人》（*Crackers*）

在 20 世纪最后的几十年里，认同政治崛起为一种正义的力量。为从前边缘化的美国人发声，并且倾听他们的声音，才能挖掘出真正的身份。白人再也不能代表有色人种说话，男人们也不能够再代替女性发声。20 世纪 60 年代的新左派、人权和黑人民权运动，促成第二波女性主义运动的迅速兴起。然而，身份政治并不只属于左派。理查德·尼克松 1968 年之所以能顺利当选美国总统，就是因为他自称代表"沉默的大多数"——这群人自认是美国的中产有房阶级，辛勤工作，尽责纳税，对联邦政府没什么要求。[1]

有人可能会说，认同一直是政治的一部分。那些野心分子换身份的速度就跟换衣服一样快。然而，这并非全貌。有些人可以选择认同对象，但更多人其实没得选。穷苦白人的名字从来就不是穷苦白人自己取的，乡下的穷人也不曾承认自己被社会抛弃，是"废人""垃圾"或"啃土汉"。的确，过去联邦士兵和林肯的共和党人士拥抱了"泥巴佬"的骂名，但那是因为他们拥有塑造政治论述的文化力量，一无所有的弱势族群可没有这

种力量。

最后，飞黄腾达的穷苦白人开始把自己低下的阶级背景当作独特（且有违常理的高贵）的传统。20世纪80年代末期，"白垃圾"变成了民族，具有辨识度极高的文化形象，例如食物、语言模式、品位、怀旧的记忆。如果移民有另外一个国家可以遥想，穷苦白人则在美国境内创造了自己的国家。最佳情况下，美国无形阶级下的穷苦白人不再是低等的"品种"（带着不受欢迎的基因特征），而是被抛弃又被找回的文化培育的产物——不必为了获得主流社会的认可而回避这个传统或认同。然而，最差情况下，"白垃圾"认同让人想起创伤的过去及压抑的童年记忆，包括性变态——美国的"白垃圾"至今依然有性变态的问题。好莱坞将詹姆斯·迪基的惊悚小说改编成电影《激流四勇士》（*Deliverance*），让美国人从此以后一想到穷苦白人，就想到性变态，想到他们对野蛮行为的依赖。这部电影于1972年上映，背景设定在靠近南卡罗来纳边境的佐治亚乡村地区。这部电影描述的"白垃圾"的丑恶和其在边远地区的放荡行为，在美国人心中留下深刻的印记。

对于国族认同的追求历久不衰，无论认同的是城市还是乡村，宗教还是世俗，盎格鲁还是其他祖籍。虽然电影《激流四勇士》中退化的穷苦白人唤起令人不快的文化记忆——尤其是尼德·巴蒂（Ned Beatty）扮演的角色遭人强暴的可怕场景——美国的边远地区还是源源不绝地生产出其他联想。在许多人心中，阿巴拉契亚依然是个失落之岛，岛上的盎格鲁-撒克逊血统更为纯正。而托马斯·杰斐逊认为最好的自耕农"根源"起源于这个幻想出来的昔日之国。最重要的是，此地的山民还具备生猛的男子气概。美国变得越来越有种族意识，进而以种族取代了阶级。然而遗传论并没有被扫进历史的灰烬之中，相反，遗传论经过重新组合，转化为强调代代相传的文化价值观，而非近亲繁殖的特征。

文化认同本身相当混乱，甚至矛盾。现代美国人盲目追求真实不变的自我，但美国却可以抛弃自己的根源，且经常如此。在美国，阶级流动的前提是同化：采用新身份或是伪装成另一个阶级，才可以顺利潜入梦寐以求的中产阶级。然而到了20世纪60年代后期，中产阶级已经成为最不真实的存在。郊区居民经常吃着用铝箔纸包着的晚餐，配上电视里的烂连续剧，趣味低级且平庸。这些郊区印象历久弥新，就像电影《毕业生》(The Graduate)所生动描绘的：郊区居民参加古板严肃的晚宴派对，话题是创业投资塑料产业。还有什么比化学家发明的非天然产品更不真实的呢？越来越多的人意识到中产阶级的舒适只是一种幻觉。两位社会学家讽刺地下了结论：1970年还有真实的身份认同的，只剩下那些生活在偏远农村的穷人：田纳西州的阿巴拉契亚山区乡巴佬、上中西部的边缘自耕农及新英格兰的"沼泽北方佬"。[2]

1973年，《一个美国家庭》(An American Family)于美国公共电视网(PBS)播出，让成千上万的观众具体理解了中产阶级的生活。作为电视圈首次真人秀的主角，劳德家族(The Loud Family)的史诗是家庭失能的经典案例。情境喜剧《奥兹家庭秀原版》(Ozzie and Harriet)比它早了十几年。相较于平淡乏味、儿童皆宜的《脱线家族》(Brady Bunch)，《一个美国家庭》的情感表现有着天壤之别。耗时一年、共300小时的拍摄素材，被剪辑为一小时一集、共12集的电视节目，高潮迭起，精彩不断。

局外人可能会喜欢这个真人秀家庭，但《纽约时代杂志》(New York Times Magazine)的一篇文章却将他们的世界描述为一种文化真空：他们没有什么嗜好，甚少关心世上的苦难，和家人的相处似乎也有情感障碍。劳德家族的父母，比尔和帕特，正准备分开。比尔不想要有冲突，否认婚姻失败。面对离婚，他完全不知自省。用评论家安妮·罗菲(Anne Roiphe)的话来说，比尔对于离婚的感觉就像是"牙齿痛"。在拍摄过程中,劳德家的房子失火烧毁了。即便如此,他们还是不慌不忙。他们像"水母"一样透明、反应迟钝地漂过生命之海;他们重视"好看",眼里只看得见外形佳、事业有成的邻居;谈到那些"不成功的人",他们则不知所措。

罗菲提及马里奥·普佐(Mario Puzo)的小说《教父》(*Godfather*),她说"也许当个柯里昂家族的人,会比当劳德家的成员来得好"。至少教父里那些原始暴力的西西里人,还有热血可沸腾。(她文中的"柯里昂"换成"乡巴佬"也说得通。)劳德家族就像其他20世纪70年代的中产阶级一样,不知道自己的生活有多么平淡无聊,所以漫无目的。罗菲为劳德家族作了脚注:"再空洞,也没有家里空洞。"[3]

《根》的虚构血统

历史谎言满足人类文化上的向往。亚历克斯·哈里(Alex Haley)的作品《根》(*Roots*)引起媒体的争相报道。该小说盘踞《纽约时报》畅销书排行榜22周之久,随即被改编为一个12小时长的迷你剧,并赢得了9项艾美奖。哈里做的事超乎常人想象:他追溯家族的非裔历史,发现祖先来自某个冈比亚的小村落。

作者能够成功发现祖先来自冈比亚,是因为后来改名为托比(Toby)的第一代父系祖先昆塔·肯特(Kunta Kinte)。哈里坚称,他花费数年从事严谨的研究,足以证明他家族的口述历史(以及某个非裔说书人的故事)与历史文献相符。他书中人物的对话也许是虚构的,但是这部家族史诗绝对是真实的历史。

《纽约时报》认为这部作品工程浩大,称赞哈里提供了"丰富的真实细节",让故事产生"历史感"。这篇重量级报道盛赞哈里"从堆积如山的事实底下，挖出历史真相"。《新闻周刊》（*Newsweek*）同样赞誉有加，说《根》是"超凡的社会档案，在详尽研究的基础上，追寻个体和历史的真相"。然而《根》完全是谎话连篇。[4]

畅销书《根》的作者不是在挖掘真正的根源，而是捏造了自己的血统。从1977年开始，媒体陆续报道《根》的历史争议，一些著名记者和学者更称《根》是场骗局，接下来的5年里真相慢慢浮现。哈里篡改了他的家族口述历史，并在家谱上添油加醋，才虚构出从未存在过的显赫家世。首先，书中的冈比亚家族说书人说的都是哈里想听的。真正的托比不叫昆塔·肯特，整个家谱都是虚构出来的。尽管哈里的非洲故事并不像丛林泰山那样夸张，却或多或少是有意识的扭曲：他笔下的冈比亚很像是美国中部，有许多村庄。哈里事后也承认，他的祖先其实来自英国的贸易站，而非书中描述的西非"伊甸园"。对于渴望寻根的非裔美国人来说，这个西非"伊甸园"是个原始纯净的世界，就像是他们的普利茅斯岩。[5]

作者犯的错仅止于此就已经够糟糕的了。但哈里的研究埋藏着更严重的错误。作者搞错了昆塔·肯特子孙的出生日期，还把毫不相关的名字也写进家谱中。《根》记述的白人和黑人家族都不符合现有史料。

写到他北卡罗来纳州的白人祖先时，哈里虚构出汤姆·李（Tom Lea）这个邪恶的南方穷苦白人角色。李强奸了昆塔·肯特的女儿济茜（Kizzy），背叛自己的混血儿子"鸡仔乔治"（Chicken George），把他的妻小给卖了。但这是不可能发生的，因为历史上的托马斯·李（Thomas Lea）当时已不在人世。李并非哈里笔下的"南方穷苦白人"，而是拥有1.6万亩土地及众多奴隶的富裕地主，他的一些亲戚还跨足政治，位居高位。

无论是美国祖先还是非洲祖先，哈里都搞错了阶级。没有任何证据可以证明哈里的冈比亚祖先是精英血脉，或者托比/昆塔·肯特在血统和阶级上都优于南方最辛苦的非裔农场工人。哈里必须把昆塔·肯特塑造成缅怀自豪非洲祖先的角色——虽然是奴隶，但他和家人必须与下层阶级的南方穷苦白人亲戚有所区隔。[6]

说白了，哈里除了虚构了家族的历史，其逻辑更是保守得彻底。他将自己塑造成非洲贵族，认为从祖先的血统就能看出个人与子孙的潜力。《根》美好得太不真实，所以媒体最后才会发现哈里是个诈欺犯（哈里当年尚未动笔时就已开始向媒体自我推销）。[7]

哈里的《根》证明了虚构纯种血统有多容易。虚构的家谱风靡一时。詹姆斯·A.米切纳（James A. Michener）是20世纪最受欢迎的历史小说作家，他1978年的作品《切萨皮克》（*Chesapeake*）可以说是白人版的《根》。米切纳描写不同阶级的几个家族的历史，他们生活在点缀着鹅和蓝苍鹭的土地上。书中穷苦白人家族的祖先是提摩西·特洛（Timothy Turlock）。米切纳笔下的特洛"矮小、反应快、狡猾、衣着肮脏"，并且生了"6个私生子"。在英国经历了一段不甚成功的人生后，特洛在17世纪时被丢到马里兰州的东海岸，住在沼泽区。[8]

特洛家族几代都没什么变化。20世纪70年代的阿莫斯·特洛（Amos Turlock）住在拖车里，是个没有牙齿的怪人。某位评论家认为整个故事的核心就是"野生的沼泽地人"。特洛家族相当融入当地，阿莫斯在拖车四周布置了俗气的圣诞老人和七个小矮人雕像；他最大的乐趣就是避开狩猎监督官，拿着猎鹅的（非法）超长双筒猎枪四处游荡。米切纳笔下的特洛家族全都相当狡诈——野蛮、拥枪自重、为了生存无所不用其极。[9]

1976年，举国同庆美国独立200周年，历史小说与电视剧蔚为风行。在这样的风潮下，开国元勋的故事被改编为迷你影集一点也不让人意外。《亚当斯编年史》（*The Adams Chronicles*）描绘了新英格兰农夫约翰·亚当斯（John Adams）如何在崎岖道路上迈向总统大位，以及其子孙三代人的故事。《亚当斯编年史》最后写到横跨19、20世纪的亨利·亚当斯

(Henry Adams),他是位相当有成就、意志坚强的历史学家。

新上任的国会图书馆馆长丹尼尔·布尔斯廷(Daniel Boorstin)教授用了矛盾修辞来重新介绍约翰·亚当斯:"白手起家的贵族",他著名的"自负"及他"不受舆论影响"的特质都摇身一变,成了"亚当斯传统",把阶级傲慢变成了值得尊敬的家族特质。《亚当斯编年史》里没有特洛家族那样的粗野角色,所以擅长煽动的塞缪尔·亚当斯(Samuel Adams)代表的是家族"狡猾"的特质。"单纯的"约翰·亚当斯则和他那攀炎附势的堂兄形成对比,后者坚持要搭豪华马车参加大陆会议。[10]

难以消除的敌意

在20世纪70年代阶级重建的过程中,穷苦白人族群在20世纪的政治地位经历了一系列的改变。首先,尼克松总统与罗斯福总统的新政不同,他要吸引的是那些"被遗忘的美国人"。尼克松希望联合"白人的中下阶层",一如1969年皮特·哈米尔(Peter Hamill)在《纽约》(New York)杂志所指出的,他们是一群被边缘化的"乌合之众",而尼克松承诺要拥抱这些"沉默的大多数",他认为这些人是美国的中坚分子,他们辛勤工作且忠诚可靠。迈克尔·诺瓦克(Michael Novak)1972年的《不可熔种族的崛起》(The Rise of The Unmeltable Ethnics)往前迈进一步,宣称美国的少数族群是更好的美国人,因为他们懂得忠诚的传统价值,热爱国旗,并且努力工作,不指望政府会提供不公平的特别救助(他们以为黑人都这样想)。[11]

当时的美国人在社会福利制度上的看法分歧相当大。尼克松的支持者承认,享受福利救助的民众里的确也有许多辛勤工作的人,他们只是偶尔领取政府援助;但也有一些不太值得援助的人,他们永远都只能依赖政府。社会福利制度的批评者往往把这个问题看作种族问题,却并非如此。"被遗忘的大众"中，约有1 740万是穷苦白人，大多住在南方。1969年，女性在社会福利运动上率先开了第一枪：南卡罗来纳州博福特（Beaufort）的女性在面对食物兑换券的延迟发放时，拒绝保持沉默。一位弗雷泽太太（Mrs. Frazier）曾组织过日间托儿活动，她这次领导其他"福利妈妈"开展了一场视觉效果相当强烈的抗议。与此同时，有群富太太正举办一年一度的历史著名住宅和花园之旅，弗雷泽女士则相应组织了参观贫困家庭的旅行。在大范围的全国性辩论中，尼克松的支持者生气地抱怨着福利制度是如何"培育弱种"的。可疑的品种再度被认定是贫穷的原因，努力工作则是稳固家庭、向上流动的方法。对弗雷泽太太来说，如果人想要找工作并且养活全家，福利制度和日间托儿所是必要的。饥饿是真正的危险，而南卡罗来纳州的穷人还得对抗寄生虫，比如钩虫。[12]

20世纪70年代的都市人开始支持族群复兴。在这段时期里，勤劳的希腊人、意大利人、中国人维持了家庭传统，唐人街附近的小餐馆也越来越受欢迎。民族特色料理的一时兴起，是种中产阶级现象。透过逝去岁月朦胧的幽光，贫穷也被淡化。努力工作的准则已被嫁接到族群及家族的家族树上，过去的贫穷不再是累赘。不论什么样的根源都不是现在的污点。欧文·豪（Irving Howe）在《父辈的世界》（World of Our Fathers）中充满感情地写下曼哈顿下东区犹太人的生活。某位评论家总结道："大家都想要可供回忆的贫民窟经历。"[13]

族群认同如果有助于社会流动，就会被视为正面的属性。没有吸引力的（或非美国的）特质都会被清除。食物、文学、音乐和服装的品质都会得到提升。从纽约埃利斯岛进入美国的那些生病且肮脏的人群，与族群整体有所区别。传承就像历史记忆一样，总是选择性的。人们可以隔着时间与空间的距离欣赏不同的族群和穷人，只要确保中产阶级持续主导历史论述的方向。人们选择珍惜他们喜爱的传统，希望其能保存下来，并丢掉令人不快、让人宁愿忘记的真相。

很快，大众开始重塑"红脖子"，拥抱"白垃圾"，将其视为真正的历史遗产。烈酒走私者以私运威士忌、违反法律闻名。他们把普通车改装成赛车，发明了一项粗野运动。到了20世纪70年代，底特律汽车公司与知名赛车手提供资金支持，成立纳斯卡赛车竞赛协会（NASCAR），让原本违法的运动，成了中产阶级暴发户的消遣。与此同时，乡村歌手约翰尼·鲁塞尔（Johnny Russell）和弗农·奥克斯福特（Vernon Oxford）发行了热门单曲《红脖子，白袜子，蓝带啤酒》（*Rednecks, White Socks, and Blue Ribbon Beer*）及《红脖子！（红脖子国歌）》（*Redneck!*）。弗农·奥克斯福特所定义的"红脖子"是群喜欢乡村音乐及喝啤酒的人。1977年，猫王去世，乡村摇滚新女王多莉·帕顿登上了精英的《时尚》（*Vogue*）杂志。"红脖子时尚"（净化后的红脖子）也席卷好莱坞。1981年上映的电影《都市牛郎》（*Urban Cowboy*）由新泽西男孩约翰·特拉沃尔塔（John Travolta）主演。他饰演的得州牛仔福德·戴维斯（Buford Davis）头戴工地安全帽，流连廉价小酒吧，擅长两步舞。1986年，欧内斯特·马修·米克勒（Ernest Matthew Mickler）出版《"白垃圾"料理》（*White Trash Cooking*），赞扬下层阶级的方言和乡村食谱。米克勒兼任乡村歌手和宴会承办人，他把书送给了72岁的姑妈，姑妈说："他们就是这么叫我们的，不是吗？"[14]

美国人从鄙视转变为接纳或适应"白垃圾"的过程，并不如表面上平顺。多莉·帕顿让夸张的"荡妇"形象变为时尚，并将玛丽莲·梦露（Marilyn Monroe）、简·曼斯费尔德（Jayne Mansfield）的金发性感尤物形象，与《莱尔·阿布纳》中的黛西·梅（Daisy Mae）相结合。然而她在大众心中却还是带有"白垃圾"的退化形象。"你不知道要花多少钱才能打造出这么廉价的形象"，帕顿1986年时告诉记者。好莱坞卖座电影《激流四勇士》呈现出自遗传优生学式微以来最不堪入目的粗野乡巴佬形象。原作小说的白人中产阶级读者及电影观众写信给作家詹姆斯·迪基，赞扬片中四位勇敢的亚特兰大冒险家，说他们就像昔日的拓荒者般筚路蓝缕，并逃离了穷苦白种野蛮人的魔爪。迪基有个以前的学生写信来奉承自己的导师，他浑然不觉自己写下的文字有多么无人性。热爱丛林徒步的他说："虽然我不带弓，也没有野蛮的乡巴佬在山顶等着我去追杀。"他分辨不出来登山的刺激和追杀山民的刺激在道德上有何差异。[15]

阶级的敌意依旧存在。对于身边的下层阶级"白垃圾"，许多南方的郊区居民毫无同情之意。他们在下层红脖子与"高级红脖子"之间清楚地划下阶级的界线。南方小说家及民权运动者莉莉安·史密斯（Lillian Smith）找到了这些有害情绪的发源地。勉强算是中产阶级的南方人就像北方城市的蓝领工人一样，他们转而支持共和党，讨厌"软弱、懒惰、一无是处的人，他们在领到救济支票前，会抱怨一整个月"。这些人认为自己努力工作、自力更生。史密斯说，向上提升的穷苦白人之子相信"为自己负责，也只为自己负责"。这种白手起家的人看不起穷苦白人，选择性遗忘自己的父母当年也是靠着联邦政府，才不用继续住在沥青油布搭成的简陋棚屋里。但既然他已成了体面的中产阶级，就大可不必保留这把社会阶梯。

郊区白人对于黑人的憎恶由此也复制到了穷苦白人身上。史密斯发现脱贫的南方白人和向上提升的移民有共同之处："人人来到美国所寻求的，无非是远离那些气味难闻、成天待在棚屋里睡觉的人。他们吃的是廉价的肥肉，因为没有工作可做，只能四处游荡。"往上爬，就是要甩开仍困在"贫困深沟"里的那些人。但比起帮助别人脱贫，这个刚刚加入中产阶级的新成员更痛恨政府把钱浪费在穷人身上。[16]

西弗吉尼亚州的民主党参议员罗伯特·伯德（Robert Byrd）就是这种人。他击败了贵族气的爱德华·肯尼迪（Edward Kennedy），于1971年成为参议院党鞭。《纽约时报杂志》说他是"爬上党鞭与百万富翁宝座的穷苦白人小孩"。伯德是孤儿，当过肉贩和杂货铺老板，还吹嘘约翰逊来过店里。伯德靠着批评社会福利制度、暴民和共产主义而出名。他雇人调查华盛顿特区的社会福利名单，揪出不符资格者将其剔除。他曾冷酷无情地说过，示威者必须被镇压，劫掠者必须被"迅速而无情地"射杀。伯德使自己成为参议院中最被讨厌的人之一，他被比作吸血鬼德古拉、（《化身博士》里人格分裂的）杰克与海德（Jekyll and Hyde）、狄更斯（Dickens）的《大卫·科波菲尔》（David Copperfield）中，卑躬屈膝、贪婪成性、成功往上爬的小职员乌利亚·希普（Uriah Heep）。一位参议院高级助理评论道，在伯德成为党鞭后，民主党人不得不正眼看待这位"成功红脖子的魔鬼特质"。

伯德把那些领取社会福利救助的人称为"通奸的游手好闲者"。对于获得政府援助的儿童，他也毫不同情。他说："如果他们只是肚子饿，还不到要饿死的地步，就不该援助。"身为前三K党成员，在社会福利议题上，伯德把哥伦比亚特区（大部分为黑人）和家乡西弗吉尼亚州给切割开来。他因此不用处理山地白人诈领社会救济的问题，因为那是伯德的票仓。第一次参选议员的时候，伯德坐在汽车后座，挨家挨户拉小提琴，只为讨好乡巴佬。他是现代版的阿肯色州旅行者，同时扮演了穷苦白人和野心政客的角色。《纽约时报》称伯德是"穷苦白人力量的化身"。他也是莉莉安·史密斯笔下的愤怒红脖子，从贫困的"灌木丛中，砍出一条生路"。伯德是政治不宽容的代表人物，极其冷酷无情。[17]

佐治亚的卡特兄弟

光谱的另一端是出身佐治亚的自由派民主党人吉米·卡特。卡特于1970年当选佐治亚州长，登上《时代》杂志的封面，以"新南方州长"

之姿亮相。虽然詹姆斯·瓦尔达曼和尤金·塔尔梅奇等丑恶南方政客的活跃已经是几十年前的事了，卡特为了胜选，还是利用"红脖子"作为选战主轴。亚拉巴马州州长乔治·华莱士（George Wallace）差点要燃起白人怒火，卡特无法忽视这样的案例。为了争取蓝领还有农村地区的选票，卡特抹黑跟他同样是自由派的对手卡尔·桑德斯（Carl Sanders），把他描绘成与百姓脱节的企业律师，还帮他取了"袖扣卡尔"的绰号。卡特的幕僚打造了一支电视广告，背景画面是乡村俱乐部，旁白说："我们这种的人是不会被邀请的，我们太忙了，为了生计在工作。"卡特的竞选团队找了几张卡特最难看的照片到处发，因为这些照片上的他看起来像贫穷的乡下小孩，在某些照片里他甚至骑着拖拉机。他们说卡特会有钱，靠的是卖花生和管理仓储。他不是亚特兰大或华盛顿的"大人物"。[18]

在二轮决选期间，桑德斯的团队开始攻击卡特。卡特花生农场里的佃农住在破旧的房子里，桑德斯把这些照片印在传单上，标题用的是卡特自己喊过的口号"该有人为这些人说话了吧"？在最有杀伤力的负面文宣中，卡特上了种族主义者的床。卡特被画成了丑角。他是个没穿鞋的"红脖子"，身上的圆点西装更加深了荒谬之感。攻击的重点是，卡特就像是一只能任意改变花色的豹子，他能够操纵自己的阶级认同，以投保守派选民所好。这样的攻击并非毫无根据，党内初选时卡特并不介意和黑人选民保持距离，但在大选中他改变了操作方式，不再主打红脖子的魅力。[19]

电影《激流四勇士》1972年于亚特兰大首映。卡特身为政治人物，被迫看完整部电影。电影的宣传宣称该片对国家有益，但卡特对此持保留态度。事实上，原作小说作者詹姆斯·迪基和吉米·卡特虽然都出身佐治亚州，却有着天壤之别。卡特是浸信会教徒，他的妻子滴酒不沾。而迪基出身富贵，是酒鬼和自大狂。童年的他娇气、柔弱，长大后充满不安感，因此重新编造自己的出身，把自己变成乡巴佬之子，而这只是他的众多谎言之一。他在北佐治亚的亲戚其实是大地主，以前拥有相当多的奴隶。[20]

迪基的小说于1970年出版，作者对失去的男子气概进行痛苦的探索，并试图找回"他内心的乡下人"。表面上，小说（和电影）讲的是四个男人的阿巴拉契亚独木舟之旅。当矮胖的单身汉巴比（Bobby，尼德·巴蒂饰）在电影中遭山民强奸时，施暴者叫他"母猪"，还要他"像猪一样尖叫"。在这部性心理惊悚片中，这些时髦的城市居民不只是得到报应，也被迫重新发现自己的原始欲望。迪基认为这是一件好事，他的英雄最终成为更坚强的人。在一次采访中，这位小说家承认穷乡僻壤对他的吸引力，在于这里让人有机会成为"反怪物"，就像住在偏远地区的人一样，"为了生存，什么都做得出来"。在小说和电影中，这些城市人犯下两起谋杀案，隐瞒了旅伴德鲁（Drew）死亡的事实，并约定好绝口不提这趟不幸的旅程。幸存的三人歃血为盟，带着不可告人的秘密离开。[21]

德鲁注定得死。在四个亚特兰大商人中，只有他同情乡下人。电影里，在两人的斑鸠琴和吉他重奏后（无论是在电影或小说中，这名少年都是白化病患者），他向智障却有特殊天赋的青少年伸出友谊之手。这部电影想要传递的信息很明显：同情心是都市男人必须克服的弱点。只有诉诸暴力并让自己投入山野粗人的心理，才能找回野生的乡巴佬根源。[22]

迪基的故事之所以吸引人，是因为男子气概在美国社会还有许多表现形态。纳斯卡赛车竞赛协会也提供了同样的诱惑。正如汤姆·沃尔夫（Tom Wolfe）在《时尚先生》（Esquire）杂志上所写，有些男人百无禁忌、为了危险带来的短暂快乐而活，他们毫不在乎后果。北卡罗来纳的车手小约翰森（Junior Johnson）不只是"所有民族或阶级都能认同的英雄"，他还是"稀有品种"。他以前在老家的荒山野岭开快车运送非法酿造的威士忌，后来却变成了改装车的赛车手。他坐拥一切：金钱、有好几层楼的住宅、家禽产业。他大可以把工人吊带裤换成立领风衣和修身的白色小直筒裤，这个"乡下小孩"却还是以每小时175英里（约282千米）的速度及"生猛乡巴佬"的疯狂来飙车。这就是男子气概的吸引力。[23]

演过《激流四勇士》的伯特·雷诺兹（Burt Reynolds）充满男子气概，他后来拍了一部南方口音的电影，向组装赛车手的生活方式致敬。在1977年的电影《警察与卡车强盗》（*Smokey and the Bandit*）中，雷诺兹扮演的角色一路与法律你追我跑，而他的女伴［由莎莉·菲尔德（Sally Field）所饰］则是个逃跑新娘，两人都拒绝接受文明限制。雷诺兹在这部电影里就像是现代的占居者、密苏里穷苦白人"休格"，因为他拒绝埋头苦干，拒绝日复一日努力工作以出人头地。《警察与卡车强盗》是1977年第二卖座的电影，但票房大多来自美国南方和中西部。在1979年哥伦比亚广播电视台推出《正义前锋》，故事主角是群驾着鲜红色赛车的非法酿酒商，以及穿着招牌高腰牛仔短裤的性感表妹黛西（Daisy）。演员丹佛·派尔（Denver Pyle）扮演剧中的杰西叔叔（Uncle Jesse），出场时总是穿着工人吊带裤，经常说教。派尔以前曾在《安迪·格里菲斯秀》饰演脾气暴躁的家长小布里斯科·达林（Briscoe Darling Jr.），他的乡巴佬家族颇有音乐天赋。[24]

纳斯卡赛车每场都有数千名的观众高声欢呼，这些人喝得烂醉、色眯眯地盯着"金发、丰胸"、身穿廉价达拉斯女牛仔装的风骚女子。这些观众中，有些人希望自己是个恶棍。他们心怀某种自由——一种可以在公共场合无怨无憾当个粗野之人的自由。这些跻身中产"白垃圾"的"高级红脖子"在乡巴佬赛车手身上找到了认同。这些赛车手摆脱了工人吊带裤，获得大众的尊敬与大量的现金。对乡下的穷人来说，阶级结构没有明显的改变：金钱也许让一两名乡巴佬声名大噪，但那些留在山里的人没有得到任何社会福利。"高级红脖子"一眼就能看出谁的阶级比他低，却把这些人抛诸脑后。[25]

吉米·卡特作为总统，似乎与过去的南方政客大不相同。他是个重生的基督徒和海军军官（受过核物理学的训练）。他在1976年的竞选宣传中，更强调他不会对选民说谎。在选战初期，他对新罕布什尔的小学生发表了不同寻常的演说，他说美国可以建立一个"跟美国人民一样良善、诚实、正派、能干、富有同情心、充满爱的政府"。此时的卡特是个感情丰富的民主党人、福音满溢的基督教民粹主义者，跳脱出旧（红脖子）南方那充满愤怒的民粹主义。[26]

和之前的美国总统相比，卡特的规矩体面最像弗兰克·克莱门特，但卡特通常不公开谈论宗教。他不像克莱门特那样能歌善舞，也不像高大的"大吉姆"·福尔瑟姆那样会开玩笑。他觉得自己比较像出身田纳西、耶鲁大学毕业的自由派埃斯蒂斯·基福弗。卡特的竞选文宣中谈到"小木屋"的故事，讲述他的家庭如何向上提升，却避而不谈他家后院有网球场的事实。但他确实传达出南方的骄傲，获得乡村摇滚乐团的支持，例如奥尔曼兄弟（Allman Brothers）。卡特的选战操盘手为了吸引卡车司机，还特别制作了一部广播广告，里面说道："百年来，我们一直是烂笑话的笑柄，不能再让华盛顿政客把我们挡在白宫门外。"卡特引用支持者安德鲁·杨（Andrew Young，未来的联合国大使）的话，说他是"变好的'白垃圾'"，这是卡特差点要承认自己南方穷苦白人根源的时刻。安德鲁·杨帮花生农吉米·卡特"改良"了"白垃圾"一词。这位佐治亚州的黑人议员，相信穷黑人和穷白人之间的陈年敌意可以被克服。[27]

卡特摆脱了尼克松时代肮脏政治的阴影，但主日学校教师的角色他也演不下去了。小罗伊·布朗特是卡特的同乡，他在《南方穷苦白人》一书中精准总结了卡特的形象问题。卡特并不像詹姆斯·迪基一样寻找心中的"红脖子"，他热衷于否认。"他并非种族主义者、精英主义者、性别歧视者、华盛顿人、傻瓜、骗子、律师……理论家、偏执狂、无赖。"他永远都在否认。布朗特说卡特拿掉了"红脖子的卑鄙和杂耍"，因此失去"力量或架构"。无论卡特看似多么自由主义、宽容包容，卡特都甩不掉"红脖子"的影子。媒体暗中等待，特别关注吉米的露齿笑容和他跟沼泽野兔的奇怪决斗。他们最关注的是他的红脖子分身——弟弟比利。[28]

卡特是20世纪70年代的最佳候选人，因为他带着"根源"来到政坛。他来自普莱恩斯（Plains）小镇，热爱土地、亲人，珍惜他的家乡。这样简单的传统就如同他的名片。《基督教科学箴言报》（Christian Science Monitor）总结道："几乎没有人像他一般坚持固守自己的根源。"如同亚历克斯·哈里一样，他也着迷于自己家谱。他成功地塑造出自己的"普通人"血统，直到1977年一篇23页的英国论文发表，大众才惊觉卡特的家世非同一般。卡特的祖先不是契约仆役，而是英语世界最显赫的家族，他和乔治·华盛顿及英国女王都有血缘关系。《纽约时报》宣称美国同胞会认为这个发现"很有趣"，却不忘提醒读者，还在英国的时候，某些卡特族人是偷猎者，相当于美国的烈酒走私者。所以卡特身上流的究竟是贵族血统还是乡巴佬烈酒走私者的血统呢？英国研究《戴彼特贵族学》（Debrett's Peerage）的发言人的言论颇有优生学的意义：他说卡特家族不乏"聪明秀异"之辈，但也有成就比较不明显的成员。吉米的弟弟比利就从那些不太成功的旁支血统中遗传到了低劣的特质。[29]

就算如此，比利·卡特也不算是庸才。他成了红脖子大师，游客涌入卡特的家乡普莱恩斯，找比利签名合照。他开始生产自己的啤酒：比利啤酒，并请专员帮他处理全国演讲的行程。他以坏脾气和口无遮拦闻名。比利每天抽五包波迈香烟（Pall Mall），他在电台上的代称是"铸铁"，因为他有个铁胃，什么都喝，还喝很多。他并非宗教狂热分子，也不信"败局命定"。被问及南北战争时他会站在哪一边，比利开玩笑说"我可能会躲进沼泽地里"。1981年他哥哥卸任后，比利靠兜售移动房屋为生。[30]

罗伊·布朗特曾说他希望吉米能更像比利，多些不敬和无礼："第一任南方穷苦白人总统应该是吉米和他弟弟比利的混合体……在吉米的谨慎行事、刚正不阿之中，加入比利的大呼小叫、有话直说。或者在比利的人性缺陷下，融入吉米的理想主义。就像佐治亚的生活一样，好坏交织。"布朗特心中的南方穷苦白人总统会有"更丰富的声音，更不可轻忽的微笑。"[31]

吉米可能比布朗特所认为的还要"红脖子"。演讲稿撰写人鲍勃·施勒姆（Bob Shrum）1976年离开卡特团队，向媒体爆料卡特缺乏同情心的一面。卡特对劳工演讲的时候都说自己支持矿工权益。但他私下却对施勒姆说他反对增加矿工的黑肺病补助，因为"他们自己选择当矿工"。卡特似乎不甚了解矿工阶级的处境，并表现出极度刻薄的反应。矿工因为接受工作的危险所以就该受苦？1977年，卡特再度露出他刻薄的真面目：他支持"海德修正案"（Hyde Amendment），禁止政府用医保补贴贫困妇女的堕胎费用。在接受电视台的朱迪·伍德拉夫（Judy Woodruff）提问时，卡特并没有针对道德因素来回答，而是挑起了阶级议题："嗯，如你所知，生活中很多事都不公平。许多东西只有富人负担得起，但穷人却负担不起。但我不认为联邦政府应该采取行动推动机会均等，特别是这还牵涉到道德的问题。"他基本的立场可总结为：联邦政府应拒绝给予贫穷妇女相关福利，因为她们穷。富人可以随心所欲，但穷人却应该得受到惩罚。卡特的观点近乎宿命："贫穷的妇女命该如此，煤矿工人必须忍受黑肺病。"实际上，背后传达的信息是：如果你不能自救，就不要期望平等或同情。[32]

美国人对卡特的感情很快就淡了。1979年，他的支持度每下愈况。"沼泽野兔"事件说明了一切。媒体一直对"沼泽野兔"的故事穷追不舍，部分原因是总统幕僚先前一直拒绝公布相关照片。卡特讲了个沼泽冒险故事：他划着独木舟，看见一只野兔追着他的小船，还对他"龇牙咧嘴"。卡特觉得很古怪，也很有趣。记者却把这个故事解读为现代版的拓荒者大话。有名记者指责卡特不像"丹尼尔·布恩一样和熊摔跤"，而是和"彼得兔"较量。其他报道则讽刺卡特搏斗的对象是万岁兔（Banzai Bunny）或搞笑团体"巨蟒组"（Monty Python）电影里的杀手兔。"沼泽野兔"是懦弱领导风格的隐喻——卡特这个乡下小孩，在自己理应熟悉的佐治亚沼泽地带，成了懦夫。吉米·卡特不是《生死狂澜》里的英雄，他更像是《我的朋友叫哈维》（Harvey）里心智发展不健全的吉米·斯图尔特（Jimmy Steward），他们都无法证明超自然兔子的存在，也无法宣布兔子的故事并不存在，最后把自己弄得像是个乡下傻瓜。[33]

1980年，里根击败卡特当选总统。里根虽然对南方文化了解甚少，但是非常擅长形象塑造。他入主的白宫有着好莱坞的华丽排场。里根访问爱尔兰蒂珀雷里郡（County Tipperary）的巴利波林（Ballyporeen）时，能扮成爱尔兰人；他也可以戴着牛仔帽，骑上马，如同他在代表作《圣非小路》（Santa Fe Trail）的演出。"演技派总统"拥有过去的政客所没有的技能。他受过专业训练，知道要如何说出动人的台词、在镜头前上相、精准表达适当的语调和情感。随着电视时代的降临，真正的口才已不存在。里根的崇拜者认为里根是"伟大的沟通者"，但他其实比较像是精心磨炼"媒体反射动作"的演员。他当选后推翻了卡特所代表的一切：南方乡村、普通人、穿牛仔裤的赤脚土气美国人。穿着燕尾服的里根相当帅气。1980年有个谣言，说第一夫人南希·里根（Nancy Reagan）告诉她的朋友，卡特夫妇让白宫变成了"猪圈"。在她的眼中，卡特夫妇是"白垃圾"，他们

留下的所有痕迹都必须被抹去。³⁴

在1980年的报纸上，里根的知名支持者谈到他对"红脖子"的看法，其论述相当可疑。有着强烈保守主义倾向的帕特里克·布坎南（Patrick Buchanan）指控政府让都市区的黑人落入贫穷陷阱，剥夺他们身为家庭经济支柱的骄傲。他希望黑人能转而支持里根，成为新"黑人版沉默的大多数"。在布坎南心中，穷人是"专门操弄贫穷议题的政客"手上的棋子，就像罗斯福新政时期的特格韦尔曾被批评操纵穷人。布坎南最奇特的建议是，都市区的黑人应该模仿"红脖子"，在小货车的保险杠上贴上支持里根的贴纸，在袖子上缝上美国国旗（他本来想说的应该是邦联旗吧）。布坎南把穷黑人和"红脖子"放到同一条船上，使官僚主义成为他们所有人的敌人。³⁵

电视福音布道者金贝克与塔米·菲

吉米·卡特的当选让罗伊·布朗特的朋友欢呼"我们不再是垃圾了，"1987年的丑闻却让穷苦白人从扬眉吐气变成垂头丧气。那年牧师金贝克（Reverend Jim Bakker）的丑闻闹得满城风雨。原本默默无闻的金贝克和他的妻子塔米·菲（Tammy Faye）在北卡罗来纳州的夏洛特市建立了"赞美上帝/传递福音"（Praise the Lord/Pass the Love）的PTL福音电视台。根据估计，共有1.3万的美国家庭能收看PTL电视台；他们还盖了占地2 300亩的传统美国基督教主题公园（Heritage USA Christian theme park），赚进大把钞票。1984年，金贝克与利伯缇大学（Liberty University）创办人杰瑞·福尔韦尔（Jerry Falwell），CBN基督教广播网（Christian Broadcasting Network）创办人帕特·罗伯逊（Pat Robertson），以及其他保守的宗教领袖一同成为里根的贵客、白宫的座上宾。但三年后，美国联邦调查局认定PTL是一个"分赃俱乐部"，金贝克遭控24项罪名，包括诈欺和共谋罪。因法官认为他罪大恶极，他被判45年徒刑。他一共服了五年刑，后来就假释出狱了。[36]

金贝克被说成是"圣经学校的辍学生"。他不光是敲诈信徒，还过着无比奢侈的生活。他拥有许多房产，一辆1953年的劳斯莱斯，一艘时髦的船屋和一柜子的昂贵西装。金贝克和塔米·菲原本住在拖车里，后来搜刮了数百万美金，这些都是信徒的工资与奖金。[37]

金贝克在电视布道中宣扬"白垃圾"渴望的铺张浪费。1985年，他在一集节目中为自己风格奢华的主题乐园旅馆做出辩护："报纸记者认为我们还是应该住在垃圾堆里……他们认为基督徒应该是寒酸的、俗气的、劣质的、没有价值的人。这是因为他们有的好东西我们也有了，让他们感到威胁。"金贝克承认自己沉迷于物质享受，他低声吟唱："我太浮夸了。亲爱的主，我太浮夸了……但上帝是伟大的上帝，我应该拿最好的东西荣耀袖。"这个二流骗子是真实世界的"孤独罗兹"。或者就如某位看了许多金贝克节目的记者所说，PTL的成功神学和客厅布道都带有"《衬裙站》(*Petticoat Junction*) 的浓浓廉价感"。[38]

人性的贪婪只是故事的一角。那位和信众一同哭到脸上彩妆土石流般崩塌的塔米·菲，因为对镇静剂上瘾，被送进了戒毒中心。与此同时，她的牧师丈夫付了一笔庞大的封口费给教堂秘书，因为他七年前和这位年轻女人发生过性关系。杰西卡·哈恩（Jessica Hahn）把她的故事告诉了《花花公子》杂志。但劲爆的内容不仅如此，帮金贝克和哈恩订汽车旅馆的教会人员，承认他和金贝克发生过三次性关系。[39]

八卦小报对金贝克事件的大肆报道，也许预告了"真人秀"的兴起。失控的金贝克夫妇可说是TLC旅游生活频道的《甜心波波来啦》里佐治亚"白垃圾"的原型。无论是布道者的堕落，还是恶搞未成年选美小皇后，都在迎合大众对美国下层阶级庸俗行为的着迷。2004年，塔米·菲还参加了真人秀《超现实生活》（*The Surreal Life*）。PTL诈骗的多是穷苦白人；节目的观众多是狂热的福音派信徒，没有高中学历，而且，最可怜的是他们大多失业。教会员工透露，PTL于每月一号启动募款，因为那刚好就是穷人拿到社会保险和社会福利支票的日子。批评福音派伪善的人发泄愤怒，还有位怒火中烧的社论作者因此痛批里根总统，骂他招待金贝克和其他电视布道者到白宫做客，让"'白垃圾'成为媒体焦点"，还要美国民众向他们学习"传统美国价值"。金贝克夫妻每天出现在电视上，"穿得像皮条客"，一口破英语并亵渎宗教。[40]

金贝克夫妇甚至不是土生土长的南方人。塔米·菲出生于明尼苏达乡村一个贫穷的家庭，家里有8个孩子，没有室内排水管道。她的父母是五旬节派（Pentecostalism）的传教士。金贝克则是机械工之子，来自密歇根州。他们搬到北卡罗来纳州是因为知道该地有五旬节派的市场。塔米·菲是充满个人魅力的主秀，边唱边哭，因其俗艳而闻名。某位宗教学者曾断定她的风格是"模仿利伯雷斯"。她的外表投射出阶级身份：白金色头发，浓妆，小麦色皮肤，色彩鲜艳的洋装，还有必备的假睫毛。她正是女性暴发户的写照。[41]

塔米·菲和田纳西人多莉·帕顿可说是如出一辙。多莉·帕顿的招牌是"丰满撩人的身材"、花哨艳丽的服装、金色的大假发——某位学者称之为"过多的女人味"。多莉的祖父是个五旬节派的传教士，就像塔米·菲一样，多莉喜欢在廉价小店买衣服。她在自传中承认，她的模样反映出"白垃圾"女孩的梦想——打扮成杂志模特儿。她解释道："（这样的话）她们看起来就不像要去田里干活的样子，不像要用洗碗盆洗战斗澡的样子，不像男人男孩可以随便吃她们豆腐的样子——这些男人总是想多粗鲁就多粗鲁。"对于女人来说，贫穷的痛苦不仅是没钱而已。[42]

塔米·菲的魅力正是在此。粉丝透过她感受到铺张浮夸的快感。帕顿走的是滑稽剧的风格，外表像妓女，内在是甜美的乡下女孩。同样地，塔米·菲的变装皇后造型也受到了同性恋者群体的欢迎。她是极少数会同情艾滋病末期男同志的保守福音派人士。对于虔诚信徒来说，她也是真人版的基督徒灰姑娘。PTL 的合作厂商用她的形象手工打造的洋娃娃（给大人收藏用，不是给小孩玩的）定价 675 美金。塔米·菲芭比是个心胸宽大的童话公主，戴着夸张的睫毛。[43]

然而，这个童话却没有快乐的结局。在媒体一窝蜂的报道中，这对夫妇极其可悲。没有多少人同情天真无知的妻子（她可能因为有精神问题，所以没被起诉）。塔米·菲夸大的穷苦白人形象带有哥特式的怪诞。她能实现美国梦不

纳什维尔唱片店里挂着的一副多莉·帕顿的直立肖像海报，展现的是她"夸张的女性特质"。这张照片登在了 1977 年的《时尚先生》杂志上。

是因为她的美丽、教育或才华，而是因为这个电视明星拒绝学习上层社会的优雅礼仪。塔米·菲拒绝所有《一个美国家庭》中帕特·劳德（Pat Loud）和中产阶级礼仪代表的东西：情感内敛，用词得体，衣着低调，彬彬有礼。她也不纯朴，不像旧时简朴的自耕农。她欣然接受那个艳丽耀

传递出成功神学的诱惑和享乐主义的信息。塔米·菲在她的专辑《别放弃》(*Don't Give Up*)的封面上。

塔米·菲,《别放弃》(1985)

眼的自我。她的俗艳浮夸让她深受穷苦白人粉丝的欢迎,但美国中产阶级却认为她无可救药。

讽刺的是,她不是纯正的"白垃圾",甚至完全是靠装出来的。20 世纪八九十年代大众媒体快速扩张,阶级认同也经历了重议。塔米·菲的假睫毛和厚重妆容反映了那个时代的特点,成为怪异的伪装。她说她睫毛造型的灵感来自露西尔·鲍尔……以及米妮老鼠(Minnie Mouse)。罗杰·艾伯特(Roger Ebert)说,"从播出时长来看,她上电视的时间可以说是史上最高"。她的公众形象充满各种陈词滥调。跟《贝弗利山人》比起来,她并没有更真实。塔米·菲矫揉造作(大多数时候是无心插柳)。她热爱电视里的超现实世界,而她正是那种世界的产物。[44]

第十二章
"红脖子"粉墨登场：从克林顿到萨拉·佩林

> 美国危险的阶级鸿沟仍然健在。如果有人告诉你说没这回事，请别相信。
> ——卡罗琳·丘特（Carolyn Chute），《来自缅因州的比恩一族》
> 1995 年修订版（*The Beans of Egypt, Maine*）

金贝克的丑闻无碍 20 世纪八九十年代穷苦白人和"红脖子"文化的风行。《时尚》杂志的玛格·杰斐逊（Margot Jefferson）称之为"贫民化"。在此脉络下，最令人惊讶的告白出自美国演员约翰·席勒曼（John Hillerman）。席勒曼在电视剧《夏威夷神探》（*Magnum, P. I.*）中扮演一本正经的英国管家希金斯三世（Jonathan Quayle Higgins Ⅲ）。席勒曼说曾有英国影迷写信给他，把他当成英国演员。他回信写道："我不想让你失望，但我是来自得州的红脖子。"[1]

越来越多人试图把"红脖子"去污名化，让红脖子成为受人欢迎的词汇。红脖子记者刘易斯·格里扎德（Lewis Grizzard）认为，是时候停止嘲笑红脖子了。他赞美辛辛那提 1993 年颁布的反歧视法规，因为该法规保护了乡巴佬阶级。他希望亚特兰大也能在 1996 年的夏季奥运会前通过类似的法律。1991 年，佛罗里达一名男子诽谤警察，称其为南方穷苦白人，因违反"仇恨犯罪法"（Hate Crime Statute）遭到起诉。对格里扎德来说，"红脖子"的意思是"农业学家"，像他父亲一样在户外工作，因为那时候还没有防晒乳，所以才会晒出色差。他当然搞错了。[2]

然而还是有些模糊地带。"红脖子"、南方穷苦白人、乡巴佬，既是族群认同，也是种族歧视的侮辱称谓，更是劳动阶级的荣誉徽章。一位北卡罗来纳的记者对这种认同混乱的现象做出总结："如果你自认是'红脖子'，你的自我定义是努力工作、爱开玩笑、独立自主。如果你不认为自己是'红脖子'，那么你会认为他们很吵、讨厌、固执、肤浅。"这篇文章外还附了一份小测验，问一些关于纳斯卡赛车、食物及乡村音乐节目《嘻嚎》的问题。就好像简单算个答对的题数，就可以区分出谁是真"布巴"（Bubba，美国南方未受教育的白人男子），谁是假货。[3]

当然，就身份认同来说，品种还是最重要的。1994年，一位愤怒的记者坚称，佐治亚州政客金里奇（Newton Leroy Gingrich）不是"红脖子"：他在宾夕法尼亚州出生，没有南方口音，当过大学教授、国会议员，支持他的选民多是亚特兰大郊区的北方佬。这位新闻工作者敢这样铁口直断，是因为他有"许多纯种红脖子亲戚"。此外，他还痛批"金里奇绝对没办法跟一群真正的红脖子相处半小时"。在红脖子的世界里，只有"完全是"或"不是"这两个选项，没有灰色地带。根据这个标准，金里奇和戴维·杜克（David Duke）都不是"红脖子"。杜克以前是三K党成员，1991年曾竞选路易斯安那州州长。杜克喜欢不符合美国风格的纳粹军礼，所以他不是"红脖子"。杜克为了变好看而整形，也很不红脖子。"没有任何南方小子会想做这种事。这很娘，很不南方。"以上是杰弗瑞·哈特（Jeffrey Hart）的观点，他是达特茅斯学院（Dartmouth College）毕业的保守知识分子，曾为尼克松和里根总统撰写演讲稿。[4]

两本小说中的穷苦白人

"红脖子"不再是乡村歌手的专属领域。"红脖子"已成为文化的共同语言、品评公众人物的方法、突变的性别和阶级认同。在这场辩论中，女性并不沉默。两位杰出女作家的穷苦白人小说广受好评。延续威廉·福克纳和詹姆斯·艾吉的传统，多罗西娅·艾莉森（Dorothy Allison）和卡罗琳·丘特深入探讨农村的贫穷问题。艾莉森以自己的童年经历为本，把她对贫穷的理解写进《卡罗来纳的私生女》（Bastard Out of Carolina）里。丘特来自波特兰市，她是念过大学的劳动阶级。她的一鸣惊人的《来自缅因州的比恩一族》讲的是缅因乡下拖车垃圾的故事。这两位作家的独特之处在于她们从阶级内书写，而非从外观察。她们公开自己的身份，精准描述贫穷妇女的经历。阶级和性别仍是她们的主题，她们笔下的女主角并不是良家妇女。在她们的作品中，女性反而无法将"白垃圾"或"红脖子"的身份视为荣誉。[5]

相比之下，艾莉森写得更好。但丘特的散文之所以不带修饰，也有可能出于刻意的选择。丘特描绘的是事件的表象，不太深入剖析"白垃圾"角色的内心。比恩一族绵延不绝，掌管伊吉普特的底层社会。这家人各有各的特色。主角是比尔（Beal），他母亲梅里·梅里·比恩（Merry Merry Bean）因为发疯而长期被锁在树屋里。鲁本（Reuben）是个有暴力倾向的酒鬼，最终被判入狱。罗伯塔阿姨（Auntie Roberta）生孩子的速度像兔子一样快。鲁本的女朋友玛德琳（Madeline）则长期忍受他的拳打脚踢。这些角色除了拿枪打人和乱生孩子，一无是处。比尔和罗伯塔上床，有可能是她几个孩子的生父。罗伯塔也不是个模范妈妈，她让自己的孩子随意游荡、吐口水、吞铜板。比尔强暴了（或者没有）他的邻居艾琳·波默洛（Earlene Pomerleau），而艾琳最终成了他的妻子，但他仍继续和罗贝塔阿姨维持不伦的关系。玛德琳则穿着胸部都快掉出来的轻薄小背心晃来晃去。[6]

相较于比恩家，艾琳家的阶级高了一点。比恩一族让艾琳又厌恶又着迷。她说自己跟比尔的第一次就像是被熊攻击。他的大脚吓到她了。完事后，她"脑中浮现了数百万个巨大的婴儿——有着狐狸眼、黄牙，大口吞肉的比恩子孙"。比尔工作时伤到眼睛，因此丢了饭碗。虽然饱受疼痛和身体残疾的折磨，他仍然不准艾琳去领食物兑换券。他一直拒绝去医院，直到最后才被医护人员带走。这个潦倒的男人皱着眉说："我连个屁都不值。"他最后死于警察的乱枪扫射之下，因为他对某个有钱人家开枪。艾琳眼睁睁看着他倒下，手中仍紧握着枪。[7]

比恩一家都是废人。他们家的女人都是育种的猪，血亲彼此长得都很像。艾琳的父亲说比恩一族是未开化的豺狼虎豹："会跑的，比恩家的人就开枪；掉下来的，比恩家的人就吃掉。"艾琳的父亲相信自己比这些"全地球最低贱的人"高等，因为比恩一族住在旧拖车里，而艾琳的爸爸自己盖了房子。艾琳的父亲抱怨了罗伯塔一番，他说法律应该规定，连生9个不知生父的孩子，就"应该动刀结扎"。鲁本被警方带走的时候，他脱口而出希望警察能"把剩下的异教徒们全部抓走"，他的意思其实是要警方把比恩家的孩子捉起来杀光，不要让他们有机会长成"比恩家的大人"。[8]

在《来自缅因州的比恩一族》中，阶级战争在底层上演。中产阶级在书中消失了：波默洛家和比恩家的区别，仅在于艾琳的奶奶遵守宗教戒律，以及艾琳的父亲有些手艺。艾琳的父亲坚持要巡逻分隔两户的车道，正可看出阶级之分。他命令艾琳："不要走到另一边的比恩家去。千万不要！"但她还是过去了。他的女儿被另一边夺走了。[9]

评论家在讨论丘特的作品时，往往提到她的人生故事。书评家用高人一等的语气，称赞丘特"显然不知文学传统"，反而更留住了"强烈的原创性"。虽然有人拿丘特和福克纳相比，但丘特过去并未读过他的作品。直到书评家点出《比恩一族》和福克纳作品的相似性后，她才去读福克纳。《新闻周刊》的书评认为《比恩一族》里"不知生父的坏心小孩满地乱爬"，许多角色都该被"强制绝育"。丘特在一段访谈中谈及她贫穷的过去，说她和"我们这种人"私下还有联络。她解释说："你的生活就是写作的素材。"[10]

丘特的丈夫迈克尔（Michael）是一个不识字的劳工，是丘特和"她这种人"之间的桥梁。他口中的农村人物故事，对她的写作产生影响。丘特自己曾在马铃薯农场、鸡肉加工厂和制鞋工厂工作过。她在波特兰郊区工人小区长大，高中辍学，后来到南缅因大学（University of Southern Maine）学习。丘特的父亲来自北卡罗来纳州，成了她的南方根源。以上种种，都让她的作品深具政治意涵。她不认为有人能通过远离自己的"家乡""家族"和"根源"摆脱贫穷的循环。穷苦白人的力量来自部落般的本质。地域感和土地意识，是他们仅有的依归。[11]

在接下来的15年里，丘特的政治观点变得越来越尖锐。1985年时她尚未自称"红脖子"，但到了2000年，她却开始如此自称。她离群索居，家里没有现代化的排水管线，甚至到了2002年才有计算机。她多年来都穿工作靴、包头巾。对丘特而言，"红脖子"成了劳工阶级的民粹象征。她成立一支缅因州民兵组织，并支持持枪权，大力反对企业财团。她在1995年修订版的《比恩一族》的后记中写道："美国危险的阶级鸿沟……仍然健在。"比恩一族不再是求生存的普通人，他们象征的是山雨欲来的阶级战争，以及"摇摇欲坠"的美国梦。[12]

多罗西娅·艾莉森和丘特一样关注阶级。她的作品主要探讨男女之间难分难舍甚至暴力相向的关系。艾莉森笔下的女性角色不是受害者,与丘特笔下的比恩家女性不同,她们能够脱离周遭环境的影响。艾莉森的女性角色拥有更多物质资源和家人的支持。但这两位作者笔下的穷苦白人男性都有情感障碍。这两位作者也意识到,穷白女人身上的担子比男人更重。[13]

在《卡罗来纳的私生女》中,年幼的安妮·博特赖特(Arme Boatwright)遭到继父格伦·沃德尔(Glen Waddell)的肉体虐待和性虐待。如同伊吉普特的比恩一族,博特赖特一家也被南卡罗来纳州的格林维尔(Greenville)镇民瞧不起。格伦对安妮的憎恶,出于他深藏多年的耻辱。他来自中产阶级家庭,却一无所成。他做体力活儿,但他的兄弟一个是牙医,一个是律师。他渴望拥有跟他们一样的家。他抱怨"我做什么都不顺""我把手伸进装蜂蜜的罐子,掏出来的却是屎"。他嫉妒厄尔·博特赖特(Earle Boatwright)对女人很有一套。不过,与比恩家不同,博特赖特家的男人比较深情,更懂得保护家族里的妇女和儿童。[14]

继父家族与母亲家族间的细微界限相当耐人寻味。他们可能更有钱,但他们既肤浅又残酷。她外婆家的孩子窃窃私语,说他们的车就像"黑鬼垃圾"。如同丘特书中的波默洛家族,他们不得不瞧不起自己脚下的那些人。羞耻巩固了阶级制度。[15]

安妮最后脱离了继父的魔掌,但过程中她输给了继父,因为她母亲决定抛弃家人,和格伦去加州。她母亲采用的其实是百年前南方穷苦白人用过的老法子:逃离,去别的地方重新开始。安妮反复思考她母亲的人生。想到她15岁怀孕,17岁结婚又随即成了寡妇,21岁再嫁给格伦,安妮不禁怀疑自己是否有能力做出更明智的决定。她不怪母亲,因为她不确定自己是否能避开同样的错误。[16]

这本书让我们学到,阶级和性别决定了人的选择。艾莉森的故事提醒读者,有许多人出身贫困,却终生摆脱不了贫困,女性尤其是。作者艾莉森是少数的例外。像她这样的人虽然事业有成，却能理解穷人而不带指责。美国梦就像双刃剑，因为杀出一条血路的成功人士大多会指责试图跨越阶级却失败的人。就像《杀死一只知更鸟》里的斯科特，透过孩子的双眼，不正义的日常格外触目惊心。

唱进白宫的克林顿

新一代优秀"白垃圾"作家的出现为文学经典增添新的面貌。1993年，美国人又选出了一位穷苦白人总统。比尔·克林顿的当选让全国再度关注起阶级认同和美国民主间的不稳定关系。这位来自阿肯色州霍普市（Hope）的小男孩拿到罗德奖学金，从耶鲁法学院毕业，当上州长。简而言之，他就是美国梦的化身。克林顿全名是威廉·杰斐逊·克林顿（William Jefferson Clinton）。与他同名的杰斐逊总统 1779 年曾提出：从垃圾堆里挖掘优秀的年轻人，让他成为国家的上层人才。克林顿就是最佳案例。克林顿在就任第一年的国庆演讲中，说到 30 年前他在白宫玫瑰花园遇见肯尼迪总统的故事。克林顿和肯尼迪总统握了手，对他肃然起敬，因为那时的克林顿只是个"来自阿肯色州小镇，没钱，没任何政治人脉的男孩"。[17]

克林顿的传奇故事是狄更斯和多罗西娅·艾莉森作品的综合体。他的家庭不是 20 世纪 50 年代的中产核心家庭，经济状况也不稳定。他的生父在他出生前三个月就过世了，他出生后，母亲为能在护理学校进修而把他交托给了祖父母和曾祖父母照顾。在 1993 年的独立纪念日上，他曾自豪地说："我们家庭的力量不能用钱包的重量来衡量。"但大众从他母亲弗吉尼亚（Virginia）口中得知比尔童年的阴暗面。在民主党全国代表大会期间播放的传记式电影揭露了克林顿破碎的童年。他跟继父姓，但他 14 岁时，就必须挺身对抗他的父亲。罗杰·克林顿（Roger Clinton）是位汽车经销商和赌徒。酒喝多了就会对人暴力相向。有天，比尔静静地对他说："你不要，不要再动我妈妈一根寒毛。"但就像丘特和艾莉森书中的男性角色一样，他也还是同情他继父。有人问他对继父的看法，他说："继父不够自信。"他已内化了"白垃圾"的羞耻感。[18]

在竞选巡回宣传中，克林顿引用了杰斐逊说过的话。他的就职之旅也选择从杰斐逊的"小山丘"[托马斯的出生地蒙蒂塞洛（Monticello），在意大利文中有小山丘之意]出发。在共和党大会上，前总统里根抓住机会质疑这个霍普市男孩的做作，不承认克林顿是肯尼迪或杰斐逊的继承人。在里根的经典讽刺桥段中，他改了得州人劳埃德·本特森（Lloyd Bentsen）1988年副总统辩论中的台词。当时对手丹·奎尔（Dan Quayle）把自己比作年轻的、没经验的肯尼迪，本特森对他大吼："你不是杰克·肯尼迪。"里根模仿本特森并稍事修改，讽刺当时还是州长的克林顿。他说："我认识托马斯·杰斐逊，他是我的朋友。但，州长，你不是托马斯·杰斐逊。"[19]

那么，比尔·克林顿是什么样的人？他符合某些刻板印象：高胆固醇的饮食习惯、母亲受到家暴的故事、阿肯色州山丘上的贫困棚屋。火上加油的是，竞选中满脸笑意的克林顿和一头来自伊利诺伊州（不是阿肯色州）的骡子合影，这头骡子名叫乔治（George）。在克林顿就职游行上，媒体还拍到另一头名叫比尔的骡子在宾夕法尼亚大道上漫步。[20]

1992年，阿肯色州的人均收入全美排名第四十七位。该州长期承受"红脖子式的无知"的恶名，到了20世纪90年代依然摆脱不掉。克林顿在演讲中提到杰斐逊或是肯尼迪，是要和阿肯色州、和出身阶级做切割。前阿肯色州参议员富布赖特（Fulbright）一直是他的导师。自由派的富布赖特支持教育，是举足轻重的政治家。但克林顿要当选总统的话，仍需要举国皆知的指标性人物。2004年的克林顿已经是个广受欢迎又颇多作

第十二章 "红脖子"粉墨登场：从克林顿到萨拉·佩林　307

为的前总统了,但他仍努力在出身和抱负中找到平衡。得州名嘴莫莉·欧文斯(Molly Ivins)如此评论克林顿厚厚的回忆录:"你不得不抛下成见,欣赏这个乡巴佬小子的美国梦。"[21]

比尔·克林顿不是乡巴佬,也不是"红脖子",但他确实在民主党全国代表大会上声称,他"有些布巴(bubba)"*。《布巴杂志》(*Bubba Magazine*)就是为了向他致敬而诞生。该杂志第一期封面就是克林顿,他头戴棒球帽,手拿啤酒。《萨拉索塔先驱论坛报》(*Sarasota Herald-Tribune*)的幽默作家戴维·格莱姆斯(David Grimes)说,这种自我认同的行为让克林顿得以和历代"布巴"总统并列,其中包括安德鲁·杰克逊、林登·约翰逊(最布巴的总统),还有对"布巴"身份"深感罪恶"的吉米·卡特。

克林顿做到了早期非精英南方总统所做不到的,他把南方穷苦白人和红脖子变成可以被主流美国人接受的文化。根据出身得州的《布巴杂志》编辑的定义,布巴这种人爱国、虔诚、喜欢黄色笑话,是"跨越社会经济地位"的认同。布巴没有地区性,跳出特定族群的文化背景的刻板印象。要成为布巴,就必须先建立起休闲的形象,例如穿牛仔布料的工作服,戴棒球帽。脱下西装,拿掉领带,穿得像是"红脖子"——有人称之为穷苦白人贫民化。把布巴美化为(并且选为)一般人是为了淡化阶级的存在。布巴是克林顿时代流行的民主新用语。[22]

当然,克林顿还有其他没那么有亲和力的绰号。从阿肯色州到白宫,克林顿一直甩不掉"滑头威利"(Slick Willie)的恶名。无论是抽大麻(不管有没有吸入)、逃避当兵及婚外情,克林顿一概否认,并看似真

---

* 编注:"bubba"意为"好老弟",也指美国南方未受教育的保守的人,亦为克林顿的昵称之一。

诚地解释了，但这还是让人觉得语焉不详。克林顿被说成花言巧语之人，甚至是骗子。"滑头威利"这个名号带有南方的乡村感。克林顿的崛起如同低俗南方小说的背景。正如《阿肯色民主党人》（Arkansas Democrat）的作者保罗·格林伯格（Paul Greenberg）所指出的，克林顿言辞闪烁的技能，就像这世上没有他躲不进的兔子洞。格林伯格 1980 年时帮克林顿取了"滑头威利"这个诨名。另一个联合专栏作家也认为这个绰号带有浓浓的南方色彩，由此可见自由派政客的反应能力——在南方，诚实可能会阻碍仕途。[23]

克林顿的形象无可避免地受出身影响。即使他口才再好，也不如"不粘锅总统"（Teflon-coated president）里根那般优美、圆滑。克林顿执政第一年时有些笨拙。一名社论作者写道，"滑头威利"似乎更像安迪·格里菲斯警长的助手巴尼·法伊夫。形象就是一切。无论报章漫画帮忙贴上的标签有多肤浅、多短暂、多讨厌都无所谓，政客本来就会受到批评。20 世纪 90 年代的克林顿试着让自己更讨人喜欢，把牛仔裤上的泥土拍干净。但克林顿的"老山胡桃"时刻何时到来？——结果是猫王救了克林顿。[24]

克林顿堂而皇之地把自己塑造成猫王。他在纽约新闻节目上献唱了一首猫王的歌，在接受查理·罗斯（Charlie Rose）访问时，还开玩笑地唱了猫王的歌《别对我残酷》（Don't Be Cruel）来取悦媒体。让人印象最深刻的，则是他现身《阿瑟尼奥·豪尔脱口秀》（The Arsenio Hall Show），用萨克斯演奏歌曲《心碎酒店》（Heartbreak Hotel）。克林顿复兴了南方传统的政治策略，这是吉米·卡特做不到的——唱进白宫。和他搭档的副总统候选人，田纳西州的艾尔·高尔（Al Gore）在民主党全国代表大会上说自己美梦成真，终于成为猫王演唱会的暖场嘉宾，引得党员哄堂大笑。在最后一次竞选活动中，克林顿在演讲中加了一句台词，告诉观众他正和猫王交流。看到媒体如此厚爱这位阿肯色州的猫王，当时的总统老布什非常不悦。他的幕僚因此请来模仿猫王的专家,以破坏民主党的竞选活动。克林顿处之泰然,自己也邀请了猫王模仿专家参加总统就职典礼。[25]

克林顿的幕僚解释道:"猫王就是美国。"里根曾试图重现美国小镇20世纪50年代怀旧形象,再次与爱玩、不关心政治的青少年们产生联系。抽大麻、躲当兵的克林顿因此被抽离出危险的20世纪60年代,把自己重新包装成较无争议的20世纪50年代之子。他想要吸引南方劳工阶级,用最好的方式把自己塑造为南方之子。面对分裂的选民,当个猫王粉丝比较中立——这个角色比"布巴"更年轻化,让克林顿可以用更新潮的方式传递他的南方男孩形象。[26]

然而,再多的友善也无法平息保守共和党的败选之恨。华盛顿记者说他们从未见过如此尖酸刻薄的批评。对克林顿总统的攻击不只是不敬,还充满人身攻击,下手毫不留情。1994年,佛罗里达州的非裔记者比尔·马克斯韦尔(Bill Maxwell)说他了解为何共和党会这样大肆批评。他认为共和党抨击的语气有些耳熟,是因为他们把克林顿看作穷苦白人。里根的媒体顾问戴维·格根(David Gergen)和热情洋溢的讲稿撰写人佩

1994年,比尔·克林顿与一头伊利诺伊骡子的竞选合影照片强化了他作为"白垃圾"的争议性标签。"被视为'白垃圾'也许是因为有些人恨克林顿——他太南方了。"

北卡罗来纳州威尔明顿,星报,1994年6月

吉·努南（Peggy Noonan）视里根总统为崇高的父亲，带有英国国王的慈祥威严。里根的支持者认为克林顿不配当总统，认为这根本就是僭越。他的背景玷污了整个白宫，就像乞丐取代了王子。[27]

马克斯韦尔认为，外界将克林顿的土气和南方特质归咎于他母亲弗吉尼亚。她出版过一本回忆录，述说自己残酷的人生故事：生母是个毒虫，她的童年相当贫困，一生结了四次婚。她的外在完全复制拖车垃圾："臭鼬条纹的头发、过浓的妆、色彩缤纷的服装、手上握的赛马新闻。"（带有一丝塔米·菲风格。）马克斯韦尔接着说，在克林顿的敌人眼中，有其母必有其子，克林顿流着杂种的血统，没资格当"纯种的美国总统"。[28]

1998 年，莫妮卡·莱温斯基（Monica Lewinsky）的丑闻爆发。克林顿的敌人早已准备好要把他打成田纳西·威廉斯（Tennessee Williams）剧中的败德角色。"滑头威利"终于卷入了拖车公园式的低俗性冒险——玷污了椭圆办公室。独立检察官肯尼斯·史塔尔（Kenneth Starr）声称他调查的重心是伪证、滥权，不是性。然而，他的调查报告却有约 500 处写到性。《哈珀斯杂志》（Harper's Magazine）特约编辑杰克·希特（Jack Hitt）表示，史塔尔想写"黄色小说"，记下肥皂剧的所有低级细节（还相当乐在其中）。克林顿总统的法律团队说，史塔尔的唯一目的就是让总统难堪，向全国人民公开克林顿的穷苦白人本质。但总统必须犯下"违宪的最严重错误"或是"严重侵犯政府程序的公正性"，到达"重罪与轻罪"的程度，才构成弹劾的条件。史塔尔巨细靡遗地记下所有腥膻细节，以为这样就可以把低级淫行变成重罪。[29]

保守派一想到把克林顿的恶行和托马斯·杰斐逊相提并论就勃然大怒。这位第三任美国总统的父系血缘刚好在莱温斯基丑闻爆开的同年进行了测试。科学可以证实这位蒙蒂塞洛的主人（或至少有着托马斯·杰斐逊父系血缘的人会定期探望她——这人还能是谁呢？）是他已故妻子年轻得多同父异母的妹妹，蒙蒂塞洛的契约仆役莎莉·海明丝（Sally Hemings）孩子的父亲。心烦意乱的评论员歪曲了这个案件的事实，提供了一些荒唐的理由来捍卫第三任总统的声誉。第一，莎莉十分漂亮（而莫妮卡庸俗）。第二，克林顿是一个色狼（托马斯·杰斐逊是一个长期的鳏夫）。第三，托马斯·杰斐逊是一位才华横溢的人，他的智慧凌驾于生理上的冲动（这是仅仅巧舌如簧的克林顿无法超越的）。正直的美国人根本就不应该把杰斐逊和克林顿的行为混为一谈。[30]

另一位编辑则对莱温斯基事件抱持不同看法。克林顿挺过弹劾风波，声势越来越壮大，也越来越受欢迎。这位编辑探究了这个现象背后的原因。如果憎恨克林顿是不理性的，那么爱他同样也是。他的答案是"猫王原则"——美国人潜意识中全都渴望王者的存在。肯尼迪总统有卡美洛宫，里根则是好莱坞皇族，克林顿和猫王（百万粉丝心中的"王"）都是"由贫到富"的君王。美国人仰慕的王，拥有难以解释的性吸引力，又带有文雅的骄傲。重点是："白垃圾"特质看似缺点，实为加分项。在注重外形的美国当代政坛中，高傲自负看起来才够分量，而沃尔特·蒙代尔（Walter Mondale）或迈克尔·杜卡基斯（Michael Dukakis）等穿西装打领带的候选人，形象则较为压抑，跟克林顿的风格不同。展现"红脖子"的时尚，还带点布巴味儿，其实比做个平淡无聊、存在感低、千篇一律的政客来得好。[31]

美国人一直热爱探讨克林顿其人其事。1998年，小说家托妮·莫里森（Toni Morrison）对克林顿的丑闻发表了自己的看法。这起意图将克林顿罗织入罪的通奸丑闻让她深感恐惧。她认为检方侵犯了隐私，他们搜索总统办公室的行为就像是把克林顿"抓起来搜身"一样，这是白人对待黑人的方式。无论"你多聪明，多努力"，你都会被"打回原本的阶级"。克林顿已经爬得太高了。莫里森说，他是"我们第一个黑人总统"。他单亲贫困的生长背景、劳动阶级的风格、玩萨克斯的爱好、对垃圾食品的喜爱——处处可见"黑人比喻"从何而来。这样的克林顿真的很像猫王。他不是20世纪90年代粉丝喜爱的"红脖子"猫王，而是20世纪50年代的"乡巴佬猫"——打破黑白界限的年轻人，只有南方社会的下层阶级才有可能轻松达成。[32]

2001年的国会黑人同盟晚宴（Congressional Black Caucus Dinner），再度肯定克林顿是"第一位黑人总统"。巴拉克·奥巴马2007年竞选总统时，安德鲁·杨说："克林顿和巴拉克一样黑。"（安德鲁·杨是金恩博士的好友，也是卡特的顾问。）太奇怪了，肯尼亚人之子，居然没有比阿肯色州的"布巴"黑？安德鲁·杨把"黑"视为文化认同，奥巴马因为童年在夏威夷和雅加达成长，所以他没有南方文化的根源。《华盛顿邮报》的凯瑟琳·帕克（Kathleen Parker）也是南方人，她点破比喻的混乱：只要把萨克斯换成斑鸠琴，克林顿就会变成"白垃圾"。记者乔·克莱因（Joe Klein）更是在他的小说《原色》（*Primary Colors*）中，强化了克林顿的"黑"。这本小说不加掩饰地以克林顿为原型塑造主角，名叫杰克·斯坦顿（Jack Stanton）的男主角违反了性禁忌，和未成年黑人少女上床，并生了一个私生子。在迈克·尼克斯（Mike Nichols）执导的同名电影里，这位布巴总统由粗鲁的约翰·特拉沃尔塔饰演，而非汤姆·汉克斯之类形象高尚纯洁的演员。但这位斯坦顿究竟是黑人的象征，还是住拖车的"白垃圾"的呢？[33]

"红脖子"女性第一人

克林顿连任后的不顺，显然没有被共和党当作警讯。他们在2008年推出了共和党版的穷苦白人候选人——阿拉斯加州长萨拉·佩林。《纽约时报》的弗兰克·里奇（Frank Rich）一针见血，用"麦凯恩和佩林被迫成婚"来形容这对正副总统候选人组合。约翰·麦凯恩（John McCain）来自亚利桑那州，是位令人敬重的老练政治家。难道他判断失误了吗？《谴责》（Slate）杂志拍了一部线上影片，介绍佩林位于阿拉斯加的家乡瓦西拉（Wasilla）。片中的瓦西拉是片过眼即忘的荒地，是下车"撒尿"和"加油"的地方。瓦西拉还是"安克雷奇市所有'红脖子'笑话的老梗"。《赫芬顿邮报》（Huffington Post）的艾瑞卡·琼（Erica Jong）评论："'白垃圾'美国这一形象的确对选民有吸引力。"正因如此，佩林获共和党提名后没几天，网络上就出现了她的合成照：她身穿美国星条旗比基尼，手持冲锋枪，戴着招牌黑框眼镜。在合成照中，佩林是曲棍球妈妈，也是火辣的民兵宝贝。[34]

媒体披露佩林17岁的女儿布里斯托尔（Bristol）未婚怀孕，让她不得不赶在共和党召开全国代表大会前，和利瓦伊·约翰斯顿（Levi Johnston）奉子订婚。《美国周刊》（Us Weekly）以佩林为封面人物，标题耸人听闻："婴儿、谎言和丑闻。"莫林·多德（Maureen Dowd）把佩林比作电影《窈窕淑女》（My Fair Lady）的女主角伊莉莎·杜利特（Eliza Doolittle），因为她得为不能看稿子的电视采访做好准备。这个比喻非常直接地影射了她不甚光彩的阶级出身。佩林的故事高潮不断，让某位记者想到"人生"（Lifetime）电视台的真人秀节目。两年后，外界才发现这个玩笑竟然成真，因为佩林不当州长，改当了真人秀节目的明星。节目名称就叫作《萨拉·佩林的阿拉斯加》（Sarah Palin's Alaska）。[35]

无论如何，佩林获党内提名成为副总统候选人的确非比寻常。她是史上第二位成为正副总统候选人的女性；以"红脖子"女性来算，她是第一位。约翰·麦凯恩的顾问团队坦承，当初会选她纯粹出于形象考虑。奥巴马胜选后，麦凯恩团队还加入舆论一起批评佩林。佩林的购衣费用曝光后,也让媒体一片哗然。针对佩林疯狂购物的行径,有个愤怒的幕僚这么说:"瓦西拉的乡巴佬去豪华的尼曼马库斯百货(Neiman Marcus)扫货,扫得干干净净。"[36]

佩林成了媒体攻击的首选。她极其无知,却丝毫不以为忤,这种态度把记者吓得目瞪口呆。她曾接受美国全国广播公司(NBC)主持人凯蒂·库里克(Katie Couric)采访,回答得一塌糊涂。佩林不仅误解事实,更让人觉得她连一个复杂概念都解释不清楚。(以前有个形容南方穷苦白人的词汇"idle-headed",意为脑袋空空,很符合她。)但19世纪的安德鲁·杰克逊也不是以"智者"的身份参选。麦凯恩的幕僚当初挑中佩林,就是希望她能复兴杰克逊式乡间大老粗的骄傲。"阿拉斯加的萨拉"从小就飞机上对狼群开枪,大谈自己有多爱吃麋鹿肉。她把自己定位成神射手安妮·奥克利(Annie Oakley),竞选团队不可或缺的中坚分子。

但这还不足以将她从主流媒体(她自我保护地称之为"烂媒体")中拯救出来。佩林没有自学成材、自立自强的经历。她不像比尔·克林顿一样拿过罗德奖学金,可以抵消"穷苦白人"的标签。她只上过六所不怎么样的大学,也没当过兵(不像海军上尉退役的吉米·卡特),虽然她的确把儿子送上了伊拉克战场。佩林的自我感觉良好,让《纽约客》杂志的萨姆·塔嫩豪斯(Sam Tanenhaus)印象深刻,"就算有所欠缺,但只要有做自己的自信就够了"。[37]

莫林·多德打趣说佩林是个"无音乐的乡村音乐女王"。她缺乏多莉·帕顿那种自嘲式的幽默,更不用说天分。但真正让人困惑的,不是共和党怎么会挑中她,而是为何是她:"白垃圾"芭比娃娃要有视觉吸引力也要有破坏性,而她来自"最后的边疆"。共和党要思考的问题是,要怎么把她的下等特质包装成大众容易接受的传统女性特征。在热门单曲《红脖子女人》(*Redneck Woman*)中,格蕾琴·威尔逊(Gretchen Wilson)

Palin's supporters identify with her: she represents the erasure of any distinction between the governing and the governed.

史蒂夫·布罗德纳（Steve Brodner）在漫画里把萨拉·佩林画成了一个急于成名的乡巴佬，刊登在了《纽约客》2009年的一期里。

《纽约客》2009年12月7日

相当抵制芭比娃娃，因为那是中产阶级不真实的象征——佩林狂买衣服的行为就很芭比。

佩林在与特拉华州参议员乔·拜登（Joe Biden）交锋的电视辩论中，她像伊莉莎·杜利特尔一般隆重登场。全国都在等着看她的穿着和表现。佩林穿着黑色连衣裙与高跟鞋，佩戴珍珠饰品，然后对镜头抛了个媚眼。她的脖子以下看起来像华盛顿的社交名媛，她抛媚眼的动作却是小镇餐馆里嚼口香糖的女服务生的举止。这两种截然不同的形象在佩林身上同时存在。迷人的曲棍球妈妈形象消失了，最后留下的是麦凯恩幕僚口中的"乡巴佬"和"首席女高音"形象。她是女版"孤独罗兹"，口沫横飞，自我膨胀。[38]

佩林成为全美家喻户晓的人物，而"性"则成了相关讨论的潜台词。虽然民众都爱聊八卦，但他们聊佩林女儿未婚怀孕的方式，与当初聊克林顿的方式大不相同。博主煽风点火散布谣言，怀疑萨拉患有唐氏综合征的最小儿子特里格（Trig）"会不会其实是布里斯托尔生的"？偏远地区过去流传着近亲繁殖、私生子女的丑事，交换婴儿是新增的情节。比如比尔·克林顿的母亲弗吉尼亚，她的血统最让评论家操心。这样的传统延续了下去：支持优生学的言论（以及随之而来的绝育法案）主要针对女性——受污染的种畜。[39]

萨拉·佩林的口音就像电影《冰血暴》（Fargo）里的明尼苏达居民一般糊成一团，让她原本已经够折腾的说话方式更难懂。前脱口秀主持人迪克·卡维特（Dick Cavett）写了一篇讽刺的评论，戏称她为"语法连环杀手"，说她的高中英文全都还给老师了。他很好奇，因为佩林是"跟我一样是妈妈"而喜欢她的粉丝，或是因为她猎狼的英姿而崇拜她的支持者，认为这些特质对治理国家到底有何帮助？

作为公民和选民，同样的事也发生过。"诚实林肯"被称为猿人、泥巴佬，或是肯塔基穷苦白人。安德鲁·杰克逊则是粗鲁、坏脾气的南方穷苦白人。（跟佩林一样，他的语法也不太好。）问题越来越清晰：政治演员要大众化到什么境界，大众化就不再是加分项、可煽动的民粹的工具，而变成了会扣分的特质？卡维特说佩林的粉丝像"崇拜猫王"一样崇拜她，我们应该感到震惊吗？当选举成了马戏团表演，跳舞的熊总是有机会变赢家。[40]

2008年大选时，美国人已经好好品尝过了像真人秀节目的新滋味了，在这些节目中，一举成名的人，可以从无名小卒一跃成为全美国的偶像。在《天鹅选美》(The Swan)中，劳动阶级的女性透过整形手术和隆胸手术来改造自己的外表，变得像低调一点的郊区版的多莉·帕顿。《美国偶像》(American Idol)能在一夜之间让毫无名气的人瞬间成为歌坛新秀。渴望吸引注意力的富豪之女帕丽斯·希尔顿（Paris Hilton）同意参加真人秀节目《简单生活》(The Simple Life)，为此搬去阿肯色州与农村家庭一起生活。唐纳德·特朗普（Donald Trump）的《飞黄腾达》(The Apprentice)宣扬"野心和达尔文主义"，歌颂残酷无情。这些节目中，才华不是最重要的；电视台请这些没受过训练的明星上电视，是为了满足观众的偷窥癖，庸庸碌碌的观众期待看到这些真人秀明星能表现出人性最黑暗的一面：虚荣、欲望和贪婪。2008年，佩林进行非公开的"彻底改造"（Extreme Makeover）——在此借用某个热门真人秀节目的名字。麦凯恩的竞选顾问相信真人秀节目的力量，也就是任何人都能变成伪名人。只是在这个例子中，他们的实验重塑了国家政治。[41]

2008年后有批新的节目继续以"白垃圾"为主题。《沼泽猎手》(Swamp People)、《甜心波波来啦》《混水摸鱼去》(Hill billy Handfishin')、《老粗岛》(Redneck Island)、《鸭子王朝》《烈酒私酿者》(Moonshiners)和《阿巴拉契亚寻宝人》(Appalachian Outlaws)都是这个蓬勃产业下的产物。就像大萧条时期探访胡佛村（Hovvervilles）的人，看到无家可归者就像

近邻般的远亲。《肯塔基私酿酒》中搞笑的利兹兄弟和他们的衍生剧《鸭子王朝》中的男主演，人气极旺的 A&E 电视真人秀。

看到动物园里的动物,电视把马戏团杂耍带进了美国人的客厅。现代人的贫民化欲望,体现在新瓶装旧酒的杂耍角色上。广受欢迎的《鸭子王朝》的拍摄背景是路易斯安那州,有位评论家说,节目里的人看起来就像19世纪末刚刚打完哈特菲尔德-麦科伊(Hatfield-McCoy)的械斗的乡巴佬,他们在一旁抽着玉米芯烟斗。"《鸭子王朝》的罗伯逊一家,是1938年好莱坞电影《肯塔基私酿酒》的利兹兄弟的远亲。"[42]

真人秀节目是建立在夸张的情绪和赤裸的丑闻之上。热播多年的《甜心波波来啦》2014年遭到停播,停播原因是因为节目中的妈妈琼·香农(June Shannon)和儿童猥亵犯交往。她接着透露自己某两个女儿的父亲也是性犯罪者,还是美国全国广播公司(NBC)的《猎捕掠食者》(*To Catch a Predator*)节目中卧底抓到的罪犯。虽然她的小女儿甜心波波是节目主角,但是真正的明星却是她妈妈琼,新的"白垃圾"代表。过去大众心中的"白垃圾"骨瘦如柴、面色如土。但琼却大不相同。她的体重过重,与典型的母亲形象完全相反。她把小学生女儿打扮得漂漂亮亮,再把她带去参加小朋友选美大赛。她说她有4个女儿,她们却有3个生父。她还说自己已经忘了其中一个叫什么名字。她生活在佐治亚乡村地区的麦金泰尔(Mclntyre)。那是个经济停滞、贫穷的地方,全村有四分之一的家庭靠单身女性养家。麦金太尔2013年的家户中位数收入为18 243美元,而全美平均是7.2万美元多一点。[43]

2000年以后随着贫富差距的扩大,保守派人士开始带头抨击穷苦白人。在《黑人的红脖子和白人自由主义者》(*Black Rednecks and White Liberals*)一书中,斯坦福大学胡佛研究所研究员、经济学家托马斯·索维尔(Thomas Sowell)发现城市黑人的犯罪文化与红脖子文化之间的关联。这本书开头引用了1956年的一句话:"这些人正在我们的城市制造可怕的问题。他们没办法——也不会找到工作。他们经常藐视法律、忽略孩子、喝一堆酒。其道德标准之低下，连流浪猫都看不下去。"他以为读者看到这句话，就会想到传统种族主义的攻击对象。但当初这段话针对的是印第安纳州首府印第安纳波利斯的穷苦白人，以及北方城市里"不受欢迎的"南方白人。

索维尔说几个世纪以来一直存在着一种不变的亚文化。格雷迪·麦克温尼（Grady McWhiney）的《南方贫穷苦白人文化》（*Cracker Culture*）的历史研究有误，因为本书认为穷苦白人都是苏格兰/爱尔兰的塞尔特后裔。索维尔参考这本书，主张一般黑人的缺点，如懒惰、乱交、暴力、英文差等，其实都是周遭的山野粗人传下来的。索维尔重新定义偏远内陆，那里的穷苦白人常常打到要把眼珠子都挖出来，而这正是黑人男子气概的起源。索维尔重新关注占居者的主题，却淡化奴隶制度的影响，反而强调类优生学的文化传染，从穷苦白人传播到黑人。他进一步指出，当今的白人自由主义者同样要为社会现况负责，因为他们推动福利国家建设，纵容"黑人红脖子"继续用有害的方式生活。[44]

夏洛特·海斯（Charlotte Hays）是另一位怪罪穷人的保守派人士。她2013年出版的书《穷苦白人什么时候成了新常态？》（*When Did White Trash Become the New Normal?*），充满"南方女士"的絮絮叨叨。她认为如果美国受到下等阶级的影响，就会面临肥胖、恶习泛滥和国力衰退的危险。《甜心波波来啦》的收视率比2012年的共和党全国大会还高，海斯认为我们该为此感到害怕。她以傲慢大妈的风格抱怨："你再也得不到帮助了。"这位作家/博主每次看到礼仪之荡然无存，就忧心忡忡。她一点都不关心过低的最低工资使数百万人处于贫困之中。她说詹姆斯敦和普利茅斯的殖民者都了解，辛苦工作可能仍会挨"一点饿"。如果她讨论的是历史上真实的詹姆斯敦，她应该改成挨"很多饿"，还要吃点人肉。有许多人深信阶级与美国体系无关，海斯就是这些人的代表。她相信，礼仪（可惜下层阶级已经不懂礼仪了）决定文明的健全。"绅士的定义就是，"海斯写道，"即使是一位清洁工，只要他努力培养好的礼仪，也可以被称为绅士。"[45]

索维尔和海斯都在回应20世纪70年代开始的文化转向。海斯希望彻底摒弃身份政治，这就是她嘲笑各种穷苦白人贫民化风潮的原因。她想要以传统礼仪取而代之——就好像虚假的彬彬有礼有可能盖过阶级认同。她想要平等，却没有提出实质方法缩小贫富差距。亚历克斯·哈里起了头，索维尔接手重新构想，试着把种族改为族群认同和传统，也就是说，某种文化上的世代相传。他用修正主义之笔，斩断了美国与非洲的联结，那个哈里塑造的根源。他笔下的文化根源，不是那些高贵的非裔祖先，反而是退化的南方穷苦白人。

许多名嘴对下层阶级感到恐惧。他们因此断言，这些没教养的乖张之人，无论是黑人还是白人，都会给美国社会带来腐败和毁灭。他们否认国家的经济结构与他们关注的社会现象有因果关系。他们否认历史。如果他们承认了，他们将意识到美国经济成长的最大动力，是造成"白垃圾"、黑人红脖子及劳工贫穷并难以翻身的原因——过去的动力包括蓄奴的种植园主、土地投机商，今日则是银行、税收政策、企业巨头、毫无同情心的政客及愤怒的选民。自称爱国者的人说我们活在"世界历史上最伟大的文明"中。可悲的是，如果我们都不分析阶级，废人人数将持续使我们震惊。

后记
美国异种：穷苦白人的传统

我们"民主"的历史一直存在两个问题。第一个问题可以追溯至富兰克林和杰斐逊及他们的心愿：抹去阶级的存在。他们赞扬美国乡野的"特殊性"，认为自然的特殊性将生产出一个特殊的社会，在这样特殊的社会中，阶级将不复存在。开国元勋强调，这片广袤的大陆有助于减轻人口过剩并缩小阶级差异，因而神奇地解决人口的两难问题。除了这个自然环境的解药，还有一个更为宏伟、极其有用的神话：美国允许人民畅所欲言；只要是公民，对政府都有实质影响力。（值得注意的是，这种说法有所保留，因为有些公民比其他公民更有价值——尤其是那些因为财产所有权而拥有社会地位的人。）

英国殖民的遗产也从未真正消失。"自耕农"阶级是英国的产物。长期以来，英国人都把耕耘视为道德价值，而这样的价值观，也反映在"自耕农"这个阶级的概念里。19世纪的美国人通过婚姻、亲属关系、纯种和血统，尽一切可能来复制阶级地位。最明显的例子就是邦联，乡村贵族故作姿态，莫此为甚（并公开支持社会需要精英统治下层阶级的概念）。

20世纪出现的优生学更加令人不安,它利用科学合理化培育上层阶级的目标。因此,美国人不仅没有放弃他们对阶级差异的渴望,还不断地重新创造阶级差异。美国政府开始把自己描绘成"自由世界的领袖"。从那时开始,美国就渴望国家元首能更具王室气质。民主党人为肯尼迪政府媲美卡美洛王宫而倾倒,共和党人则贵族化里根的好莱坞宫廷。

美国民主从来不打算让所有人民都享有真正的发言权。相反,大众得到的是象征,而且往往是空泛的象征。民族国家一直以来都建立在虚构的故事上,即国家元首可以代表人民,是人民的代理人。在美国版的故事中,总统必须诉诸共同的价值观,以掩盖深刻阶级差异的存在。然而,即便这种策略奏效,团结背后的代价却是源源不绝的意识形态诈欺。乔治·华盛顿和富兰克林·罗斯福早已被奉为美国国父,今人视之为往昔和蔼可亲的家长。安德鲁·杰克逊和西奥多·罗斯福横空出世,是草莽风格、言谈狂妄的斗士。牛仔的象征形象高高站在马鞍上,保卫国家荣誉不受邪恶帝国入侵。里根把这样的角色扮演得很好。近代,美国人民目睹一位总统身穿飞行员战斗服,雷霆万钧地降落在航空母舰上。当然,这是提早宣布结束伊拉克作战行动的小布什。在此同时,威廉·麦金利等企业傀儡总统从我们的集体记忆中淡出。麦金利背后藏着垄断市场的大钢铁公司和许多制造业金主。2012年,总统候选人米特·罗姆尼(Mitty Romney)面对质疑回答道:"企业也是人民,朋友。"他的说法,让他不小心成了新一代的麦金利。他的选民是金字塔最上层的"1%"。就算他穿上蓝色牛仔裤,也无法扭转他衣冠楚楚的形象。

无论是社会的、经济的还是仅仅是象征性的,各种权力都缺乏检视。就算有,也从来不像现在这般迫切。相关探讨是美国的当务之急,需要全盘分析,既要符合道德责任,又要达到实际目的。例如,我们知道美国人一直强烈反对扩大投票权;当权者以各种方式剥夺了黑人、女人和穷人的公民权。我们也知道，一直以来，女人受到的民事保护少于企业。美国人不再追求真实的民主，转而追求民主的舞台魅力：信口开河、大放厥词、穿着亲民的政治领袖在户外烤肉或外出打猎。媒体拍到他们穿着蓝色牛仔裤、迷彩服，头戴牛仔帽、鸭舌帽，努力让自己看起来像个普通人。但总统和其他政治人物当选后绝不会是普通人。掩盖自己并非普通人的事实才是真正的迷彩伪装，扭曲了国家权力的阶级本质。

某些政治人物自称为"美国人民"发声。但他们的表演却不曾强调贫穷的历史。牵着骡子荷着犁的佃农并不是可以保留在历史记忆中的浪漫形象。但这样的人正是我们的历史，就像任何一场战争和任何一场激烈的选举一样。我们不应该忘记佃农和其茅屋，他们是社会停滞的恒久象征。

下层阶级就算没有往上爬，没有制造麻烦、煽动叛乱、参加暴乱、逃离邦联军，躲进沼泽里（他们在那里创造了地下经济），他们也一直都在。那些没有消失于荒野的下层阶级出现在城镇里，在各州的道路上。无论穷人是在沃克·埃文斯或多罗西娅·兰格的摄影作品出现，还是在"真人秀"中以滑稽的方式登场，我们不禁要问：富足的社会里，怎么会有这样的人？"二战"时，《华盛顿邮报》的专栏作家阿格尼丝·迈耶目击南方拖车里的穷苦白人，她问："这是美国吗？"

是的，这是美国。这是美国历史不可或缺的一部分。所以即使政府只是试图改善穷人的生活条件，也会引来强烈的反弹。无论是新政、约翰逊的福利计划，还是奥巴马时代的医疗改革，以及任何试图解决不平等和贫困问题的努力，都引发严厉的、似乎不可避免的质疑。愤怒的公民猛烈抨击这些举措，他们认为政府竭尽全力帮助穷人（暗示或明示他们根本不值得帮助），他们谴责官僚挥霍浪费，窃取辛勤工作者的成果。尼克松的政见正是受到此类阶级的影响，他的竞选团队将其包装成"沉默的大多数"。从更宏观的角度来看，现代美国社会抱怨政府介入救助，正如昔日英国害怕社会平等会鼓励人民不事生产。美国人则宣称政府援助会破坏美国梦。等等！破坏谁的美国梦？

　　阶级决定真实的人的生活。他们并非活在神话中，他们的梦想并未实现，然而政治的重点永远意在言外，或在表象之外。就算不承认，政治人物也参与了阶级议题。南北战争是场种族和阶级的斗争。邦联担心穷苦白人会被工会吸引，并投票终结奴隶制——因为奴隶制反映的主要是富裕种植园主的利益。今天，我们也有极不平衡的选民，他们常常被说服，把票投给违背自己所在集体利益的候选人。有些骗子告诉他们说东岸的大学教授给年轻人洗脑，西岸好莱坞的自由主义者以他们为耻。这些教授、演员与他们生活在不同的世界里，前者憎恨美国，强迫美国人用可憎的、无神论的方式生活。骗子说的话，基本上与南北战争时多数南方白人听到的一样，而南方白人当时在思考是否脱离联邦。这些言论充满令人恐惧的信息。美国历史上的权力精英安抚弱势并为他们创造虚假的认同感——尽可能地否认真正的阶级差异——他们因而仕途亨通。

　　这种欺骗暗藏着多重危险。少数脱离下层阶级的人被奉为楷模，就好像所有底层之人都享有相同的机会，只要聪明、勤奋、节俭和储蓄就能成功。富兰克林的"储蓄"能让他白手起家吗？很难。富兰克林自己也需要资助者，才有办法在殖民世界里崛起，而同样的人脉网络潜规则至今依然存在。在当今的专业和商业领域，人脉、徇私，以及特定阶级才会享有的信息交换仍然推动社会流动性的车轮。本书如果有任何成就，应该就是揭露出美国梦的神话本质，帮读者除魅，让他们不再认为向上流动是开国元勋的巧妙计划，不再认为杰克逊式民主意在解放底层穷苦白人，不再认为南方邦联的成立只是为了捍卫各州的权利，而非保护阶级和种族的差异。有时候，只是名字的问题："scalawag"一词曾指劣种牛，后来到了重建时代，却指代认同黑人的崛起或支持共和党改革的南方白人（南方无赖）。今日保守意识形态则称南方的自由主义者为"scalawag"，因为这些人是南方的叛徒，因为他们胆敢说穷苦白人和穷黑人在经济上承受相同的利害关系。

本书必须回过头去探讨育种用语的方式。育种用语在农业时代很容易理解，在前工业经济时代，育种用语仍然是有力的象征，因为社会关系更严格了。如果共和国致力于人人平等，那么品种的相关用语是如何产生吸引力的？谈到品种，就是在合理化某些白人的不平等地位。要把人划分为不同类别，又否认阶级特权的存在，品种就是最好的方法。如果你被归类为某个品种，意思就是你不能决定自己是谁，不能避开他人指定的命运。

育种，这是社会规范性的研究领域，过去的专家从畜牧业的科学和广泛的实践中，添加上了育种这个领域。他们说，杂种狗继承了父母的无能，就像黄褐色皮肤、淡黄头发的孩子生于近亲交配，长于贫瘠的土地一样。通过这些方式，负面特质得以传递。灌木丛生出卑贱之牛——或卑贱之人。品种决定了谁能在上而谁又在下。人类和动物的互喻和对照过去一直存在。杰斐逊在1787年写道："繁殖马匹、犬只、其他家畜时，一般人看重的是优越的条件；人的繁殖难道就不是吗？"

在类似逻辑下，美国的"天命论"（Manifest Destiny）成了开疆拓土、把坏品种赶出美国的理想方式——或许是经过墨西哥。1860年，丹尼尔·亨德利幻想穷苦白人会神奇地离开美国。古老的英国殖民思想要把穷人丢弃于某地。垃圾人口必须被排出、过滤或清除。同样的想法也助长了社会达尔文主义和优生学：如果不良妇女与普通人生儿育女，将拉低未来品种的素质。自然会淘汰劣等品种，又或者人类会进行干预，利用高尔顿的观念，控制繁殖，帮最低等的杂种狗和低能者绝育。

宣称某些品种永远无法改善，也是忽略不平等的好方法。正如W. E. B. 杜波依斯在1909年所解释的，南方的政治人物迷失在毫无逻辑的空洞中。

他们荒谬的主张是：任何形式的社会干预都毫无意义，因为人类无法反抗自然的力量；有些种族和阶级总是受限于他们可悲的智力和体力。南方声称支持现有制度、奖励特权阶级是为了保护公众利益，但这种说法本身就是反民主的。把难以处理的品种归咎于自然，只是种合理化冷漠的方法。

尽管里根总统喜欢援引"山巅之城"的意象，但他的批评者很快就发现，不是谁都进得去这个光辉之城，20世纪和17世纪皆是如此。在里根经济政策下，富裕阶级的税率大幅降低。纽约州州长马里奥·科莫在1984年民主党全国代表大会上的一番话说到痛处："里根总统从一开始就告诉我们，他相信一种社会达尔文主义，适者生存……他说我们好好照顾强者就够了，并希冀努力工作与慈善事业能解决剩下的问题。让富人更富，至于中产阶级和那些拼命想挤进中产阶级的人，让他们捡餐桌上掉下来的就行。"科莫的直白语言呼应了杜波依斯的观点，他的反达尔文主义言论点破了里根的心态：有必要将较强的品种与较弱的品种分隔开来。仅仅维持现状是不够的；就算没有特定事件、社会结构完好无缺，不平等还是有可能加剧，阶级之间的差距还是有可能扩大。2009年，前1%的人缴的州税和地方税占其收入的5.2%。然而最穷的后20%人口，缴的税则是其收入的10.9%。各州政府惩罚穷人，却免于受责。[1]

阶级从来不只是关乎收入或经济价值。阶级由关于物质与肉体的语言塑造。肮脏的脚和蜡黄的肤色依然是犯罪和堕落的标志。棚屋、茅屋、贫户、棚户镇、拖车停车场，永远都称不上"家"。作为过渡空间、不稳定的空间，里面的居民缺乏稳定、生产力、经济价值和人类价值等公民标志。

所有人都有就业机会在美国只是一则神话。经济无法让每个人都有就业机会，这个事实却很少有人承认。16世纪的英国人鼓励穷人从军，成为"穷人预备部队"的一员。现代美国的穷人预备部队从事的却是最糟糕、收入最低的职业,这些劳动力被用于挖矿、清洁厕所和谷仓隔间、采摘作物,或屠宰动物。废人仍然是"泥巴佬"——社会财富底层的劳动力。穷苦白人仍然被教导要憎恨——但不是憎恨掌控他们的人。约翰逊就是在开这个玩笑:"如果你能让最低等的白人相信他比最高等的有色人种更好,他就不会注意到你在扒他的口袋。该死!给他一个他可以瞧不起的人,他就会主动把口袋翻出来给你。"

美国"想象"自己是一个民主国家,但大多数人从来不太关心平等。因为育种不是这样运作的。继承人、纯种、血统——富有的伪贵族还是找到维护其社会权力的方法。我们看到,无才无德之人可以仅凭继承父母的财富获得地位。直言之,如果不是因为父母有权有势有影响力,我们谁还会知道唐纳德·特朗普、小布什、小杰西·杰克逊(Jesse Jackson Jr.),或是好莱坞的查理·辛(Charlie Sheen)和帕丽斯·希尔顿是谁吗?甚至某些公认杰出的政治人物都是裙带关系的产物,譬如小艾伯特·戈尔(Albert Gore Jr.)、兰德·保罗(Rand Paul)、安德鲁·科莫(Andrew Cuomo)*和众多肯尼迪家族的成员。我们让名人的孩子在起跑点就遥遥领先,尊重他们合法继承人的身份,宛如现代版的清教徒选民之子。

根据托马斯·杰斐逊的构想,自然决定了阶级。自然需要自然的贵族——他称之为"随机的贵族"。欲望的火花会引导强者与强者交配,"善

---

* 译注:以上提到的名人中,唐纳德·特朗普,其父福瑞德·特朗普(Fred Trump)为纽约成功的房地产开发商;小杰西·杰克逊,其父杰西·杰克逊(Jesse Jackson)为美国著名民权领袖;查理·辛,其父马丁·辛(Martin Sheen)亦为知名演员;帕丽斯·希尔顿,其父理查德·希尔顿(Richard Hilton)为希尔顿酒店集团主席与共同创办人;小艾伯特·戈尔,其父艾伯特·戈尔(Albert Gore)曾多次任美国参议员与众议员;兰德·保罗,其父罗恩·保罗(Ron Paul)连任多届美国众议员,亦曾参选美国总统;安德鲁·科莫,其父马里奥·科莫亦曾任纽约州州长。

良聪明"的人选择的结婚对象具备美貌、健康、美德和才能——这些优质特征会繁衍下去。不同于20世纪初的优生学，杰斐逊的上层阶级的重点在于男性的选择，而优生学则督促中产阶级妇女精挑细选，看看她理想对象的血统是否纯正。婚姻与阶级一直密不可分：现在的在线交友服务以优生理念为前提，相信人可以找到完美的伴侣——拥有共同阶级和教育兴趣的伴侣。2014年至2015年，eHarmony.com的一系列电视广告都在释放相同的信息：任何"正常"的中产阶级都不会和俗气的（也就是下等阶级的）失败者配成一对。正如历史学家吉尔·莱波雷（Jill Lepore）在《纽约客》上指出的，企业家保罗·波普诺博士（Dr. Paul Popenoe）早年曾是优生学方面的权威，后来转向婚姻咨询，最后于1956年开启计算机交友的服务。某些服务相当明目张胆："好基因"网站承诺会用"匹配凭证"帮助"常春藤联盟"找到可能的配偶。"匹配凭证"指的是相似阶层的纯种。[2]

理论上，自然法则应该挑选出有才德的精英，以取代人为的贵族统治。然而，与此同时，自然法则也让人类有理由将失败者归因于不良的血统或品种，并赋予这种失败以一定的必然性。根据这种古老的想法，如果自然是一切的法则，那么自然也需要园丁。人类中的杂草时不时就要被剪除。这就是为什么要让占居者成为第一波殖民开拓者，让他们先去攻占印第安人的土地，然后等到高阶农民抵达美洲，又把他们驱离。最后，对于边界的控制延伸变成了隔离法，之后又延伸成了分区法，在创造现代郊区的过程中，秀美的小麦被从糟粕渣滓中挑选出来。在精心规划的城镇和社区里，阶级的高墙随着房地产价格的上涨而高筑起来。

19世纪的美国人经常将动物和人类等量观之。种马形同最高等的种植园主，自然该得到最好的牧场。像穷苦白人这样没用的劣等货，只配在沼泽地上厮混。虽然很少明言，但我们的社会仍然用占有和拥有的土地价值来衡量一个人的成就。城市的贫民窟,就跟城市边缘廉价土地的拖车停车场一般,是现代版的威廉·伯德的迪斯默尔沼泽:危险、未开化的荒地,藏污纳垢,不具有生产力。

位置决定一切。位置决定你是否进得去精英学校,享受安全的社区、优良的基础建设、先进的医院、高档的商店。上层和中产阶级的父母教导孩子如何在自己的阶级环境中生存下来。他们为此目的提供了应有的物质资源。但看看亨利·华莱士1963年所写:如果10万贫困儿童和10万富裕儿童都得到了同样的食物、衣服、教育、照顾和保护,会发生什么?阶级的界限会消失。华莱士说这是消除阶级的唯一方法。但他没说的是,这样一来孩子必须离开家,在一个公正、公平的环境中长大。这确实是一个危险的想法!

我们一直——现在仍是——依赖血统来维持阶级优势,并把这样的优势传给下一代。统计数字已经能证明,要知道一个小孩日后会不会成功,光看他祖先的阶级地位就知道。讽刺的是,虽然美国革命者痛恨旧世界的贵族,但今日的美国人却以旧社会的方式分配财富,而现代欧洲国家则为其人民提供了相当多的社会福利。平均而言,美国人留50%的财产给孩子。北欧国家的社会流动性要高得多:丹麦父母将总财产的15%留给孩子,瑞典父母留27%。比起生物上的基因遗传,阶级财富和特权是更重要的传承,足以决定一个人的未来。[3]

我们该承认优生学思想并未灭绝,不要自欺欺人地认为谬误的想法都只在过去某个时代短暂地流行。夏洛特·海斯说,穷人"挨一阵子饿"没关系。还有一些人也抱持同样的看法。"生育治疗"听起来没什么不好,它让富人能够繁殖同类,在全国各地的"婴儿中心"购买精子和卵子。与此同时,堕胎和节育对福音派的保守分子来说,等同于违背上帝的旨意:人类应该生养众多。他们恐惧非自然的生殖方式,却并不反对生育诊所。反堕胎人士和优生学家一样，认为国家有权干涉贫穷单身女性的生育习惯。

卡特执政期间，国家不再补助贫穷妇女堕胎。今天，国家禁止她们使用福利金购买一次性尿裤。现代保守主义者认为，女性的首要与最终身份是繁殖者。2012年的共和党初选辩论展现了这种意识形态。当时，每个候选人都在吹嘘自己家里人口众多，一个比一个夸张。共和党人模仿的是20世纪初州立博览会的"更健康的家庭"竞赛。一名记者开玩笑说，洪博培（Jon Huntsman）和罗姆尼的孩子应该共结连理，"创造出由俊美绝伦的摩门教徒组成的超级种族"*。美国仍有一种培育"同类"的文化愿望。正如各领域的私相授受、任人唯亲依然不变，当代阶级复制的方式与过去也没有什么不同。[4]

有些事情永远不会改变。美国梦的概念迷惑了几代美国人。被称为"美国特殊论"的独特信仰今日依然存在。但它可以追溯到几世纪前的计划和政策，它们起源于大不列颠殖民美洲大陆的目标。理查德·哈克卢特的奇幻文学逐渐成为更庞大的殖民动力，人们希望能征服美洲。富兰克林、潘恩、杰斐逊等人的论点的背后也是同一种意识形态［与此同时，伦敦经济学家威廉·佩蒂（William Petty）的政治统计让大众对人口增长的长期迷恋变得愈发强烈］。西奥多·罗斯福也有梦想。他梦想每对父母都儿孙满堂，每对夫妻都血统优良，美国人是盎格鲁-撒克逊家族中最健康的一员。

这让我们看清了奴隶制与自由劳动的必然关系。这是詹姆斯·奥格尔索普在佐治亚第一次付诸实践的想法，这想法合理且周详：允许奴隶制存

---

* 译注：洪博培曾任犹他州州长与美国驻中国大使，罗姆尼曾任马萨诸塞州州长并参选总统。两人皆为"耶稣基督后期圣徒教会"（俗称摩门教）教徒。

在会大大减少一般白人和其家人的经济机会，降低其社会流动性。在南方各州，种族优势与阶级优势紧密交织，且只要白人统治精英掌控政治、操控经济让少数人受益，种族优势与阶级优势就永远无法切割开来。当然，我们现在知道，奴役与压抑优秀的非裔美国人才是历史悲剧。那么，我们为何继续忽视建立于阶级之上的权力关系之极度病态呢？这种权力关系正是美利坚合众国的政治遗产。如果美国梦是真的，我们应该会看到更多向上流动的案例。

跟我们一样

那么，让我们把真相弄清楚。因为土地买卖从来不是个自由市场，在过去向下流动的概率不亚于向上流动。历史上，美国人把社会流动和身体移动混为一谈。所谓的拓荒者将阶级制度散布各地，我们需要承认这一事实。一般来说，叱咤风云的投机商人控制了土地，他们把良田分配给富人，逼迫贫穷的占居者离开。市场没有看得见的手，无论过去还是现在都未必奖励勤劳优秀的人才。出身名门世家过去能、将来也能令人官运亨通、财源广进。

自由是扇旋转门，这解释了向下流动的现实。门会把某些人带进门，而把另一些人送出室外吹冷风。它允许甚至鼓励剥削。通过合理化过程，大众一直都倾向于把失败归咎于个人缺点——这是 2010 年后共和党在国会中一再重复的陈腔滥调。当时前众议院议长约翰·博纳（John Boehner）公开将失业与个人懒惰画上等号。另一位前众议院议长金里奇更在 2011 年底登上头条，因为他似乎想要用美国大革命时代杰斐逊的方法来解决贫穷问题：让学校变成工作场所。金里奇说："你的邻居很穷。有些学生需要上学。他们既没有钱，也没有工作的习惯……为何不让他们成为工友的助手,让他们去拖地和打扫厕所?"只有在20世纪30年代大萧条期间,美国才充分认识到向下流动的意义。当时,全国四分之一人失业。指责个人不够努力的老招已不再具有说服力。[5]

在大多数情况下,一般人会忽视日常生活中的不公正。但这并不代表穷人也对自己的生活状态毫无感受。政客们故意无视许多社会问题。不管怎么说,假装美国是个没有阶级的社会,并且认为它已经变得富裕,绝对是错误的历史认识。"1%"最近被大量使用,成为有钱大亨的简称。"1%"让大众关注到稳固权力的弊病,但"1%"并非新现象。就算有些人试图用花言巧语掩盖社会真相,阶级分化一直以来都是政治辩论的焦点。穷苦白人一直以各种形式和我们同在。他们几个世纪以来获得的污名就是铁证:废人、污秽残渣、懒汉、沼泽居民、流氓、垃圾、占居者、南方穷苦白人、啃土汉、沙丘劣马、泥巴佬、南方无赖、乡野村夫、乡巴佬、低下南方人、白鬼、退化品种、"白垃圾"、红脖子、拖车垃圾、沿泽人。

大众指责这些人生活在恶劣的环境中,说得好像这些人还有其他选择一样。从一开始,在农村或都市精英及中产阶级的头脑中,这些人就像是杂草丛生、生产力薄弱的边缘土壤。他们被描绘成懒惰、流窜的流浪者,因贫穷而伤痕累累。情况最糟的吃土维生,肤色蜡黄,在泥中打滚。烈日将他们的脖子晒伤。他们的孩子衣着不整,三餐不继,产生绵延不绝的劣等品种。性生活混乱发生于远离文明的乡野的破屋子里,城市的道德规范无法教化这里的人。我们以为被抛诸在后的群体已经灭绝,以为今日社会思想进步,人溺己溺、人饥己饥。但是今日的拖车垃圾不过是昨日马车上的流浪汉——新版的俄克拉何马流动农民、新版的佛罗里达南方穷苦白人。

它们经常被改名,但它们不会消失。无论我们告诉自己什么,这个国家的认同感都与一无所有者脱不了干系。这个国家对种族议题的关注众所周知。但除此之外，我们其实也相当关注好品种和坏品种。这是有理由的：我们把美国称为"独一无二的"机会之地，而非"某个"充满机会的地方，以此向后代承诺，自我推进的向上潜力将永远存在。

美国社会中那些无法往上爬的人是美国文明中的重要组成部分。好莱坞电影《激流四勇士》是个残酷的反讽，因为这部可怕的冒险电影强化了对"白垃圾"的刻板印象，却忽视电影拍摄地的贫困。电影里有个演员根本不是专业演员，却比其他角色都让人印象深刻：比利·雷登。他扮演的是近亲繁殖的产物，坐在那里弹奏斑鸠琴。制作人从佐治亚州雷本郡（Rabun County）的某所学校中选中年仅15岁的比利，因为他长相古怪（上了妆后还要更为古怪）。他不会弹斑鸠琴，所以制片请了一位音乐家躲在比利身后，伸出手指替他弹奏，并由摄影师来取角度以假乱真。2012年，为了纪念该片上映40周年，比利接受采访。他说，他当年片酬不高。56岁的比利说："不然，我现在就不会在沃尔玛工作了。我很努力地想付得清账单。"[6]

美国中产阶级被迫承认贫穷的存在。他们感到不舒服，这种不适凸显了理想和现实之间的脱节。很明显，自詹姆斯·艾吉于1941年揭露收割零工的惨况以来，我们几乎没有什么进步。我们今天仍然对"刺眼的真相"视而不见。反之，在这个史上最富裕的国家里，电视节目呈现的退化人种与废弃生命，满足了我们的阶级想象与偷窥快感，却无助于改善一成不变的美国乡村。比利·雷登呢？1972年，一个乡下小孩被塑造成典型的弱智乡下人、有才艺的白痴。今天，为了生存，他进行了一场平凡的斗争。但这样的故事发展令人失望，因为他的故事是平凡的。他既不古怪也不乖僻。他也不留大胡子，不戴头巾，也不猎杀鳄鱼。他只是在沃尔玛工作——全美国成千上万名默默无闻的员工之一。

在美国的故事中，"白垃圾"是一个我们不愿意去面对的核心问题。

他们的存在——无论是当他们被我们看见，或是被我们刻意忽视——都证明了美国社会沉迷于在那些我们不想看见的邻居身上贴标签。"他们跟我们不一样。"我们这样告诉自己。但是，他们跟我们一样，而且是美国历史中关键的一章，无论我们喜不喜欢。

注释

前言

1. Harper Lee, *To Kill a Mockingbird* (New York: HarperCollins, 1960; anniversary publication, 1999), 194–195.
2. "KKK Rallies at South Carolina Statehouse in Defense of Confederate Flag," NBC News, July 19, 2015; "Paula Deen: 'Why, of Course, I Say the N Word, Sugar. Doesn't Everybody?'" Thesuperficial.com, July 19, 2013; "Paula Deen's Southern-Fried Racist Fantasies," *The Domino Theory by Jeff Winbush,* June 20, 2013.

导论 我们遗忘的寓言

1. Charles Murray, *Coming Apart: The State of White America, 1960–2010* (New York: Crown Forum, 2012), 4–5.
2. Murray, *Coming Apart,* 8–9.
3. Francis J. Bremer, "Would John Adams Have Called John Winthrop a Founding 'Father'?" *Common-Place* 4, no. 3 (April 2004).
4. Sacvan Bercovitch, "How the Puritans Won the American Revolution," *Massachusetts Review* 17, no. 4 (Winter 1976): 597–630, esp. 603; Michael P. Winship, "Were There Any Puritans in New England?" *New England Quarterly* 74, no. 1 (March 2001): 118–138, esp. 131–138; Peter J. Gomes, "Pilgrims and Puritans: 'Heroes' and 'Villains' in the Creation of the American Past," *Proceedings of the Massachusetts Historical Society* 95 (1983): 1–16, esp. 2–5, 7.
5. 最终版的纪念碑高 81 英尺（约 25 米）。请见 James F. O'Gorman, "The Colossus of Plymouth: Hammatt Billings National Monument to the Forefathers," *Journal of the Society of Architectural Historians* 54, no. 3 (September 1995): 278–301。

6. Roger Cushing Aikin, "Paintings of Manifest Destiny: Mapping a Nation," *American Art* 14, no. 3（Autumn 2000）: 84–85.

7. Matthew Dennis, *Red, White, and Blue Letter Days: An American Calendar* (Ithaca, NY: Cornell University Press, 2002), 85, 87, 101; Ann Uhry Abrams, *The Pilgrims and Pocahontas: Rival Myths of American Origin* (Boulder, CO: Westview Press, 1999), 5, 26; Flora J. Cooke, "Reading Lessons for Primary Grades: History, Series I, 'The Pilgrims,'" *Course of Study* 1, no. 5 (January 1901): 442–447; John H. Humins, "Squanto and Massasoit: A Struggle for Power," *New England Quarterly* 60, no. 1 (March 1987): 54–70.

8. 关于罗阿诺克的神秘光环，请见 Kathleen Donegan, *Seasons of Misery: Catastrophe and Colonial Settlement in Early America* (Philadelphia: University of Pennsylvania Press, 2014), 23–24, 67; Karen Ordahl Kupperman, "Roanoke Lost," American Heritage 36, no. 5 (1985): 81–90。

9. 威廉·沃特（William Wirt）屡受托马斯·杰斐逊提携，后来成为美国的司法部部长。沃特 1803 年时称宝嘉康蒂为詹姆斯敦的"守护神"。玛莎·华盛顿（Martha Washington）的孙子乔治·华盛顿·帕尔克·卡斯提斯（George Washington Parke Custis）1830 年写下《宝嘉康蒂》（*Pocahontas*）一剧。玛丽·弗吉尼亚·沃尔（Mary Virginia Wall）则在她的剧本《弗吉尼亚·戴尔的女儿》（*The Daughter of Virginia Dare*）中让戴尔成为波哈坦的妻子以及宝嘉康蒂的母亲。1917 年，南方作家林赛（V. Lindsay）则在"我们的母亲宝嘉康蒂"（"Our Mother, Pocahontas"）中赞美弗吉尼亚为美国的诞生地。请见 Jay Hubbard, "The Smith-Pocahontas Story in Literature," *Virginia Magazine of History and Biography* 65, no. 3 (July 1957): 275–300。

10. Edward Buscombe, "What's New in the New World?" *Film Quarterly* 62, no. 3 (Spring 2009): 35–40; Michelle LeMaster, "Pocahontas:（De）Constructing an American Myth," *William and Mary Quarterly* 62, no. 4 (Octo-ber 2005): 774–781; Kevin D. Murphy, "Pocahontas: Her Life and Legend: An Exhibition Review," *Winterthur Portfolio* 29, no. 4 (Winter 1994): 265–275. 关于女人与自然的论述，请见 Sherry Ortner, "Is Female to Male as Nature Is to Culture?" in *Women, Culture, and Society*, eds. Michelle Zimbalist Rosaldo and Louise Lamphere (Stanford, CA: Stanford University Press, 1974), 68–87; Anne Kolodny, *The Land Before Her: Fantasy and Experience of the Ameri-can Frontier, 1630–1860* (Chapel Hill: University of North Carolina Press, 1984): 3–5; Susan Scott Parrish, "The Female Opossum and the Nature of the New World," *William and Mary Quarterly* 54, no. 3 (July 1997): 476, 502–514。

11. Hubbard, "The Smith-Pocahontas Story," 279–285. 在 1608 年出版的第一本书中，史密斯仅简短提及这起营救事件，详细叙述却是在 1624 年出版的《弗吉尼亚、新英格兰、萨默群岛通史……》（*Generall Historie of Virginia, New England, and the Summer Isles...*）中才出现。请见 Karen Ordahl Kupperman, ed., *Captain John Smith: A Select Edition of His Writings* (Chapel Hill: University of North Carolina Press, 1988), 57–73. 拉尔夫·哈默（Ralph Hamor）笔下的宝嘉康蒂"没教养、举止粗鲁、属于受诅咒的一代人"。他认为宝嘉康蒂与约翰·罗尔夫的结合"只是为了种植园的利益和荣耀"，请见 Hamor, *A True Discourse of the Present State of Virginia* (London, 1615; reprint ed., Richmond: Virginia Historical Society, 1957), 24, 63。有关苏格兰流行的民谣，请见 Rayna Green, "The Pocahontas Perplex: The Image of Indian Women in American Culture," *Massachusetts Review* 16, no. 4 (Autumn 1975): 698–714, esp. 698–700。

12. Buscombe, "What's New in the New World?" 36; Murphy, "Pocahontas: Her Life and Legend," 270.

13. Nancy Shoemaker, "Native-American Women in History," *OAH Magazine of History* 9, no. 4 (Summer 1995): 10–14; Green, "The Pocahontas Per-plex," 704.
14. 有关新英格兰如何利用强迫和惩罚来维持底层劳动力（主要是儿童和青少年），请见 Barry Levy, *Town Born: The Political Economy of New England* (Philadelphia: University of Pennsylvania Press, 2013), 61–72. 甚至威廉·布拉德福德（William Bradford）在他的《论普利茅斯种植园》(*Of Plymouth Plantation*) 中，也试图用政治算术抹去死者存在，来论述孩子的"增长"数量大于死亡数量；请见 Donegan, *Seasons of Misery*, 119, 135–136, 138, 153–154; Richard Archer, *Fissures in the Rock: New England in the Seventeenth Century* (Hanover and London: University of New Hampshire Press, 2001), 44, 50, 59–63。
15. Donegan, *Seasons of Misery*, 70, 74–76, 78, 100–103 (cannibalism), 108–110. 有关英国和西班牙人一样渴望黄金，请见 Constance Jordan, "Conclusion: Jamestown and Its North Atlantic World," in *Envisioning an English Empire: Jmestown and the Making of the North Atlantic World*, eds. Robert Appelbaum and John Wood Sweet (Philadelphia: University of Pennsylvania Press, 2005), 280–281。
16. François Weil, "John Farmer and the Making of American Genealogy," *New England Quarterly* 80, no. 3 (September 2007): 408–434, esp. 431; Francesca Morgan, "Lineage as Capital: Genealogy in Antebellum New England," *New England Quarterly* 83, no. 2 (June 2010): 250–282, esp. 280–282; Michael S. Sweeney, "Ancestors, Avotaynu, Roots: An Inquiry into American Genealogical Discourse" (Ph.D. dissertation, University of Kansas, 2010), 41.
17. Francis J. Bremer, "Remembering — and Forgetting — Jonathan Winthrop and the Puritan Founders," *Massachusetts Historical Review* 6 (2004): 38–69, esp. 39–42. 有关法律定位，请见 Christopher Tomlins, *Freedom Bound: Law, Labor, and Civic Identity in Colonizing English America, 1580–1865* (New York: Cambridge University Press, 2010), 119–120。有关新市政厅，请见 David Glassberg, "Public Ritual and Cultural Hierarchy: Philadelphia Civic Celebration at the Turn of the Century," *Pennsylvania Magazine of History and Biography* 107, no. 3 (July 1983): 421–448, esp. 426–429。有关普利茅斯岩，请见 Abrams, *The Pilgrims and Pocahontas*, 6; and Gomes, "Pilgrims and Puritans," 6。在 1820 年的演讲中，律师丹尼尔·韦伯斯特将这块岩石描述为"在荒野茫茫、野蛮人居住的广袤国土上，我们的第一个立足点"；请见 John Seelye, *Memory's Nation: The Place of Plymouth Rock* (Chapel Hill: University of North Carolina Press, 1998), 75。
18. 关于消灭穷人的英式观念，请见 E. P. Hutchinson, *The Population Debate: The Development of Conflicting Theories up to 1900* (Boston: Houghton Mifflin, 1967), 37, 44, 52, 123–124; Timothy Raylor, "Samuel Hartlib and the Commonwealth of Bees," in *Culture and Cultivation in Early Modern England*, eds. Michael Leslie and Timothy Raylor (New York: St. Martin's, 1992), 106。
19. Abbot Emerson Smith, *Colonists in Bondage: White Servitude and Convict Labor in America, 1607–1776* (Chapel Hill: University of North Carolina Press, 1947): 5, 7, 12, 20, 67–85, 136–151; A. Roger Ekirch, "Bound for America: A Profile of British Convicts Transported to the Colonies, 1718–1775," *William and Mary Quarterly* 42, no. 2 (April 1985): 184–222; Abbott Emerson Smith, "Indentured Servants: New Light on Some of America's 'First' Families," *Journal of Economic History* 2, no. 1 (May 1942): 40–53; A. L. Beier, *Masterless Men: The Vagrancy Problem in England, 1560–1640* (London: Methuen, 1985), 162–164; Tomlins, *Freedom Bound*, 21, 76–77; Farley Grubb, "Fatherless and Friendless: Factors Influencing the Flow

of English Emigrant Servants," *Journal of Economic History* 52, no. 1 (March 1992): 85–108. 关于"在埃及为奴",请见 Marilyn C. Baseler, *"Asylum for Mankind": America, 1607–1800* (Ithaca, NY: Cornell University Press, 1998),99–101。关于"小贝丝",请见 Emma Christopher, *A Merciless Place: The Fact of British Convicts After the American Revolution* (New York: Oxford University Press, 2010),32。

20. Baseler, *"Asylum for Mankind,"* 35–40, 75; Tomlins, *Freedom Bound,* 504; Beier, *Masterless Men,* 95; Sir Josiah Child, *A Discourse on Trade* (London, 1690), 172–173; John Combs, "The Phases of Conversion: A New Chronology for the Rise of Slavery in Virginia," *William and Mary Quarterly* 68, no. 3 (July 2011): 332–360.

第一部分　打造新世界

第一章　丢垃圾：荒地与废人的新世界

1. Peter C. Mancall, *Hakluyt's Promise: An Elizabethan's Obsession for an English America* (New Haven, CT: Yale University Press, 2007), 3, 6–8, 25, 31, 38, 40, 102.

2. Ibid., 8, 63, 76–77; D. B. Quinn, ed., *The Voyages and Colonizing Enterprises of Sir Humphrey Gilbert,* 2 vols. (London: Hakluyt Society, 1940), 1: 102; Kenneth R. Andrews, *Trade, Plunder and Settlement: Maritime Enterprise and the Genesis of the British Empire, 1480–1630* (Cambridge: Cambridge University Press, 1984), 30–31, 200–201, 218, 294–299.

3. Mancall, *Hakluyt's Promise,* 3–4, 92–100, 158, 184–194, 218, 221–231; E. G. R. Taylor, "Richard Hakluyt," *Geographical Journal* 109, no. 4–6 (April-June 1947): 165–171, esp. 165–166; Kupperman, *Captain John Smith,* 3–4, 267. 关于史密斯引述小哈克卢特作品,请见 David B. Quinn, "Hakluyt's Reputa-tion," in *Explorers and Colonies: America, 1500–1625* (London and Ronce verte, WV: Hambledon Press, 1990), 19。

4. Mancall, *Hakluyt's Promise,* 72, 92, 128–129, 139, 183–184; David B. Quinn and Alison M. Quinn, eds., *A Particular Discourse Concerning the Greate Necessite and Manifolde Commodyties That Are Like to Growe to This Realm of Englande by the Westerne Discoveries Lately Attempted.* 该文献由牛津学者 Richard Hackluyt 于 1584 年撰写,通称 *Discourse of Western Planting* (London: Hakluyt Society, 1993), xv, xxii。

5. Hakluyt, "Discourse of Western Planting," 8, 28, 31, 55, 116, 117, 119. 蒙田的《论食人族》于 1603 年被译为英文;请见 Lynn Glaser, *America on Paper: The First Hundred Years* (Philadelphia: Associated Antiquaries, 1989), 170–173; Scott R. MacKenzie, "Breeches of Decorum: The Figure of a Barbarian in Montaigne and Addison," *South Cen-tral Review,* no. 2 (Summer 2006): 99–127, esp. 101–103。

6. "Epistle Dedicatory to Sir Walter Ralegh by Richard Hakluyt, 1587," in *The Original Writings and Correspondence of the Two Richard Hakluyts,* ed. E. G. R. Taylor, 2 vols. (London: Hakluyt Society, 1935), 2: 367–368; Mary C. Fuller, *Voyages in Print: English Travel to America, 1576–1624* (New York: Cambridge University Press, 1995), 75.

7. Tomlins, *Freedom Bound,* 114–118, 135–138, 143–144; and John Smith, *Advertisements: Or, The Pathway to Experience to Erect a Plantation* (1831), in *The Complete Works of Captain John Smith (1580–1631),* ed. Philip L. Barbour, 3 vols. (Chapel Hill: University of North Carolina Press, 1986), 3: 290.

8. 关于粪肥,请见 Smith, *The Generall Historie of Virginia, New England, and the Summer Isles* ... (1624)

与 John Smith, *Advertisements for the Unexperienced Planters of New England, or Any Where* (1631) in Barbour, *The Complete Works of Captain John Smith*, 2: 109; 3: 276。根据《牛津英语词典》(*Oxford English Dictionary*), "waste"与土地相关时, 有好几种含义:(1a) 无人居住或杳无人烟的地区、沙漠或荒野;(1b) 大片水域、空中的空白空间或是被雪覆盖的土地;(2) 共同拥有(非私人所有)的未开垦或未利用的土地;(3) 灾区。在法律上, "waste"的定义是:"对于不可继承的自由保有地产, 或非完全保有地产权, 承租人任何未经授权的行为, 造成保有物毁坏, 或造成遗产损害。"意思是说承租人, 而非土地所有者, 破坏了财产并降低其价值。"waste"指的是未开垦或自然状态的土地, 或"不被用来或不适合用来种植或建筑, 任其荒芜"的土地(周遭通常是已开发的土地)。

9. Hakluyt, "Discourse of Western Planting," 115. 关于土地改良的语言, 请见 Andrew McRae, *God Speed the Plough: The Representation of Agrarian England*, 1500–1660 (Cambridge: Cambridge University Press, 1996), 13, 116, 136–137, 162, 168。

10. Hakluyt, "Discourse of Western Planting," 28; the elder Hakluyt's "Inducements to the Liking of the Voyage Intended Toward Virginia" (1585), in Taylor, *The Original Writings*, 2: 331; McRae, *God Speed the Plough*, 168. Timothy Sweet, "Economy, Ecology, and Utopia in Early Colonial Pro-motional Literature," *American Literature* 71, no. 3 (September 1999): 399–427, esp. 407–408. 关于小哈克卢特所列任务清单, 请见 George Peckham's *A True Reporte of Late Discoveries and Possession, Taken in the Right of the Crowne of Englande of the Newfound Landes: By That Valiant and Worthye Gentleman, Sir Humphrey Gilbert, Knight*。小哈克卢特后来收录了相关段落, 请见 Richard Hakluyt, *The Principall Navigations Voiages and Discoveries of the English Nation* (London, 1589), eds. David Beers Quinn and Raleigh Ashlin Skelton, 2 vols. (reprinted facsimile, London: Cambridge University Press, 1965), 2: 710–711。

11. Hakluyt, "Discourse of Western Planting," 28, 120, 123–124. 关于利用殖民地来缓解英格兰贫困闲散儿童问题的论述, 请见 Hakluyt the elder, "Inducements for Virginia," in Taylor, *The Original Writings*, 2: 330; Gilbert, "A Discourse of a Discoverie for a New Passage to Cataia" (London, 1576), in Quinn, *The Voyages and Colonizing Enterprises of Sir Humphrey Gilbert*, 1: 161; 以及Peckham, "A True Report," in Hakluyt, *Principall Navigations*, 2: 710–711。

12. Hakluyt, "Discourse of Western Planting," 28.

13. John Cramsie, "Commercial Projects and the Fiscal Policy of James VI and I," *Historical Journal* 43, no. 2 (2000): 345–364, esp. 350–351, 359.

14. Walter I. Trattner, "God and Expansion in Elizabethan England: John Dee, 1527–1583," *Journal of the History of Ideas*, vol. 25, no. 1 (January-March 1964): 17–34, esp. 26–27; Beier, *Masterless Men*, 56, 149–150, 168.

15. Hakluyt, "Discourse of Western Planting," 28. 吉尔伯特也提出相同论述, 认为与其把穷人送上绞刑架, 不如让他们移居美洲;请见 "A Discourse of a Discoverie for a New Passage to Cataia," in Quinn, *The Voyages and Colonizing Enterprises of Sir Humphrey Gilbert*, 1: 160–161。根据罗马法, 男人、女人和孩子如果成为战俘, 就有可能变成奴隶。当了奴隶, 这些战俘就能免于一死;请见 "The Labor Market of the Early Roman Empire," *Journal of Interdisciplinary History* 34, no. 4 (Spring 2004): 513–538, esp. 534。有位法国学者指出, 在英国民族志中, "垃圾人"(rubbish men)一词意指债务奴隶;请见 Alain Testart, "The Extent and Significance of Debt Slavery," *Revue Francaise de Sociologie* 43, no. 1 (2002):

173–204, esp. 199。

16. Hakluyt, "Discourse of Western Planting," 31–32, 120. 有关乞丐的孩子被送往殖民地当奴隶，请见 A. L. Beier, "'A New Serfdom': Labor Laws, Vagrancy Statutes, and Labor Discipline in England, 1350–1800," in *Cast Out: Vagrancy and Homelessness in Global Perspective*, eds. A. L. Beier and Paul Ocobock (Athens: Ohio University Press, 2009), 47。

17. Beier, *Masterless Men*, 158–160; C. S. L. Davies, "Slavery and Protector Somerset: The Vagrancy Act of 1547," *Economic History Review* 19, no. 3 (1966): 533–549.

18. William Harrison, "Chapter IX: Of Provisions Made for the Poor" (1577 and 1857), in *Elizabethan England: From "A Description of England," by William Harrison* (in *"Holinshed's Chronicles"*), edited by Lothrop Withington, with introduction by F. J. Furnivall (London: The W. Scott Publishing Co., 1902), 122–129, esp. 122; Patrick Copland, *Virginia's God Be Thanked, or A Sermon of Thanksgiving for the Happie Successe of the Affayres in Virginia This Last Yeare. Preached by Patrick Copland at Bow-Church in Cheapside, Before the Honourable Virginia Company, on Thursday, the 18. of April 1622* (London, 1622), 31.

19. Beier, Masterless Men, 43; *Copland, Virginia's God Be Thanked*, 31; John Donne, *A Sermon upon the Eighth Verse of the First Chapter of the Acts of the Apostles. Preached to the Honourable Company of the Virginia Plantation*, 13, November 1622 (London, 1624), 21. 虽然约翰·怀特试图反驳这种负面形象，但他承认，大众普遍认为"殖民地应该是国家的排泄管或污水池，排去秽物"；请见怀特的 *The Planters Plea, or the Grounds of Plantations Examined and Usuall Objections Answered* (London, 1630), 33。大哈克卢特笔下的"英国人中的杂碎"，请见 "Letter of Instruction for the 1580 Voyage of Arthur Pet and Charles Jackman," in Hakluyt, Principall Navigations, 1: 460。把穷人排入殖民地的想法可追溯到古罗马时期。西塞罗（Cicero）把穷人描述为"'*dordem urbis et faecem*，城市里受贫困折磨的残渣'，他们应该被'排放到殖民地去'"；请见 Paul Ocobock, introduction in Beier and Ocobock, *Cast Out*, 4。

20. Harrison, *Elizabethan England*, 122. 哈里森笔下的穷人不受控制、随意四散，就像是英国概念中的荒地。一位作家在1652年写道，"本国处处可见荒芜的土地，我们不会再让这些荒地（如同畸形的混乱）让我们继续丢脸、蒙受其害"；请见 *Wast Land's Improvement, or Certain Proposals Made and Tendered to the Consideration of the Honorable Committee Appointed by Parliament for the Advance of Trade, and General Profits of the Commonwealth...* (London, 1653), 2。

21. 威廉·哈里森谈到，尽管有些人认为"一窝牛"远比穷人的"多余增加"要重要得多，但他指出，战争时期需要穷人。如果英国遭敌国入侵，光靠穷人，就能组成"人墙"。请见 Harrison, *Elizabethan England*, 125; Beier, Masterless Men, 75–76。

22. Nicholas P. Canny, "Ideology of English Colonization: From Ireland to America," *William and Mary Quarterly* 30, no. 4 (October 1973): 575–590, esp. 589–590; Canny, "The Permissive Frontier: The Problem of Social Control in English Settlements in Ireland and Virginia," in *The Western Enterprise: English Activities in Ireland, the Atlantic, and America, 1480–1650*, eds. K. R. Andrews, N. P. Canny, and P. E. H. Hair (Detroit: Wayne State University Press, 1979), 17–44, esp. 18–19; Linda Bradley Salamon, "Vagabond Veterans: The Roguish Company of Martin Guerre and *Henry V*," in *Rogues and Early Modern English Culture*, eds. Craig Dionne and Steve Mentz (Ann Arbor: University of Michigan Press, 2004), 261–293, esp. 265, 270–271; Roger B. Manning, "Styles of Command in Seventeenth Century English Armies," *Journal of Military History*

71, no. 3 (July 2007): 671–699, esp. 672–673, 687.

23. Craig Dionne, "Fashioning Outlaws: The Early Modern Rogue and Urban Culture," and Salamon, "Vagabond Veterans," in Dionne and Mentz, *Rogues and Early Modern English Culture,* 1–2, 7, 33–34, 267–268, 272–273; Harrison, *Elizabethan England,* 127–128; Beier, *Masterless Men,* 93–94; Claire S. Schen, "Constructing the Poor in Early Seventeeth-Century London," *Albion: A Quarterly Journal Concerned with British Studies* 32, no. 3 (Autumn 2000): 450–463, esp. 453.

24. 小哈克卢特写道，"如果边境爆发战争，如果我们需要防御，战争的纪律会训练我国的青年，他们的数量足以上战场保家卫国"；请见 "Discourse of Western Planting," 119–120, 123。其他殖民倡导者认为，前往殖民地服务可以取代兵役，让无所事事的穷人拥有必要的纪律。克里斯托弗·卡雷（Christopher Carleill）这样认为，是出于他自己在低地国家战争中的军事经验；请见 Carleill, *A Breef and Sommarie Discourse upon the Entended Voyage to the Hethermoste Partes of America: Written by Captain Carleill in April 1583* (1583), 6。士兵被当作炮灰，请见 "Vagabond Veterans," 271；以及 Sweet, "Economy, Ecology, and Utopia in Early Colonial Promotional Literature," 408–409。

25. 迄今尚未有学者发现训练穷人的孩子和把他们当作回收垃圾之间的关联。

26. 有关禁止在街上排泄的法律，以及对亵渎和偷菜的刑罚，请见 "Articles, Lawes, and Orders, Divine, Politique, and Martiall for the Colony of Virginia: First Established by Sir Thomas Gates.... May 24, 1610," in *For the Colonial in Virginia Britannia. Lavves, Diuine, Morall, and Martiall, & c. Alget qui non Ardet. Res nostrae subinde non sunt, quales quis optaret, sed quales esse possunt* (London, 1612), 10–13, 15–17; 以及 Kathleen M. Brown, Foul Bodies: Cleanliness in Early America (New Haven, CT: Yale University Press, 2009), 61–64。有关谋杀妻子再吃她的肉，请见 *A True Declaration of the Estate of the Colonie in Virginia, with a Confutation of Such Scandalous Reports as have Tended to the Disgrace of So Worthy an Enterprise* (London, 1610), 16; 以及 John Smith, *The Generall Historie of Virginia, New England, and the Summer Isles...* (1624), in Barbour, *The Complete Works of Captain John Smith,* 2: 232–233; Donegan, Seasons of Misery, 103。

27. Donne, *A Sermon upon the Eighth Verse of the First Chapter of the Acts of the Apostles,* 19.

28. Karen Ordahl Kupperman, "Apathy and Death in Early Jamestown," *Journal of American History* 66, no. 1 (June 1979): 24–40, esp. 24–27, 31; Wesley Frank Craven, *The Virginia Company of London,* 1606–1624 (Williamsburg: Virginia 350th Anniversary Celebration Corporation, 1957), 22–28, 32–34. 有关黄金的许诺，请见 David Beers Quinn, *England and the Discovery of America, 1481–1620* (New York: Knopf, 1974), 482–487。有关快速致富的诱惑，以及新世界的夜壶是黄金所做的这一传言，请见 George Chapman, *Eastward Hoe* (London, 1605; reprint, London: The Tudor Facsimile Texts, 1914), 76。有关"懒惰的无所事事"，请见 *A True Declaration of the Estate of the Colonie* (1610), 19。有关"禽兽般的散漫"与"无所事事"，请见 *Virginia Company, A True and Sincere Declaration of the Purpose and End of the Plantation Begun in Virginia* (London, 1510), 10。

29. 从吉尔伯特那里得到灵感，吉尔伯特建议让穷人家的孩子们接受"有用手艺"的训练，这样他们就可以制作"小玩意"卖给印第安人；请见 Gilbert, "A Discourse of a Discoverie for a New Passage to Cataia" (1576), in Quinn, *The Voyages and Colonial Enterprises of Sir Humphrey Gilbert,* 1: 161；以及 Canny, "The Permissive Frontier," 25, 27–29, 33。有关禁止赌博、强暴、与水手做生意，请见 "Articles, Lawes, and Orders…

Established by Sir Thomas Gates," 10–11, 13–14。

30. 关于托马斯·莫尔的《乌托邦》，请见 Joan Thirsk, "Making a Fresh Start: Sixteenth-Century Agriculture and the Classical Inspiration," in Michael Leslie and Timothy Raylor, eds., *Culture and Cultivation in Early Modern England: Writing and the Land* (Leicester and London: Leicester University Press, 1992), 22。

31. 关于罗尔夫和烟草，请见 Philip D. Morgan, "Virginia's Other Prototype: The Caribbean," in *The Atlantic World and Virginia, 1550–1624*, ed. Peter C. Mancall (Chapel Hill: University of North Carolina Press, 2007), 362; 以及 Edmund S. Morgan, "The Labor Problem at Jamestown, 1607–1618," *American Historical Review* 76, no. 3 (June 1971): 595–611, esp. 609。

32. Manning C. Voorhis, "Crown Versus Council in the Virginia Land Policy," *William and Mary Quarterly*, 3rd ser., 3, no. 4 (October 1946): 499–514, esp. 500–501; Edmund S. Morgan, *American Slavery, American Freedom: The Ordeal of Colonial Virginia* (New York: Norton, 1975), 93–94, 171–173. Morgan, "The First American Boom," *William and Mary Quarterly* 28, no. 2 (1971): 169–198, esp. 176–177.

33. Tomlins, *Freedom Bound*, 31–36, 78–81; Mary Sarah Bilder, "The Struggle over Immigration: Indentured Servants, Slaves, and Articles of Commerce," *Mis-souri Law Review* 61 (Fall 1996): 758–759, 764; Warren M. Billings, "The Law of Servants and Slaves in Seventeenth Century Virginia," *Virginia Magazine of History and Biography* 99, no. 1 (January 1991): 45–62, esp. 47–49, 51.

34. Morgan, "The First American Boom," 170, 185–186, 198; Schen, "Constructing the Poor in Early Seventeenth-Century London," 451; Billings, "The Law of Servants and Slaves," 48–49. 关于契约仆役的高死亡率，请见 Martha W. McCartney, *Virginia Immigrants and Adventurers: A Biographical Dictionary* (Baltimore: Genealogical Publishing Company, 2007), 14; 以及 Smith, *The Generall Historie of Virginia, New England, and the Summer Isles...*, in Barbour, *The Complete Works of Captain John Smith*, 2: 255。

35. 约翰·波特（John Pott）博士用几磅（1 磅约 0.45 千克）的贸易珠付了赎金，让印第安人放了她；他还声称她死去的丈夫欠他三年的契约工时。请见 McCartney, Virginia Immigrants and Adventurers, 258; 以及 "The Humble Petition of Jane Dickenson Widdowe" (1624), in *Records of the Virginia Company of London*, ed. Susan M. Kingsbury, 4 vols. (Washington, DC: Government Printing Office, 1906–1935), 4: 473; 以及 Canny, "The Permissive Frontier," 32。

36. Smith, *The Generall Historie of Virginia, New England, and the Summer Isles...* (1624), in Barbour, *The Complete Works of Captain John Smith*, 2: 388.《威尼斯商人》出版于 1600 年。根据罗马法，不只战俘、债务人和弃儿都可转为奴隶。奴隶的孩子也是奴隶。在詹姆斯敦，债务人的孩子可充作奴隶。请见 Temin, "The Labor Market of the Early Roman Empire," 513–538, esp. 524, 531。

37. David R. Ransome, "Wives for Virginia, 1621," *William and Mary Quarterly* 48, no. 1 (January 1991): 3–18, esp. 4–7. 在弗吉尼亚早期的历史中，男女性别比大约是四比一，请见 Virginia Bernhard, "'Men, Women, and Children' at Jamestown: Population and Gender in Early Virginia, 1607–1610," *Journal of Southern History* 58, no. 4 (November 1992): 599–618, esp. 614–618. 关于牛的运输和牛如何代表英国性，请见 Virginia DeJohn Anderson, "Animals into the Wilderness: The Development of Livestock Husbandry in the Seventeenth-Century Chesapeake," *William and Mary Quarterly* 59, no. 2 (April 2002): 377–408, esp. 377, 379. 将女性当作繁殖者送往殖民地的想法并不新鲜。1656 年，克伦威尔（Cromwell）将 2 000 名年轻的英格兰妇女运至巴贝多群岛，为了"让她们繁衍后代以增添白人人口"，

请见 Jennifer L. Morgan, *Laboring Women: Reproduction and Gender in New World Slavery* (Philadelphia: University of Pennsylvania Press, 2004), 74–75。

38. William Berkeley, *A Discourse and View of Virginia* (London, 1663), 2, 7, 12.
39. Samuel Eliot Morrison, "The Plymouth Company and Virginia," *Virginia Magazine of History and Biography* 62, no. 2 (April 1954): 147–165; Donegan, *Seasons of Misery,* 119.
40. Tomlins, *Freedom Bound,* 23, 54–56; Alison Games, *Migration and Origins of the English Atlantic World* (Cambridge, MA: Harvard University Press, 1999), 25, 48, 53; T. H. Breen and Stephen Foster, "Moving to the New World: The Character of Early Massachusetts Migration," *William and Mary Quarterly* 30, no. 2 (April 1973): 189–222, esp. 194, 201; Nuala Zahediah, "London and the Colonial Consumer in the Late Seventeenth Century," *Economic History Review* 42, no. 2 (May 1994): 239–261, esp. 245.
41. "General Observations" (1629), in *John Winthrop Papers,* 6 vols. (Boston: Massachusetts Historical Society, 1928), 2: 111–115; Edgar J. A. Johnson, "Economic Ideas of John Winthrop," *New England Quarterly* 3, no. 2 (April 1930): 235–250, esp. 245, 250; Francis J. Bremer, *John Winthrop: America's Forgotten Founder* (New York: Oxford University Press, 2003), 152–153, 160–161, 174–175, 181, and footnote 9 on 431–432.
42. John Winthrop, "A Model of Christian Charity" (1630), *Collections of the Massachusetts Historical Society,* 3rd ser., 7 (Boston, 1838), 33; Scott Michaelson, "John Winthrop's 'Modell' Covenant and the Company Way," *Early American Literature* 27, no. 2 (1992): 85–100, esp. 90; Lawrence W. Towner, "'A Fondness for Freedom': Servant Protest in Puritan Society," *William and Mary Quarterly* 19, no. 2 (April 1962): 201–219, esp. 204–205.
43. Norman H. Dawes, "Titles of Symbols of Prestige in Seventeenth-Century New England," *William and Mary Quarterly* 6, no. 1 (January 1949): 69–83; David Konig, *Law and Society in Puritan Massachusetts: Essex County, 1629–1692* (Chapel Hill: University of North Carolina Press, 1979), 18–19, 29–30, 92; *John Winthrop Papers,* 4, 54, 476; Bremer, *John Winthrop,* 355.
44. Towner, "'A Fondness for Freedom,'" 202; Tomlins, *Freedom Bound,* 254–255; Bremer, *John Winthrop,* 313.
45. Tomlins, *Freedom Bound,* 56, 255–256, 258. 在马萨诸塞法律中，14岁是需负法律责任的年龄，而其他大部分地区认定21岁才算成年，请见 Ross W. Beales Jr., "In Search of the Historical Child: Adulthood and Youth in Colonial New England," *American Quarterly* 27, no. 4 (April 1975): 379–398, esp. 384–385, 393–394, 397。1623年政府赠予土地之时，马萨诸塞首先要求青年与家人同住并无偿工作；马萨诸塞、康涅狄格和罗得岛都通过相同的法律："单身的人都必须与家人同住。"请见 William E. Nelson, "The Utopian Legal Order of the Massachusetts Bay Colony, 1630–1686," *American Journal of Legal History* 47, no. 2 (April 2005): 183–230, esp. 183；以及 Archer, *Fissures in the Rock,* 106。
46. Tomlins, *Freedom Bound,* 307, 310; Philip Greven, *Four Generations: Popu-lation, Land, and Family in Colonial Andover, Massachusetts* (Ithaca, NY: Cornell University Press, 1970), 75, 81–83, 125, 132, 135, 149.
47. 温思罗普的前两任妻子均死于难产，最后一任妻子在他去世前一年诞下子嗣。Bremer, *John Winthrop,* 90–91, 102–103, 115, 314, 373。
48. Cotton Mather, *A Good Master Well Served* (Boston, 1696), 15–16, 35–36, 38; Towner, "'A Fondness

for Freedom,'" 209–210; Robert Middlekauf, *The Mathers: Three Generations of Puritan Intellectuals, 1596–1728* (New York: Oxford University Press, 1971), 195.

49. William Perkins, "On the Right, Lawful, and Holy Use of Apparel" in *The Whole Treatise of the Cases of Conscience Distinguished into Three Books* (Cambridge, England, 1606); Louis B. Wright, "William Perkins: Elizabethan Apostle of 'Practical Divinity,'" *Huntington Library Quarterly* 2, no. 2 (January 1940): 171–196, esp. 177–178; Stephen Innes, *Creating the Commonwealth: Economic Culture of Puritan New England* (New York: Norton, 1998), 101–103. 1651年，马萨诸塞湾殖民地的官员宣布他们"极度厌恶身份、教育、职业低下的男女穿着绅士的衣着"，请见 Leigh Eric Schmidt, "'A Church-Going People Are a Dress-Loving People': Clothes, Communication, and Religious Culture in Early America," *Church History* 58, no. 1 (March 1989): 36–51, esp. 38–39。菲利浦国王之战期间，法院起诉"38名妻子和女佣，以及30名年轻男子……穿着丝绸服装炫耀"，请见 Laurel Thatcher Ulrich, *The Age of Homespun: Objects and Stories in the Creation of an American Myth* (New York: Knopf, 2001), 125；以及Konig, *Law and Society in Puritan Massachusetts*, 148。关于担心父母和主人纵容儿女和仆役，请见 Edmund Morgan, *The Puritan Family: Religious and Domestic Relations in Seventeenth-Century New England* (Westport, CT: Greenwood Press, 1966), 149。

50. 有关教会成员在法庭上享有的特权，请见 Thomas Haskell, "Litigation and Social Status in Seventeenth-Century New Haven," *Journal of Legal Studies*, no. 2 (June 1978): 219–241。有关玛丽·戴尔，请见 Carla Gardina Pestana, "The Quaker Executions as Myth and History," *Journal of American History* 80, no. 2 (September 1992): 441–469, esp. 441, 460–464；以及 David D. Hall, *Worlds of Wonder, Days of Judgment: Popular Religious Belief in Early New England* (Cambridge, MA: Harvard University Press, 1990), 172–174, 186。在英国，被逐出教会可能会导致严厉的惩罚，比如禁止某人继承遗产或无权起诉。在新英格兰，至少是最初，逐出教会只会造成公民权被剥夺。1638年，法院制订了更严厉的惩罚：如果某人在被逐出教会的六个月内，没有悔改或寻求重新加入教会，他或她可能会被罚款、监禁、流放或承担"更严重"的惩罚，请见 Konig, *Law and Society in Puritan Massachusetts*, 32。

51. Archer, *Fissures in the Rock*, 44, 50, 59–63, endnote 5, 180; Robert J. Din-kin, "Seating the Meetinghouse in Early Massachusetts," *New England Quarterly* 43, no. 3 (September 1970): 450–464, esp. 453–454.

52. Kathryn Zabelle Derounian, "The Publication, Promotion, and Distribution of Mary Rowlandson's Indian Captivity Narrative in the Seventeenth-Century," *Early American Literature* 23, no. 3 (1988): 239–262. 有关罗兰森对英国阶级和物质象征的信仰，请见 Nan Goodman, "'Money Answers All Things': Rethinking Economic Cultural Exchange in the Captivity Narrative of Mary Rowlandson," *American Literary History* 22, no. 1 (Spring 2010): 1–25, esp. 5。

53. Mary Rowlandson, *The Sovereignty and Goodness of God, Together with the Faithfulness of His Promises Displayed: Being a Narrative of Captivity and Restoration of Mrs. Mary Rowlandson and Related Documents*, ed. Neil Salisbury (Boston: Bedford Books, 1997), 1, 16, 25, 26, 75, 79, 83, 86, 89, 96–97, 103; Ulrich, *The Age of Homespun*, 59; Teresa A. Toulouse, "'My Own Credit': Strategies of (E)valuation in Mary Rowlandson's Captivity Narrative," *American Literature* 64, no. 2 (December 1992): 655–676, esp. 656–658; Tiffany Potter, "Writing Indigenous Femininity: Mary Rowlandson's Narrative of Captivity," *Eighteenth-Century Studies* 36, no. 2 (Winter 2003): 153–167, esp. 154.

54. See Increase Mather, *Pray for the Rising Generation, or a Sermon Wherein Godly Parents Are Encouraged, to Pray and Believe for Children* (Boston, 1678), 12, 17; Hall, *Worlds of Wonder*, 148–155; Gerald F. Moran, "Religious Renewal, Puritan Tribalism, and the Family in Seventeenth-Century Milford, Connecticut," *William and Mary Quarterly* 36, no. 2（April 1979）: 236–254, esp. 237–238, 250–254; Bremer, *John Winthrop*, 314–315; Lewis Milton Robinson, "A History of the Half-Way Covenant"（Ph.D. dissertation, University of Illinois, 1963）.

55. 小哈克卢特写了两篇不同的献词：一篇强调弗吉尼亚是适婚新娘，另一篇强调她是一个孩子，伊丽莎白女王是她的教母，监督那些教父教母（助产士）引导孩子的出生。塞缪尔·珀切斯（Samuel Purchas）也用到相同的婚姻譬喻，他写道，弗吉尼亚"可爱的外表"，"配得上最好的丈夫来追求她、爱她"，请见"Epistle Dedicatory to Sir Walter Ralegh by Richard Hakluyt, 1587," *De Orbe Novo Petri Martyris*, in Taylor, *The Original Writings*, 2: 367；以及 "To the Right Worthie and Honourable Gentleman, Sir Walter Ralegh," in *A Notable Historie Containing four Voyages Made by Certayne French Captaynes into Florida*（London, 1587）, 2。雷利谈到圭亚那也用到类似的描述，说她"还未失去童贞"，请见 Sir Walter Ralegh, *The Discovery of the Large, Rich, and Beautiful Empire of Guiana, with a relation of the Great and Golden City of Manoa*（*which the Spaniards call El Dorado*）, *etc. performed in the Year 1595*, edited by Sir Robert H. Schomburgk（London, 1848）, 115；以及Louis Montrose, "The Work of Gender in the Discourse of Discovery," *Representations* 33（Winter 1991）: 1–41, esp. 12–13; Fuller, *Voyages in Print*, 75; Morgan, "Virginia's Other Prototype," 360。

56. Rachel Doggett, Monique Hulvey, and Julie Ainsworth, eds., *New World Wonders: European Images of the Americas, 1492–1700*（Washington, DC: Folger Shakespeare Library/Seattle: University of Washington Press, 1992）, 37; Edward L. Bond, "Sources of Knowledge, Sources of Power: The Super-natural World of English Virginia, 1607–1624," *Virginia Magazine of History and Biography* 108, no. 2（2000）: 105–138, esp. 114.

57. Jack Dempsey, ed., *New England Canaan by Thomas Morton of "Merry-mount"*（Scituate, MA: Digital Scanning, 2000）, 283–288; Karen Ordahl Kupperman, "Thomas Morton, Historian," *New England Quarterly* 50, no. 4（December 1977）: 660–664; Michael Zukerman, "Pilgrims in the Wilderness: Community, Modernity, and the May Pole at Merrymount," *New England Quarterly* 50, no. 4（December 1977）: 255–277; John P. McWilliams Jr., "Fictions of Merry Mount," *American Quarterly* 29, no. 1（Spring 1977）: 3–30.

58. 莫顿1628年被捕后，一开始被放逐在沙洲岛上（新罕布什尔），然后被运回英国。1629年他回到新英格兰，1630年又被流放到英格兰。1643年，他再次返回新英格兰，次年被捕，1645年获释，条件是离开该地的管辖区，所以他前往缅因，不久后就去世了。想进一步了解他的一生，请见Jack Dempsey, *Thomas Morton of "Merrymount": The Life and Renaissance of an Early American Poet*（Scituate, MA: Digital Scanning, 2000）。

59. 莫顿相信印第安人使用特殊的水（"水晶泉"）来治愈不孕，请见 Dempsey, *New English Canaan,* 7, 26–27, 53–55, 70, 90, 92, 120–121, 135–136, 139。对莫顿分析最鞭辟入里的是 Michelle Burnham, "Land, Labor, and Colonial Economics in Thomas Morton's *New English Canaan*," *Early American Literature* 41, no. 3（2006）: 405–428, esp. 408, 413–414, 418, 421, 423–424；以及 Edith Murphy, "'A Rich Widow, Now to Be Tane Up or Laid Downe': Solving the Riddle of Thomas Morton's 'Rise Oedipeus,'" *William and Mary*

Quarterly 55, no. 4 (October 1996): 755-768, esp. 756, 759, 761-762, 765-767。

60. Hamor, *A True Discourse of the Present State of Virginia,* 20; Hakluyt, "Epistle Dedicatory to Sir Walter Ralegh by Richard Hakluyt, 1587," 2: 367-368. 劳森还强调了牛羊数量的"惊人增长",他称之为"丰厚"——另一个用来描述富饶多产的词汇;请见 John Lawson, *A New Voyage to Carolina,* with introduction by Hugh Talmage Lefler (reprint of 1706 London ed., Chapel Hill: University of North Carolina Press, 1967), 87-88, 91, 196. 约翰·史密斯也谈到相同的概念,他说印第安妇女"很会生",请见 Smith, *The Generall Historie of Virginia, New England, and the Summer Isles...* (1624) 2: 1165。有关新世界的多产形象,请见 Parrish, "The Female Opossum and the Nature of the New World," 475-514, esp. 502-506, 511。罗马人声称,野蛮人和游牧民族的妇女"容易生育",英国人很快就把这个观点代入新世界的原住民妇女,请见 Morgan, *Laboring Women,* 16-17。

61. Tomlins, *Freedom Bound*;艾尔索普也提到马里兰有着"自然的子宫",生出许多不同的动物。他把这片土地的"富饶多产"比作女人怀孕的肚子。在"交配式婚姻"下女性是"拿着童贞去赶集"。艾尔索普比较了处女与妓女,他认为妓女"出租"她们的子宫,而老处女则会空置子宫到"不值钱"的时候;请见 George Alsop, *A Character of the Province of Maryland* (London, 1666), in *Narratives of Early Maryland, 1633-1684,* ed., Clayton G. Hall (New York: Charles Scribner's Sons, 1910), 340-387, esp. 343-344, 348, 358;以及 *A Brief Description of the Province of Carolina on the Coasts of Floreda* (London, 1666), 9-10。

62. 有关骗婚谋夺土地,请见 Morgan, "The First American Boom," 189-190。历史学家卡洛·莎玛(Carole Shammas)注意到,弗吉尼亚和马里兰的殖民地对寡妇更慷慨,娶到她们的男人将获得更多好处,这些殖民地鼓励"活络的寡妇再婚市场";请见 Shammas, "English Inheritance Law and Its Transfer to the Colonies," *American Journal of Legal History* 31, no. 2 (April 1987): 145-163, esp. 158-159。有关高死亡率和再婚率,请见 Lorena Walsh, "'Till Death Do Us Part': Marriage and Family in Seventeenth-Century Maryland," in *The Chesapeake in the Seventeenth Century: Essays on Anglo-American Society,* eds. Thad W. Tate and David L. Ammerman (Chapel Hill: University of North Carolina Press, 1979), 126-152。寡妇通常是丈夫的遗嘱执行人,大多数妇女在丈夫死后一年甚至两年内再婚,请见 James R. Perry, *The Formation of a Society on Virginia's Eastern Shore, 1615-1655* (Chapel Hill: University of North Carolina Press, 1990), 41, 79, 81。

63. T. H. Breen, "A Changing Labor Force and Race Relations in Virginia, 1660-1710," *Journal of Social History* 7, no. 1 (Autumn 1973): 3-25, esp. 10. 关于"国之残渣"的说法,请见 "William Sherwood's Account" and "Ludlow's Account," in "Bacon's Rebellion," *Virginia Magazine of History and Biography* 1, no. 2 (October 1893): 169, 171, 183. 关于将培根追随者描述为"粗鄙无知"且"刚从奴仆身份脱身",请见 "A True Narrative of the Late Rebellion in Virginia, by the Royal Commissioners, 1677," in *Narratives of the Insurrections, 1675-1690,* ed. Charles M. Andrews (New York: Charles Scribner's Sons, 1915), 110-111, 113。关于将叛乱分子比作猪,请见 William Sherwood, "Virginias Deploured Condition, Or an Impartiall Narrative of the Murders comitted by the Indians there, and of the Sufferings of his Maties Loyall Subjects under the Rebellious outrages of Mr Nathaniell Bacon Junr: to the tenth day of August Anno Dom 1676 (1676)," in *Collections of the Massachusetts Historical Society,* vol. 9, 4th ser. (Boston: Massachusetts Historical Society, 1871): 176。

64. Stephen Saunders Webb, *1676: The End of American Independence* (New York: Knopf, 1984; reprint ed., Syracuse, NY: Syracuse University Press, 1995), 16, 34, 41, 66; Tomlins, *Freedom Bound*, 39–41, 425.

65. 在培根的宣言中，他明确指出伯克利一派已经变成强大的"阴谋集团"，保护"亲爱的印第安人"，不顾英国殖民开拓者的性命。针对伯克利殖民地人民在缺乏伯克利明确命令的情况下，对印第安人采取军事行动的政策，培根的叛军也表达了抗议。请见 Nathaniel Bacon, "Proclamations of Nathaniel Bacon," *Virginia Magazine of History and Biography* 1, no. 1 (July 1893): 57–60；以及 Webb, *1676*, 7, 74。

66. 关于"土地突袭者"，请见 Sherwood, "Virginias Deploured Condition," 164。关于不公正税收及权贵们将所有烟草尽数收入囊中的记载，请见 "A True Narrative of the Late Rebellion," 108, 111；另见 Peter Thompson, "The Thief, a Householder, and the Commons: Language of Class in Seventeenth Century Virginia," *William and Mary Quarterly* 63, no. 2 (April 2006): 253–280, esp. 264, 266–267。关于税收、债务与烟草价格下跌共同构成叛乱经济动因的分析，请见 Warren M. Billings, "The Causes of Bacon's Rebellion: Some Suggestions," *Virginia Magazine of History and Biography* 78, no. 4 (October 1970): 409–435, esp. 419–422, 432–433。关于叛乱后土地问题，请见 Michael Kammen, "Virginia at the Close of the Seventeenth Century: An Appraisal by James Blair and John Locke," *Virginia Magazine of History and Biography* 74, no. 2 (April 1966): 141–169, esp. 143, 154–155, 157, 159–160。

67. 培根死于 1676 年 10 月 26 日；伯克利于 1677 年 7 月 9 日去世。正如凯萨琳·布朗（Kathleen Brown）所指出的，从培根死于血痢可以看出他"被自己身体的腐败打败了"；请见 Brown, *Foul Bodies*, 67。虱子可能同样重要，因为它让人联想到卑鄙之物及带有虱子的动物。某份记录显示他患有虱病："故他唯有焚烧衣物，若非如此，便无法去除满身寄生之物。"请见 "A True Narrative of the Late Rebellion," 139; Wilcomb E. Washburn, "Sir William Berkeley's 'A History of Our Miseries,' " *William and Mary Quarterly* 14, no. 3 (July 1957): 403–414, esp. 412；以及Wilcomb E. Washburn, *The Governor and the Rebel: A History of Bacon's Rebellion in Virginia* (Chapel Hill: University of North Carolina Press, 1957), 85, 129–132, 138–139。

68. Andrews, *Narratives of the Insurrections,* 20. 关于白围裙，请见 Mrs. An. Cotton, "An Account of Our Late Troubles with Virginia. Written in 1676," in *Tracts and Other Papers, Principally Relating to the Origin, Settlement, and Progress of the Colonies of North America, from the Discovery of the Country to the Year 1776,* ed. Peter Force, 4 vols. (Washington, DC, 1836–1846), 1: 8. 另一种说法则把这些女人看作守护天使，而阿芙拉·贝恩在以培根之乱为背景的剧作中，暗指这些女人被当作停战协议以避免战斗；请见 "The History of Bacon's and Ingram's Rebellions, 1676," in Andrews, *Narratives of the Insurrections,* 68；以及 Behn, *The Widow Ranter, or, The History of Bacon in Virginia. A Tragi-Comedy* (London, 1690), 35；另见 Washburn, *The Governor and the Rebel,* 80–81; Terri L. Snyder, *Brabbling Women: Disorderly Speech and the Law in Early Virginia* (Ithaca, NY: Cornell University Press, 2003), 33–34；以及 Webb, *1676*, 20–21。

69. 关于莉迪亚·契斯曼，请见 "The History of Bacon's and Ingram's Rebellions," in Andrews, *Narratives of the Insurrections,* 81–82。关于伊丽莎白·培根再婚，请见 "Bacon's Rebellion," 6。关于叛乱者财产被没收后又归还其遗孀的记载，请见 Washburn, *The Governor and the Rebel,* 141–142；以及 Wilcomb E. Washburn, "The Humble Petition of Sarah Drum-mond," *William and Mary Quarterly* 13, no. 13 (July 1956): 354–375, esp. 356, 358, 363–364, 367, 371; Lyon G. Tylor, "Maj. Edmund Chisman," *William and Mary Quarterly* 1, no. 2 (October 1892): 89–98, esp. 90–91, 94–97; Susan Westbury, "Women in Bacon's

Rebellion," in *Southern Women: Histories and Identities*, eds. Virginia Bernhard, Betty Brandon, Elizabeth Fox-Genovese, and Theda Perdu (Columbia: University of Missouri Press, 1992), 30–46, esp. 39–42。

70. Webb, *1676*, 102, 132–163.
71. Behn, *The Widow Ranter*, 3, 12, 42, 45, 48; Jenny Hale Pulsipher, "'The Widow Ranter' and Royalist Culture in Colonial Virginia," *Early American Literature* 39, no. 1 (2004): 41–66, esp. 53–55; Snyder, *Brabbling Women*, 11–12, 117, 122–123.
72. Jane D. Carson, "Frances Culpeper Berkeley," in *Notable American Women, 1607–1950*, ed. Edward James et al., 3 vols. (Cambridge, MA: Harvard University Press, 1971), 1: 135–136; Snyder, *Brabbling Women*, 19–25.
73. Kathleen M. Brown, *Good Wives, Nasty Wenches, and Anxious Patriarchs: Gender, Race, and Power in Colonial Virginia* (Chapel Hill: University of North Carolina Press, 1996), 129–133; Tomlins, *Freedom Bound*, 455, 457–458.
74. Morgan, *Laboring Women*, 77–83; Anderson, "Animals into the Wilderness," 403.
75. 关于引文，请见Francis Bacon, *The Two Books of Francis Bacon, of the Proficience and Advancement of Learning, Divine and Human* (London, 1808), 72; 对该文的不同解读，请见 Parrish, "The Female Opossum and the Nature of the New World," 489。
76. Turk McClesky, "Rich Land, Poor Prospects: Real Estate and the Formation of a Social Elite in Augusta County, Virginia, 1738–1770," *Virginia Magazine of History and Biography* 98, no. 3 (July 1990): 449–486; John Combs, "The Phases of Conversion: A New Chronology for the Rise of Slavery in Virginia," *William and Mary Quarterly* 68, no. 3 (July 2011): 332–360; Emory G. Evans, *A "Topping People": The Rise and Decline of Virginia's Old Political Elite, 1680–1790* (Charlottesville: University of Virginia Press, 2009), 1–30.

第二章　洛克的懒汉乐园：卡罗来纳和佐治亚殖民地

1. 关于杰斐逊借用了洛克的文字，请见 John Locke, *Two Treatises of Government*, ed. Peter Laslett (Cambridge: Cambridge University Press, 1988), 523, 415。关于洛克著作应该被所有人阅读的观点，请见 advertisement for Locke's *Second Treatise on Gov-ernment*, in *Massachusetts Evening Gazette*, March 4, 1774; 另见 *Boston Evening Gazette*, October 19, 1772; 以及 *New London Gazette*, October 9, 1767。关于洛克的主要批评者，请见 Josiah Tucker, *A Series of Answers to Certain Popular Objections, Against Separating from the Rebellious Colonies, and Discarding Them Entirely; Being the Concluding Tract of the Dean of Gloucester, on the Subject of American Affairs* (Gloucester, UK, 1776), in *Four Tracts on Political and Commercial Subjects* (Gloucester, 1776; reprint ed., New York, 1975), 21–22, 102–103。关于洛克参与奴隶贸易，请见 David Armitage, "John Locke, Carolina, and the *Two Treatises of Government*," *Political Theory* 32, no. 5 (October 2004): 602–627, esp. 608; James Farr, "Locke, Nat-ural Law, and New World Slavery," *Political Theory* 36, no. 4 (August 2008): 495–522, esp. 497; Wayne Glausser, "Three Approaches to Locke and the Slave Trade," *Journal of the History of Ideas* 51, no. 2 (April-June 1990): 199–216, esp. 200–204; George Frederick Zook, "The Royal Adventurers in England," *Journal of Negro History* 4, no. 2 (April 1919): 143–162, esp. 161。

2. 沙夫茨伯里伯爵在 1672 年致另一位殖民地领主的信中，将卡罗来纳称为"我的挚爱"；请见 Langdon Cheves, ed., *The Shaftesbury Papers and Other Records Relating to Carolina* (Charleston: South Carolina Historical Society, 1897), 416；另见 L. H. Roper, *Conceiving Carolina: Proprietors, Planters, and Plots, 1662–1729* (New York: Palgrave Macmillan, 2004), 15。
3. Armitage, "John Locke, Carolina, and the *Two Treatises of Government*," 603, 607–608; Armitage, "John Locke, Theorist of Empire?," in *Empire and Modern Political Thought*, ed. Sankar Muthu (Cambridge: Cambridge University Press, 2015), 7 ; Herbert Richard Paschal Jr., "Proprietary North Carolina: A Study in Colonial Government" (Ph.D. dissertation, University of North Carolina, 1961), 145; Barbara Arneil, *John Locke and America: The Defense of English Colonialism* (Oxford: Clarendon Press, 1996), 1–2, 21–22, 24–26, 43–44.
4. "Concessions and Agreement Between the Lords Proprietors and Major William Yeamans and Others" (January 7, 1665) ; *The Fundamental Constitutions of Carolina* (July 21, 1669), in *North Carolina Charters and Constitutions, 1578–1698,* ed. Mattie Erma Edwards Parker (Raleigh, NC: Carolina Charter Tercentenary Commission, 1963), 122–123, 129, 133.
5. Ibid., 107, 112, 129–130, 132, 137–142, 145; Charles Lowry, "Class, Politics, Rebellion, and Regional Development in Proprietary North Carolina, 1697–1720" (Ph.D. dissertation, University of Florida, 1979), 38–39; Paschal, "Propri-etary North Carolina: A Study in Colonial Government," 216, 229, esp. 236–237.
6. Parker, *The Fundamental Constitutions of Carolina,* 129, 134; *The Funda-mental Constitutions of Carolina,* in *Locke: Political Essays,* ed. Mark Goldie (Cambridge: Cambridge University Press, 1997), 162; Farr, "Locke, Natural Law," 498–500; Thomas Leng, "Shaftesbury's Aristocratic Empire," in *Anthony Ashley Cooper, 1621–1681,* ed. John Spurr (Surrey, UK: Ashgate, 2011), 101–126; Shirley Carter Hughson, "The Feudal Laws of Carolina," *Sewanee Review* 2, no. 4 (August 1894) : 471–483, esp. 482.
7. Parker, *The Fundamental Constitutions of Carolina,* 129, 136–137.
8. David Wootton, ed. and introduction, *John Locke: Political Writings* (New York: Penguin, 1993), 43; John Locke, "An Essay on the Poor Law" (1697) and "Labour" (1661), in Goldie, *Locke: Political Essays,* 192, 328.
9. Daniel W. Fagg Jr., "St. Giles' Seigniory: The Earl of Shaftesbury's Carolina Plantation," *South Carolina Historical Magazine* 71, no. 2 (April 1970) : 117–123, esp. 123; Shaftesbury to Mr. Andrew Percival, May 23, 1674, in *Collections of the South Carolina Historical Society,* vol. 5 (Charleston: South Carolina Historical Society, 1897), 5: 443–444.
10. Thomas Woodward to Proprietors, June 2, 1665, in *The Colonial Records of North Carolina,* ed. William L. Saunders (Raleigh: Hale, 1886), 1: 100–101. 后引作 CRNC。Lindley S. Butler, "The Early Settlement of Carolina: Virginia's Southern Frontier," *Virginia Magazine of History and Biogra-phy* 79, no. 1, Part One (January 1971) : 20–28, esp. 21, 28; Robert Weir, "'Shaftesbury's Darling': British Settlement in the Carolinas at the Close of the Seventeenth Century," in *The Oxford History of the British Empire,* vol. 1, *The Origins of the Empire: British Overseas Enterprise to the Close of the Seventeenth Century,* ed. Nicolas Canny (Oxford: Oxford University Press, 1998), 381.
11. Locke's Carolina Memoranda, and Lord Ashley to Joseph West, December 16, 1671, *Collections of the South*

Carolina Historical Society, 5: 248, 366.

12. Richard Waterhouse, *A New World Gentry: The Making of a Merchant and Planter Class in South Carolina, 1670–1770* (New York: Garland, 1989), 62–63, 71, 74; Lori Glover, *All Our Relations: Blood Ties and Emotional Bonds Among the Early South Carolina Gentry* (Baltimore: Johns Hopkins University Press, 2000), 87–88.

13. Theo. D. Jervey, "The White Indentured Servants of South Carolina," *South Carolina Historical and Genealogical Magazine* 12, no. 4 (October 1911): 163–171, esp. 166. 到了1740年，奴隶占总人口的72%，在接下来的40年里下降到50%左右；请见 Tomlins, *Freedom Bound*, 436–437。17世纪90年代开始，大众开始担心进口奴隶的比例过高，为了缓解这种不平衡持续招募"庄园主之人"；请见 Brad Hinshelwood, "The Carolinian Context of John Locke's Theory," *Political Theory* 4, no. 4 (August 2013): 562–590, esp. 579–580。

14. Noeleen McIlvenna, *A Very Mutinous People: The Struggle for North Carolina, 1660–1713* (Chapel Hill: University of North Carolina Press, 2009), 1, 13, 162; Kirsten Fischer, *Suspect Relations: Sex, Race, and Resistance in Colonial North Carolina* (Ithaca, NY: Cornell University Press, 2002), 24; A. Roger Ekirch, *"Poor Carolina": Politics and Society in Colonial North Carolina, 1729–1776* (Chapel Hill: University of North Carolina Press, 1981), xviii-xix, 24; Hugh Talmage Lefler, ed., *A New Voyage to Carolina by John Lawson* (Chapel Hill: University of North Caro-lina Press, 1967), 40.

15. "From the *Gentlemen's Magazine*," *Boston Evening-Post*, February 5, 1739.

16. *Oxford English Dictionary*, 467; William Shakespeare's poem "The Passionate Pilgrim" (1598), line 201.

17. Sharon T. Pettie, "Preserving the Great Dismal Swamp," *Journal of Forestry* 20, no. 1 (January 1976): 28–33, esp. 29, 31; McIlvenna, *A Very Mutinous People*, 18. 这片沼泽到底多大，众说纷纭。亚历山大·克罗斯比·布朗（Alexander Crosby Brown）认为，殖民地时期的沼泽面积在600至1 000平方英里；请见 Brown, *The Dismal Swamp Canal* (Chesapeake: Norfolk County Historical Society of Chesapeake, Virginia, 1970), 17。

18. William Byrd, "The Secret History of the Dividing Line" (hereafter SH) and his revised version, "The History of the Dividing Line Betwixt Virginia and North Carolina, Run in the Year of Our Lord, 1728" (hereafter HDL), in *The Prose Works of William Byrd of Westover: Narratives of a Virginian* (Cambridge, MA: Belknap Press of Harvard University Press, 1966), 19–20, 63, 70, 190, 196–197, 199, 202.

19. William Howarth, "Imagining Territory: Writing the Wetlands," *New Literary History* 30, no. 3 (Summer 1999): 509–539, esp. 521. Lowry, "Class, Politics, Rebellion," 31, 45–46.

20. Byrd, HDL, 202; Charles Royster, *The Fabulous History of the Dismal Swamp Company* (New York: Knopf, 1999), 6–7, 82–83, 89–91, 98–99, 117, 287–288, 292–293, 299–301, 340, 342–343. 虽然伯德的"分界线的历史"直到1841年才出了完整版，但还是有一小段选摘在外流传，以帮助弗吉尼亚公司宣传；请见"A Description of the Dismal Swamp in Virginia," *The Mail, or Claypoole's Daily Advertiser*, March 15, 1792。

21. Hugh T. Lefler and William S. Powell, *Colonial North Carolina: A History* (New York: Charles Scribner's Sons, 1973), 81–86; Lindley Butler, *Pirates, Privateers, and Rebel Raiders of the Carolina Coast* (Chapel

Hill: University of North Carolina Press, 2000), 4–8, 30, 39–41, 46, 52–56, 60, 68; Marcus Rediker, "'Under the Banner of the King of Death': The Social World of Anglo-American Pirates, 1716–1726," *William and Mary Quarterly* 38, no. 2 (April 1981): 203–227, esp. 203, 205–206, 218–219; David Cordingly, *Under the Black Flag: The Romance and the Reality of Life Among the Pirates* (New York: Harvest, 1995), 18–19, 198–202.

22. Webb, *1676*, 26, 98; Jacquelyn H. Wolf, "Proud and the Poor: The Social Organization of Leadership in Proprietary North Carolina, 1663–1729" (Ph.D. dissertation, University of Pennsylvania, 1977), 28–29; Lord Ashley to Governor Sayle, April 10, 1671, Lord Ashley to Sir John Yeamans, April 10, 1671, Lord Ashley to Sir John Yeamans, September 18, 1671, in *Collections of the South Carolina Historical Society*, 5: 311, 314–315, 344; Barbara Arneil, "Trade, Plantations, and Property: John Locke and the Economic Defense of Colonialism," *Journal of the History of Ideas*, vol. 55, no. 4 (October 1994): 591–609, esp. 607; McIlvenna, *A Very Mutinous People*, 31, 33; Lowry, "Class, Politics, Rebellion," 33–34, 45–46, 80–81.

23. 据杰奎琳·沃尔夫（Jacquelyn Wolf）计算，309名权状所有人拥有49%的土地。从1663年到1729年1月，有记录的土地授予数量为3 281份。其中有2 161份属于一次性给予同个人两份以上的权状。到了1730年，人口总数为3.6万人，据估计有3 200人到6 000人是奴隶。请见Wolf, "The Proud and the Poor," 25–28, 150–151, 157, 172–173; Fischer, *Suspect Relations*, 27。查尔斯·劳瑞（Charles Lowry）参考土地记录，算出的人口数较低：13 887名白人和3 845名奴隶。1720年的观察家认为北卡罗来纳的奴隶不超过500名。请见Lowry, "Class, Politics, Rebellion," 8–9, 79–80, 84, 113, 115–117, 122–123; McIlvenna, *A Very Mutinous People*, 23, 133–134。牧师谈懒散的部分，请见"Mr. Gordon to the Secretary, May 13, 1709," in Saunders, *CRNC*, 1: 714；以及"Petition to Governor and Council, February 23, 1708 / 1709," in *The Colonial Records of North Carolina*, ed. Robert J. Cain, vol. 7, *Records of the Executive Council, 1664–1734* (Raleigh: Department of Cultural Recourses, North Carolina Division of Archives and History, 1984), 431。

24. 由于第一份特许状可能有瑕疵，1665年颁布了第二份特许状。请见 "Charter to the Lord Proprietors of Carolina" (June 30, 1650), in Parker, *North Carolina Charters and Constitutions*, 90; Wolf, "The Proud and the Poor," 69; McIlvenna, *A Very Mutinous People*, 49–50, 97–99。关于伯克利试图将阿尔伯马尔并入弗吉尼亚，请见Cain, *Records of the Executive Council*, 7: xix。关于更严格控管卡罗来纳，请见"Mr. Randolph's Memoranda About Illegal Trade in the Plantations, Mentioned in the Foregoing Presentment," November 10, 1696, 以及Randolph, dated March 24, 1700, in Saunders, *CRNC*, 1: 464–470, 527。

25. Saunders, *CRNC*, 1: xxi; Mattie Erma E. Parker, "Legal Aspects of 'Culpeper's Rebellion,'" *North Carolina Historical Review* 45, no. 2 (April 1968): 111–127, esp. 118–120, 122–124; McIlvenna, *A Very Mutinous People*, 56–57, 65–66.

26. "Answer of the Lords Proprietors of Carolina Read the 20 Nov. 1680" and "Petition of Thomas Miller to the King, November 20, 1680," in Saunders, *CRNC*, 1: 303, 326–328; Parker, "Legal Aspects of 'Culpeper's Rebellion,'" 111–127, esp. 111–112; Lowry, "Class, Politics, Rebellion," 49.

27. "Affidavit of Henry Hudson, January 31, 1679," and "Carolina Indictment of Th. Miller Received from Ye Comm. Of Ye Customes the 15 July 1680," in Saunders, *CRNC*, 1: 272–274, 313–317; Lindley S. Butler, "Culpeper's Rebellion: Testing the Proprietors," in *North Carolina Experience: An Interpretative and*

Documentary History, eds. Lindley S. Butler and Alan D. Watson (Chapel Hill: University of North Carolina Press, 1984), 53–78, esp. 56–57; Paschal, "Proprietary North Carolina," 184.

28. Wolf, "The Proud and the Poor," 68, and footnote 29 on 172; Paschal, "Proprietary North Carolina," 179; McIlvenna, *A Very Mutinous People,* 73, 80, 146; Lefler and Powell, *Colonial North Carolina,* 54; Lowry, "Class, Politics, Rebellion," 49, 96–97. 关于斯波茨伍德总督攻打北卡罗来纳，以及与塔斯卡洛拉印第安人的关联性，请见 "Colonel Spotswood to the Board of Trade, July 25, 1711," in Saunders, *CRNC,* 1: 782。

29. "Journal of John Barnwell," *Virginia Magazine of History and Biography* 6, no. 1 (July 1898): 442–455, esp. 451；有关巴恩韦尔的叛变，请见 "Colonel Spotswood to the Board of Trade, July 26, 1752," in Saunders, *CRNC,* 1: 862。巴恩韦尔带领约 500 名雅玛西（Yamassee）和其他部落的印第安盟友，他们攻打塔斯卡洛拉的目的是俘获奴隶。请见 Lowry, "Class, Politics, Rebellion," 98–99。

30. "Governor Spotswood to the Earl of Rochester, July 30, 1711," in Saunders, *CRNC,* 1: 798; Lord Culpeper to the Board of Trade, December 1681, British Public Record Office, class 1, piece 47, folio 261, Library of Congress, Washington, DC; Barbara Fuchs, "Faithless Empires: Pirates, Renegadoes, and the English Nation," *ELH* 67, no. 1 (Spring 2000): 45–69, esp. 50–51.

31. Byrd, SH and HDL, 19, 66, 195; Philip Ludwell and Nathaniel Harrison, "Boundary Line Proceedings, 1710," *Virginia Magazine of History and Biography* 5 (July 1897): 1–21. 伯德似乎在 1729 年至 1740 年动笔修改了他的两篇文章。虽然更优美的"分界线的历史"直到 1841 年才出版，但这篇文章确实曾在友人和其他好奇之人中流传。请见 Kenneth A. Lockridge, *The Diary, and Life, of William Byrd II of Virginia, 1674–1744* (Chapel Hill: University of North Carolina Press, 1987), 127, 142–143；以及 Louis B. Wright and Marion Tinling, eds., *William Byrd of Virginia: The London Diary (1717–1721) and Other Writings* (New York: Oxford University Press, 1958), 39–40。

32. William Byrd to Charles Boyle, Earl of Orrery, July 25, 1726, in "Virginia Council Journals, 1726–1753," *Virginia Magazine of History and Biography* 32, no. 1 (January 1932): 26–27; Robert D. Arner, "Westover and the Wilderness: William Byrd's Images of Virginia," *Southern Literary Journal* 7, no. 2 (Spring 1975): 105–123, esp. 106–107.

33. Byrd, SH, 66, 81; HDL, 182; Susan Scott Parrish, "William Byrd and the Crossed Languages of Science, Satire, and Empire in British America," in *Creole Subjects in the Colonial Americas: Empires, Texts, and Identities,* eds. Ralph Bauer and Jose Antonio Mazotti (Chapel Hill: University of North Carolina Press, 2009), 355–372, esp. 363.

34. Byrd, HDL, 182, 204–205. 女人包办所有的工作，而"丈夫躺在床上打呼"的主题，可以追溯到更早以前。托马斯·莫尔在《乌托邦》中提到这种功能失调的性别模式，他认为所有的男人和女人都应该从事生产性劳动。请见 Thomas More, *Utopia,* eds. George M. Logan and Robert M. Adams (Cambridge: Cambridge University Press, 1989; rev. ed., 2011), 51。

35. Byrd, SH, 143; HDL, 311–312. 据《牛津英语词典》记载，"bogtrotting"一词首次出现于 1682 年，它不仅与爱尔兰人有关，也与生活在沼泽附近的穷人有关。

36. Byrd, HDL, 196. 有些学者已经发现伯德引用"傻大个乐土"和懒惰的故事，却没看出"劳伦斯·懒"的民间故事为其根源。"劳伦斯·懒"的故事在英国口耳相传，于 1670 年首次出版。这个故事对伯德的影响，在于他笔下懒惰的卡罗来纳人就像劳伦斯·懒一样，坐在角落无所事事。关于民间传说的历史，请见 J. B. Smith, "Toward a Demystification of Lazy Lawrence," *Folklore* 107 (1996): 101-105；另见 Susan Manning, "Industry and Idleness in Colonial Virginia: A New Approach to William Byrd," *Journal of American Studies* 28, no. 2 (August 1994): 169-190；以及 James R. Masterson, "William Byrd in Lubberland," *American Literature* 9, no. 2 (May 1937): 153-170。伯德还受到了"懒汉乐园"（"An Invitation to Lubberland"）的影响，1685年，"请来懒汉乐园"以攻击性的姿态出现。在这首长诗中，懒汉乐园是片富饶的土地，在这里，居民可以"过着没有劳动的懒惰生活"，"人人都做自己想做的事"。请见 *An Invitation to Lubberland, with an Account of the Great Plenty of That Fruitful Country* (London, ca. 1685)。

37. Byrd, HDL, 192, 196; SH, 59-61, 63. 公野猪吃小野猪和猪崽，它们什么都吃，包括刚出生的牛。它们是食肉动物，还会吃腐肉和粪肥。伯德的猪肉理论可能是受到约翰·劳森1709年有关北卡罗来纳的文字的影响。劳森讨论了各路印第安人是如何得上雅司病的，他把猪肉说成"恶心的食物"，会将其汁液扩散到全身。请见 Lefler, *A New Voyage to Carolina*, 25。英国人普遍认为，没有鼻子，人就会变成动物，因为他们相信人是唯一有鼻子的动物。英国的笑话书充斥着关于无鼻人的下流笑话。请见 Simon Dickie, "Hilarity and Pitilessness in the Mid-Eighteenth Century: English Jestbook Humor," *Eighteenth-Century Studies* 37, no. 1, Exploring Sentiment (Fall 2003): 1-22, esp. 2-3。

38. Byrd, HDL, 160-161, 221-222, 296. 伯德认为印第安人健康强壮，不会因欧洲人的淫荡病而身体虚弱；请见 Fischer, *Suspect Relations*, 75-77。劳森认为，男人应该娶印第安女人为妻，而不是花上"四五年当契约仆役"，因为他们有可能在此过程中生病甚至死亡。劳森和伯德都认为异族通婚是比流血更有效的征服手段。请见 Lefler, *A New Voyage to Carolina*, 192, 244, 246。伯德的确购入10万亩的"懒汉乐园"，希望打造更稳定的瑞士-德国裔开拓者社区，来抵消无所事事者的危险。在他过世前，他已获得了179 440亩地。请见 Lockridge, *The Diary, and Life, of William Byrd*, 140; Wright and Tinling, *William Byrd of Virginia*, 41。

39. "Mr. Urmston's Letter," July 7, 1711, in Saunders, *CRNC*, 1: 770; Ekirch, *Poor Carolina*, 67; J. F. D. Smyth, Esq., *A Tour of the United States of America* (Dublin, 1784), 64-65.

40. Smyth, *A Tour of the United States of America*, 65.

41. *A Voyage to Georgia: Begun in the Year 1735, by Frances Moore*, Georgia Historical Society, Savannah.

42. Mills Lane, ed., *General Oglethorpe's Georgia: Colonial Letters, 1733-1743* (Savannah, GA: Beehive Press, 1990), xviii; E. M. Coulter and A. B. Saye, eds., *A List of the Early Settlers of Georgia* (Athens: University of Georgia Press, 1949), xii, 111; Mr. Benjamin Ingham's journal of his voyage to Georgia, 1736, in Egmont Papers, Philips Collection, University of Georgia, vol. 14201, 442-443; Joseph Hetherington to Mr. Oglethorpe, March 22, 1733/1734, in Lane, *General Oglethorpe's Georgia*, 138.

43. James Edward Oglethorpe, *Some Account of the Design for the Trustees for Establishing Colonies in America*, eds. Rodney M. Baine and Phinizy Spalding (Athens: University of Georgia Press, 1990), 31-32; Samuel Eveleigh to the Trustees, April 6, 1733, in Lane, *General Oglethorpe's Georgia*, 1: 13; Governor Johnson to Benjamin Martyn, July 28, 1733, and Mr. Beaufain to Mr. Simond, January 23, 1733/34, and Extract of a letter from Georgia, March 7, 1735/1736, Egmont Papers, vol. 14200, 36, 62; vol. 14201, 314.

44. Oglethorpe, *Some Account of the Design*, 51; Rodney E. Baine, "General James Oglethorpe and the

Expedition Against St. Augustine," *Georgia Historical Quarterly* 84, no. 2 (Summer 2000): 197–229, esp. 197–198; Turpin C. Bannister, "Oglethorpe's Sources for the Savannah Plan," *Journal of the Society of Architectural Historians* 20, no. 2 (May 1961): 47–62, esp. 60–62.

45. 奥格尔索普希望佐治亚能够让男人"劳动，体面且足以自立"，他评估了妻子和长子的劳动价值，以抵消对仆役和奴隶的需求；请见 James Oglethorpe, *A New and Accurate Account of the Provinces of South-Carolina and Georgia* (London, 1733), 39, 42–43；以及 Philip Thicknesse to his mother, November 3, 1736, in Lane, *General Oglethorpe's Georgia,* 1: 281; Rodney Baine, "Philip Thicknesse's Reminiscences of Early Georgia," *Georgia Historical Quarterly* 74, no. 4 (Winter 1990): 672–698, esp. 694–695, 697–698。有关市民兼士兵的想法，请见 Benjamin Martyn, *An Account, Showing the Progress of the Colony* (London, 1741), 18。关于奥格尔索普对女人和整洁的看法，请见 Oglethorpe, *Some Account of the Design,* 23, 26, 29–31。有关对女奴的看法，请见 Betty Wood, *Slavery in Colonial Georgia, 1730–1775* (Athens: University of Georgia Press, 1984), 18。从 1732 年到 1741 年 9 月，接受救济的开拓者中有 45.4% 是"外国新教徒"，请见 Coulter and Saye, *A List of the Early Settlers,* x。

46. James Oglethorpe to the Trustees, August 12, 1733, in Egmont Papers, vol. 14200, 38–39.

47. Colonel William Byrd to Lord Egmont, July 12, 1736, in "Colonel William Byrd on Slavery and Indentured Servants, 1736, 1739," *American Historical Review* 1, no. 1 (October 1895): 88–99, esp. 89; J. E. Buchanan, "The Colleton Family and Early History of South Carolina and Barbados, 1646–1775" (Ph.D. dissertation, University of Edinburgh, 1989), 33.

48. James Oglethorpe to the Trustees, January 17, 1738/1739, Egmont Papers, vol. 14203, 143.

49. "The Sailors Advocate. To Be Continued." (London, 1728), 8, 10–17; Julie Anne Sweet, "The British Sailors' Advocate: James Oglethorpe's First Philanthropic Venture," *Georgia Historical Quarterly* 91, no. 1 (Spring 2007): 1–27, esp. 4–10, 12.

50. John Vat to Henry Newman, May 30, 1735, and Patrick Tailfer and Others to the Trustees, August 27, 1735, in Lane, *General Oglethorpe's Georgia,* 1: 178, 225.

51. "Oglethorpe State of Georgia," October 11, 1739, (Introductory Discourse to the State of the Colony of Georgia), Egmont Papers, vol. 14204, 35; "The Sailors Advocate," 12; Wood, *Slavery in Colonial Georgia,* 66; Coulter and Saye, *A List of the Early Settlers,* 106–111.

52. Rodney M. Baine, "Indian Slavery in Colonial Georgia," *Georgia Historical Quarterly* 79, no. 2 (Summer 1995): 418–424; Oglethorpe, *Some Account of the Design,* 11–12; Oglethorpe, *A New and Accurate Account,* 30–33; Rodney M. Baine, "New Perspectives on Debtors in Colonial Georgia," *Georgia Historical Quarterly* 77, no. 1 (Spring 1993): 1–19, esp. 4.

53. Milton L. Ready, "Land Tenure in Trusteeship Georgia," *Agricultural History* 48, no. 3 (July 1974): 353–368, esp. 353–357, 359.

54. Translation of Reverend Mr. Dumont's Letter to Mr. Benjamin Martyn, May 21, 1734, Egmont Papers, vol. 14207. 迪蒙牧师是在鹿特丹写的信，代表法国瓦勒度（Vaudois）社群的想法。

55. Oglethorpe, *A New and Accurate Account,* 73–75. 在他另一本宣传小册子中，他引用了罗马殖民地的类似论点，指出只有拥有土地的男人才能结婚生子；请见 Oglethorpe, *Some Account of the Design,* 6, 9–10, 40。

56. James Oglethorpe to the Trustees, January 16, 1738/9, and James Oglethorpe to the Trustees, January 17, 1738/1739, in Egmont Papers, vol. 14203, 142–143.
57. Wood, *Slavery in Colonial Georgia,* 67.
58. "New York. Jan. 9. We Hear from Georgia," *Boston Gazette,* January 22, 1739.
59. Alan Gallay, "Jonathan Bryan's Plantation Empire: Land, Politics, and the Formation of a Ruling Class in Colonial Georgia," *William and Mary Quarterly* 45, no. 2 (April 1988): 253–279, esp. 253, 257–260, 275.

第三章　富兰克林的美国"品种"理论：中庸人口学

1. *Poor Richard, 1741. An Almanack for the Year of Christ 1741,...* By Richard Saunders (Philadelphia, 1741), in *The Papers of Benjamin Franklin,* ed. Leonard W. Labaree et al., 40 vols. (New Haven, CT: Yale University Press, 1959–), 2: 292.
2. Albert Furtwangler, "The Spectator's Apprentice," in *American Silhouettes: Rhetorical Identities of the Founders* (New Haven, CT: Yale University Press, 1987), 15–34, esp. 28–30; R. Jackson Wilson, *Figures of Speech: American Writers and the Literary Marketplace from Benjamin Franklin to Emily Dickinson* (New York: Johns Hopkins University Press, 1989), 21–65; David Waldstreicher, *Runaway America: Benjamin Franklin, Slavery, and the American Revolution* (New York: Hill & Wang, 2004), 50–52, 220; Charles E. Clark and Charles Wetherell, "The Measure of Maturity: The *Pennsylvania Gazette,* 1728–1765," *William and Mary Quarterly* 46, no. 2 (April 1989): 279–303, esp. 291; William Pencak, "Politics and Ideology in 'Poor Richard's Almanack,'" *Pennsylvania Magazine of History and Biography* 116, no. 2 (April 1992): 183–211, esp. 195–196; Benjamin Franklin, *The Autobiography,* with introduction by Daniel Aaron (New York: Vintage, 1990), 116.
3. Carl Van Doren, *Benjamin Franklin* (New York: Viking, 1938), 170–171, 174–180, 195–196, 210–215, 220, 223–224; George Boudreau, "'Done by a Tradesman': Franklin's Educational Proposals and the Culture of Eighteenth-Century Philadelphia," *Pennsylvania History* 69, no. 4 (Autumn 2002): 524–557; William H. Williams, "The 'Industrious Poor' and the Founding of the Pennsylvania Hospital," *Pennsylvania Magazine of History and Biography* 97, no. 4 (October 1973): 431–443; J. L. Heilbron, "Benjamin Franklin in Europe: Electrician, Academician, and Politician," *Notes and Records of the Royal Society of London* 61, no. 3 (September 22, 2007): 353–373, esp. 355; L. K. Mathews, "Benjamin Franklin's Plans of Colonial Union," *American Political Science Review* 8, no. 3 (August 1914): 393–412.
4. 关于人类因快乐和痛苦而产生的推力和拉力，请见 Franklin, "A Dissertation on Liberty and Necessity, Pleasure and Pain" (London, 1725), in *Franklin Papers,* 1: 57–71, esp. 64, 71；以及Joyce Chaplin, *Benjamin Franklin's Political Arithmetic: A Materialist View of Humanity* (Washington, DC: Smithsonian Institution Libraries, 2006), 12–16。
5. Peter Kalm, *Travels into North America; Containing Its Natural History, and a Circumstantial Account of Its Plantations and Agricultural in General, with the Civil, Ecclesiastical and Commercial State of the Country, the Manners of the Inhabitants, and Several Curious and Important Remarks on Various Subjects,* trans. John Reinhold Forster, vol. 1 (Warrington, UK, 1770), 1: 305–306; Benjamin Franklin to Samuel Johnson, August 23, 1750, *Franklin Papers,* 4: 40–42, esp. 42.

6. "A Dissertation on Liberty," *Franklin Papers,* 1: 64; the dedication in Hakluyt, *Principall Navigations,* 1: [2].
7. Franklin, "Observations Concerning the Increase of Mankind" (1751), *Franklin Papers,* 4: 225–234, esp. 228; William F. Von Valtier, "The Demographic Numbers Behind Benjamin Franklin's Twenty. Five-Year Doubling Period," *Proceedings of the American Philosophical Society* 155, no. 2 (June 2011): 158–188, esp. 160–161, footnote 9.
8. Franklin, "Observations Concerning the Increase of Mankind," *Franklin Papers,* 231; Franklin to John Alleyne, August 9, 1768, *Franklin Papers,* 3: 30–31, 15: 184.
9. "The Speech of Miss Polly Baker," April 15, 1747, *Franklin Papers,* 3: 123–125. 某位作家指出，波利·贝克尔的故事是以埃莉诺·凯洛格（Eleanor Kellog）为原型的。1745 年，她因为生了第五个私生子，在马萨诸塞的伍斯特（Worcester）遭审讯。请见 Max Hall, *Benjamin Franklin and Polly Baker: The History of a Literary Deception* (Pittsburgh: University of Pittsburgh Press, 1960; rev. ed., 1990), 94–98。
10. 有关单身汉的处罚，请见 "To All Married Men to Whom These Presents Shall Come," *New-York Gazette,* March 20, 1749, reprinted in the *Boston Evening Post,* April 7, 1749；以及 "From an Epistle from a Society of Young Ladies," *New-York Evening Post,* October 28, 1751。有关单身汉税，请见 *Boston Evening Post,* August 4, 1746。富兰克林在另一篇文章中写道："单身汉不如已婚男子有价值。"请见 Franklin, "Old Mistresses Apologue," June 25, 1745, *Franklin Papers,* 3: 30–31。
11. William H. Shurr, "'Now, God, Stand Up for Bastards': Reinterpreting Benjamin Franklin's Autobiography," *American Literature* 64, no. 3 (September 1992): 435–451, esp. 444; Dennis Hodgson, "Benjamin Franklin on Population: From Policy to Theory," *Population and Development Review* 17, no. 4 (December 1991): 639–661, esp. 640–641.
12. Franklin, "Observations Concerning the Increase of Mankind," *Franklin Papers,* 4: 231–232; Locke's "Atlantis" writings (1678-1679) in Goldie, ed., *Locke: Political Essays,* xxvi, 255–259.
13. Franklin, "The Interest of Great Britain Considered (1760)," *Franklin Papers,* 9: 59–100, esp. 73–74, 77–78, 86–87, 94.
14. Franklin to Peter Collinson (1753), *Franklin Papers,* 5: 158–159; "Information to Those Who Would Remove to America," by Dr. Franklin, *Boston Magazine* (October 1784), 505–510; Franklin, "The Interest of Great Britain Considered (1760)," *Franklin Papers,* 9: 86.
15. Franklin, *The Autobiography,* 13–25; Marcus Rediker, "'Good Hands, Stout Heart, and Fast Feet': The History and Culture of Working People in Early America," *Labour/Le Travail* 10 (Autumn 1982): 123–144, esp. 141; *The Infortunate: The Voyage and Adventures of William Moraley, an Indentured Servant* (1743), eds. Susan E. Klepp and Billy G. Smith, 2nd ed. (University Park: Pennsylvania State University Press, 2005), xvii-xviii, xxv-xxvi, 16, 26, 41, 51, 72–74, 78–79, 87–88, 97.
16. Billy G. Smith, "Poverty and Economic Marginality in Eighteenth-Century America," *Proceedings of the American Antiquarian Society* 132, no. 1 (March 1988): 85–118, esp. 100–103, 105, 113; Gary B. Nash, "Poverty and Poor Relief in Pre-Revolutionary Philadelphia," *William and Mary Quarterly* 33, no. 1 (January 1976): 3–30, esp. 12–13; Susan E. Klepp, "Malthusian Miseries and the Working Poor in Philadelphia, 1780–1830," in *Down and Out in Early America,* ed. Billy G. Smith (University Park: Pennsylvania State University Press, 2004), 63–92, esp. 64.

17. Jack Marietta, *The Reformation of American Quakerism, 1748–1783* (Philadelphia: University of Pennsylvania Press, 1984), 21–24, 28, 51, 65; Jean R. Soderlund, "Women's Authority in Pennsylvania and New Jersey Quaker Meetings, 1680–1760," *William and Mary Quarterly* 44, no. 4 (October 1987): 722–749, esp. 743–744.
18. Frederick B. Tolles, "Benjamin Franklin's Business Mentors: The Philadelphia Quaker Merchants," *William and Mary Quarterly* 4, no. 1 (January 1947): 60–69; J. A. Leo Lemay, *The Life of Benjamin Franklin,* vol. 1, *Journalist, 1706–1730* (Philadelphia: University of Pennsylvania Press, 2005), 1: 238, 258, 268, 458–459, and vol. 2, *Printer and Publisher, 1730–1747* (Philadelphia: University of Pennsylvania Press, 2005), 2: 322–323; Jacquelyn C. Miller, "Franklin and Friends: Franklin's ties to Quakers and Quakerism," *Pennsylvania History* 57, no. 4 (October 1990): 318–336, esp. 322–326.
19. Stephen Brobeck, "Revolutionary Change in Colonial Philadelphia: The Brief Life of the Proprietary Gentry," *William and Mary Quarterly* 33, no. 3 (July 1976): 410–434, esp. 413, 417–418, 422–423; Thomas M. Doerflinger, "Commercial Specialization in the Philadelphia Merchant Community, 1750–1791," *Business History Review* 57, no. 1 (Spring 1983): 20–49, esp. 22, 28, 46.
20. Robert F. Oaks, "Big Wheels in Philadelphia: Du Simitiere's List of Carriage Owners," *Pennsylvania Magazine of History and Biography* 95, no. 3 (July 1971): 351–362, esp. 351, 355. 有关富兰克林的马和马车，请见 Lemay, *The Life of Benjamin Franklin,* 2: 320–321, and footnote 36 on 594；以及 "Appendix 2: Franklin's Residences and Real Estate to 1757" and "Appendix 8: Franklin's Wealth, 1756," in Lemay, *The Life of Benjamin Franklin,* vol. 3, *Soldier, Scientist, and Politician, 1748–1757* (Philadelphia: University of Pennsylvania Press, 2008), 3: 599–602, 630–634。富兰克林还获得了精英地位的其他标志，像是家族纹饰和精美的家具。他也不断在英国和欧洲为他费城的新家（1764年开始建造）购入他所谓的"中意之物"；请见 Edward Cahill, "*Benjamin Franklin's* Interiors," *Early American Studies* 6, no. 1 (Spring 2008): 27–58, esp. 44–46。
21. Lemay, *The Life of Benjamin Franklin,* 2: 320.
22. *Pennsylvania Gazette,* January 20, 1730, in *Franklin: Writings,* ed. J. A. Leo Lemay (New York: Library of America, 1987), 139. 18世纪30年代，大约有7.3万名欧洲人前往英属北美洲，其中至少有1.7万人抵达费城港口。在18世纪30年代，几乎每三名在费城上岸的乘客中，就有一名是契约仆役，另外还有500名海外引入的奴隶。18世纪中期是英国罪犯劳力拥入美洲的高峰时期。费城人担心仆役潜逃，请见 *Pennsylvania Gazette,* July 2, 1751。
23. *Boston News Post-Boy,* December 4, 1704; [Boston] *Weekly Rehearsal,* May 14, 1733; *New-York Gazette, or Weekly Post-Boy,* June 15, 1747.
24. [Boston] *Weekly Rehearsal,* March 20, 1732; Jenny Davidson, *Breeding: A Partial History of the Eighteenth Century* (New York: Columbia University Press, 2009), 137–143; Boudreau, "Done by a Tradesman," 529.
25. Williams, "The 'Industrious Poor' and the Founding of the Pennsylvania Hospital," 336–337, 339, 441–442; Franklin to Peter Collinson, May 9, 1753, and "'Arator': On the Price of Corn, and the Management of the Poor" (1766), *Franklin Papers,* 4: 479–486, esp. 479–480; 13: 510–515.
26. Franklin to Peter Collinson, May 9, 1753, *Franklin Papers,* 4: 480–482.
27. "To the Author of the Letter on the Last *Pennsylvania Gazette,*" *Pennsylvania Gazette,* May 15, 1740;

Franklin, *Plain Truth: or, Serious Considerations on the Present State of the City of Philadelphia and Province of Pennsylvania. By a Tradesman of Philadelphia* (Philadelphia, 1747), and "Form of Association," *Pennsylvania Gazette*, December 3, 1747, in *Franklin Papers*, 3: 180–212, esp. 198–199, 201, 211; "Extracts from Plain Truth," *New-York Gazette, or Weekly Post-Boy*, December 14, 1747.

28. *Plain Truth*, and "Form of Association," in *Franklin Papers*, 3: 198, 209, 211.

29. "Petition to the Pennsylvania Assembly Regarding Fairs" (1731), *Franklin Papers*, 1: 211; *Pennsylvania Gazette*, November 18, 1731, and Waldstreicher, *Runaway America*, 94; Franklin, *The Autobiography*, 34–35.

30. "From the Reflector: Of Ambition and Meanness," *Boston Evening Post*, March 2, 1752; *The New-York Weekly Journal*, March 3, 1734. 在英国,商业阶层实际上享有更高的社会流动性,请见 Neil McKendrick, John Brewer, and John Harold Plumb, eds., *Birth of a Consumer Society: The Commercialization of Eighteenth-Century England* (Bloomington: Indiana University Press, 1982), 20。

31. "From a Paper entitled COMMON SENSE. The First Principles of Religion for Preserving Liberty," *Pennsylvania Gazette*, February 12, 1741.

32. Franklin to Benjamin Franklin Bache, September 25, 1780, *Franklin Papers*, 33: 326.

33. Franklin to Peter Collinson, May 9, 1753, *Franklin Papers*, 4: 480–482.

34. Ibid.; Franklin to Peter Collinson [1753?], *Franklin Papers*, 5: 158–159.

35. Trish Loughan, "Disseminating *Common Sense*: Thomas Paine and the Problem of the Early National Best Seller," *American Literature* 78, no. 1 (March 2006): 1–28, esp. 4, 7, 12, 14; John Keane, *Tom Paine: A Life* (Boston: Little, Brown, 1995), 62, 73–74, 79, 84; J. C. D. Clark, "Thomas Paine: The English Dimension," in *Selected Writings of Thomas Paine*, eds. Ian Shapiro and Jane E. Calvert (New Haven, CT: Yale University Press, 2014), 538; John Brewer, *The Sinews of Power: War, Money and the English State, 1688–1783* (Cambridge, MA: Harvard University Press, 1900), 104–105, 222–230; Edward Larkin, "Inventing an American Public: Paine, the 'Pennsylvania Magazine,' and American Revolutionary Discourse," *Early American Literature* 33, no. 3 (1998): 250–276, esp. 254, 257, 261; Robert A. Ferguson, "The Commonalities of *Common Sense*," *William and Mary Quarterly* 57, no. 3 (July 2000): 465–504, esp. 487–489, 502.

36. Thomas Slaughter, ed., *Common Sense and Related Writings by Thomas Paine* (Boston: Bedford/St. Martin's, 2001), 79; Thomas Paine, "Agrarian Justice, Opposed to Agrarian Law, and to Agrarian Monopoly," (1797), in Shapiro and Calvert, *Selected Writings of Thomas Paine*, 555, 557.

37. 关于他的商业和民族理论,他写道:"英国将在对美贸易中受益,而非对美征服中。如果英美两国,是法国和西班牙那样的互相独立状态,英国将继续从中获得巨大利益";见 Slaughter, ed., *Common Sense*, 89–90, 110。

38. Slaughter, *Common Sense*, 86, 89, 100, 113. 亚当·斯密在《国富论》(*The Wealth of Nations*)中,也对英国的金融体系提出了类似的批评,特别是对英国的巨额债务,以及英国多次卷入代价高昂的战争中。

39. Slaughter, *Common Sense*, 89, 100, 102–104; T. H. Breen, "An Empire of Goods: The Anglicization of Colonial America, 1760–1776," *Journal of British Studies* 25, no. 4 (October 1986): 467–499, esp. 487.

潘恩担任主编的杂志《宾夕法尼亚杂志》曾刊登 1771 年至 1773 年费城港出口货物统计表,请见 editor, the *Pennsylvania Magazine; or, American Monthly Museum,* published a chart of exports (tonnage and *Pennsylvania Magazine; or, American Monthly Museum* (February 1775), 72。

40. 潘恩写道:"英国重商和理性的部分仍将与我们同在;因为有贸易的和平,胜过没有贸易的战争。"请见 Slaughter, *Common Sense,* 114。有关 1775 年和 1776 年,大陆会议针对自由贸易的讨论,请见 Staughton Lynd and David Waldstreicher, "Free Trade, Sovereignty, and Slavery: Toward an Economic Interpretation of the American Revolution," *William and Mary Quarterly* 68, no. 4 (October 2011): 597–630, esp. 610, 624–630。支援美国独立的英国"美国之友"(friends of America) 之所以这样做,是出于经济和政治上的考量,他们希望确保英美两国维持坚实的盟友关系。请见 Eliga H. Gould, *The Persistence of Empire: British Political Culture in the Age of the American Revolution* (Chapel Hill: University of North Carolina Press, 2000), 165。

41. Thomas Paine, "A Dialogue Between the Ghost of General Montgomery Just Arrived from the Elysian Fields; an American Delegate, in the Wood Near Philadelphia" (1776); Philip Foner, ed., *The Complete Writings of Thomas Paine,* 2 vols. (New York: Citadel, 1945), 2: 91。他在后来的作品中继续讨论英美的商业结盟;请见 Thomas Paine, *Rights of Man, Part the Second. Combining Principle and Practice,* second edition (London, 1792), 82–88;以及 Thomas C. Walker, "The Forgotten Prophet: Tom Paine's Cosmopolitanism and International Relations," *International Studies Quarterly* 44, no. 1 (March 2000), 51–72, esp. 59–60。潘恩以美国人与印第安人的通婚为类比,探讨了互有好感和自愿贸易的本质,以及头衔对于"充满敬畏、迷信的平民"的有害影响;请见 "Reflections on Titles," *Pennsylvania Magazine; or, American Monthly Museum* (May 1775), 209–210,以及"The Old Bachelor, No. IV. Reflections on Unhappy Marriages," *Pennsylvania Magazine; or, American Monthly Museum* (June 1775), 263–265。

42. Slaughter, *Common Sense,* 112–114。潘恩指出,叛乱有三种方式:通过"国会中人民的合法声音宣布独立;通过军事力量;通过暴民;我们的士兵未必都是公民,群众也未必都是通情达理的人"。

43. Slaughter, *Common Sense,* 79, 83–84, 102, 105; Keane, *Tom Paine,* 74。

44. 1774 年 11 月 30 日,潘恩的船停靠在费城。他于 1776 年 1 月 10 日出版第一版的《常识》。请见 Keane, *Tom Paine,* 84;以及 "To the Honorable Benjamin Franklin, Esq.," March 4, 1775, in Foner, *Complete Writings,* 1132。潘恩向《宾夕法尼亚杂志》的读者推荐戈德史密斯的《世界史》(*History of the World*),并附上这位爱尔兰作家的诗作及肖像;请见 "List of New Books," and "Retaliation; a Poem, by Dr. Goldsmith," *Pennsylvania Magazine; or, American Monthly Museum* (January 1775), 40, 42;以及 Oliver Goldsmith, *History of Earth and Animated Nature; abridged.* By Mrs. Pilkington (Philadelphia, 1808), 16–22。戈德史密斯的书第一版共八卷,1774 年在伦敦出版。

45. 林奈乌斯在 1735 年首次发表了他的《一般系统》(*General System*)。在这本书中,他简单地根据大陆和肤色,区分出四组智人;到了 1785 年,他另外补上了一系列的特征。1735 年的版本只有 11 页,1785 年的版本则有 3 000 多页。布丰在他的《自然通史》(*Histoire Naturalle*) 中,选择使用"种族"一词,而非林奈乌斯的"种类"。布丰把人类看作一种特殊的种群、谱系,在这种谱系中,人类的特征代代相传。请见 Sir Charles Linne, *A General System of Nature, Through the Three Grand Kingdoms of Animals, Vegetables, and Minerals; Systematically Divided into Their Several Classes, Orders, Genera, Species, and Varieties, with Their Habitations, Manners, Economy, Structure, and Peculiarities,* trans. William

Turton, M.D. (London, 1802), 1; 以及 Nicholas Hudson, "From 'Nation' to 'Race': The Origins of Racial Classification in Eighteenth-Century Thought," *Eighteenth-Century Studies* 29, no. 3 (1996): 247–264, esp. 253。

46. Joseph Priestley, *An Address to Protestant Dissenters of All Denominations, on the Approaching Election of Members of Parliament, with Respect to the State of Public Liberty in General, and of American Affairs in Particular* (London, 1774), 9; "Free Thoughts on Monarchy and Political Supersti-tion," *St. James Chronicle or the British Evening Post,* January 22–25, 1774; *Dunlap's Penn-sylvania Packet or, the General Advertiser,* April 25, 1774; Verner W. Crane, "The Club of Honest Whigs: Friends of Liberty and Science," *William and Mary Quarterly* 23, no. 2 (April 1966): 210–233, esp. 231.

47. Slaughter, *Common Sense,* 87–90, 94, 99, 104, 110; James V. Lynch, "The Limits of Revolutionary Radicalism: Tom Paine and Slavery," *Pennsylvania Magazine of History and Biography* 123, no. 5 (July 1999): 177–199.

48. Slaughter, *Common Sense,* 88, 90, 92–93, 99; Keane, *Tom Paine,* 42–45; Paine, *Letter Addressed to the Abbe Raynal, on the Affairs of North America: in Which the Mistakes in the Abbe's Account of the Revolution of America Are Corrected and Cleared Up* (1782), in Foner, *Complete Writings,* 2: 258.

49. Slaughter, *Common Sense,* 100, 104–105.

50. Ibid., 87–88, 93–94, 110; Book 2, chapter 14, "Of Waste," in Sir William Blackstone, *Commentaries on the Laws of England* (London, 1765–1766).

51. Slaughter, *Common Sense,* 113–114.

52. Paine, "A Dialogue Between the Ghost of General Montgomery" (1776) and *Letter Addressed to the Abbe Raynal, on the Affairs of North America* (1782), in Foner, *Complete Writings,* 2: 92, 243.

第四章 杰斐逊眼中的阶级"垃圾":奇异的阶级地形学

1. Thomas Jefferson to George Rogers Clark, December 25, 1780, *Papers of Thomas Jefferson,* ed. Julian Boyd et. al., 40 vols. to date (Princeton, NJ: Princeton University Press, 1950–), 4: 237; Thomas Jefferson to James Madison, April 27, 1809, in *The Papers of Thomas Jefferson: Retirement Series,* ed. J. Jefferson Looney, 11 vols. to date (Princeton, NJ: Princeton University Press, 2005–), 1: 69. Hereafter cited as *PTJ* and *PTJ R*. Andrew Burstein and Nancy Isenberg, *Madison and Jefferson* (New York: Random House, 2010), 388–390; John Murrin, "The Jeffersonian Triumph and American Exceptionalism," *Journal of the Early Republic* 20, no. 1 (Spring 2000): 1–25.

2. John E. Selby, *The Revolution in Virginia, 1775–1783* (Williamsburg, VA: Colonial Williamsburg Foundation, 1988), 26–32; Michael McDonnell, "Jefferson's Virginia," in *A Companion to Thomas Jefferson,* ed. Francis D. Cogliano (Chichester, UK: Wiley-Blackwell, 2012), 16–31, esp. 21–22; Lucia Stanton, *"Those Who Labor for My Happiness": Slavery at Thomas Jefferson's Monticello* (Charlottesville: University of Virginia Press, 2012), 56. 杰斐逊虽种植烟草和小麦,但烟草才是其主要经济物;请见 Barbara McEwan, *Thomas Jefferson: Farmer* (Jefferson, NC: McFarland & Co., 1991), 2–3, 39–42, 45–46。

3. 杰斐逊的函载于 *PTJ,* 8: 426, 29: 153;以及 Thomas Jefferson, *Notes on the State of Virginia,* ed. William Peden (Chapel Hill: University of North Carolina Press, 1955), 164–165. 关于杰斐逊坎务农生活,请

见 Lucia Stanton, "Thomas Jefferson: Planter and Farmer," in Cogliano, *A Companion to Thomas Jefferson*, 253–270。

4. Thomas Jefferson to Thomas Leiper, February 23, 1801, *PTJ*, 8: 210–212, 33: 50. 关于杰斐逊设计的犁, 请 见 Thomas Jefferson to Sir John Sinclair, March 23, 1798, *PTJ* 30: 197–209; the original memorandum, "Description of a Mouldboard of the Least, & of the Easiest and Most Certain Construction,"MSi5 [electronic edition]；Thomas Jefferson Papers: An Electronic Archive, Boston, MA: Massachusetts Historical Society, 2003, thomasjeffersonpapers.org；另见 August C. Miller Jr., "Jefferson as an Agriculturalist," *Agricultural History* 16, no. 2 (April 1942): 65–78, esp. 70, 71–72, 75。

5. Joan Thirsk, "Plough and Pen: Writers in the Seventeenth Century," *Social Relations and Ideas: Essays in Honour of R. H. Hilton* (Cambridge: Cambridge University Press, 1983), 295–318, esp. 297–298, 316; Benjamin R. Cohen, *Notes from the Ground: Science, Soil, and Society in the American Countryside* (New Haven, CT: Yale University Press, 2009), 18, 20, 25; McRae, *God Speed the Plough,* 203–204, 206, 208, 210; George Washington to William Pierce, 1796, in *The Writings of Washington from the Original Manuscript Sources, 1744–1799,* ed. John C. Fitzpatrick, 39 vols. (Washington, DC: Government Printing Office, 1931–1944), 34: 451; Jefferson, *Notes on the State of Virginia,* 85; Miller, "Jefferson as an Agriculturalist," 69, 71–72.

6. Jefferson, *Notes on the State of Virginia,* 139.

7. Kevin J. Hayes, "The Libraries of Thomas Jefferson," in *A Companion to Thomas Jefferson,* 333–349; Burstein and Isenberg, *Madison and Jefferson,* 558; Andrew Burstein, *The Inner Jefferson: Portrait of a Grieving Optimist* (Charlottesville: University of Virginia Press, 1995), 16–17, 32, 34, 129, 133; Burstein, *Jefferson's Secrets: Death and Desire at Monticello* (New York: Basic Books, 2005), 162, 165–166; Herbert E. Sloan, *Principle and Interest: Thomas Jefferson and the Problem of Debt* (Charlottesville: University of Virginia Press, 1995), 25, and note 84 on 259–260, and *Jefferson's Memorandum Books: Accounts, with Legal Records and Miscellany, 1767–1826,* eds. James A. Bear Jr. and Lucia C. Stanton (Princeton, NJ: Princeton University Press, 1997), 671, 686, 717, 724, 728, 734, 741–742, 807; Annette Gordon-Reed, *The Hemingses of Monti-cello: An American Family* (New York: Norton, 2008), 164–165, 209.

8. Thomas Jefferson to Charles Wilson Peale, April 17, 1813, *PTJ-R,* 6: 69.

9. Jefferson, *Notes on the State of Virginia,* 164.

10. Michael A. McDonnell, *The Politics of War: Race, Class, and Conflict in Revolutionary Virginia* (Chapel Hill: University of North Carolina Press, 2007), 27, 93, 95, 109, 119, 227–229, 258–261, 275, 277–278, 306–307, 389–394; John Ferling, "Soldiers for Virginia: Who Served in the French and Indian War?," *Virginia Magazine of History and Biography* 94, no. 3 (July 1986): 307–328; Thomas Jefferson to Richard Henry Lee, June 5, 1778, *PTJ,* 2: 194.

11. Thomas L. Humphrey, "Conflicting Independence: Land Tenancy and the American Revolution," *Journal of the Early Republic* 28, no. 2 (Summer 2008): 159–182, esp. 170; L. Scott Philyaw, "A Slave for Every Soldier: The Strange History of Virginia's Forgotten Recruitment Act of 1 January 1781," *Virginia Magazine of History and Biography* 109, no. 4 (2001): 367–386, esp. 371.

12. Stanley Katz, "Thomas Jefferson and the Right to Property in Revolutionary America," *Journal of Law and*

Economics 19, no. 3 (October 1976): 467–488, esp. 470–471.

13. Holly Brewer, "Entailing Aristocracy in Colonial Virginia: 'Ancient Feudal Restraints' and Revolutionary Reform," *William and Mary Quarterly* 54, no. 2 (April 1997): 307–346; Christopher Michael Curtis, *Jefferson's Freeholders and the Politics of Ownership in the Old Dominion* (New York: Cambridge University Press, 2012), 21–26, 56, 72, 75–76.

14. Curtis, *Jefferson's Freeholders,* 56, 72.

15. Humphrey, "Conflicting Independence," 180–181.

16. 该法案于1778年被首次提出，1780年第二次提出，并于1785年在众议院获得通过，但在参议院夭折。请见 "A Bill for the More General Diffusion of Knowledge" (1778), *PTJ,* 2: 526–535；以及 Jennings L. Wagoner Jr., *Jefferson and Education* (Charlottesville, VA: Monticello Monograph Series, 2004), 34–38。

17. Jefferson, *Notes on the State of Virginia,* 146. 班扬两度提到"垃圾"（muck）这个词，第一次意指耙粪，是隐晦的象征。第二次则是在他的《给男孩和女孩的书》（*Book for Boys and Girls*）中，提到歉收中变成了垃圾。请见 Roger Sharrock, "Bunyan and the English Emblem Writers," *Review of English Studies* 21, no. 82 (April 1945): 105–116, esp. 109–110, 112。

18. "A Bill for Support of the Poor," *PTJ,* 2: 419–423.

19. Georges-Louis Leclerc, Comte de Buffon, *Natural History, General and Particular, by the Count de Buffon, Translated into English,* 8 vols. (2nd. ed., London, 1785), 3: 104, 134–136, 190.

20. Ibid., 3: 57–58, 61–62, 129–130, 192–193.

21. Jefferson, *Notes on the State of Virginia,* 7–8, 10, 19, 21–22, 43–54, 58–65, 79, 226–331, 253–254.

22. Thomas Jefferson to the Marquis de Chastellux, June 7, 1785, *PTJ,* 8: 185–186.

23. Thomas Jefferson to G. K. van Hogendorp, October 13, 1785, and Thomas Jefferson to John Jay, August 23, 1785, *PTJ,* 8: 426, 633; McRae, *God Speed the Plough,* 231–261.

24. "Report of the Committee, March 1, 1784," *PTJ,* 6: 603; C. Albert White, *A History of the Rectangular Survey System* (Washington, DC: Government Printing Office, 1983), 11, 512; William D. Pattison, *Beginnings of the American Rectangular Land Survey System, 1784–1800* (Chicago: University of Chicago Press, 1957), 42–45, 63–65; Peter Onuf, "Liberty, Development, and Union: Visions of the West in the 1780s," *William and Mary Quarterly* 43, no. 2 (April 1986): 179–213, esp. 184.

25. J. Hector St. John de Crevecoeur, *Letters from an American Farmer,* ed. Susan Manning (New York: Oxford University Press, 1997), xi–xiii, 15, 25, 27–28, 41–42, 45–47. 有关农夫教儿子犁田，请见 "Pleasing Particulars in Husbandry & c. [From Letters from J. Hector St. John, a Farmer in Pennsylvania, to his Friend in England]," *Boston Magazine* (July 1986), 285–291, esp. 285；以及 Thomas Philbrick, "Crevecoeur as New Yorker," *Early American Literature* 11, no. 1 (Spring 1976): 22–30；以及 St. John Crevecoeur to Thomas Jefferson, May 18, 1785, *PTJ,* 8: 156–157。

26. Answers to Démeunier's First Queries, January 24, 1786, *PTJ,* 10: 16.

27. Thomas Jefferson to Richard Claiborne, August 8, 1787, *PTJ,* 16: 540; Thomas Jefferson to Edward Bancroft, January 26, 1789, *PTJ,* 14: 492, 35: 718–721.

28. McDonnell, *The Politics of War,* 439, 455, 480–482; Woody Holton, "Did Democracy Cause the Recession That Led to the Constitution?" *Journal of American History* 92, no. 2 (September 2005): 442–469, esp. 445–

446.

29. John Ferling, *Whirlwind: The American Revolution and the War That Won It* (New York: Bloomsbury, 2015), 320–321; Charles Royster, *A Revolutionary People at War: The Continental Army and the American Character, 1775–1783* (Chapel Hill: University of North Carolina Press, 1979), 353–357.

30. "Jefferson's Reply to the Representations of Affairs in America by British Newspapers" [before November 20, 1784], *PTJ,* 7: 540–545; Wallace Evan Davies, "The Society of Cincinnati in New England, 1783–1800," *William and Mary Quarterly* 5, no. 1 (January 1948): 3–25, esp. 3, 5.

31. Thomas Jefferson to Abigail Adams, February 22, 1787, *PTJ,* 11: 174–175; Thomas Jefferson to James Madison, January 30 and February 5, 1787, in *The Republic of Letters: The Correspondence Between Thomas Jefferson and Madison, 1776–1826,* ed. James Morton Smith, 3 vols. (New York: Norton, 1994), 1: 461; Burstein and Isenberg, *Madison and Jefferson,* 146–148, 168; Woody Holton, *Unruly Americans and the Origins of the Constitution* (New York: Hill & Wang, 2007), 145–148, 155, 159; David P. Szatmary, *Shays' Rebellion: The Making of an Agrarian Insurrection* (Amherst: University of Massachusetts Press, 1980), 66.

32. Abigail Adams to Thomas Jefferson, September 10, 1787, *PTJ,* 12: 112; "To the Printer," *American Recorder, and Charles-town Advertiser,* January 19, 1787; the account of Reverend Bezaleel Howard of Springfield (September 1787), reprinted in Richard D. Brown, "Shays Rebellion and Its Aftermath: A View from Springfield, 1787," *William and Mary Quarterly* 40, no. 4 (October 1983): 598–615, esp. 602; *New Haven Gazette, and Connecti-cut Magazine,* January 25, 1787.

33. "Jefferson's Observations on Démeunier's Manuscript," *PTJ,* 10: 52.

34. Curtis, *Jefferson's Freeholders,* 97, 101.

35. Fredrika J. Teute and David S. Shields, "The Court of Abigail Adams," and "Jefferson in Washington: Domesticating Manners in the Republican Court," *Journal of the Early Republic* 35 (Summer 2015): 227–235, 237–259, esp. 229–230, 242, 246; Charlene M. Boyer Lewis, *Elizabeth Patterson Bonaparte: An American Aristocrat in the Early Republic* (Philadelphia: University of Pennsylvania Press, 2012), 12, 16, 20, 23, 29.

36. Pater Shaw, *The Character of John Adams* (Chapel Hill: University of North Carolina Press, 1976), 227, 230, 232–233.

37. Simon Newman, "Principles or Men? George Washington and the Political Culture of National Leadership, 1776–1801," *Journal of the Early Republic* 12, no. 4 (Winter 1992): 447–507.

38. Burstein and Isenberg, *Madison and Jefferson,* 262, 381; Jean Edward Smith, *John Marshall: Definer of a Nation* (New York: Henry Holt, 1996), 12; John C. Rainbolt, "The Alteration in the Relationship Between the Leadership and Constituents in Virginia, 1660–1720," *William and Mary Quarterly* 27, no. 3 (July 1970): 411–434, esp. 418–422. 弗吉尼亚的精英不喜欢虚荣地展现学识和衣着，他们认为这是暴发户的象征，这正是杰斐逊和约翰·马歇尔着装低调的原因。这种阶级观点在罗伯特·芒福德（Robert Munford）的讽刺剧《候选人》（*The candidate,* 1770）中有所体现，请见 Jay B. Hubbell and Douglas Adair, "Robert Munford's 'The Candidates,' " *William and Mary Quarterly* 5, no. 2 (April 1948): 217–257, esp. 233–235, 240–242；关于杰斐逊和他的羊，请见 Stanton, "Thomas Jefferson: Planter and Farmer," 264。

39. Jefferson, *Notes on the State of Virginia,* 86–87, 138–140.

40. "A Bill Declaring What Persons Shall Be Deemed Mulattos," *PTJ,* 2: 476; Thomas Jefferson to Francis C. Gray, March 4, 1815, *PTJ-R,* 8: 310–311. 关于杰斐逊养羊的方法，请见 "Notes on Breeding Merino Sheep," enclosure in Thomas Jefferson to James Madison, May 13, 1810, and Thomas Jefferson to William Thorton, May 24, 1810；以及 "Petition of Albemarle County Residents to the Virginia General Assembly" [before December 19, 1811]，*PTJ-R,* 2: 390, 2: 413, 4: 346；另见 *Thomas Jefferson's Farm Book: With Commentary and Relevant Extracts from Other Writings,* ed. Edwin Morris Betts (Charlottesville: University of Virginia Press, 1999), 111–141。1816 年帕里（Dr. Parry）在文章中呼应杰斐逊的论点；他将动物混种模式应用到人类身上，并为四代混种阶段命名：第一代的混种是 "mulatto"，第二代是 "quadroon"，第三代是 "mestizo"，第四代是 "quinteroon"。他声称 "quinteroon" 是 "近乎纯白" 的，没有 "黑人的污点"。他还强调，这只适用于白人男性和混血女性，"如果是白人女性和男性黑人的混血，情况则会反过来"，也就是说，第四代的孩子会近乎全黑。请见 Dr. C. H. Parry, "On the Crossing the Breeds of Animals," *Massachusetts Agricultural Repository and Journal* (June 1, 1816): 153–158; Buffon, *Natural History,* 3: 164–165; Andrew Curran, "Rethinking Race History: The Role of the Albino in the French Enlightenment Life Sciences," *History and Theory* 48 (October 2009): 151–179, esp. 171。

41. William Short to Thomas Jefferson, February 27, 1798, *PTJ,* 30: 150.

42. 杰斐逊相信混种会改良黑人。他写道："大家都在黑人与白人混血的第一代例子中，看见黑人在身体和思想上的进步，证明了他们之所以是次等的，不仅仅是因为生活条件。"请见 Jefferson, *Notes on the State of Virginia,* 141; Stanton, "Those Who Labor for My Happiness," 64–65, 178–179, 197, 224；以及 Gordon-Reed, *The Hemingses of Monticello,* 41, 49, 80, 86, 100–101, 661–662。

43. Thomas Jefferson to Joel Yancy, January 17, 1819, and Thomas Jefferson to John W. Eppes, June 30, 1820, in *Thomas Jefferson's Farm Book,* 43, 46. 杰斐逊用繁殖能力来衡量女奴的价格。谈到亲戚考虑要卖掉的女奴时，他说她是个 "停止生育" 的女人。请见 Thomas Jefferson to William O. Callis, May 8, 1795, *PTJ,* 28: 346。

44. John Adams to Thomas Jefferson, August [14?], November 15, 1813, in *The Adams-Jefferson Letters: The Complete Correspondence Between Thomas Jefferson and Abigail and John Adams,* ed. Lester J. Cappon (Chapel Hill: University of North Carolina Press, 1959), 365–366, 397–402.

45. Thomas Jefferson to John Adams, October 28, 1813, *The Adams-Jefferson Letters,* 387–388; Jefferson, *Notes on the State of Virginia,* 140; Burstein, *Jefferson's Secrets,* 167–168.

46. Thomas Jefferson to John Adams, October 13, 1813, *The Adams-Jefferson Letters,* 387–389.

47. Thomas Jefferson to William Wirt, August 5, 1815, *PTJ R,* 8: 642–643; Thomas Jefferson to John Jay, August 23, 1785, *PTJ,* 8: 426; *Notes on the State of Virginia,* 165; Thomas Jefferson to James Monroe, May 5, 1793, *PTJ,* and Thomas Jefferson to James Madison, May 5, 1793, *PTJ,* 25: 660–661.

48. John Adams to Thomas Jefferson, November 15, 1813, *The Adams-Jefferson Letters,* 401.

第五章　杰克逊的南方穷苦白人国：占居者的心声

1. John R. Van Atta, *Securing the West: Politics, Public Lands, and the Fate of the Old Republic, 1785–1850* (Baltimore: Johns Hopkins University Press, 2014), 17–18, 23.

2. Malcolm J. Rohrbough, *The Land Office Business: The Settlement and Administration of American Public*

Lands, 1789–1837 (Belmont, CA: Wadsworth, 1990), 6; Eliga H. Gould, *Among the Powers of the Earth: The American Revolution and the Making of a New World Empire* (Cambridge, MA: Harvard University Press, 2012), 12.

3. 虽然南方边境地区的概念始于殖民时期，但作为一个与东岸殖民地不同的独特地区，南方边境在美国大革命后依然存在，就算在美国独立的初期也出现了新的边境。请见 Robert D. Mitchell, "The Southern Backcountry: A Geographical House Divided," in *The Southern Backcountry: Interdisciplinary Perspectives on Frontier Communities,* eds. David C. Crass, Steven D. Smith, Martha A. Zierden, and Richard D. Brooks (Knoxville: University of Tennessee Press, 1998), 1–35, esp. 27。

4. Van Atta, *Securing the West,* 14, 18.

5. John Pickering, "Memoir of the Present State of the English Language in the United States, with a Vocabulary Containing Various Words Which Has Been Supposed to Be Peculiar to This Country," *Memoirs of the American Academy of Arts and Sciences* (January 1, 1815), 523; Kendall, *Travels Through the Northern Part of the United States in the Years 1807 and 1808* (New York, 1809), 160; Nathaniel Gorham to James Madison, January 27, 1788, *The Papers of James Madison,* 10: 435–436; Madison to Washington, February 3, 1788, *The Papers of James Madison,* 10: 463; "Philadelphia, August 10," *The* [Philadelphia] *Federal, and Evening Gazette,* August 10, 1790; William H. Stiles, "Pioneering in Genesee County: Entrepreneurial Strategy and the Concept of Central Place," in *New Opportunities in a New Nation: The Development of New York After the Revolution,* eds. Manfred Jonas and Robert W. Wells (Schenectady, NY: Union College Press, 1982), 35–68.

6. Kendall, *Travels,* 160–162; Alan Taylor, "'A Kind of War': The Contest for Land on the Northeastern Frontier, 1750–1820," *William and Mary Quarterly* 46, no. 1 (January 1786): 3–26, esp. 6–9; "Various Paragraphs," *Columbian Centinel. Massachusetts Federalist,* October 18, 1800.

7. 凯肯德尔 (Kendall) 说"占居者并非缅因特有的产物"，然后便提到宾州。请见 Kendall, *Travels,* 161–162。有关各种公告，请见 *Proclamation, by Honorable George Thomas, Esq. Lieutenant Governor and Commander in Chief of the Province of Pennsylvania...* (October 5, 1742); 以及 *Proclamation, by Honorable James Hamilton, Lieutenant Governor and Commander in Chief of the Province of Pennsylvania...* (July 18, 1749); 以及 *Proclamation, by the Honorable John Penn, Esq., Lieutenant Governor and Commander in Chief of the Province of Pennsylvania* (September 23, 1766); 以及 for the emphasis on the death penalty, see *Proclamation, by the Honorable John Penn, Esq., Lieutenant Governor and Commander in Chief of the Province of Pennsylvania...* (February 24, 1768)。美国的占居者，类似于擅自占用土地上的英国流浪汉。很多英国流浪汉住在森林和沼泽地带——庄园中的荒废土地，1666 年伦敦大火后，还有许多人住在别人的土地上。请参考严厉的驱逐警告: *This Court Taking into Consideration, the Utmost Time for Taking Down and Removing All Such Sheds, Shops, and Other Like Buildings, Which Have Been Erected Since the Late Dismal Fire...* (London, 1673); A. L. Beier, *Masterless Men,* 9, 19, 73–74.

8. Eric Hinderaker, *Elusive Empires: Constructing Colonialism in the Ohio Valley, 1763–1800* (Cambridge: Cambridge University Press, 1997), 239–240, 244, 246; Holly Mayer, "From Forts to Families: Following the Army into Western Pennsylvania, 1758–1766," *Pennsylvania Magazine of History and Biography* 130, no. 1 (January 2006): 5–43, esp. 13, 21, 23–24, 36–38, 40.

9. Bouquet to Anne Willing, Bedford, September 17, 1759, in *The Papers of Colonel Henry Bouquet*, ed. Sylvester E. Stevens et al., 19 vols. (Harrisburg: Pennsylvania Historical Commission and Works Progress Administration, 1940–1944), 3: 371–372, 4: 115–116.

10. "Squat"和"squatting"的各种内涵，请见 *Oxford English Dictionary*; Melissa J. Pawlikowski, "'The Ravages of a Cruel and Savage Economy': Ohio River Valley Squatters and the Formation of a Communitarian Political Economy, 1768–1782" (paper presented at the Society of Historians of the Early American Republic, July 17, 2011, in possession of the author)。关于霍屯督人，请见"The Voyage of Peter Kolben, A.M., to the Cape of Good Hope; with an Account of the Manners and Customs of Its Inhabitants," *The Pennsylvania Herald, and General Advertiser*, July 21, 1786。关于切罗基女人蹲在地上，请见"A True Relation of the Unheard of Sufferings of David Menzies, Surgeon Among the Cherokees; Deliverance in South-Carolina," *The Boston Post-Boy and Advertiser*, March 6, 1767。关于英国军人与其作战风格，请见"Annapolis, in Maryland, July 15," [Boston] *Weekly News-Letter*, August 19, 1756; "New-York, March 27," *The New-York Gazette: or, The Weekly Post-Boy*, March 27, 1758; "Extract of a Letter from Ticonderoga, July 31," *Pennsylvania Gazette*, August 9, 1759; John K. Mahon, "Anglo-American Methods of Indian Warfare, 1675–1794," *Mississippi Valley Historical Review* 45, no. 2 (September 1958): 254–275。关于"身份"(standing) 的法律意义，请见 Tomlins, *Freedom Bound*, 119–120。

11. 殖民地官员也强调，"他们喜好残忍行事"，他们是偷马贼，企图用"无聊故事"来挑起战争；请见 Captain Gavin Cochrane to Lord Dartmouth, June 22, 1767, in M. Mathews, "Of Matters Lexicographical," *American Speech* 34, no. 2 (May 1959): 126–130。有关南方穷苦白人，请见 Mr. Simpson and Mr. Barnard, Address Presented to Governor James Wright in March 1767, in *The Colonial Records of the State of Georgia*, ed. Allen D. Chandler, 26 vols. (Atlanta, 1904), 14: 475–476；以及 Mr. James Habersham to Governor James Wright, in *The Letters of James Habersham 1756–1775*, in *The Collections of the Georgia Historical Society*, 15 vols. (Savannah, 1904), 6: 204；以及 in Delma E. Presley, "The Crackers of Georgia," *Georgia Historical Quarterly* 60, no. 2 (Summer 1976): 102–116, esp. 102–103。有关南方穷苦白人挖人眼睛，请见"Extracts of the Letter from a Camp Near Seneca, August 18," *Pennsylvania Ledger*, October 26, 1776 (this report was republished in numerous papers in Rhode Island, Connecticut, and Massachusetts)。

12. 伍德梅森还称他们为"土匪、放荡者、无赖、地球上最低等的人渣"。他进一步指出，这些人被当作"富裕种植园主和印第安人间的屏障"。请见 Richard Hooker, ed., *The Carolina Backcountry on the Eve of the Revolution: The Journal and Other Writings of Charles Woodmason, Anglican Itinerant* (Chapel Hill: University of North Carolina Press, 1953), 25, 27, 31–32, 52–54, 60–61, 154。

13. 海军少尉亚历山大·卡梅伦（Alexander Cameron）曾在南卡罗来纳担任英国间谍，争取印第安人的支持。1765年2月3日，他在写给海军上尉加文·科克伦（Captain Gavin Cochrane）的信中提到"噼啪响商人"，用来形容白人偷猎者，请见 John L. Nichols, "Alexander Cameron, British Agent Among the Cherokee, 1764–1781," *South Carolina Historical Magazine* 97, no. 2 (April 1996): 94–114, esp. 95, 97。卡梅伦似乎是第一个使用"噼啪响商人"一词的人，后来科克伦把他们称为"南方穷苦白人"。卡梅伦是出生于苏格兰的军人，1738年追随詹姆斯·奥格尔索普将军来到美洲。关于"虱子穷苦白人"这个词的定义（讨厌的、邋遢的家伙），请见 Ebers, *The New and Complete Dictionary of England and German Language*, vol. 2 (Leipzig, 1798), 363。关于虚度光阴的"笑话穷白人"，请见"Cursory Thoughts,"

Vermont Gazette, August 5, 1805。关于讨厌的侮辱如同鞭炮一般臭不可闻,请见 *Lloyd's Evening Post,* May 15–17, 1765。有关南方穷苦白人爱说谎或爱夸大,请见 "No. CXXXIV. Kit Cracker, a Great Dealer in the Marvelous, Describes Himself and His Adventures to the Observer," in Richard Cumberland, *The Observer: Being a Collection of Moral, Literary and Familiar Essays* (London, 1791), 86–95。

14. "No. III, To the Editors of the Charleston Courier," *United States Gazette,* June 13, 1804; "crack brained son" in *The Providence Gazette, and Country Journal,* January 3, 1768; "Attention Haymaker!," *Thomas's Massachusetts Spy, or Worcester Gazette,* July 20, 1796; Robert G. McPherson, ed., *The Journal of the Earl of Egmont, Abstract of the Trustees Proceedings for Establishing the Colony of Georgia, 1732–1738* (Athens: University of Geor-gia Press, 1962), 59; Hooker, *The Carolina Backcountry,* 62; *Oxford English Dictionary;* Thomas Tusser, *Five Hundred Points of Good Husbandry* (1573; reprint ed., Oxford, 1848), 93.

15. Gavin Cochrane to Lord Dartmouth, June 27, 1766, in Mathews, "Of Matters Lexicographical," 127; *Oxford English Dictionary;* Edward Philips, *A New World of Words: or A General Dictionary* (London, 1671), n.p.

16. Benjamin Rush, "An Account of the Progress of Population, Agriculture, Manners, and Government in Pennsylvania, in a Letter to a Friend in England," in *Essays, Literary, Moral, Philosophical* (Philadelphia, 1798), 214, 224–225. 1816 年,密歇根州州长也如此形容法国的开拓者,他说这些人采用了印第安人的生活方式,偶尔贸易,然后就是长时间的懒惰,任自己的农场荒芜下去。他们也不知道"家庭生活的普通行为"。他发出警告:除非有新人迁入,否则这个地区将充斥"贫困无助的人民"。请见 Governor Lewis Cass to Secretary of War, May 31, 1816, in *The Territorial Papers of the United States,* vol. 10, *The Territory of Michigan, 1805–1820,* ed. Clarence Edwin Carter (Washington, DC: Government Printing Office, 1942), 642–643. 较有钱的开拓者向西发展时,也同样希望能清除穷人。请见 John Melish (who wrote on Kentucky), *Travels in the United States of America in the Years 1806 & 1807, and 1809, 1810, & 1811,* 2 vols. (Philadelphia, 1812), 2: 204。

17. Lee Soltow, "Progress and Mobility Among Ohio Propertyholders, 1810–1825," *Social Science History* 7, no. 4 (Autumn 1983): 405–426, esp. 410, 412–415, 418, 420; Andrew R. L. Cayton, "Land, Power, and Reputation: The Cultural Dimension of Politics in the Ohio Country," *William and Mary Quarterly* 47, no. 2 (April 1990): 266–286, esp. 278; Rudolf Freud, "Military Bounty Lands and the Origins of the Public Domain," *Agricultural History* 20, no. 1 (January 1946): 8–18, esp. 8; Craig T. Friend, "Merchants and Markethouses: Reflections on Moral Economy in Early Kentucky," *Journal of the Early Republic* 17, no. 4 (Winter 1997): 553–574, esp. 556–557, 572; Marion Nelson Winship, "The Land of Connected Men: A New Migration Story from the Early Republic," *Pennsylvania History* 64 (Summer 1997): 88–104, esp. 90, 97.

18. Peter Onuf, "Settlers, Settlements, and New States," in *The American Revolution: Its Character and Limits,* ed. Jack Greene (New York: New York University Press, 1987), 171–196, esp. 180–182; Thomas Jefferson to Secretary of War, April 8, 1804, in *The Territorial Papers of the United States,* vol. 13, *The Territory of Louisiana-Missouri, 1803–1806,* ed. Clarence Edwin Carter (Washington, DC: Government Printing Office, 1948), 13: 19; Thomas Jefferson to Albert Gallatin, November 3, 1808, in *The Territorial Papers of the United States,* vol. 7, *The Territory of Indiana, 1800–1810,* ed. Clarence Edwin Carter (Washington, DC: Government Printing Office, 1939), 7: 610–611; Bethel Saler, *The Settlers' Empire: Colonialism and State Formation in America's Old Northwest* (Philadelphia: University of Pennsylvania Press, 2015), 48–50, 54;

Van Atta, *Securing the West,* 77–78.

19. Mathew Carey, *Essays on Political Economy, or, The Most Certain Means of Promoting Wealth, Power, Resources, and Happiness of Nations: Applied to the United States* (Philadelphia, 1822), 177, 376; Andrew R. L. Cayton, *The Frontier Republic: Ideology and Politics in the Ohio Country, 1780–1825* (Kent, OH: Kent State University Press, 1986), 77, 144–145; Van Atta, *Securing the West,* 110–112, 118, 210.

20. Gary Edwards, "'Anything… That Would Pay': Yeoman Farmers and the Nascent Market Economy on the Ante-bellum Plantation Frontier," in *Southern Society and Its Transformation, 1790–1860,* eds. Susanna Delfino, Michele Gillespie, and Louis M. Kyria koudes (Columbia: University of Missouri Press, 2011), 102–130, esp. 108, 110; Craig Thompson Friend, "'Work & Be Rich': Economy and Culture on the Bluegrass Farm," in *The Buzzel About Kentuck,* ed. Craig Thompson Friend (Lexington: University Press of Kentucky, 1999), 124–151, esp. 128–133; Robert P. Swierenga, "The 'Western Land Business': The Story of Easley & Willingham, Speculators," *Business History Review* 41, no. 1 (Spring 1967): 1–20, esp. 12, 16; Rohrbough, *The Land Office Business,* 170–171, 175–176, 235–236; Soltow, "Progress and Mobility," 423.

21. Norma Basch, "Marriage, Morals, and Politics in the Election of 1828," *Journal of American History* 80, no. 3 (December 1993): 890–918; John Ward, *Andrew Jackson: Symbol for an Age* (New York: Oxford University Press, 1953), 54–55; Andrew Burstein, *The Passions of Andrew Jackson* (New York: Knopf, 2003), 11, 170, 172.

22. "Ode to the Fourth of July," *Salem* [MA] *Gazette,* July 15, 1823; "Old Hickory," *Haverhill* [MA] *Gazette and Patriot,* August 7, 1824.

23. Wilson's poem "The Pilgrims," and "Extract of a Letter from Lexington," *The Port-Folio* (June 1810): 499–519, esp. 505, 514–515. 有关威尔逊，请见 R. Cantwell, *Alexander Wilson: Naturalist and Pioneer* (Philadelphia: J. B. Lippincott, 1961)。威尔逊用同样的标准来研究鸟类和占居者；他写道，从"它们特定的栖息地及建造巢穴的方式"，可以看出"鸟类的个性"；请见 Edward H. Burtt Jr. and William E. Davis Jr., *Alexander Wilson: The Scot Who Founded American Ornithology* (Cambridge, MA: Belknap Press of Harvard University Press, 2013), 11。

24. Wilson, "Extract of a Letter from Lexington," 519; Anna Stilz, "Nations, States, and Territory," *Ethics* 121, no. 3 (April 2011): 572–601, esp. 575–576.

25. Cornelia J. Randolph to Virginia J. Randolph (Trist), August 17, 1817, *PTJ-R,* Thomas Jefferson Foundation, Charlottesville, VA.

26. "Measuring for a Bed," *New Bedford* [MA] *Mercury,* February 12, 1830 (reprinted from the *Baltimore Emerald*); "Sporting in Illinois," *Spirit of the Times; A Chronicle of Turf, Agriculture, Field Sports, Literature, and Stage* (July 14, 1838): 169; Ludwig Inkle, "Running from the Indians," *Magnolia; or Southern Monthly* (August 1841): 359–362. esp. 360.

27. John M. Denham, "The Florida Cracker Before the Civil War as Seen Through Travelers' Accounts," *Florida Historical Quarterly* 72, no. 4 (April 1994): 453–468, esp. 460, 467–468; Inkle, "Running from the Indians."

28. "The Tobacco Roller," [Augusta, GA] *Southern Sentinel,* November 6, 1794; "Taking the Mississippi," *Maine Farmer,* October 26, 1848; "A Forcible Argument," *New Hampshire Centinel,* June 15, 1837; "The Hoosier Girls," [Charleston, SC] *Southern Patriot,* October 12, 1837; "Hoosier Poetry," [New Orleans] *Daily*

Picayune, July 26, 1838; *Barre* [MA] *Weekly Gazette,* November 2, 1838; "From the National Intelligencer," *Macon Georgia Telegraph,* April 7, 1840.

29. John Finley, "The Hoosier's Nest," *Indiana Quarterly Magazine of History* 1, no. 1 (1905): 56–57; William D. Pierson, "The Origins of the Word 'Hoosier': A New Interpretation," *Indiana Magazine of History* 91, no. 2 (June 1995): 189–196.

30. "Cracker Dictionary," *Salem* [MA] *Gazette,* Mary 21, 1830; "Southernisms," *New Hampshire Patriot & State Gazette,* July 27, 1835; "The Gouging Scene," *Philadelphia Album and Ladies Literary Portfolio,* September 25, 1830.

31. 《南方穷苦白人字典》。另一位作家用"今天在这儿——一会儿就走了"的格言来定义"占据者"；请见 "Original Correspondence," *Boston Courier,* November 25, 1830。

32. M. J. Heale, "The Role of the Frontier in Jacksonian Politics: David Crockett and the Myth of the Self-made Man," *Western Historical Quarterly* 4, no. 4 (October 1973): 405–423, esp. 405–409, 417; James R. Boylston and Allen J. Wiener, *David Crockett in Congress: The Rise and Fall of the Poor Man's Friend* (Houston: Bright Sky Press, 2009), 2–3.

33. Cynthia Cumfer, "Local Origins of National Indian Policy: Cherokee and Tennessee Ideas About Sovereignty and Nationhood, 1790–1811," *Journal of the Early Republic* 23, no. 1 (Spring 2003): 21–46, esp. 25, 31; Heale, "The Role of the Frontier in Jacksonian Politics," 416–417; "Premium on Fecundity," [Haverhill, MA] *Essex Gazette,* April 3, 1830.

34. *Davy Crockett's Almanack of 1837* (Nashville, 1837), 40–43; Heale, "The Role of the Frontier in Jacksonian Politics," 408; James Atkins Shackford, *David Crockett: The Man and the Legend* (Chapel Hill, NC: University of North Carolina Press, 1956), 68–69, 136, 144; Alexander Saxton, *The Rise and Fall of the White Republic: Class Politics and Mass Culture in Nineteenth-Century America* (London: Verso, 1990), 78, 83; Boylston and Wiener, *David Crockett in Congress,* 16; "Remarks of Mr. Crockett, of Tennessee," *United States Telegraph,* May 19, 1828; "Congressional Canvas," [Columbia, SC] *Columbia Telescope,* June 12, 1829; "Col. David Crockett, of Tennessee," *Daily National Intelligencer,* June 22, 1831; "Cracker Dictionary."

35. "There Are Some Queer Fellows in Congress," [Fayetteville, NC] *Carolina Observer,* March 20, 1828; "Preface of Hon. David Crockett's Biography," *United States Telegraph,* February 22, 1834; "The Indian Question," *Raleigh Register, and the North Carolina Gazette,* July 1, 1834; "Meeting in New York," *The North Star,* June 8, 1849, and Todd Vogel, *Rewriting White: Race, Class and Cultural Capital in Nineteenth-Century America* (New Brunswick, NJ: Rutgers University Press, 2004), 25.

36. *Davy Crockett's Almanack of 1837,* 8, 17.

37. Guy S. Miles, "Davy Crockett Evolves, 1821–1824," *American Quarterly* 8, no. 1 (Spring 1956): 53–60, esp. 54–55; Melvin Rosser Mason, "'The Lion of the West': Satire on Davy Crockett and Frances Trollope," *South Central Bulletin* 29, no. 4 (Winter 1969): 143–145; Walter Blair, "Americanized Comic Braggarts," *Critical Inquiry* 4, no. 2 (Winter 1977): 331–349.

38. 关于戴维拒绝充当杰克逊总统"走狗"的声明，请见 "Politics of the Day," *Daily National Intelligencer,* March 30, 1831；以及 "Col. Crockett. From the Boston Journal," *Indiana Journal,* May 31, 1834；另见 Megan Taylor Shockley, "King of the Wild Frontier vs. King Andrew I: Davy Crockett and the Election of

1831," *Tennessee Historical Quarterly* 56, no. 3 (Fall 1997): 158–169, esp. 161–162, 166。

39. Burstein, *The Passions of Andrew Jackson,* 209–211.
40. "Old Hickory," [Haverhill, MA] *Gazette and Patriot,* August 7, 1824; Harry L. Watson, *Liberty and Power: The Politics of Jacksonian America* (New York: Hill & Wang, 1990; rev. ed., 2006), 77.
41. "Emigration to the Westward," [Boston] *Independent Chronicle,* September 11, 1815; broadside "Unparalleled Victory" (Boston, 1815); "Address, Directed by Maj. General Jackson to Be Read at the Head of Each Corps Composing the Line Below New Orleans, January 24, 1815," *Albany Argus,* February 28, 1815; "The River Mississippi," *American Advocate and Kennebec Advertiser,* March 25, 1815; Burstein, *The Passions of Andrew Jackson,* 125.
42. Burstein, *The Passions of Andrew Jackson,* 5, 121, 138; Kevin J. Hayes, ed., *Jefferson in His Own Time: A Biographical Chronicle of His Life, Drawn from Recollections, Interviews, and Memoirs by Family, Friends, and Associates* (Iowa City: University of Iowa Press, 2012), 99.
43. "From the Georgia Constitutionalist," [Charleston, SC] *City Gazette and Commercial Daily Advertiser,* October 22, 1824; "Foreign Notices of American Literature," *Literary Gazette,* March 3, 1821.
44. a review of Achille Murat's *Essay on the Morality and Politics of the United States of North America* (1832), *North American Quarterly Magazine* (March 1838): 103–119, esp. 107.
45. David S. Heidler and Jeanne T. Heidler, *Old Hickory's War: Andrew Jackson and the Quest for Empire* (Baton Rouge: Louisiana State University Press, 2003), 87–108.
46. 英国媒体指控杰克逊对印第安人实施种族灭绝，并将野蛮带入美国人的性格中；媒体将他处决两名英国公民的行为表述为另一起"暴行"。请见"From the *Liverpool Courier* of Aug. 18," *Commercial Advertiser,* October 3, 1818；以及 Isaac Holmes, *An Account of the United States of America, Derived from Actual Observation, During a Residence of Four Years in That Republic* (London, 1824), 83; "American Justice!! The Ferocious Yankee Gen.! Jack's Reward for Butchering Two British Subjects!," Tennessee State Museum Collection, Nashville; Heidler and Heidler, *Old Hickory's War,* 154–157；以及David S. Heidler, "The Politics of National Aggression: Congress and the First Seminole War," *Journal of the Early Republic* 13, no. 4 (Winter 1993): 501–530, esp. 504–505。
47. "White Savages," *Thomas's Massachusetts Spy, and Worcester Gazette,* September 9, 1818; "From Darien Gazette," [Windsor] *Vermont Journal,* June 28, 1819; "Seminole — First Campaign. Extracts from the Journal of a Private," *New Hampshire Gazette,* May 9, 1827.
48. Ward, *Andrew Jackson: Symbol for an Age,* 63; "Mr. Lacock's Reply," *Nile's Weekly Register,* April 3, 1819.
49. F. P. Prucha, "Andrew Jackson's Indian Policy: A Reassessment," *Journal of American History* 56, no. 3 (December 1969): 527–539, esp. 529; Waldo S. Putnam, *Memoirs of Andrew Jackson; Major General in the Army of the United States and Commander in Chief of the Division of the South* (Hartford, CT, 1818), 310. 约翰·伊顿（John Eaton）是杰克逊最忠实的盟友之一，也是他传记的作者。伊顿承认杰克逊的暴躁脾气害他陷入了许多争执中。塞米诺尔之役后，众所周知，杰克逊的脾气不好。请见"The Life of Andrew Jackson," *Western Review and Miscellaneous Magazine* (September 1819): 87–91, esp. 87。关于他的"火暴"脾气和他无视"法律制度"，请见"General Andrew Jackson," *National Register,* August 5, 1820；有关他的无理，请见"The Presidency," *Eastern Argus,* October 7, 1823；有关克莱骂他是"军事

酋长",请见克莱后来公开发表的信 *Daily National Intelligencer,* February 12, 1825。帮杰克逊讲话的人宣称他有责任保护边疆开拓者的生命,他的政策是以保护未来的移民为前提的;暴力是对付野蛮敌人的唯一办法。请见 "Defense of Andrew Jackson: Strictures on Mr. Lacock's Report on the Seminole War," *Niles Weekly Register,* March 13, 1819。

50. 关于移除印第安人,请见 Michael Morris, "Georgia and the Conversation over Indian Removal," *Georgia Historical Quarterly* 91, no. 4(Winter 2007): 403–423, esp. 405, 419。杰克逊不承认印第安人有任何土地所有权,他否定印第安人对"自身居住或改良的土地"所有权的主张;请见 Prucha, "Andrew Jackson's Indian Policy: A Reassessment," 532。关于亚拉巴马的占居者,请见 Van Atta, *Securing the West,* 186–187;以及 Rohrbough, *The Land Office Business,* 163。

51. Burstein, *The Passions of Andrew Jackson,* 56–57; "Col. Benton and Col. Jackson," *Daily National Journal,* June 30, 1828; "Traits in the Character of General Jackson," *Missouri Republican,* September 13, 1824.

52. *Some Account of Some of the Bloody Deeds of Gen. Andrew Jackson* (broad-side, Franklin, TN, 1818); "Reminiscences; or an Extract from a Catalogue of General Jackson's 'Juvenile Indiscretions,' from the Age of 23 to 60," *Newburyport Herald,* July 1, 1828.

53. Andrew Jackson to John Coffee, June 18, 1824, in *Correspondence of Andrew Jackson,* ed. John Spencer Bassett, 6 vols. (Washington, DC, 1926–1934), 3: 225–226; Matthew Warshauer, "Andrew Jackson as 'Military Chieftain' in the 1824 and 1828 Presidential Elections: The Ramifications of Martial Law on American Republicanism," *Tennessee Historical Quarterly* 57, no. 1 (Spring/Summer 1998): 4–23.

54. "The Presidency" and "General Jackson," *Louisville Public Advertiser,* January 14, 1824, and October 22, 1822.

55. "Sketch of a Debate: Seminole War," *City of Washington Gazette,* February 5, 1819.

56. "The Beau and the Cracker," *Columbian Museum and Savannah Advertiser,* October 7, 1796; *To a Woodman's Hut* (New York, 1812). 该情节可能源于更早的创作,因其与 "A Dialogue Between a Noble Lord, and a Poor Woodman" (1770) 存在相似性;约瑟夫·多德里奇的故事收录于 *Logan. The Last of the Race of Schikellemus, Chief of the Cayuga Nation* (1823), 引自 Cecil D. Eby, "Dandy Versus Squatter: An Earlier Round," *Southern Literary Review* 20, no. 2 (Fall 1987): 33–36, esp. 34。

57. 1824 年的选战中流传着一则轶闻,描述杰克逊将军和费城"纨绔子弟"的幽默相遇。请见 "Anecdote of General Jackson," *Raleigh Register, and North Carolina State Gazette,* February 13, 1824。

58. John Tailaferro, *Account of Some of the Bloody Deeds of GENERAL JACKSON, Being a Supplement to the "Coffin Handbill"* (broadside, Northern Neck, VA, 1828); "General Jackson," *Maryland Gazette and the State Register,* January 22, 1824; "Jackson's Literature," *United States' Telegraph,* March 8, 1828; "The Presidency," [Portland, ME] *Eastern Argus,* October 7, 1823; "Something Extraordinary," *Raleigh Register, and North Carolina State Gazette,* August 6, 1824; "General Jackson," *National Advocate,* March 10, 1824.

59. *New Orleans Argus,* August 21, 1828; "The Backwoods Alive with Old Hickory," *Louisville Public Advertiser,* February 27, 1828.

60. "Jackson Toasts," *Newburyport Herald,* June 22, 1828; "Humorous Sketch," *Norwich Courier,* April 1, 1829; "Barney Blinn" (from the Augusta *Georgia Chronicle*), *New London Gazette,* December 19, 1827; Charles Mathews, *The London Mathews; Containing an Account of the Celebrated Comedian's Journey to America...*

(Philadelphia, 1824), 33–34; "The Subjoined Communication," *New-England Galaxy and United States Literary Advertiser,* November, 7, 1828.

61. "Mr. Jefferson's Opinion of Gen. Jackson — Settled," *Indiana Journal,* January 3, 1828.
62. *New Hampshire Patriot & State Gazette,* April 23, 1827; [Portland, ME] *Eastern Argus,* May 8, 1827; Burstein, *The Passions of Andrew Jackson,* 28–33, 227–228, 241–248; Ann Toplovich, "Marriage, Mayhem, and Presidential Politics: The Robards-Jackson Backcountry Scandal," *Ohio Valley History* 5（Winter 2005）: 3–22.
63. "From Harrisburgh, Pa.," *New Orleans Argus,* May 17, 1828; Charles Hammond, "The Character of Andrew Jackson," in *Truth's Advocate and Monthly Anti-Jackson Advocate* (Cincinnati, 1828), 216.
64. Basch, "Marriage, Morals, and Politics in the Election of 1828," 903; Charles Hammond, "View of General Jackson's Domestic Relations," *Truth's Advocate and Monthly Anti-Jackson Advocate,* 5; "Dana vs. Mrs. Jackson," *Richmond Enquirer,* May 4, 1827; "Dana vs. Mrs. Jackson," *New Hampshire Patriot & State Gazette,* May 21, 1827. 关于达纳，请见 James D. Daniels, "Amos Kendall: Kentucky Journalist, 1815–1829," *Filson Historical Quarterly* (1978): 46–65, esp. 55–56。有关瑞秋小木屋里的背德，请见 "Mrs. Jackson," *Richmond Enquirer,* May 4, 1827. 也有人攻击杰克逊是黑白混血儿，有传言说他的母亲是跟着英国军队跑的营妓，曾与黑人男子同居。这个故事的重点放在杰克逊可疑的血统上。杰克逊的"血统或种族"之根源，请见 "Rank Villainy and Obscenity," *Charleston* [SC] *Mercury,* August 22, 1828。
65. Lynn Hudson Parsons, *The Birth of Modern Politics: Andrew Jackson, John Quincy Adams and the Election of 1828* (New York: Oxford University Press, 2009), 189; "British Scandal," *Salem Gazette,* April 15, 1828; "Mrs. Jackson," *New Bedford* [MA] *Mercury,* December 5, 1828; "Mrs. Jackson," [Portland, ME] *Eastern Argus Semi-Weekly,* February 24, 1829.
66. "The Game of Brag," *Richmond Enquirer,* February 29, 1840. 关于口若悬河的政治家，请见 George Watterston, *Wanderer in Washington* (Washington, DC, 1827). 3。关于杰克逊作为"新奥尔良骑士"，请见 "Toasts at a Celebration in Florida," *Orange County Patriot, or the Spirit of Seventy-Six,* March 14, 1815。关于杰克逊是国家的拯救者，请见 John Eaton, *Letters of Wyoming to the People of the United States, on the Presidential Election, and in Favor of Andrew Jackson* (Philadelphia, 1824), 12。关于杰克逊是"空前绝后的英雄！无与伦比之人……翻遍史籍，也找不到比他更伟大的人物"！请见 William P. Van Ness, *A Concise Narrative of General Jackson's First Invasion of Florida, and of His Immortal Defense of New-Orleans; with Remarks. By Aristides* (Albany, NY, 1827), 29–30，以及 "Mr. J. W. Overton's Address," *Carthage Gazette,* June 9, 1815。1824 年，亚当斯的支持者宣称他们不是"喧嚣夸大的选民"，但到了 1832 年，他们也开始夸口称赞自己支持的候选人；请见 "Presidential," *Middlesex Gazette,* June 23, 1824；关于亨利·克莱和其政党是吹牛大王，请见 "Henry Clay," *Richmond Enquirer,* August 21, 1832；有关"竞选活动"，请见 "To the Editor of the Globe," *Richmond Enquirer,* August 31, 1832；关于报纸用"吹牛比赛"来为克莱的竞选能力辩护，请见 "Put Up Your Cash!" *Rhode Island Republican,* October 2, 1832；关于选举吹牛文化，请见 "From the National Intelligencer," *The Connecticut Courant,* May 25, 1835；有首诗在挖苦辉格党吹牛失败，请见 "The Whigs Lament, After the Election in '35," *New Hampshire Patriot & State Gazette,* June 1, 1835；关于辉格党人与吹牛比赛，请见 "General Harrison," *Richmond Enquirer,* July 29, 1836；以及 "Pennsylvania," *Richmond Enquirer,* September 27, 1836。在造访

美国后，英国女人弗朗西丝·特罗洛普（Francis Trollope）写道："每个美国人都是吹牛大王，无时无刻不在吹牛。"请见 "Leaves from Mrs. Trollope's Journal," *Connecticut Mirror*, September 1, 1832。

67. "A Challenge. The Walnut Cracker, vs. the Knight of the Red Rag," *Pendleton Messenger*, August 2, 1820；这个故事最初刊登于田纳西的报纸上，后来南卡罗来纳州彭德尔顿（Pendleton）的报纸才转载。这场决斗的起因为两州交界处有人越界。下战帖时，老山胡桃送出的"不是手套"，而是被他咬掉的几个人头。

68. John R. Van Atta, "'A Lawless Rabble': Henry Clay and the Cultural Politics of Squatters' Rights, 1832–1841," *Journal of the Early Republic* 28, no. 3 (Fall 2008): 337–378; "The Squatter in the White House," *Mississippian*, September 6, 1844; Rohrbough, *The Land Office Business*, 162–163, 169–175, 235–236; "The Squatters," *Mississippian*, March 24, 1837; "The Squatters," *Wisconsin Territorial Gazette and Burlington Advertiser*, July 10, 1837.

69. Michael E. Welsh, "Legislating a Homestead Bill: Thomas Hart Benton and the Second Seminole War," *Florida Historical Quarterly* 27, no. 1 (October 1978): 157–172, esp. 158–159; Van Atta, *Securing the West*, 181, 226–228.

70. "Public Exhibition. Mammoth Hog, Corn Cracker. 'Kentucky Against the World,' " [New Orleans] *Daily Picayune*, June 3, 1840; Gustav Kobbe, "Presidential Campaign Songs," *The Cosmopolitan* (October 1888), 529–535, esp. 531; Robert Gray Gunderson, *The Log-Cabin Campaign* (Lexington: University of Kentucky Press, 1957), 1, 8, 75–77, 102–103, 110–115. 据说戴维·克罗克特为马丁·范·布伦写了一部虚构的竞选传记。范·布伦被嘲笑为雌雄同体的奇怪物种，请见 David Crockett, [Augustin Smith Clayton] *The Life of Martin Van Buren* (Philadelphia, 1835), 27–28, 79–81；以及 J. D. Wade, "The Authorship of David Crockett's 'Autobiography,' " *Georgia Historical Quarterly* 6, no. 3 (September 1922): 265–268。

71. John S. Robb, "The Standing Candidate; His Excuse for Being a Bachelor," in *Streaks of Squatter Life, or Far West Scenes* (Philadelphia, 1847), 91–100; "The Standing Candidate," *Cleveland Herald*, March 19, 1847; "Old Sugar! The Standing Candidate," *Arkansas State Democrat*, June 4, 1847; "Sketches of Missouri," [Hartford, CT] *New-England Weekly Review*, January 22, 1842.

72. Daniel Dupre, "Barbecues and Pledges: Electioneering and the Rise of Democratic Politics in Antebellum Alabama," *Journal of Southern History* 60, no. 3 (August 1994): 479–512, esp. 484, 490, 496–497; "Land Sales," *New Hampshire Sentinel*, August 13, 1835.

73. Alexander Keyssar, *The Right to Vote: The Contested History of Democracy in the United States* (New York: Basic Books, 2000), 26, 50–52; Marc W. Kruman, "The Second Party System and the Transformation of Revolutionary Republicanism," *Journal of the Early Republic* 12, no. 4 (Winter 1992): 509–537, esp. 517; Robert J. Steinfeld, "Property and Suffrage in the Early Republic," *Stanford Law Review* 41 (January 1989): 335–376, esp. 335, 363, 375; Thomas E. Jeffrey, "Beyond 'Free Suffrage': North Carolina Parties and the Convention Movement of the 1850s," *North Carolina Historical Review* 62, no. 4 (October 1985): 387–419, esp. 415–416; Fletcher M. Green, "Democracy in the Old South," *Journal of Southern History* 12, no. 1 (February 1946): 3–23.

74. 有关杰克逊推动的草案限制了投票权，请见 "An Impartial and True History of the Life and Service of Major General Andrew Jackson," *New Orleans Argus*, February 8, 1828。关于佛罗里达州的相关论述，请

见 Herbert J. Doherty Jr., "Andrew Jackson on Manhood Suffrage: 1822," *Tennessee Historical Quarterly* 15, no. 1（March 1956）: 57–60, esp. 60. 哈洛德·赛雷特（Harold Syrett）说得最好："有些政策意图援助多数或削弱少数人对政府的控制，杰克逊从来不曾支持"；请见 Harold C. Syrett, *Andrew Jackson, His Contribution to the American Tradition*（New York, 1953）, 22。在 1848 年产生新的限制前，利比里亚已实施了 9 年普选。美国也不是第一个让妇女拥有选举权的国家；1893 年，新西兰就已创下首例。1965 年的"选举法案"（Voting Rights Act）通过前，美国一直不曾放松对黑人、女性和穷人的选举权限制，甚至是今日的美国也在剥夺穷人的公民权。请见 Adam Przeworski, "Conquered or Granted? A History of Suffrage Extensions," *British Journal of Political Science* 39, no. 2（April 2009）: 291–321, esp. 291, 295–296, 314。

75. *Augusta Chronicle and Georgia Advertiser,* August 18, 1827; "Distinctive Features of Democracy — Outlines of Federal Whiggism — Conservative Peculiarities," *Arkansas State Gazette,* October 19, 1842.

76. "Letter to the Editor of the New-York Spectator," *Connecticut Courant,* January 27, 1826; James Fenimore Cooper, *Notions of the Americans; Picked up by a Traveling Bachelor,* 2 vols.（London, 1828）, 1: 87.

77. Sarah Brown, "'The Arkansas Traveller': Southwest Humor on Canvas," *Arkansas Historical Quarterly* 40, no. 4（Winter 1987）: 348–375, esp. 349–350. 类似的观点中，虽然有人请贫穷的佐治亚穷苦白人吃烤肉，但他们仍然无法逃脱贫穷和无知的生活，请见 "A Georgia Cracker," *Emancipator,* March 26, 1840。

第二部分　美国品种的退化

第六章　"穷白垃圾"与血统：坏血统、混种与啃土汉

1. "穷白垃圾"一词最早出现于华盛顿特区的乔治敦（Georgetown）。报道写道："上周四巡回法庭有起非常新奇的庭审，南希·斯旺（Nancy Swann）这位有色妇女，巫术强大无比，让黑人和'穷白垃圾'都为之震颤。"请见 *Bangor* [ME] *Register,* August 1, 1822. 在最早的报道中，作者说他从未听过"白垃圾"一词可以这样用；请见 "From the Chronicle Anecdotes," [Shawnee] *Illinois Gazette,* June 23, 1821。"密苏里妥协"（Missouri Compromise）引发争议时，开始有人讨论穷苦白人比黑奴还要悲惨；请见 "Slavery in the New States," *Hallowell* [ME] *Gazette,* December 8, 1819. 穷苦白人工人阶级"比黑奴还要粗鄙不文"的说法，也请见 "Maryland," *Niles Weekly Register,* December 15, 1821. 穷苦白人通过婚姻，渗入自由黑人的圈子，让黑人听了大惊失色的故事，请见 *Baltimore Patriot and Mercantile Advertiser,* April 12, 1831. 有关安德鲁·杰克逊的华盛顿丧礼上的"穷白垃圾"，请见 *New York Herald,* June 30, 1845。

2. Emily P. Burke, *Reminiscences of Georgia*（Oberlin, OH, 1850）, 205–206; "Sandhillers of South Carolina," *Christian Advocate and Journal,* August 1, 1851; "The Sandhillers of South Carolina," *Ohio Farmer,* January 1, 1857; "Clay for Food," *Ballou's Pictorial Drawing-Room Companion,* July 1, 1858; "Clay eaters. From Miss Bremer's 'Homes of the New World,'" *Youth's Companion*（September 21, 1854）: 88; "Poor Whites of the South," *Freedom's Champion,* April 11, 1863; "Poor Whites in North Carolina," *Freedom's Record,* November 1, 1865.

3. George M. Weston, *The Poor Whites of the South*（Washington, DC, 1856）, 5; Eric Foner, *Free Soil, Free Labor, Free Men: The Ideology of the Republican Party Before the Civil War*（New York: Oxford University

Press, 1970; rev. ed., 1995), 42, 46–47.

4. Daniel Hundley, *Social Relations in Our Southern States*, ed. William Cooper Jr. (1860; reprint ed., Baton Rouge: Louisiana State University Press, 1979), xv, 251, 254, 258.

5. Harriet Beecher Stowe, *Dred: A Tale of the Great Dismal Swamp*, ed. Robert S. Levine (1856; reprint ed., Chapel Hill: University of North Carolina Press, 2000), 106–107, 109, 190–191, 400; Allison L. Hurst, "Beyond the Pale: Poor Whites as Uncontrolled Contagion in Harriet Beechers Stowe's *Dred*," *Mississippi Quarterly* 63, no. 3-4 (Summer/ Fall 2010): 635–653; Hinton Rowan Helper, *The Impending Crisis of the South: How to Meet It*, ed. George M. Fredrickson (1857; reprint ed., Cambridge, MA: Belknap Press of Harvard University Press, 1968), ix, 32, 44–45, 48–49, 89, 110, 381. 1857 年，《迫在眉睫的南方危机》卖出了 1.3 万册；新的扩充版于 1860 年出版，销量超过 10 万册。1860 年 5 月时，黑尔珀说该书已卖出 13.7 万册。请见 David Brown, *Southern Outcast: Hinton Rowan Helper and "The Impending Crisis of the South"* (Baton Rouge: Louisiana State University Press, 2006), 1, 130, 148, 182。

6. Thomas Hietala, *Manifest Design: American Exceptionalism and Empire*, rev. ed. (Ithaca, NY: Cornell University Press, 2003), 2, 10, 36, 40–42, 49, 52–53, 81–83, 200–201, 230–231, 251; Amy Greenberg, *A Wicked War: Clay, Polk, and Lincoln and the 1846 Invasion of Mexico* (New York: Knopf, 2012), 25, 55, 61–63, 67, 78–79, 84–85, 95, 100, 104, 259–261; Jesse S. Reeves, "The Treaty of Guadalupe-Hidalgo," *American Historical Review* 10, no. 2 (January 1905): 309–324; Jere W. Robinson, "The South and the Pacific Railroad, 1845–1855," *Western Historical Quarterly* 5, no. 2 (April 1974): 163–186.

7. 这个意识形态越来越受欢迎，请见 Reginald Horsman, *Race and Manifest Destiny: The Origins of American Racial Anglo-Saxonism* (Cambridge, MA: Harvard University Press, 1981), 183, 208–209, 224–228, 236–237。富兰克林的理论到了南北战争前仍然具备一定分量。某位作家声称，每 23 年，增长率就会翻一倍。他与富兰克林的不同在于，他坚称 1 700 万的人口中，有"1 400 万是盎格鲁-撒克逊人"。请见 "America," *Weekly Messenger* (December 7, 1842): 1502–1503；以及 "Progress of the Anglo-Saxon Race," *Literary World* (July 26, 1851): 72–73；有关盎格鲁-撒克逊（美国和英国）用人口和语言征服世界，请见 "The Anglo-Saxon Race," *Christian Observer*, March 22, 1860。

8. "The Education of the Blood," *American Monthly Magazine* (January 1837): 1–7, esp. 4.

9. "Spurious Pedigrees" and "American Blood," *American Turf Register and Sporting Magazine* (June 1830 and November 1836): 492–494 and 106–107; John Lewis, "Genealogical Tables of Blooded Stock," *Spirit of the Times: A Chronicle of the Turf, Agriculture, Field Sports, Literature and the* Stage (January 14, 1837): 380; "From Our Armchair: The Races," *Southern Literary Journal and Magazine of Arts* (March 1837): 84–86.

10. 1853 年，亚历山大·沃克的书于费城重新出版，请见 "Intermarriage," *British and Foreign Medical Review or Quarterly Journal of Practical Medicine and Surgery* 7 (April 1839): 370–385。奥森·福勒呼应杰斐逊的看法，他写道："农民特别努力培育一流血统的羊、牛、小马，甚至是猪，却不曾思考自己未来的孩子该拥有什么样的父母。"福勒还对种族进行划分，他认为印第安人和非洲人自然而然臣属于优越的白人。请见 Orson Squire Fowler, *Hereditary Descent: Its Laws and Facts Applied to Human Improvement* (New York, 1848), 36, 44, 66–69, 80, 92, 100, 125, 127, 135。有关以上新建议，还可参考 Dr. John Porter, *Book of Men, Women, and Babies: The Laws of God Applied to Obtaining, Rearing, and Developing of*

Natural, Healthful, and Beautiful Humanity (New York, 1855), 25, 28–29, 73, 79, 110, 193；以及 "Remarks on Education," *American Phrenological Journal,* November 1, 1840。"注重纯种"的育牛用语，请见 "Essay upon Livestock," *Farmer's Register; a Monthly Magazine,* February 28, 1838；以及 "Our Anglo-Saxon Ancestry," *Philanthropist,* December 8, 1841。有关一般的遗传概念，请见 Charles Rosenberg, *No Other Gods: On Science and American Social Thought* (Baltimore: Johns Hopkins University Press, 1961), 28, 31–32, 34, 40, 42；以及 Robyn Cooper, "Definition and Control: Alexander Walker's Trilogy on Woman," *Journal of the History of Sexuality* 2, no. 3 (January 1992): 341–364, esp. 343, 345, 347–348。

11. "The Species Problem: Nineteenth-Century Concepts on Racial Inferiority in the Origins of Man Controversy," *American Anthropologist* 72 (1970): 1319–1329; J. C. Nott, "The Mulatto a Hybrid — Probable Extermination of the Two Races If the Whites and Blacks Are Allowed to Intermarry," *Boston Medical and Surgical Journal,* August 16, 1843; Reginald Horsman, *Josiah Nott of Mobile: Southerner, Physician, and Racial Theorist* (Baton Rouge: Louisiana State University Press, 1987).

12. "Literary Notices," *Northern Light,* September 2, 1844; Horsman, "Scientific Racism and the American Indian at Mid-Century," *American Quarterly* 27, no. 2 (May 1975): 152–168.

13. "Inaugural Address 1836," in *First Congress — First Session. An Accurate and Authentic Report of the Proceedings of the House of Representatives. From the 3d of October to the 23d of December,* by M. J. Favel (Columbia, TX, 1836), 67; Sam Houston to Antonio Santa Anna, March 21, 1842, in *Writings of Sam Houston, 1813–1863,* eds. Amelia W. Williams and Eugene C. Barker, 8 vols. (Austin, TX, 1938), 2: 253; Charles Edward Lester, *Sam Houston and His Republic* (New York, 1846), 103.

14. 有关休斯敦的就职典礼和演说，请见 *First Congress — First Session. An Accurate and Authentic Report of the Proceedings of the House of Representatives,* 57, 65–69。得州革命前，休斯敦一直是负面报道缠身。他被形容为"低劣的迷失之人"，与印第安人一起过着流放的生活。请见 "General Houston," *Rural Repository,* July 16, 1836。米拉波·拉马尔上校曾是佐治亚的政治人物，媒体也称赞他是"政治家、诗人、战士"以及"南方骑士精神的完美典范"；请见 "A Modern Hero of the Old School," *Spirit of the Times,* June 18, 1836。拉马尔呼吁"对他们的战士进行灭绝之战。这场战争没有妥协，也不会终止，除非他们彻底灭绝"，他不打算顺其自然。请见 Gary Clayton Anderson, *The Conquest of Texas: Ethnic Cleansing in the Promised Land, 1820–1875* (Norman: University of Oklahoma Press, 2005), 174; Mark M. Carroll, *Homesteads Ungovernable: Families, Sex, Race and the Law in Frontier Texas, 1823–1860* (Austin: University of Texas Press, 2001), 23–24, 33–38, 43; Peggy Pascoe, *What Comes Naturally: Miscegenation Law and the Making of Race in America* (New York: Oxford University Press, 2009), 18, 21。

15. Mark A. Largent, *Breeding Contempt: The History of Coerced Sterilization in the United States* (New Brunswick, NJ: Rutgers University Press, 2011), 11–12.

16. Carroll, *Homesteads Ungovernable,* 3–5, 11–13, 17–19.

17. Ibid., 42, 46. 有关詹姆斯·布坎南与利瓦伊·伍德伯里的谈话，请见 appendix to *Congressional Globe,* Senate, 28th Congress, 1st Session, June 1844, 726, 771；另见 Horsman, *Race and Manifest Destiny,* 217。关于杂种的概念，即"西班牙人把自己移植到被征服的堕落原住民身上，杂种的血统变得迟钝和懒惰"，请见 Brantz Mayer, *Mexico as It Was and as It Is* (New York, 1844), 333。

18. William W. Freehling, *The Road to Disunion: Secessionists at Bay, 1776–1854* (New York: Oxford University

Press), 419; Greenberg, *A Wicked War,* 69–70; Hietala, *Manifest Design,* 5, 26–34, 40–43, 50. 关于本杰明·拉什的理论，请见本书第五章。沃克关于兼并得克萨斯的演说，请见 Appendix to *Congressional Globe,* Senate, 28th Congress, 1st Session, June 1844, 557; Robert Walker, *Letter of Mr. Walker, of Mississippi, Relative to the Annexation of Texas* (Washington, DC, 1844), 14–15; Horsman, *Race and Manifest Destiny,* 215–217；以及 Stephen Hartnett, "Senator Robert Walker's 1844 Letter on Texas Annexation: The Rhetorical Logic of Imperialism," *American Studies* 38, no. 1 (Spring 1997): 27–54, esp. 32–33。关于诺特滥用人口普查数据，请见 C. Loring Brace, "The 'Ethnology' of Josiah Clark Nott," *Journal of Urban Health* 50, no. 4 (April 1974): 509–528; Albert Deutsch, "The First U.S. Census of the Insane (1840) and Its Use as Pro-Slavery Propaganda," *Bulletin of the History of Medicine* 15 (1944): 469–482。

19. 亚历山大·斯蒂芬斯关于兼并得克萨斯的演说，请见 Appendix of *Congressional Globe,* 28th Congress, 2nd Session, House of Representatives, January 25, 1845, 313。沃克把得克萨斯比作有机的身体，有"静脉和动脉"，必须与美国再次结合，"残缺不全的州"才能愈合。请见 *Letter of Mr. Walker,* 9; Horsman, *Race and Manifest Destiny,* 218。

20. Nancy Isenberg, *Sex and Citizenship in Antebellum America* (Chapel Hill: University of North Carolina Press, 1998), 140; James M. McCaffrey, *Army of Manifest Destiny: The American Soldier in theMexican War, 1846-1848* (New York: New York University Press, 1992), 200; Michael Magliari, "Free Soil, Unfree Labor: Cave Johnson Couts and the Binding of Indian Workers in California, 1850–1867," *Pacific Historical Review* 73, no. 3 (August 2004): 349–390, esp. 359, 363–365; Greenberg, *A Wicked War,* 69; Lota M. Spell, "The Anglo-Saxon Press in Mexico, 1846–1848," *American Historical Review* 38, no. 1 (October 1932): 20–31, esp. 28, 30.

21. Carroll, *Homesteads Ungovernable,* 4, 79, 84–86; Charles Winterfield, "Adventures on the Frontier of Texas and California: No. III," *The American Review; A Whig Journal of Politics, Literature, Art and Science* (November 1845): 504–517; "California in 1847 and Now," *Ballou's Pictorial Drawing-Room Companion,* February 6, 1858.

22. 关于美国原住民被当作契约仆役，请见 Margliari, "Free Soil, Unfree Labor," 349–358。把印第安人当作奴隶和仆役，请见 "California — Its Position and Prospects," *United States Magazine and Democratic Review* (May 1849): 412–427。也有人呼吁招募适婚女子前往佛罗里达，请见 *New Bedford Mercury,* September 4, 1835。小说家伊莱莎·法纳姆（Eliza Farnham）著有呼吁招募女性前往加州的作品，请见她的 *California, Indoor and Outdoor, How We Farm, Mine, and Live Generally in the Golden State* (New York, 1856)；以及 Nancy J. Taniguchi, "Weaving a Different World: Women and the California Gold Rush," *California History* 79, no. 2 (Summer 2000): 141–168, esp.142–144, 148。有关法国的讽刺漫画，请见 *Le Charivari,* ca. 1850, Picture Collection, California State Library。关于向加州输送女性以解决婚嫁难题的论述，请见 "A Colloquial Chapter on Celibacy," *United States Magazine and Democratic Review* (December 1848): 533–542, esp. 537。有关加州三百比一的失衡男女比，请见 "Letters from California: San Francisco," *Home Journal,* March 3, 1849。

23. Sucheng Chan, "A People of Exceptional Character: Ethnic Diversity, Nativism, and Racism in the California Gold Rush," *California History* 79, no. 2 (Summer 2000): 44–85; Hinton Rowan Helper, *The Land of Gold: Reality Versus Fiction* (Baltimore, 1855), 264.

24. Helper, *Land of Gold,* 264; Brown, *Southern Outcast,* 25–26.
25. Helper, *Land of Gold,* 166, 214, 221–222, 268, 272–273, 275. 该作者还沿用了印第安人"如融雪般消逝"的陈旧比喻；请见 Laura M. Stevens, "The Christian Origins of the Vanishing Indian," in *Mortal Remains: Death in Early America,* eds. Nancy Isenberg and Andrew Burstein (Philadelphia: University of Pennsylvania Press, 2003), 17–30, esp. 18。
26. Helper, *Land of Gold,* 38–39, 47, 92, 94, 96, 111.
27. Ibid., 121–130. 黑尔珀笔下被击败的公牛，成为他描述南方各州被击败的穷苦白人的范本。他写道，在南方，自由的白人劳动者被"当作可恨的畜生对待，被极度鄙视地避开……如果他胆敢张嘴，胆敢吐出只有单音节的词汇，比如'是'或'否'，就会发现在令人敬畏的鞭子骑士面前，他什么都不是，开口更是冒失"。请见 *The Impending Crisis,* 41。
28. Helper, *Land of Gold,* 150, 152–160, 180–182, 185; Helper, *The Impending Crisis,* 42, 49, 89, 101–111.
29. Foner, *Free Soil, Free Labor, Free Men,* 166; Richard H. Sewell, *A House Divided: Sectionalism and Civil War, 1848–1865* (Baltimore: Johns Hopkins University Press, 1988), 52–55; John Bigelow, *Memoir of the Life and Public Services of John Charles Fremont* (New York, 1856), 50–53.
30. 关于穷苦白人是难民与流亡者，请见 "Slavery and the Poor White Man," *Philanthropist,* May 31, 1843。关于奴隶制使白人居民的人口减少，并在南方的奴隶主和"奴隶主的附庸"之间造成阶级和政治阶层的差异，请见 "Slavery and the Poor White Men of Virginia," *National Era,* January 11, 1849。关于"土地鲨鱼"，请见 Helper, *The Impending Crisis,* 151。
31. Foner, *Free Soil, Free Labor, Free Men,* 60, 116; Jonathan H. Earle, *Jacksonian Antislavery and the Politics of Free Soil, 1824–1854* (Chapel Hill: University of North Carolina Press, 2004), 1–3, 27–37, 123–139; "Slavery," *Workingman's Advocate,* June 22, 1844; "Progress Towards Free Soil," and "The Homestead," *Young America,* January 17, February 21, 1846; Gerald Wolff, "The Slavocracy and the Homestead Problem of 1854," *Agricultural History* 40, no. 2 (April 1966): 101–112.
32. 威尔莫特私下用血统来攻击南方的白人奴隶主，他说："白人妇女生养的人，不会被喝黑人女仆奶长大的人统治！"在当时流行的理论中，如前所述，血统的品质是通过母乳传递的。关于威尔莫特的话，请见 Earle, *Jacksonian Antislavery,* 131。
33. Bigelow, *Memoir of the Life and Public Services of John Charles Fremont,* 458; "America vs. America," *Liberator,* July 22, 1842; Helper, *The Impending Crisis,* 42, 121, 149, 376.
34. Helper, *The Impending Crisis,* 67–72, 90–91; Weston, *The Poor Whites of the South*; Drew Gilpin Faust, "The Rhetoric and Ritual of Agriculture in Antebellum South Carolina," *Journal of Southern History* 45, no. 4 (November 1979): 541–568.
35. Warren Burton, *White Slavery: A New Emancipation Cause Presented to the United States* (Worcester, MA, 1839), 168–169; Henry David Thoreau, "Slavery in Massachusetts," in *Reform Papers,* ed. Wendell Glick (Princeton, NJ: Princeton University Press, 1973), 109; Jennifer Rae Greeson, *Our South: Geographic Fantasy and the Rise of National Literature* (Cambridge, MA: Harvard University Press, 2010), 207.
36. Stowe, *Dred,* 105–106, 190–193.
37. Jeff Forret, *Race Relations at the Margins: Slaves and Poor Whites in the Antebellum Southern Countryside* (Baton Rouge: Louisiana State University Press, 2006), 112; Timothy James Lockley, *Lines in the Sand:*

Race and Class in Lowcountry Georgia, 1750–1860 (Athens: University of Georgia Press, 2001), 115, 129, 164.

38. Forret, Race Relations at the Margins, 29, 97, 105, 112; Helper, The Impending Crisis, 377; Tom Downey, "Riparian Rights and Manufacturing in Antebellum South Carolina: William Gregg and the Origins of the 'Industrial Mind,'" Journal of Southern History 65, no. 1 (February 1999): 77–108, esp. 95; Thomas P. Martin, "The Advent of William Gregg and the Grantville Company," Journal of Southern History 11, no. 3 (August 1945): 389–423.

39. Helper, The Impending Crisis, 299–301; Seth Rockman, Scraping By: Wage Labor, Slavery, and Survival in Early Baltimore (Baltimore: Johns Hopkins University Press, 2009).

40. Charles C. Bolton, Poor Whites of the Antebellum South: Tenants and Laborers in Central North Carolina and Northeast Mississippi (Durham, NC: Duke University Press, 1994), 14, 25, 27–29, 53, 67, 69, 94; Stephen A. West, From Yeoman to Redneck in the South Carolina Upcountry, 1850–1915 (Charlottesville: University of Virginia Press, 2008), 28–39, 43–44; Gavin Wright, The Political Economy of the Cotton South: Households, Markets, and Wealth in the Nine-teenth Century (New York: Norton, 1978), 24–42.

41. Stowe, Dred, 27, 37, 109, 194.

42. William Cooper's introduction in Hundley, Social Relations in Our Southern States, xv-xx.

43. Hundley, Social Relations in Our Southern States, xxxii-xxxiii, 27–29, 31, 34–36, 40–41, 43–44, 60, 70–71, 82, 91, 198, 226, 239, 251, 255–257.

44. Stowe, Dred, 81, 83, 86–87, 89–90, 99, 107–109, 190–194, 400, 543, 549.

45. "Curious Race in Georgia," Scientific American, July 31, 1847; Burke, Reminiscences of Georgia, 206; "Selections: Manifest Destiny of the American Union," Liberator, October 30, 1857 (reprinted from the English publication the Westminster Review).

46. "Up the Mississippi," Putnam's Monthly Magazine of American Literature, Science, and Art (October 1857): 433–456, esp. 456; Burke, Reminiscences of Georgia, 206; "Sandhillers of South Carolina," Christian Advocate and Journal, August 7, 1851; "The Sandhillers of South Carolina," Ohio Farmer, January 31, 1857; "Clay-Eaters," Ballou's Pictorial Drawing-Room Companion, July 31, 1858; "The Poor Whites of the South," Freedom's Champion, April 11, 1863; Hundley, Social Relations in Our Southern States, 264–265.

47. Isabella D. Martin and Myrta Lockett Avary, eds., A Diary from Dixie, as Written by Mary Boykin Chesnut (New York, 1905), 400–401.

48. 哈蒙德还声称，黑白混血主要发生在城市中，是北方人／外国人和黑人之间的性行为造成的。他称它们为"杂种"。关于哈蒙德所说，请见 Drew Gilpin Faust, James Henry Hammond and the Old South: A Design for Mastery (Baton Rouge: Louisiana State University Press, 1982), 278–282；以及 James H. Hammond, Two Letters on Slavery in the United States, Addressed to Thomas Clarkson, Esq. (Columbia, SC, 1845), 10–11, 17, 26, 28。有关其他支持蓄奴的知识分子，请见 Drew Gilpin Faust, "A Southern Stewardship: The Intellectual and Proslavery Argument," American Quarterly 31, no. 1 (Spring 1979): 63–80, esp. 67, 73–74; Laurence Shore, Southern Capitalists: Politics and Ideology in Antebellum South Carolina (Chapel Hill: University of North Carolina Press, 2000), 43。

49. Faust, "A Southern Stewardship," 74; "White Slavery—The Privileged Class," National Era, January 24,

1856; "Charles Sumner's Speech," *Ohio State Journal,* June 19, 1860; Hundley, *Social Relations in Our Southern States,* 272; Kolchin, "In Defense of Servitude: Proslavery and Russian Pro-Serfdom Arguments, 1760–1860," *American Historical Review* 85, no. 4 (October 1980) : 809–827, esp. 814–817.

50. 该判决于 1857 年 3 月 6 日公布。大法官托尼坚称，"独立宣言"没有谈到奴隶或非洲民族的后裔。他认为黑奴和自由黑人或黑白混血儿之间没有区别，黑人永远摆脱不了"耻辱"和"最深的堕落"。这种"无法跨越的障碍"在革命和联邦制宪会议之前就已经存在了。他还坚称，黑人和白人之间，有一条"不可磨灭的界线"。他认为德莱德·斯科特是"非裔黑人"；他的祖先有纯正的非洲血统。请见 Scott v. Sandford, 19 How. 393 (U.S., 1857), 396–397, 403, 405–407, 409–410, 419。关于血统重要性的论述，请见 James H. Kettner, The Development of American Citizenship, 1608–1870 (Chapel Hill: University of North Carolina Press, 1978), 326, 328。在 1851 年的判决中，托尼拒绝承认《西北条例》的权威性，他后来在德莱德·斯科特一案中援引该判决；请见 William Wiecek, "Slavery and Abolition Before the Supreme Court," Journal of American History 65, no. 1 (June 1978) : 34–58, esp. 54, 56。托尼坚持认为奴隶和自由黑人之间没有区别，因为他把整个种族的所有后代都归为一类——再次证明了纯种的重要性。也请参考 Dan E. Fehrenbacher, *Slavery, Law, and Politics: The Dred Scott Case in Historical Perspective* (New York: Oxford University Press, 1981), 187–198。

第七章　南北战争乃阶级战争：懦夫、胆小鬼与泥巴佬

1. The account of the arrival and speech of President Jefferson Davis in Montgomery, Alabama, in the *Charleston [SC] Mercury,* February 19, 1861, in *Jefferson Davis, Constitutionalist: His Letters, Papers and Speeches,* ed. Dunbar Rowland, 10 vols. (Jackson: Mississippi Department of Archives and History, 1923), 5: 47–48.

2. 托马斯·杰斐逊认为民族团结来自共同的文化价值观和国族血统。他写道，过多移民将把美国变成一个"成分混杂、不团结、分散的群体"。他希望美国政府通过限制移民，变得"更加同质化、更和平、更持久"；请见 Jefferson, *Notes on the State of Virginia,* 84–85。其他人用的是"结为一体"的譬喻，有作家认为，所有的南方奴隶州都互定终身了，"北方佬是拆散不了的"；请见 *Richmond Examiner,* October 19, 1861。

3. Rowland, ed., *Jefferson Davis,* 5: 48; ibid., 4: 545; 5: 4, 391; 6: 573.

4. "Jeff Davis on the War: His Speech Before the Mississippi Legislature," *New York Times,* January 14, 1863.

5. "Speech of Jefferson Davis at Richmond" (taken from the *Richmond Daily Enquirer,* January 7, 1863), Rowland, *Jefferson Davis,* 5: 391–393.

6. Jason Phillips, *Diehard Rebels: The Confederate Culture of Invincibility* (Athens: University of Georgia Press, 2007), 40–41.

7. Paul Escott, *After Secession: Jefferson Davis and the Failure of Confederate Nationalism* (Baton Rouge: Louisiana State University Press, 1978); George C. Rable, *The Confederate Republic: A Revolution Against Politics* (Chapel Hill: University of North Carolina Press, 1994), 27; Michael P. Johnson, *Toward a Patriarchal Republic: The Secession of Georgia* (Baton Rouge: Louisiana State University Press, 1977), 41; William W. Freehling, *The South vs. the South: How Anti-Confederates Shaped the Course of the Civil War* (New York: Oxford University Press, 2001), xiii; David Williams, *Rich Man's War: Class, Caste, and Confederate Defeat in the Lower Chattahoochee Valley* (Athens: University of Georgia Press, 1998); Wayne

K. Durrill, *War of Another Kind: Southern Community in Great Rebellion* (New York: Oxford University Press, 1990); Victoria E. Bynum, *The Long Shadow of the Civil War: Southern Dissent and Its Legacies* (Chapel Hill: University of North Carolina Press, 2010); Daniel E. Sutherland, ed., *Guerrillas, Unionists, and Violence on the Confederate Homefront* (Fayetteville: University of Arkansas Press, 1999).

8. 《纽约先驱报》(*New York Herald*) 转载了这段话，并声称这篇文章来自亚拉巴马州的《马斯科吉先驱报》(*Muskogee Herald*)。《纽约先驱报》的作家抱怨说，在弗吉尼亚、密西西比、路易斯安那、南卡罗来纳、亚拉巴马等地，许多南方报纸都刊登过类似的攻击言论。请见 "Ridiculous Attacks of the South upon the North, and Vice Versa," *New York Herald*, September 16, 1856。

9. "Great Torchlight Procession! Immense Demonstrations," *Boston Daily Atlas*, October 1856.

10. Speech of Jefferson Davis at Aberdeen, Mississippi, May 26, 1851, in Rowland, *Jefferson Davis*, 2: 73–74; ibid., 3: 357; Williams, *Rich Man's War*, 28; William J. Harris, *Plain Folk and Gentry in a Slave Society: White Liberty and Black Slavery in Augusta's Hinterlands* (Middletown, CT: Wesleyan University Press, 1985), 75.

11. "污秽残渣"(Offscourings) 这个词来自英语，用来侮辱流浪汉。这个词的意思是排泄物——从肠壁排出的最坏的残留物。关于城市暴徒和联邦军，请见 Lorien Foote, *The Gentlemen and the Roughs: Violence, Honor, and Manhood in the Union Army* (New York: New York University Press, 2010)。关于移民，请见 Tyler Anbinder, "Which Poor Man's Fight? Immigrants and Federal Conscription of 1863," *Civil War History* 52, no. 4 (December, 2006): 344–372。关于联邦军比"哥特人和汪达尔人"还糟糕，请见 "The Character of the Coming Campaign," *New York Herald*, April 28, 1861。南方邦联拒绝承认黑人士兵是士兵或战俘，若有任何邦联军官用了黑人部队，都将被处死；请见 Dudley Taylor Cornish, *The Sable Arm: Black Troops in the Union Army, 1861–1865* (1956; reprint ed., Lawrence: University Press of Kansas, 1987), 158–163, 178。

12. James Hammond, Speech to the U.S. Senate, March 4, 1858, *Congressional Globe*, 35th Congress, 1st Session, Appendix, 71; Faust, *James Henry Hammond and the Old South*, 374.

13. Hammond, Speech to the U.S. Senate, 74; Harris, *Plain Folk and Gentry*, 138; Manisha Sinha, *The Counter-Revolution of Slavery: Politics and Ideology in Antebellum South Carolina* (Chapel Hill: University of North Carolina Press, 2000), 191, 223–229.

14. "The War upon Society—Socialism," *De Bow's Review* (June 1857): 633–644; Williams, *Rich Man's War*, 47; Arthur Cole, "Lincoln's Election an Immediate Menace to Slavery in the States?," *American Historical Review* 36, no. 4 (July 1931): 740–767, esp. 743, 745, 747; George M. Fredrickson, "A Man but Not a Brother: Abraham Lincoln and Racial Equality," *Journal of Southern History* 41, no. 1 (February 1975): 39–58, esp. 54; Elise Lemire, *"Miscegenation": Making Race in America* (Philadelphia: University of Pennsylvania Press, 2002), 115–123.

15. Alexander Stephens, "Slavery the Cornerstone of the Confederacy," speech given in Savannah, March 21, 1861, in *Great Debates in American History: States Rights (1798–1861); Slavery (1858–1861)*, ed. Marion Mills Miller, 14 vols. (New York, 1913), 5: 287, 290.

16. "Proceedings of the Confederate Congress," *Southern Historical Society Papers* (Richmond, VA, 1959), 52: 323; "Latest from the South," [New Orleans] *Daily Picayune*, February 15, 1865.; "The Spring Campaign—Davis' Last Dodge," *New York Daily Herald*, February 9, 1865; Edward S. Cooper, *Louis Trezevant Wigfall:*

The Disintegration of the Union and the Collapse of the Confederacy (Lanham, MD: Fairleigh Dickinson University Press, 2012), 137–140.

17. Williams, *Rich Man's War*, 184; Albert Burton Moore, *Conscription and Conflict in the Confederacy* (New York, 1924), 14–18, 34, 38, 49, 53, 67, 70–71, 308; Scott King-Owen, "Conditional Confederates: Absenteeism Among Western North Carolina Soldiers, 1861–1865," *Civil War History* 57 (2011): 349–379, esp. 377; Rable, *The Confederate Republic*, 294; Jaime Amanda Martinez, "For the Defense of the State: Slave Impressment in Confederate Virginia and North Carolina" (Ph.D. dissertation, University of Virginia, 2008); Philip D. Dillard, "The Confederate Debate over Arming Slaves: View from Macon and Augusta Newspapers," *Georgia Historical Quarterly* 79, no. 1 (Spring 1995): 117–146, esp. 145.

18. 联邦将军的态度与政策，请见 Mark Grimsley, *The Hard Hand of War: Union Military Policy Toward Southern Civilians, 1861–1865* (New York: Cambridge University Press, 1995); 以及 *Ulysses S. Grant: Memoirs and Selected Letters* (New York: Library of America, 1990), 148–149。在他战争期间写的一封信中，格兰特也同样提到五比一。战争尚未结束，他就表达了类似的观点，即"如果整个南方人民能够不受领导人约束，表达不带偏见的感情，战争就能立即结束"。请见 Grant to Jesse Root Grant, August 3, 1861, and Grant to Julia Dent Grant, June 12, 1862, in ibid., 972, 1009。

19. *The Irrepressible Conflict. A Speech by William H. Seward, Delivered at Rochester, Monday, Oct 25, 1858* (New York, 1858), 1–2.

20. "The Destinies of the South: Message of His Excellency, John H. Means, Esq., Government of the State of South-Carolina,... November 1852," *Southern Quarterly Review* (January 1853): 178–205, esp. 198; James Hammond, *Governor Hammond's Letters on Southern Slavery: Addressed to Thomas Clarkson, the English Abolitionist* (Charleston, SC, 1845), 21; Jefferson Davis, "Confederate State of America — Message to Congress, April 29, 1861," in *A Compilation of the Messages and Papers of the Confederacy*, ed. James D. Richardson, 2 vols. (Nashville: United States Publishing Co., 1906), 1: 68; Christa Dierksheide and Peter S. Onuf, "Slave-holding Nation, Slaveholding Civilization," in *In the Cause of Liberty: How the Civil War Redefined American Ideals*, eds. William J. Cooper Jr. and John M. McCardell Jr. (Baton Rouge: Louisiana State University Press, 2009): 9–24, esp. 9, 22–23.

21. "The Union: Its Benefits and Dangers," *Southern Literary Messenger* (January 1, 1861): 1–4, esp. 4; "The African Slave Trade," *Southern Literary Messenger* (August 1861): 105–113; Rable, *The Confederate Republic*, 55; Brown, *Southern Outcast*; Williams, *Rich Man's War*, 31–32.

22. *Memoir on Slavery, Read Before the Society for the Advancement of Learning, of South Carolina, at Its Annual Meeting at Columbia. 1837. By Chancellor Harper* (Charleston, SC, 1838), 23–24. 关于南方较低的识字率，以及穷人接受义务教育的机会更少，请见 Carl Kaestle, *Pillars of the Republic: Common Schooling and American Society, 1780–1860* (New York, 1893), 195, 206; James M. McPherson, *Drawn with the Sword: Reflections on the American Civil War* (New York: Oxford University Press, 1996), 19。各学者估算出的文盲的数字差异很大。麦克弗森（McPherson）的数字比较低，奴隶和北部各州之间的文盲率为三比一。韦恩·弗林特（Wayne Flynt）指出，1850年的联邦人口普查显示，在奴隶州，白人的文盲率为20.3%，中部州为3%，新英格兰为0.24%。也就是说奴隶州和新英格兰地区的文盲比是四十比一，和中部州相比是七比一。请见 Wayne Flynt, *Dixie's Forgotten People: The South's Poor Whites*

(Bloomington: Indiana University Press, 1979), 8。呼吁南方邦联建立独立的出版产业,请见 Michael T. Bernath, *Confederate Minds: The Struggle for Intellectual Independence in the Civil War South* (Chapel Hill: University of North Carolina Press, 2013)。

23. "The Differences of Race Between the Northern and Southern People," *Southern Literary Messenger* (June 1, 1860): 401–409, esp. 403. 关于南方的贵族统治,请见 Frank Alfriend, "A Southern Republic and Northern Democracy," *Southern Literary Messenger* (May 1, 1863): 283–290。关于诱惑穷人,请见 "Message of Gov. Joseph E. Brown," November 7, 1860, in *The Confederate Records of Georgia*, ed. Allen D. Candler, 5 vols. (Atlanta, 1909–11), 1: 47; William W. Freehling and Craig M. Simpson, *Secession Debated: Georgia Showdown in 1860* (New York: Oxford University Press, 1992); Bernard E. Powers Jr., "'The Worst of All Barbarism': Racial Anxiety and the Approach of Secession in the Palmetto State," *South Carolina Historical Magazine* 112, no. 3/4 (July-October 2011): 139–156, esp. 151; Harris, *Plain Folk and Gentry*, 134. 关于治安维持会和"义勇军",请见 West, *From Yeoman to Redneck*, 68–69, 76–81, 84, 91–92。南方州的北方观察家写道,许多穷苦白人反对南北分裂,却"被迫保持沉默"。请见 "The Poor Whites at the South — Letter from a Milwaukee Man in Florida," *Milwaukee Daily Sentinel*, April 15, 1861。阿尔弗林德(Alfriend)的想法和布朗州长一致,他们都认为林肯政府通过"自己和精明幕僚的奉承技巧",赢得穷苦白人的支持。林肯迎合穷苦白人的虚荣,纵容其贪婪懒惰的天性,满足他们对于联邦赏金和廉价土地的需求,共和党的信息将渗透到南方社会的"较低阶层"中去。他还预言,未来南方势必面临敌国的征服之战,或者国内的阶级之战:"如果爆发的不是征服之战,那么将是内战,这场战争不是南北战争,而是北方支持的非奴隶主和奴隶主之间的战争。"请见 "Editor's Table," *Southern Literary Messenger* (December 1, 1860): 468–474, esp . 472。

24. 詹姆斯·德波是南卡罗来纳人,为了出版自己的期刊,搬到新奥尔良生活。这本期刊原名《南方与西部的商业评论》(*Commercial Review of the South and West*),后来改名为《德波评论》。虽然他早期提倡南方应该发展公共教育和工业化,但他完全服膺分裂主义"棉花称王"的论调,相信南方的优越来自奴隶制度。德波1860年出版了名为《南方非奴隶主对奴隶制度的兴趣》(*The Interest in Slavery of the Southern Non-Slaveholder*)的小册子,后来刊登在《查尔斯镇信使报》(*Charleston Mercury*)和《德波评论》上。请见 James De Bow, "The Non-Slaveholders of the South: Their Interest in the Present Sectional Controversy Identical with That of Slaveholders," *De Bow's Review*, vol. 30 (January 1861): 67–77; Eric H. Walther, "Ploughshares Come Before Philosophy: James D. B. De Bow," in *The Fire-Eaters* (Baton Rouge: Louisiana State University Press, 1992), 195–227; 以及 Sinha, *The Counter-Revolution of Slavery*, 234。佐治亚州州长约瑟夫·布朗也向穷苦白人发出类似的呼吁;他赞扬了南方的高工资,并警告说,如果奴隶制度被废除,穷苦白人将失去法律和社会地位,奴隶将掠夺那些生活在佐治亚山区的人——此区居民大多是贫穷的非奴隶主。分裂主义者中的精英称赞他的说法,并认为这是在"精心策划,召唤他们投身"分裂事业,这将增强他们的意志,抵御一切"让穷人对抗富人"的呼吁。请见 Johnson, *Toward a Patriarchal Republic*, 49–51。

25. Rable, *The Confederate Republic*, 32–35, 40–42, 50–51, 60–61; Johnson, *Toward a Patriarchal Republic*, 63–65, 110, 117–123, 153, 156; William C. Davis, *Jefferson Davis: The Man and His Hour* (Baton Rouge: Louisiana State University Press, 1991), 308; Stephanie McCurry, *Confederate Reckoning: Power and Politics in the Civil War South* (Cambridge, MA: Harvard University Press, 2010), 51, 55, 63, 75, 81; G.

Edward White, "Recovering the Legal History of the Confederacy," *Washington and Lee Legal Review* 68 (2011): 467–554, esp. 483; "Editor's Table," 470; Richard O. Curry, "A Reappraisal of Statehood Politics in West Virginia," *Journal of Southern History* 28, no. 4 (November 1962): 403–421, esp. 405; Noel L. Fisher, "Definitions of Victory: East Tennessee Unionists in the Civil War and Reconstruction," in Sutherland, ed., *Guerrillas, Unionists, and Violence on the Confederate Homefront* (Fayetteville: University of Arkansas Press, 1999), 89–111, esp. 93–94.

26. 西姆斯担心边境州会发展制造业，使得穷苦白人变多。请见 William Gilmore Simms to William Porcher Miles, February 20, 24, 1861, in *The Letters of William Gilmore Simms*, eds. Mary C. Simms Oliphant, Alfred Taylor Odell，以及 T. C. Duncan Miles, 5 vols. (Columbia: University of South Carolina Press, 1952–1956), 4: 330, 335; Alfriend, "A Southern Republic and Northern Democracy"；还有 "The Poor Whites to Be Dis-Enfranchised in the Southern Confederacy," *Cleveland Daily Herald*, February 2, 1861。《南方邦联》(*Southern Confederacy*) 的编辑 T. S. 戈登（T. S. Gordon）来自佛罗里达，他认为违背杰斐逊的人权概念不是问题，而且他这代人有权"自己思考"，不顾"先辈的意见"；请见 "Bold Vindication of Slavery," *Liberator*, March 22, 1861；以及 Rable, *The Confederate Republic*, 50, 55–56。

27. Augusta *Chronicle and Sentinel*, February 9, 1861; William Kauffman Scarborough, ed., *The Diary of Edmund Ruffin*, 3 vols. (Baton Rouge: Louisiana State University Press, 1972–1989), 2: 167–171, 176, 542; Rable, *The Confederate Republic*, 42; Johnson, *Toward a Patriarchal Republic*, 101, 130–131, 143, 178–179, 184; McCurry, *Confederate Reckoning*, 43; reprint and discussion of editorial published in the *Charleston* [SC] *Mercury* in "Seceding from Secession," *New York Times*, February 25, 1861; "National Characters—The Issues of the Day," *De Bow's Review* (January 1861); "Department of Miscellany... The Non-Slaveholder of the South," *De Bow's Review* (January 1, 1861).

28. "The Southern Civilization; or, the Norman in America," *De Bow's Review* (January/February 1862).

29. John F. Reiger, "Deprivation, Disaffection, and Desertion in Confederate Florida," *Florida Historical Quarterly* 48, no. 3 (January 1970): 279–298, esp. 286–287; Escott, *After Secession*, 115, 119; Reid Mitchell, *Civil War Soldiers* (New York: Viking, 1988), 160; "The Conscription Bill. Its Beauty," *Southern Literary Messenger* (May 1, 1862): 328; Harris, *Plain Folk and Gentry*, 153; James D. Davidson to Greenlee Davidson, February 12, 1861, in Bruce S. Greenawalt, "Life Behind Confed-erate Lines in Virginia: The Correspondence of James D. Davidson," *Civil War History* 16, no. 3 (September 1970): 205–226, esp. 218; Williams, *Rich Man's War*, 122; Bessie Martin, *Desertion of Alabama Troops in the Confederate Army: A Study in Sectionalism* (New York: Columbia University Press, 1932), 122.

30. 有关二十奴隶法，请见 Williams, *Rich Man's War*, 132; Escott, *After Secession*, 95；以及 King-Owen, "Conditional Confederates," 351, 359, 377–378。詹姆斯·费伦（James Phelan）用阶级来衡量爱国主义，他写道："对智力、地位和教育的骄傲，只会让人强烈感到爱国的必要性，并迅速地投身于这种危险和牺牲中。"穷苦白人农民则缺乏这些特质，请见 James Phelan to Jefferson Davis, May 23, 1861, in *The War of Rebellion: A Compilation of the Official Records of the Union and Confederate Armies*, 130 vols. (Washington, DC: Government Printing Office, 1880–1901), Series IV, 1: 353；以及 Escott, *After Secession*, 115; Rable, *The Confederate Republic*, 156, 190–191; Harris, *Plain Folk and Gentry*, 64; Jack Lawrence Atkins, "'It Is Useless to Conceal the Truth Any Longer': Desertion of Virginia Soldiers from the Confederate

Army" (M.A. thesis, Virginia Polytechnic Institute, 2007), 41–42。

31. 具有阶级意识的人感到从军很光荣，这体现出他们是"好品种的人"；请见 Lee L. Dupont to his wife, February 27, 186 [1 or 2], Dupont Letters, Lowndes-Valdosta Historical Society, as quoted in David Carlson, "The 'Loanly Runagee': Draft Evaders in Confederate South Georgia," *Georgia Historical Quarterly* 84, no. 4 (Winter 2000): 589–615, esp. 597。《雷利旗帜周刊》(*Raleigh Weekly Standard*) 的编辑威廉·霍尔登 (William Holden) 住在北卡罗来纳州。他强烈批评征兵。他写道："我们不愿意看到任何白人孩子因为这场战争而饿死，而黑人却又肥又美。"请见 *Raleigh Weekly Standard,* July 1, 1863, as quoted in Rable, *The Confederate Republic,* 190–191。关于"捕狗人"，请见 John Beauchamp Jones, *A Rebel Clerk's Diary at the Confederate Capital,* 2 vols. (Philadelphia, 1866), 2: 317；以及 *Richmond Whig,* reprinted in "The Rebel Army and the Rebel Government," *Philadelphia Inquirer,* January 24, 1862。

32. Robert E. Lee to President Jefferson Davis, August, 17, 1863, in *The Wartime Papers of Robert E. Lee* (Boston: Little, Brown, 1961), 591; Atkins, "Desertion among Virginia Soldiers," 47–48; Harris, *Plain Folk and Gentry,* 179–180; Richard Reid, "A Test Case of the 'Crying Evil': Desertion Among North Carolina Troops During the Civil War," *North Carolina Historical Review* 58, no. 3 (July 1981): 234–262, esp. 234, 237–238, 247, 251, 253, 254–255; Lesley J. Gordon, "'In Time of War': Unionists Hanged in Kinston, North Carolina, February 1864," in Sutherland, *Guerrillas, Unionists, and Violence,* 45–58; Bynum, *The Long Shadow of the Civil War,* 28, 43–46; Victoria E. Bynum, *The Free State of Jones: Mississippi's Longest Civil War* (Chapel Hill: University of North Carolina Press, 2001).

33. Carlson, "The 'Loanly Runagee,'" 600, 610–613; Harris, *Plain Folk and Gentry,* 180–181.

34. *Houston Tri-Weekly Telegraph,* December 23, 1864; Drawing on the work of James Scott, *Weapons of the Weak: Everyday Forms of Resistance* (1985); Katherine A. Guiffre, "First in Flight: Desertion as Politics in the North Carolina Confederate Army," *Social Science History* 21, no. 2 (Summer 1997): 245–263, esp. 249–250, 260.

35. McCurry, *Confederate Reckoning,* 152; Mark A. Weitz, *More Damning Than Slaughter: Desertion in the Confederate Army* (Lincoln: University of Nebraska Press, 2005); Reid, "A Test Case of the 'Crying Evil,'" 234, 247; Kenneth W. Noe, *Reluctant Rebels: The Confederates Who Joined the Army After 1860* (Chapel Hill: University of North Carolina Press, 2010), 2, 7, 88–89, 94–95, 108, 113–114, 178, 190; John Sacher, "The Loyal Draft Dodger? A Reexamination of Confederate Substitution," *Civil War History* 57, no. 2 (June 2011): 153–178, esp. 170–173; David Williams, Teresa Crisp Williams, and David Carlson, *Plain Folk in a Rich Man's War: Class and Dissent in Confederate Georgia* (Gainesville: University Press of Florida, 2002), 194.

36. Williams et al., *Plain Folk in a Rich Man's War,* 25–29, 34–36; "Cotton Versus Corn," *Philadelphia Inquirer,* May 4, 1861.

37. Teresa Crisp Williams and David Williams, "'The Woman Rising': Cotton, Class, and Confederate Georgia's Rioting Women," *Georgia Historical Quarterly* 86, no. 1 (Spring 2002): 49–83, esp. 68–79；有关里士满的暴动，请见 Michael B. Chesson, "Harlots or Heroines? A New Look at the Richmond Bread Riot," *Virginia Magazine of History and Biography* 92, no. 2 (April 1984): 131–175。关于 1863 年里士满面包暴动的两则记述，请见 Mary S. Estill, "Diary of a Confederate Congressman, 1862–1863," *Southwestern Historical*

Quarterly 39, no. 1 (July 1935): 33–65, esp. 46–47; 以及Jones, April 2, 1863, *A Rebel Clerk's Diary,* 1: 285–287; 以及 Williams, *Rich Man's War,* 99, 100–101, 114–115; Escott, *After Secession,* 122。正如莱柏戈特（Lebergott）所说，因为南方邦联税收不足，它不得不祭出强行征用的手段，这一手段往往锁定社会中的最弱势群体；因为丈夫当兵去了，留下妇女经营的农场。这种做法鼓励遗弃妇女，加剧了妇女对政府的愤怒。请见 Stanley Lebergott, "Why the South Lost: Commercial Purpose in the Confederacy, 1861–1865," *Journal of American History* 79, no. 1 (June 1983): 58–74, esp. 71–72。有些报道站在邦联那一方，坚称里士满抗议活动并非"面包暴动"，还说抗议的原因并非需求未得到满足，而是政府本身的罪过，请见 "Outrageous Proceedings in Richmond," *Staunton Spectator,* April 7, 1863。但是同一份报纸中的另一篇文章却说，阶级冲突将摧毁邦联的目标；请见 "The Class Oppressed," *Staunton Spectator,* April 7, 1863。

38. "Pity the Poor Rebels," *Vanity Fair,* May 9, 1863.

39. Entries for July 26, 27, 1863, Lucy Virginia French Diaries, 1860, 1862–1865, microfilm, Tennessee State Library and Archives, Nashville; Stephen V. Ash, "Poor Whites in the Occupied South, 1861–1865," *Journal of Southern History* 57, no. 1 (February 1991): 39–62, esp. 55.

40. Jones, September 22, 1864, *A Rebel Clerk's Diary,* 2: 290; Jones, March 19, 1865, *A Rebel Clerk's Diary,* 2: 453.

41. "The Drum Roll," *Southern Field and Fireside,* February 18, 1864; Anne Sarah Rubins, *The Shattered Nation: The Rise and Fall of the Confederacy, 1861–1868* (Chapel Hill: University of North Carolina Press, 2005), 88; George C. Rable, "Despair, Hope, and Delusion: The Collapse of Confederate Morale Re Examined," in *The Collapse of the Confederacy,* eds. Mark Grimsley and Brooks D. Simpson (Lincoln: University of Nebraska Press, 2001), 129–167, esp. 149–150; "Items of Interest," *Houston Daily Telegraph,* December 21, 1864.

42. "Sketches from the Life of Jeff. Davis," *Macon Daily Telegraph,* March 12, 1861。有关南方报纸称林肯为醉鬼，请见 "The News," *New York Herald,* May 21, 1861。有关林肯被嘲讽是"伊利诺伊州的猿猴"，请见 Josiah Gilbert Holland, *The Life of Abraham Lincoln* (Springfield, MA, 1866), 243；以及 "A Bad Egg for the Lincolnites," *The Macon Daily Telegraph,* September 18, 1861，和 *Richmond Examiner,* October 19, 1861。关于林肯和戴维斯都出生肯塔基一带，请见 "News and Miscellaneous Items," *Wisconsin Patriot,* March 30, 1861。关于亨特对林肯的看法，请见 Letter from Salmon Portland Chase, October 2, 1862, in *Diary and Correspondence of Salmon Portland Chase,* eds. George S. Denison and Samuel H. Dodson (Washington, DC: American Historical Association, 1903), 105。对于中西部人的诋毁，请见 John Hampden Chamberlayne, *Ham Chamberlayne — Virginia: Letters and Papers of an Artillery Officer in the War for Southern Independence, 1861–1865* (Richmond, VA, 1932), 186。张伯伦（Chamberlayne）还批评了马里兰人的自由劳动之风和北方佬的血统，说他们的人格低劣，"在公立学校的教育下，荷兰人的本能掺入了北方佬的血统"。他对他们语带不屑，因为他们纯粹是为了钱而工作，深信人的价值体现在"双手不停辛勤工作，或绞尽脑汁每日记账"。出处同上。

43. "The Presidential Campaign," *New York Herald,* June 8, 1860.

44. "The Educated Southerner," "The Effect of Bull Run upon the Southern Mind," "Anti-Mortem Sketches," and Charles Godfrey Leland, "North Men, Come Out!," *Vanity Fair,* May 6, August 17, August 21, and September

28, 1861; James T. Nardin, "Civil War Humor: The War in Vanity Fair," *Civil War History* 2, no. 3 (September 1956): 67–85, esp. 67; "The Bad Bird and the Mudsill," *Frank Leslie's Illustrated Newspaper,* February 21, 1863.

45. "A Soldier's Speech," *Wooster* [OH] *Republican,* November 12, 1863. 有篇论文指出泥巴佬是经济支柱，请见 "Who Are the Mudsills?," *American Farmer's Magazine,* August 1858。加菲尔德将军对邦联逃兵的评价就没那么宽宏了。他说他们是"没脑子的人，吓一吓就成了叛军。他们贱命一条，国家连杀他们都是浪费子弹"。请见 Harry James and Frederick D. Williams, eds., *The Diary of James Garfield,* 4 vols. (East Lansing: Michigan State University, 1967–1981), 1: 65；以及 Mitchell, *Civil War Soldiers,* 33。还有一首振奋人心、为北方泥巴佬辩护的诗作，请见 "Northmen, Come Out!," with the stanzas, "Out in your strength and let them know / How working men to work can go. / Out in your might and let them feel / How mudsills strike when edged with steel"; Charles Godfrey Leland, "Northmen, Come Out!" *Hartford Daily Courant,* May 6, 1861, originally published in *Vanity Fair*; *Hartford Daily Courant,* December 20, 1861。

46. Grimsley, *The Hard Hand of War,* 15–16, 56, 68–70. 哈勒克是国际法专家，艾默里奇·德·瓦特尔（Emmerich de Vattel）1793 年的专著《国法》(*The Law of Nations*) 中则立下占领军队向不忠公民征税的原则。这种做法并非新鲜事，但不同的是，南北战争时决定针对富人。请见 W. Wayne Smith, "An Experiment in Counterinsurgency: The Assessment of Confederate Sympathizers in Missouri," *Journal of Southern History* 35, no. 3 (August 1969): 361–380, esp. 361–364; Louis S. Gerteis, *Civil War St. Louis* (Lawrence: University of Kansas Press, 2001), 172–176。游击战催生出的相关政策，请见 Daniel E. Sutherland, "Guerrilla Warfare, Democracy, and the Fate of the Confederacy," *Journal of Southern History* 68, no. 2 (May 2002): 259–292, esp. 271–272, 280, 288; Michael Fellman, *Inside War: The Guerrilla Conflict in Missouri During the American Civil War* (New York: Oxford University Press, 1989), 88, 94, 96。

47. John F. Bradbury Jr., "'Buckwheat Cake Philanthropy': Refugees and the Union Army in the Ozarks," *Arkansas Historical Quarterly* 57, no. 3 (Autumn 1998): 233–254, esp. 237–240. 历史学者对南方难民的人数估计各不相同。史蒂芬·阿什（Stephen Ash）声称，到 1865 年时，有将近 8 万名白人难民加入了联邦军队。伊丽莎白·梅西（Elizabeth Massey）则认为，有 25 万人因战争而流离失所，其中大多数是妇女。请见 Stephen V. Ash, *When the Yankees Came: Conflict and Chaos in the Occupied South, 1861–1865* (Chapel Hill: University of North Carolina Press, 1999); Stephen V. Ash, *Middle Tennessee Society Transformed, 1860–1870: War and Peace in the Upper South* (Knoxville: University of Tennessee Press, 1988)；以及 Mary Elizabeth Massey, *Women in the Civil War* (Lincoln: University of Nebraska Press, 1966), 291–316。

48. Grimsley, *The Hard Hand of War,* 108; Smith, "An Experiment in Counterinsurgency," 366; Jacqueline G. Campbell, "There Is No Difference Between a He and a She Adder in Their Venom: Benjamin Butler, William T. Sherman, and Confederate Women," *Louisiana History: Journal of the Louisiana Historical Association* 50, no. 1 (Winter 2009): 5–24, esp. 12, 15, 18–19. 马里昂·索思伍德（Marion Southwood）不仅谈到富豪隐藏的资产，还强调精英一想到要宣誓效忠，就"不屑一顾"; 请见 Marion Southwood, *"Beauty and Booty": The Watchword of New Orleans* (New York, 1865), 123, 130–133, 159。惩罚粗鲁的妇女和没收不忠妇女的财产，同样是由密苏里州的哈勒克将军订定的; 请见 Gerteis, *Civil War St. Louis,* 174。南方邦联的支持者使用阶级的术语来描述精英财产的灰飞烟灭：正如一篇报道所写，来自北方"粪堆"的

人，在"南方种植园主的豪宅周遭纵情狂欢"；请见"Rebel (Yankee Definition)," *Houston Tri-weekly Telegraph,* November 18, 1864. 在马里兰州，有位弗吉尼亚奴隶主要求归还他的奴隶，但十几个北方军士兵却把他推到毯子里，再抛向空中。有名中士将奴隶主描述为"弗吉尼亚绅士的完美典范"，他认为那个人被"北方泥巴佬士兵"羞辱，一定很震惊。请见 James Oakes, *Freedom National: The Destruction of Slavery in the United States, 1861–1865* (New York: W. W. Norton, 2012), 365。

49. Hans L. Trefousse, *Andrew Johnson: A Biography* (New York: Norton, 1989), 19, 21–23, 43, 55, 138, 152, 155–156, 168, 179; Ash, *Middle Tennessee Society Transformed,* 107, 159–160；以及 Rufus Buin Spain, "R. B. C. Howell, Tennessee Baptist, 1808–1868" (M.A. thesis, Vanderbilt University, 1948), 105–107。有趣的是，詹森计划让所有公民宣誓效忠，从最富有的阶层开始，然后是牧师、医生，并根据阶级来衡量他们有多同情分裂主义者。ibid., 101, 104–106.

50. Grimsley, *The Hard Hand of War,* 169, 202–203；Debra Reddin van Tuyll, "Scalawags and Scoundrels? The Moral and Legal Dimensions of Sherman's Last Campaigns," *Studies in Popular Culture* 22, no. 2 (October 1999): 33–45, esp. 38–39. 士兵指责南卡罗来纳州是战争源头，认为南卡的政治精英是暴政和傲慢的象征。他们期待着对其首府进行报复——他们损毁财产，放火焚烧建筑物，针对精英阶层的住宅大肆破坏。请见 Charles Royster, *The Destructive War: William Tecumseh Sherman, Stonewall Jackson, and the Americans* (New York: Knopf, 1991), 4–5, 19–21。

51. Grimsley, *The Hard Hand of War,* 173–174, 188; Burstein and Isenberg, *Madison and Jefferson,* 204–205.

52. Hallock Armstrong to Mary Armstrong, April 8, 1865, in *Letters from a Pennsylvania Chaplain at the Siege of Petersburg, 1865* (published privately, 1961), 47.

53. Letter from William Wheeler, April 1, 1864, in *Letters of William Wheeler of the Class of 1855* (Cambridge, MA: H. G. Houghton & Co., 1875), 444–446; Grimsley, *The Hard Hand of War,* 173–174; John D. Cox, *Traveling South: Travel Narratives and the Construction of American Identity* (Athens: University of Georgia Press, 2005), 165, 174–176; George H. Allen, *Forty-Six Months with the Fourth R. I. Volunteers in the War of 1861 to 1865: Comprising a History of Marches, Battles, and Camp Life, Compiled from Journals Kept While on Duty in the Field and Camp* (J. A. & R. A. Reid Printers, 1887), 219; "Confederate Prisoners at Chicago," *Macon Daily Telegraph,* February 14, 1863; Mitchell, *Civil War Soldiers,* 42, 95, 97; Diary of Robert Ransom, *Andersonville Diary, Escape, and List of the Dead, with Name, Co., Regiment, Date of Death and No. of Grave in Cemetery* (Auburn, New York, 1881), 71.

54. Manning Ferguson Force, "From Atlanta to Savannah: The Civil War Journal of Manning F. Force, November 15, 1864–January 3, 1865," *Georgia Historical Quarterly* 91, no. 2 (Summer 2007): 185–205, esp. 187–190, 193–194; Drew Gilpin Faust, *The Republic of Suffering: Death and the American Civil War* (New York: Random House, 2008), 73–75.

55. Phillips, *Diehard Rebels,* 56, 62; "Important News from the North" and another report in the *Richmond Enquirer,* July 18, 1863; A. Hunter Dupree and Leslie H. Fischel Jr., "An Eyewitness Account of the New York City Draft Riots, July, 1863," *Mississippi Valley Historical Review* 47, no. 3 (December 1960): 472–479, esp. 476.

56. "Recent News by Mail," *Philadelphia Inquirer,* April 14, 1861.

第八章　优生学时代：名门纯种和南方佬

1. W. E. B. Du Bois, "The Evolution of the Race Problem," *Proceedings of the National Negro Conference* (New York, 1909), 142–158, esp. 148–149.
2. Ibid., 147–148, 152–154, 156.
3. Ibid., 153–154, 157.
4. Charles Darwin, *The Descent of Man* (London, 1871), 2: 402–403; Mark H. Haller, *Eugenics: Hereditarian Attitudes in American Thought* (New Brunswick, NJ: Rutgers University Press, 1963), 4–6, 8–12; Richard A. Richards, "Darwin, Domestic Breeding and Artificial Selection," *Endeavour* 22, no. 3 (1988): 106–109; Robert J. Roberts, "Instinct and Intelligence in British Natural Theology: Some Contributions to Darwin's Theory of Evolutionary Behavior," *Journal of the History of Biology* 14, no. 2 (Autumn 1981): 193–230, esp. 224–225.
5. "Plebein [*sic*] Aristocracy," *Independent* (May 24, 1864); Heather Cox Richardson, *West from Appomattox: The Reconstruction of America After the Civil War* (New Haven, CT: Yale University Press, 2007), 17–20.
6. "The Emancipation and Free Labor Question in the South," *New York Herald,* May 18, 1865; Heather Cox Richardson, *The Death of Reconstruction: Race, Labor, and Politics in the Post-Civil War North, 1865–1901* (Cambridge, MA: Harvard University Press, 2004), 21–22, 24–25, 34, 39, 42.
7. 报纸把重点放在不在大赦范围内的精英阶级："所有自愿参与上述叛乱的人，可课税财产的估计价值超过2万美元者。"请见 "President Johnson's Plan of Reconstruction in Bold Relief," *New York Herald,* May 31, 1865; "President Johnson and the South Carolina Delegation," *Philadelphia Inquirer,* June 26, 1865。有篇文章指出，所有纽约的报纸都强调这一点，请见 "The New York Press on the President's Talk with the South Carolina Delegation," *Daily Ohio Statesman,* July 6, 1865; 以及 Andrew Johnson, "Proclamation 134—Granting Amnesty to Participants in the Rebellion, with Certain Exceptions," May 29, 1865; 和 "Interview with South Carolina Delegation, June 24," in *The Papers of Andrew Johnson, May-August 1865,* ed. Paul H. Bergeron (Knoxville: University of Tennessee Press, 1992), 8: 128–129, 280–284。
8. Eric Foner, *Reconstruction: America's Unfinished Revolution, 1863–1877* (New York: Harper & Row, 1988), 191; Richardson, *The Death of Reconstruction,* 16.
9. "The Negro Question — Dangers of Another 'Irrepressible Conflict,'" *New York Herald,* July 12, 1865; also see [San Francisco] *Evening Bulletin,* July 31, 1865; "The President upon Negro Suffrage," *Philadelphia Inquirer,* October 25, 1865; "Interview of George L. Stearns," October 3, 1865, *The Papers of Andrew Johnson,* 9: 180.
10. the remarks by Senators David Schenck, Henry S. Lane, John P. Hale, and Reverdy Johnson, *Congressional Globe,* 38th Congress, 2nd Session, 959, 984–985, 989; Congressman Green Clay Smith, *Congressional Globe,* 39th Congress, 1st Session, 416; Paul Moreno, "Racial Classification and Reconstruction Legislation," *Journal of Southern History* 61, no. 2 (May 1995): 271–304, esp. 276–277, 283–287; Michele Landis Dauber, "The Sympathetic State," *Law and History Review* 23, no. 2 (Summer 2005): 387–442, esp. 408, 412, 414–415.
11. "North Carolina: Blacks and Whites Loafing," *New York Times,* May 28, 1866; "From Over the Lake. Barancas — Gens. Steel and Ashboth — The Seen and Unseen — The Refugee Business, Etc., Etc.,"

New Orleans Times, March 9, 1865; "Poor White Trash," *Independent* (September 7, 1865): 6; Daniel R. Weinfield, "'More Courage Than Discretion': Charles M. Hamilton in Reconstruction- Era Florida," *Florida Historical Quarterly* 84, no. 4 (Spring 2006): 479–516, esp. 492; William F. Mugleston and Marcus Sterling Hopkins, "The Freedmen's Bureau and Reconstruction in Virginia: The Diary of Marcus Sterling Hopkins," *Virginia Magazine of History and Biography* 86, no. 1 (January 1978): 45–102, esp. 100; "Affairs in the Southern States: North Carolina," *New York Times,* March 22, 1865.

12. "From the South: Southern Journeyings and Jottings," *New York Times,* April 15, 1866; Sidney Andrews, *The South Since the War* (Boston, 1866); Whitelaw Reid, *After the War: A Tour of the Southern States* (London, 1866); John T. Trowbridge, *The South: A Tour of Its Battlefields and Ruined Cities* (Hartford, CT: 1866); "New Books," *Phila-delphia Inquirer,* April 23, 1866; "Poor Whites of North Carolina, Wilmington, October 14," *Freedmen's Record. Organ of the New England Aid Society* (November 1, 1865): 186–187.

13. 吉尔摩的真菌譬喻，与社会达尔文主义者赫伯特·斯宾塞（Herbert Spencer）的观点一致。斯宾塞认为"无论是社会的哪个部分有病，都必然会对其他部分造成伤害"。请见 Spencer, *Social Statistics, or, The Conditions Essential to Human Happiness Specified and the First of Them Developed* (London, 1851), 456。另见：Edward Kirke (pseudonym of James Roberts Gilmore), *Down in Tennessee, and Back by Way of Richmond* (New York, 1864), 104, 184, 188–189; "The White Population in the South. 'Poor Whites' — 'Mean Whites' — And the Chivalry," *New Hampshire Sentinel,* November 10, 1864; "The Common People of the South" *Circular* (September 26, 1864): 222–223; "From 'Down in Tennessee.' The 'Mean Whites' of the South," *Friends' Review* (October 15, 1864): 101–102; J. R. Gilmore, "The Poor Whites of the South," *Harper's New Monthly Magazine* (June 1, 1864): 115–124.

14. 安德鲁斯写道："我会说南方真正的问题，不是'要拿黑人怎么办'？而是'要拿白人怎么办'？"请见 Andrews, *The South Since the War,* 224。科罗拉多的报纸引用安德鲁斯这段话，另外加上"穷苦白人"这个字眼，请见 (reprinted from the *Chicago Republican*), "The Rising Race in the South," *Miner's Register,* January 12, 1866.《基督倡导杂志》(*Christian Advocate and Journal*) 也提出了同样的问题："要同情的不是黑人，他们能照顾自己；需要援助却无法援助的，是那些无知的、没有土地的、肤色蜡黄的、绝望的白人"；请见 Reynard, "A Vacation Tour in the South and West: Hell Opens Her Mouth," *Christian Advocate and Journal* (August 24, 1865), 266。

15. "The Suffrage Question," *New York Times,* February 13, 1866; "The Poor Whites," *Miner's Register,* October 18, 1865; Reid, *After the War,* 59, 221, 247–250, 255, 302–303, 325, 348; Andrews, *The South Since the War,* 335–336; "A Dominant Fact of the Southern Situation," *New York Times,* August 10, 1865; "Condition of the South," *New York Times,* August 27, 1867; "The Education of Poor Whites," *New York Times,* October 5, 1865; Trowbridge, *The South,* 220, 458, 589; Stephen K. Prince, *Stories of the South: Race and Reconstruction and Southern Identity* (Chapel Hill: University of North Carolina Press, 2014), 28; "The Negro, Slave and Free," *Hartford Daily Courant,* March 6, 1865; "Governing and Governed" and "Two Reasons," *New Orleans Tribune,* June 8, 1865, August 27, 1865; "Reconstruction," *Wilkes Spirit of the Times,* August 26, 1865; "Reconstruction and Negro Suffrage," *Atlantic Monthly* 16, no. 94 (August 1865): 238–247, esp. 245; Richardson, *The Death of Reconstruction,* 32–37.

16. "The Poor Whites," *Miner's Register,* October 18, 1865; Gilmore, *Down in Tennessee,* 187; "The Poor White

Trash," *New Orleans Tribune,* September 1, 1865; "From the South: Southern Journeyings and Jottings," *New York Times,* April 7, 1866; "The Poor Whites," *The Congregationalist,* September 22, 1865; J. S. Bradford, "Crackers," *Lippincott's Magazine,* vol. 6 (November 1870): 457–467, esp. 457.

17. "The Poor Whites," *Miner's Register,* October 18, 1865; Gilmore, *Down in Tennessee,* 184, 187; "The Low-Down People," *Putnam's Magazine* (June 1868): 704–713, esp. 705–706; Reid, *After the War,* 248; W. De Forest, "Drawing Bureau Rations," *Harper's Monthly Magazine* 36 (May 1868): 792–799, esp. 794, 799; Robert J. Richards, *Darwin and the Emergence of Evolutionary Theories of Mind and Behavior* (Chicago: University of Chicago Press, 1987), 303–304; Spencer first used "survival of the fittest" in his *Principles of Biology* (London, 1864), 1: 444, 455; "The Theory of Natural Selection," *The Critic* (November 26, 1859), 528–530; "Natural Selection," [New Orleans] *Daily Picayune,* January 9, 1870; "Review of Darwin's Theory of the Origins of Species by Means of Natural Selection," *American Journal of Science and the Arts* (March 1860): 153–184, esp. 159.

18. "The Low-Down People," *Putnam's Magazine of Literature, Science, Art and National Interests* (June 1868): 704–716; Nicole Hahn Rafter, *White Trash: The Eugenic Family Studies, 1877–1919* (Boston: Northeastern University Press, 1988), 2–3, 6–7.

19. Sanford B. Hunt, "The Negro as Soldier," *Anthropological Review* 7 (January 1869): 40–54, esp. 53; John S. Haller Jr., *Outcasts from Evolution: Scientific Attitudes of Racial Inferiority, 1859–1900* (Urbana: University of Illinois Press, 1971), 20–32.

20. "杂种"一词的来源相当多重：动物和植物育种、进化科学、种族主义关于异族通婚和融合的争论，以及更古老的征服理论（野蛮人和蒙古游牧民族变成了"杂种游牧民族"），还有英国人把"杂种"蔑称没有纯正血统的下层男子。有关自由黑人是鱼目混珠的、杂种的种族，参见 "Free Blacks of the North," [Fayetteville, NC] *Carolina Observer,* October 7, 1858。"Correct Likeness of the Union Party," [Millersburg, OH] *Holmes County Farmer,* October 5, 1865; "Mexico and the Indians — Two More 'Twin Relics' for the Next New Party," *New York Herald,* June 28, 1867; "Our People," *New-Orleans Times,* November 24, 1865; "Strange Dog," [New Orleans] *Daily Picayune,* June 12, 1866; "Letter from Mobile," *Daily Picayune,* August 16, 1866; "The Future of the Freemen," *New-Orleans Times,* October 22, 1865; "Southern Self-Exile—Mexico and Brazil," *Richmond Examiner,* April 14, 1866; "The Mongrel Republics of America," *Old Guard,* September 1867, 695–702; "Editor's Table," *Old Guard* (September 1868): 717–720; "Speech of Gen. Geo. W. Morgan," *Daily Ohio Statesman,* October 5, 1865; Elliott West, "Reconstructing Race," *Western Historical Quarterly* 34, no. 1 (Spring 2003): 6–26, esp. 11; Haller, *Outcasts from Evolution,* 72–73, 82; John G. Menke, *Mulattoes and Race Mixture: American Attitudes and Images, 1865-1918* (Ann Arbor, MI: UMI Research Press, 1979), 51, 60–61, 101–102; Forrest G. Wood, *Black Scare: The Racist Response to Emancipation and Reconstruction* (Berkeley: University of California Press, 1968), 65–70; Neil Pemberton and Michael Worboys, *Mad Dogs and Englishmen: Rabies in Britain, 1830–2000* (New York: Palgrave, 2007), 30–31; Warren Minton, "Notes. On the Etymology of Hybrid (Lat. Hybrida)," *American Journal of Philology* (October 1, 1884): 501–502.

21. Ted Tunnell, "'The Propaganda of History': Southern Editors and the Origins of the 'Carpetbagger' and the 'Scalawag,'" *Journal of Southern History* 72, no. 4 (November 2006): 789–822, esp. 792; Hyman Rubin III,

South Carolina Scalawags (Columbia: University of South Carolina Press, 2006), xvi; Foner, *Reconstruction,* 297.

22. 有关约翰逊否决"民权法案"是拒绝"杂种公民",请见 "Veto of Civil Rights Bill," [Harrisburg, PA] *Weekly Patriot and Union,* April 5, 1866; 另见 Francis S. Blair Jr. to Andrew Johnson, March 18, 1866, the Veto of the Civil Rights Bill, March 27, 1866, in Bergeron, *The Papers of Andrew Johnson,* vol. 10, *February-July 1866,* 10: 270, 312-320。约翰逊在1867年12月3日的国情咨文中,更明确地指出,这两个种族永远不可能"合并或融合成一个统一的群体"——而试图将此强加于南方,将"让半个国家非洲化"。约翰逊在否决《民权法案》时,对杂种公民的抨击与埃德加·考恩(Edgar Cowan)在参议院的演讲如出一辙。考恩在演讲中提到了吉卜赛人、中国人和印第安人有可能从该法案中获得公民身份的危险。请见 Senate, *Congressional Globe,* 39th Congress, 1st Session, May 30, 1866, 2890-2891; John H. Abel Jr. and LaWanda Cox, "Andrew Johnson and His Ghost Writers: An Analysis of the Freedmen's Bureau and Civil Rights Veto Messages," *Mississippi Valley Historical Review* 48, no. 3 (December 1961): 460-479, esp. 475。

23. 在一任总统任内,约翰逊否决了29项法案,远远超过杰克逊或先前的任何一任总统;从华盛顿到南北战争期间,所有总统一共只否决了59项国会法案。关于《第十四条修正案》的革命性意义,请见 Robert J. Kraczorowski, "To Begin the Nation Anew: Congress, Citizenship, and Civil Rights After the Civil War," *American Historical Review* 92, no. 1 (February 1987): 45-68, esp. 45; 另见 Wood, *Black Scare,* 111-113。有关约翰逊的否决导致弹劾,特别是他反对《第十四条修正案》与军方的控制,请见 Michael Les Benedict, *The Impeachment and Trial of Andrew Johnson* (New York: Norton, 1973), 49; 以及 Hans L. Trefousse, *Impeachment of a President: Andrew Johnson, the Blacks, and Reconstruction* (New York: Fordham University Press, 1999), 41-48, 54。

24. "Extension of Suffrage," *Macon Daily Telegraph,* October 28, 1865; "Our People," *New-Orleans Times,* November 24, 1865; "The New York Campaign," *New York Herald,* October 19, 1865; F. Fleming, ed., "The Constitution and the Ritual of the Knights of the White Camelia," in *Documents Relating to Reconstruction* (Morgantown, WV, 1904), 22, 27; "Arkansas," *New York Herald,* October 31, 1868; "Miscegenation," *Georgia Weekly Telegraph,* February 27, 1870.

25. Foner, *Reconstruction,* 340; "General Blair's Letter to General George Morgan, July 13, 1868" and "Speeches of Horatio Seymour and Francis P. Blair, Jr., Accepting the Nominations, July 10, 1868," in Edward McPherson, *The Political History of the United States of America During the Period of Reconstruction (from April 15, 1865, to July 15, 1870)* ... (Washington, DC, 1880), 369-370, 381-382; "General Blair's Speeches," [Alexandra, LA] *Louisiana Democrat,* September 2, 1868; "Blair on the Stump," *New York Times,* August 9, 1868; see *Scott v. State,* 39 Ga. 321 (1869); "Social Status of the Blacks," *New York Herald,* June 27, 1869; Charles Frank Robinson III, *Dangerous Liaisons: Sex and Love in the Segregated South* (Fayetteville: University of Arkansas Press, 2003), 24, 37-38; Pascoe, *What Comes Naturally,* 20; James R. Browning, "Anti-Miscegenation Laws in the United States," *Duke Bar Journal* 1, no. 1 (March 1951): 26-41, esp. 33; "The Philosophy of Miscegenation," *New-Orleans Times,* January 4, 1867; "Remarks of Thomas Orr, in the Senate, on the Bill to Prevent the Amalgamation of the African with the White Race in Ohio," [Columbus, OH] *Crisis,* February 28, 1861.

26. Hyman, *South Carolina Scalawags,* xvi, xxv, 41, 45, 48; "Political Intelligence," *New York Herald,* October 8, 1868; "The Rebel Press," [Raleigh, NC] *Tri-Weekly Standard,* 1868; George C. Rable, *But There Was No Peace: The Role of Violence in the Politics of Reconstruction* (Athens: University of Georgia Press, 1984), 69; "The Ashburn Tragedy," *Georgia Weekly Telegraph,* July 17, 1868; "Editorial," *Daily Memphis Avalanche,* June 7, 1868; "Reconstruction Convention," *Daily Austin Republican,* July 22, 1868; "Democratic Principles," *Houston Union,* May 7, 1869; Foner, *Reconstruction,* 342.

27. "'I Salute You, My Brother,'" [Memphis, TN] *Public Ledger,* May 7, 1868; "A Scalawag Senator Invites a Darkey to His House," [Atlanta] *Daily Constitution,* July 3, 1868; "Arkansas," "News in Brief," and "The Scalawag," *Daily Avalanche,* May 20, June 24, August 27, 1868; "Ye Stinkee and the Perry House," *Georgia Weekly Telegraph,* March 27, 1868; "Mississippi," *New York Herald,* August 12, 1868; "Meeting at Music Hall Last Night," [Albany, IN] *Daily Ledger,* October 31, 1868; "Carpet Baggery and Scalawagerie," *New-Orleans Times,* August 16, 1868; Foner, *Reconstruction,* 297.

28. "The Autobiography of a Scalawag," *Boone County* [IN] *Pioneer,* March 13, 1868.

29. "White Men Must Rule," published in the [Raleigh] *North Carolinian,* February 15, 1868, as quoted in Karen L. Zipf, "'The Whites Shall Rule the Land or Die': Gender, Race, and Class in North Carolina Politics," *Journal of Southern History* 65, no. 3 (August 1999): 499–534, esp. 525; "Address of the Conservative Men of Alabama to the People of the United States," *Daily Columbus* [GA] *Enquirer,* October 1, 1867.

30. "The Week," *Nation* 7, no. 165 (August 27, 1868): 161; "America," *London Daily News,* September 18, 1865; "Horse and Mule Market," [New Orleans] *Daily Picayune,* February 9, 1867; "Feels Bad," [Raleigh, NC] *Tri-Weekly Standard,* May 14, 1868; Charles Gayarre, "The Southern Question," *North American Review* (November/December 1877): 472–499, esp. 482–483.

31. "Bullock Ratification Meeting," *Georgia Weekly Telegraph,* March 27, 1868.

32. 有关杂种，请见 "Negro Suffrage," *Abbeville* [SC] *Press,* March 16, 1866；关于杂种延续父母血统所有的缺点和极少的优点，请见 "Results of Miscegenation," *Pittsfield* [MA] *Sun,* March 16, 1865。有位记者开玩笑说 "scalawag"（南方无赖）这个词是 "优雅的弗吉尼亚绅士的优雅语言"，并指出这个词适用于所有效忠共和党的弗吉尼亚人，不论阶级背景为何，请见 "Virginia," *New York Times,* July 27, 1868。实际研究过 "南方无赖" 的学者表示，南方无赖不是 "白垃圾"。但是比起战前的南方政客，或者他们的对手、19 世纪 70 年代的救赎政府（Redeemer governments），南方无赖的阶级较为低下，许多人只受过公立学校教育。正如詹姆斯·巴格特（James Baggett）所言，许多南方无赖支持黑人选举权，"以阻止比自己优越的保守派执政"；请见 Baggett, "Summing Up the Scalawags," and appendix Table 3, *The Scalawags: Southern Dissenters in the Civil War and Reconstruction* (Baton Rouge: Louisiana State University Press, 2003), 261–262; Hyman, *South Carolina Scalawags,* xxi, 27–28, 52。另见 James Baggett, "Upper South Scalawag Leadership," *Civil War History* 29, no. 1 (March 1983): 53–73, esp. 58–60, 73; Richard L. Hume and Jerry B. Gough, *Blacks, Carpetbaggers, and Scalawags: The Constitutional Conventions of Radical Reconstruction* (Baton Rouge: Louisiana State University Press, 2008), 6, 19, 262, 270。

33. "National Help for Southern Education," "President Hayes's Speech," and "Education for the South," *New York Times,* January 31, September 2, December 17, 1880; Charles F. Thwing, "The National Government and Education," *Harper's New Monthly Magazine* 68 (February 1884): 471–476; Allen J. Going, "The South and

the Blair Education Bill," *Mississippi Valley Historical Review* 44, no. 2 (September 1957): 267–290; A. D. Mayo, "The Third Estate of the South," *Journal of Social Sciences* (October 1890): xxi-xxxii; Nina Silber, "'What Does America Need So Much as Americans?': Race and Northern Reconciliation with Southern Appalachia, 1870–1900," in *Appalachians and Race: The Mountain South from Slavery to Segregation,* ed. John Inscoe (Lexington: University of Kentucky Press, 2001): 245–258.

34. Mary Denison, *Cracker Joe* (Boston, 1887), 9–10, 17, 33, 97–198, 206, 233, 248–255, 314, 317, 320; "The Southern Cracker," *Youth's Companion* (May 13, 1875): 149–150; Charles Dunning, "In a Florida Cracker's Cabin; To the Mockingbird," *Lippincott's Magazine* (April 1882): 367–374; Zitella Cocke, "Cracker Jim," *Overland Monthly and Out West Magazine* 10, no. 55 (July 1887): 51–70.

35. William Goodell Frost, "University Extension in Kentucky" (September 3, 1898): 72–80, esp. 72, 80; Frost, "Our Contemporary Ancestors in the Southern Mountains," *Atlantic Monthly* 83 (March 1899): 311–319; James Klotter, "The Black South and White Appalachia," *Journal of American History* 66, no. 4 (March 1980): 832–849, esp. 840, 845. 不是那么正面的描述，请见 Will Wallace Harvey, "A Strange Land and Peculiar People," *Lippincott's Magazine* 12 (October 1873): 429–438, esp. 431。还有些人强调他们在山中与世隔绝，没有现代商业往来，使得他们不求上进、目无法纪、无知，深陷家族的世仇之中；请见 James Lane Allen, "Mountain Passes of the Cumberland (with Map)," *Harper's New Monthly Magazine* 81 (September 1890): 561–576, esp. 562。艾伦 (Allen) 还强调了他们独特的外貌——他们的时空倒错生活方式——这使得他们"普遍无精打采"，瘦削的身体"没有肌肉、不够强壮"，还有着"单调的语调"；请见 James Lane Allen, "Through the Cumberland Gap on Horseback," *Harper's New Monthly Magazine* 73 (June 1886): 50–67, esp. 57。

36. 阿肯色州的杰夫·戴维斯任职期间是 1901 年至 1913 年；蒂尔曼也当过参议员，于 1890 年首次当选南卡罗来纳州长；瓦尔达曼从 1904 年到 1908 年担任密西西比州长，1913 年到 1919 年担任参议员。请见 Stephen Kantrowitz, *Ben Tillman and the Reconstruction of White Supremacy* (Chapel Hill: University of North Carolina Press, 2000); William F. Holmes, *White Chief: James Kimball Vardaman* (Baton Rouge: Louisiana State University Press, 1970); Albert D. Kirwan, *Revolt of the Rednecks: Mississippi Politics, 1876–1925* (Lexington: University of Kentucky Press, 1951), 145–147, 152–153, 160–161。另见：Richard L. Niswonger, "A Study in Southern Demagoguery: Jeff Davis of Arkansas," *Arkansas Historical Quarterly* 39, no. 2 (Summer 1980): 114–124; "Mississippi Campaign Reaches Noisy Stage," [New Orleans] *Daily Picayune,* July 11, 1911; Hunt McCaleb, "The Drummer," *Daily Picayune,* April 2, 1893; "Dashing Sortie by British," [Baltimore] *Sun,* December 11, 1899; "The News from Ladysmith," *New York Daily Tribune,* November 2, 1899; Dunbar Rowland, *The Official and Statistical Register of the State of Mississippi, 1908,* vol. 2 (Nashville, 1908): 1156–1157; Patrick Huber and Kathleen Drowne, "Redneck: A New Discovery," *American Speech* 76, no. 4 (Winter 2001): 434–443; Thomas W. Talley, *Negro Folk Rhymes: Wise and Otherwise* (New York, 1922), 43; Archie Green, "Hillbilly Music: Source and Symbol," *Journal of American Folklore* 78, no. 309 (July-September 1965): 204–228, esp. 204.

37. *Biloxi Herald,* April 22, 1903; "Vardaman at Scranton," [New Orleans] *Daily Picayune,* June 24, 1903; "Correspondence: A Mississippian on Vardaman," *Outlook,* September 12, 1903; "Lynch Law, and Three Reasons for Its Rule," [New Orleans] *Times-Picayune,* March 21, 1904; "Southern Democrats Berate

President," *New York Times,* October 19, 1901; J. Norrell, "When Teddy Roosevelt Invited Booker T. Washington to Dinner," *Journal of Blacks in Higher Education,* no. 63 (Spring 2009): 70–74; Dewey W. Grantham Jr., "Dinner at White House: Theodore Roosevelt, Booker T. Washington, and the South," *Tennessee Historical Quarterly* 17, no. 2 (June 1958): 112–130, esp. 114–118.

38. 有关罗斯福评论瓦尔达曼的"脏话"就像"狗屎",连"纽约最低级的无赖都不敢在台上说出来",以及瓦尔达曼的"言语无法形容的低贱",请见 Theodore Roosevelt to Lyman Abbott, October 7, 1903, Theodore Roosevelt Papers, Manuscript Division, Library of Congress, Washington, DC。另见: Roosevelt to Ray Stannard Baker, June 3, 1908, in *The Letters of Theodore Roosevelt,* ed. Elting Morison, 8 vols. (Cambridge, MA: Harvard University Press, 1951–1954), 6: 1046–1048; "The Vardaman Campaign," *Macon Telegraph,* August 31, 1903; "It Is Not Denied," "And This Man Wants to Be Governor!," *The Biloxi Daily Herald,* July 31, August 5, 1903; two untitled articles in *The Biloxi Daily Herald,* July 22, August 1, 1903; "Vardaman Wrote It," *New York Times,* August 16, 1904.

39. "Vardaman, the Saint," [Gulfport, MS] *Daily Herald,* March 3, 1911; "Vardaman at Scranton," [New Orleans] *Daily Picayune,* June 24, 1903; William Alexander Percy, *Lanterns on the Levee: Recollections of a Planter's Son* (Baton Rouge: Louisiana State University Press, 1973; originally published 1941), 143.

40. John M. Mecklin, "Vardamanism," *Independent* (August 31, 1911): 461–463; "Work Among the 'Poor Whites,' or 'Crackers,'" *Friends' Review* (March 22, 1888): 532–533; "That Devilish Old Vardaman," *Topeka Plaindealer,* August 15, 1913; S. A. Steel, "A School in the Sticks: Problem of White Illiteracy," *Zion's Herald,* December 30, 1903; "Governor Vardaman on the Negro," *Current Literature* 36, no. 3 (March 1904): 270–271; John Milton Cooper Jr., "Racism and Reform: A Review Essay," *Wisconsin Magazine of History* 55, no. 2 (Winter 1971): 140–144; Kirwan, *Revolt of the Rednecks,* 212.

41. Percy, *Lanterns on the Levee,* 148–149.

42. "President Denounces Rape and Lynching," [Columbia, SC] *State,* October 26, 1905; "Gala Day in Little Rock. President on Race Problem," *Charlotte Daily Observer,* October 26, 1905; "Twelve Doves of Peace Hover over Roosevelt," *Lexington Herald,* October 26, 1905; "The President's Most Important Speech," *Macon Telegraph,* October 29, 1905; "Governor Jefferson Davis," *Morning Olympian,* December 6, 1905; "Can't Train with Roosevelt Now," *Fort Worth Telegram,* December 6, 1905; "Vardaman Outwitted," *New York Times,* November 1, 1905; William B. Gatewood Jr., "Theodore Roosevelt and Arkansas, 1901–1912," *Arkansas Historical Quarterly* 32, no. 1 (Spring 1973): 3–24, esp. 18–19; Mrs. Wallace Lamar, "Roosevelt Wrongs His Mother's Blood," *Macon Telegraph,* October 26, 1905; Henry Fowler Pringle, "Theodore Roosevelt and the South," *Virginia Quarterly Review* 9, no. 1 (January 1933): 14–25.

43. Theodore Roosevelt to L. J. Moore, February 5, 1900, in Morison, *The Letters of Theodore Roosevelt,* 2: 1169; Thomas G. Dyer, *Theodore Roosevelt and the Idea of Race* (Baton Rouge: Louisiana State University Press, 1980), 97.

44. Theodore Roosevelt to Cecil Arthur Spring-Rice, August 11, 1899, in Morison, *The Letters of Theodore Roosevelt,* 2: 1053; Roosevelt, "The World Movement," in *The Works of Theodore Roosevelt,* ed. Herman Hagdorn (New York: Charles Scribner's Sons, 1924), 14: 258–285; Dyer, *Theodore Roosevelt and the Idea of Race,* 39, 42, 64, 148; David H. Burton, "The Influence of the American West on the Imperialist Philosophy

of Theodore Roosevelt," *Arizona and the West* 4, no. 1 (Spring 1962): 5–26, esp. 10–11, 16.

45. Theodore Roosevelt, *Through the Brazilian Wilderness* (New York, 1914); Candice Millard, *River of Doubt: Theodore Roosevelt's Darkest Journey* (New York: Doubleday, 2005); Gail Bederman, *Manliness and Civilization: A Cultural History of Gender and Race in the United States, 1880–1917* (Chicago: University of Chicago Press, 1995), 170–215.

46. Gary Gerstle, "Theodore Roosevelt and the Divided Character of American Nationalism," *Journal of American History* 86, no. 3 (December 1999): 1280–1307, esp. 1282–1283, 1286–1287.

47. Frederic Remington, "Cracker Cowboys of Florida," *Harper's New Monthly Magazine* 91, no. 543 (August 1895): 339–346, esp. 339, 341–342, 344; "Florida Crackers and Cowboys," [San Francisco] *Daily Evening Bulletin*, May 5, 1883.

48. Theodore Roosevelt to Owen Wister, April 27, 1906, *The Letters of Theodore Roosevelt*, 5: 226–228; "Br'er Vardaman," *Biloxi Herald*, January 21, 1902.

49. Theodore Roosevelt to Marie Van Horst, October 18, 1902; Theodore Roosevelt, "On American Motherhood," March 13, 1905, speech given before the National Congress of Mothers, in [*Supplemental*] *A Compilation of the Messages and Speeches of Theodore Roosevelt, 1901–1905*, ed. Alfred Henry Lewis, vol. 1 (Washington, DC: Bureau of National Literature and Art, 1906), 576–581; Dyer, *Theodore Roosevelt and the Idea of Race*, 15, 147, 152–155, 157; Laura L. Lovett, *Conceiving the Future: Pronatalism, Reproduction, and the Family in the United States, 1890–1938* (Chapel Hill: University of North Carolina Press, 2007), 91–95; Miriam King and Steven Ruggles, "American Immigration, Fertility, and Race Suicide at the Turn of the Century," *Journal of Interdisciplinary History* 20, no. 3 (Winter 1990): 347–369, esp. 368–369.

50. Harry H. Laughlin, *Scope of the Committee's Work*, Eugenics Record Office Bulletin, No. 10A (Cold Spring Harbor, Long Island, NY), 16, as quoted in Julius Paul, "Population 'Quantity' and 'Fitness for Parenthood' in the Light of State Eugenic Sterilization Experience, 1907–1966," *Population Studies* 21, no. 3 (November 1967): 295–299, esp. 295; Theodore Roosevelt to Charles Davenport, January 3, 1913, Charles Benedict Davenport Papers, American Philosophical Society, Philadelphia (Digital Library, #1487); Theodore Roosevelt, "Twisted Eugenics," *Outlook* (January 3, 1914): 30–34; Dyer, *Theodore Roosevelt and the Idea of Race*, 158–160.

51. Theodore Roosevelt, "A Premium on Race Suicide," *Outlook* (September 27, 1913); Kathleen Dalton, *Theodore Roosevelt: A Strenuous Life* (New York: Vintage Books, 2004), 312; "Mother's Pensions in America," *Journal of the American Institute of Criminal Law and Criminology* 9, no. 1 (May 1918): 138–140, esp. 139; Jessica Toft and Laura S. Abrams, "Progressive Maternalist and the Citizenship Status of Low-Income Single Mothers," *Social Science Review* 78, no. 3 (September 2004): 447–465, esp. 460; Susan Sterett, "Serving the State: Constitutionalism and Social Spending, 1860s–1920s," *Law and Social Inquiry* 22, no. 2 (Spring 1997): 311–356, esp. 344.

52. "Eugenic Mania," *Pacific Medical Journal* (October 1, 1915): 599–602; Steven Selden, "Transforming Better Babies into Fitter Families: Archival Resources and the History of the American Eugenics Movement, 1908–1930," *Proceedings of the American Philosophical Society* 149, no. 2 (June 2005): 199–225; Daniel J. Kelves, *In the Name of Eugenics: Genetics and the Uses of Human Heredity* (New York: Knopf, 1985),

59–62, 91–92; Matthew J. Lindsay, "Reproducing a Fit Citizenry: Dependency, Eugenics, and the Law of Marriage in the United States, 1860–1920," *Law and Social Inquiry* 23, no. 3 (Summer 1998): 541–585; Mark A. Largent, *Breeding Contempt: The History of Coerced Sterilization in the United States* (New Brunswick, NJ: Rutgers University Press, 2008), 13–95.

53. Kelves, *In the Name of Eugenics,* 44–46, 103; Anne Maxwell, *Picture Imperfect: Photography and Eugenics, 1870–1940* (Brighton: Sussex Academic Press, 2008), 111; Matthew Frye Jacobson, *Barbarian Virtues: The United States Encounters Foreign Peoples at Home and Abroad, 1876–1917* (New York: Hill & Wang, 2000), 157–158; Jan A. Witkowski, "Charles Benedict Davenport, 1866–1944," in *Davenport's Dream: 21st Century Reflections on Heredity and Eugenics,* eds. Jan. A Witkowski and John R. Inglis (Cold Spring Harbor, NY: Cold Spring Harbor Laboratory Press, 2008), 47–48; Barbara A. Kimmelman, "The American Breeders' Association: Genetics and Eugenics in an Agricultural Context, 1903–1913," S*ocial Studies Science* 13, no. 2 (May 1983): 163–204.

54. 达文波特1924年写信给他的兄弟说，如果允许大量移民，200年内纽约和北方就会变成密西西比。他以南方的落后作为外来移民威胁的范例，请见 Charles Davenport to William Davenport, February 11, 1924, Box 33, Charles Benedict Davenport Papers, 1876–1946, American Philosophical Society, as cited in Kelves, *In the Name of Eugenics,* 94。他认为济贫院中的男女无法隔离是南方的主要问题，请见 Davenport, *Heredity in Relation to Eugenics* (New York: Henry Holt & Co., 1911), 67, 70–71, 74, 182, 200。关于密西西比，请见 Edward J. Larson, *Sex, Race, and Science: Eugenics in the Deep South* (Baltimore: Johns Hopkins University Press, 1995), 81, 92。达文波特希望利用美国人口普查来收集人类血统的资料，并利用这些信息来确定每个县的"弱智和犯罪集散地，以及每个破烂小屋的新生儿"；请见 Davenport, *Heredity in Relation to Eugenics,* 1, 80–82, 87–90, 211–212, 233–234, 248–249, 255, 268。优生学家和社会学家爱德华·罗斯（Edward Ross）——此人创造了"种族自杀"一词——也认为，迁往城市会产生出不同的、更好的品种。他认为，头骨长的人搬到了城市，而头骨宽和智力低下的人则留在乡下；请见 Edward Ross, *Foundations of Sociology* (New York, 1905), 364。

55. 达文波特提到大屁股的女性，以及育马，请见 *Heredity in Relation to Eugenics,* 1, 7–8。有关贝尔在美国育种者协会第四届年会上提出的论点，请见 "Close Divorce Doors If Any Children. Prof. Alexander Graham Bell Considers Plan to Produce Better Men and Women," *New York Times,* January 30, 1908; W. E. D. Stokes, *The Right to Be Well Born, or Horse Breeding in Its Relations to Eugenics* (New York, 1917), 8, 74, 76, 199, 256；另见 "W. E. D. Stokes on Eugenics," *Eugenical News* 2, no. 2 (February 1917): 13。有关"纯种人"和"未出生的人"，也可参考 "A Perfect Race of Men: According to Prof. Kellar the Success of Eugenics Depends on Rules Made by Custom," *New York Times,* September 27, 1908。玛丽·哈里曼夫人的女儿也叫玛丽，她既研究优生学生又是爱马人。她鼓励母亲向达文波特的优生学记录室捐款。她的哥哥威廉·阿弗瑞尔·哈里曼（William Averell Harriman）是位育马人，玛丽本人也从事牛的培育工作。请见Persia Campbell, "Mary Harriman Rumsey," *Notable American Women, 1607–1950: A Biographical Dictionary,* vol. 1, eds. Edward T. James, Janet Wilson James, and Paul Boyer (Cambridge, MA: Belknap Press of Harvard University Press, 1971): 208–209。

56. S. T. Samock, "Shall We Kill the Feeble- Minded?" *Health* (August 1903): 258–259; Kelves, *In the Name of Eugenics,* 92; John N. Hurty, M.D., "Practical Eugenics," *Journal of Nursing* 12, no. 5 (February 1912):

450–453; Paul, "Population 'Quantity' and 'Fitness for Parenthood,'" 296; Paul Popenoe, "The Progress of Eugenic Sterilization," *Journal of Heredity* 25, no. 1 (January 1934): 19–27, esp. 20; Thomas C. Leonard, "Retrospectives: Eugenics and Economics in the Progressive Era," *Journal of Economic Perspectives* 19, no. 4 (Autumn 1905): 207–224, esp. 214.

57. Walter B. Hill, "Uncle Tom Without a Cabin," *Century Magazine* 27, no. 6 (1884): 862; Reverend William H. Campbell's book, *Anthropology for the People: A Refutation of the Theory of the Adamic Origins of All Races* (Richmond, 1891), 269; "The Color Line," *New York Globe*, June 1883; "Race Amalgamation," *American Economic Association. Publications* (August 1896): 180; "The Psychology of the Race Question," *Independent* (August 13, 1903): 1939–1940; Ellen Barret Ligon, M.D., "The White Woman and the Negro," *Good Housekeeping* (November 1903): 426–429, esp. 428; Mencke, *Mulattoes and Race Mixture,* 105, 107–108; Stokes, *The Right to Be Well Born,* 86, 222–224, 230; Mrs. John Logan, "Inheritance, Mental and Physical," *Philadelphia Inquirer,* April 24, 1904; "Wants to Be a Eugenic Bride," *New York Times,* November 3, 1913; "Book Reviews," *Health* (February 1911): 43; "Quits Society for Eugenics," *New York Times,* August 29, 1913; "Superman a Being of Nervous Force... Eugenic Registry Plan Would Develop a Race of Human Thoroughbreds, It Is Argued — Elimination of the Unfit," *New York Times,* January 11, 1914; Selden, "Transforming Better Babies into Fitter Families," 206–207, 210–212; Edward J. Larson, "'In the Finest, Most Womanly Way': Women in the Southern Eugenics Movement," *American Journal of Legal History* 39, no. 2 (April 1995): 119–147.

58. Steven Selden, *Inheriting Shame: The Story of Eugenics and Racism in America* (New York: Teachers College Press, 1999), 49; Henry H. Goddard, "Four-Hundred Feeble-Minded Children Classified by the Binet Method," *Journal of Psycho-Asthenics* 15, no. 1–2 (September and December, 1910): 17–30, esp. 26–27; Edwin Brewster, "A Scientific Study of Fools," *McClure's Magazine* 39, no. 3 (July 1912): 328–334; "The Unfit," *Medical Record* (March 4, 1911): 399–400; Martin W. Barr, M.D., "The Feebleminded a Sociological Problem," *Alienist and Neurologist* (August 1, 1913): 302–305; "The Menace of the Feebleminded," *Colman's Rural World* (June 25, 1914): 8; George S. Bliss, M.D., "Diagnosis of Feebleminded Individuals," *Alienist and Neurologist* (January 1, 1918): 17–23; Kevles, *In the Name of Eugenics,* 77, 107; Davenport, *Heredity in Relation to Eugenics,* 233–243; Wendy Kline, *Building a Better Race: Gender, Sexuality, and Eugenics from the Turn of the Century to the Baby Boom* (Berkeley: University of California Press, 2005), 20–29.

59. William Benjamin Smith, *The Color Line: A Brief in Behalf of the Unborn* (New York, 1905), 5, 8, 11–14, 17–18, 74; Robert W. Shufeldt, M.D., *The Negro: A Menace to American Civilization* (Boston, 1907), 73–74, 77–78, 103–104, 131; Robinson, *Dangerous Liaisons,* 82.

60. Henry Herbert Goddard, *The Kallikak Family: A Study in the Heredity of Feeble-Mindedness* (New York, 1912), 66, 71–72; "Feeble-Minded Women," *Duluth News Tribune,* March 12, 1904; Davenport, *Heredity in Relation to Eugenics,* 259; Kline, *Building a Better Race,* 49, 53; Kevles, *In the Name of Eugenics,* 72; Lewis M. Terman, *The Measurement of Intelligence* (Boston: Houghton Mifflin, 1916), 91; Gregory Michael Dorr, *Segregation's Science: Eugenics and Society in Virginia* (Charlottesville: University of Virginia Press, 2008), 132.

61. Kristin Luker, "Sex, Social Hygiene, and the State: The Double-Edged Sword of Social Reform," *Theory and Society* 27, no. 5 (October 1998): 601–634, esp. 618–623; Christopher Capozzola, "The Only Badge Needed Is Your Patriotic Fervor: Vigilance, Coercion, and the Law in World War I America," *Journal of American History* 88, no. 4 (March 2002): 1354–1382, esp. 1370–1373; Kline, *Building a Better Race,* 46–47; Aine Collier, *The Humble Little Condom: A History* (Amherst, NY: Prometheus Books, 2007), 185, 187; Jeanette Keith, *Rich Man's War, Poor Man's Fight: Race, Class and Power in the Rural South During the First World War* (Chapel Hill: University of North Carolina Press, 2004), 43, 70–71, 73–75.

62. "Are We Ruled by Morons?," *Current Opinion* 72, no. 4 (April 1922): 438–440; M. F. Ashley Montagu, "Intelligence of Northern Negroes and Southern Whites in the First World War," *American Journal of Psychology* 58, no. 2 (April 1945): 161–188, esp. 165–167, 185–186; Daniel J. Kevles, "Testing the Army's Intelligence: Psychologists and the Military in World War I," *Journal of American History* 55, no. 3 (December 1968): 565–581, esp. 576; Dorr, *Segregation's Science,* 110; James D. Watson, "Genes and Politics," in Witkowski and Inglis, *Davenport's Dream,* 11.

63. M. W. Ireland, Albert Love, and Charles Davenport, *Defects Found in Drafted Men: Statistical Information Compiled from the Draft Records* (Washington, DC, 1919), 34, 265; "They Eat Clay and Grow Fat," *Philadelphia Inquirer,* November 26, 1895; "The Clay Eaters," *Fort Worth Register,* January 12, 1897; Marion Hamilton Carter, "The Vampires of the South," *McClure's Magazine* 33, no. 6 (October 1909): 617–631; J. L. Nicholson, M.D., and Watson S. Rankin, M.D., "Uncinariasis as Seen in North Carolina," *Medical News* (November 19, 1904): 978–987; H. F. Harris, "Uncinariasis; Its Frequency and Importance in the Southern States," *Atlanta Journal-Record of Medicine,* June 1, 1903; "Uncinariasis, the Cause of Laziness," *Zion's Herald,* December 10, 1902; "The Passing of the Po' 'White Trash': The Rockefeller Commission's Successful Fight Against Hookworm Disease," *Hampton-Columbia Magazine,* November 1, 1911; James O. Breeden, "Disease as a Factor in Southern Distinctiveness," and Elizabeth W. Etheridge, "Pellagra: An Unappreciated Reminder of Southern Distinctiveness," in *Disease and Distinctiveness in the American South,* eds. Todd L. Savitt and James Harvey Young (Knoxville: University of Tennessee Press, 1988), 1–28, 100–119, esp. 14–15, 104; Natalie J. Ring, *The Problem of the South: Region, Empire, and the New Liberal State, 1880–1930* (Athens: University of Georgia Press, 2012), 79.

64. S. A. Hamilton, "The New Race Question in the South," *Arena* 27, no. 4 (April 1902): 352–358; "Science and Discovery: The Coming War on Hookworm," *Current Literature* 17, no. 6 (December 1909): 676–680; E. J. Edwards, "The Fight to Save 2,000,000 Lives from Hookworm," *New York Times,* August 28, 1910; John Ettling, *The Germ of Laziness: Rockefeller Philanthropy and Public Health in the New South* (Cambridge, MA: Harvard University Press, 1981); Andrew Sledd, "Illiteracy in the South," *Independent,* October 17, 1901: 2471–2474; Richard Edmonds, "The South's Industrial Task: A Plea for Technical Training of Poor White Boys," an address before the Annual Convention of Southern Cotton Spinners' Association at Atlanta, November 14, 1901 (Atlanta, 1901); Bruce Clayton, *The Savage Ideal: Intolerance and Intellectual Leadership in the South, 1890–1914* (Baltimore: Johns Hopkins University Press, 1972), 114–115, 119, 140; Elbert Hubbard, "White Slavery in the South," *Philistine* (May 1902): 161–178; "Child Labor in the South," *Ohio Farmer* (February 3, 1906): 121; Louise Markscheffel, "The Right of the Child Not to Be Born," *Arena*

36, no. 201（August 1906）: 125–127; Owen R. Lovejoy, assistant secretary of the National Child Labor Committee, "Child Labor and Family Disintegration," *Independent*（September 27, 1906）: 748–750; Frank Tannenbaum, *Darker Phases of the South*（New York, 1924）, 131–135; Ring, *The Problem of the South,* 25–26, 62–63, 121, 125–126, 135–136; Charles H. Holden, *In the Great Maelstrom: Conservatives in Post-Civil War South Carolina*（Columbia: University of South Carolina Press, 2002）, 65, 80.

65. Dorr, *Segregation's Science,* 122–123, 129, 132; Paul Lombardo, "Three Generations, No Imbeciles: New Light on *Buck v. Bell*," *New York University Law Review* 60, no. 1（April 1965）: 30–60, esp. 37, 45–50.

66. David Starr Jordan and Harvey Ernest Jordan, *War's Aftermath: A Preliminary Study of the Eugenics of War as Illustrated by the Civil War of the United States and the Late Wars in the Balkans*（Boston: Houghton Mifflin, 1914）, 63; Dorr, *Segregation's Science,* 54–55, 57, 59, 62, 65; Gregory Michael Dorr, "Assuring America's Place in the Sun: Ivey Foreman Lewis and the Teaching of Eugenics at the University of Virginia, 1915–1953," *Journal of Southern History* 66, no. 2（May 2000）: 257–296, esp. 264–265.

67. 除了关注他们不道德的性关系和高生育能力外，他还强调了大多数老师如何评价这些孩子的"弱智""愚蠢"和"无可救药"。他还描述了近亲繁殖的程度，大多是与父母的堂表亲的子女生育结婚。他找出了四个"源头"，即男性祖先；其中之一是约瑟夫·布朗（Joseph Brown），他是白人男子，娶了纯种印第安人的老婆。他形容他们的"血统"比普通的弗吉尼亚白人还要好。温部落的人认为自己是纯种白人，关于血统纯正，请见 Arthur H. Estabrook and Ivan E. M. McDougle, *Mongrel Virginians: The Win Tribe*（Baltimore: Williams & Wilkins Company, 1926）, 13–14, 23, 119, 125, 145–146, 154–157, 160–166, 181, 203–205。

68. Estabrook, *Mongrel Virginians,* 203–205; Richard B. Sherman, "'The Last Stand': The Fight for Racial Integrity in Vir-ginia in the 1920s," *Journal of Southern History* 54, no. 1（February 1988）: 69–92, esp. 78; Dorr, *Segregation's Science,* 145–146.

69. Sherman, "The Last Stand," esp. 83–84; *Buck v. Bell,* 274 U.S. 200（1927）, 208.

70. 哈里·劳克林（Harry Laughlin）在1924年的审判中引用了艾伯特·普莱蒂（Albert Priddy）的话，他把巴克家族描述为"南方那种懒惰、无知、毫无价值的反社会白人"。1914年，普莱蒂在一份给州长的报告中，解释为何要为心智发展不健全者进行绝育手术。他将遗传缺陷与"无生产能力、游手好闲、依靠公共和私人慈善生活"的反社会行为（犯罪、卖淫、酗酒）画上等号。请见 Lombardo, "Three Generations, No Imbeciles," 37, 49–50, 54; Dorr, *Segregation's Science,* 129–130, 132, 134。优生学的提倡者公开法院判决以将绝育手术的扩大实施正当化，请见 Popenoe, "The Progress of Eugenic Sterilization," 23–26。关于嘉莉·巴克的家谱，审判中用到的那份，请见"Most Immediate Blood-Kin of Carrie Buck"。

71. 刘易斯·M. 特曼不认为环境会有影响，他认为阶级是遗传能力的准确结果。他写道："日常观察就可显示，家庭所属的社会阶层与其说是靠运气，不如说是靠父母天生的才智和品格。"相关阶级论述，请见 Terman, *The Measurement of Intelligence,* 72, 96, 115。特曼更担心聪明阶级的低出生率，并用尽一切努力来增加这个阶级的数量；请见 Lewis Madison Terman, "Were We Born That Way?" *The World's Work* 44（May-October 1922）: 655–660。特曼的智力量表更加精英主义；他把智力缺陷最严重的人归为"智力薄弱"一类，然后使用边缘、低等、中等、优等、非常优等、一流、非常一流和天才命名其他等级。他特别关注量表的最上层，请见 Terman, "The Binet Scale and the Diagnosis of Feeble-

Mindedness," *Journal of the American Institute of Criminal Law and Criminology* 7, no. 4 (November 1916): 530–543, esp. 541–542;以及 Mary K. Coffey, "The American Adonis: A Natural History of the 'Average American' Man, 1921–1932," in *Popular Eugenics: National Efficiency and American Mass Culture in the 1930s*, eds. Susan Currell and Christina Cogdell (Athens: Ohio University Press, 2006), 185–216, esp. 186–187, 196, 198。其他的优生学家，比如著名讲师艾伯特·E. 威格姆（Albert E. Wiggam），担心如果聪明漂亮的女性（说得好像这些特质会一起出现在某个阶级中）不能生育，"下一代将既丑又笨"；请见 R. le Clerc Phillips, "Cracks in the Upper Crust," *Independent* (May 29, 1926): 633–636.

72. 关于萨利比和他的新书《女性的成人阶段》（*Woman on Womanhood*），请见 "Urging Women to Lift the Race," *New York Times*, November 19, 1911. 讽刺优生女性主义、女人耗尽男人、把婚姻换成追求"冷血的筛选出"最好的血统，请见 Robert W. Chambers, "Pro Bono Publico: Further Developments in the Eugenist Suffragette Campaign," *Hampton's Magazine* (July 1, 1911): 19–30；以及 William McDougall, *National Welfare and Decay* (London, 1921), 9–25。麦克杜格尔做了一项类似的研究，比较了英国私立学校（受过良好教育的精英家庭的孩子）和普通小学（小店主和工匠家庭的孩子）的学生智力水准，得出的结论和特曼相同：受过良好教育的精英家庭的孩子明显较优秀。请见 Reverend W. R. Inge, "Is Our Race Degenerating?" *The Living Age* (January 15, 1927): 143–154。

73. Steven Noll, *Feeble-Minded in Our Midst: Institutions for the Mentally Retarded in the South, 1900–1940* (Chapel Hill: University of North Caro-lina Press, 1995), 71; Karen L. Zipf, *Bad Girls at Samarcand: Sexuality and Sterilization in a Southern Juvenile Reformatory* (Baton Rouge: Louisiana State University Press, 2016), 3, 66–67, 73, 83–84, 150–152, 154.

74. Sherwood Anderson, *Poor White* (New York: B. W. Huebsch, Inc., 1920), 3–8, 11–14, 18; Stephen C. Enniss, "Alienation and Affirmation: The Divided Self in Sherwood Anderson's 'Poor White,'" *South Atlantic Review* 55, no. 2 (May 1990): 85–99; Welford Dunaway Taylor and Charles E. Modlin, eds., *Southern Odyssey: Selected Writings of Sherwood Anderson* (Athens: University of Georgia Press, 1997); Percy H. Boynton, "Sherwood Anderson," *North American Review* 224, no. 834 (March-May 1927): 140–150, esp. 148.

75. Anderson, *Poor White*, 29, 43, 55, 56, 62, 72, 80, 118–121, 127–128, 156, 169, 171–172, 190–191, 227–228, 230–231, 253–254, 299.

76. Ibid., 136, 260, 271, 277, 332, 342, 345, 357, 367–371.

77. Tannenbaum, *Darker Phases of the South*, 39–42, 56, 70, 117–119, 183; William Garrott Brown, *Lower South in American History* (New York, 1902), 266; Edgar Gardner Murphy, *The Problems of the Present South* (New York, 1909), 123; Ring, *The Problem of the South*, 139, 148, 152; Ashley Craig Lancaster, "Weeding out the Recessive Gene: Representations of the Evolving Eugenics Movement in Erskine Caldwell's 'God's Little Acre,'" *Southern Literary Journal* 39, no. 2 (Spring 2007): 78–99, esp. 81.

78. Erskine Caldwell, *The Bastard* (New York, 1929), 13–14, 16, 21, 28.

79. Ibid., 21–23, 141–142, 145–146, 165–166, 170, 175, 177, 198–199.

80. Robert N. Reeves, "Our Aristocracy," *American Magazine of Civics* (January 1896): 23–29; Harry Thurston Peck, "The New American Aristocracy," *The Cosmopolitan* (October 1898): 701–709; Harry Thurston Peck, "The Basis for an American Aristocracy," *Independent* (December 22, 1898): 1842–1845; "Is America Heading for Aristocracy?," *The Living Age* (September 21, 1907): 757–760; Charles Ferguson,

"A Democratic Aristocracy," *The Bookman: A Review of Books and Life* (October 1917): 147–148; James Southall Wilson, "The Future of Aristocracy in America," *North American Review* (January 1932), 34–40; James Edward Dunning, "An Aristocracy of Government in America," *Forum* (June 1910): 567–580; "Modern Biology as the Enemy of Democracy," *Current Opinion* 49, no. 3 (September 1920): 346–347; JoAnne Brown, *The Definition of a Profession: The Authority of Metaphor in the History of Intelligence Testing, 1900–1930* (Princeton, NJ: Princeton University Press, 1992), 41.

81. Corra Harris, *Flapper Anne* (Boston: Houghton Mifflin, 1926); Betsy Lee Nies, *Eugenic Fantasies: Racial Ideology and the Literature and Popular Culture of the 1920s* (New York: Routledge, 2010), 41.

第九章　被遗忘之人：社会的向下流动与经济大萧条

1. David M. Kennedy, *The American People in the Great Depression: Freedom from Fear: Part I* (New York: Oxford University Press, 1999), 86–87, 89.
2. U.S. National Emergency Council, *Report on Economic Conditions in the South. Prepared for the President by the National Emergency Council* (Washington, DC: Government Printing Office, 1938), 1; Will W. Alexander, "Rural Resettlement," *Southern Review* 1, no. 3 (Winter 1936): 528–539, esp. 529, 532, 535, 538; Joseph W. Eaton, *Exploring Tomorrow's Agriculture: Co Operative Group Farming — A Practical Program of Rural Rehabilitation* (New York: Harper & Brothers, 1943), 4–7.
3. Matthew J. Mancini, *One Dies, Get Another: Convict Leasing in the American South, 1866–1928* (Columbia: University of South Carolina Press, 1996), 2–3, 23, 37–38; Edward L. Ayers, *Vengeance and Justice: Crime and Punishment in the Nineteenth-Century American South* (New York: Oxford University Press, 1985), 185–222.
4. Robert E. Burns, *I Am a Fugitive from a Georgia Chain Gang*, foreword by Matthew J. Mancini (Athens: University of Georgia Press, 1997), vi-ix; Lichtenstein, "Chain Gangs, Communism, and the 'Negro Question': John L. Spivak's Georgia Nigger," *Georgia Historical Quarterly* 79, no. 3 (Fall 1995): 633–658, esp. 641–642.
5. Andrew Bergman, *We're in the Money: Depression America and Its Films* (Chicago: Ivan R. Dee, 1971), 92.
6. Lewis W. Hine, *Men at Work: Photographic Studies of Modern Men and Machines* (New York, 1932), frontispiece; Kate Sampsell Willmann, "Lewis Hine, Ellis Island, and Pragmatism: Photographs as Lived Experience," *Journal of the Gilded Age and Progressive Era* 7, no. 2 (April 2008): 221–252, esp. 221–222.
7. Amity Shlaes, *The Forgotten Man: A New History of the Great Depression* (New York: Harper Perennial, 2008), 129; Roger Daniels, *The Bonus March: An Episode of the Great Depression* (Westport, CT: Greenwood, 1971); John Dos Passos, "The Veterans Come Home to Roost," *New Republic* (June 29, 1932): 177–178; Mauritz A. Haligren, "The Bonus Army Scares Mr. Hoover," *Nation* 135 (July 27, 1932): 73; "The Bonus Army Incident," *New York Times*, September 16, 1932; Harold N. Denny, "Hoover B.E.F. Attack Stirs Legion Anew," *New York Times*, September 13, 1932; John Henry Bartlett, *The Bonus March and the New Deal* (Chicago: M. A. Donohue & Co., 1937), 13; Donald J. Lisio, "A Blunder Becomes a Catastrophe: Hoover, the Legion, and the Bonus Army," *Wisconsin Magazine of History* 51, no. 1 (Autumn 1967): 37–50.
8. Charles R. Walker, "Relief and Revolution," *Forum and Century* 88 (August 1932): 73–79.

9. Edward Newhouse, *You Can't Sleep Here* (New York: Macaulay, 1934), 103–104, 112.

10. David P. Peeler, *Hope Among Us Yet: Social Criticism and Social Solace in Depression America* (Athens: University of Georgia Press, 1987), 167–168, 171; Tom Kromer, *Waiting for Nothing* (New York, 1935), 186; Arthur M. Lamport, "The New Era Is Dead — Long Live the New Deal," *Banker's Magazine* (June 1933): 545–548.

11. photographs "The Flood Leaves Its Victims on the Bread Line" and "Tennessee Puts a Chain Gang on Its Levees," *Life* 2, no. 7 (February 15, 1937): 9, 12–13.

12. "Muncie, Ind. Is the Great U.S. 'Middletown': And This Is the First Picture Essay of What It Looks Like," *Life* 2 (May 10, 1937): 15–25; Sarah E. Igo, "From Main Street to Mainstream: Middletown, Muncie, and 'Typical America,' " *Indiana Magazine of History* 101, no. 3 (September 2005): 239–266, esp. 244–245, 255, 259–260. 如同某位作家指出的，大众理解的典型美式生活"人人都在讨论，但没人有定义"，而"现今的典型美式生活无非是一系列价值观，大多数人把这种价值投射在他们没有但希望拥有的事物上"；请见 Elmer Leslie McDowell, "The American Standard of Living," *North American Review* 237, no. 1 (January 1934): 71–75, esp. 72。

13. "The American Collapse," *The Living Age* (December 1, 1929): 398–401; Virgil Jordan, "The Era of Mad Illusions," *North American Review* (January 1930): 54–59.

14. William Stott, *Documentary Expression and Thirties America* (Chicago: University of Chicago Press, 1973), 62–63, 67–68, 212; Stuart Kidd, "Art, Politics and Erosion: Farm Security Administration Photographs of the Southern Land," *Revue française d'études américaines*, rev. ed. (1986): 67–68; Arthur Rothstein, "Melting Snow, Utopia, Ohio," February 1940, Library of Congress, Prints and Photographs Division, Washington, DC; Peeler, *Hope Among Us Yet,* 148.

15. Herbert J. Spinden, "Waters Flow, Winds Blow, Civilizations Die," *North American Review* (Autumn 1937): 53–70; Russell Lord, "Behold Our Land," *North American Review* (Autumn 1938): 118–132; Russell Lord, "Back to the Land?," *Forum* (February 1933): 97–103, esp. 99, 102; Regna Darnell and Frederic W. Gleach, eds., *Celebrating a Century of the American Anthropological Association: Presidential Portraits* (New York, 2002), 73–76; Dorothea Lange and Paul Taylor, *An American Exodus: A Record of Human Erosion* (New York: Reynal & Hitchcock, 1939), 102. 工程师兼公共事业振兴署顾问戴维·库什曼·科伊尔（David Cushman Coyle）出版了一本很有影响力的小书，名为《浪费》（*Waste*），他在书中的第一章"泥沼"（Mud）中写道："无论何处，人类碰过的土地都会分崩离析，被大水冲走。如果人类建了小木屋，门前的小路就会变成吞噬一切的沟渠……这片土地在人类的触摸下日益萎缩。"请见 *Waste: The Fight to Save America* (Indianapolis: Bobbs-Merrill, 1936), 5–6. 他还写了一章，标题是"人类的侵蚀"（Human Erosion），描绘劳工"搬到贫民窟或用垃圾建造的棚屋里——不断地坠落，最后掉到了救济线上"；请见 ibid., 57. 这本小书成为罗斯福 1936 年在印第安纳州成功连任的关键竞选工具，请见 James Philip Fadely, "Editors, Whistle Stops, and Elephants: The Presidential Campaign in Indiana," *Indiana Magazine of History* 85, no. 2 (June 1989): 101–137, esp. 106。

16. Carleton Beals, "Migs: America's Shantytown on Wheels," *Forum and Century* 99 (January 1938): 10–16, esp. 11–12; "'I Wonder Where We Can Go Now,'" *Fortune* 19, no. 4 (April 1939): 91–100, esp. 91, 94; Paul Taylor, "The Migrants and California's Future: The Trek to California and the Trek in California" [ca.

1935], in Taylor, *On the Ground in the Thirties* (Salt Lake City: Peregrine Smith Books, 1983), 175–184, esp. 175–177, 179; Charles Poole, "John Steinbeck's 'The Grapes of Wrath,'" in "Books of the Month," *New York Times,* April 14, 1939; "'The Grapes of Wrath': John Steinbeck Writes a Major Novel About Western Migrants," *Life* 6, no. 23 (June 5, 1939): 66–67; Woody Guthrie, "Talking Dust Bowl Blues" (1940); Frank Eugene Cruz, "'In Between a Past and Future Town': Home, the Unhomely, and 'The Grapes of Wrath,'" *Steinbeck Review* 4, no. 2 (Fall 2007): 52–75, esp. 63, 73; Michael Denning, *The Cultural Front: The Laboring of American Culture in the Twentieth Century* (London: Verso, 1997), 259; Vivian C. Sobchack, "The Grapes of Wrath (1940): Thematic Emphasis Through Visual Style," *American Quarterly* 31, no. 5 (Winter 1979): 596–615.

17. Paul K. Conkin, *Tomorrow a New World: The New Deal Community Program* (Ithaca, NY: Cornell University Press, 1959), 26, 30; William H. Issel, "Ralph Borsodi and the Agrarian Response to Modern America," *Agricultural History* 41, no. 2 (April 1967): 155–166; Ralph Borsodi, "Subsistence Homesteads: President Roosevelt's New Land and Population Policy," *Survey Graphic* 23 (January 1934): 11–14, 48, esp. 13; Borsodi, "Dayton, Ohio, Makes Social History," *Nation* 136 (April 19, 1933): 447–448, esp. 448; John A. Piquet, "Return of the Wilderness," *North American Review* (May 1934): 417–426, esp. 425–426; Charles Morrow Wilson, "American Peasants," *The Commonweal* 19 (December 8, 1933): 147–149; Pamela Webb, "By the Sweat of the Brow: The Back to the-Land Movement in Depression Arkansas," *Arkansas Historical Quarterly* 42, no. 4 (Winter 1983): 332–345, esp. 337.

18. Webb, "By the Sweat of the Brow," 334. 某位观察家下了结论："许多要当农民的人不是农民，当经济恢复繁荣时，他们大多可能会回到城市工作。"请见 W. Russell Taylor, "Recent Trends in City and County Population," *Journal of Land and Public Utility Economics* 9, no. 1 (February 1933): 63–74, esp. 72。

19. Richard S. Krikendall, *Social Scientists and Farm Politics in the Age of Roosevelt* (Ames: Iowa State University Press, 1982), 12–14; M. L. Wilson, "The Fairway Farms Project," *Journal of Land and Public Utility Economics* 2, no. 2 (April 1926): 156–171, esp. 156; Roy E. Huffman, "Montana's Contributions to New Deal Farm Policy," *Agricultural History* 33, no. 4 (October 1959): 164–167; "A Hope and a Homestead" (Washington, DC: Government Printing Office, 1935), 6, 8–10; M. L. Wilson, "The Subsistence Home-stead Program," *Proceedings of the Institute of Public Affairs* 8 (1934): 158–175.

20. M. L. Wilson, "A New Land-Use Program: The Place of Subsistence Home-steads," *Journal of Land and Public Utility Economics* 10, no. 1 (February 1934): 1–12, esp. 6–8; Wilson, "Problem of Poverty in Agriculture," *Journal of Farm Economics* 22, no. 1, Proceedings Number (February 1940): 10–29, esp. 20; *Farm Tenancy: Report of the President's Committee* (Washington, DC: Government Printing Office, 1937), 4.

21. Wilson, "A New Land-Use Program," 2–3, 11–12; "A Hope and a Home-stead," 4; *Farm Tenancy: Report of the President's Committee,* 5.

22. Arthur F. Raper, *Preface to Peasantry: A Tale of Two Black Belt Counties* (Chapel Hill: University of North Carolina Press, 1936), 61, 172, 218, 405; Rupert B. Vance, *Human Factors in Cotton Culture: A Study in Social Geography of the American South* (Chapel Hill: University of North Carolina Press, 1929), 153, 248, 279; *Farm Tenancy: Report of the President's Committee,* 3, 5–7, 9.

23. Harold Hoffsommer, "The AAA and the Cropper," *Social Forces* 13, no. 4 (May 1935): 494–502, esp. 494–

496, 501; Raper, *Preface to Peasantry,* 61, 75, 157–159, 173, 405; Vance, *Human Factors in Cotton Culture,* 161–162, 168, 201, 204, 215, 259, 307–308; Wilson, "A New Land-Use Program," 9, 12; Wilson, "Problem of Poverty in Agriculture," 14–17, 21; Wilson, "The Problem of Surplus Agricultural Population," *International Journal of Agrarian Affairs* 1（1939）: 37–48, esp. 41–43; Wilson, "How New Deal Agencies Are Affecting Family Life," *Journal of Home Economics* 27（May 1935）: 274–280, esp. 276–278.

24. Henry A. Wallace, "The Genetic Basis of Democracy"（February 12, 1939）, in Henry A. Wallace, *Democracy Reborn,* ed. Russell Lord (New York: Reynal and Hitchcock, 1944), 155–156.

25. Wilson, "Problem of Poverty in Agriculture," 20, 23, 28; Wallace, "Chapter VII: The Blessing of General Liberty," in *Whose Constitution? An Inquiry into the General Welfare* (New York: Reynal and Hitchcock, 1936), 102–103.

26. John Corbin, "The New Deal and the Constitution," *Forum and Century* 90, no. 2 (August 1933): 92–97, esp. 94–95; Wilson, "Problem of Poverty in Agriculture," 17; David M. Clark, "John Corbin: Dramatic Critic" (Lincoln: University of Nebraska Press, 1976); "President's Address to the Farmers," *New York Times,* May 15, 1935.

27. Wallace, "Chapter VIII: Soil and the General Welfare," in *Whose Constitution,* 109, 115–117.

28. Wallace, "Chapter IX: Population and the General Welfare," in *Whose Constitution,* 122–124, 126. 这部电影的完整台词是："有钱人来了，死了；他们的孩子不健康，死光光，但我们一直都在。我们是活下来的人。他们不能消灭我们，不能打败我们。我们永远都会在，约德爸，因为我们就是人民。"斯坦贝克写道："我们不会死光。人民一直都在——也许会有一点变化，但会继续存在。"请见 *The Grapes of Wrath* (New York: Penguin, 2014), 423。

29. Conkin, *Tomorrow a New World,* 128–130, 142–145; Richard S. Kirkendall, *Social Scientists and Farm Politics in the Age of Roosevelt* (Columbia: University of Missouri Press, 1966); Kennedy, *The American People in the Great Depression,* 208–210; Fred C. Frey and T. Lynn Smith, "The Influence of the AAA Cotton Program upon the Tenant, Cropper, and Laborer," *Rural Sociology* 1, no. 4 (December 1936): 483–505, esp. 489, 500–501, 505; Warren C. Whatley, "Labor for the Picking: The New Deal in the South," *Journal of Economic History* 43, no. 4 (December 1983): 905–929, esp. 909, 913–914, 924, 926–929; Jack T. Kirby, *Rural Worlds Lost: The American South, 1920–1960* (Baton Rouge: Louisiana State University Press, 1987), 65–74; George Brown Tindall, *The Emergence of the New South, 1913–1945* (Baton Rouge: Louisiana State University Press, 1967), 409.

30. Kirkendall, *Social Scientists and Farm Politics,* 109–111; Sidney Baldwin, *Poverty and Politics: The Rise and Decline of the Farm Security Administration* (Chapel Hill: University of North Carolina Press, 1968), 92–96, 117–119; Paul Taylor, "What Shall We Do with Them? Address Before the Commonwealth Club of California" (April 15, 1938); "Migratory Agricultural Workers on the Pacific Coast" (April 1938), reprinted in Taylor, *On the Ground in the Thirties,* 203–220.

31. R. G. Tugwell, "Resettling America: A Fourfold Plan," *New York Times,* July 28, 1935; "'Through Our Fault' Is the Waste of Land," *Science New Letter* 30, no. 800 (August 8, 1936), 85–86; Tugwell, "Behind the Farm Problem: Rural Poverty, Not the Tenancy System, but the Low Scale of Life, Says Tugwell, Is the Fundamental Question," *New York Times Magazine,* January 10, 1937, 4–5, 22; Rexford G. Tugwell, "The

Resettlement Idea," *Agricultural History* 33, no. 4 (October 1959): 159–164, esp. 160–161; Rexford G. Tugwell, Thomas Munro, and Roy E. Stryker, *American Economic Life and the Means of Its Improvement* (New York, 1930), 90; Baldwin, *Poverty and Politics,* 87–88, 105–106, 163–164.

32. Tugwell, "Behind the Farm Problem," 22, and "The Resettlement Idea," 162; Baldwin, *Poverty and Politics,* 111.

33. Baldwin, *Poverty and Politics,* 113–114; Roger Biles, *The South and the New Deal* (Lexington: University of Kentucky Press, 1994), 64; Howard N. Mead, "Russell vs. Talmadge: Southern Politics and the New Deal," *Georgia Historical Review* 65, no. 1 (Spring 1981): 28–45, esp. 36, 38, 42.

34. Paul Mallon, "Tugwell," and "Tugwellism," [Steubenville, OH] *Herald Star,* June 13, 1934; "Tugwell Defends 'New Deal' Earnestly; Ignore Red Scare," [Burlington, NC] *Daily Times-News,* April 24, 1934; "Tugwell Meets His Critics," Oelwein [IA] *Daily Register,* June 11, 1934; "Sick of Propertied Czars at 24, Tugwell Homes Dreamy Economics," *Kansas City Star,* August 31, 1936; "Tugwell Named to Fill New Post," *New York Times,* April 25, 1934.

35. James Rorty, "Callie Long's Boy Huey," *Forum and Century,* August 1935, 74–82, 126–127, esp. 75, 79–80, 127; "Friends Applaud Memory of Long in Senate Talks," [New Orleans] *Times-Picayune,* January 23, 1936; Anthony J. Badger, "Huey Long and the New Deal," *New Deal/New South: An Anthony J. Badger Reader* (Fayetteville: University of Arkansas Press, 2007), 1–30, esp. 1, 5–7, 21–25; J. Michael Hogan and Glen Williams, "The Rusticity and Religiosity of Huey P. Long," *Rhetoric and Public Affairs* 7, no. 2 (Summer 2004): 149–171, esp. 151, 158–159; Roger Butterfield, "The Folklore of Politics," *Pennsylvania Magazine of History and Biography* 74, no. 2 (April 1950): 164–177, esp. 165–166; Dan T. Carter, "Southern Political Style," in *The Age of Segregation: Race Relations in the South, 1890–1954,* ed. Robert Haws (Jackson: University Press of Mississippi, 1978), 45–67, esp. 51; Arthur Krock, "In Washington: Senator Smith Certainly 'Put On a Good Show,'" *New York Times,* June 12, 1934.

36. Blair Bolles, "The Sweetheart of the Regimenters: Dr. Tugwell Makes America Over," *American Mercury* 39, no. 153 (September 1936): 77–86, esp. 84–85; "What Relief Did to Us," *American Mercury* 38, no. 151 (July 1936): 274–283, esp. 283; H. L. Mencken, "The New Deal Mentality," *American Mercury* 38, no. 149 (May 1936): 1–11; Mencken, "The Dole for Bogus Farmers," *American Mercury* 39, no. 156 (December 1936): 400–407; Cedric B. Cowing, "H. L. Mencken: The Case of the 'Curdled' Progressive," *Ethics* 69, no. 4 (July 1959): 255–267, esp. 262–263.

37. Rodney Dutcher, "Behind the Scenes in Washington," [Biloxi, MS] *Daily Herald,* September 12, 1937; "Our Uneconomic Royalist: The High Cost of Dr. Roosevelt," *American Mercury* 43, no. 171 (March 1938): 265–269.

38. "Mission of the New Deal by Rexford G. Tugwell," *New York Times,* May 27, 1934; "Address Delivered at the National Conference of Social Work, Kansas City, May 21, 1934," in Rexford Tugwell, *The Battle for Democracy* (New York: Columbia University Press, 1935), 319; "Design for Government" and "The Return to Democracy," ibid., 12–13, 204–205; Simeon Strunsky, "Professor Tugwell Defines the Battle for Democracy," *New York Times,* January 6, 1935.

39. Tugwell, "The Resettlement Idea," 161; Tindall, *The Emergence of the New South,* 423–424; Eleanor

Roosevelt, "Subsistence Farmsteads," *Forum and Century* 91, no. 4 (April 1934): 199–202; Wesley Stout, "The New Homesteaders," *Saturday Evening Post* 207, no. 5 (August 4, 1934): 5–7, 61–65, esp. 7, 64; Conkin, *Tomorrow a New World,* 116–117.

40. testimony of C. B. Baldwin in *Congressional Committee on Non-Essential Services,* May 18, 1943, 4307; Linda T. Austin, "Unrealized Expectations: Cumberland, the New Deal's Only Home-stead Project," *Tennessee Historical Quarterly* 68, no. 4 (Winter 2009): 433–450, esp. 443–444; Charles Kenneth Roberts, "New Deal Community-Building in the South: The Subsistence Homesteads Around Birmingham, Alabama," *Alabama Review* 66, no. 2 (April 2013): 83–121, esp. 91, 95–96, 99, 102, 110, 114–116; Jack House, "547 Homesteaders in District Now Enjoy More Abundant Life," *Birmingham News-Age Herald,* May 9, 1943.

41. Frank L. Kluckhorn, "Subsistence Homestead Idea Spreading," *New York Times,* December 9, 1934; Carl Mydans, "Homestead, Penderlea, North Carolina" (August 1936), and Arthur Rothstein, "Plowing a Field at Palmerdale, Alabama. New Homestead in Background" (February 1937), Library of Congress, Prints and Photographs Division, FSA/OWI Collection, LC USF33–T01–00717 M2, LC USF34–005891 E; Roberts, "New Deal Community-Building in the South," 91.

42. Gordon Van Schaack, "Penderlea Homesteads: The Development of a Subsistence Homesteads Project," *Landscape Architecture* (January 1935): 75–80, esp. 80; Thomas Luke Manget, "Hugh MacRae and the Idea of the Farm City: Race, Class, and Conservation in the New South, 1905–1935" (M.A. thesis, Western Carolina University, 2012), 154–157; Harold D. Lasswell, "Resettlement Communities: A Study of the Problems of Personalizing Administration" (1938), in Series II: Writings, Box 130, Folders 135–139, Harold Dwight Lasswell Papers, Yale University, New Haven, CT; Conkin, *Tomorrow a New World,* 290–291.

43. Charles M. Smith, "Observations on Regional Differentials in Cooperative Organization," *Social Forces* 22, no. 4 (May 1944): 437–442, esp. 437, 439, 442; Gilbert A. Cam, "United States Government Activity in Low-Cost Housing, 1932–1938," *Journal of Political Economy* 47, no. 3 (June 1939): 357–378, esp. 373; Greg Hise, "From Roadside Camps to Garden Homes: Housing and Community Planning for California's Migrant Work Force, 1935–1941," *Perspectives in Vernacular* 5 (1995): 243–258, esp. 243, 249; Conkin, *Tomorrow a New World,* 171–172; Philip K. Wagner, "Suburban Landscapes for Nuclear Families: The Case of the Greenbelt Towns in the United States," *Built Environment* 10, no. 1 (1984): 35–41, esp. 41; Will W. Alexander, "A Review of the Farm Security Administration's Housing Activities," *Housing Yearbook, 1939* (Chicago: National Association of Housing Officials, 1939), 141–143, 149–150; Mary Poole, *The Segregated Origins of Social Security: African Americans and the Welfare State* (Chapel Hill: University of North Carolina Press, 2006), 33, 39, 41, 43, 45, 94; Earl E. Muntz, "The Farmer and Social Security," *Social Forces* 24, no. 3 (March 1946): 283–290.

44. *Farm Tenancy: Report of the President's Committee,* 28, 87.

45. Harvey A. Kantor, "Howard W. Odum: The Implications of Folk, Planning, and Regionalism," *American Journal of Sociology* 79, no. 2 (September 1973): 278–295, esp. 279–280; Dewey W. Grantham Jr., "The Regional Imagination: Social Scientists and the American South," *Journal of Southern History* 34, no. 1 (February 1968): 3–32, esp. 14–17.

46. Kantor, "Howard W. Odum," 283; Gerald W. Johnson, *The Wasted Land* (Chapel Hill: University of North

Carolina Press, 1937), esp. 6–7; review of "The Wasted Land," *Social Forces* 17, no. 2 (December 1938): 276–279; Louis Mazzari, "Arthur Raper and Documentary Realism in Greene County, Georgia," *Georgia Historical Quarterly* 87, no. 3/4 (Fall/Winter 2003): 389–407, esp. 396–397; Stuart Kidd, *Farm Security Administration Photography, the Rural South, and the Dynamics of Image-Making, 1935–1943* (Lewiston, NY: Edward Mellon Press, 2004), 50, 152–153; Mary Summer, "The New Deal Farm Programs: Looking for Reconstruction in American Agriculture," *Agricultural History* 74, no. 2 (Spring 2000): 241–257, esp. 248–250.

47. Johnson, *The Wasted Land*, 6–11, 21, 24–30; Howard Odum, *Southern Pioneers in Social Interpretation* (Chapel Hill: University of North Carolina Press, 1925), 25; Howard Odum, "Regionalism vs. Sectionalism in the South's Place in the National Economy," *Social Forces* 12, no. 3 (March 1934): 338–354, esp. 340–341; Broadus Mitchell, "Southern Quackery," *Southern Economic Journal* 3, no. 2 (October 1936): 143–147, esp. 146.

48. Odum, "Regionalism vs. Sectionalism in the South's Place in the National Economy," esp. 339, 345; Mitchell, "Southern Quackery," 145; William B. Thomas, "Howard W. Odum's Social Theories in Transition, 1910–1930," *American Sociologist* 16, no. 1 (February 1981): 25–34, esp. 29–30; Odum's assessment of southern regionalism in "The Regional Quality and Balance of America," *Social Forces* 23, no. 3, *In Search of the Regional Balance in America* (March 1945): 269–285, esp. 276–277, 279–280.

49. Howard K. Menhinick and Lawrence L. Durisch, "Tennessee Valley Authority: Planning in Operation," *Town Planning Review* 24, no. 2 (July 1953): 116–145, esp. 128–130, 142; F. W. Reeves, "The Social Development Program of the Tennessee Valley Authority," *Social Science Review* 8, no. 3 (September 1934): 445–457, esp. 447, 449–453; Arthur E. Morgan, "Sociology and the TVA," *American Sociological Review* 2, no. 2 (April 1937): 157–165; William E. Cole, "The Impact of the TVA upon the Southeast," *Social Forces* 28, no. 4 (May 1950): 435–440; Daniel Schaffer, "Environment and TVA: Toward a Regional Plan for the Tennessee Valley, 1930s," *Tennessee Historical Quarterly* 43, no. 4 (Winter 1984): 333–354, esp. 342–343, 349–350, 353; Sarah T. Phillips, *This Land, This Nation: Conservation, Rural America, and the New Deal* (New York: Cambridge University Press, 2007), 80, 89, 96–98, 100, 105–107.

50. 关于阶级和种姓制度（这里他指的是家庭和亲属关系，其中包括异族婚姻；这里的种姓观念，独立于种族—性别种姓制度之外），请见 Howard W. Odum, "The Way of the South," *Social Forces* 23, no. 3, 258–268, esp. 266–267。奥德姆也相信地区有"民族性格"或"传记"，借用卡尔·桑柏格（Carl Sandburg）的术语来表达民俗文化的影响力："感觉和氛围、格局和区域的行话，关于人种，关于习俗与口号，都是一般历史中所没有的态度与气氛"。请见 Odum, ibid., 264, 268; 以及 Arthur T. Raper and Ira de A. Reid, "The South Adjusts — Downward," *Phylon* 1, no. 1 (1st quarter, 1940): 6–27, esp. 24–26。

51. B. B. Kendrick to Howard Odum, March 10, 1938, and Thomas Abernathy to Odum, April 6, 1938; Charles Sydnor to Odum, March 12, 1939; Frank Owsley to Odum, March 27, 1938, Haywood Tearce to Odum, March 19, 1938, A. B. Moore to Odum, April 29, 1938, Earle Eubank to Odum, March 23, 1938, Read Bain to Odum, January 21, 1938, D. B. Taylor to Odum, January 25, 1938; Dudley Tanner to Odum, January 25, 1938; Howard Washington Odum Papers, 1908–1982, Folder 3635, Special Collections, Wilson Library, University of North Carolina, Chapel Hill.

52. *Oxford English Dictionary;* Frederick Law Olmsted, *The Cotton Kingdom: A Traveller's Observations on Cotton and Slavery in the American Slave States* (New York, 1861), 106, 373; "Shiftless," *Ohio Farmer,* December 17, 1896; "'Farmer Thrifty' and 'Farmer Shiftless,'" *Maine Farmer,* June 4, 1870; Gail Dickersin Spilsbury, "A Washington Sketchbook: Historic Drawings of Washington," *Washington History* 22 (2010): 69–87, esp. 73; Michael Willrich, "Home Slackers: Men, the State, and Welfare in Modern America," *Journal of American History* 87, no. 2 (September 2000): 460–489, esp. 469; Irene Case and Kate Lewis, "Environment as a Factor in Feeble-Mindedness: The Noll Family," *American Journal of Sociology* 23, no. 5 (March 1918): 661–669, esp. 662; Leonard, "Retrospectives: Eugenics and Economics in the Progressive Era," 220; Kelves, *In the Name of Eugenics,* 48–49; Davenport, *Heredity in Relation to Eugenics,* 81–82; William J. Flynt, *Poor but Proud: Alabama's Poor Whites* (Tuscaloosa: University of Alabama Press, 1989), ix, 63, 90, 160, 293; "Causes of Poverty," *Genesee Farmer and Gardner's Journal,* March 10, 1832; Todd Depastino, *Citizen Hobo: How a Century of Homelessness Shaped America* (Chicago: University of Chicago Press, 2003), 15, 102; W. J. Cash, *The Mind of the South* (New York: Knopf, 1941), 22–24.

53. "Hearts in Dixie" (1929), *New York Times,* February 28, 1929; D. Bogle, *Toms, Coons, Mulattoes, Mammies, and Bucks: An Interpretative History of Blacks in American Films* (New York: Continuum, 1994), 8; Ira de A. Reid to Howard Odum, February 2, 1938, Howard Washington Odum Papers.

54. M. Swearingen to Howard Odum, June 13, 1938; Frederic L Paxon to Odum, March 18, 1938; Ulin W. Leavell to Odum, January 27, 1938; L. Guy Brown to Odum, February 6, 1938; A. C. Lervis to Odum, February 2, 1938; W. A. Schiffley to Odum, February 7, 1938; Earle Eubank to Odum, March 23, 1938, Howard Washington Odum Papers.

55. Raymond F. Bellamy to Howard Odum, January 21, 1938, Howard Washington Odum Papers.

56. B. O. Williams to Howard Odum, February 9, 1938, Howard Washington Odum Papers.

57. James Agee and Walker Evans, *Let Us Now Praise Famous Men* (1941; reprint ed., Boston: Houghton Mifflin, 2001), 5–6, 8–9.

58. Ibid., 70–73, 127, 137, 164–165, 183–184, 205–206, 231–239; Michael Trinkley, "'Let Us Now Praise Famous Men' — If Only We Can Find Them," *Southeastern Archeology* 2, no. 1 (Summer 1983): 30–36; James S. Miller, "Inventing 'Found' Objects: Artifactuality, Folk History, and the Rise of Capitalist Ethnography in 1930s America," *Journal of American Folklore* 117, no. 466 (Autumn 2004): 373–393, esp. 387–388.

59. Agee and Walker, *Let Us Now Praise Famous Men,* 184–185. 正如当时一位评论家所观察到的，艾吉对于自我的揭露（这些东西也能帮助我们看清自己），不亚于他对主题的揭露，这就是它"主要的社会文献价值"；请见 Ruth Lechlitner, "Alabama Tenant Families," review of *Let Us Now Praise Famous Men, New York Herald Tribune Books,* Sunday, August 24, 1941, 10；以及 Paula Rabinowitz, "Voyeurism and Class Consciousness: James Agee and Walker Evans, 'Let Us Now Praise Famous Men,' " *Cultural Critique* 21 (Spring 1992): 143–170, esp. 162。

60. Stott, *Documentary Expression and Thirties America,* 264; Donald Davidson, *The Attack on Leviathan: Regionalism and Nationalism in the United States* (Chapel Hill: University of North Carolina Press, 1938), 308; Tindall, *The Emergence of the New South,* 594; Edward S. Shapiro, "Donald Davidson and the Tennessee

Valley Authority: The Response of a Southern Conservative," *Tennessee Historical Quarterly* 33, no. 4 (Winter 1974): 436–451, esp. 443.

61. Jennifer Ritterhouse, "Dixie Destinations: Rereading Jonathan Daniels' *A Southerner Discovers the South*," *Southern Spaces* (May 20, 2010).

62. Jonathan Daniels, *A Southerner Discovers the South* (New York: Macmillan, 1938), 31, 140, 148, 299–305; Paul S. Sutter, "What Gullies Mean: Georgia's 'Little Grand Canyon' and Southern Environmental History," *Journal of Southern History* 76, no. 3 (August 2010): 579–616, esp. 579, 582–583, 585–586, 589–590.

63. Daniels, *A Southerner Discovers the South*, 25, 58.

64. Ibid., 345.

65. Ibid., 346.

第十章 穷孩子的偶像：猫王、格里菲斯与约翰逊的伟大社会

1. Randall Woods, *LBJ: Architect of American Ambition* (New York: Free Press, 2006), 458; Bobbie Ann Mason, *Elvis Presley: A Life* (New York: Viking, 2002), 105; Karal Ann Marling, "Elvis Presley's Graceland, or the Aesthetic of Rock 'n' Roll Heaven," *American Art* 7, no. 4 (Autumn 1933), 99; Michael T. Bertrand, *Race, Rock, and Elvis* (Urbana and Chicago: University of Illinois Press, 2005), 224.

2. Jack Gould, "TV: New Phenomenon: Elvis Presley Rises to Fame as Vocalist Who Is Virtuoso of Hootchy-Kootchy," *New York Times,* June 6, 1956; Jules Archer, "Stop Hounding Teenagers!: Elvis Presley Defends His Fans and His Music," *True Story* (December 1956): 18–20, 22–24, 26, 28; "Elvis Presley: What? Why?" *Look Magazine* (August 7, 1956): 82–85; Candida Taylor, "Zoot Suit: Breaking the Cold War's Dress Code," in *Containing America: Cultural Production and Consumption in 50s America,* eds. Nathan Abrams and Julie Hughes (Edgbaston, Birmingham, UK: University of Birmingham Press, 2000), 64–65; Karal Ann Marling, *As Seen on TV: The Visual Culture of Everyday Life in the 1950s* (Cambridge, MA: Harvard University Press, 1994), 169–170; Michael Bertrand, "I Don't Think Hank Done It That Way: Elvis, Country Music, and the Reconstruction of Southern Masculinity," in *A Boy Named Sue: Gender and Country Music,* eds. Kristine M. McCusker and Diane Pecknold (Jackson: University Press of Mississippi, 2004), 59–85, esp. 59, 62, 66, 73, 75, 84.

3. Joe B. Frantz, "Opening a Curtain: The Metamorphosis of Lyndon B. Johnson," *Journal of Southern History* 45, no. 1 (February 1979): 3–26, esp. 5–7, 25.

4. "The President's Inaugural Address, January 20, 1965," in *Public Papers of the Presidents of the United States: Lyndon B. Johnson: Containing the Public Messages, Speeches, and Statements of the President, 1965 (in Two Books), Book I — January 1 to May 31, 1965* (Washington, DC: Government Printing Office, 1966), 71–74, esp. 73; Carroll Kilpatrick, "Great Society, World Without Hate," *Washington Post,* January 21, 1965.

5. Dale Baum and James L. Hailey, "Lyndon Johnson's Victory in the 1948 Texas Senate Race: A Reappraisal," *Political Science Quarterly* 109, no. 4 (Autumn 1994): 595–613, esp. 596, 613; Robert A. Caro, *The Years of Lyndon Johnson: Means of Ascent* (New York: Knopf, 1990), xxxii, 211, 218, 223, 228, 232, 238, 259–264, 268, 300; Andreas Reichstein, "Space — The Last Cold War Frontier?" *Amerikastudien/American Studies* 44, no. 1 (1999): 113–136.

6. "Address to the Nation upon Proclaiming a Day of Mourning Following the Death of Dr. King, April 5, 1968," and his proclamation, in *Public Papers of the Presidents, Book I — January 1 to June 30, 1968-1969*, 493–495.
7. John O'Leary and Rick Worland, "Against the Organization Man: *The Andy Griffith Show* and the Small-Town Family Ideal," in *The Sitcom Reader*, eds. Mary M. Dalton and Laura R. Linder (Albany: SUNY Press, 2005), 73–84, esp. 80–82; "Andy Griffith Drops Yokel Role for Semiintellectual," *Ocala Star-Banner*, October 2, 1960.
8. "Comedies: Success Is a Warm Puppy," *Time* (November 10, 1967): 88; Anthony Harkins, "The Hillbilly in the Living Room: Television Representations of Southern Mountaineers in Situation Comedies, 1952–1971," *Appalachian Journal* 29, no. 1/2 (Fall-Winter 2002): 98–126, esp. 106; Jack Gould, "TV: Freshness in Old Military Tale," *New York Times*, September 26, 1964.
9. the cover of *Saturday Evening Post* (February 2, 1963); "Hope Quips Convulse Convention," *Billboard: The International Music-Record News-weekly* (April 13, 1963), 41; Hal Humphrey, "Last Laugh on Ratings," *Milwaukee Journal*, November 16, 1963; Harkins, "The Hillbilly in the Living Room," 112, 114; Jan Whitt, "Grits and Yokels Aplenty: Depictions of Southerners on Prime-Time Television," *Studies in Popular Culture* 19, no. 2 (October 1996): 141–152, esp. 148.
10. Richard Warren Lewis, "The Golden Hillbillies," *Saturday Evening Post* (February 2, 1963): 30–35, esp. 34; Henning's interview in Noel Hoston, "Folk Appeal Was Hooterville Lure," [New London, CT] *Day*, August 10, 1986; Hedda Hopper, "Hollywood: Hillbillies Take Off," [New Orleans] *Times-Picayune*, March 23, 1964. 在剧中扮演奶奶的艾琳·瑞恩（Irene Ryan）为该剧辩护："我小时候在欧扎克一带劳动，我们的角色应该来自那里。这些角色是非常有趣、热情的人，但以前从没有人写过这样的角色，而我们的节目做到了。"请见 Muriel Davidson, "Fame Arrived in a Gray Wig, Glasses and Army Boots," *TV Guide* (September 7, 1963): 5–7, esp. 5。
11. John Keasler, "TV Synopsis: Unappreciated Art Form," *Palm Beach Post*, May 30, 1970.
12. Steven Watts, *The Magic Kingdom: Walt Disney and the American Way of Life* (Columbia: University of Missouri Press, 1997), 313–322, esp. 318, 320–321; Bosley Crowther, "Screen Disney and the Coonskin Set," *New York Times*, May 26, 1955; "Meet Fess Parker," *St. Petersburg Times*, December 24, 1954; "Davy Crockett and Old Betsey," [Santa Ana, CA] *Register*, April 1, 1955.
13. Harkins, "The Hillbilly in the Living Room," 100–101, 114; Paul Harvey, "The Beverly Hillbillies," *Lewiston* [ME] *Evening Journal*, October 26, 1968; "Reunion to Bring Barney Fife Back," *New York Times*, November 20, 1965.
14. Hal Humphrey, "Viewing Television: Theory of the 'Hillbillies,'" [New Orleans] *Times-Picayune*, January 13, 1963. 另一位评论家认为十大电视节目的故事都来自"乡巴佬"与"城里人"的对比，或者更古老的"花花公子"与"边境粗人"的对比。他称《贝弗利山人》有着"充满活力的庸俗之人"，《安迪·格里菲斯秀》里的人物是蠢蛋，傻子派尔是"笨蛋"。请见 Arnold Hano, "TV's Topmost — This Is America?" *New York Times*, December 26, 1965。
15. Marling, "Elvis Presley's Graceland," 74, 79–81, 85, 89.
16. "Presley Buys $100,000 Home for Self, Parents," [New Orleans] *Times-Picayune*, March 24, 1957; "'Made in U.S.A.'— In Red Capital," *U.S. News & World Report* (August 3, 1959): 38–39; Stephen J. Whitfield,

The Culture of the Cold War (Baltimore: Johns Hopkins University Press, 1991), 72–73; Elaine Tyler May, *Homeward Bound: American Families in the Cold War* (New York: Basic Books, 1988), 10–12.

17. "By Richard Nixon," *New York Times,* July 25, 1959.

18. Charles Hillenger, "Disneyland Dedication: Vice-President and Other Celebrities Help Open Six New Attractions at Park," *Los Angeles Times,* June 15, 1959; Mary Ann Callan, "Says Pat Nixon: 'It's American Dream,'" *Los Angeles Times,* July 27, 1960; James McCartney, "Campaign Push Starts for Pat: Republicans Feel Pat Nixon May Hold the Key to the Election," *Pittsburgh Press,* September 1, 1960; Patricia Conner, "Women Are Spotlighted in 1960 Presidential Campaign," *Lodi* [CA] *News-Sentinel,* November 1, 1960; Marylin Bender, "Home and Public Roles Kept in Cheerful Order," *New York Times,* July 28, 1960; Martha Weinman, "First Ladies — In Fashion, Too? This Fall the Question of Style for a President's Wife May Be a Great Issue," *New York Times,* September 11, 1960.

19. Becky M. Nicolaides, "Suburbia and the Sunbelt," *OAH Magazine of History* 18, no. 1 (October 2003): 21–26; Eric Larrabee, "The Six Thousand Houses That Levitt Built," *Harper's Magazine* 197, no. 1180 (September 1948): 79–88, esp. 79–80, 82–83; Boyden Sparkes, "They'll Build Neighborhoods, Not Houses," *Saturday Evening Post* (October 28, 1944): 11, 43–46; "New Model Homes to Be Opened Today," *New York Times,* April 3, 1949; Kenneth T. Jackson, *Crabgrass Frontier: The Suburbanization of the United States* (New York: Oxford University Press, 1985), 234–237; Thomas J. Anton, "Three Models of Community Development in the United States," *Publius* 1, no. 1 (1971): 11–37, esp. 33–34.

20. Sparkes, "They'll Build Neighborhoods," 44; "Housing Bias Ended," *New York Times,* May 29, 1949; James Wolfinger, "'The American Dream — For All Americans': Race, Politics, and the Campaign to Desegregate Levittown," *Journal of Urban History* 38, no. 3 (2012): 230–252, esp. 234; Larrabee, "The Six Thousand Houses That Levitt Built," 80; Jackson, *Crabgrass Frontier,* 234.

21. Kristin L. Matthews, "One Nation over Coals: Cold War Nationalism and the Barbecue," *American Studies* 50, no. 3/4 (Fall/Winter 2009): 5–34, esp. 11, 17, 26; A. R. Swinnerton, "Ranch-Type Homes for Dudes," *Saturday Evening Post* (August 18, 1956): 40; Lois Craig, "Suburbs," *Design Quarterly* 132 (1986): 1–32, esp. 18; Ken Duvall, "Sin Is the Same in the City or the Suburb," *Toledo Blade,* December 6, 1960; Harry Henderson, "The Mass-produced Suburbs: I. How People Live in America's Newest Towns," *Harper's Magazine* 207, no. 1242 (November 1953): 25–32, esp. 29; Dan W. Dodson, "Suburbanism and Education," *Journal of Educational Sociology* 32, no. 1 (September 1958): 2–7, esp. 4; Scott Donaldson, "City and Country: Marriage Proposals," *American Quarterly* 20, no. 3 (Autumn, 1968): 547–566, esp. 562–564; Harry Henderson, "Rugged American Collectivism: The Mass-produced Suburbs, II.," *Harper's Magazine* (December 1953): 80–86.

22. Frederick Lewis Allen, "The Big Change in Suburbia," *Harper's Magazine* 208, no. 1249 (June 1954): 21–28; "Economic Factors May Keep Suburbia Segregated," [Lexington, KY] *Dispatch,* June 19, 1968; Dodson, "Suburbanism and Education," 5–6; Carol O'Connor, *A Sort of Utopia: Scarsdale, 1891–1981* (Albany: SUNY Press, 1983), 30–42, 159–165; Lizabeth Cohen, *A Consumer's Republic: The Politics of Mass Consumption in Postwar America* (New York: Knopf, 2003), 202–208, 231; Becky M. Nicolaides, "'Where the Working Man Is Welcomed': Working-class Suburbs in Los Angeles, 1900–1940," *Pacific Historical*

Review 68, no. 4 (November 1999): 517–559, esp. 557; William Dobriner, *Class in Suburbia* (Englewood Cliffs, NJ: Prentice Hall, 1963), 23.

23. Wolfgang Langewiesche, "Everybody Can Own a House," *House Beautiful* (November 1956): 227–229, 332–335; Jackson, *Crabgrass Frontier*, 205, 235, 238.

24. 因为住宅建设相当仰赖银行或类似机构，所以贷方对于种族或阶级的分层拥有极大的影响力。请见 "Application of the Sherman Act to Housing Segregation," *Yale Law Journal* 63, no. 6 (June 1954): 1124–1147, esp. 1125–1126。关于居民对房产价值的执念，请见 Henderson, "Rugged American Collectivism," 85–86; Cohen, *A Consumer's Republic*, 202, 212–213。关于郊区缺乏多样性，请见 Sidonie Matsner Gruenberg, "The Challenge of the New Suburbs," *Marriage and Family Living* 17, no. 2 (May 1955): 133–137, esp. 134; David Reisman, "The Suburban Dislocation," *Annals of the American Academy of Political and Social Science* 314 (November 1957): 123–146, esp. 134。关于刘易斯·芒福德的评论，请见 Penn Kimball, "'Dream Town'— Large Economy Size: Pennsylvania's New Levittown is Pre-Planned Down to the Last Thousand Living Rooms," *New York Times*, December 14, 1952；以及 Vance Packard, *The Status Seekers: An Exploration of Class Behavior in America and the Hidden Barriers That Affect You, Your Community, Your Future* (New York: David McKay Co., 1959), 28。

25. "Levitt's Design for Steel Workers' Community," *New York Times*, November 4, 1951; David Schuyler, "Reflections on Levittown at Fifty," *Pennsylvania History* 70, no. 1 (Winter 2003): 101–109, esp. 105; Don Hager, "Trailer Towns and Community Conflict in Lower Bucks County," *Social Problems* 2, no. 1 (July 1954): 33–38; Andrew Hurley, *Diners, Bowling Alleys, and Trailer Parks: Chasing the American Dream* (New York: Basic Books, 2001), 195–196.

26. Mary Heaton Vorse, "And the Workers Say… ," *Public Opinion Quarterly* 7, no. 3 (Autumn 1943): 443–456; Harold Martin, "Don't Call Them Trailer Trash," *Saturday Evening Post* 225, no. 5 (August 2, 1952): 24–25, 85–87; Allan D. Wallis, "House Trailers: Innovation and Accommodation in Vernacular Housing," *Perspectives in Vernacular Architecture* 3 (1989): 28–43, esp. 30–31, 34; "Trailers for Army Areas," *New York Times*, March 19, 1941; Carl Abbott, *The New Urban America: Growth and Politics in the Sunbelt Cities* (Chapel Hill: University of North Carolina Press, 1981), 107–110; Hurley, *Diners, Bowling Alleys, and Trailer Parks*, 203; "Trailers for Army Areas," *New York Times*, March 19, 1941; Lucy Greenbaum, "'Trailer Village' Dwellers Happy in Connecticut Tobacco Field," *New York Times*, April 13, 1942.

27. "Agnes Ernest Meyer" (1887–1970), in *Notable American Women: The Modern Period*, eds. Barbara Sicherman and Carol Hurd Green (Cambridge, MA: Harvard University Press, 1980), 471–473; Agnes E. Meyer, *Journey Through Chaos* (New York, 1944), x.

28. Meyer, *Journey Through Chaos*, ix, 373–374.

29. Ibid., 196–199, 210, 216.

30. Alexander C. Wellington, "Trailer Camp Slums," *Survey* (1951): 418–421; Walter Firey, *Social Aspects to Land Use Planning in the Country-City Fringe: The Case of Flint, Michigan* (East Lansing: Michigan State College, 1946), 8, 32, 42, 52, 54; "Photograph of Mobile Homes, Described as 'Squatters,' in Winkelman, Arizona" (1950), Arizona Archives and Public Records, Arizona State Library; "200,000 Trailers," *Fortune*

15, no. 3 (March 1937): 105–111, 200, 214, 220, 222, 224, 226, 229, esp. 105–106, 220; Keith Corcoran, "Mobile Homes Merit More Respect," [Schenectady, NY] *Daily Gazette,* April 14, 1990.

31. John E. Booth, "At Home on Wheels: Trailer Exhibition Stresses Comfortable Living," *New York Times,* November 16, 1947; Virginia J. Fortiner, "Trailers a la Mode," *New York Times,* April 27, 1947; "Trailers: More and More Americans Call Them Home," *Newsweek* (July 7, 1952): 70–73, esp. 70; Martin, "Don't Call Them Trailer Trash," 85; Milton Mac Kaye, "Crisis at the Colleges," *Saturday Evening Post* 219 (August 3, 1946): 9–10, 34–36, 39, esp. 35.

32. Allan D. Wallis, *Wheel Estate: The Rise and Decline of Mobile Homes* (New York: Oxford University Press, 1991), 116; Emily A. MacFall and E. Quinton Gordon, "Mobile Homes and Low-Income Rural Families." (Washington, DC, 1973), 38–40; Robert Mills French and Jeffrey K. Hadden, "An Analysis of the Distribution and Characteristics of Mobile Homes in America," *Land Economics* 41, no. 2 (May 1965): 131–139; Lee Irby, "Taking Out the Trailer Trash: The Battle over Mobile Homes in St. Petersburg, Florida," *Florida Historical Quarterly* 79, no. 2 (Fall 2000): 181–200, esp. 188, 194–196; Hurley, *Diners, Bowling Alleys, and Trailer Parks,* 235–241, 254, 256, 258.

33. Dina Smith, "Lost Trailer Utopias: *The Long, Long Trailer* (1954) and Fifties America," *Utopian Studies* 14, no. 1 (2003): 112–131.

34. "Trailers Gaining in Popularity in U.S. but Urban Planner Asserts Community Opposition Is Growing," *New York Times,* July 17, 1960; "Mobile Homes — Today's Name for Residence on Wheels," *Sarasota Herald-Tribune,* January 19, 1961; *Vickers v. Township Comm. of Gloucester Township,* 37 N.J. 232, 265, 181 A.2d 129 (1962), dissenting opinion at 148–149; Richard F. Babcock and Fred P. Bosselman, "Suburban Zoning and the Apartment Boom," *University of Pennsylvania Law Review* 11, no. 8 (June 1963): 1040–1091, esp. 1086–1088; "Would Forbid Trailer Parks: Council Group Acts," *Milwaukee Journal,* December 14, 1954.

35. Anthony Ripley, "Mobile Home 'Resorts' Make 'Trailer Park' a Dirty Word," *New York Times Magazine,* May 31, 1969, 25, 48; "Fess Parker's Dollars Ride on Wheels," [Bowling Green, KY] *Park City Daily,* November 11, 1962 — a news story written by Erskine Johnson, Hollywood correspondent, for the NEA; "Giant Man, with a Giant Plan," *Tuscaloosa News,* March 28, 1969; "Fess Parker Rides Again," [Fredricksburg, VA] *Free Lance-Star,* October 3, 1970.

36. Morris Horton, "There's No Crack in Our Picture Window," *Trailer Topics* (May 1957): 7, 74, 76; Agnes Ash, "Trailer Owners Staying Put," *Miami News,* July 24, 1960; "The Mobile Home Isn't So Mobile Any More," *Business Week* (March 16, 1957): 44–46.

37. Douglas E. Kneeland, "From 'Tin Can on Wheels' to the Mobile Home," *New York Times Magazine,* May 9, 1971. 1941 年，底特律某个白人社区为了获得联邦住房管理局的抵押贷款，在他们和另一个黑人社区之间筑起一道墙。请见 Jackson, *Crabgrass Frontier,* 209。

38. "A Sociologist Looks at an American Community," *Life* (September 12, 1949): 108–119; Robert Mills French and Jeffrey K. Hadden, "Mobile Homes: Instant Suburbia or Transportable Slums?," *Social Problems* 16, no. 2 (Autumn 1968): 219–226, esp. 222–225; Bailey H. Kuklin, "House and Technology: The Mobile Home Experience," *Tennessee Law Review* 44 (Spring 1977): 765–844, esp. 809, 814; MacFall and Gordon, "Mobile Homes and Low-Income Rural Families," 46; Jack E. Gaumnitz, "Mobile Home and Conventional

Home Ownership: An Economic Perspective," *Nebraska Journal of Economics and Business* 13, no. 4, Midwest Economics Association Papers (Autumn 1974): 130–143, esp. 130, 142. 有人这样描述丹佛最糟糕的拖车公园之一：“这里被称为'佩顿广场'，许多拖车位都空荡荡。其中一个拖车位上，离开的人还留下了废弃瓷马桶。这个地方正在出售，招牌上的'有空位'还有错字。"请见 Ripley, "Mobile Home 'Resorts,'" 48。

39. 关于军事中心的拖车妓女，请见 "Syphilis and Defense," *New York Times,* November 29, 1941。早在战争爆发之前，就谣传佛罗里达有"活动妓院"穿梭在拖车营地之间。报纸也报道一些猥亵的故事，比如某个男人与妻子及情妇一起生活在拖车里。请见 "200,000 Trailers," 220, 229。关于拖车与不雅行为的关联性研究，请见 Kuklin, "House and Technology," 812–813; Alan Berube and Florence Berube, "Sunset Trailer Park," in *White Trash: Race and Class in America,* eds. Annalee Newitz and Matt Wray (New York: Routledge, 1997), 19; Orrie Hitt, *Trailer Tramp* (Boston: Beacon, 1957)。类似标题还包括 Loren Beauchamp, *Sin on Wheels: The Uncensored Confessions of a Trailer Camp Tramp* (1961) and Glenn Canary, *The Trailer Park Girls* (1962)。《穷白人女孩》(*Cracker Girl*) 封面赫然印有"她是他的财产，可占有、可殴打、可利用"字样，请见 Harry Whittington, *Cracker Girl* (Stallion Books, 1953)。心理学家哈罗德·拉斯韦尔 (Harold Lasswell) 列出跟"拖车式游牧生活"相伴的堕落之源：酗酒、吸毒、赌博和犯罪等。请见 Harold Lasswell, "The Socio-Political Situation," *Educational Research Bulletin* 36, no. 3 (March 13, 1957): 69–77, esp. 75。

40. "The Mobile Home Market," *Appraiser's Journal* 40, no. 3 (July 1972): 391–411, esp. 397; "Planners Approve City Trailer Parks for the Homeless," *New York Times,* March 23, 1971.

41. Cohen, *A Consumers' Republic,* 202–208, 228, 231, 240–241, 404; Pete Daniel, "Going Among Strangers: Southern Reactions to World War II," *Journal of American History* 77, no. 3 (December 1990): 886–911, esp. 886, 898; H. J. Skornia, "What TV Is Doing to America: Some Unexpected Consequences," *Journal of Aesthetic Education* 3, no. 3 (July 1969): 29–44.

42. 康茨在下午出刊的《阿肯色州民主党人公报》担任摄影记者，这让他的照片得以抢先出现。第二天，强尼·詹金斯在《阿肯色州公报》上也登出一张类似的照片。请见 Karen Anderson, *Little Rock: Race and Resistance at Central High School* (Princeton, NJ: Princeton University Press, 2010), 2; Peter Daniel, *Lost Revolutions: The South in the 1950s* (Chapel Hill: University of North Carolina Press, 2000), 262; David Margolick, *Elizabeth and Hazel: Two Women of Little Rock* (New Haven, CT: Yale University Press, 2011), 1–2, 36–37, 59–61, 63, 152–154。

43. Margolick, *Elizabeth and Hazel,* 38–39, 41; Ben F. Johnson III, "After 1957: Resisting Integration in Little Rock," *Arkansas Historical Quarterly* 66, no. 2 (Summer 1007): 258–283, esp. 262.

44. Margolick, *Elizabeth and Hazel,* 70–71, 88.

45. Benjamin Fine, "Students Unhurt," *New York Times,* September 24, 1957; Fletcher Knebel, "The Real Little Rock Story," *Look,* November 12, 1957, 31–33, esp. 33; Margolick, *Elizabeth and Hazel,* 37, 105; Daniel, *Lost Revolutions,* 263; Phoebe Godfrey, "Bayonets, Brainwashing, and Bathrooms: The Discourse of Race, Gender, and Sexuality in the Desegregation of Little Rock's Central High," *Arkansas Historical Quarterly* 62, no. 1 (Spring 2003): 42–67, esp. 45–47; Belman Morin, "Arkansas Riot Like Explosion," [Spokane, WA] *Spokesman Review,* September 23, 1957.

46. "Some Bitterness," *Arkansas Gazette,* September 1, 1957; C. Fred Williams, "Class: The Central Issue in the 1957 Little Rock School Crisis," *Arkansas Historical Quarterly* 56, no. 3 (Autumn 1997): 341–344; Graeme Cope, "'Everybody Says All Those People... Were from out of Town, but They Weren't': A Note on Crowds During the Little Rock Crisis," *Arkansas Historical Quarterly* 67, no. 3 (Autumn 2008): 245–267, esp. 261.

47. Roy Reed, *Faubus: The Life and Times of an American Prodigal* (Little Rock: University of Arkansas Press, 1997), 358; "The South: What Orval Hath Wrought," *Time* (September 23): 1957, 11–14, esp. 12–13; Williams, "Class: The Central Issue," 344; "Orval's Iliad and Odyssey," *Life* (September 23, 1957): 28–35; Anderson, *Little Rock,* 68; Don Iddon, "Faubus of Little Rock: 'The President Underestimated the Ruthless Ambition of This Hill-billy Who So Far Has Always Won in the End,'" [London] *Daily Mail,* September 26, 1957.

48. Benjamin Fine, "Militia Sent to Little Rock; School Integration Put Off," *New York Times,* September 3, 1957; David Wallace, "Orval Faubus: The Central Figure at Little Rock Central High School," *Arkansas Historical Quarterly* 39, no. 4 (Winter 1980): 314–329, esp. 324.

49. Anthony Lewis, "President Sends Troops to Little Rock, Federalizes Arkansas National Guard; Tells Nation He Acted to Avoid Anarchy," *New York Times,* September 25, 1957; "Arkansas," *Time* (September 30, 1957): 17–19; "Little Rock Sputnik Is Burning Itself Out," *Washington Afro-American,* October 22, 1957.

50. John Chancellor, "Radio and Television Had Their Own Problems in Little Rock Coverage," *Quill* (December 1957): 9–10, 20–21; Jack Gould, "TV: Reality in the South," *New York Times,* September 26, 1957; Harold R. Isaacs, "World Affairs and U.S. Race Relations: A Note on Little Rock," *Public Opinion Quarterly* 22, no. 3 (Autumn 1958): 364–370, esp. 366–367; "A Historic Week of Civil Strife," *Life* (October 7, 1957): 37–48, esp. 38–39.

51. Cope, "'Everybody Says All Those People,'" 246–247, 267; Chancellor, "Radio and Television," 9; Homer Bigart, "School Is Ringed: Negroes Go to School in Little Rock as Soldiers Guard the Area," *New York Times,* September 26, 1957; "The South: What Orval Hath Wrought," 12, 15; Stewart Alsop, "Tragedy in the Sunshine at Little Rock," *Victoria Advocate,* September 26, 1957 (reprinted from the *New York Herald Tribune*) ; Considine, "Riffraff of Little Rock Is Giving City Bad Name," *Milwaukee Sentinel,* September 12, 1957; "Ring Out the False, Ring in the True," *Baltimore Afro-American,* December 29, 1959.

52. "Eisenhower Address on Little Rock Crisis," *New York Times,* September 25, 1957; Jack Gould, "Little Rock: Television's Treatment of Major News Developments Found Superficial" and "The Face of Democracy," *New York Times,* September 15 and 26, 1957; Richard C. Bedford, "A Bigger Bomb," *Journal of Higher Education* 29, no. 3 (March 1958): 127–131; Daniel, *Lost Revolutions,* 267; "Tragedy at Little Rock," *Times Literary Supplement,* August 28, 1959, 491.

53. Reed, *Faubus,* 251, 352, 357; Daniel, *Lost Revolutions,* 283; Paul Greenberg, "Orval Faubus Finally Blurts Out Truth of His Defiance That Led to the Racial Crisis in Little Rock in 1957," [Washington, DC] *Observer-Reporter,* June 1, 1979; "The Faubus Victory," *Lakeland* [FL] *Ledger,* July 30, 1958; "Faubus Unperturbed by Crisis," [Hopkinsville] *Kentucky New Era,* September 20, 1957; Anderson, *Little Rock,* 77; Thomas F. Pettigrew and Ernest Q. Campbell, "Faubus and Segregation: An Analysis of Arkansas Voting," *Public*

Opinion Quarterly 24, no. 3 (Autumn 1960): 436–447. 福布斯心里想的是杰夫·戴维斯，因为他想继戴维斯后，成为"第一位三次连任的阿肯色州州长"的人。从 1955 年到 1967 年，福布斯最后一共当了六届州长。他甚至利用民意调查来为自己的行为辩护。请见 Wallace, "Orval Faubus," 319, 326; "Segregation Wins on Arkansas Poll," *New York Times,* January 29, 1956; "The Mike Wallace Interview: Guest Orval Faubus," September 15, 1957, transcript, Harry Ransom Center, University of Texas at Austin。

54. Gilbert Millstein, "Strange Chronicle of Andy Griffith," *New York Times,* June 2, 1957; "A Face in the Crowd," *Berkshire* [MA] *Eagle,* June 6, 1957.

55. Millstein, "Strange Chronicle of Andy Griffith."

56. Henry Goodman, "Wild River by Elia Kazan," *Film Quarterly* 13, no. 4 (Summer 1960): 50–51; Robert Murray and Joe Heumann, "Environmental Catastrophe in Pare Lorentz's 'The River' and Elia Kazan's 'Wild River': The TVA, Politics, and Environment," *Studies in Popular Culture* 27, no. 2 (October 2004): 47–65, esp. 55; "Southern Pride Ends Movie Roles for 'White Trash,'" *Ocala Star-Banner,* November 15, 1959.

57. syndicated article by Hollywood correspondent Erskine Johnson, "'Bayou' Film, Bust in 1957, Released Under New Title," [Florence, AL] *Times Daily,* December 11, 1962; Jim Knipfel, "The Brooklyn Cajun: Timothy Carey in 'Poor White Trash,'" *The Chiseler,* chiseler.org/post/6558011597/the-brooklyn-cajun-timothy-careyin-poor-white (2011) ; [Hopkinsville] *Kentucky New Era,* October 9, 1961; "Compromise with Sin," *Lewiston* [ME] *Daily Sun,* June 23, 1962.

58. 丽莎·林德奎斯特·多尔（Lisa Lindquist Dorr）曾表示，强奸的政治性更为复杂。在她对弗吉尼亚的研究中，白人妇女与被指控的黑人男子的名誉都会被纳入考量。但为了戏剧效果，这部电影和李的小说都较为偏颇。这样一来，里面的穷苦白人角色看起来就更加阴险，因为尤厄尔一家要求的是他们没有资格获得的荣誉准则。请见 Lisa Lindquist Dorr, *White Women, Rape, and the Power of Race in Virginia, 1900–1960* (Chapel Hill: University of North Carolina Press, 2004), 79, 115–119。

59. 在小说中，作者对尤厄尔一家的描绘相当尖锐："经济的波动起伏未能改变他们的地位——不管国家经济繁荣或陷入大萧条的深渊，尤厄尔家这种人都活得像国家的过客一样。逃学监察官无法把这些人的孩子留在学校里念书；卫生官员无法使他们免受先天缺陷、各种寄生虫及脏乱环境所滋生疾病的困扰……尤厄尔夫妇每天都翻遍垃圾堆，他们辛勤的成果（那些没被吃掉的）让他们小屋周围看起来像是疯小孩的玩具间。"作者也让阿提克斯·芬奇对穷苦白人给出了不同的定义：无关贫穷，因为无关贫富，只要有试图欺骗黑人或对他不义者，都是穷苦白人。请见 Harper Lee, *To Kill a Mockingbird* (New York: HarperCollins, 1999; originally published 1960), 194–195, 253。

60. "A Woman's New York," *Reading Eagle,* February 23, 1963; Bosley Crowther, "Screen: 'To Kill a Mockingbird,'" *New York Times,* February 15, 1963; John Egerton, "Walking into History: The Beginning of School Desegregation in Nashville," *Southern Spaces* (May 4, 2009).

61. 某份非裔美国人报纸为《穷白垃圾》这部电影作了以下注解："这样的原始生活没有名媛淑女的繁文缛节，故事中穷白垃圾的生活方式仿佛冻结了，任时光缓缓流逝，将他们遗留在另一个世界。"请见 "'Poor White Trash' in Neighborhood Runs," *Baltimore Afro-American,* September 22, 1962。另见：Anna Creadick, *Perfectly Normal: The Pursuit of Normality in Postwar America* (Amherst: University of Massachusetts Press, 2010), 77, 86–87; "The South: What Orval Hath Wrought," 15.

62. Daniels, *A Southerner Discovers the South,* 183, 175, 179.

63. "redneck" and "hillbilly," in *Dialect Notes, Vol. II, Part IV, Publications of the American Dialect Society* (New Haven, CT, 1904), 418, 420; "So Ends a Mountain Feud," *Kansas City Times,* January 30, 1921; Altina L. Waller, "Feuding and Modernization in Appalachia: The Hatfields and McCoys," *Register of the Kentucky Historical Society* 87, no. 4 (Autumn 1989): 385–404, esp. 399, 401–402; Hal Boyle, "Arkansas Ends Hillbilly Myth," *Tuscaloosa News,* May 29, 1947; "Hillbillies in Action," *Tuscaloosa News,* August 12, 1940; Mandel Sherman and Thomas R. Henry, *Hollow Folk* (New York, 1933), 26; Robert E. L. Paris, "Hollow Folk," *American Journal of Sociology* 39, no. 2 (September 1933): 256.

64. Frank S. Nugent, "The Screen: 'Mountain Justice,' A Hill-Billy Anthology Is Shown at the Rialto — A New Film at the Cine Roma," *New York Times,* May 13, 1937; Sharon Hatfield, "Mountain Justice: The Making of a Feminist Icon and a Cultural Scapegoat," *Appalachian Journal* 23, no. 1 (Fall 1995), 26–47, esp. 28, 33, 35, 37, 42.

65. Anthony Harkins, *Hillbilly: A Cultural History of an American Icon* (New York: Oxford University Press, 2004), 86–87, 103–113, 124–136, 154–155, 161–162; Pamela Fox, "Recycled Trash: Gender and Authenticity in Country Music Autobiography," *American Quarterly* 50, no. 2 (1998): 234–266, esp. 253–254; Bill C. Malone, "Radio and Personal Appearances: Sources and Resources," *Western Folklore* 30, no. 3, Commercialized Folk Music (July 1971): 215–225, esp. 216–217.

66. "The Hillbilly in Huey Long's Chair," *Milwaukee Journal,* January 4, 1946. 戴维斯拥有历史学学士学位及心理学硕士学位,并在多德女子学院(Dodd College)教授历史。他1927年的硕士论文研究的种族主义议题,探讨白人、黑人和黑白混血儿智力差异。在竞选活动中,他和他的乐队一起唱歌。他的主题曲是"你是我的阳光"("You Are My Sunshine")。他拒绝打负面选战。他也曾竞选州长,并在1944年到1948年和1960年到1964年两度担任州长一职。他曾于1963年骑着马登上州议会大厦的台阶。请见Angie Reese, "Jimmie Davis: From Sharecropper's Cabin to the Governor's Mansion" (M.A. thesis, Southeastern Louisiana University, 1995), 1, 4–9, 14–16, 30, 99。

67. William C. Pratt, "Glen H. Taylor: Public Image and Reality," *Pacific Northwest Quarterly* 60, no. 1 (January 1969): 10–16; "O'Daniel Writes Own Songs for Vote Campaign" and "Biscuit Passing Pappy," [New Orleans] *Times-Picayune,* July 25 and August 14, 1938; "Hill-Billy Sense," *Cleveland Gazette,* September 10, 1938; P. McEvoy, "Pass the Biscuits, Pappy," *Reader's Digest,* October 1938, 9–12; "Hillbilly 'Demosthenes,'" *Milwaukee Journal,* August 3, 1942.

68. W. R. Crocker, "Why Do Americans Dislike the English?," *Australian Quarterly* 21, no. 1 (March 1949): 27–36, esp. 31–33.

69. Brooks Blevins, "In the Land of a Million Smiles: Twentieth-Century Americans Discover the Arkansas Ozarks," *The Arkansas Historical Quarterly* 61, no. 1 (Spring 2000): 1–35, esp. 2, 20, 24; speech by Supreme Court justice Hughes on the hill folk of Appalachia in "Merit Not Birth America's Basis," [Columbia, SC] *State,* February 25, 1915; the advertisement for a movie based on the 1903 classic mountain novel *The Little Shepherd of Kingdom Come,* in *Lexington Herald,* March 21, 1920; Julia McAdoo, "Where the Poor Are Rich," *American Mercury* (September 1955): 86–89; Brooks Blevins, "Wretched and Innocent: Two Mountain Regions in the National Consciousness," *Journal of Appalachian Studies* 7, no. 2 (Fall 2001): 257–271, esp. 264–265; Mark Barron, "Broadway Notes," [New Orleans] *Times-Picayune,* July 23, 1950.

70. promotion for Hillbilly Jamboree staring Red Smith and Elvis Presley, [New Orleans] *Times-Picayune,* September 1, 1955; Hedda Hopper, "Elvis Was Nice to Andy," *Times-Picayune,* February 6, 1957; Goddard Lieberson, "'Country' Sweeps Country: Hillbilly Music Makers Have Parlayed a Blend of Blues, Spirituals and Folk Tunes into a $50 Million- Year Business," *New York Times,* July 28, 1957; Dick Kleiner, "Elvis Presley," *Sarasota Journal,* July 11, 1956; Vivian Boultinghouse, "The Guy with the Blue Suede Shoes," *Times-Picayune,* July 1, 1956; Hedda Hopper, "Hollywood: Star Switch on Goodwin," *Times-Picayune,* August 2, 1956.

71. Lloyd Shearer, "Elvis Presley," *Parade,* September 30, 1956, 8–13, esp. 11; Michael T. Bertrand, "A Tradition-Conscious Cotton City: (East) Tupelo, Mississippi, Birthplace of Elvis Presley," in *Destination Dixie: Tourism and Southern History,* ed. Karen L. Cox (Gainesville: University of Florida Press, 2012), 87–109, esp. 87–88, 91–92, 95–97; Jock Carroll, "Side-Burned Dream Boat of Red-Blooded Youth? This Reviewer (Male) Says I Like Elvis Presley," *Ottawa Citizen,* September 8, 1956.

72. Noel E. Parmenter Jr., "Tennessee Spellbinder: Governor Clement Runs on Time," *Nation* (August 11, 1956): 114–117, esp. 113, 116; "Democrats: Answer to Dick Nixon," *Newsweek* (July 23, 1956): 19–20; Harold H. Martin, "The Things They Say About the Governor!," *Saturday Evening Post* (January 29, 1955): 22–23, 48–51, 54–55, 58, esp. 22.

73. Martin, "The Things They Say About the Governor!," 22, 48; "Democrats: Answer to Dick Nixon," 20; Parmenter, "Tennessee Spellbinder," 117; "Dem-ocrats' Keynote," *Time* (July 23, 1956): 14; Paul E. Deutschman, "Outsized Governor: 'Big Jim' Folsom Loathes Shoes and Grammar — But Loves Nature, Girls and Being Top Man in Alabama," *Life* (September 1, 1947): 59–65, esp. 59, 64–65; "'Clowning' Blamed in Folsom's Defeat" and "Politician in Squeeze: Gov. James E. Folsom," *New York Times,* June 6, 1948, and February 25, 1956; Robert J. Norrell, "Labor at the Ballot Box: Alabama Politics from the New Deal to the Dixiecrat Movement," *Journal of Southern History* 57, no. 2 (May 1991): 201–234, esp. 230.

74. "Democratic National Convention: Keynote Address, by Frank Clement, Governor of Tennessee," *Vital Speeches of the Day,* vol. 22 (September 1, 1956): 674–679; John Steinbeck, "'Demos Get Selves Voice in Clement' — Steinbeck," [New Orleans] *Times-Picayune,* August 15, 1956.

75. Robert E. Corlew III, "Frank Goad Clement and the Keynote Address of 1956," *Tennessee Historical Quarterly* 36, no. 1 (Spring 1977): 95–107, esp. 107; "The New Democrats: A Democratic Party of Youth and Energy," *Life* (August 27, 1957): 20–36, esp. 22; George E. Sokolsky, "A Torrent of Oratory," *Gadsden Times,* August 17, 1956; memorandum from Horace Busby to Bill Moyers, July 29, 1964, in the appendix of Robert Mann, *Daisy Petals and Mushroom Clouds: LBJ, Barry Goldwater, and the Ad That Changed American Politics* (Baton Rouge: Louisiana State University Press, 2014), 122.

76. Hodding Carter, "Hushpuppies, Stew — and Oratory: Southern Politicians Must Be Showmen, Too, but Behind Their Act Is a Deadly Seriousness," *New York Times Magazine,* June 18, 1950; "The Politician as Bore," *Chicago Tribune,* March 23, 1956.

77. "Hillbilly Chivalry," *Chicago Tribune,* March 15, 1958.

78. William G. Carleton, "The Southern Politician—1900 and 1950," *Journal of Politics* 13, no. 2 (May 1951):

215–231, esp. 220–221; Corlew, "Frank Goad Clement," 106–107; "Politics: Ole Frank," *Time* (August 10, 1962): 13; Stewart Alsop, "Lyndon Johnson: How Does He Do It?" *Saturday Evening Post* (January 24, 1959): 13–14, 38, 43, esp. 13–14; "Portraits of Washington, Clay and Jackson on Walls," *New York Times,* March 2, 1964; John R. Silber, "Lyndon Johnson as Teacher," *Listener and BBC Television Review* 73 (May 20, 1965): 728–730.

79. James Reston, "The Office and the Man: Johnson Emerges Grave and Strong as the Presidency Works Its Change," *New York Times,* November 28, 1963; Anthony Lewis, "Johnson Style: Earthy and Flamboyant," *New York Times,* November 24, 1963; "Lyndon Baines Johnson," *New York Times,* August 27, 1964; Arthur Edson, "Johnson Called Complex Person Mistaken as a 'Cornball'" *Milwaukee Journal,* December 28, 1963; "Johnson's Way," *New York Times,* April 26, 1964; Russell Baker, "President's Manner, Like Jackson's, a Folksy One," *New York Times,* November 2, 1964; Marianne Means, "Despite His Informal Air, LBJ Seldom Shows Sensitive Side," *San Antonio Light,* October 10, 1965. 民众对约翰逊的矛盾情绪在他任期内不曾平息。正如1968年，某位记者这样评论约翰逊接任总统一事："亲民或土气、发自内心或狡猾迂回、鼓舞人心的说服者或无情的强迫者，林登·贝恩斯·约翰逊此时此刻稳操胜券。"请见 AP correspondent Saul Pett, "The Johnson Years: The Arc of Paradox," *Hutchinson* [KS] *News,* April 14, 1968。

80. Lyndon Johnson, "Remarks in Johnson City, Tex., Upon Signing the Elementary and Secondary Education Bill, April 11, 1965," in *Public Papers of the Presidents: Johnson,* 412–414, esp. 414; Lyndon B. Johnson, "My Political Philosophy," *Texas Quarterly* 1, no. 4 (Winter 1958): 17–22; William B. Cannon, "Enlightened Localism: A Narrative Account of Poverty and Education in the Great Society," *Yale Law and Policy Review* 4, no. 1 (Fall-Winter 1985): 6–60, esp. 39, 43; John A. Andrew III, *Lyndon Johnson and the Great Society* (Chicago: Ivan R. Dee, 1998), 120–121; Nan Robertson, "Mrs. Johnson Visits Poverty Area," *New York Times,* March 22, 1964.

81. "Johnson and the People," *New York Times,* May 3, 1964; "Johnson's Great Society— Lines Are Drawn," *New York Times,* March 14, 1965; John Ed Pearce, "The Superfluous People of Hazard, Kentucky," *Reporter* 28, no. 1 (January 3, 1963): 33–35; Homer Bigart, "Kentucky Miners: A Grim Winter," *New York Times,* October 20, 1963; Robyn Muncy, "Coal-Fired Reforms: Social Citizenship, Dissident Miners, and the Great Society," *Journal of American History* (June 2009): 72–98, esp. 74, 90–95; Ronald Eller, *Uneven Ground: Appalachia Since 1945* (Lexington: University Press of Kentucky, 2008), 20, 23–25, 30–32, 36–39; David Torstensson, "Beyond the City: Lyndon Johnson's War on Poverty in Rural America," *Journal of Policy History* 25, no. 4 (2013): 587–613, esp. 591–592, 596, 606.

82. "Random Notes from All Over: Johnson Says Aye to LBJ Hats," *New York Times,* February 17, 1964; Marjorie Hunter, "President's Tour Dramatized Issue" and "Johnson Pledges to Aid the Needy," *New York Times,* April 26, 1964, and September 21, 1964; Franklin D. Roosevelt, "State of the Union Address," January 11, 1944.

83. Bill Moyers, "What a Real President Was Like: To Lyndon Johnson the Great Society Meant Hope and Dignity," *Washington Post,* November 13, 1988; John Rodden, "'The Faithful Gravedigger': The Role of 'Innocent' Wash Jones and the Invisible 'White Trash' in Faulkner's *Absalom, Absalom!*" *Southern Literary Journal* 43, no. 1 (Fall 2010): 23–38, esp. 23, 26, 30–31; Jacques Pothier, "Black Laughter: Poor White Short Stories Behind *Absalom, Absalom!* and *The Hamlet,*" in *William Faulkner's Short Fiction,* ed. Hans H. Skei

(Oslo: Solum Forlag, 1977), 173–184, esp. 173. 在他写完《南方人发现南方》约 30 年后，乔纳森·丹尼尔斯承认南方的美国梦是个无法兑现的承诺。"新南方"仍然是旧南方，贫穷的白人和黑人仍然一起贫穷，"只有盲人才会以为南方不幸的无依无靠之人只有一种肤色"。请见 Daniels, "The Ever-Ever Land," *Harper's Magazine* (April 1965): 183–188。

84. Nan Robertson, "G.O.P. Film Depicts 'Moral Decay,'" *New York Times,* October 21, 1964; Mann, *Daisy Petals and Mushroom Clouds,* 94–95; "You'll Have to Pardon Billy," *Milwaukee Sentinel,* February 17, 1977; John Shelton Reed, *Southern Folk, Plain and Fancy: Native White Social Types* (Athens: University of Georgia Press, 1986), 38; William E. Leuchtenburg, *The White House Looks South: Franklin D. Roosevelt, Harry Truman, and Lyndon B. Johnson* (Baton Rouge: Louisiana State University Press, 2005), 327.

85. Joe Hyams, "Meet Hollywood's Biggest Spenders," *This Week Magazine,* February 25, 1962; "Presidency: 'Mr. President, You're Fun,'" *Time* (April 3, 1964): 23–24; Deborah Clark, *Driving Women: Fiction and Automobile Culture in Twentieth-Century America* (Baltimore: Johns Hopkins University Press, 2007), 165.

86. Albert Lauterbach, "How Much Cutback for Consumers," *Challenge* 6, no. 7 (April 1958): 72–76, esp. 72; Joseph Green, "Events & Opinions," *The Clearing House* 32, no. 8 (April 1958): 485–486; "Presley Termed a Passing Fancy," *New York Times,* December 17, 1956; Bosley Crowther, "The Screen: Culture Takes a Holiday: Elvis Presley Appears in 'Love Me Tender,'" *New York Times,* November 16, 1956.

87. "Elvis a Different Kind of Idol," *Life* (August 27, 1956): 101–109, esp. 108–109; Martin Gold, *Status Forces in Delinquent Boys* (Ann Arbor, MI: Institute for Social Research, 1963), 104; Eugene Gilbert, "Typical Presley Fan Is a 'C' Student; Aloof, Indifferent," [New Orleans] *Times-Picayune*, March 14, 1958; Roscoe Griffin, "When Families Move... from Cinder Hollow to Cincinnati," *Mountain Life and Work* (Winter 1956): 11–20, esp. 16, 18; Damon Runyon, "My Old Home Town — The Passing of Crazy Bill," *Milwaukee Sentinel,* September 8, 1957; Eller, *Uneven Ground,* 26.

88. 哈灵顿写道："但穷人之所以是穷人的真正原因是：他们生错人家、生错地区、生错行业，或者生错种族或民族。他们本可以成为意志和道德的典范，可一旦发生这样的错误，他们多数就永远没有机会离开另一个美国。"请见 Michael Harrington, *The Other America: Poverty in the United States* (Baltimore: Penguin, 1962), 21. 另一位研究人员用了一组不同的类比来强调遗传的无能：他说穷人是"天赋上不足""经济上的残废""遗传的人格不健全"。请见 Oscar Ornati, "Affluence and the Risk of Poverty," *Social Research* 31, no. 3 (Autumn 1964): 333–346, esp. 341–345；另见 Eller, *Uneven Ground,* 101。

89. John Kenneth Galbraith, *The Affluent Society,* 40th anniversary ed. (Boston: Houghton Mifflin, 1999), 235–237; Harrington, *The Other America,* 9–14, 18, 34.

90. Lewis H. Lapham, "Who Is Lyndon Johnson?" *Saturday Evening Post* (September 9, 1965): 21–25, 65–67, 70–72, esp. 66, 71; Jack Temple Kirby, "Black and White in Rural South, 1915–1954," *Agricultural History* 58, no. 3 (July 1984): 411–422, esp. 418; "Johnson's Rare Word: 'Caliche,' a Soil Crust," *New York Times,* January 5, 1965; "Politics Was Johnson's Work, Rest, and Relaxation," [Clearfield, PA] *Progress*, January 24, 1973; Ryan Greene, "Sideglances in the Mirror," *Gilmer* [TX] *Mirror,* May 26, 1966.

91. James Reston, "Paradox and Reason," *New York Times,* January 21, 1965.

92. Lyndon Johnson, "Remarks to Students Participating in the U.S. Senate Youth Program," February 5, 1965,

Public Papers of the Presidents: Johnson, 148–151, esp. 150.

第三部分　穷苦白人大改造

第十一章　"红脖子"寻根之旅：《激流四勇士》、卡特兄弟和塔米·菲

1. Mary Bernstein, "Identity Politics," *Annual Review of Sociology* 31（2005）: 47–74, esp. 49, 53, 64; "There's No Place Like Home: On the Place of Identity in Feminist Politics," *Feminist Review,* no. 31（Spring 1989）: 22–33, esp. 25; Douglas C. Rossinow, *The Politics of Authenticity: Liberalism, Christianity, and the New Left in America*（New York: Columbia University Press, 1998）; Mathew D. Lassiter, *The Silent Majority: Suburban Politics in the Sunbelt South*（Princeton, NJ: Princeton University Press, 2006）, 1, 3.
2. Joseph Bensman and Arthur J. Vidich, "The New Middle Classes: Their Culture and Life Styles," *Journal of Aesthetic Education* 4, no. 1（January 1970）: 23–39, esp. 24–25, 29.
3. Anne Roiphe, "'An American Family': Things Are Keen but Could Be Keener," *New York Times Magazine,* February 18, 1973, 8–9, 41–43, 45–47, 50–53, esp. 8, 47, 50–53.
4. Thomas Lask, "Success of Search for 'Roots' Leaves Alex Haley Surprised," *New York Times,* November 23, 1976; Paul D. Zimmerman, "In Search of a Heritage," *Newsweek*（September 27, 1976）: 94–96; David Henige, "Class as GR Instead?" *American Libraries* 31, no. 4（April 2000）: 34–35.
5. 首篇揭露非洲研究有问题的评论，出自马克·奥特维（Mark Ottaway），请见"Tangled Roots," *Sunday Times*（London），April 10, 1977, 17, 21。某位非洲学者证实了他的结论。这位非洲学者解释说，griot，即家族说书人，并不可靠。他说的是问者想听的。（哈里没有录下采访，只依靠一个信息提供者，若有其他信息与他想听的故事相矛盾，他就选择忽略它。）请见 Donald R. Wright, "Unrooting Kunta Kinte: On the Perils of Relying on Encyclopedic Informants," *History in Africa* 8（1981）: 205–217, esp. 206, 209–213。哈里对奥特维的回应，以及他为何要用非现实的方式描绘肯特出身的村落，请见 Robert D. McFadden, "Some Points of 'Roots' Questioned: Haley Stands by the Book as a Symbol," *New York Times,* April 10, 1977。专业历史学家对哈里的说法有不同的反应：哈佛大学的奥斯卡·汉德林（Oscar Handlin）称这本书是"骗局"，约翰·霍普金斯大学的奴隶制度专家威利·李·罗斯（Willie Lee Rose）教授的结论是："时代错置……这个问题出现太多次了，削弱核心议题的真实感。"请见 Israel Shenker, "Some Historians Dismiss Report of Factual Mistakes in 'Roots,'" *New York Times,* April 10, 1977。
6. Gary B. Mills and Elizabeth Shown Mills, "'Roots' and the New 'Faction': A Legitimate Tool for Clio?," *Virginia Magazine of History and Biography* 89, no. 1（January 1981）: 3–26, esp. 6–19; Mills and Mills, "'Roots' and the New 'Faction,'" 25; James A. Hijiya, "Roots: Family and Ethnicity in the 1970s," *American Quarterly* 30, no. 4（Autumn 1978）: 548–556.
7. Stanley Crouch, "The Beloved Fraud of 'Roots,'" *Garden City Telegram,* May 9, 2011.
8. James A. Michener, *Chesapeake*（New York: Random House, 1978）, 158–159, 161.
9. Ibid., 325, 803, 822, 826, 842–845, 854–855; Tom Horton, "Michener's 'Chesa-peake' Revisited Novel," *Baltimore Sun,* October 24, 1997.
10. Nancy Isenberg and Andrew Burstein, "Adamses on Screen," in *A Companion to John Adams and John Quincy Adams,* ed. David Waldstreicher（Malden, MA: Wiley-Blackwell, 2013）, 487–509; Boorstin's

introduction, in Jack Shepherd, *The Adams Chronicles: Four Generations of Greatness* (Boston: Little, Brown, 1975), xxxi; Hijiya, "Roots," 551.

11. Pete Hamill, "The Revolt of the White Lower Middle Class," *New York* (April 14, 1969): 24–29; Philip Shabecoff, "A Blue-Collar Voter Discusses His Switch to Nixon," *New York Times,* November 6, 1972; Richard Nixon, "Address Accepting the Presidential Nomination at the Republican National Convention in Miami Beach, Florida, August 8, 1968," in John T. Woolley and Gerhard Peters, *The American Presidency Project at UC Santa Barbara*; Scott J. Spitzer, "Nixon's New Deal: Welfare Reform for the Silent Majority," *Presidential Quarterly* 42, no. 3 (September 2012): 455–481, esp. 458–462, 471, 473, 477; Rick Perlstein, *Nixonland: The Rise of a President and the Fracturing of America* (New York: Scribner, 2008); Lassiter, *The Silent Majority,* 234, 236; Michael Novak, *The Rise of the Unmeltable Ethnics* (New York: Macmillan, 1972), 4, 30, 53, 60, 70–71, 81, 258–260; Matthew Frye Jacobson, *Roots Too: White Ethnics Revival in Post-Civil Rights America* (Cambridge, MA: Harvard University Press, 2006), 44–45, 190.

12. Washington syndicated NEA (Newspaper Enterprise Association) columnist Bruce Biossat, "White Poor in US Forgotten Masses," *Gadsden* [AL] *Times,* September 14, 1969; Biossat, "Poor White Dilemma," *Sumter Daily Item,* May 24, 1967; "White Tar Heels Poor, Too," *Spring Hope* [NC] *Enterprise,* November 2, 1967; Marjorie Hunter, "To the Poor in South Carolina, Free Food Stamps Are a Source of Satisfaction and Embarrassment," *New York Times,* May 18, 1969; Premilla Nadasen, *Welfare Warriors: The Welfare Rights Movement in the United States* (New York: Routledge, 2005); Felicia Kornbluh, *The Battle for Welfare Rights: Politics and Poverty in Modern America* (Philadelphia: University of Pennsylvania Press, 2007); "The Work Ethic," *New York Times,* November 6, 1972; Gaylord Shaw, "Welfare Ethic Advocates Hits; Leads to Vicious Cycle of Dependency— Nixon," [New Orleans] *Times-Picayune,* September 4, 1972; "Transcript of the President's Labor Day Address," *New York Times,* September 7, 1971.

13. Marcus Klein, "Heritage of the Ghetto," *Nation* (March 27, 1976): 373–375, esp. 373.

14. Daniel, *Lost Revolutions,* 94–97, 108–110, 118–120; "People Are Talking About: Dolly Parton," *Vogue* (October 1, 1977): 300–301; Patrick Huber, "A Short History of Redneck: The Fashioning of a Southern White Masculine Identity," *Southern Cultures* 1, no. 2 (Winter 1995): 145–166, esp. 159; Joe Edwards, "He's a Redneck," *Reading* [PA] *Eagle,* August 12, 1976; Joe Edwards, "'Redneck' Doesn't Have to Be Offensive," *Gadsden* [AL] *Times,* March 25, 1983; Sylvia Carter, "He's Proud to Be 'White Trash,'" *Milwaukee Journal,* December 29, 1986.

15. Robert Basler, "Dolly Parton: Fittin' into Floozydom Comfortably," [Lafayette, LA] *Advertiser,* April 24, 1986; Emily Satterwhite, *Dear Appalachia* (Lexington: University of Kentucky Press, 2011), 131, 172, 174–175.

16. Lillian Smith, "White Trash" (ca. 1964 or 1965) and "The Poor White's Future" (ca. 1964), Lillian Eugenia Smith Papers, Box 41, ms. 1283 A, and Box 43, ms. 1238 A, Hargrett Rare Book and Manuscript Library, University of Georgia Libraries, Athens; Huber, "A Short History of Redneck," 161.

17. Robert Sherrill, "The Embodiment of Poor White Power," *New York Times Magazine,* February 28, 1971; John Yago, "Poor Encountered a Slick Senator," *Charleston Gazette,* June 24, 1968; Sanford J. Ungar, "The Man Who Runs the Senate: Bobby Byrd: An Upstart Comes to Power," *Atlantic Monthly* (September 1975): 29–

35, esp. 35; Robert C. Byrd, *Robert C. Byrd: Child of the Appalachian Coalfields* (Morgantown: West Virginia University Press, 2005), 42, 53, 219–221, 223, 228, 235–237, 244–245.

18. cover and "New Day A'Coming in the South," *Time* (May 31, 1971): 14–20, esp. 14–16; Dan T. Carter, "Legacy of Rage: George Wallace and the Transformation of American Politics," *Journal of Southern History* 62, no. 1 (February 1996): 3–26, esp. 10–12, 26; Randy Sanders, "'The Sad Duty of Politics': Jimmy Carter and the Issue of Race in His 1970 Gubernatorial Campaign," *Georgia Historical Quarterly* 76, no. 3 (Fall 1992): 612–638, esp. 620–621, 623–625; James Clotfelter and William R. Hamilton, "Electing a Governor in the Seventies," in *American Governor in Behavioral Perspective*, eds. Thad Beyle and J. Oliver Williams (New York: Harper & Row, 1972), 32–39, esp. 34, 36.

19. Sanders, "The Sad Duty of Politics," 632–633.

20. Satterwhite, *Dear Appalachia*, 149–150, 508–511; Henry Hart, "James Dickey: The World as a Lie," *The Sewanee Review* 108, no. 1 (Winter 2000): 93–106; Harkins, *Hillbilly*, 209; David Kirby, "Liar and Son," *New York Times,* August 30, 1998; Benjamin Griffith, "The Egomaniac as Myth Maker" (review of *The One Voice of James Dickey: His Letters and Life, 1970–1997*), *Sewanee Review* 117, no. 1 (Winter 2009): vi-viii.

21. 在小说中，迪奇用"丰满、粉嫩"、总是尖叫和大声嚷嚷来描绘巴比。作者透过刘易斯（Lewis）传达生存主义的精神：四个男人必须挖掘自己的本能来忍受眼前的磨难。巴比无法克服他被强奸的"污点"。请见 James Dickey, *Deliverance* (Boston: Houghton Mifflin, 1970), 54, 121–122, 126, 135, 167；另见 Christopher Ricks, "Man Hunt," *New York Review of Books* 14, no. 8 (April 23, 1970), 37–40, esp. 40; Walter Clemmons, "James Dickey, Novelist," *New York Times,* March 22, 1970。创伤的性本质及三名幸存者的约定，请见 Linda Ruth Williams, "Blood Brothers," *Sight and Sound,* September 1994, 16–19。有关"有鸡奸倾向"的乡巴佬，请见 Vincent Canby, "The Screen: James Dickey's 'Deliverance' Arrives," *New York Times,* July 31, 1972。

22. 德鲁不只表现出同情，他还是唯一一个为刘易斯的原始生存守则说话的人。请见 See Dickey, *Deliverance*, 68, 70, 137; Anil Narine, "Global Trauma at Home: Technology, Modernity, 'Deliverance,' " *Journal of American Studies* 42, no. 3 (December 2008): 449–470, esp. 466。另见 Hal Aigner, "'Deliverance' by John Boorman," *Film Quarterly* 26, no. 2 (Winter 1972–1973): 39–41, esp. 41。

23. Tom Wolfe, "The Last American Hero Is Junior Johnson. Yes!" *Esquire* (March 1965): 68–74, 138, 142–148, 150–152, 154–155, esp. 71, 74, 147, 155.

24. Andrew Horton, "Hot Car Films & Cool Individualism or, 'What We Have Here Is a Lack of Respect for the Law,' " *Cinéaste* 8, no. 4 (Summer 1978): 12–15, esp. 14; James Poniewozik, "What Did *The Dukes of Hazzard* Really Say About the South?" *Time* (July 2, 2015).

25. Wolfe, "The Last American Hero," 71, 74, 144.

26. James Wooten, *Dasher: The Roots and Rising of Jimmy Carter* (New York: Summit Books, 1978), 280, 346–347, 354–356; James Wooten, "The Man Who Refused to Lose: James Earl Carter Jr.," *New York Times,* July 15, 1976.

27. Anthony Lewis, "Jimmy Carter: Southern Populist," *Morning Record,* June 4, 1976; Frank Jackman (of the *New York Daily News*), "Profile: Who Is Jimmy Carter?" [St. Petersburg, FL] *Evening Independent,* July 15, 1976; Wayne King, "Rock Goes Back to Where It All Began: Rock Goes South," *New York Times,*

June 20, 1976; Eli Evans, "The Natural Superiority of Southern Politicians," *New York Times,* January 16, 1977; Charles Mohr, "Reporter's Notebook: Enigmatic Side of Carter," *New York Times,* July 1, 1976; Paul Delaney, "Many Black Democratic Leaders Voice Doubt: Fear and Distrust About Carter," *New York Times,* July 6, 1976; James Wolcott, "Presidential Aesthetics: You've Seen the Movie ('Nashville'), Now Meet the Candidate — Jimmy Carter," *Village Voice,* January 19, 1976.

28. Roy Blount Jr., *Crackers: This Whole Many Angled Thing of Jimmy, More Carters, Ominous Little Animals, Sad Singing Women, My Daddy and Me* (New York: Knopf, 1980), 210, 221; Norman Mailer, "The Search for Carter," *New York Times Magazine,* September 26, 1976, 20–21, 69–73, 88–90, esp. 69; Fred Cormier, "That Famous Carter Grin Doesn't Need Toothpaste," *Ocala Star-Banner,* February 7, 1980.

29. John Dillin, "Jimmy Carter: Forces in His Life," *Boca Raton News,* August 1, 1976 (reprinted from the *Christian Science Monitor*); Robert D. Hershey Jr., "Carter's Family Linked to Royalty by British Publication on Peerage," *New York Times,* August 12, 1977; Wooten, *Dasher,* 62; Douglas Brinkley, "A Time for Reckoning: Jimmy Carter and the Cult of Kinfolk," *Presidential Studies Quarterly* 29, no. 4 (December 1999): 778–797, esp. 781; F. N. Boney, "Georgia's First President: The Emergence of Jimmy Carter," *Georgia Historical Quarterly* 72, no. 1 (Spring 1988): 119–132, esp. 119, 123.

30. Phil Gailey, "Meet Billy Carter," [St. Petersburg, FL] *Evening Independent,* July 15, 1976; Huber, "A Short History of Redneck," 158; "Billy Carter," [Henderson, NC] *Times-News,* September 23, 1981; Stanley W. Cloud, "A Wry Clown: Billy Carter, 1937–1988," *Time* (October 10, 1988): 44.

31. Blount, *Crackers,* 93, 131–132.

32. 有关施勒姆，请见 Mary McGrory, "Ex-Carter Speech Writer Says Jimmy Lies," *Boca Raton News,* May 9, 1976。有关贫穷妇女，请见 David S. Broder, "Life Isn't Fair," *Telegraph,* July 25, 1977。在社会福利、让贫穷乡村妇女拥有更好的医疗等议题上，卡特依然展现出分裂的另一面，强调政府无法"解决我们所有问题"。正如《纽约时报》的一名记者所说，卡特的南方保守主义是传统的一部分，这种传统令他们"比起北方自由主义者，更容易接受社会不平等和自然等级秩序的宿命"。请见 Hendrick Smith, "Carter's Political Dichotomy: Beliefs Rooted in Southern Democratic Traditions Seem to Counteract His Compassion for the Poor," *New York Times,* July 16, 1977；以及 Andrew R. Flint and Joy Porter, "Jimmy Carter: The Re-Emergence of Faith-Based Politics and the Abortion Rights Issue," *Presidential Studies Quarterly* 35, no. 1 (March 2005): 28–51, esp. 39。

33. Jack W. Germond and Jules Witcover, "Laughing with the President — Or at Him," *St. Petersburg Times,* September 1, 1979; "Banzai Bunny 'Just a Quiet Georgia Rabbit,'" *Montreal Gazette,* August 31, 1979; "Carter and Peter Rabbit," *Lewiston Evening Journal,* August 31, 1979; Louis Cook, "About the Rabbit... ," *Bangor Daily News,* August 31, 1979; Valerie Schulthies, "Monster Rabbits Strike Terror in Many a Heart," *Deseret News,* September 1, 1979; Ralph de Toledano, "The Great Rabbit Caper," *Lodi* [CA] *News-Sentinel,* September 20, 1979; "Questions Get Tough When Carter Meets the Press," *Palm Beach Post,* August 31, 1979; "A Tale of Carter and the 'Killer Rabbit'; President Orders Photograph," "Carter Describes Foe: 'Quiet Georgia Rabbit,'" and "Rabbit Photo Kept Secret," *New York Times,* August 29, August 31, and September 5, 1979; "The Famed Rabbit Attack," *Gainesville* [FL] *Sun,* June 23, 1981.

34. Jacobson, *Roots Too,* 16–17; Frederick Allen, "Jimmy Carter, a Son of the South Who Bore the Region's

Burdens," [Wilmington, NC] *Star-News,* October 5, 1986; Bob Schieffer and Gary Paul Gates, *The Acting President* (New York: E. P. Dutton, 1989), 170, 181, 375; Kitty Kelley, *Nancy Reagan: The Unauthorized Biography* (New York: Simon & Schuster, 1991), 296–297; Lance Morrow, "The Decline of Oratory," *Time* (August 18, 1980): 76, 78, esp. 76.

35. Patrick Buchanan, "Reagan Offers Hope to Blacks," *Chicago Tribune,* September 2, 1980.

36. Blount, *Crackers,* 5; Dudley Clendinen, "Spurred by White House Parley, TV Evangelists Spread Word," *New York Times,* September 10, 1984; Sandy Grady, "Camera Double-Crossed Bakker," *Spokane Chronicle,* September 22, 1989; June Preston, "Bakker Given 45 Years, $500,000 Fine for Fraud," *Schenectady Gazette,* October 25, 1989; Charles E. Shepard, *Forgiven: The Rise and Fall of Jim Bakker and the PTL Ministry* (New York: Atlantic Monthly Press, 1989), 239.

37. Preston, "Bakker Given 45 Years"; Elizabeth LeLand, "Jim and Tammy Bakker Lived Life of Luxuriant Excess," *Ocala Star-Banner,* May 24, 1987; Richard N. Ostling, "Of God and Greed: Bakker and Falwell Trade Charges in Televangelism's Unholy Row," *Time* (June 8, 1987): 70–72, 74, esp. 72; Shepard, *Forgiven,* 35, 110, 133, 180, 201, 249, 264, 551.

38. Richard N. Ostling, "TV's Unholy Row: A Sex-and-Money Scandal Tarnishes Electronic Evangelicalism," *Time* (April 6, 1987): 60–64, 67, esp. 62; "Jim Bakker," in Randall Herbert Balmer, *Encyclopedia of Evangelicalism* (Waco, TX: Baylor University Press, 2004), 50–52; Axel R. Schafer, *Countercultural Conservatives: American Evangelicalism from the Postwar Revival to the New Christian Right* (Madison: University of Wisconsin Press, 2011), 125; Brian Siang, "Jim & Tammy Faye's Fall from Grace Is Perfectly Clear," *Philadelphia Inquirer,* April 8, 1987.

39. "Tammy Bakker Treated," [New Orleans] *Times-Picayune,* 1986; Ostling, "Of God and Greed," 72; Associated Press story, "Playboy Interview with Jessica Hahn," [Spartanburg, SC] *Herald Journal,* September 22, 1987; Horace Davis, "Hahn's Story— In Hahn's Words," *Lakeland* [FL] *Ledger,* October 9, 1987; "Fletcher Says Bakker Bisexual," *Gadsden* [AL] *Times,* December 5, 1988; "As He Faces Likely Indictment, New Sex Accusation: Bakker Says Christianity in Disarray," *Ellensburg* [WA] *Daily Record,* December 5, 1988; "Bakker Defrocked by Assemblies of God," *Lodi* [CA] *News-Sentinel,* May 7, 1987; Montgomery Brower, "Unholy Roller Coaster," *People,* September 18, 1989, 98–99, 102–104, 106, esp. 104; Mary Zeiss Stange, "Jessica Hahn's Strange Odyssey from PTL to Playboy," *Journal of Feminist Studies in Religion* 6, no. 1 (Spring 1990): 105–116, esp. 106; "The Jessica Hahn Story: Part 1," *Playboy,* November 1987, 178–180; "The Jessica Hahn Story: Part 2," *Playboy,* December 1987, 198; "Jessica: A New Life," *Playboy,* September 1988, 158–162.

40. Montgomery, "Unholy Roller Coaster," 106; Nicholas Von Hoffman, "White Trash Moves Front and Center," *Bangor Daily News,* April 8, 1987; Barry R. Litman and Elizabeth Bain, "The Viewership of Religious Television Programming: A Multidisciplinary Analysis of Televangelism," *Review of Religion* 30, no. 4 (June 1989): 329–343, esp. 338; Jeffrey K. Hadden, "The Rise and Fall of American Televangelism," *Annals of the American Academy of Political and Social Science* 527 (May 1993): 113–130, esp. 126.

41. "Tammy Faye Bakker," in R. Marie Griffith, "The Charismatic Movement," in *Encyclopedia of Women and Religion in North America,* eds. Rosemary Skinner Keller and Rosemary Radford Reuther (Bloomington:

University of Indiana Press, 2006), 463; Shepard, *Forgiven*, 6–7, 30–31, 152–153; William E. Schmidt, "For Jim and Tammy Bakker, Excess Wiped Out a Rapid Climb to Success," *New York Times*, May 16, 1987.

42. 帕顿告诉罗伊·布朗特,她的装扮如此夸张,是因为她小时候很穷,什么都没有,所以后来有钱了,"我就要把钱堆在身上"。请见 Roy Blount Jr., "Country's Angels," *Esquire* (March 1977): 62–66, 124–126, 131–132, esp. 126; Pamela Wilson, "Mountains of Contradictions: Gender, Class, and Region in the Star Image of Dolly Parton," *South Atlantic Quarterly* 94, no. 1 (Winter 1995): 109–134, esp. 110, 112, 125; Pamela Fox, "Recycled 'Trash': Gender and Authenticity in Country Music Autobiography," *American Quarterly* 50, no. 2 (June 1998): 234–266, esp. 258–259; Dolly Parton, *My Life and Other Unfinished Business* (New York: HarperCollins, 1994), 59。

43. Griffith, "Tammy Faye Bakker," 463; "Tammy Faye Dolls Selling for $500," [Wilmington, NC] *Star-News*, May 19, 1987.

44. Roger Ebert, "Tammy Faye's Story Captured in Documentary," January 24, 2000, RogerEbert.com; Renee V. Lucas, "The Tammy Look: It's Makeup by the Numbers," Philly.com, April 8, 1987.

第十二章 "红脖子"粉墨登场：从克林顿到萨拉·佩林

1. Margo Jefferson, "Slumming: Ain't We Got Fun?" *Vogue* (August 1, 1988): 344–347; Mike Boone, "Magnum's Oh, So English Chum Higgins Is Really a Texas Redneck," *Montreal Gazette*, June 19, 1982.

2. Lewis Grizzard, "In Defense of Hillbillies and Rednecks," [Burlington, NC] *Times-News*, December 3, 1993; "Columnist Grizzard Dies After Surgery," [Schenectady, NY] *Daily Gazette*, March 22, 1984; Clarence Page, "Getting to the Root of Redneck," *Chicago Tribune*, July 16, 1987; Larry Rohter, "To Call a Floridian a 'Cracker' in Anger May Be a Crime," *New York Times*, August 19, 1991.

3. Celia Riverbark, "'Hey, Do You Know Me?': The Definition of Redneck Depends on Your Point of View," [Wilmington, NC] *Star-News*, August 23, 1993.

4. Stacy McCain, "One Thing Gingrich Is Not, Is a Redneck," *Rome* [GA] *News-Tribune*, November 27, 1994; Jeffrey Hart, "What's Behind David Duke?" *Gadsden* [AL] *Times*, October 31, 1991.

5. 有位评论家如此评论丘特的第二本小说,如果丘特的角色是南方人,我们会称其为"穷白垃圾";请见 Mary Davenport, "Chute Novel Finds White Trash Up North," [Wilmington, NC] *Star-News*, May 29, 1988。学者称此体裁为"粗野的南方",艾莉森是其中的佼佼者。但是由于丘特的主题是缅因的农村家庭,"南方"二字并不准确。关于这一体裁及小说家如何从他们的阶级"内部"写作,请见 Erik Bledsoe, "The Rise of Southern Redneck and White Trash Writers," *Southern Cultures* 6, no. 1 (Spring 2000): 68–90, esp. 68。

6. Carolyn Chute, *The Beans of Egypt, Maine* (New York: Ticknor & Fields, 1985), 10–11, 21, 23–25, 92, 100, 114–116, 122–124, 134–135, 156, 174, 189.

7. Ibid., 135–136, 165, 175, 177–179, 181, 192.

8. Ibid., 3, 46–47, 122, 116.

9. Ibid., 3.

10. Peter S. Prescott, "A Gathering of Social Misfits: Six New Novels Take a Walk on Life's Weirder Shores,"

Newsweek (February 25, 1985): 86; David Gates, "Where the Self Is a Luxury Item," *Newsweek* (June 13, 1988): 77; Ellen Lesser and Carolyn Chute, "An Interview with Carolyn Chute," *New England Review and Bread Loaf Quarterly* 8, no. 2 (Winter 1985): 158–177, esp. 161, 174; Donald M. Kreis, "Life Better for 'Beans of Egypt' Author Carolyn Chute," *Lewiston* [ME] *Daily Sun,* March 6, 1985; Katherine Adams, "Chute Dialogics: A Sidelong Glance from Egypt, Maine," *National Women's Studies Association Journal* 17, no. 1 (Spring 2005): 1–22.

11. Lesser and Chute, "An Interview with Carolyn Chute," 158, 160, 164–167, 177; Dudley Clendinin, "Carolyn Chute Found Her Love and Her Calling in Maine," *Gainesville* [FL] *Sun,* February 3, 1985; "Illiterate Mate Inspires Maine's Carolyn Chute," [Lewiston, ME] *Sun Journal,* September 16, 1991; Leigh McCarthy, "Carolyn Chute Took a Bum Rap on Poverty," *Bangor* [ME] *Daily News,* September 24, 1985.

12. 丘特1985年跟红脖子划清界限。她写道："（公开朗读）让我有机会看到不是这样（她用手拍了脖子，意思是红脖子）的人。我并不介意红脖子出现，没关系。我只是不喜欢看到他们在我窗外刷牙。"请见 Lesser and Chute, "An Interview with Carolyn Chute," 163。但到了2000年，她写道："作为红脖子、工人阶级，或者，更准确地说，'部落阶级'，我对此感到自豪。"请见："An Interview with Carolyn Chute," *New Democracy Newsletter* (March-April 2000), in Newdemocracy world.org; Charles McGrath, "A Writer in a Living Novel," *New York Times,* November 3, 2008; Carolyn Chute, *The Beans of Egypt, Maine: The Finished Version* (San Diego: Harcourt Brace & Co., 1995), 273, 275; Gregory Leon Miller, "The American Protest Novel in a Time of Terror: Carolyn Chute's Merry Men," *Texas Studies in Literature and Language* 52, no. 1 (Spring 2010): 102–128, esp. 103; Dwight Gardner, "Carolyn Chute's Wicked Good Militia," Salon.com, February 24, 1996.

13. 丘特解释道："鲁本·比恩的不成熟，是因为他的社会条件相当糟糕"，他的"情感发展——而非智力——还停留在孩童阶段"。请见 Lesser and Chute, "An Interview with Carolyn Chute," 169。丘特还在另一次采访中说，领最低工资会使男性感到愤怒，相较之下，女性较男性更能忍受低薪。请见 "Chute's Book Is a Real American Classic," [Norwalk, CT] *Hour,* February 21, 1985。

14. Dorothy Allison, *Bastard Out of Carolina* (New York: Plume, 1992), 12, 22–24, 69, 80–81, 91, 98–99, 123.

15. Ibid., 102. 丘特还谈到了使用食物兑换券的耻辱。"在小店里，他们对我们有点刻薄。你知道，他们直接就说那是食物兑换券。我尴尬到不想再去那间小店。我很害怕要去小店。有很多次我和迈克尔有资格领食物兑换券，但我们没去，因为我觉得拿食物兑换券太丢脸了。"请见 Lesser and Chute, "An Interview with Carolyn Chute," 169。

16. Allison, *Bastard Out of Carolina,* 309.

17. William Jefferson Clinton, "What Today Means to Me," *Pittsburgh Post Gazette,* July 4, 1993.

18. Ibid; Ron Fournier, "Early Lessons Serve Him Well," *Beaver County* [PA] *Times,* January 20, 1993; David M. Timmerman, "1992 Presidential Candidate Films: The Contrasting Narratives of George Bush and Bill Clinton," *Presidential Studies Quarterly* 26, no. 2 (Spring 1996): 364–373, esp. 367.

19. Mike Feinsilber, "But Others Say, 'You're No Thomas Jefferson,'" *Prescott* [AZ] *Courier,* January 17, 1993.

20. Todd S. Purdum, "If Kennedy's Musical Was 'Camelot,' What's Clinton's?" *New York Times,* January 17, 1993; AP photograph of Clinton with the mule George in Centralia, Illinois, July 21, 1992, in Brian Resnick,

"Campaign Flashback: Bill Clinton in Summer '92," *National Journal;* Josh O'Bryant, "Well-Known Democratic Mule of Walker Dies," *Walker County* [GA] *Messenger,* May 14, 2008.

21. Roy Reed, "Clinton Country: Despite Its Image as a Redneck Dogpatch, Arkansas Has Long Been a Breeding Ground of Progressive Politics," *New York Times Magazine,* September 6, 1992; Peter Applebome, "Suddenly Arkansas's Being Noticed, but a First Glance Can Be Misleading," *New York Times,* September 26, 1992; Hank Harvey, "Arkansas Needs Clinton's Candidacy," *Toledo Blade,* October 4, 1992; Molly Ivins, "Clinton Still a Kid from Arkansas," [Wilmington, NC] *Star-News,* July 15, 2004; Randall Bennett Woods, *J. William Fulbright, Vietnam, and the Search for a Cold War Foreign Policy* (Cambridge: Cambridge University Press, 1998), 280.

22. David Grimes, "Put Bubba in White House," *Sarasota Herald-Tribune,* July 21, 1992; Nancy Kruh (*Dallas Morning News*) syndicated in [Spokane, WA] *Spokesman Review,* February 14, 1993; Michael Kelly, "A Magazine Will Tell All About Bubba," *New York Times,* February 4, 1993.

23. Paul Greenberg, "Truth Catches Slick Willie," *Tuscaloosa News,* February 19, 1992; Paul Greenberg, "Why Yes, I Did Dub Bill Clinton 'Slick Willie,' but Then, He Earned It," [Fredericksburg, VA] *Free Lance-Star,* June 28, 2004; "Just Why Is Slick Willy So Smooth?" [Burlington, NC] *Times-News,* April 6, 1992; Sandy Grady, "Clinton's Biggest Enemy Is Image of 'Slick Willie,'" *The Day* [New London, CT], April 16, 1992; Martin Schram, "Wherever Bill Clinton Goes, Slick Willie Is Sure to Follow," *Rome* [GA] *News-Tribune,* April 6, 1992; Walter D. Myers, "'Slick Willie' Clinton Inherits the Woes of Tricky Dick," [Bend, OR] *Bulletin,* April 2, 1992.

24. Schieffer and Gates, *The Acting President,* 180; Steven V. Roberts, "Many Who See Failure in His Policies Don't Blame Their Affable President," *New York Times,* March 2, 1984; Donald Kaul, "Slick Willie Starts to Look Like Barney Fife," [Wilmington, NC] *Star-News,* February 11, 1993.

25. "Elvis Presley Sighting in Clinton Campaign," *Allegheny Times* [PA], April 3, 1992; "Elvis Running," *Ellensburg* [WA] *Daily Record,* April 3, 1992; John King, "Slick Willie's Calling on Elvis," *Lodi* [CA] *News-Sentinel,* May 4, 1992; "Clinton Inaugural: He'd Invite Elvis," *Gainesville* [FL] *Sun,* May 1, 1992; "Clinton Enjoying His Lead: He's Finding Time to Joke About Elvis," *Reading Eagle,* October 22, 1992; "'Elvis' to Perform in Grand Parade for Clinton," *New Straits Times* [Singapore], December 16, 1992; Daniel Marcus, *Happy Days and Wonder Years* (New Brunswick, NJ: Rutgers University Press, 2004), 156, 166–167.

26. "Elvis and Bill: Southern Boys with Thangs in Common" [Wilmington, NC] *Star-News* (reprinted from the *Economist*), August 18, 1996; Marcus, *Happy Days,* 155, 158.

27. Bill Maxwell, "Seen as 'White Trash': Maybe Some Hate Clinton Because He's Too Southern," [Wilmington, NC] *Star-News,* June 19, 1994; Kenneth L. Woodward, "'John Paul the Great,' by Peggy Noonan," *New York Times,* December 18, 2005; Helen Eisenbach, "Looking for Mr. Right," *New York* (September 1, 2004); Marcus, *Happy Days,* 83; Peggy Noonan, *What I Saw at the Revolution: A Political Life in the Reagan Era* (New York: Random House, 1990), 127.

28. Maxwell, "Seen as 'White Trash.'"

29. 有关"滑头威利"的恶名再现，请见 Jack Germond and Jules Witcover, "Clinton's Deposition Reveals Reputation

as 'Slick Willie,' " *Reading* [PA] *Eagle,* March 12, 1998。威廉·拉舍尔（William Rusher）辩称，克林顿是"白垃圾"，因为他"有道德败坏和行为不端的记录，所以我们现在必须再用阿肯色拖车公园的沙丘劣马来形容他"。请见 William Rusher, "in the White House," *Cherokee County* [GA] *Herald,* February 7, 2001; Jack Hitt, "Isn't It Romantic?" *Harper's Magazine* (November 1998): 17–20, esp. 17; "Second White House Response to Starr," *Washington Post,* September 12, 1998。

30. Marianne Means, "But Bill Clinton's No Thomas Jefferson," [Wilmington, NC] *Star-News,* November 7, 1998; Thomas J. Lucente Jr. "No Comparison for Clinton and Jefferson," *Lawrence Journal-World,* November 20, 1998; Georgie Anne Geyer, "Clinton and Jefferson: An Odd Comparison," *Victoria Advocate,* November 12, 1998; Andrew Burstein, Annette Gordon-Reed, and Nancy Isenberg, "Three Perspectives on America's Jefferson Fixation," *Nation* (November 30, 1998): 23–28.

31. Jeffery Jackson, "Understanding Clinton: The King Is Dead; Long Live the King," *Nevada Daily Mail,* August 19, 1999.

32. Toni Morrison, "The Talk of the Town," *New Yorker* (October 5, 1998): 31–32, esp. 32.

33. Kathleen Parker, "Democratic Race Seems to Be Bill vs. Oprah," *The Item,* December 1, 2007; Eric Lott, "The First Boomer: Bill Clinton, George W., and Fictions of State," *Representations* 84, no. 1 (November 2003): 100–122, esp. 101, 108, 111.

34. Frank Rich, "Palin and McCain's Shotgun Marriage," *New York Times,* September 7, 2008; Erica Jong, "The Mary Poppins Syndrome," *Huffington Post,* October 4, 2008; Eliza Jane Darling, "O Sister! Sarah Palin and the Parlous Politics of Poor White Trash," *Dialectical Anthropology* 33, no. 1 (March 2009): 15–27, esp. 19, 21; Jill Clarke of the Associated Press, "Alaskan Views of Clinton Reflect Those in the Lower 48," [Schenectady, NY] *Daily Gazette,* January 16, 1999.

35. Monica Davey, "Palin Daughter's Pregnancy Interrupts G.O.P. Convention Script," *New York Times,* September 2, 2008; Stephanie Clifford, "Readers See Bias in *Us Weekly*'s Take on Sarah Palin," *New York Times,* September 8, 2008; Maureen Dowd, "My Fair Veep," *New York Times,* September 10, 2008; David Firestone, "Sarah Palin's Alaskan Rhapsody," *New York Times,* December 9, 2010.

36. 媒体发现，比起公开披露的15万美元，佩林其实还多花了"几万"。她丈夫的服装费2万美金到4万美金之多；请见 "Hackers and Spending Sprees," *Newsweek* (November 5, 2008)；另见 Darling, "O Sister! Sarah Palin," 24。

37. Sam Tanenhaus, "North Star: Populism, Politics, and the Power of Sarah Palin," *New Yorker* (December 7, 2009); 84–89, esp. 89.

38. Maureen Dowd, "White Man's Last Stand," *New York Times,* July 15, 2009; Nadine Rubbs, "'Redneck Woman' and the Gendered Poetics of Class Rebellion," *Southern Cultures* 17, no. 4 (Winter 2011): 44–77, esp. 56, and endnote 24 on page 69; Gail Collins, "A Political Manners Manual," *New York Times,* November 8, 2008.

39. Justin Elliot, "Trig Trutherism: The Definitive Debunker: Salon Investigates the Conspiracy Theory: Is Sarah Palin Really the Mother of Trig Palin?," Salon.com, April 22, 2011.

40. Jesse Sheildlower, "What Kind of Accent Does Sarah Palin Have? Wasillan, Actually," Slate.com, October 1, 2008; Dick Cavett, "The Wild Wordsmith of Wasilla," *New York Times,* opinionator.blogs.nytimes .com,

November 14, 2008.

41. William Egginton, "The Best or Worst of Our Nature: Reality TV and the Desire for Limitless Change," *Configurations* 15, no. 2 (Spring 2007): 177–191, esp. 191; David Carr, "Casting Reality TV, No Longer a Hunch, Becomes a Science," *New York Times,* March 28, 2004; Jim Ruttenberg, "Reality TV's Ultimate Jungle: Simulated Presidential Politics," *New York Times,* January 9, 2004; Brenda R. Weber, *Makeover TV: Selfhood, Citizenship, and Celebrity* (Durham, NC: Duke University Press, 2009), 143–144.

42. *Appalachian Journal* 31, no. 3/4 (Spring/Summer 2004): 438; Jonah Goldberg, "'Duck Dynasty,' Unreal Outrage," *New York Post,* December 20, 2013.

43. Mary Elizabeth Williams, "What Will It Take for TLC to Dump 'Honey Boo Boo'?," Salon.com, October 23, 2014; Jenny Kutner, "'Honey Boo Boo' Star Mama June Reveals Father of Two Daughters Is a Sex Offender," Salon.com, November 13, 2014.

44. Thomas Sowell, *Black Rednecks and White Liberals* (San Francisco: Encounter Books, 2005), 1, 5–9, 14–15, 29, 51; James B. Stewart, "Thomas Sowell's Quixotic Quest to Denigrate African American Culture: A Critique," *Journal of African American History* 91, no. 4 (Autumn 2006): 459–466; Grady McWhiney, *Cracker Culture: Celtic Ways of the Old South* (Tusca loosa: University of Alabama Press, 1988); *Cracker Culture*, xiv.

45. Charlotte Hays, *When Did White Trash Become the New Normal? A Southern Lady Asks the Impertinent Question* (Washington, DC: Regnery, 2013), 7, 9, 11, 45, 172; Hays, "When Did White Trash Become Normal?," *New York Post,* November 2, 2013.

后记 美国异种：穷苦白人的传统

1. Carl Davis et al., *Who Pays? A Distributional Analysis of the Tax Systems of All 50 States,* 3rd. ed. (Washington, DC: Institute on Taxation and Economic Policy, 2009), 2.

2. Jill Lepore, "Fixed: The Rise of Marriage Therapy, and Other Dreams of Human Betterment," *New Yorker* (March 29, 2010).

3. Sean McElwee, "The Myth Destroying America: Why Social Mobility Is Beyond Ordinary People's Control," Salon. com, March 7, 2015; Lisa A. Keister and Stephanie Moller, "Wealth Inequality in the United States," *Annual Review of Sociology* 26 (2000), 63–81, esp. 72. 正如一位学者所写，"如果你追求美国梦，你得去丹麦找"。此外，美国人严重低估了贫富不均。如果把美国和瑞典的财富分配放上图表一比（不指明哪个是美国、哪个是瑞典），绝大多数受访者会选择瑞典。请见 Tim Koechlin, "The Rich Get Richer: Neoliberalism and Soaring Inequality," *Challenge* 56, no. 2 (March/April 2013): 5–30, esp. 16–17, 20。

4. Bryce Covert, "The First-Ever Bill to Help Low-Income Moms Afford Diapers," *Think Progress,* August 13, 2014, thinkprogress.org. 共和党人宣扬的大家庭理念，让人联想到支持优生学的老罗斯福总统与他的六个孩子；请见 Amy Bingham, "Presidential Campaign: Big GOP Families Lining Up to Fill White House," ABC News, June 21, 2011。不仅是孩子的数量，而且罗姆尼和洪博培的孩子的外形看来酷似纳粹的"优等种族"，引发关注。《大西洋月刊》的编辑斯科特·斯托塞尔（Scott Stossel）在推特上开玩笑说，"洪博培的女儿和罗姆尼的儿子应该在一起生小孩"。请见 Paul Harris, "Republican Candidates Seek Strength in Numbers to Show Off Family Values," *Guardian,* January 7, 2012。

5. Paul Krugman, "Those Lazy Jobless," *New York Times,* September 22, 2014; "Gingrich Says Poor Children Have No Work Habits," ABC News, December 1, 2011.
6. Cory Welles, "40 Years Later, 'Deliverance' Causes Mixed Feelings in Georgia," Marketplace.org, August 22, 2012; "Mountain Men: A Look at the Adaptation of James Dickey's Novel," *Atlanta Magazine,* September 2, 2011.